广东知识产权年鉴

Guangdong Intellectual Property Yearbook 2014

二〇一四年版

广东省知识产权局 编

SPM 南方出版传媒
广东人民出版社
·广州·

图书在版编目（CIP）数据

广东知识产权年鉴．2014 / 广东省知识产权局编．—广州：广东人民出版社，2014.8

ISBN 978-7-218-09547-9

Ⅰ.①广… Ⅱ.①广… Ⅲ.①知识产权—工作—广东省—2014—年鉴 Ⅳ.①D927.650.34-54

中国版本图书馆CIP数据核字（2014）第184547号

广东知识产权年鉴（2014）

广东省知识产权局　编

出 版 人：曾　莹

责任编辑：余小华　陈东英
责任技编：周　杰　黎碧霞

出版发行：广东人民出版社
地　　址：广州市大沙头四马路10号（邮政编码：510102）
电　　话：（020）83798714（总编室）
传　　真：（020）83780199
网　　址：http://www. gdpph. com
印　　刷：广州市官侨彩印有限公司
排　　版：广州市友间文化传播有限公司
书　　号：ISBN 978-7-218-09547-9
开　　本：889毫米×1194毫米　1/16
印　　张：22.5　　**插　页**：21　　**字　数**：900千
印　　数：1—2000册
版　　次：2014年8月第1版　2014年8月第1次印刷
定　　价：300.00元

如发现印装质量问题，影响阅读，请与出版社（020-83795749）联系调换。

售书热线：（020）83790604　83791487　**邮购**：（020）83781421

说　明

一、《广东知识产权年鉴》自2002年首卷问世以来至今已满十三周岁。她在各级领导、省知识产权局、有关主管部门以及社会各界人士的关心和支持下，正在健康成长，在此一并表示谢意。

二、《广东知识产权年鉴》是由广东省知识产权局主持，全省有关知识产权管理和执法的单位和部门，以及各地级以上市知识产权管理部门共同参与编撰的大型资料性工具书。《广东知识产权年鉴》每年出版，公开发行，其宗旨是全面、系统、详实地载录广东知识产权工作的基本情况和最新发展状况，为广东历史提供基本资料保存，为社会各界乃至海外人士了解与研究之用，也可作为企事业单位知识产权部门及有关人员的参考书。

三、《广东知识产权年鉴》采取分类编辑法，以编目、分目、条目组成框架结构的主体部分，着力满足读者的需求，方便读者查阅，体现年鉴作为知识产权工具书的现实意义。

四、《广东知识产权年鉴》以出版年号为版次名称，2014年版主要记载广东省2013年知识产权工作的基本资料，设有十二个编目：（1）特辑；（2）综述；（3）知识产权创造；（4）知识产权运用；（5）知识产权保护；（6）知识产权管理与服务；（7）知识产权交流与合作；（8）宣传、教育培训；（9）地市知识产权工作；（10）表彰奖励；（11）工作交流；（12）附录。

五、书内所刊载的内容和数据，均由广东省内省直各厅局、高等院校、科研院所以及各地级以上市知识产权部门提供，并经过一定程序的审核。

六、本年鉴的编辑出版工作得到各供稿单位大力支持和通力合作，谨此致谢。由于时间仓促、水平有限，本书难免有疏漏之处，欢迎各界人士批评指正。

主编：唐　毅

2014年9月28日

《广东知识产权年鉴》（2014年版）编辑委员会

悠悠我心　矢志不渝

（2014年1月24日）

陶凯元

亲爱的各位同事：

今天，对我来说，是一个既高兴又艰难的日子。说高兴，是因为我们的班子实现了顺利交接，甚至可以说是无缝衔接；说艰难，是因为要和朝夕相处了近六年的同事们说再见，要和为之奋斗了近六年的知识产权事业话道别，甚至，要和工作生活了二十六年之久、早已融入我血肉的广东依依惜别，实在不是一件容易的事。

二十六年前，怀揣着青春和理想，我来到羊城这片热土上，挥洒汗水，奉献青春，实践人生价值。二十六年来，广东以她独有的开放和包容，接纳了我，培育了我，令我成长、成熟并成就了我。

六年前，当我离开工作了九年整的省法院时，我的一位法院的同事送给我一副对联："九载峥嵘岁月，难舍法律帝国梦；一片赤诚丹心，不负知识产权情。"我以为，这位同事甚解我，上联，是对我过往九年经历的高度提炼，也贴切地描述了一个法律人离开她所挚爱的事业时的依依不舍之情；下联，是对我即将开始的新使命的殷切寄望，期盼和嘱咐之情尽在其中。之后，我结合切身感受，为这副对联添加了横批"矢志初衷"。六年后的今天，当我凝思已经走过的路和即将启程的路，我愈加体味到这副对联的寓意深长，也愈加笃定了我对自己添加的横批的坚守和执著。

回首六年走过的征程，我最大的感受莫过于四个字"天道酬勤"。六年，2000多个日日夜夜，岁月在无情流逝，双鬓在渐渐添白，一切都在改变。不变的，唯有那份执著追求和不懈拼搏。六年里，在中共广东省委的正确领导和亲切关怀下，在国家知识产权局的精心指导和大力支持下，在社会各界的理解支持帮助下，我们广东知识产权人怀着逆水行舟、不进则退的危机感，以众志成城的团结精神，以敢为天下先的开拓精神，以无须扬鞭自奋蹄的拼搏精神，以咬定青山不放松的执著，办成了许多大事，办妥了许多好事，办好了许多难事。我们刷新了广东知识产权事业的记录，谱写了广东知识产权事业新的辉煌。广东知识产权大省地位进一步巩固，强省曙光已显露绚丽多姿的光芒。我们是这一切的亲历者、实践者、推动者、见证者，我们为此欣慰、自豪与骄傲！

为此，请允许我深深地道一声"谢谢"，为大家对我所有的支持与理解，为各位为知识产权事业的所有辛劳与付出！这里，我要特别感谢宪民同志六年来的和衷共济、肝胆相照、鼎力支持！也请允许我真诚地说一声“抱歉”，为工作中所有的不足和遗憾，为相处中所有的不周和怠慢。

同时，我们也应当谨记，“革命尚未成功，同志仍须努力”。希望大家倍加珍惜这来之不易的大好机遇和环境，希望大家倍加努力，在局党组和班子的领导下，继续团结一心，奋力拼搏，续写新的辉煌！

“雄关漫道真如铁，而今迈步从头越。”今天，站在新的起点上，当我的战友们再一次整装待发时，遗憾的是，我却不能与你们同行。命运赋予了我新的使命，让我再一次重返法律帝国，去续写我不解的法律缘、不了的法律情、永恒的法治梦。

广东是我永远眷恋的土地，知识产权是我永远钟情的事业。今后，无论我身处何处，担任何职，我都将永远关注广东的发展，关注知识产权事业的发展。

祝福广东！祝福知识产权事业！祝福大家！

2013年6月21日，中共中央政治局委员、国务院副总理汪洋（左三）在中共中央政治局委员、广东省委书记胡春华（左五）的陪同下，视察第二届中国加工贸易博览会知识产权服务中心，并听取广东省知识产权局副局长谢红（右二）的汇报。

2013年7月23日，广东省人民政府省长朱小丹（右一）会见来粤调研的国家知识产权局局长田力普（左一），双方就共同推进知识产权工作交换意见。

2013年3月28日，国家知识产权培训（广东）基地揭牌仪式在广东省知识产权研究与发展中心举行。广东省人民政府副省长陈云贤（右一）和国家知识产权局副局长甘绍宁（左一）为国家知识产权培训（广东）基地揭牌。

2013年3月27日，广东省人民政府副省长陈云贤（左二）考察国家知识产权局专利审查协作广东中心，广东省政协副主席、广东省知识产权局局长陶凯元（左一），广东省知识产权局党组书记、副局长马宪民（右二）陪同考察。

2013年4月11日，国家知识产权局与广东省人民政府第二轮知识产权高层次战略合作协议签署仪式暨2013年会商工作会议在广州市召开。

2013年7月23日，“全省知识产权工作座谈会暨广东省专利奖表彰大会”在广州市召开。

2013年7月24日，国家知识产权局专利局专利审查协作广东中心项目奠基仪式在中新广州知识城隆重举行。

2013年8月9日，广东打击侵权假冒工作电视电话会议在广州市召开。广东省人民政府副省长、省打击侵权假冒工作领导小组组长陈云贤（主席台左二），领导小组副组长、办公室主任、广东省知识产权局党组书记、副局长马宪民（主席台左一）出席会议。会议传达全国打击侵权假冒工作相关会议精神，总结部署全省打击侵权假冒工作。

2013年2月26日，“全省知识产权局局长会议”在广州市召开。广东省政协副主席、广东省知识产权局局长陶凯元（主席台左三），广东省知识产权局党组书记、副局长马宪民（主席台右三）出席会议。

2013年4月23日，2012年广东省知识产权保护状况发布会在广州市召开。

2013年2月28日，广东省战略性新兴产业——新能源汽车产业专利分析及预警报告会在广州市举行。广东省知识产权局党组书记、副局长马宪民（主席台右二），广东省发展和改革委员会副主任张军（主席台左二）等出席会议。2013年，广东省战略性新兴产业——LED产业外延和芯片领域、广东省生物医药产业、数字家庭产业等系列专利分析及预警报告会相继举行。

2013年8月9日，《关于运用知识产权促进产业转型升级的意见》政策制订征求意见座谈会在深圳市召开。广东省知识产权局副局长袁有楼（第一排右三）、广东省政府发展研究中心副主任李惠武（第一排右四）出席会议。

2013年11月26日，“2013年广州国际知识产权商业化研讨会”在广州白云国际会议中心举行。广东省政协副主席、广东省知识产权局局长陶凯元（主席台左四），香港知识产权署署长张锦辉（主席台右三），韩国特许厅审判院院长李在熏（主席台左三）等支持单位负责人出席研讨会开幕式。

2013年12月12日，国家知识产权局（深圳高新区）专利审查员实践基地揭牌仪式在深圳高新区举行。国家知识产权局专利局人事教育部部长高康（右二）、广东省知识产权局副局长袁有楼（左二）等出席揭牌仪式。

2013年12月20日，“2013广东知识产权投融资路径研讨会”在佛山市举行，广东省知识产权局副局长袁有楼出席会议并讲话。

2013年4月12日，省市联合执法集中销毁活动现场会暨东莞市“4·26”知识产权宣传周启动仪式在东莞市科学技术博物馆举行。广东省知识产权局副局长唐毅（右二）等领导出席活动。

2013年6月27日，2013年粤港“正版正货承诺”总结交流会在东莞市举行。广东省政协副主席、广东省知识产权局局长陶凯元（主席台左一），香港知识产权署署长张锦辉（主席台右三），广东省工商局副局长姜海平（主席台左二）出席交流会。

2013年8月22日，华南片三省（自治区）专利行政执法协作座谈会在广州市召开。来自广东、广西、海南三省（自治区）知识产权局及广东省知识产权维权援助中心的代表参加会议。

2013年8月底，广东省知识产权局组织广州、深圳、佛山等12个广东地市知识产权局以及顺德区经济和科技促进局联合开展查处假冒专利案件统一执法行动。

2013年11月1日，广东省知识产权局党组书记、副局长马宪民（左四）赴第114届广交会检查知识产权局系统驻会工作。

2013年11月6日，“闽粤沿海十二城市保护知识产权工作第十次联席会议”在佛山市召开。福州、厦门、泉州、漳州、莆田、宁德和广州、深圳、珠海、汕头、佛山、湛江的代表签署《共同查处假冒专利行为协作备忘录》。广东省知识产权局副局长唐毅、佛山市人民政府市长助理李理出席会议。

2013年11月11日，中山市、佛山市、江门市和顺德区知识产权部门在中山市召开执法协作会议，签订《四市（区）灯饰产业专利行政执法协作协议》。

2013年12月20日，广东省知识产权局与广西壮族自治区知识产权局、海南省知识产权局在广州市签订《华南地区专利行政执法协作调度中心工作方案》确认书。国家知识产权局专利管理司执法管理处副处长王志超（后排右二），广东省知识产权局党组书记、副局长马宪民（后排左四），海南省知识产权局局长杨天梁（前排左一），广西壮族自治区知识产权局副局长韦志边（前排右一）等出席签约仪式。

2013年3月7日，2013年全省专利代理管理工作会暨广东专利代理协会换届会议在广州市召开。

2013年4月9日，“全省企业知识产权管理规范推广会议”在广州白云国际会议中心召开。国家知识产权局专利管理司司长马维野（主席台左三），广东省知识产权局党组书记、副局长马宪民（主席台右二）等出席会议。

2013年4月22—23日，由广东省知识产权局主办的“2013年肇庆市百所千企知识产权服务对接活动”在肇庆市举行。

2013年5月21日，“专业镇知识产权能力提升座谈会” 在东莞市举行。广东省知识产权研究与发展中心与东莞市部分专业镇签署《提升知识产权能力助推专业镇转型升级合作协议》。

2013年9月10—11日，“全国知识产权局系统立法指导协调机制工作会议”在广州市召开。

2013年9月17日，国家工商总局召开“全国工商行政管理系统贯彻落实新商标法电视电话会议”，广东省工商局党组书记、局长卢炳辉（前排左二）等出席会议。

2013年10月17日，广东省知识产权局和顺德区经济和科技促进局在顺德广东工业设计城联合举办百所千企知识产权服务对接工程进园区暨知识产权服务业集聚发展座谈会。广东省知识产权局纪检组长、监察专员严小宜（右四）出席活动。

2013年11月14—15日，“第十二届粤东知识产权局长联席会议”在河源市召开。

2013年3月5日，由广东省知识产权研究与发展中心、日本知识产权协会联合主办的“2013年中日企业合作知识产权研讨会”在广州市举行。

2013年3月27日，湖南省知识产权局调研组到广州代办处开展调研，广东省知识产权局副局长朱万昌（右二）等出席交流活动。

2013年5月26日，广东、内蒙古知识产权合作框架协议签署仪式暨知识产权对接会议在广州市举行。广东省知识产权局党组书记、副局长马宪民（后排左七），内蒙古自治区知识产权局党组书记白宝玉（前排右一）等出席会议。

2013年6月5日，由广东省知识产权局、清远市人民政府、香港特别行政区政府知识产权署、香港贸发局主办的2013粤港知识产权与中小企业发展研讨会在清远市召开。广东省知识产权局副局长谢红（右三），清远市市委常委、副市长曾贤林（左三），香港知识产权署副署长梁家丽（左二），香港贸易发展局制造业拓展部总监周瑞麈（右一）等出席会议。

2013年6月20日，“世界知识产权组织有效利用工业产权注册体系巡回研讨会”在中山市举行。工商总局国际合作司司长刘燕（左一）等出席研讨会。

2013年7月23日，海关总署广东分署副主任赵民（左二）会见香港海关助理关长何仕景（右二）一行，并主持召开粤港海关知识产权保护合作会议。

2013年8月6日，“粤港保护知识产权合作专责小组第十二次会议”在广州市举行。广东省政协副主席、广东省知识产权局局长陶凯元（前排左五），香港知识产权署署长张锦辉（前排右五）分别率领粤港双方代表团出席会议。

2013年8月13日，海关总署广东分署副主任赵民（前排左五）会见香港工业总会主席刘展灏（前排左四）一行。

2013年9月25日，广东省政协副主席、广东省知识产权局局长陶凯元（左四）带队赴台湾交通大学访问。

2013年10月15日，“第四届韩国—广东发展论坛”在韩国首尔举行。广东省知识产权局党组书记、副局长马宪民（后排左一）出席论坛，广东省知识产权研究会副理事长林德纬（前排左一）陪同出席并作为代表签署《韩国广东民间组织关于开展知识产权合作的谅解备忘录》。

2013年3月26—27日，由国家知识产权局专利复审委员会主办、广东省知识产权局承办的“专利侵权判定实务研修班”在广州市举办。广东省知识产权局副局长唐毅（主席台左二）出席开班式。

2013年5月7—10日，“全省工商系统商标广告业务培训班”在广州市举办。广东省工商局局副局长姜海平（主席台左二）出席培训班并作开班动员和总结讲话。

2013年5月16—19日，“2013年专利代理人实务技能（广州）培训班”在广州市举办，广东省知识产权局纪检组长严小宜（主席台左二）出席培训班并致辞。

2013年6月24日，国家知识产权局专利局广州代办处、广东省知识产权研究与发展中心联合揭阳市知识产权局在揭阳市举办“2013年揭阳市专利实务培训班”。

2013年8月1—2日，由国家知识产权局委托，广东省知识产权研究与发展中心、国家知识产权培训（广东）基地主办的“国家知识产权局（广东）专利信息传播利用基地服务能力培育培训班”在广州市举办。

2013年9月17日，“全省知识产权培训基地工作座谈会”在惠州学院举行。广东省知识产权局副局长朱万昌（右四）出席座谈会并讲话。

2013年11月7—8日，由国家知识产权局委托，广东省知识产权研究与发展中心、国家知识产权培训（广东）基地主办的“专利竞争情报服务技能培训班”在广州市举办，国家知识产权局专利局文献部部长曾志华出席培训班并致辞。

2013年12月27日，“广东省中小学知识产权教育示范学校交流培训暨首批示范学校评估验收情况通报会”在广东实验中学召开。广东省知识产权局副局长谢红（主席台右三）出席会议并讲话。

2013年9月11—13日，国务院法制办教科文卫司司长王振江、国家知识产权局条法司司长宋建华一行来粤开展《专利代理条例》修订专题调研。

2013年3月28日，国家知识产权局专利复审委副主任张茂于（左七）一行来粤调研。广东省知识产权局纪检组长、监察专员严小宜（左六）陪同调研。

2013年10月16日，广东省政协副秘书长杜重年调研组一行在深圳市知识产权局会议厅召开“战略性新兴产业涉外知识产权应对策略专题调研座谈会”。

2013年8月27日，广东省知识产权局党组书记、副局长马宪民（右二）一行赴广州市相关服务机构开展专题调研，听取专利代理机构对广东省知识产权局系统工作的意见和建议。

2013年8月27—30日，广东省知识产权局副局长朱万昌（右二）率国家知识产权局专利局广州代办处一行赴长春、哈尔滨代办处开展调研活动。

2013年4月24日，广东省知识产权局副局长唐毅（左二）一行到广西壮族自治区知识产权局进行调研知识产权区域执法协作工作。

2013年6月6日，香港知识产权署等一行到清远市开展调研。

2013年1月14日，湛江市知识产权局和湛江海关联合在廉江市召开“湛江市知识产权（廉江）培训会”。

2013年1月20日，揭阳市知识产权局在惠来县举办“揭阳市知识产权管理工作（惠来）培训班”。

2013年3月29日，惠州市知识产权局和惠州学院举办的“联合培养法学·专利代理方向双学位（辅修专业）开班仪式”在惠州学院举行。

2013年3月29日，湛江市知识产权局召开“湛江市知识产权工作会议”。

2013年4月15日，佛山市科技局（知识产权局）主办的“推进佛山新城知识产权国际合作签约仪式”在佛山国家火炬创新创业园举行。

2013年4月19日，珠海市知识产权局举办“软件专利保护实务培训班”。

2013年4月25日，茂名市知识产权局与茂名市中级法院联合签署《关于建立知识产权民事纠纷诉调衔接机制的意见》，正式启动知识产权行政与司法合力保护新机制。

2013年4月26日，江门市知识产权局举办“4·26世界知识产权日活动”。

2013年4月26日，由潮州市政府知识产权局办公会议办公室牵头组织，市知识产权局、市工商局、市版权局、市公安局、市法院、市质监局、潮州海关、市科协等8个部门，在潮州市陶瓷交易中心举办主题为“保护·运用·发展”的“潮州市4·26世界知识产权日宣传咨询活动”。

2013年4月26日，河源市知识产权局举办“河源市4·26世界知识产权日活动暨知识产权专题报告会”。

2013年5月7日，江门市知识产权局举办“2013年江门市企业知识产权战略及专利保护培训”。

2013年5月14日，“2013年佛山市知识产权工作联席会议”召开。

2013年5月23日，茂名新世纪学校举行广东省中小学知识产权教育示范学校挂牌仪式。

2013年5月30日，广州市举办“2013年区（县级市）知识产权局专利工作座谈会”。

2013年6月21日，广州市举行“广州市专利代理工作会议暨千所百企知识产权服务对接签约仪式”。

2013年6月21日，珠海市知识产权局与市工商局开展联合执法检查行动。

2013年6月21日，世界知识产权组织国际商标注册部信息及推广司高级顾问陶俊英（左三）、世界知识产权组织顾问安东尼娜·斯托亚诺娃（左四）在中山市工商局相关人员的陪同下到中山古镇调研。

2013年7月9日，茂名市知识产权局联合广东省知识产权研究与发展中心举办"茂名市企事业单位知识产权维权培训班"。

2013年7月23日，广州、清远两市知识产权局在广州市签署《广州清远两市知识产权合作协议》。

2013年8月9日，汕头市作为地市代表在全省打击侵权假冒工作电视电话会议上汇报工作。

2013年9月24日，梅州市知识产权局联合梅州市工商局和梅州市文化广电新闻出版局在梅州城区开展联合执法检查。

2013年10月29日，汕尾市知识产权局、工商局、文广新局在陆丰市进行联合执法行动。

2013年11月16日，深圳市福田区人民政府在深圳市会展中心举行“国家知识产权服务业集聚发展试验区”揭牌仪式。

2013年11月27日，“高标准建设国家知识产权示范城市动员暨全市科学技术奖励大会”在东莞市召开。

2013年11月27日，阳江市举行2013年第七届中国专利宣传周暨“正版正货承诺”活动。阳江市江城区39家企业成为首批承诺生产、销售“正版正货”单位，并被授予“正版正货”牌匾。

2013年11月27日，东莞市举行“国家知识产权示范城市工作会谈”。

2013年12月23日，广东省验收组对云浮市新兴县实验小学进行首批省知识产权示范学校实地验收。

目 录

特 辑

综 述

知识产权创造

知识产权运用

知识产权保护

知识产权管理与服务

知识产权交流与合作

宣传　教育培训

地市知识产权工作

表彰奖励

工作交流

附 录

主题索引

照片目录

Contents of Photos

Contents

Intellectual Property Exchange and Cooperation

Publicity, Education and Training

Intellectual Property Regional Operations

Commendation and Awards

Theme Index

TE JI

特辑

- 贯彻落实《关于加快建设知识产权强省的决定》
- 第二轮知识产权高层次战略合作
- 贯彻实施《珠江三角洲地区改革发展规划纲要（2008—2020年）》
- 打击侵犯知识产权和制售假冒伪劣商品工作
- 查处假冒专利专项行动和查处『黑代理』的专项行动
- 领导讲话

贯彻落实《关于加快建设知识产权强省的决定》

贯彻落实《关于加快建设知识产权强省的决定》

【概况】 2013年，广东省知识产权局大力推动《关于加快建设知识产权强省的决定》（以下简称《决定》）的贯彻，落实广东省政府办公厅印发的《广东省加快建设知识产权强省重点任务分工方案》中的51项重点任务的具体分工，切实抓好《决定》的贯彻落实。

【贯彻落实措施】 广东省知识产权局积极推进强省建设配套政策研究，《广东省专利奖励办法》已送广东省政府审议。全省各地积极研究制定知识产权的扶持政策和推进措施，结合当地实际情况制定贯彻实施方案。目前，汕头、佛山、惠州、阳江、茂名、潮州、云浮等七个市制定实施意见或实施方案。广东省知识产权局将全省贯彻实施《决定》的有关情况汇总形成专题报告上报省政府，副省长陈云贤亲笔批示“有目标，有举措，认真抓好落实，力争2014年各项工作跃上一个新的台阶”。

广东省知识产权局起草了《〈广东省加快建设知识产权强省重点任务分工方案〉各处室任务分解表》，将2013年和2014年的工作任务按照处室职能分工进行了细化，进一步明确考核目标，加强和推进完成情况的督查，确保了各项任务的深入开展。 （供稿人：刘嵘）

实施知识产权战略

【概况】 2013年8月，广东省政府知识产权办公会议印发了《2013年实施广东省知识产权战略纲要工作方案》（下称《方案》），确定全省知识产权工作的指导思想和工作原则，对全省知识产权工作进行具体部署。《方案》主要任务分为加快知识产权强省建设、提升知识产权创造能力、促进知识产权转化运用、加大知识产权保护力度、提高知识产权管理水平、健全知识产权服务体系、加强知识产权人才工作、推动知识产权文化建设、深化知识产权交流合作和实施与监督等10个方面，涉及具体项目115项。《方案》新增了各项工作的“实施与监督任务”，要求各级政府部门加大知识产权工作的投入，确保顺利完成并取得实效。

【知识产权管理】 2013年，全省各职能部门加强管理，大力落实国家和省知识产权战略纲要及年度推进计划，制定实施部门战略规划，不断健全战略实施政策体系，全面推进各项战略实施任务。省发展改革委印发实施《广东省新能源汽车产业发展规划（2013—2020年）》；省科技厅大力推进《广东省自主创新促进条例》配套政策制定及科技成果转化立法工作；省知识产权局、省发展改革委等九部门联合出台《关于贯彻落实〈关于加快推进广东省知识产权质押融资工作的若干意见〉的实施细则》，进一步深入推进全省知识产权质押融资工作；省知识产权局出台《广东创建知识产权服务业发展示范省规划（2013—2020年）》，全面确定创建知识产权服务业发展示范省的具体措施和保障体系。此外，《广东省专利奖励办法》、《关于运用知识产权促进产业转型升级的意见》等重要政策文件也即将出台。

【知识产权创造】 2013年，广东省PCT国际专利申请受理量连续十二年保持全国首位；有效发明专利量连续四年居全国第一；全省有效注册商标总量连续19年居全国首位，并提前3年实现了省委、省政府规划的100万件的目标。在第十五届中国专利奖评审中，有72项获奖项目，再创历史新高。广东省发展改革委大力促进新兴产业集聚发展，广东获批成为全国首个战略性新兴产业集聚发展试点区域；省经济和信息化委培育建设企业技术中心，引导企业依托技术中心加强创新能力建设；省科技厅推进实施创新型企业院线提升计划，从创新战略上支持企业提升自主知识产权创造能力；省工商局将商标战略实施与品牌建设紧密融合，以商标工作的推进带动全省品牌创建；省农业厅、林业厅有效加强植物新品种培育工作，全省植物新品种创造能力不断提升。

【知识产权转化运用】 2013年，广东省紧扣产业发展需求，全面提升知识产权运用水平。省发展改革委积极组织实施国家高技术产业化专项和省新能源汽车产业发展专项；省版权局积极实施"版权兴业工程"，累计认定"广东省版权兴业示范基地"71家；省知识产权局和省人力资源社会保障厅继续开展广东专利奖评选表彰工作，2013年授予金奖15项、优秀奖55项，获奖项目经济和社会效益突出；省知识产权局大力扶持国家知识产权投融资综合试验区（南海）及投融资服务试点（顺德）建设，启动中国（广东）知识产权投融资服务平台，全年全省734项专利获得49.8亿元质押贷款，继续保持全国首位。截至2013年底，全省共有国家知识产权示范企业13家、优势企业37家，省示范企业120家、事业单位20家、优势企业510家；全省建立知识产权（专利）联盟达25家，产业集群发展协同力不断强化。

【知识产权保护】 2013年5月底，广东省顺利通过国务院2012年度打击侵权假冒工作绩效考核，并获得满分的佳绩，工作成效得到全国双打办的高度肯定，受邀作为地方唯一代表在商务部 "打击侵权假冒"专题新闻发布会上向国内外媒体介绍广东打击侵权假冒的做法和成果。省司法厅、省文化厅、省质监局、省食品药品监管局等15家单位分别与省公安厅签署了打击侵权假冒信息共享合作备忘录，加强行政执法与刑事司法的有效衔接。省行政执法与刑事司法衔接工作信息共享平台正式启动运行。据不完全统计，2013年全省共立案查处侵权假冒违法案件41483件，其中重大案件数量807件，办结35124件，向司法机关移送案件943件。截至10月，全省县级政府机关已全部实现软件正版化，提前完成国务院工作部署。中国东莞（家具）知识产权快速维权中心获批成立，广东省成为全国唯一拥有两家快速维权中心的省份。

【知识产权服务】 2013年，广东省各有关部门不断提高知识产权服务水平，全省知识产权服务工作有序发展。知识产权服务业示范省创建工作进展顺利，深圳福田区成为国家知识产权服务业集聚发展试验区。省发展改革委加快推动国家专利审查协作广东中心、广东省知识产权服务业集聚中心建设工作，促进知识产权服务业的集聚发展；省科技厅积极建设检验检测、知识产权服务、电子商务等各类公共服务平台，完善专业镇创新服务体系，推动传统优势产业转型升级；省工商局大力支持行业（专业）协会和中介组织发展，指导东莞市成立商标品牌发展保护促进会，建立起由部门、专业协会、企业共同开展商标维权的品牌建设的组织；省知识产权局持续推进国家知识产权局泛珠区域专利信息服务中心建设，完成全球104

个国家和地区8000多万条全量专利数据加载工作，同时大力实施“百所千企知识产权服务对接工程”，在肇庆、云浮、顺德组织32家专利代理机构、155家企业开展对接服务。各相关职能部门切实加大对知识产权中介服务机构的监管力度，有效提升行业服务能力和水平。

【知识产权文化建设和人才工作】 2013年，全省各级知识产权职能部门以“4·26”世界知识产权日等重要活动为契机，全面加强知识产权宣传工作力度，知识产权事业发展环境不断优化。省司法厅积极开展保护知识产权相关法律法规的宣传普及，宣传以“尊重知识、崇尚创新、诚信守法”为核心的知识产权文化；省工商局组织全省工商系统开展以“推进商标品牌战略，服务创新驱动发展”为主题的宣传周活动，不断增强社会公众的商标意识；省知识产权局通过开展知识产权战略实施亮点巡回采访活动、制作战略实施宣传画册及专题片等一系列国家知识产权战略实施五周年宣传活动，广泛宣传广东省实施知识产权战略以来的重要措施和取得的成效。全省中小学知识产权教育有效推进，首批广东省中小学知识产权教育示范学校全部通过评估验收。人才工作力度不断加强，3名领军人才和6名师资人才入选全国专利信息领军人才和专利信息师资人才库。全国首家国家中小微企业知识产权培训基地落户佛山南海，全国首家高校以外的国家知识产权培训（广东）基地（落户省知识产权研究与发展中心）揭牌。全省累计建设国家级知识产权培训基地3家，认定省级培训基地7家。

【知识产权国际和区域交流合作】 2013年，全省知识产权职能部门积极实施互利共赢的开放战略，不断深化知识产权国际合作和对外交流工作。粤港知识产权合作持续深入，粤港顺利召开保护知识产权合作专责小组第十二次会议，签署年度合作协议。省版权局组织粤港两地中学生开展版权知识和版权保护交流活动，率领广东企业赴港进行版权产业交流活动。海关广东分署与香港海关联手开展打击邮递快件渠道侵权违法活动的专项行动，在广州白云国际机场、深圳宝安国际机场、深圳邮局和皇岗等口岸查获侵权货物一大批。省知识产权局积极推进泛珠三角知识产权合作，正式启动与内蒙古的知识产权合作并签署《粤蒙知识产权合作框架协议》。

【知识产权战略实施与监督】 2013年，全省各地级以上市人民政府和知识产权职能部门积极行动，合力推进知识产权战略的深入实施。广州市政府出台加强专利创造工作意见，为本市专利工作加快发展注入新的活力，同时开展第二届保护知识产权市长奖和市专利奖；深圳建立完善专利价值分析指标体系，起草全国首个专利价值的评估标准《专利价值评估指南》；汕头启动新兴产业知识产权提升工程，帮助企业构建有利于创新发展的长效机制；东莞、中山成立行业专利侵权判定咨询委员会，不断创新专利执法举措；广州、深圳、珠海、汕头、肇庆所辖县（市、区）全部成立打击侵权假冒工作协调机构。全省各地积极将知识产权发展目标和工作举措纳入本地区经济社会发展规划，战略实施工作在全省范围内全面展开并不断深入推进。 （供稿人：陈燕）

第二轮知识产权高层次战略合作

第二轮知识产权高层次战略合作

【概况】 2013年，国家知识产权局、广东省人民政府正式建立第二轮知识产权高层次战略合作关系，此次合作为期3年，合作主题是“围绕广东经济结构战略性调整的中心任务，以‘服务转型升级、服务创新驱动、服务扩大内外需’为切入点，共同打造知识产权服务经济结构战略性调整的创新地”，双方将从“共同探索推动产业转型升级新路径、共同构建增强创新驱动发展能力新机制、共同培育促进开放型经济发展新优势”三方面，开展专利导航工程、实施贯标计划等12项具体合作。

【年度工作情况】 广东省人民政府与国家知识产权局建立第二轮知识产权高层次战略合作关系一年以来，双方共同推动年度合作项目取得显著成效。

知识产权服务产业转型升级。围绕广东省产业转型升级的重点任务，制定了《关于运用知识产权促进产业转型升级的意见》。

专利导航重点产业发展。广东以实施战略性新兴产业专利信息资源开发利用导航产业发展。全年，举办新能源汽车产业、LED产业外延和芯片领域、生物医药产业等5场专利分析及预警报告会，发布《广东省新能源汽车产业专利分析与预警报告》、《LED产业外延和芯片领域核心专利分析及预警报告》等9份报告，立项实施12个新一批专利分析及预警项目。截至年底，已建立6个战略性新兴产业专利信息专题数据库，组织14场产业专利分析及预警报告会。

企业知识产权贯标。广东通过建立企业知识产权管理规范推广工作机制、出台《广东省知识产权局关于推行企业知识产权管理规范工作的通知》、开展知识产权管理规范培训、设立企业知识产权管理规范推进项目、开展企业知识产权贯标试点等措施，推动企业知识产权贯标工作取得实效。一年来，安排贯标专项经费达240万元，全省已有近百家企业与服务机构成功对接，如金发科技、志高空调已进入对接完成后的企业知识产权管理规范的辅导阶段；举办4期全省企业知识产权管理规范培训和1期服务机构培训班，吸引如格力、美的、宇龙、广东电网等一批大型骨干企业参加，培训人员达700余人。

知识产权高端运营。广东积极开展知识产权证券化及运营公司模式研究，形成《广东知识产权创业投资基金及其运作模式研究》及《广东省知识产权运营基金方案研究》报告；通过开展知识产权交易所可行性调研，积极筹划设立广东省知识产权交易所；开设广东省知识产权评估与价值分析应用推广项目和知识产权运营机构培育试点项目，择优10家知识产权服务机构与资产评估机构、3家知识产权运营机构进行重点培育。同时，双方共同支持中兴通讯、腾讯、中彩联等企业开展国家专利运营试点工作，并研制和推广应用质押评估技术规范地方标准。目前，腾讯公司成为W3C标准组织的主要成员之一和国家AVS音视频标准基本专利的拥有人之一，中兴通讯顺利加入两大专利池、四大标准组织。

知识产权服务业。广东制定出台《广东创建知识产权服务业发展示范省规划（2013—2020年）》及《关于促进知识产权服务业发展的若干意见》。双方共同培育深圳市福田区成为国家知识产权服务业集聚发展试验区，加快推进广东省知识产权服务业集聚中心建设，指导中新（广州）知识城开展知识产权服务与保护试验区建设，通过建立健全知识产权创造、运用、保护和管理等多元化知识产权服务体系，着力培育知识产权服务业龙头企业和品牌，推进知识产权服务业集聚发展。目前，国家知识产权服务业集聚发展试验区（福田区）已正式挂牌。

知识产权执法协作机制。广东开展知识产权执法维权跨区域合作，建立了华南地区专利行政执法协作调度中心，广东、广西、海南三省（区）于2013年12月20日签署协作调度协议，同时，粤桂两省区建立专利行政执法协作。此外，中山、佛山、江门市和顺德区知识产权部门在中山灯饰快速维权基础上，签订了《四市（区）灯饰产业专利行政执法协作协议》，联合打击跨区域灯饰专利侵权违法行为。

知识产权涉外应对和维权援助。全年，开展30多个重大展会知识产权保护，提供专利确权信息641件，指导展会通过自律方式调解展会专利纠纷1000余件，国家知识产权局复审委特别指派专家指导和参与广交会知识产权保护。此外，在国家知识产权局大力支持下，中国东莞（家具）知识产权快速维权中心正式落户广东。同时，广东省积极推动建立行业知识产权涉外应对和海外维权工作机制。

知识产权高端人才培养。广东在知识产权高端人才培养工作方面加大力度，首家国家中小微企业知识产权培训基地落户广东。启动实施了中国知识产权远程教育广东省分平台建设工程，打造广东知识产权人才培养的重要新平台。同时，广东11名优秀人才入选全国知识产权领军人才，6名优秀人才入选全国专利信息领军人才。广东顺利完成《关于加强全省知识产权人才工作的意见》起草工作，研究制定了《2013年广东省知识产权人才培训计划》，并组织举办“2013年企业上市公司总裁知识产权研修班”、“第六期政府知识产权行政管理人员研修班”、“专利侵权判定实务研修班”、“美国新专利法及应对策略研讨班”等各类高层次培训班数十期，参加培训数千人次。

知识产权国际交流合作。在知识产权国际交流合作平台建设方面，广东积极组织开展英、德、法、澳知识产权国际合作，并举办高层次国际知识产权研讨活动，联合香港知识产权署、韩国知识产权局举办“2013年广州国际知识产权商业化研讨会”，与日本知识产权协会合作举办中日企业知识产权合作会议，承办国家知识产权局与日本经济产业省“中日知识产权跟进研讨会”；与香港贸易发展局、香港知识产权署联合主办“粤港知识产权与中小企业发展研讨会”；与英国睿格律师事务所合作举办欧洲知识产权制度巡回演讲等。在重大国际合作园区知识产权平台建设方面，广东积极推动中新（广州）知识城开展知识产权保护与服务综合试点建设工作，并与揭阳市人民政府正式签署《关于建立知识产权合作会商制度的协议》，加强“中德金属生态城”知识产权保护。同时，广东将知识产权活动首次纳入“第五届粤东侨博会”范畴，为粤东侨博会提供知识产权服务。

重点项目前期工作。广东全力推进三项重点项目的前期研究工作。一是开展专利信息大数据服务基地前期研究，按照条件要求，做好技术人员和环境配备工作，并着手草拟专利信息大数据服务基地建设方案。二是配合国家知识产权局对在广东设立国家知识产权局专利局国际申请审查分支机构开展可行性研究。三是开展国家专利菌种保藏华南中心可行性研究，并形成研究报告。（供稿人：阳屹琴）

贯彻实施《珠江三角洲地区改革发展规划纲要（2008—2020年）》

贯彻实施《珠江三角洲地区改革发展规划纲要（2008—2020年）》

【概况】 2013年，根据广东省人民政府统一部署，广东省知识产权局稳中有进地推动珠三角地区知识产权工作。“四年大发展”期间，“百万人口发明专利申请量”指标超额完成预定目标。同时，“百万人口发明专利申请量”和“万人有效发明专利拥有量”指标列入《规划纲要》“九年大跨越”主要监控指标，“实施知识产权战略”作为一项独立工作纳入“九年大跨越”主要任务。2013年珠三角地区“百万人口发明专利申请量”和“万人有效发明专利拥有量”均达到预定目标，各项重点工作均取得成效。

【重大经济科技活动知识产权评议】 制定并形成《广东省重大经济和科技活动知识产权审查与评议暂行办法》（送审稿）。广东省“DiiVA‘数字高清互动传输接口技术’标准推广”、“锂离子动力电池研发及产业化”、“新一代4G LTE关键技术及网络设备开发”、“广东省专利技术实施计划重大专项”项目顺利通过国家知识产权局2012年第二批“重大经济活动知识产权评议试点”工作考核验收。深圳市知识产权局列入国家2013年重大经济科技活动知识产权评议试点单位。珠三角地区的广东省知识产权研究与发展中心、广州奥凯信息咨询有限公司、深圳中科院知识产权投资有限公司、深圳市威世博知识产权代理事务所等4家知识产权服务机构成功入围首批“全国知识产权分析评议服务示范创建机构”。

【知识产权投融资】 南海知识产权投融资综合试验区建设。试验区建立了知识产权投融资协调推进机制，与深交所、广交所、省人寿保险公司等多家机构和银行开展合作；完善基于交易平台的知识产权质押融资风控体系，建设“中国（广东）知识产权投融资信息服务平台”；研制和推广应用知识产权质押评估技术规范地方标准，建立知识产权维权保护体系支撑和知识产权投融资项目风险分析评价机制；搭建知识产权与资本对接平台；建立知识产权投融资信息交流机制和知识产权投融资信息交流网络平台及行业交流平台。

顺德知识产权投融资服务试点建设。制定出台《顺德区知识产权质押投融资专项资金管理办法（暂行）》；深化科技金融联动，构建知识产权转化与交易平台，建立专利技术转化、孵化和产业化投融资机制；搭建知识产权投融资服务平台，建设知识产权投融资服务数据库；探索组建服务联盟。

【专利审协广东中心及区域专利信息服务（广州）中心建设】 2013年，专利审协广东中心完成项目立项审批和土地购置、设计招标、代建招标等工作，并于7月24日在中新广州知识城顺利奠基。广东省知识产权局制订并印发《国家知识产权局区域专利信息服务（广州）中心服务发展规划》，完成全球98个国家和地区8000多万条专利数据加载工作。

（供稿人：阳屹琴）

打击侵犯知识产权和制售假冒伪劣商品工作

打击侵犯知识产权和制售假冒伪劣商品工作

【概述】 2013年，广东省根据《国务院关于进一步做好打击侵犯知识产权和制售假冒伪劣商品工作的意见》（国发〔2011〕37号）要求，围绕严重侵害人民群众切身利益和影响创新驱动发展的突出问题，加大生产源头治理力度，加强市场监督管理，强化刑事司法打击，努力推进诚信体系建设，建立健全长效治理机制，打击侵权假冒工作取得显著成效。

【组织管理】 省委、省政府高度重视打击侵权假冒工作，省长朱小丹多次批示，副省长、省打击侵权假冒工作领导小组组长陈云贤亲自主持召开全省打击侵权假冒工作电视电话会议，传达中央精神，部署全省工作任务，会议首次开至县区一级。省打击侵权假冒工作领导小组办公室积极发挥协调推进作用，组织完成上年度绩效现场考核，制定并推进年度工作要点实施，组织重点成员单位建立打击侵权假冒信息共享合作机制，并将打击侵权假冒各项具体工作纳入省“两建”考核指标体系。各地按照省政府统一部署，切实加强组织领导。广州升格市知识产权工作领导小组并整合打击侵权假冒工作职能，由市长陈建华任组长，成员包括市有关部门和各区县政府主要领导；深圳市打击侵权假冒工作领导小组成员包括市直单位和各区主管领导，落实了联席会议制度，进一步理顺了关系，提升了工作效能；广州、深圳、珠海、汕头、肇庆所辖县（市、区）全部成立打击侵权假冒协调机构，为工作的深入推进打下坚实的基础。

【行政执法】 全省各地各部门将日常执法与专项行动紧密结合，围绕重点商品和突出问题，切实加大执法监管保护力度。省领导小组办公室根据外交部转来线索，组织中山、清远等地开展扑克牌专项整治行动；农业部门狠抓农资打假专项治理；卫生系统建立打击假冒“救护车”长效联控机制；文化部门部署开展“清源”行动查堵有害出版物；林业系统组织林木种苗行政执法和质量检查；版权部门开展“剑网行动”打击治理网络侵权盗版；质监部门联合汕头专项打击红糖制售假冒行为；工商系统围绕“问题鱼翅”和“湖南问题大米”开展统一清查；广州开展临港商务区侵犯知识产权案件专项行动；河源围绕供港澳食品农产品打造“菜篮子”安心工程防护网。据不完全统计，全年全省共立案查处侵权假冒违法案件41483件，其中重大案件数量807件，办结35124万件，向司法机关移送案件943件。

【刑事司法】 全省公安部门共立制假售假犯罪案件4126宗，破案3317宗，抓获犯罪嫌疑人5460名，捣毁制假窝点2532个；检察机关共批捕侵犯知识产权犯罪案件1119件1861人，生产、销售伪劣商品犯罪案件649件973人，起诉侵犯知识产权犯罪案件1078件1780人，生产、销售伪劣商品犯罪案件667件905人；全省法院新收侵犯知识产权犯罪案件1009宗1820人，同期生效案件1007件1812人，新收生产、销售伪劣商品犯罪案件629件867人，同期生效判决

584件850人，对侵权假冒违法犯罪分子形成强大震慑力。

【大要案查处】 全省集中优势力量，加大侦破力度，破获一系列具有重大影响的案件。广州联合上海、福建等地警方侦破全国最大的朱氏家族制售假表团伙案；东莞破获公安部督办的“吴某等非法经营假烟案”，抓获21名犯罪嫌疑人；广州破获近年来最大宗假冒食用油案，查扣假冒成品食用油约15吨，原料油3吨多；深圳食药监部门联合公安侦破“5·30销售假药集群案件”；汕头联合上海、江苏、福建等地警方破获吴某双等人非法经营卷烟案；河源破获李某虹等人制售假冒品牌计算器案件，查封生产线4条；揭阳地税联合公安查获两起制造假发票案，缴获假发票均超5万份，抓获嫌疑人11名。

【边境执法】 广东省内海关查获侵权嫌疑货物4798批次，涉案货物数量达1726万件；省内海关加大对出口到美国、欧盟等侵权风险较高的国家或地区货物监控力度，对重点企业进行分类管理，同时根据海关总署统一部署，联合美国海关开展“知识产权联合执法行动”，联合香港、澳门海关开展打击侵权货物专项行动。全省出入境检验检疫部门积极查处出口涉嫌侵权假冒商品、假证和假收费收据，同时配合东莞、肇庆等地政府开展联合行动，监督销毁入境冻品，共查处行政处罚案件973宗。

【展会保护】 全省各级打击侵权假冒行政执法部门先后在广交会、加博会、中博会、高交会等大型展会上开展查处侵犯知识产权行为和法律咨询工作，第113届和114届广交会共受理涉嫌侵犯知识产权投诉1042宗。6月18日，国务院副总理汪洋视察加博会知识产权保护服务站，对广东展会知识产权保护给予高度评价。广州市、区两级知识产权局调处展会专利纠纷559件；深圳市知识产权局在全国电子信息产业博览会和中国（深圳）国际文化产业博览会期间开展执法巡查、受理举报投诉、提供咨询服务等工作，赢得广泛赞誉。

【“两法衔接”平台建设】 广东省成立了“两法衔接”联席会议制度，确定了统一的应用软件和技术标准，并纳入“两建”工作重要内容。8月，省委召开“全省加强行政执法与刑事司法衔接工作”电视电话会议；10月，广东省行政执法与刑事司法衔接工作信息共享平台开通试运行；12月，平台正式启动运行，全省三级信息共享平台按照要求全面开通运行。

【软件正版化】 继2012年省级和地市政府机关全部实现软件正版化之后，2013年省县级政府机关软件正版化进展迅速。7月中下旬，省推进使用正版软件工作联席会议派出5个督查组对全省县级政府机关推进使用正版软件工作进行了重点抽查；全省累计抽查68个县（市、区），208个政府机关单位，共1664台计算机。通过全方位督导检查，截至2013年10月底，全省县级政府机关全部实现软件正版化，提前完成国务院工作部署，其中东莞市软件正版化已全面覆盖市、镇（街）两级机关及村（居）委会一级机构。

【诚信体系建设】 广东省出台了《广东省建设社会信用体系工作方案》，整合全省超过130万家企业的相关信息优化广东省企业信用信息网，着力推动信用信息互通共享；工商系统建立防范预警与打击惩处为一体的监管执法工作体系，实行网格式监管；深圳联合广州、北京、上海等16个城市开展网络交易监管及消费者权益保护异地协作，共建跨区域电子商务监管协助体系；中山建立多功能的社会征信和金融服务平台，与中国人民银行企业信用信息基础数据库形成地方性与全国性、社会征信与信贷征信互补共进的良好格局。

【文化宣传】 广东省打击侵权假冒工作领导小组办公室在知名网站开设广东打击侵权假冒

工作网，制作打击侵权假冒工作专题片、公益广告，在省内主要媒体刊登打击侵权假冒专版，并率先建立打击侵权假冒网络舆情监测系统，拓宽信息来源，加强社会监督。各地各部门充分利用“3·15”、“4·26”、“5·15”等主题活动，向全社会广泛普及知识产权知识，宣传打击侵权假冒成效。司法系统开展“诚信守法示范企业”评选；广电系统通过新闻、专题和公益广告等多种形式大力宣传；省经信委组织开展假冒伪劣酒类产品大型集中销毁活动；河源集中销毁700余万粒假药；顺德举办知识产权沙龙。各级维权援助举报投诉平台积极发挥作用，社会监督能力不断加强。

在全省各地各部门的共同努力下，广东打击侵权假冒工作成果突出，得到各级领导一致肯定，并获得美国、英国、法国、日本等国家的高度称赞。

（供稿人：王强）

查处假冒专利专项行动和查处“黑代理”的专项行动

查处假冒专利专项行动和查处“黑代理”的专项行动

【概况】 2013年8—9月，根据国家知识产权局和广东省“双打”办的要求，广东省知识产权局继续大力开展组织查处假冒专利专项行动和查处“黑代理”专项行动，突出重点，集中办案，集中整治。

【假冒专利专项行动】 8月底，广东省知识产权局组织广州、深圳、佛山、肇庆、惠州、河源、韶关、东莞、汕头、江门、茂名和湛江等12个地市知识产权局以及顺德区经济和科技促进局联合开展查处假冒专利案件统一执法行动。在行动中，各地共对销售“肤立修凝胶”假冒专利药品行为立案39宗，对另外3种假冒专利药品立案进行查处，共查获假冒专利药品1000余盒。

【“黑代理”专项行动】 8月底至9月中旬，广东省知识产权局组织全省各地市知识产权局在全省范围内联合开展了查处“黑代理”违法行为统一执法行动。本次行动中，全省知识产权局共立案调查33宗，查实8宗“黑代理”行为。

（供稿人：毕赓）

领导讲话

国家知识产权局局长田力普在全省知识产权工作座谈会暨广东省专利奖励大会上的讲话

（2013年7月23日）

尊敬的陈云贤副省长、同志们：

大家好！很高兴参加广东省知识产权工作座谈会暨广东省专利奖励大会。在这里，我代表国家知识产权局，向获得第十四届中国专利奖和2013年广东专利奖项目的单位和个人表示热烈的祝贺！向全省知识产权战线上辛勤工作的同志们致以亲切的问候！也借此机会，对广东省委、省政府、各有关部门以及社会各界长期以来对知识产权工作的关心、帮助和支持，表示衷心的感谢！

下面，我讲三点意见。

一、真抓实干，广东知识产权工作在继承创新中呈现新局面

近年来，广东省在健全工作机制、优化法治环境、搭建服务平台、加大保护力度、提升管理水平等诸多方面都进行了积极尝试和有益探索，知识产权事业呈现全面发展、科学发展和协调发展的大好局面，为促进转型升级，建设幸福广东提供了有力支撑，为我国知识产权事业的健康发展创造了宝贵经验。

一是强化中心意识，树立服务大局的观念。知识产权工作始终围绕着省委、省政府确定的中心工作来进行，力求服务好这个中心。在国家知识产权局和广东省政府签署的第二轮知识产权高层次战略合作关系中，就明确提出要围绕广东经济结构战略性调整的中心任务，以“服务转型升级、服务创新驱动、服务扩大内外需”为切入点，共同打造知识产权服务经济结构战略性调整的创新地。近年来广东出台了一系列知识产权政策法规，特别是颁布《关于加快建设知识产权强省的决定》，确立了知识产权的发展目标，知识产权工作服务社会经济发展迈上了新台阶。

二是强化创新意识，树立开拓进取的观念。广东知识产权工作充分发挥改革开放先锋的作用，不断增强敢于创新和乐于创新的意识，为全省经济社会又好又快发展做出了积极贡献。国家知识产权局一批国家级基地、服务中心和创新性合作活动在广东相继开展，并首个提出了共同创建全国知识产权服务业发展示范省的目标。截至2012年底，广东发明授权量连续五年位居全国第一；PCT国际专利申请量连续十一年保持全国首位；有效发明专利量连续三年居全国首位。这些成绩的取得，正是体现了广东知识产权工作者开拓进取、求真务实的创新意识。

三是强化责任意识，树立实干兴业的观念。广东省知识产权管理战线上一直有一个思想解放、工作扎实、甘于奉献、积极进取的领导班子，注重强化责任意识，锤炼实干品质。广东的“双打”专项行动多次得到国务院督查

组和全国“双打”办的高度评价，在国家知识产权局开展的专利行政执法和知识产权维权援助举报投诉绩效考核中，广东名列前茅。这些实实在在的工作为广东知识产权事业发展奠定了良好基础，有力地推动了知识产权强省建设。

二、认清形势，准确把握知识产权事业面临的机遇与挑战

知识产权发展水平是衡量一个国家或地区综合实力、发展能力和核心竞争力的战略性标志之一。当前，知识产权在经济社会发展中的重要支撑作用日益凸显，知识产权已经成为建设创新型国家的重要引擎和助推器。我们必须积极统筹国内国际两个大局，科学判断我国知识产权发展新态势，牢牢把握经济社会发展对知识产权工作提出的新要求，在形势发展变化中抓住新机遇，在应对各种挑战中把握主动权，推动知识产权事业不断开创新局。

国际方面，世界经济形势总体上仍十分严峻复杂。一是发达国家从维护国家竞争优势角度出发，借助新一轮产业结构调整，在战略性新兴产业、重点产业中激励知识产权创造、强化知识产权保护。二是发达国家在知识产权国际规则制定上继续发挥主导作用，致力于加速推进知识产权规则国际化，不断提高知识产权保护标准，强化本国竞争优势。三是随着我国等新兴经济体创新与知识产权能力的快速提升，发达国家在各个层级的双边交流中均将知识产权列为重点议题，借口知识产权问题不断向我施压，批评指责加剧，知识产权问题政治化趋势更为显著。

国内方面，随着近年来国家知识产权战略实施的深入，我国知识产权事业取得了举世瞩目的成就，截至2012年底，我国发明专利累计授权量达111.1万件，国内有效发明专利拥有量达43.5万件。随着知识产权事业由数量速度型向质量效益型的逐步转变，知识产权事业进入了推动国家核心竞争力提升、服务经济发展方式转变的新阶段。另一方面，实施创新驱动发展战略，不断调整产业结构，提升制造业的附加值，为知识产权发挥支撑作用提供了良好的契机。近年来，国家经济社会发展对知识产权工作的要求明显提高，需求明显增强，特别是市场主体对于加强知识产权保护，改善知识产权法治环境、市场环境和文化环境的诉求日益强烈。所以，我们只有不断提升知识产权工作自身发展的能力，才能更好地发挥知识产权促进经济社会发展的支撑作用。

广东经过改革开放30多年快速发展，已全面进入经济社会发展转型期，传统发展模式难以为继，推进科学发展、转变经济发展方式任务艰巨、刻不容缓。要实现经济发展方式从要素驱动向创新驱动转变，必须要利用和运用好知识产权制度，使知识产权真正成为经济发展的主要推动力。现在广东省提出“加快转型升级，建设幸福广东”的工作思路，只有把知识产权工作真正置于重点发展的战略地位，才能把握先机，赢得发展的主动权。

三、奋发有为，科学谋划广东知识产权事业实现跨越式发展

今后一个时期，是广东全面实现小康并率先基本实现现代化的重要时期。我希望，广东知识产权工作者要立足国情、省情，科学把握新形势下广东知识产权工作发展面临的机遇和挑战，为推动广东知识产权强省建设做出有益探索和积极贡献。在此，我对广东知识产权工作提四点希望。

第一，深化战略实施，加快强省建设。

随着我国创新型国家建设和知识产权战略实施的不断推进，政府知识产权工作的着力点，已从知识产权制度的构建转变成为服务并推动市场主体对知识产权制度的有效运用。我们要充分发挥知识产权对经济社会发展的导向和促进作用，深入推进国家和省的知识产权战略纲要的贯彻实施，认真落实《关于加快建设知识产权强省的决定》的各项任务，切实提升知识产权创造、运用 、保护和管理能力。要在服务广东经济又好又快发展上不断总结新经

验、研究新办法，构建有利于知识产权战略实施的法制环境、政策环境和市场环境。国家知识产权局将一如既往地支持广东在知识产权方面先行先试，希望广东知识产权工作者继续发扬勇于探索、真抓实干的精神，继续为全国创造出好成绩、好经验。

第二，狠抓工作落实，推进省部合作。

当前，广东正处在全面推进经济社会转型升级的关键阶段，国家知识产权局与广东省建立的第二轮知识产权高层次战略合作任重道远。我们要切实提升省部合作的质量和水平，分解任务，确定时限，明确责任，狠抓落实，使第二轮省部合作成为国家局与广东省联系的桥梁和纽带，确保合作的各项工作得到扎实推进。我希望，借助知识产权高层次战略合作平台，为地方经济转型升级和创新发展提供重要保障，为广东知识产权事业实现跨越式发展奠定坚实的基础。

第三，加强队伍建设，提高管理水平。

加强知识产权工作体系和队伍建设，是完善知识产权管理工作机制的重要内容，广东在这方面已经取得了一定成效。我希望，还要进一步完善知识产权管理体系，健全知识产权工作机制，努力从机构设置、人员编制、经费安排和基本建设等方面投入保障。要加强知识产权行政管理和执法队伍建设，加强知识产权专业人才培养，健全完善人才培养、引进和使用的激励机制，努力建设一支数量充足、结构合理、门类齐全、素质较高的人才队伍，以满足广东经济社会发展和知识产权事业发展的需要，为广东知识产权事业的健康协调发展提供重要支撑。

第四，强化服务意识，营造良好环境。

广东是全国改革开放的先行地区，广东的知识产权工作这些年来也一直是全国知识产权战线的一面旗帜，很有特色。要进一步增强服务意识，围绕广大人民群众关心的热点问题和亟须解决的问题，积极服务于创新驱动发展战略，以优质的服务促进知识产权战略的有效实施。特别是要抓住创建知识产权服务业发展示范省的契机，推动广东创新资源高效配置的有效模式，推进知识产权成为新的经济增长极，为知识产权强省建设营造良好的创新发展环境。国家知识产权局将助力广东建设知识产权多元国际合作实验区，加快实现经济结构战略性调整，与广东共同谋划知识产权服务业发展。

最后，祝愿广东省的知识产权事业为广东社会发展经济腾飞再立新功！谢谢大家！

广东省人民政府省长朱小丹在国家知识产权局、广东省人民政府第二轮知识产权高层次战略合作工作议定书签署仪式上的讲话

（2013年4月11日）

尊敬的力普局长、贺化副局长、各位领导、同志们：

今天，国家知识产权局与广东省政府在这里举行第二轮知识产权高层次战略合作签署仪式并召开会商工作会议。力普局长亲自率领各位领导、专家亲临指导，这充分体现了国家知识产权局对深化部省高层次合作的高度重视和大力支持，在此，我受春华书记委托谨代表广东省委、省政府向力普局长一行表示热烈的欢迎和衷心的感谢！

刚才，力普局长作了重要讲话，深刻讲出了知识产权工作对于创新驱动发展的重大意义，对双方开展第二轮知识产权高层次战略合作提出了明确的指导思想和工作重点。贺化同志、云贤同志分别就2013年的合作事宜提出了具体的意见和建议，凯元同志总结了第一轮合作情况并为第二轮合作内容作了详细的介绍都讲得非常好，我们将按照这次会议精神，特别是力普局长的重大讲话精神，认真抓好贯彻落实，扎实推进部省合作上新水平、新台阶。下面，我就深入开展第二轮部省知识产权战略合作谈两点意见。

一、第一轮部省知识产权高层次战略合作成效显著

开展部省知识产权高层次战略合作是国家知识产权局和我省共同推进实施知识产权战略的创新举措。五年来，部省双方认真落实第一轮战略合作协议，对促进创新型广东建设、充分发挥知识产权制度对广东经济社会发展的助推作用做了大量卓有成效的工作。在服务国家战略目标方面，第一轮合作期间，广东推动所有地级以上市出台知识产权战略纲要或实施方案，着力完善知识产权制度，提升知识产权工作水平，明确建设知识产权强省目标，创下了建立知识产权快速维权中心、知识产权投融资试验区、区域专利信息服务中心等多个全国第一的纪录，为国家知识产权战略在地方实施借来有力的先行先试经验。在服务地方转型升级方面，得益于部省知识产权战略合作的有力推动，我省区域创新能力进一步增强。知识产权快速增长，主要指标居全国前列，发明专利授权量连续五年位居全国第一，PCT国际专利申请量连续十一年保持全国首位，有效发明专利量连续三年居全国第一位，每万人口发明专利拥有量是全国平均值的2.33倍。特别是第二批高新技术企业依靠知识产权有效提升了国际竞争力，成为引领我省经济转型升级的中坚力量。在夯实知识产权基础工作方面，部省共同推进广东知识产权管理体制创新，不断完善知识产权法治环境，合作领域不断拓展、合作内容日益丰富，推动了一大批国内外优势知识产权资源和创新资源加速向我省聚集。总的来看，五年来我们推进知识产权高层次战略合作的实践适应了当前国际国内知识经济的发展趋势，切合广东经济社会发展，特别是转型升级

的迫切需要，展示了在知识产权领域开展部省合作的显著成果和广阔前景，更加坚定了我们携手奋进的决心和信心。

二、务实推进部省第二轮知识产权高层次战略合作

当前，我省正处在全面推进经济社会转型升级、努力实现“三个定位，两个率先”总目标的关键阶段，我省将树立立足广东、服务全国、放眼世界的开放意识和宏观视野，充分依托国家知识产权局在政策、人才、信息等多方面的有力指导和支持，加强知识产权工作更充分发挥知识产权制度对激励自主创新、保护科技成果支撑产业转型发展和提升开放型经济水平的重要作用，全面推进知识产权强省建设。为此，我们希望在推进第二轮知识产权高层次战略合作中重点做好以下几个方面的工作：

（一）支持广东在落实企业知识产权主体地位上进一步先行先试。

企业是自主创新和运用知识产权资源的主体，是区域创新体系建设的主力军，在新一轮部省合作中重点开展对深层次战略性问题的政策研究，建立健全知识产权评估、质押融资和市场交易体系，加快推进知识产权创造、转化和运用，特别是通过实施专利导航工程、企业贯标计划等推动企业建立知识产权制度，增加创新投入，培植一批国家级和省级知识产权试点、示范模范企业和商标战略实施示范企业，形成一批拥有自主知识产权核心技术和国际竞争力的龙头企业。

（二）支持在广东开展国家促进知识产权服务业发展试验工作。

广东具备发展知识产权服务业的基础条件和完善的维权援助系统，希望国家知识产权局在政策、经费、项目、人力资源等方面为广东更多的支持，共同推进我省开展国家促进知识产权服务业发展试点工作，使知识产权服务业成为广东发展的新的驱动力，特别是充分发挥到广东毗邻港、澳的区域优势，共同研究落实有关粤港澳服务业合作先行先试相关政策，充分发挥好深圳在PCT国际专利申请方面的优势，促进深圳知识产权高端服务业的发展。

（三）支持广东加大知识产权保护和交流合作。

目前，知识产权保护已上升为国际合作与投资最重要的因素。为巩固和发展广东作为全球制造业基地和全国外经贸大省的优势，希望部省联手关注和参与知识产权国际规则变革，增强紧急应对国内外知识产权纠纷和诉讼的能力，努力推广法治化、国际化营商环境。广东将主动做好衔接配合和督促检查的具体工作，确保各项合作措施落实到位。同时，我们也将全力为国家知识产权局及所属单位的专家学者提供优质服务，营造良好的工作环境与条件。希望力普局长、各位领导对我省工作一如既往给予关心、支持、帮助，多提宝贵意见，全力支持和推动我省知识产权事业的改革创新和发展。我们相信，在党中央、国务院的正确领导和国家知识产权局的有力指导下，部省新一轮知识产权高层次战略合作一定能够结出更加丰硕的成果，谢谢。

广东省人民政府副省长陈云贤在全省知识产权工作座谈会暨广东省专利奖励大会上的讲话

（2013年7月23日）

今天，我们在这里召开全省知识产权工作座谈会暨广东省专利奖励大会，主要是总结近两年来我省知识产权工作情况，并对今后一段时期知识产权工作进行研究部署。国家知识产权局田力普局长在百忙中专程莅临大会指导并作了重要讲话，充分体现了国家知识产权局对广东的支持与厚爱。刚才，凯元同志作的工作报告很全面，我完全同意。会议还隆重表彰了我省获得第十四届中国专利奖和2013年广东专利奖的单位和个人。在此，我谨代表省政府向获奖单位和个人表示热烈祝贺！对力普局长和国家知识产权局一直以来对广东工作的关心支持表示衷心感谢！希望全省各级，各有关部门认真贯彻落实这次会议精神，特别是力普局长的重要讲话精神，不断开创我省知识产权工作新局面。

近两年来，我省各级知识产权职能部门深入贯彻落实科学发展观，紧紧围绕主题主线，大力推动我省知识产权事业健康有序发展，知识产权激励自主创新活动的社会价值进一步彰显，知识产权在经济社会发展中的引领支撑作用得到有效发挥。截至今年6月，全省有效发明专利量8.78万件，继续居全国首位；PCT国际专利申请量连续十一年位居全国第一，专利密度（每百万人口有效发明专利量）达835.5件，为全国平均水平的2.3倍，我省知识产权创造、运用、保护和管理能力明显提升，突出表现在四个方面：一是知识产权影响力不断凸显。两年来，我省先后出台了《广东省知识产权事业求展“十二五”规划》、《关于加快建设知识产权强省的决定》等规章文件，为全省知识产权事业跨越发展提供了制度依据和政策保障。实施知识产权战略纳入珠三角“九年大跨越”主要任务，万人有效发明专利拥有量指标新增列入主要监控指标，有效发挥了知识产权制度对经济社会发展的支撑和促进作用。二是知识产权运用体系逐步完善。以推动创新驱动发展战略为导向，不断提升企业运用知识产权的能力和市场竞争力，促进知识产权向现实生产力转化。全省知识产权优势企业510家、示范企业120家，形成一批知识产权工作明显企业群。同时，探索知识产权质押融资取得明显成效。三是知识产权保护力度不断加大。我省认真贯彻落实国务院和省委、省政府的部署，扎实开展打击侵权假冒工作，一系列知识产权执法专项行动取得明显成效。四是知识产权服务水平有效提升。在国家知识产权局的大力支持下，我省与国家局共建国家专利审查协作广东中心、首个国家级区域专利信息服务中心（广州中心）、首个国家知识产权局专利信息传播利用基地、两个国家知识产权培训（广东 ）基地，为提升广东知识产权服务水平发挥了强有力的带动和支撑作用。总之，近年来我省知识产权工作取得了显著成绩，为我省经济社会保持平稳较快发展作出了积极贡献。这些成绩的取得，是在国家知识产权局的亲切关怀和指导支持下，在省委、省政府的正确领导下，全省知识产权系统广大干部职工扎实工作、奋发有为的结果。在此，我代表省政府，向长期以来关心支持广东工作的国家知识产权局表示衷心的感谢！向全省知识产权系统广大干部职工致以亲切的慰问和崇高的敬意！

当前，广东正处在加快转变经济发展方式、奋力实现“三个定位、两个率先”总目标的关键时期。知识产权事业也站在了一个充满机遇的新起点。当今世界，知识产权已日益成为一个国家或地区经济社会发展的战略性资源和国家竞争力的核心要素，全省各地、各级知识产权部门要从经济社会发展的大局出发，准确把握新形势对知识产权工作的新要求，科学规划，扎实推进，不断提高知识产权创造、运用、保护和管理水平，加快建设知识产权强省，为建设创新型广东、促进全省经济社会持续健康发展提供有力支撑。关于下一步工作，刚才凯元同志已作了具体安排。这里我再强调几方面的重点工作：

（一）立足强省目标，着力发挥知识产权助推作用。一是要深入实施知识产权战略纲要，省知识产权局要继续发挥协调有力的优势，统筹协调和指导好全省知识产权战略的组织实施工作。二是要全面贯彻落实《关于加快建设知识产权强省的决定》，加快制定配套政策，确保各项工作稳妥有序进行。三是要认真抓好第二轮省部战略合作有关项目的实施工作，以“服务转型升级、服务创新驱动、服务扩大内外需”为切入点，为我省经济转型升级和创新发展提供有力支撑。

（二）立足激励创新，着力提升全社会知识产权创造能力。知识产权工作要突出企业的主体地位，同时也要提升社会的创造能力，着力培育自主知识产权、自主品牌和创新型企业。一要加快出台广东省专利奖励办法，完善激励创造的知识产权政策体系，推动知识产权政策与科技、产业、外贸、金融等政策的衔接与融合，进一步激发企业自主创新活力。二要突显企业主体地位和作用，推行“企业知识产权管理规范”，继续开展知识产权试点示范认定工作，培植一批和省级知识产权试点、示范骨干企业。三要积极鼓励引导高校和科研机构与企业开展技术合作，逐步形成以市场为导向的技术创新体系。

（三）立足实现价值，着力推进知识产权适用和产业化。知识产权运用和产业化是实现知识产权市场价值、推动经济发展方式转向知识驱动的关键环节。一要促进自主知识产权产业化，推进“重大专利实施计划”，培育一批拥有自主知识产权的专利技术实施产业园区、企业和专利产品。二要积极推进知识产权质押融资工作，进一步探索知识产权评估试点、资产评估、质押融资和知识产权转移有机结合的新模式，鼓励知识产权成果的资本化运作。三要继续推进专利联盟建设，鼓励以知识产权利益分享为纽带、以创新成果有效转化应用为目的的专利联盟建设。四要积极开展专利保险工作，探索专利保险工作新模式，构建一套完善的专利保险工作和服务体系。

（四）立足依法行政，着力加强知识产权保护力度。加强和完善知识产权保护，才能进一步提升企业和产业的核心竞争力，才能达到激励和保障创新的目的。一是切实抓好打击侵权假冒工作和“两建”专项行动，加强重点地区、行业和特定领域的知识产权保护。二是加大知识产权行政执法力度，完善省、市、县三级知识产权行政执法体系，逐步充实各职能部门执法队伍。三是加强行业协会、会展和专业市场知识产权保护，深化知识产权保护试点示范工作，建立健全行业协会、会展和专业市场自律保护机制。四是密切关注国际知识产权发展动态，适时发布知识产权预警应急信息，加强技术性贸易壁垒预警、应对和防控。

（五）立足强化措施，着力提高知识产权服务水平。一是尽快颁布实施《关于促选知识产权服务业发展的若干意见》、《广东创建知识产权服务业发展示范省规划（2013—2020年）》等文件，完善促进知识产权服务业发展政策体系。二是推进知识产权服务机构创优建设和品牌建设，逐步形成覆盖面广、形式多样、政府与市场协同推进的知识产权综合服务体系。三是推进信息资源整合，加快建设知识产权公共信息综合服务平台，全面推进知识产权信息传播与利用。四是鼓励金融机构加大借贷支持力度，对拥有知识产权的企业提供授信额度和多样化金融服务，建立知识产权质押融资企业信用及风险控制体系和补偿机制。

做好知识产权工作、建设知识产权强省是一项系统工程，专业性、综合性都很强。全省各级党委、政府及各有关部门要高度重视知识产权工作。各地知识产权部门要以办公会议或联席会议为平台，充分发挥统筹协调作用，推动各项重点工作取得突破。要加强党政机关及企业知识产权知识培训，组织开展形式多样的知识产权宣传活动，充分利用各种媒体宣传报道有关政策法规和典型案例，扩大宣传覆盖面和影响力，营造促进知识产权事业发展的良好社会氛围。

总之，希望各地、各有关部门切实把思想和行动统一到国家和省委、省政府关于知识产权工作的各项决策部署上来，开拓进取，真抓实干，推动我省知识产权事业又好又快发展，为建设知识产权强省，为实现“三个定位、两个率先”总目标作出新贡献！

谢谢大家。

在新起点上再谱广东知识产权事业发展华章

——广东省政协副主席、广东省知识产权局局长陶凯元在2013年全省知识产权局局长会议上的讲话

（2013年2月26日）

同志们：

这次会议的主要任务是：深入学习党的十八大和习近平总书记视察广东重要讲话精神，贯彻落实省委十一届二次全会和全国知识产权局局长会议部署，总结2012年全省知识产权工作情况，部署2013年主要工作任务，坚定不移地实施知识产权战略，加快知识产权强省建设。

一、全国知识产权局局长会议的主要精神

（一）全国知识产权局局长会议基本情况。

2013年1月8日至9日，全国知识产权局局长会议在北京京西宾馆举行。国家知识产权局局长田力普作了题为《深入学习贯彻十八大精神 推动知识产权事业科学发展 为全面建成小康社会提供有力支撑》的工作报告。他强调，要抓住重要战略机遇期，坚定不移地实施国家知识产权战略，为全面建成小康社会宏伟目标提供有力支撑。副局长贺化主持会议并作总结讲话，副局长李玉光、杨铁军，纪检组长肖兴威，副局长鲍红、甘绍宁出席会议。北京、天津、上海、江苏、新疆和武汉等六个省市的代表在会上作交流发言。

（二）田力普局长工作报告的主要内容及精神。

田力普局长所作的工作报告分为三个部分。

第一部分从10个方面总结2012年全国知识产权工作进展，包括：知识产权战略实施工作进入新阶段，知识产权政策法规体系建设取得新进展，知识产权执法维权体系建设成效显著，知识产权运用体系建设取得新成绩，专利审查体系建设迈上新台阶，知识产权服务体系建设开创新局面，知识产权人才队伍体系初步形成，知识产权管理能力显著提升，知识产权文化建设取得新进步，知识产权对外交流取得积极进展。其中有10处对广东知识产权工作的做法和成效给予了积极肯定。

第二部分深刻分析了国内外发展形势，明确提出实施知识产权战略、为全面建成小康社会提供有力支撑的奋斗目标。田力普局长指出，要围绕中心，服务大局，坚定不移地实施知识产权战略，更加积极地服务于加快完善社会主义市场经济体制，服务于加快转变经济发展方式，服务于创新驱动发展；他要求各地紧密联系工作实际，总结经验，查找不足，积极探索破解之策，重点抓好推进专利事业发展战略、加强知识产权保护、加强转化运用、加强企业工作、加强系统自身能力建设五个着力点。

第三部分提出2013年工作的总体思路，从10个方面进行重点部署。一是深入实施知识产权战略，重点做好5周年阶段总结和专利事业发展战略推进工作；二是完善法律法规，重点推进专利法、代理条例、职务发明条例等制定

和修订；三是加强执法维权体系建设，重点提升专利执法能力，创新执法机制；四是加强运用体系建设，重点发挥专利引导产业发展作用；五是加强专利审查体系建设，重点提高审查能力；六是加强服务体系建设，重点推进专利代理行业发展和专利信息公共服务；七是加强人才体系建设，重点开展知识产权人才培养工作；八是创新管理方式，重点开展战略性新兴产业知识产权工作；九是培育文化，重点做好宣传和普及；十是拓展对外交流合作，重点提升国际话语权和影响力。

田力普局长最后强调，全国知识产权局系统要大力贯彻执行中共中央《十八届中央政治局关于改进工作作风、密切联系群众的八项规定》，切实改进作风，务求取得实效。

二、2012年全省知识产权工作基本情况

2012年，在省委、省政府的正确领导下，在国家知识产权局的精心指导下，全省知识产权局系统紧紧围绕主题主线和省委、省政府中心工作，结合广东实际，努力推动各项工作扎实开展，成效显著。全年，全省专利申请量229514件，同比增长16.9%，发明专利申请量60448件，同比增长16.2%。专利授权量153598件，发明专利授权量22153件，同比增长21.4%，连续五年位居全国第一；PCT国际专利申请量9211件，占全国总量的50.7%，连续十一年保持全国首位；有效发明专利量7.89万件，继续居全国第一位；每万人口发明专利拥有量7.51件，是全国平均值的2.33倍；在第十四届中国专利奖中获得金奖2项，优秀奖53项，再创历史新高。

（一）知识产权战略实施和强省建设深入推进。

一是全面启动知识产权强省建设工作。省委、省政府出台《关于加快建设知识产权强省的决定》（以下简称《决定》），省政府办公厅制定任务分工，对未来五年知识产权事业发展做出全面部署。省局通过在《南方日报》刊登专版、组织巡回宣讲活动等，有效增强共建强省的认知度和凝聚力。全省深入落实省部高层次战略合作机制和年度工作安排，取得建立第二轮会商机制的重大突破。惠州、潮州、云浮出台《市委、市政府关于贯彻落实〈决定〉的实施意见》，惠州还在《实施意见》中要求各县（区）每年安排知识产权经费总额达1000万元，使全市经费总额达2000万元，极大地增强了当地事业发展的动力和后劲；汕头澄海出台加快建设强区意见。

二是深入贯彻实施知识产权战略纲要。全面落实国家和省年度战略纲要实施方案，组织开展战略实施五周年宣传和期中评估活动。广州将战略与新型城市化工作有机结合；汕头加强对重点战略工作的跟踪落实和阶段总结；云浮市政府与各县（市、区）政府和产业专业园签订知识产权目标责任书；广州、江门、茂名、韶关出台新年度实施方案；深圳、东莞、清远、云浮召开全市知识产权工作会议；汕头5个行业十多家企业实施知识产权战略。

三是积极落实《珠江三角洲地区改革发展规划纲要》。顺利完成规划纲要“四年大发展”任务，成效得到省评估考核组的充分肯定。全面开展“六项行动计划”，形成“改善创新环境行动计划”报告。珠三角九市签订《专利行政执法合作协议》；广州发挥中心城市辐射带动作用，佛山加强广佛同城合作。

（二）知识产权政策法规体系建设取得新进展。

省政府颁布全国首部展会专利保护规章——《广东省展会专利保护办法》；省局联合相关部门出台《广东省专利申请资助专项经费管理办法》和《关于加快推进广东省知识产权质押融资工作的若干意见》。广州制定新型城市化专利工作“1+4”方案和配套措施；深圳制定《促进知识产权质押融资若干措施》；珠海出台《进一步加强专利工作的若干意见》；东莞制定《专利促进项目资助办法》；湛江制定《促进专利申请工作的激励措施》；珠海、云浮修订《专利申请资助管理办法》；东莞探索开展重大经济科技活动知识产权评议工作。

（三）知识产权创新热情得以极大激发。

一是专利奖励激励作用凸显。省政府投入2350万元重奖我省第十三届中国专利奖获奖单位，开展第十四届中国专利奖项目推荐和省专利奖评奖活动。广州起草《广州市保护知识产权市长奖评审奖励办法》；汕头将市专利奖励评选周期缩短至一年一次；东莞、清远表彰市专利奖获奖单位；阳江、茂名评选市专利奖，并对优秀发明人、先进企业给予奖励。

二是专利申请促进成效显著。省级专利申请资助专项经费管理制度不断完善，资助力度有效加强。国家资助国外专利申请工作顺利完成。广州实施“示范年专利推进计划”；汕头联合发改局制定《关于进一步推动全市专利产出科学发展的通知》，并向县区下拨资助资金；湛江出台专利申请激励措施；潮州下发年度县区申请指标。

（四）知识产权助推产业发展作用得以有效发挥。

一是助推战略性新兴产业健康发展。实施战略性新兴产业专利信息资源开发利用计划，围绕新一代通信、物联网等7个重点产业，实施专利信息资源开发重点项目11个。强化战略性新兴产业专利态势分析，召开态势分析和预警报告会9场。省专利技术实施计划重点扶持战略性新兴产业项目10个，普及推进一般项目21个。各市加大对专利技术实施的支持力度，全省知识产权（专利）联盟达24个。

二是促进知识产权和标准化结合成效显著。顺德电压力锅专利联盟积极参与国际标准修订。2012年6月，联盟提出的国际标准修订提案在国际电工委员会（IEC）TC61委员会第85次会议上获得通过，并于11月正式发布，标志着以专利联盟为纽带争夺国际标准话语权的积极尝试取得了全面胜利。深圳组建生物医药专利联盟和新能源标准与知识产权联盟。

（五）知识产权运用能力全面提升。

一是企业运用能力显著增强。推进《创新知识企业知识产权管理通用规范》贯标工作，新增省级知识产权示范企业20家，累计100家，新增优势企业50家，累计453家。广州出台《关于进一步加强国有企业知识产权工作的意见》；惠州实施“工业产品外观设计重点企业专项扶持计划”；江门、韶关等加大对市级试点示范企业的指导和扶持力度。

二是园区工作取得新进展。肇庆高新区成为我省第三个国家知识产权试点园区；深圳高新区积极建设知识产权服务平台和辅导站；佛山推进“中德知识产权保护和服务试验区”前期调研工作。惠州仲恺高新区与韩国专利厅R&D专利中心签约，共建知识产权与技术服务中心。

三是知识产权投融资稳步推进。知识产权质押融资纳入省委、省政府重大政策文件。国家知识产权投融资（南海）综合试验区和广州、东莞、顺德全国知识产权质押融资试点工作成果显著，广州、东莞通过试点验收，江门启动融资工作。至2012年底，近200家企业520余项知识产权获得逾9.85亿元质押贷款。广州、深圳、东莞、佛山禅城启动全国专利保险试点工作，禅城形成新的专利保险方案并指导全国首例专利保险赔付案件结案。

（六）知识产权保护工作取得突出成效。

一是“三打两建”专项行动成果显著。全省各级知识产权局成立专项行动领导小组，制定专项行动实施方案和市场监管体系、社会信用体系、知识产权保护综合监管分体系建设方案，落实领导包案督办制度，坚持打建结合，以打促建，加强试点，强力突破大案要案，深入开展专项行动，取得突出成效。全省立案受理专利纠纷案件489件，同比增长122%；查处假冒专利案件614件，同比增长1397%；查处专利案件总量是2011年的4倍，居全国前列。在全省“三打”专项行动全年绩效考评中，省局获得“优秀”佳绩。各市积极探索执法新措施，佛山建立诉调对接和仲裁机制；茂名开展企业自查自纠假冒专利商品活动；阳江首次处理恶意专利侵权案件；云浮制定专利系统行政执法和刑事司法衔接机制，珠海、惠州、湛江强化专利领域行政执法和刑事司法衔接。

二是“双打”实现工作机制常态化。省政府成立省打击侵权假冒工作领导小组。省局承担领导小组办公室职责，加强统筹协调和组织推进，出台工作方案、规则和要点等指导性文件，加大对重点地区、领域、市场和线索的整治和跟踪查处力度。广州、东莞、中山开展专业市场保护试点，深圳、汕头、揭阳、佛山南海开展电子产品、日化用品、药品市场、汽配产品集中执法行动，梅州首次应第三方请求出具专利侵权鉴定意见。

三是展会和维权援助工作稳步推进。各级知识产权局进驻30多个大型展会开展保护工作，处理专利纠纷300余件。全省6个维权援助中心积极开展举报投诉、维权援助和咨询服务，汕头建立知识产权举报投诉平台和维权援助新机制；佛山建立维权援助工作联络站和首批志愿者队伍；东莞配备专职工作人员；河源举办专题培训班。

（七）知识产权宏观管理能力全面加强。

一是管理体系不断优化。至2012年底，全省实现各市全部建立知识产权协调机制，20个市和顺德区局承担“双打”领导小组办公室职责。广州市市长亲任工作领导小组组长。各级知识产权局努力加强机构建设，各市专职人员总数近200人，专项经费超过3亿元；挂牌成立知识产权局的县（市、区）115个，比例上升至95%，19个市实现100%挂牌。广州出台《关于进一步加强区（县级市）知识产权工作体系建设的指导意见》；汕头推动区县完善政策体系；河源联合市法制局举办执法培训班并颁发执法资格证；汕尾出台《关于加快知识产权行政执法队伍建设的通知》；阳江为县区配备执法设备，阳春和阳东组建执法队伍。

二是区域知识产权事业实现协调发展。大力推进国家知识产权城市试点示范工作和强县工程建设，广州、深圳荣获全国首批示范城市称号；东莞通过示范创建市考核验收；肇庆成为新一批试点城市。省局与东莞市政府签订合作会商协议，推进年度合作项目10个。区域发展计划和区域试点工作继续实施，新增省级试点区域16个，累计达103个。

（八）知识产权服务水平实现有效提升。

一是创建知识产权服务业示范省开局良好。省局调研起草《知识产权服务业示范省建设规划纲要（2013—2020年）》，推进省知识产权服务业集聚中心和审协广东中心建设，努力争取PCT国际专利受理审查中心落户深圳。全省5家机构评为首批“全国知识产权服务品牌机构培育单位”。深圳面向自主创新优势单位提供专利审查“绿色通道”和“定制式”服务，面向战略性新兴产业企业提供“处方式”服务。

二是知识产权快速维权工作示范全国。中山灯饰知识产权快速维权中心不断完善专利申请快速授权、维权、确权三大通道，开通国家外观设计专利智能检索和快速审查系统，可在1周内获得专利电子授权。至年底，300件专利申请进入快速通道，实现审批速度与灯饰产品研发上市周期同步。田力普局长亲自出席在中山召开的全国知识产权快速维权工作现场会，世界知识产权组织代表充分肯定“中山模式”，新华社和省委政研室向各级领导报送快速维权专题报告。

三是知识产权信息公共服务建设不断完善。省知识产权公共信息综合服务平台上线试运行，国家知识产权局区域专利信息服务中心（广州中心）正式挂牌并进入全面运行阶段。湛江建立省专利信息服务平台湛江分站，东莞建立分平台松山湖工作站，江门建立行业专利专库；顺德成立专家顾问团，开通咨询服务电话和网站。

四是专利代办工作再上新台阶。广州、深圳代办处不断提升代办质量和效率，受理数量和质量继续位居全国前列。全年专利电子申请率达81.21%，专利代理机构电子申请率达99.3%，按时高效完成年度达标任务。全省采取有效措施严控非正常专利申请，非正常专利申请量同比下降41.98%。

五是专利代理行业健康发展。继续推进百千对接活动，扎实落实行业防治腐败工作方案，开展黑代理查处工作，专利代理行业服务水平不断提升。至年底，全省专利代理机构和分支机构分别达113家和109 家，执业专利代理人848人。

（九）知识产权文化建设和人才工作取得新突破。

一是知识产权文化蓬勃发展。全省紧紧围绕强省决定、“4·26”世界知识产权日、专利周等重大活动和热点工作深入开展宣传，积极创新手段，有力营造知识产权文化氛围。深圳、汕头、佛山、惠州、东莞、顺德推进“正版正货”承诺活动；汕头开展企业专利扫盲；佛山进入产业园宣传“保护知识产权，引领转型升级”；河源多部门联合开展知识产权法制宣传“六进”活动；东莞打造品牌论坛；汕尾认定专利诚信单位；深圳、湛江、清远、潮州等发送宣传短信。

二是知识产权教育活动深入开展。大力加强对领导干部的教育力度，省委组织部在广东干部大讲坛专题学习知识产权；肇庆发挥市委党校干部培训优势，在各班次开设知识产权课程。各地因地制宜推进中小学教育，省示范学校累计达30所，汕头、河源、清远、惠州等开展市级试点工作；东莞、汕头在高校和职业学院开设教育课程，拓宽学生择业方向；惠州联合惠州学院举办宣传月系列活动。

三是知识产权人才工作全面深化。新增国家培训基地1家，累计2家；认定省级培训基地6家；11名优秀人才荣获全国领军人才称号，占全国13.6%；积极落实百名高层次和千名人才培养工作，继续组织行政管理人员赴国境外专题研修，有效提升人才培养层次。全省举办培训班111期，培训人数2万人次。深圳、东莞推动专业技术资格评审试点工作；汕头成立市讲师团；汕尾充实专家库；清远依托代理机构开展培训工作。

（十）知识产权国际交流和区域合作持续深化。

一是知识产权国际交流成效突出。充分发挥涉外知识产权统筹协调职能，推动高层会见，组织考察活动，举办大型国际知识产权研讨和巡回演讲活动，与多个国家和地区建立长期友好合作关系。不断加强对外宣传，增进外方对我省知识产权工作的了解和认识，努力营造良好的国际舆论环境。

二是粤港澳台和泛珠区域合作进展顺利。圆满完成粤港保护知识产权合作专责小组第十一次会议暨粤港知识产权合作十周年庆祝活动，推进实施年度合作项目十余个。粤澳知识产权工作小组正式成立并签订合作协议，知识产权成为《粤澳合作框架协议》的重要内容。对台合作不断加强，交流研讨频繁举办。泛珠、粤喀合作持续发展。

同志们，过去一年我省知识产权工作的扎实开展，为加快转型升级、建设幸福广东提供了有力的支持。这些成绩的取得，是在省委、省政府的正确领导下，全省知识产权工作者奋斗拼搏的结果。借此机会，我向全省知识产权局系统广大干部职工表示衷心的感谢和亲切的问候！在肯定成绩的同时，我们也要清醒地看到，我省知识产权工作与国家知识产权局和省委、省政府的要求相比，与兄弟省区市相比还存在着一些差距和问题，如知识产权工作为经济发展保驾护航的作用还未得到充分发挥，专利导航产业发展的作用有待充分显现，高质量、多元化的知识产权聚集区尚未全面形成，知识产权管理体制尚需进一步完善，知识产权服务业发展水平亟须提高，知识产权人才队伍建设尚需大力加强等。

三、2013年全省知识产权工作重点

2013年，全省知识产权工作的指导思想和总体要求是：全面贯彻党的十八大和习近平总书记视察广东重要讲话精神，按照省委十一届二次全会和全国知识产权局局长会议要求，紧紧围绕“三个定位、两个率先”的总任务和“实施创新驱动发展战略”的总要求，扎实推进知识产权战略实施，大力促进知识产权创造和运用能力，加强知识产权保护，完善知识产权服务，推动知识产权强省建设，为推动全省

自主创新、加快产业转型升级做出积极贡献。重点抓好以下六方面的工作：

（一）加快建设知识产权强省，推动知识产权事业科学发展。

深入实施知识产权战略纲要，制定并落实年度工作方案，开展五周年评估工作，强化统筹协调力度。推动知识产权强省建设配套政策研究，完善政策体系。推进专利事业发展战略，落实《珠三角规划纲要》知识产权专项任务，开展新一轮知识产权高层次战略合作。加强国家试点示范和强县工程工作，促进区域协调发展。

（二）加强知识产权创造与运用，发挥专利对产业发展的导航作用。

实施“战略性新兴产业专利信息资源开发利用计划”，促进产业健康发展。出台《广东省重大经济和科技活动知识产权审查与评议暂行办法》，建立评议机制。继续推动知识产权与金融资本融合，不断深化企事业知识产权工作，促进专利技术实施和知识产权转移。出台《关于促进我省专利申请工作的意见》，制定《广东省专利奖励办法》，重奖中国专利奖获奖单位。

（三）健全知识产权执法维权体系，创新执法保护工作机制。

稳步推进“双打”“两建”工作，落实年度重点任务，实施知识产权保护综合监管分体系建设五年规划。大力推动专利行政执法，建立执法监督制度，加强展会和行业协会保护工作，完善执法协作机制，完善维权援助工作体系，探索建立涉外应对机制。

（四）完善知识产权服务体系，创建知识产权服务业示范省。

创建知识产权服务业示范省，制定服务业示范省规划，加快建设省知识产权服务业聚集中心和审协中心。巩固和拓展信息服务，推进国家基地和中心建设。实施“百所千企知识产权服务对接工程”，加强专利代理和社团组织管理。全面提高专利代办质量和效率。

（五）推进知识产权文化建设与交流合作，提升知识产权社会影响力。

深化人才工作，起草《关于加强全省知识产权人才工作的意见》，加强培训基地建设，推进人才培养专项任务。创新人才机制，推进专业人才技术职称评价试点工作，推进远程教育。培育知识产权文化，建立立体化的宣传模式，形成强大宣传合力，深化青少年教育。构建多元国际合作试验区，拓展粤港澳台和泛珠、粤喀合作。

（六）加强市县知识产权管理机构建设，夯实事业发展基础。

目前大部制改革正在持续推进，各市局要主动对县区知识产权机构改革加以关注、指导和协调，积极争取政府和关键部门的重视和支持，同时密切与省局的沟通联系，把握机遇，想方设法、千方百计地强化县区知识产权管理机构建设，力争年内实现县区机构100%挂牌。

同志们，做好新时期知识产权工作责任重大，任务艰巨。希望各级知识产权局按照中央和省委、省政府的决策部署，凝聚力量、攻坚克难、真抓实干，在新起点上再谱广东知识产权事业发展华章，为我省努力成为发展中国特色社会主义的排头兵、深化改革开放的先行地、探索科学发展的实验区，率先全面建成小康社会、率先基本实现社会主义现代化做出新的更大的贡献！

综述

ZONG SHU

● 协调机制

● 职能部门工作概述

协调机制

广东省人民政府知识产权办公会议

【概况】 广东省人民政府知识产权办公会议制度是根据《国务院关于进一步加强知识产权保护工作的决定》（国发〔1994〕38号）和《广东省人民政府转发国务院关于进一步加强知识产权保护工作的决定和国务院办公厅关于建立国务院知识产权办公会议制度及有关部门职责分工问题的通知》（粤府〔1994〕103号）等文件成立的议事机构，主要目的是加强知识产权的宏观管理和统筹协调。2000年，办公会议办公室职能划入广东省知识产权局。经2002年、2006年和2010年三次调整，目前，办公会议由省发展改革委等26家组成单位以及省委宣传部等6家特邀单位组成。

【主要职责】

1. 组织、协调、指导全省知识产权工作。

2. 贯彻执行国家有关知识产权的法律法规和方针政策；研究制定广东省有关知识产权的法规、重大政策、措施和规划，并组织实施。

3. 协调解决广东省经济、科技和文化发展中有关知识产权的重大问题，并提出政策性意见和建议。

4. 组织知识产权联合执法行动。

5. 组织大型知识产权宣传活动，普及和提高社会各界知识产权意识。

6. 建立各组成单位信息交换、情况通报制度，定期发布广东省知识产权保护状况。

【组织架构】

2013年，广东省人民政府知识产权办公会议领导和组成人员名单如下：

主持人：

广东省人民政府副省长　陈云贤

副主持人：

广东省政协副主席、省知识产权局局长　陶凯元

广东省政府副秘书长　李捍东

办公室主任：

广东省知识产权局党组书记（正厅级）、副局长　马宪民

办公室副主任：

广东省知识产权局副局长　朱万昌

组成单位及人员：

广东省发展和改革委员会副主任（正厅级）　张军

广东省经济贸易委员会副主任　蔡勇

广东省教育厅巡视员　罗远芳

广东省科学技术厅副巡视员　周木堂

广东省公安厅副厅长　何广平

广东省司法厅副厅长　余继军

广东省财政厅副巡视员　曾毓昌

广东省人力资源和社会保障厅党组成员、副厅长　李长峰

广东省环境保护厅党组副书记、巡视员　王子葵

广东省农业厅副厅长　程萍

广东省林业厅总工程师　谭天泳

广东省对外贸易经济合作厅副厅长　马桦

广东省文化厅党组成员、执法局局长　胡振国

广东省卫生厅副厅长　耿庆山

广东省人民政府外事办公室副主任　李坚
广东省人民政府国有资产监督管理委员会副主任　周兴挺
广东省广播电影电视局副巡视员　高林
广东省统计局副局长　刘智华
广东省工商行政管理局副局长　姜海平
广东省新闻出版局（省版权局）副局长　钱永红
广东省质量技术监督局副局长　邱庄胜
广东省知识产权局党组书记（正厅级）、副局长　马宪民
广东省知识产权局副局长　朱万昌
广东省人民政府法制办公室党组书记、副主任　梁树声
广东省人民政府港澳事务办公室副主任　卢兴洲
广东省食品药品监管局副局长　陈鲁峰
广东省人民政府发展研究中心副主任　李惠武

特邀单位及人员：

中共广东省委政策研究室副主任　吴茂芹
中共广东省委宣传部副部长、广东省文明办主任　顾作义
广东省人大教科文卫委副主任委员（正厅级）　许家瑞
海关广东分署副主任（正厅级）　赵民
广东省高级人民法院副院长　徐春建
广东省检察院副厅级检委会委员　李庆协

（供稿人：王一）

广东省打击侵犯知识产权和制售假冒伪劣商品工作领导小组

【概况】　广东省政府成立打击侵犯知识产权和制售假冒伪劣商品工作领导小组，由副省长陈云贤任组长，成员包括省直30个单位。领导小组办公室设在省知识产权局，承担领导小组日常工作。其中，打击侵权工作由省知识产权局牵头负责，打击假冒伪劣工作由省质监局（省打假办）牵头负责，相关部门配合。

【主要职责】

1．统一组织领导全省打击侵犯知识产权和制售假冒伪劣商品工作，研究拟定有关政策措施。

2．督促检查各地区、各有关部门工作落实情况。

3．督办侵犯知识产权和制售假冒伪劣商品重大案件。

4．承办省政府交办的其他事项。

【组织架构】

组　长：广东省人民政府副省长　陈云贤

副组长：广东省政府副秘书长　李捍东
广东省知识产权局党组书记（正厅级）、副局长　马宪民
广东省质监局局长　任小铁

成　员：广东省委宣传部副部长　蔡伏青
广东省综治办专职副主任　蔡辉
广东省发展改革委副主任（正厅）　张军
广东省经济和信息化委巡视员　戚真理
广东省公安厅经侦局局长　黄守应
广东省监察厅副厅长　张渝
广东省司法厅党委委员、副厅长　余继军
广东省财政厅副巡视员　曾毓昌
广东省人力资源社会保障厅副厅长　李长峰
广东省环境保护厅党组副书记、巡视员　王子葵
广东省农业厅副厅长　程萍
广东省林业厅总工程师　谭天泳
广东省商务厅副厅长　马桦

广东省文化厅党组成员、省文化市场综合执法局局长　胡振国
广东省卫生计生委副巡视员　温伟群
广东省国资委副主任　周兴挺
广东省地税局稽查局局长　余振荣
广东省新闻出版广电局（省版权局）副局长　钟庆才
广东省工商局副局长　钱永成
广东省质监局副局长　邱庄胜
广东省食品药品监管局稽查局局长　方洪添
广东省知识产权局副局长　唐毅
广东省知识产权局副局长　谢红
广东省法制办副主任　王光辉
广东省法院审委会副厅级专职委员　赵军
广东省检察院检委会副厅级专职委员　李庆协
海关总署广东分署副主任　赵民
广东省国税局副局长　朱江涛
广东出入境检验检疫局副局长　张崇刚
广东省人民银行广州分行副行长　丘斌

（供稿人：王强）

粤港保护知识产权合作专责小组

【概况】　2003年12月，“粤港保护知识产权合作专责小组”成立后，在香港召开第一次会议。粤港双方确定定期会议制度，每年定期在两地轮流召开专责小组会，确定项目合作模式。2013年8月，在广州召开了粤港保护知识产权合作专责小组第十二次会议，并举行了新闻发布会，截至2013年底，专责小组共召开12次会议，部署开展逾百项知识产权合作项目。

【粤港知识产权合作项目】　自2012年召开粤港保护知识产权合作专责小组第十一次会议以来，在完成13项既定项目的基础上，粤港双方在知识产权人才培训和推动知识产权贸易发展领域开展了两项新的合作。一是得到国家知识产权局专利局专利审查协作广东中心的大力支持，协助香港知识产权署官员得以参加审协广东中心相关培训；二是广东代表团出席由香港知识产权署支持举办的“第二届国际知识产权产业化会议”。

粤港跨境知识产权案件协作处理机制。粤港两地知识产权执法部门共同努力，在知识产权案件协作机制建设方面不断取得新的进展和突破。海关广东分署与香港海关设置粤港海关保护知识产权专职联络员，持续加大情况通报和信息交流力度。广东省公安厅、省版权局、省工商局等知识产权相关部门与香港海关建立知识产权联络员制度，开展知识产权保护信息交换合作。

粤港企业知识产权保护与创新促进机制。粤港知识产权部门从2003年开始联合举办“粤港知识产权与中小企业发展研讨会”。截至2013年底，研讨会已在广东省内各个不同的地市（深圳、东莞、韶关、顺德、惠州、江门、湛江、珠海、汕头、中山、广州、肇庆、佛山、清远）巡回举办14次，累计数千家企业参加。

“正版正货承诺”活动。2013年，广东省知识产权局联合省版权局、省工商局在全省21个地级以上市全面推广“正版正货承诺”活动。

持续维护“粤港澳知识产权资料库”与“粤港知识产权合作专栏”。粤港双方及时更新和丰富粤港澳三地知识产权执法的信息，增加了有关三地知识产权执法信息的英文版和知识产权贸易信息的超链接，对帮助粤港澳三地企业和公众适时掌握三地知识产权制度的最新发展发挥了积极的作用。

协助香港居民参加全国专利代理人资格考试。根据CEPA有关内地服务行业对香港开放

的承诺，从2004年开始，全国专利代理人资格考试对港澳考生开放。根据国家知识产权局的安排，港澳考生统一在广东考点参加考试。广东省知识产权局与香港知识产权署合作，并协同澳门特区政府经济局知识产权厅，共同做好有关考试的咨询、报名、培训和考点准备等相关工作。

开展粤港知识产权交流活动。举办商标、版权为主题的知识产权交流活动，持续加大广东省知识产权政策宣传力度，大力引导有产品内销的在粤的港资企业申请认定广东省著名商标。（供稿人：郭亚青）

粤澳知识产权工作小组

【概况】 2012年5月10日，《粤澳知识产权合作备忘录》签署仪式暨知识产权工作小组第一次会议在广州成功举行。会议正式成立了粤澳知识产权工作小组。工作小组由粤澳双方知识产权保护及管理部门组成，粤方成员包括广东省知识产权局（牵头单位）、广东省工商行政管理局、广东省版权局、广东省公安厅以及海关总署广东分署；澳方成员包括澳门经济局（牵头单位）、澳门知识产权厅以及澳门海关。会议审议通过了《粤澳知识产权工作小组工作机制》，确立了粤澳知识产权工作小组会议制度，并建立粤澳知识产权合作项目制度。

【粤澳知识产权工作小组粤方名单】

组　长：

广东省知识产权局局长　陶凯元

成　员：

广东省知识产权局副局长　朱万昌

广东省公安厅厅党委副书记、副厅长　何广平

广东省工商行政管理局副局长　姜海平

广东省版权局副局长　钱永红

海关总署广东分署副主任兼缉私局局长　陈建文

联络员：

广东省知识产权局协调与合作处处长　谢红

广东省公安厅经侦局副局长　吴义来

广东省工商局商标管理处处长　吴励超

广东省版权局版权管理处处长　张同英

海关总署广东分署法规处处长　梁润超

（供稿人：郭亚青）

职能部门工作概述

广东省人民政府知识产权办公会议成员单位

广东省发展和改革委员会

【战略性新兴产业】 战略性新兴产业政策。牵头编制并印发《广东省新能源汽车产业发展规划（2013—2020年）》、《广东省关于发展创业投资促进产业转型升级的意见》、《广东省发展海洋新兴产业及海洋科技实施方案》。加强重点领域培育和重点项目建设。推动新一代显示、生物、新能源汽车、新能源、新材料以及高端装备制造等战略性新兴产业领域重大项目建设；以广东省战略性新兴产业发展领导小组名义印发《加快广东省3D打印技术和应用产业发展实施方案》，培育3D打印技术研发和应用产业。

新兴产业集聚。广东省获批成为国家首批战略性新兴产业区域集聚发展试点，获得国家财政资金3亿元支持，重点在新一代显示技术、新型动力电池、蛋白类生物药及植（介）入器械等三大领域开展试点工作；在高端新型电子信息、新能源汽车、半导体照明、生物、高端装备制造、新能源、新材料等领域组织认定第二批19家广东省战略性新兴产业基地，截至2013年底共认定42家。

新兴产业融资。启动实施省新兴产业创投计划和区域集优集合票据试点工作，研究制订省战略性新兴产业创业投资引导基金设立方案、区域集优票据试点工作方案以及《广东省战略性新兴产业创业投资引导基金管理办法》。

【重点领域产业发展专项】 根据国家发展改革委、财政部等部门的工作部署，在金融IC卡和密码应用、信息安全、智能制造装备、卫星应用、蛋白类生物药和通用名化学药、高端医疗器械以及低碳技术创新等重点产业领域，组织实施国家高技术产业化专项，推动自主知识产权创新成果产业化，2013年共32个项目获得国家批复，获得中央补助资金2.99亿元。

【创新平台建设】 完善创新平台专利管理机制，在创新平台（含国家工程实验室、国家工程研究中心、国家地方联合创新平台以及省工程实验室等）组建和管理过程中，将拥有知识产权情况作为重要的考核指标，并要求平台建设方案制订和落实知识产权管理办法及相关制度。2013年，广东省新获批组建国家地方联合创新平台8家（含深圳市3家），新组建省级工程实验室12家，总数分别达到31家（含深圳市11家）和46家。 （供稿人：曲延军）

广东省经济和信息化委员会

【战略性新兴产业】 突出产业协同创新，以产业集聚、骨干企业、公共平台、重大投资为着力点，进一步提高高端新型电子信息产业的发展质量和效益，培育壮大发展新材料、新能源、生物、高端装备、节能环保等战略性新兴产业。

产业基地建设。由广东省经济和信息化委员会牵头，组织认定了高端新型电子信息、高端装备制造、新材料、节能环保、太阳能光伏等领域的10个省市共建战略性新兴产业基地。设立省战略性新兴产业基地建设专题，支持产业基地以企业为龙头，产学研用合作，上下游整合，发挥材料、装备、器件、整机全产业链整合优势，实现深度合作，协同解决产业发展中的技术、生产、标准以及产业化和市场化中的问题，促进地市区域产业集聚发展。

骨干企业建设。通过网上办事大厅，开展广东省战略性新兴产业骨干企业和培育企业认定发展工作。经过对没有发明专利、软件著作权等自主知识产权的申请企业一票否决，认定18家广东省战略性新兴产业骨干企业和102家广东省战略性新兴产业培育企业。预算安排2亿元，专项支持全省电子信息领域骨干企业建设，重点支持高端新型电子信息领域规模100亿元的大型骨干企业和10亿元、2亿元以上的高成长性企业。通过扶持骨干企业重点项目建设，推动一批企业快速成长并成为业界的楚翘。

公共平台建设。2013年专项预算安排1亿元，重点支持高端新型电子信息、新材料、高端装备制造、节能环保等战略性新兴产业公共平台建设项目，包括标准和认证认可平台、质量检验检测平台、产业化验证平台等，为知识产权发明创造提供良好环境。通过公共平台的建设，营造战略性新兴产业市场培育、公共环境，发挥财政资金的公共服务功能和溢出效应，推动新兴产业培育壮大。

【企业技术中心建设】

培育建设国家认定企业技术中心。根据《国家认定企业技术中心管理办法》，对有关企业进行认真审核和科学评估，推荐广东蒙娜丽莎新型材料集团有限公司等13家企业申报2013年（第20批）国家认定企业技术中心，其中广东蒙娜丽莎新型材料集团有限公司、江门市大长江集团有限公司、广东明阳风电产业集团有限公司、广东先导稀材股份有限公司、广东东阳光铝业股份有限公司、广州市浪奇实业股份有限公司获认定为国家企业技术中心。

增强企业创新能力，争取国家技术中心创新能力扶持资金。按照国家认定企业技术中心创新能力建设专项申报要求，积极组织力量指导广东省国家认定企业技术中心申报国家创新能力建设专项，通过开展有针对性的培训，辅导广东生益科技股份有限公司等4家企业完成申报。

支持省级企业技术中心创新能力建设。安排8000万元财政资金支持69个省级企业技术中心针对技术创新的薄弱环节，通过产学研结合等有效形式，建设与企业发展相适应、代表行业先进水平的技术创新平台，催生自主知识产权。通过8000万元财政资金的带动，引导企业、银行贷款等全社会总投资达13.28亿元，政府引导资金与社会资金投入比例约为1：16。企业通过创新平台建设，自主创新能力得到较大提升，普宁市源丰电器有限公司承担的“省级企业技术中心创新平台优化”项目，利用该平台研发出的室外天线获得2013年中国专利金奖。

【品牌建设】 指导工业企业开展品牌培育试点，共有5家企业获2012年品牌培育示范企业称号，有30家企业进入工信部2013年工业企业品牌培育试点。指导试点企业制订品牌培育管理体系文件，开展品牌培育能力自我评价。依托产业集群升级示范区开展区域品牌培育提升试点工作，摸清广东省区域品牌建设基本情况，分类指导各地因地制宜开展区域品牌建设。

【广东优质制造集合品牌】 按照“政府引导、市场运作”的原则，在全省范围内开展培育广东优质制造商群体，打造广东优质制造集合品牌，2013年底达到广东优质制造标准并通过评审的企业近10000家。让更多广东制造业企业尤其广大中小企业共享广东优质制造集合品牌，提升广东制造业品牌竞争力。

（供稿人：黄海丹）

广东省教育厅

【知识产权获奖】 广东高校在中国专利优秀奖中获得喜人成绩，共获第十五届中国专利奖优秀奖7项，其中华南理工大学获3项，获奖数量并列全国高校第一；广东工业大学获2项，实现该校国家专利奖“零”的突破；中山大学获2项。

【专利技术的实施】 2013年，广东高校采取一系列措施推动专利成果实现有效转化，取得较好的成效。华南农业大学共有6件发明专利、7个植物新品种权及1个兽用疫苗与企业签订实施许可合同，合同金额达到1047万元。深圳大学促成技术转让30多项，实现到账金额5500万元。南方医科大学2013年技术转让经费首次超过6000万元，达6330万元。

【知识产权保护】 2013年，广东各高校进一步加强知识产权管理保护，不断增强学校自身的自主创新能力。华南理工大学定期主办或承办系列活动和专题讲座，引导广大师生自觉加强知识产权的创造和保护；协助广大师生在申请专利前进行必要的检索分析，鼓励发明人围绕核心专利申请系列外围专利形成专利池和专利群。

【知识产权工作机构和制度建设】 2013年，广东各高校加强知识产权工作机构和制度建设，为广大教师提供了全方位、高效的知识产权服务。中山大学与一些知识产权代理机构签订了合作协议，引入知识产权代理机构常驻学校办公，为学校提供的知识产权咨询服务。华南师范大学成立“华南师范大学知识产权发展研究中心”。

【知识产权培训、宣传及交流】 广东高校举办各种知识产权讲座和培训班。华南理工大学作为国家级知识产权培训基地，共主办或承办培训班、月谈等大型培训活动10余次，参加人员近千人次。华南理工大学国家知识产权培训（广东）基地在2012年度考核被评为优秀等级。

【知识产权课题研究】 广东高校不断提高知识产权研究水平。华南理工大学共承担知识产权研究课题16项。中山大学承担 “广东省战略性新兴产业——数字家庭产业专利信息资源开发工程” 知识产权研究重大课题。暨南大学承担4项知识产权研究课题。华南师范大学共承担8项广东省知识产权研究课题。

【知识产权人才培养】 广东高校创新知识产权人才培养方式创新，强化知识产权学历教育。中山大学推动知识产权学历教育，利用已有知识产权硕士学位授予点，培养了不同层次的具有知识产权专业背景的应用型和复合型人才。华南理工大学国家知识产权培训（广东）基地（知识产权学院）与广州市生产力促进中心签订合作开设在职法律硕士（知识产权）班。华南师范大学南海校区开设知识产权专业，法学院为本科生开设“知识产权法”课程，知识产权专业硕士点已经开始自主招生。

（供稿人：田兴国）

广东省科学技术厅

【概况】 2013年，广东省科学技术厅深入实施创新驱动发展战略，着力优化创新环境，推动自主知识产权创新工作取得新进展、新突破。全省区域创新能力综合排名连续6年位居全国第二，稳居全国第一梯队；在5个一类指标中，创新环境、创新绩效等指标名列全国第一，企业创新能力名列第二，知识创造和知识获取能力分别位居全国前列。2013年全社会研发（R&D）经费预计达1400亿元，R&D经费占

GDP比重预计达2.25%，比2012年提高近0.1个百分点。

【优化自主创新环境】 完善自主创新政策体系，为知识产权创造提供良好法治环境。2013年，广东省科学技术厅加快完善《广东省自主创新促进条例》配套政策，出台配套政策7项，成稿及拟出台政策9项。配套政策的出台为加快《广东省自主创新促进条例》的贯彻落实奠定了坚实基础，为广东省自主创新工作提供良好法制环境。2013年，广东省科学技术厅积极落实企业研发费用税前扣除、高新技术企业税收优惠等国家财税优惠政策，组织开展了“2013年度广东省自主创新政策法规巡回宣讲培训”活动，围绕《广东省自主创新促进条例》及有关配套政策、企业研发费用税前加计扣除政策等内容，举办了16场专题宣讲培训，共培训地市（区、县）科技部门管理人员、科技型企业高管和财务等人员4000余人，免费发放相关资料5000余份。2013年，累计帮助企业减免税收超过100亿元，极大地激发了企业自主创新的积极性。

推进科技金融结合工作，强化金融对知识产权创新、产业化的支撑。2013年，广东省科学技术厅牵头起草并推动出台《广东省人民政府办公厅关于促进科技和金融结合的实施意见》（粤府办〔2013〕33号），继续以推动科技金融产业融合为重要抓手，加快优化创新创业环境。改组成立广东省粤科金融集团有限公司，成立天使投资基金，设立粤科科技小额贷款和粤科科技融资担保公司，以国家级高新区为重点，积极开展业务工作，建立完善风险投资机制，打通资本市场和创新的对接通道，推进科技、产业、金融深度融合发展。此外，广东省科学技术厅联合广东省住房城乡建设厅研究起草了部门规范性文件《广东省科学技术厅 广东省住房和城乡建设厅关于省级民营科技园认定的管理办法》（粤科政字〔2013〕105号），规范全省民营科技园的认定和管理，推进民营科技园“三资融合”模式建设工作。

优化科技平台布局，为知识产权创造提供创新平台支撑。广东省成为省部共建国家重点实验室建设工作的首家试点单位，2013年新增两家省部共建国家重点实验室，累计达到21家。全年共批准新组建472家省级工程技术研究中心，累计达1088家，其中公益类66家、企业类406家，与2012年新批准组建76家相比，2013年批准组建数量新增5倍。2013年，在广东省经济和社会发展有迫切需求的学科及行业领域，依托省内高校和科研机构新建了省重点实验室16家，省重点科研基地两家，依托省内骨干优势企业新建省企业重点实验室9家，进一步完善了省实验室体系的布局。截至2013年底，已建省重点实验室196家，省企业重点实验室46家，省重点科研基地32家。2013年以省重点实验室为主要依托承担国家级重大或重点科研项目870项，省部项目889项，申请、授权专利2164件。

建设科技资源共享平台，为知识产权创造提供服务支撑。推动大型科学仪器协作共享平台建设，开发了广东省大型科学仪器设施共享服务平台应用系统。2013年新增入网仪器59台，使大仪网在网仪器达到341台，入网仪器的台均开机时数为1430小时，台均服务机时数为1201小时，台均对外服务机时为450小时，协作共用率为37.5%，比2012年略有增长。在科技文献共享平台方面，2013年继续订购CNKI、维普科技等13种电子资源，用户可使用数据库达170多个，电子资源数据记录总量约2亿条，有效地保障了科研人员查找、利用科技文献的需求。此外，2013年新增两家省直研究机构服务分馆，分馆总数达19家；新增注册用户3068个，总注册用户达到了6.61万个，文献请求6.06万篇，满足5.37万篇，满足率达88.61%。科技资源共享平台使科技资源为知识产权创造提供最大化的服务。

壮大创新人才队伍，为知识产权创新提供智力保障。2013年，广东省R&D人员超过50万人，人才规模保持全国第一。成功引进省第四批34个创新科研团队，汇聚海内外高层次人才200多人，其中博士学位占90%，累计已授权发明专利900多件，其中拥有独立知识产权的发明专利近800件；实施粤东西北人才发展帮扶计划（扬帆计划），引进12个创新创业团队，汇聚高层次人才60多人。2013年，广东省获得国家“973”计划首席科学家项目8项，连续5年实现丰收；新增两院院士4人、长江学者12人、国家杰青10人、千人计划39人、中科院百人计划12人等一批学术带头人。

【知识产权创新能力】 提升企业技术创新能力，促使企业加快成为技术创新主体，提高自主知识产权创造转化能力。支持企业开展创新能力建设，组建各类研发机构。2013年，批准新组建472家省级工程技术研发中心，其中企业类406家，占86%；推进创新型企业队伍建设，2013年新增省级创新型试点企业71家，累计达454家；新认定省级创新型企业56家，累计达286家；国家级创新型试点企业累计达39家，数量位居全国第三；国家级创新型企业23家，数量居全国第二。

加速重大科技项目落户广东，为重大核心知识产权创造提供依托。2013年广东省牵头承担的国家重大科技项目继续呈现增长态势。全球运算速度最快的超级计算机“天河二号”落户国家超级计算（广州）中心并投入使用；加速器驱动嬗变系统研究装置、强流离子加速装置等国家重大基础研究设施即将落户广东省。全年获得国家自然科学基金项目经费超过13.7亿元；在高新技术领域获得中央财政资金超过10亿元；国家和省、市（区）科技型中小企业技术创新基金规模超过7.5亿元，创历年之最。获得2013年度国家科学技术奖28项。依托重大科技项目，广东省取得了一批高尖端领域的核心知识产权。

大力推广创新方法，为企业自主知识产权创新提供方法支撑。2013年，省科技厅继续开展创新方法推广应用工作，以企业应用为重点，以推广基地为支撑，着力提高企业创新能力。2013年推荐广州无线电集团等5家企业进入科技部创新方法标杆（示范）企业培育行列，其中国家级标杆企业1家，国家级示范企业4家。企业试点示范成果显著，据不完全统计，截至2013年底，试点企业通过应用创新方法解决实际技术难题433个，提交专利申请489件（其中发明专利245件），获授权专利220件，为企业创造经济效益逾6.34亿元。此外，省科技厅积极开展省市共建，支持广州市建立了创新方法推广应用基地，进一步扩大创新方法的推广应用范围。

推进重点科技攻关和战略性新兴产业核心技术攻关，取得一批重大知识产权。2013年，广东省一批重大科研成果频频见诸国际顶级学术杂志，并在超材料、云计算集成与应用、干细胞、基因测序、新一代移动通讯技术以及光电显示等领域取得一批拥有自主知识产权且产业化前景明朗的核心技术，加快占据产业发展制高点。其中，广东新岸线计算机系统芯片、8.5代液晶面板项目等重大产业化项目进入实质性运作阶段。深入推进八大战略性新兴产业领域的核心关键技术攻关工作，推进商业模式创新，在LED照明产品、低碳技术创新、数控一代机械产品、低成本创新医疗器械产品、农村信息直通车等领域，加快推进重大创新成果的示范推广和市场应用。“十二五”以来，省财政累计投入约35亿元组织实施各类省重大科技计划项目，有力促进全省新兴产业发展和传统产业转型升级。据初步测算，专项带动辐射全省新兴产业发展规模超过6000亿元。

【知识产权产业化战略】 推进高新区创新发展，为知识产权创造与产业化提供创新载体支持。2013年，全省22个高新区年营业总收入预计达2.4万亿元，同比增长21%；实现工业增加值5500亿元，同比增长25%。全省高新技术产品产值全年预计达4.5万亿元，同比增长15%。2013年底全省高新技术企业总数约8000家，排名全国第二，全省高新技术企业研发投入和专利产出占全省的比例均超60%。高新区“创业孵化—加速—集群”的内生增长模式逐步形成。广东省重点围绕产业集群建设，加大关键技术攻关和专业科技服务载体建设，加速产业集群的建设与升级。截至2013年，广东省建成深圳下一代互联网、惠州云计算智能终端等两个国家级创新型产业集群试点，试点数量占全国的1/5。目前，列入国家级创新型产业集群试点（培育）的有广州个体化医疗、中山数字医疗、珠海智能配电网装备等3个；广东省成立了创始会员近百个单位和个人的广东省科技企业孵化器协会，初步形成了省、市、区与协会共同推进的工作体系。2013年，广东省新增国家级科技企业孵化器11家，数量居全国第一，新增数量达到广东省过去20年总数的一半；新增国家级科技企业孵化器培育单位9家，单年新增数量创历史新高。

推进专业镇转型升级，使专业镇成为广东省知识产权产业化的重要平台。深入实施“一镇一策”行动计划和“一校一镇、一院（所）一镇”产学研特派团联动帮扶计划，一大批传统产业通过运用高新技术、先进适用技术和现代信息技术改造提升，大大推动了产品的更新换代和产业链的延伸。加快建设专业镇中小微企业九大公共服务平台，通过技术创新和现代服务，加快推进专业镇传统产业转型升级。全年新建专业镇中小微企业服务平台100家，新增省级专业镇21家，总数达到363家，预计实现地区生产总值超过1.85万亿元。

加快LED照明产品推广应用，LED知识产权创新及转化应用领跑全国。通过产品推广应用和高端技术集成“两手抓”，推动LED创新链、产业链、资金链“三链融合”。推动珠三角9市率先完成公共照明领域应用LED照明产品工作任务，全省累计安装LED灯具超过300万盏，累计节电近15亿千瓦时。推进“国家半导体照明综合标准化示范区”建设，完成国家标准提案1项，发布地方标准4项；启动实施标准光组件计划，首批发布21个光组件产品，LED领域专利申请量近5万件，居全国首位。首批国产MOCVD样机进入试运行阶段。

培育新兴科技服务业态，推动知识产权转化应用迈向深层次发展阶段。2013年全省审核通过的科技成果登记数1809项，产生专利3804件，其中发明专利2066件。全省实施科技成果转化总投入经费达99.15亿元，获取利润109.83亿元，上缴税收20.99亿元。广东省科技厅继续完善技术转移体系，扶持国家技术转移示范机构发展，推动科技成果转化，截至2013年底，全省共被科技部批准19家国家技术转移示范机构，这批示范机构秉持“专业化、市场化、规模化”的经营理念，在各自专业技术领域取得了不俗的业绩。其中，广州技术产权交易所并入广州产权交易所，于2013年11月成立“广州技术产权交易中心”，2013年底，实现技术产权交易额3184万元，知识产权交易额1200万元，促成技术转移成交额13600万元。2013年，全省技术市场发展态势良好，全年认定登记技术合同20268项，合同成交总金额535.68亿元，合同成交额再创新高，比2012年大幅增长44.9%，其中技术交易额为514.51亿元，比2012年增长61.5%。全省生产力促进机构不断壮大，成为带动当地产业转型与创新发展的生力军，截至2013年底，全省共有生产力促进中心130家，其中国家级示范中心7家。2013年，全省生产力促进中心服务企业33728家，为企业提供技术服务20万项次，实现总收入7.7亿元，培训人员超过8.5万人次，培育科技型企业290个，引进国际及港澳台合作项目61项，项目金额超过500万元。2013年，省科技厅充分发动广东省优势特色产业领域的关键技术、重点产品及企业参加重大科技展会，全年共组织了78家单位120多个项目参加北京科博会、东盟博览会、西博会、杨凌农高会等8个由政府举办的大型科技展会，为广东省科技成果提供了良好的展示、交易平台。

【产学研及区域和国际合作】 深化省部院产学研合作和国际科技合作，加速集聚国内外创新资源，为知识产权创造和转化提供新机制。2013年，省科技厅继续推进省部院产学研合作，与中科院、中国电子科技集团公司、浙江大学等签订战略合作框架协议，加快集聚国家重要创新资源。2013年新建高水平产学研合作研究院11家、院士工作站34家、企业产学研合作创新平台52家，新建产学研合作技术创新联盟共性技术创新平台17家、企业科技特派员工作站29家、企业重点实验室9家，全省各类产学研合作技术创新平台总数超过1600家。广东省企业与清华大学、北京理工、四川大学、上海交大等多所名校开展校企对接活动，促使一批重点高校的科研成果入粤转移转化。2013年新增企业科技特派员555名，累计达到7290多名，形成科技特派团效应。2013年省部院产学研合作预计实现产值2600亿元，利税260亿元。在国际和区域科技合作方面，中乌巴顿焊接研究院建设工作进展顺利，并正为广东省的核电、船舶、航空、机械、海洋工程、生物医疗等产业的技术创新发挥重要作用。东莞“国家级环保与水处理国际创新园”、广州“国家级科技服务国际创新园”的基础建设和“招科引资”工作稳步推进。佛山中德工业园、揭阳中德生态金属园等国际合作园区建设取得新进展。推动完善粤港科技合作机制，加快推进“粤港创新走廊”建设。牵头组织“粤蒙科技交流合作周”工作，签约金额达3630多亿元，推动粤蒙两地进入经济社会全面合作新时代。产学研合作及国际和区域合作的稳步推进，为集聚国内外高端创新资源，提高广东省自主知识产权核心竞争力提供了有效的创新路径。

（供稿人：山宝银）

广东省公安厅

【概况】 2013年，广东省公安机关全年共立制假售假犯罪案件4126起（同比减少32.72%），破案3317起（同比减少32.73%），抓获犯罪嫌疑人5460名，捣毁制假窝点2532个。全省公安机关打假工作得到了公安部和省领导的充分肯定，公安部先后30多次发来贺电，公安部部长郭声琨签发3次嘉奖令对广东省通令嘉奖。

【“打假”行动】 2013年1月4日，广东省公安厅召开全省公安机关打击经济犯罪工作暨“打假行动”部署电视电话会议，系统总结2012年“破案会战”工作经验，全面部署2013年打击经济犯罪工作，正式启动打假专项行动。由时任广东省政府党组副书记、公安厅长梁伟发担任省公安机关“打假行动”领导小组组长，广东省公安厅党委副书记、副厅长何广平主抓，以经侦部门为主力军，网安、技侦以及宣传等警种全力配合，大力推动行动开展。广东省公安厅制订“打假行动”工作方案，先后6次召开全省会议进行动员部署和推进。各市、县公安局将“打假行动”纳入年度公安工作要点，摆在突出位置来抓，成立专班推动“打假行动”。2月18日，广东省公安厅下发《广东省公安机关打假行动考核办法》，从打击破案、基础建设、宣传工作三个方面对2013年的打假工作提出具体要求。3月1日，广东省公安厅确定90宗重大案件挂牌督办，先后派出5个督导组分赴各地进行督导检查，跟踪落实重大案件侦查工作措施，并动态通报打假工作情况。

【情报导侦】 广东省公安厅始终把“科技强警”放在队伍建设的重要位置，狠抓情报导侦，不断提升打击效率。2月5日，省公安厅经侦局成立了情报导侦小组，下发了工作指引，购置一批技术设备和专业分析工具下拨给重点市，广东省公安厅经侦局主要领导每周主持召开例会，听取各个领域情报导侦案件进展情况，有效推动了情报导侦在打击破案方面的应用。各级公安机关相继成立情报研判专班，强力推进打假情报作战平台建设。9月27日，广东省公安厅与广东省质监局、广东省农业厅等20余家省级行政执法单位签署了打假信息共享合作备忘录，从行政、刑事处罚人员信息中分析梳理涉假违法犯罪重点人员5万多名，纳入公安情报平台，构建涉假各个环节的重点人员及其重要关系人信息库、重点人员活动轨迹库，并建立专业分析模型，开展情报线索深度研判。通过应用科技信息技术，广东省公安机关先后成功侦破制售假冒“强生”等品牌日化用品案、广州特大假冒“苹果”、“三星”手机案、河源制售假冒“雷克萨斯”、“大众”汽配案。

【集群打假】 广东省公安厅根据公安部确定的工作重点，始终坚持集群作战的主战模式，对制假售假犯罪的产、供、销犯罪网络进行围剿。全省公安机关主动开展跨省联合行动集群战役285次，协助外省开展跨省联合行动1589次，打掉400多个职业化的跨省犯罪团伙。一是严厉打击食品药品犯罪。7月29日至9月30日，以“云端行动”为契机，严厉打击危害人民群众生命安全和身体健康的假食品、假药品犯罪，侦破假食品药品案件1158起，开展打击假药犯罪跨省联合行动107次，有力地维护了群众用药安全和餐桌安全。二是严厉打击民生涉假犯罪。坚持“端窝点、捣源头”，严厉打击危害生产生活安全的民生涉假犯罪。3月25日，阳江市公安机关发起打击制售假冒“凌霄牌”水泵案集群战役，在公安部的统一指挥下，广东、广西、浙江、海南以及湖南等5省（自治区）公安机关出动警力973名，联合开展大规模收网行动，一举侦破特大制售假冒“凌霄牌”水泵系列案件7起，捣毁生产、仓储、销售假冒“凌霄牌”水泵及配件窝点90个，抓获涉案人员45名，查获假冒“凌霄”、“阳升”等10个型号假冒水泵18119台。5月7日，肇庆、河源等地成功捣毁一批制售假冒“奔驰”、“本田”等品牌刹车片窝点，6月26日深圳捣毁一批制售假冒“立邦”、“多乐士”等品牌油漆涂料窝点。6月17日，佛山、深圳、汕头连续侦破多起制售假冒“潘婷”、“强生”、“海飞丝”、“飘柔”等知名品牌的洗浴用品案；6月25日，中山、阳江等地连续侦破2起特大制售假冒“美的”等品牌产品案件，涉案价值2000余万元。三是严厉打击网络涉假犯罪。突出抓好利用互联网售假犯罪线索的收集研判，对网上销售假冒伪劣日化、家电、日用消费品等犯罪活动进行严厉打击，破案510多起。9月30日，广州市公安局经侦支队侦破利用淘宝网销售假冒“飞利浦”品牌产品，捣毁售假淘宝网店11家。四是严厉打击跨境涉假犯罪。11月21日，按照公安部的部署，广州市公安机关启动代号为“蓝色计划2”的打击跨境网络售假团伙系列犯罪第二波行动，行动共出动警力41人次，对利用网络向境外销售假冒名牌皮具的曾某凡跨境网络售假团伙进行打击，捣毁其跨境网络售假窝点，取缔该团伙3个主网站及10多个交易邮箱，抓获2名犯罪嫌疑人。在省政府粤港、粤澳保护知识产权合作框架下，广东省公安厅联合香港、澳门海关，对跨境制售假冒伪劣名牌产品、专利产品、高新技术产品的犯罪活动进行集中打击，开展联合行动和联合调查20次。9月16日，珠海市公安局联合澳门海关知识产权厅破获一起特大跨境销售假冒“劳力士”、“GUCCI”等品牌手表和皮具案，抓获犯罪嫌疑人6名，捣毁窝点3个。

【协同作战】 一是加强警种联动。全省各地公安机关形成了上下齐动、全警参与、全面联动的打假格局，经侦、技侦以及网警等部门捆绑作战，派出所积极参与，充分发挥各自职能优势，在挖掘线索、串并案件等方面通力合作，大大提升了警种合成作战的能力和水平。二是加强与行政执法单位执法协作。广东省公安厅已与食品药品监管、烟草、税务、知识产权等单位建立联合执法办公室，在线索移送、联合行动、联合督导等方面深化协作，全年联合开展打击行动1551次。三是加强对外交流与协作。在省政府粤港澳保护知识产权合作专责小组会议的框架下，省公安厅不断强化与港澳海关及警方合作，先后协助港澳海关调查案件三起。9—11月，广东省公安厅分别派专人赴法国、日本开展知识产权刑事保护工作交流学习，并多次与美、法、德、日等国知识产权保护机构开展座谈交流。四是加强警企互动。9—10月，广东省公安厅多次走访重点企业，收集意见，接受报案，提供预警信息，已与富士康、比亚迪、华为、雅士利等省内81家知识产权保护企业建立联系沟通机制，并与宝洁、完美等11家重点企业签署了知识产权警企协作机制合作备忘录，10月28日，与中国外商投资协会品保委联合召开知识产权保护座谈会。

【宣传造势】 据统计，全省公安机关先后在中央媒体报道79次，省级媒体报道303次，市级媒体报道455次。一是开辟专门宣传阵地。在《南方法治报》、广东电视台《南粤警视》等媒体开辟打假宣传阵地，及时宣传全省公安机关打假工作动态，公开报道典型案件，形成密集宣传攻势。二是组织主题宣传活动。充分利用“3·15”、“4·26”、“5·15”等宣传日，采取新闻发布会、专题报道、集中销毁等多种形式，开展大规模的宣传活动，展现公安机关打假成果，树立公安机关“为民打假”的良好形象。三是利用网络宣传互动。通过电邮、微博、QQ、微信等网络载体，进行广度宣传，营造全民参与的良好打假氛围。

（供稿人：梁剑峰）

广东省司法厅

【概况】 2013年，广东省司法厅贯彻落实全国知识产权战略实施工作电视电话会议有关精神，大力开展保护知识产权法制宣传，深化企业依法治理开展“诚信守法示范企业”创建评比，积极推动律师服务保护知识产权工作，在监所、人民调解、司法鉴定、公证等重点场所和领域开展保护知识产权专项活动。

【保护知识产权法制宣传】 开展知识产权宣传周活动。根据全国知识产权宣传周活动要求，开设宣传专栏，选取突出企业进行集中宣传。开展保护知识产权相关法律法规的宣传普及，推进宣传以“尊重知识、崇尚创新、诚信守法”为核心的知识产权文化，增强全社会知识产权意识；宣传企业运用知识产权推进经济发展方式转变的典型案例，着重宣传知识产权对推进专利运用和产业化、加快转变经济发展方式的作用。

【“诚信守法示范企业”创建评比】 扎实开展企业依法治理工作。针对广东省企业数量多、种类多、人员多、产量大、结构复杂的特点，开展了以促进企业依法经营为重点的普法宣传教育，充分利用宣传资料、法律咨询、法制图片、知识竞赛、普法光盘、法制文艺演出等各种载体和形式，向企业、职工普及有关法律知识，促进企业诚信经营，杜绝侵犯知识产权和生产假冒伪劣产品等行为的发生。广东省司法厅、广东省普法办还联合广东省委宣传部、广东省国税局、广东省地税局、广东省质监局、广东省总工会、广东省工商联以及广东省私协等部门，开展了“诚信守法示范企业”评选活动，评选出广州海印实业集团有限公司等171家企业为“广东省诚信守法示范企业”，并在全省进行通报表扬。

【律师服务保护知识产权工作】 加强保护知识产权思想教育工作。通过全省律师工作会议、座谈会、律师岗前培训、继续教育培训等形式，深入宣讲广东省“保护知识产权”工作的现状，强调律师参加“保护知识产权”工作的重要性，引导和推动广大律师积极参与涉及“保护知识产权”工作的诉讼、调解、仲裁和法律咨询等法律服务活动。

加强保护知识产权监督指导工作。对“知识产权”案件律师辩护和代理工作，积极主动与公、检、法等部门进行联系和沟通，对“知识产权”刑事犯罪案件律师辩护和代理进行指导、协调和监督。将律师参与“知识产权”案件纳入敏感案件进行管理，要求律师在接受“知识产权”案件犯罪嫌疑人、被告人及其家属的委托后，及时书面向司法行政机关报告。对作无罪辩护、改变定性辩护的，先由律师事务所集体讨论后再提交律师协会刑事辩护委员会讨论；各律师事务所对本所律师辩护、代理“知识产权”案件的其他重要问题，及时向当地司法行政机关报告。

加强政府、企业法律顾问工作。组织律师积极服务工商、税务等政府职能部门“保护知识产权”专项行动，为政府决策、执法行为提供优质、高效的法律服务。围绕“保护知识产权”行动要求，积极为企业开展法律体检，降低法律风险，提高企业依法经营的能力和水平。推动律师积极参与涉及“保护知识产权”案件的信访接待工作，协助党委、政府和有关部门及时妥善处理突出问题及群体性事件，努力消除不稳定因素。

【重点场所和领域保护知识产权专项活动】 在监所、人民调解、司法鉴定、公证等重点场所和领域开展保护知识产权专项活动。在监狱、劳教（戒毒）所开展保护知识产权案件线索排查专项活动。开展“揭同伙、清余罪”活动，做好服刑人员、劳教（戒毒）人员深挖余罪和坦白检举工作，有效揭露涉及知识产权案件线索，及时将线索转递相关部门。开展监所生产项目、外租物业排查活动，全面排查了解合作企业生产经营、诚实守信、依法经营情况和外租土地房屋是否存在制假售假窝点，发现存在制假售假行为的，及时解除合作、租赁关系，并向当地工商、公安等相关部门通报。

开展矛盾纠纷集中排查调解和两类人员排查管控专项活动。把涉及知识产权的矛盾纠纷，纳入矛盾纠纷大排查、大调解专项活动的重要内容，加大涉及保护知识产权的重点领域、重点行业人民调解组织建设的力度，实现在保护知识产权行动中“哪里有矛盾纠纷，哪里就有人民调解”的目标。加强对社区矫正和刑释解教人员的排查管控工作，摸清涉及侵犯知识产权和制售假冒伪劣商品案件的两类人员的数量及基本情况，教育引导他们检举揭发涉知识产权案件线索，及时将排查到的线索通报有关部门。

开展司法鉴定服务专项活动，组织协调司法鉴定机构配合做好知识产权案件涉案物品检测鉴定的委托受理和实施鉴定，进一步加强司法鉴定质量监管，为鉴定检测过程中遇到的疑难、争议问题提供咨询服务。

开展针对侵犯知识产权和制售假冒伪劣商品行为的保全证据公证活动，组织全省公证人员进行专项业务培训；集中检查出具的证据保全公证文书质量情况，确保发挥保全证据公证的作用。 （供稿人：骆文经　朱征宇）

广东省农业厅

【概况】 2013年，广东省农业厅通过加快推进农业科技创新和推广，不断强化农产品和农资产品的质量管理、品牌认证和行政执法检查等工作，稳步推进农业知识产权工作，为促进全省农业农村经济平稳较快发展提供了有力支撑。截至2013年底，全省累计通过省级审定的农作物品种1348个，共申请植物新品种权255个，获得授权71个，申请量和授权量分别居全国第15位和第18位；全省已有5个产品获得农产品地理标志证书，有效期内有机农产品50个、绿色食品675个、无公害农产品1638个;农业类名牌产品731个。

【植物新品种保护】 加大农业植物新品种保护力度。通过法律法规宣传、知识培训和专项执法检查活动，有效增强了从事植物新品种保护管理工作的主动性和积极性，提高农业执法人员查处侵权假冒案件的技能与水平，加速申请和授权品种生产经营的市场秩序，促进农作物育种创新工作健康、持续发展，为广东省农业和农村经济又好又快发展提供重要科技支撑。截至2013年11月底，全省植物新品种权申请总量累计超过255件，授权量达到71件，排名全国各省申请量第15位，水稻植物新品种权位居全国前列。国内农业植物新品种权申请量和授权量的快速增加，标志广东省农业科技创新能力和育种创新能力快速增强。

【农产品地理标志登记保护】 按照农业部《关于开展2013年无公害农产品认证工作质量督导检查和获证产品专项检查的通知》要求，广东省农业厅积极部署开展农产品地标资源普查工作，对部分重点市、重点企业进行督导检查。各地对具有独特品质的、符合地标资源条件的特色农产品进行调查研究、现场查看、拍照登记、审核汇总，全省具备实施地标保护的特色农产品达到239个，其中57个产品已登记保护，还有182个特色农产品具备地标登记保护条件。截至2013年年底，全省有4个产品获得农产品地理标志证书；3个产品当年5月份通过农业部组织专家评审并获得农业部的审批，已向社会公告；1个产品申报新的地理标志登记保护。

【名牌带动战略】 按照《广东省名牌产品（农业类）申报和复审的通知》（粤名农委办〔2013〕1号）要求，主要参考申报企业科技创新水平、产品科技含量、产品地方特色、与同类产品的比较优势及企业研发费用投入、自主知识产权数量等综合指标因素，新增加初评产品103个，通过复审产品167个。截至2013年年底，全省有效期内的名牌产品（农业类）共731个，大多数品牌农产品具有一个或多个专利，农业领域知识产权浓厚氛围逐步形成。

（供稿人：刘晚治）

广东省林业厅

【林业植物新品种和生物遗传资源保护】 2013年，26个林木花卉新品种申请植物新品种权，同比增长767%；15个新品种获得国家林业局植物新品种授权，同比增长7%；2013年是申请量和授权量均为最多的一年。至2013年底，广东省申请林业植物新品种权数量共达61个，授权总量达38个。启动云开大山陆生野生动物资源、广东省陆生脊椎野生动物多样性编目以及全省野生动物养殖场情况调查。实施喜树、扣树、仙湖苏铁等极小种群野生植物保护工程；成功繁育朱鹮11只，野外放归人工驯养繁殖的鳄蜥60条。继续在全省开展油茶遗传资源调查，共设立调查样地68个，调查油茶遗传资源1019株，收集照片3959张，采集数据45万个，共保存油茶遗传资源342份，保存率达82.8%。

【林业知识产权宣传】 在2013年知识产权宣传周和科技进步活动月期间，围绕“实施知识产权战略，支撑林业创新发展”的主题，通过网络、展板以及专题讲座等多种形式，大力宣传知识产权相关法律法规、实施知识产权战略及林业植物新品种、地理标志、生物遗传资源、专利等知识和打击侵犯林业植物新品种权情况，激励林业自主创新，促进林业创新发展，营造“尊重知识，崇尚创新，诚信守法”的良好氛围，增强林业全行业知识产权意识。12月中旬，配合国家林业局科技发展中心在广东省珠海市举办全国林业知识产权培训班。

【林业知识产权试点】 2013年，深圳市兰科植物保护研究中心、佛山市沃德森板业有限公司被列入第三批全国林业知识产权试点单位，至此，广东试点单位达到7家，是全国列入试点单位较多的省份之一。

【林业行政处罚自由裁量实施标准制定】 2013年5月23日，省林业厅印发了《广东省林业厅关于规范行政处罚自由裁量权的实施办法（试行）》和《广东省林业厅行政处罚自由裁量实施标准（试行）》。按照新修订的《中华人民共和国植物新品种保护条例》及《中华人民共和国植物新品种保护条例实施细则（林业部分）》，制定了侵权假冒林业植物新品种的处罚标准；同时，按照《中华人民共和国种子法》，制定了生产、经营假劣种子等违法行为的处罚标准。自由裁量实施标准的确定，使打击侵权假冒林业植物新品种权和假冒伪劣种苗处罚更加公开透明，增强了植物新品种权和林木种苗的保护力度。

【林木种苗质量检查】 2013年，继续开展打击制售假劣林木种苗和保护植物新品种权专项督查。1月5日至4月30日，省林业厅组织4个检查组对韶关、清远、河源、梅州、肇庆、惠州、茂名、云浮8个地级市下辖的17个县（市、区）的24个苗圃进行现场种苗质量检查。抽查的树种包括红锥、木荷、红荷、樟树、火力楠、枫香、山杜英、黎蒴、台湾相思、肯氏相思、秋枫、蓝花楹、阴香、乌桕、海南蒲桃、红苞木以及人面子等17种造林的常用树种，抽查合格率为100%，没有发现假劣种苗现象。（供稿人：张春花）

广东省对外经济贸易合作厅

【广交会知识产权保护】 从2013年第113届广交会起，广东交易团在知识产权保护方面进行了工作创新。一是建立上下联动的工作机制。在各市分团（广州、深圳除外）以及选取的19家省属重点企业中建立了保护知识产权负责人和联系人工作机制，由分团（企业）有关领导负总责，联系人具体落实，上下联动，确保知识产权保护“有人管、管得住”。二是建立侵权案件提前介入处理机制。通过工作重心前移，在大会投诉站认定涉嫌侵权并录入电脑前，加强与投诉人、被投诉企业、投诉站、各市分团多方的沟通协调，通过调解纠纷、协调涉嫌侵权企业、投诉站专家释疑等多种方式，使纠纷双方明白哪些是侵权等问题。

【开展加工贸易知识产权问题研究】 2013年9月11日，由商务部条法司主办、广东省外经贸厅承办的加工贸易知识产权问题研讨会在东莞举行。商务部条法司杨国华副司长主持研讨会，商务部、最高人民法院、海关总署和地方海关部门（黄埔、青岛、上海、宁波）及律师事务所、广东省外经贸厅、东莞市外经贸局、工商局及当地企业代表近70人参加了研讨会。（供稿人：邓楷凯）

广东省文化厅

【概况】 2013年，广东省文化厅结合文化市场综合执法工作实际，紧紧围绕“平安文化市场”创建工作，在全省范围内组织开展一系列文化市场专项整治工作，不断加大对文化市场的监管力度，有效打击文化市场违法违规经营行为，同时重点加强文化市场综合执法队伍建设，开展文化市场综合行政执法岗位大练兵技能大比武活动。据统计，2013年，广东省文化市场综合行政执法机构共出动行政执法力量约62.8万人次，检查各类文化市场经营场所约25.8万家次；受理举报1278件，其中省执法局受理举报160件；全省立案调查各类违法违规案件2774宗，移交案件76宗，办结案件1880宗；行政处罚文化市场违法违规经营单位（场所）1679家次，其中责令停业整顿131家次、吊销经营许可证24家，罚没人民币约1074.4万元。（供稿人：林旭东）

广东省卫生厅

【概况】 2013年，广东省卫生计生委进一步加强医药卫生领域知识产权保护与管理，全面提升卫生行业知识产权参与竞争能力。

【联合打假专项行动】 广东省卫生计生委为了加强消毒产品的监督管理，配合食药部门开展药品打假等专项行动，严格规范消毒产品的行政许可及产品标签、标示及说明书的管理，加强与食药、工商等部门的沟通协调，及时通报企业违法行为，形成监管合力，规范药品经营秩序。

【医药卫生创新知识产权管理】 广东省卫生计生委在新开发的科研管理系统中，增加科研诚信承诺、项目查新和合作研究项目的知识产权归属等方面的要求，规范科技项目的知识产权管理工作；同时召开专题研讨会，加强对广东省承担的“重大传染病防治”和“重大新药创制”等重大科技专项项目知识产权管理工作的指导，强化研究人员的保护意识，对重大产品和核心技术的专利予以有效保护，促进创新成果的转化、利用和合理分享。

【卫生行业知识产权战略专题学习】 2013年，广东省卫生计生委对委机关、省中医局机关工作人员，委直属单位分管领导及相关工作人员开展知识产权法讲座，介绍卫生行业知识产权基础知识，阐明了知识产权是医疗卫生单位资产的重要组成部分及加强知识产权的重要性。努力增强全行业对知识产权战略实施工作的认知，鼓励卫生行业积极参与和支持战略实施工作，营造尊重知识、崇尚创新、诚实守信的知识产权文化氛围。

【卫生行业知识产权专利项目开发】 2013年，广东省卫生计生和国家知识产权局专利局专利审查协作广东中心联合组织申报了广东省战略新兴产业专利导航工程——生物医学工程产业专利分析及预警项目。发挥知识产权对生物医学工程产业发展的导航和促进作用，充分引导和推动全省生物医学工程企业转型升级。同时，探索出一条“临床需求—研发—企业转化—临床应用”的转化医学的成功途径。

【机关软件正版化工作】 广东省卫生计生委按照相关职能管理部门的要求和正版软件购置、更换管理等规定，扎实做好软件正版化工作。加强学习和宣传教育，提高思想认识，树立软件正版化意识，建立长效工作机制。在日常工作中加强检查督促，做到不安装、不使用非正版软件。将正版软件纳入国有资产管理中，并在年度预算中纳入购买正版软件费用，落实好推进使用正版软件工作。

（供稿人：钟芸）

广东省统计局

【概况】 2013年，广东省统计局作为省知识产权保护办公会议成员单位，积极宣传知识产权保护工作，组织工业企业相关统计调查，开展专利情况综合统计和情况分析工作，向社会提供企业有关专利统计资料。

【工业企业专利情况统计调查】 2013年，广东省统计局在组织全省规模以上工业企业科技活动情况统计调查时，将专利情况纳入企业科技统计调查制度，积极开展对企业专利情况的统计调查。在完成国家6个专利统计指标调查的基础上，广东还新增11个专利调查指标，共调查企业4.08万家，采集专利方面数据信息69.4万条。

【工业企业专利情况统计分析】 2013年，广东省统计局有效推动知识产权保护工作，积极宣传企业专利优势，促进企业自主创新发展和转型。继续开展对广东工业企业专利情况的总量分布和行业专利申请、拥有、专利所有权转让及收入等情况的统计分析。并将专利作为优势企业基本特征之一，组织专业人员开展企业专利拥有与企业发展优劣对比研究，完成了《科技特征企业发展优势引人注目》统计分析，及时向省委和政府部门提供相关统计分析报告。

【专利情况的统计资料编辑】 2013年，广东省统计局对年度全省工业企业专利统计资料进行整理，并将其编入年度《广东科技统计年报资料》和《广东科技统计年鉴》，及时为省委、省政府领导和机关，以及社会提供了相关专利情况统计服务。 （撰稿人：谭乐明）

广东省工商行政管理局

【概况】 2013年，广东省工商行政管理系统以商标行政执法、实施商标品牌战略为商标管理工作重心，促进创新驱动战略实施，为全省经济转型升级提供保障。2013年，广东省商标注册申请318789件，同比增长16.98%；核准注册162264件，同比下降0.31%；全省累计有效注册商标总量达1126595件，同比增长13.53%，约占全国（含港澳台）商标注册总量的17.76%，自1995年以来连续19年保持全国首位。2013年度广东省马德里商标国际注册申请503件，占全国马德里商标国际注册申请总量的23.47%，自2012年以来连续两年位居全国首位，比排名第二位的浙江省高出94件。广东省新增地理标志证明商标6件，全省已注册的地理标志证明商标、集体商标总量达34件。

【商标行政执法】 2013年，全省工商行政管理系统共查处各类商标违法侵权案件6392件，同比下降42.39%；案值9273.75万元，同比下降74.67%；罚款7947.31万元，同比下降22.36%；移送司法机关涉嫌商标犯罪案件77件、商标犯罪涉嫌人49人。其中查处侵犯港澳台和外国商标注册人权益案3067件，案值4444.09万元，罚款4311.43万元，移送司法机关涉嫌商标犯罪案件39件，商标犯罪涉嫌人29人。

【商标品牌战略】 驰名、著名商标认定。2013年，广东省获国家工商总局认定、保护的驰名商标50件，总数达494件，自2006年以来连续八年保持全国首位。2013年3月，广东省工商局贯彻落实《广东省人民政府2012年行政审批制度改革事项目录（第一批）》（粤府令第169号），将广东省著名商标认定职能转移给广东商标协会。为保证职能转移后承接主体开展广东省著名商标认定工作的质量和绩效，确保著名商标认定职能“转得出、接得好”，并继续发挥促进商标品牌培育的作用，广东省工商局制定了《广东省著名商标认定工作转移实施方案》、《广东省工商行政管理局关于广东省著名商标认定职能转移监管评估办法》等配套办法，调动社会各方面的资源参与广东商标品牌建设。2013年，广东商标协会受理著名商标认定申请828件，延续申请680件，分别同比增长69%和0.16%。

首次发布广东省2012年商标品牌战略实施情况的报告。2013年，广东省工商局首次编撰发布《广东省商标品牌战略实施报告（2012年度）》，全面反映广东省2012年商标工作与品牌建设取得的成效，总结商标注册、保护、管理与运用中的经验与问题，报告受到各界高度评价。

创建区域国际品牌试点。2013年，汕头市澄海试点通过“澄海玩具”商标的注册与推广，形成区域国际品牌与企业品牌良性互动，助推了地区经济增长。目前，创建区域国际品牌试点工作已逐步成为相关部门与地方政府的共识，如深圳市推动女装、珠宝等4个区域品牌发展，佛山市积极打造市、区两级共8个区域品牌，珠海市推进打印耗材区域品牌创建，助推传统产业转型升级。

【商标宣传】 2013年，广东省工商行政管理局部署全省工商系统开展以“推进商标品牌战略，服务创新驱动发展”为主题的宣传周活动，取得良好效果。据不完全统计，“4·26”

知识产权宣传周期间，全省工商行政管理系统通过各类媒体宣传报道1653条（篇），共举办现场咨询、集中销毁等活动481次，发布公益广告17617条（次），派发各种商标宣传资料9万多份。（供稿人：陈小冰）

广东省版权局

【概况】 2013年，广东省版权局强化版权行政管理，维护版权产品市场秩序，认真履行监督指导检查职责，协调全省各级行政管理部门有关机构有计划、有组织地开展各类版权的宣传活动和知识产权（版权）专项行动。

【推进政府机关使用正版软件工作】 根据《国务院办公厅关于进一步做好政府机关使用正版软件工作的通知》（国办发〔2010〕47号）要求，2013年，广东省版权局通过举办全省部分县级(区、县级市)政府机关软件正版化培训工作会议、召开省推进使用正版软件工作联席会议成员单位联络员会议、举办全省政府采购监管部门和服务机构负责人正版软件采购业务培训班及召开省推进使用正版软件工作联席会议成员单位联络员会议，确保完成广东省政府机关软件正版化工作目标。

2013年，广东省版权局根据省政府办公厅《关于对县级政府机关软件正版化工作完成情况进行重点抽查的通知》（粤府办明电〔2013〕131号）的要求，省新闻出版局（版权局）、省经信委、省公安厅、省工商局、省知识产权局等成员单位组成了5个督查组对全省县级政府机关推进使用正版软件工作进行了重点抽查。全省共抽查66个县级（市、区），198个政府机关单位，共1584台计算机。

【打击侵犯版权和制售假冒伪劣商品工作】

进一步加大版权行政执法力度。广东省版权局各部门通力协作，联合开展版权执法统一行动，尤其是加大对重点区域、重点部位的检查力度。执法行动共清理规范22个灯光夜市，查处取缔违法音像制品经营摊点140个。“3·15”和“5·1”期间，广州和深圳市开展专项整改，共检查音像、书报刊经营场所98家次，收缴侵权盗版和非法音像制品共12050张，吊销了3家音像店的经营许可证。1—6月，全省查处侵权盗版出版物案件136起，查获盗版音像制品1184145件、盗版图书116219件、盗版电子出版物10219件、盗版教材教辅材料993件。转办并查处网络侵权举报投诉信函、邮件等56件，所有线索都得到认真核实和查处。先后向9个申请要求公开“双打”案件投诉办理情况的单位，公开了行政执法的过程或结果等，得到申请单位来函来电给予的好评。通过集中整治，使全省出版物市场面貌明显好转，制售非法、假冒出版物活动明显减少。

加大网络及软件侵权盗版的打击力度。协调省、市有关通信管理部门加强对互联网站动态管理，强化网站基础管理工作，协调公安及通信管理部门对省内重点网络广告代理商进行整治，督促落实网站加盟准入和实名登记、站点日常检查、相关广告内容审核制度等一系列管理措施和制度，坚决杜绝虚假及有害信息的传播。全省共协调通信管理部门关闭违规违法大小网站近千家。同时，广东省版权局还将推进软件正版化工作作为“双打”的一项重要内容，上半年重点抓了全省县级政府机关的软件正版化和国有企业和大型民企的软件正版化工作。

【版权保护和版权服务工作】 第五届中国国际影视动漫版权保护和贸易博览会于2013年8月22日至26日在东莞举行。为充分体现漫博会版权保护的特点和凸显版权保护的重要性，切实保护著作权人的合法权益，根据历届漫博会的成功经验，广东省版权局和东莞市版权局继续在漫博会上设立版权服务工作站，做好本届漫博会的版权保护工作。全面负责漫博会期间著作权维权、纠纷调解、版权执法，著作权及相关法规知识的宣传，以及对本届漫博会的参展作品实行“作品著作权免费登记”等服务工作。

【版权兴业工程】 为了发展独具地方特色的版权产业，促进文学、艺术和科学作品的创作、制作和传播，2013年，授予深圳第七大道科技有限公司、广宁县广绿玉步行街、广东色色婚纱摄影有限公司、珠海三木科技有限公司、东莞动漫城、广东小白龙动漫玩具实业有限公司、惠州报业传媒集团全媒体产业基地、揭东巴黎万株纱华纺织有限公司、广宁宝锭山实业发展有限公司等9家单位“广东省版权兴业示范基地”称号，并颁发“广东省版权兴业示范基地”证书和牌匾。目前，全省共有71个“广东省版权兴业示范基地”。

2013年认定了珠海金山办公软件有限公司软件作品“金山WPS office 2012专业版办公软件V8”、东莞市溢源动漫城投资有限公司美术作品“卡卡虎”、肇庆市砚语堂艺术品有限公司美术作品“智圆行方砚”为广东省最具价值版权产品，累计已有24个作品为最具价值版权产品。

2013年批准了汕尾市设立广东省版权基层工作站，目前全省共建立了版权基层工作站14个。全省版权登记代办机构快速发展，工作覆盖面有效拓展，共批准了18个单位为广东省作品登记代办机构。全省新增作品著作权登记14192件，同比增长72%；完成出版外国图书合同备案190件，售付汇合同备案49件。

【粤港版权产业交流】 2013年，广东省版权局完善粤港版权案件协作处理机制、持续更新“粤港版权资料库完善”与“粤港版权合作专栏”，派出专门人员参加由香港海关组织的版权保护研讨会，组织粤港两地中学生版权知识和版权保护交流活动，并组织粤版权相关企业赴港进行版权产业交流活动。

（供稿人：张同英　沈欣）

广东省质量技术监督局

【概况】 2013年，广东省质监局以组织开展“以质取胜，创先争优”活动为重点，大力实施以质取胜战略和名牌带动战略，积极探索建立以消费者认可和市场竞争力为基础的名牌评价新体系和“评”、“管”分开的评价新机制，努力提高名牌评价和名牌产品的社会公信力，推动广东省经济发展方式转变。全省共有579个企业的工业类产品被评为广东省名牌产品，为促进广东省产业结构调整和经济发展方式转变发挥积极作用。另外，广东省质监局在积极开展地理标志产品保护工作以及严厉打击质量技术监督领域知识产权违法行为等方面也取得新的成效。

【名牌评价目录】 积极发挥名牌带动作用，科学制定名牌评价目录，鼓励和引导符合国家产业政策的产品优先发展，促进产业结构调整。2013年各地市质监局和行业协会要求新增目录396个，经认真筛选并经中国名牌战略推进委员会主任会议研究确定，2013年新增名牌产品目录79个，90%以上都是国家和广东省鼓励发展的新产品目录。

【名牌评价体系】 认真修改完善评价体系，已不再评选“质量管理先进企业”，增加“政府质量奖”和“广东省标准创新奖”要素。研究制定《广东省名牌产品（工业类）专家管理办法》、《广东省名牌产品（工业类）现场评价工作程序》、《广东省名牌产品（工业类）现场评价监审组工作职责》等三份工作文件，进一步规范广东省名牌评价工作。2013年8月，邀请行业专家根据行业发展水平研究制定名牌产品的申报条件和主要质量性能指标。11月，针对每一类产品的不同特点，请各专业权威机构分类制定名牌产品评价细则，确保评价规则更加科学具体、更具针对性和操作性。

【名牌产品申报关口】 积极开发运用名牌产品网上申报系统，提高工作效率，促进廉洁办事。共同把好名牌产品申报关。各地市质监局对申报企业严格审核把关，并广泛征求当地进出口检验检疫、工商、国税、地税、统计等部门意见，有些还以召开质量工作联席会议的形式对申报企业进行审查。各地市实际推荐申报产品共703个。评价中心为确保申报资料真实有效、准确可靠，严格审查申报材料，并对通过初步审查的693个产品（复评298个，新申报395个）数据进行公示，广泛接受社会监督，积极处理举报投诉问题。

【用户满意度调查】 积极改进用户满意度调查方法，制定《广东省名牌产品评价用户满意度电话调查实施办法》和《广东省名牌产品（工业类）用户满意度评价细则》，实现用户满意度调查的制度化、规范化和科学化。广泛开展网络调查、电话调查工作。据统计，2013年共有60286用户参与了网络调查，共实施51996宗电话调查。同时，发文征求工商“12315”、质监“12365”、质量监督处、稽查局等单位意见，全面掌握申报产品用户满意度情况，确保评价出来的名牌具有较高的知名度和满意度。

【名牌评价质量把关】 2013年12月18日，召开省名牌产品推进委员会全体会议，对省名牌评价中心提交的评价结果进行认真讨论。保证质量，确保被推荐的企业是行业龙头，并对近三年来在监督抽查、稽查打假和举报投诉中存在突出问题的26个产品实行一票否决，积极维护广东省名牌产品的声誉。最后，省名推委综合考虑各相关部门意见、申报产品得分、产品质量监督抽查等因素，决定2013年广东省名牌产品（工业类）初选名单共579个，其中复评273个，新申报306个，总的推荐率为83.55%。

【获保护产品的经济和社会效益】 据2013年广东省质监局对全省获保护产品开展的初步统计数据显示，广东省获保护的地理标志产品年总产值已达215.4亿元，较保护前的92.8亿元增长56%，受惠农户764813户、养殖户5805户、生产企业986家，农民年平均收入获保护后达7685元，较获保护前的5500元增长了39.7%，高出全国农民年平均收入水平1800元，如马坝油粘米实施保护后销售价格较保护前增长85%；如端砚自2004年实施保护后，加工企业数从保护前的400家增至如今的500多家，增幅达25%，企业总产值也由保护前的9000万元增至2.5亿元，增幅达178%；迄今，广东省质监系统开展的地理标志产品保护工作已惠及全省农户、养殖户达100万人，获保护产品的经济和社会效益得到显著提高，有力地促进县域经济的发展和农民的增收。

【广东省农业标准化的发展进程】 截至2013年底，在广东省获批的地理标志产品中已经制定省地方标准（农业类）83项，已建立国家级农业标准化示范区22个，省级农业标准化示范区52个。大多数地理标志产品均实现标准化种植与生产，“地理标志产品+龙头企业+农户”的经营模式不断推广，有利于推动广东省农业标准化的发展。

【地理标志产品保护的后续监管】 广东省自实施地理标志产品保护工作以来，一直注重加强地理标志产品保护的后续监管，推动广东省地理标志产品生产企业和种养殖者不断提升产品质量。截至2013年底，全省质监系统70个国家地理标志产品共有104家企业使用专用标志。各地共制定地理标志产品保护管理办法35件，如佛山市三水区政府出台《乐平雪梨瓜地理标志产品保护管理办法》，江门市政府出台《新会陈皮地理标志产品保护管理办法》，中山市政府出台《中山市脆肉鲩地理标志产品专用标志使用管理办法》等，对地理标志产品保护工作提出具体的措施；广州市质监局积极引导钱岗糯米糍获产地保护的五个行政村统一以“广州市从化钱岗糯米糍荔枝专业合作社”为申报主体向国家局递交专用标志使用申请，同时严格专用标志的使用，统一按标准印制并集中管理发放，要求使用单位制度健全、台账完整；云浮市质监局对辖区内的养殖户以及生产加工企业使用专用标志的情况建立了可溯源可核查的台账，促进产品生产、加工、流通的各个阶段的实施主体在其产品上显示专用标志等相关信息，以保证监管部门可以明确和锁定产品的来源与流向，避免冒用或者伪造专用标志的产品流入市场交易后对社会公众的人身健康与安全造成损害。

【质量技术监督领域知识产权违法行为】 2013年以来，广东省质监系统围绕“重点战役促进日常执法打假”工作思路，整合资源，利用垂管优势，健全知识产权违法案件快速反应和联动执法机制，针对重点产品、重点行业和重点区域，牵头各有关部门开展各类打假治劣专项行动，与刑事司法建立刑事案件快速移送“绿色通道”，严厉查处、打击侵犯知识产权的违法案件。2013年，全省质监系统共出动执法人员196735人次，立案查处知识产权类案件1048宗，捣毁窝点441个，涉案产品货值2.7亿元，移送公安机关案件144宗。在“双打”“质检利剑”等专项行动期间，广东省质监局围绕群众关注的聚焦点，突出与群众健康安全密切相关的产品，针对集中交易市场、农村、城乡结合部、城中村、工地、中小学校园及周边等重点场所，开展隐患排查治理，严厉打击违规冒用乱用品牌标识等问题，共查处伪造、冒用他人厂名、厂址案件777宗，查处伪造、冒用地理标志等案件271宗。与此同时，加大知识产权案件的查处密度和曝光力度，通过典型案例，造成轰动和热点效应，努力扩大宣传覆盖面和执法影响力，普及市民的知识产权法律意识，形成良好的保护知识产权的法治环境和宣传氛围。（供稿人：李铮）

广东省知识产权局

【概况】 2013年，全省专利申请受理量264265件，同比增长15.14%。专利授权量170430件，同比增长10.96%。PCT国际专利申请受理量11525件，占全国受理总量的55.15%，连续十二年保持全国首位。有效发明专利量95475件，连续四年居全国第一。万人发明专利拥有量9.01件，是全国平均水平的2.24倍。在第十五届中国专利奖评审中，获奖项目72项再创历史新高，其中金奖5项，优秀奖67项。在国家知识产权局公布的《2012年全国知识产权发展状况报告》和《2012年全国专利实力状况报告》中，广东省的知识产权综合指数和专利综合实力指数均居全国首位。

【知识产权强省建设和战略实施】 贯彻落实《关于加快建设知识产权强省的决定》。积极推进强省建设配套政策研究，《广东省专利奖励办法》已送省政府审议。全省各地积极研究制定知识产权的扶持政策和推进措施，结合当地实际情况制定贯彻实施方案。目前，汕头、佛山、惠州、潮州、云浮、茂名和阳江等市已相继出台实施方案。

加强省部高层次战略合作。根据广东省与国家知识产权局第二轮知识产权高层次战略合作要求，2013年，围绕打造知识产权服务经济结构战略性调整的创新地、知识产权服务业发展示范省，就政策制定、实施专利导航、企业贯标、知识产权运营、执法协作、涉外应对和维权援助、高端人才集聚、推进重点项目建设等十个方面开展了广泛合作。

扎实推进战略纲要重点工作。完成广东省战略实施阶段性总结评价工作，中国中山（灯饰）知识产权快速维权中心等单位和个人荣获国家先进荣誉称号。开展国家知识产权战略实施五周年宣传活动，多家中央媒体从不同角度对广东省战略实施工作情况进行了报道。加强对市县知识产权战略实施工作的指导。国家知识产权局专利事业发展战略推进计划督办组抽查广东省中期工作，对广东省组织实施开展工作情况给予了高度肯定。《珠江三角洲地区改革发展规划纲要》“四年大发展”监控指标“百万人口发明专利申请量”超额完成预定目标，获得考核良好等级，“九年大跨越”工作内容及指标更加明确。

大力推进试点示范工作。东莞成为新一批国家知识产权示范城市。江门等5个地级市和增城等5个县级市成为国家试点城市，珠三角地区实现国家试点城市全覆盖。佛山禅城和广州花都成为广东省首批国家强县工程示范县（区）。广州萝岗、越秀、惠州惠城、博罗、江门江海、阳江阳东和韶关曲江七个县区成为国家试点县（区）。广州中新知识城积极研究建立国家知识产权运用和保护试验区。实施区域知识产权发展计划，与揭阳市人民政府正式签署《关于建立知识产权合作会商制度的协议》。

【知识产权运用】 构建促进专利运用的工作体系。《关于运用知识产权促进产业转型升级的意见》已经完成省各有关部门征求意见，现正在报送省政府审议。启动开展“广东省重点出口产品专利预警分析计划”，广东威创视讯科技股份有限公司等15家企业的多个重点出口产品的专利预警分析列入计划项目。启动“广东省产业专利联盟示范单位”培育工作。继续推进“2013年广东省专利技术实施计划”，下达项目31项。稳步推进国家工业设计与创意产业（顺德）基地建设和国家专利产业化（广州数字家庭）试点基地建设。推动广州、深圳、东莞、佛山市禅城区等地深入开展全国专利保险试点工作。继续开展省优势示范企业评选工作，认定优势企业57家，示范企业20家。中兴通讯股份有限公司等3家企业成为国家专利导航试点工程。

贯彻企业知识产权管理规范。组织开展全省企业知识产权管理规范的推广，广州市动景计算机科技有限公司等10家企业首批达标。先后举办五期企业知识产权管理规范培训班。

继续实施“战略性新兴产业专利信息资源开发利用计划”。在省财政厅组织的2012年度第三方绩效评价工作中，该计划位居同批参评的省直单位第一名。会同省财政厅研究联合启动实施新一轮“战略性新兴产业专利信息资源开发利用计划”，选择新能源、生物技术、信息与通讯等产业领域开展专利预警分析。

促进知识产权商业化、资本化。联合省直7部门出台《贯彻落实〈关于加快推进广东省知识产权质押融资工作的若干意见〉实施细则》，从11个方面明确了相关政策措施。制订“知识产权质押评估技术规范”的广东省地方标准。开展“专利价值分析技术规范”标准的研究。制定广东中国专利奖参评项目的筛选和评价工作方案。设立知识产权评估与价值分析应用推广项目及知识产权运营机构培育试点项目。

初步构建知识产权评议机制。研究拟定《广东省重大经济和科技活动知识产权审查与评议暂行办法》（送审稿）。顺利通过国家知识产权局2012年第二批“重大经济活动知识产权评议试点”工作考核验收。深圳市中彩联科技有限公司组织开展的“DiiVA‘数字高清互动传输接口技术’标准推广知识产权评议”项目被评为优秀试点项目。省知识产权研究与发展中心成为首批国家知识产权分析评议示范机构，深圳市知识产权局成为国家2013年重大经济科技活动知识产权评议试点单位。

【知识产权创造】 完善促进专利申请促进机制。研究制定《关于加强全省专利申请工作的意见》，提出了战略性新兴产业专利申请培育工程等工作任务，用制度促进专利质量的提高。实施《广东省专利申请资助专项资金管理办法》，推动地市进一步完善专利申请资助制度。大力推进专利电子申请工作再上新台阶，全年平均专利电子申请率为86.89%，专利代理机构平均专利电子申请率达99.87%，分别比2012年上升6.7个百分点和0.53个百分点。

加大专利奖励力度。评选出广东专利奖金奖15项，优秀奖55项并予以表彰。对广东省获得第十四届中国专利奖的单位及个人进行奖励。

【知识产权保护】 整体提升专利执法能力。开展查处假冒专利专项行动和查处“黑代理”的专项行动。进驻广交会等30余个重大展会进行知识产权保护工作，着手建立展会案件数据库。“以案代训”培养地市专利行政执法队伍，提升地方执法水平。探索建立跨区域联合打击专利侵权违法行为等知识产权保护新机制，开展省内执法协作51次，省际执法协作5次。根据国家布局建立“华南地区专利执法协作调度中心”。

继续推动打击侵权假冒工作长效化。召开全省打击侵权假冒工作电视电话会议。印发实施《2013年广东省打击侵犯知识产权和制售假冒伪劣商品工作要点》。组织广东省打击侵权假冒工作领导小组15个成员单位与公安厅签署打击侵权假冒工作信息共享合作备忘录，进一步强化行政执法与刑事司法衔接工作。广东省2012年打击侵权假冒工作在全国打击侵权假冒工作绩效考核中获得满分佳绩。在商务部召开的“打击侵权假冒”专题新闻发布会上，广东作为唯一省份介绍全省打击侵权假冒工作并回答国内外媒体提问。积极开展知识产权局系统“两建”工作，研究制定知识产权保护综合监管分体系建设2013年考核指标。

加强知识产权维权援助工作。继续加强对广东省6家知识产权维权援助中心的扶植和指导。成立华南地区专利侵权判定咨询中心、中科院广州能源研究所等6个重大项目和高层次人才维权援助服务工作站。建立中山大学等3个志愿者队伍。“12330”知识产权投诉举报电话接听量、转交执法部门和完成维权援助案件分别大幅增加了40%、33%和48%。继续推进并持续加强中国中山（灯饰）知识产权快速维权中心的制度和机制建设。中国东莞（家具）知识产权快速维权中心获批成立，广东省成为全国唯一拥有两家快速维权中心的省份。

2013年，全省各级知识产权局共受理各类专利案件2292件，结案1838件。其中：专利纠纷案件1857件（含调解展会专利纠纷），结案1403件；查处假冒专利案件立案435件，结案435件。全省知识产权局受理专利纠纷案件总数居全国第一位，受理各类专利案件总数位居全国第三位。

【知识产权服务】 开展知识产权服务业发展示范省建设。《广东创建知识产权服务业发展示范省规划（2013—2020年）》正式印发实施。研究制订了《关于促进知识产权服务业发展的若干意见》，拟争取省政府批准实施。福田区成为国家知识产权服务业集聚发展试验区。

开展百所千企知识产权服务对接活动。深入开展百所千企知识产权服务对接工程和2013年百所千企知识产权对接服务活动，在肇庆、云浮、顺德组织32家专利代理机构、155家企业开展对接服务。

着力提高专利服务能力和水平。依法做好专利代理机构的审核、分支机构的审批工作，全省共有专利代理机构124家，分支机构120家，专利代理人971人。拓展专利代办工作职能8项，工作质量实现零差错。受理专利实施许可合同备案619件，合同金额6725万元。办理专利登记簿副本和法律状态证明出证6600件。

加快推进知识产权服务业集聚中心筹建和审协广东中心共建工作。加快推进集聚中心项目立项工作，编制集聚中心规划和建设方案。将集聚中心建设用地面积由原10亩调整至20亩，基本满足集聚中心建设的需求和长远发展。协助专利审协广东中心完成项目立项审批和土地购置、设计招标、代建招标等工作，并于7月24日在中新广州知识城顺利奠基。

进一步深化专利信息建设和服务。持续推进国家知识产权局泛珠区域专利信息服务中心建设。颁布《国家知识产权局区域专利信息服务（广州）中心服务发展规划》。完成全球104个国家和地区8000多万条全量专利数据加载工作。完善省综合服务平台，增加知识产权展示与交易应用系统、战略性新兴产业专利信息资源发布系统和实时统计系统。完成战略性新兴产业生物医药、LED、新能源汽车及数字家庭等10个专题数据库建设。稳步推进“国家知识产权局（广东）专利信息传播利用基地”建设。完成各类专利检索报告500多个、研究项目9个。开展面向示范企业的专利风险及专利布局分析高端信息服务，与中山、东莞、顺德等地区20多个专业镇签订《提升知识产权能力助推专业镇转型升级合作协议书》。

【知识产权宣传培训和队伍建设】 努力提升全社会知识产权意识。修订《关于进一步加强知识产权宣传工作的意见》。围绕“建设知识产权强省，支撑创新驱动发展”主题，认真组织开展知识产权宣传周活动。发布《2012年广东知识产权保护状况》（中英文白皮书）。在局门户网站上推出“广东省知识产权局系统‘两建’工作专栏”、“国家知识产权战略实施五周年专栏”、“2013年知识产权宣传周专题”等一系列专项栏目。

继续推进中小学知识产权教育。与省教育厅、团省委、少工委联合认定广州市第六中学等10所学校为省中小学知识产权教育示范学校。下发《中小学知识产权读本》5500本。制定《关于进一步推进全省中小学知识产权教育工作的计划》。

大力加强知识产权人才工作。认真贯彻执行《2013年全国知识产权人才工作要点》。广东省3名领军人才和6名师资人才入选全国专利信息领军人才和专利信息师资人才库。全国首家国家中小微企业知识产权培训（南海）基地获批成立，累计建设国家级知识产权培训基地3家，认定省级培训基地7家。研究起草《中国知识产权远程教育广东省知识产权远程教育平台建设方案》。举办各类高层次培训班数十期。

【知识产权国际交流与区域合作】 积极推进知识产权国际交流合作。接待来自美国、日本、韩国等国家和台湾地区的12个知识产权代表团来访。签署《韩国广东民间组织关于开展知识产权合作的谅解备忘录》。成功举办“2013年广州国际知识产权商业化研讨会”、“2013年中日企业合作知识产权（广州）研讨会”等多个国际交流研讨活动。

深入开展粤港澳台知识产权合作。积极推进落实粤港保护知识产权合作专责小组第十一次会议确定的14个合作项目，召开第十二次会议，签署《粤港知识产权合作协议（2013—2014年）》。积极推进粤澳、对台合作，签署《广东省知识产权研究会与台湾工业总会关于开展知识产权（智慧财产权）交流合作谅解备忘录》。

积极推进泛珠三角知识产权合作，正式启动粤蒙知识产权合作，签署《粤蒙知识产权合作框架协议》。（供稿人：王艳辉）

广东省人民政府法制办公室

【概况】 2013年，广东省法制办进一步加强知识产权地方立法工作，积极推进《广东省专利奖励办法（草案）》的审查修改工作，营造尊重人才、激励创新的良好法制环境。

《广东省专利奖励办法》是2013年省政府规章立法计划的预备项目。2013年5月由省知识产权局报送省政府后，广东省法制办征求了省直各单位、21个地级以上市的意见，并在门户网站上公开征求意见。6月会同广东省知识产权局赴佛山、珠海进行立法调研，以召开座谈会和实地调研的方式听取了相关部门和企业的意见。8月综合各方反馈的意见对草案进行了修改。11月、12月又会同广东省知识产权局多次讨论修改。目前草案条文已较为成熟，拟列为2014年规章新制定项目，于2014年正式公布实施。《广东省专利奖励办法》围绕广东省专利奖的奖励类别、奖励原则、奖项设置以及相应的申报条件、评审程序等作了明确的规定，其出台将对进一步贯彻落实《广东省专利

条例》，促进广东省专利奖励工作可持续发展，实现广东建设知识产权强省目标起到积极推动作用。（供稿人：李盈春）

广东省食品药品监督管理局

【知识产权管理】

药品法规标准体系。完善药品、药包材法规体系和标准体系建设，探索科学监管。一是完成《广东省药包材监督管理办法》送审稿，实现广东省药包材注册、生产、流通、使用等各个环节监管。二是开展科学监管相关课题研究。承担了国家局“临床试验用药物规范管理”、新版GMP改造涉及技术转让的技术要求及信息化建设等国家总局的课题研究及在省内外开展医疗机构制剂规范编写及调剂监管的专项调研，进一步完善广东省医疗机构制剂注册管理制度。三是开展“食品药品安全投诉举报制度”课题调研，在前期工作的基础上，对市级食品药品监督管理部门开展现场调研，形成调研报告。四是部署医疗机构制剂质量标准提高工作。医疗机构制剂标准提高是逐步改变广东省医疗机构制剂品种标准过低，质量控制薄弱的现状的重要工作。为推动该项工作实施，2013年召开了3次广东省医疗机构制剂注册工作会议，强调医疗机构制剂标准提高工作、开展相关业务及无纸化办公培训，督促制剂标准提高及再注册工作的开展，并将标准提高与制剂再注册关联，没有完成标准提高工作的品种将不予再注册。五是按计划完成标准体系建设。共完成新增中药材、中药饮片标准27个。完成国家药品标准提高品种起草复核25个。六是以法定标准为依托，强化监管。以破壁饮片为例，目前广东省已完成69个破壁饮片标准。根据有关文件精神，以法定标准为基础，推动建立破壁饮片的管理意见并制定破壁饮片的安全性、稳定性指导原则，指导企业开展规范研究，引导其健康发展。基本实现了“以标准促监管，以监管促发展”的既定目标。

食品监管机制。在生产加工环节，推进乳制品生产企业食品质量安全受权人试点工作，探索建立小型食品生产企业食品质量安全责任人制度，推动企业落实质量安全主体责任；不断完善婴幼儿配方乳粉监管机制，积极推动婴幼儿配方乳粉生产企业电子信息追溯系统建设。在市场流通环节，推进“信誉通”食品信息追溯系统应用，实施信用分类监管。在餐饮消费环节，推进餐饮服务食品安全量化分级管理、监督检查结果公示制度和食品安全示范创建工作，实现了监管模式向风险管理转变。

强化监管措施。2013年，广东省食品药品监督管理局出台《全省食品药品监管“两建”试点方案》，着力探索创新食品药品领域的长效监管机制，并牵头具体落实《广东省假药信息预警处理系统》（以下简称《假药预警系统》）开发、建设工作。5月23日该系统在全省范围内上线启用，截至11月30日全省共上报有效信息483条，涉及假药1200多种，从系统中收集了5个有价值的案件信息进行督查督办，提供1个案件信息交广州公安部门继续查处，系统建设成效初显。目前系统运行情况良好。广东省食品药品监督管理局为提高稽查人员和技术监督检验人员对中药材的快速鉴别能力，对假劣中药材保持高压打击态势，组织并与省所联合编写《中药材快速鉴别手册》（第一册），该书是国内首部针对基层药品稽查人员现场执法编写的工具书，适应基层监管的需要，较好地提高了综合执法水平。

创新药品审评审批。2013年3月，根据国家食品药品监督管理总局授权，广东省食品药品监督管理局承担了行政区域内新药技术转让和生产技术转让补充申请的审评审批。共受理了10个药品技术转让的补充申请并完成7个品种的审批，与原审批程序相比，从受理到审批总时限缩短30—40个工作日，并省去在国家药品审评中心排队审评的时间，大大缩短审评、审批的整体时限。实现了“确保审评质量，缩短审评时限，提高审评效率”的预期目标。

【知识产权保护】

专项整治行动。2013年，广东省食品药品监管系统坚持整顿和规范并举、治标与治本并重，积极开展专项检查和专项整治行动，重点开展了食品领域“非法添加”、药品领域重点“三打”和“两打两建”、保健食品领域“打四非”等多项整治行动，推动市场秩序持续规范。一是食品领域。组织各地各部门开展安全隐患排查、肉类制品专项治理和农村儿童食品专项整治，有效防控了食品安全风险。在生产加工环节，加大对非法添加和滥用食品添加剂违法行为的打击力度；在市场流通环节，加大对重点区域、重点场所、重点品种的隐患排查，依法严厉打击食品经营违法行为；在餐饮消费环节，重点组织开展了禽流感防控、大米原料、肉及肉制品、皮蛋制品食品安全等专项整治工作；严厉打击制假售假酒类产品违法行为，共销毁货值1.2亿元的假冒伪劣酒类产品。二是保健食品领域。针对日常监管中发现问题多、群众投诉举报反映比较集中、虚假广告屡禁不止的产品和企业，通过飞行检查方式进行现场检查、快筛检测，重点对非法生产、非法经营、非法添加和非法宣传等违法违规行为进行打击，检出非法添加样品48批次，责令停产停业企业18家，立案715宗，破获一批大案要案，在全省范围内形成了打击违法违规行为的高压态势。三是药械领域。深挖带有区域性、系统性特点和“潜规则”性质的药品安全隐患，以打击中药、化学药品违法生产行为等为重点，查处一批违法违规行为，科学处置了多起突发事件。开展省一类医疗器械产品注册检查、贴敷类产品注册专项检查和定制式义齿生产使用监督检查工作。在2013年的各项专项行动中，全省药监系统出动执法人员391327人次，清查企业单位额177005家次，立案6918宗，涉案金额2.4亿多元，其中重大案件399宗，涉案金额1.5亿多元；捣毁制假售假窝点392个；移送公安机关案件550宗，专项整治工作成效显著。

大型执法行动。2013年6月20日，茂名市食品药品监管局联合公安部门对茂名、广州两地7个生产销售假“东阿阿胶”等药品窝点成功进行打击，出动药监及公安执法人员近300名，行动中共抓获涉案嫌疑人10人，查获假冒山东“东阿阿胶”、北京同仁堂“安宫牛黄丸”和“新开河参”等药品以及大批假冒产品包装盒，案值高达2100多万元。2013年6月25日，中山市食品药品监管局联合公安部门共出动28人，兵分5路对中山市西区新永发百货店经营场所及其4个仓库进行全面检查，当场控制涉案人员6名，发现假药品种119个，涉案货值近10万元；发现未经批准进口化妆品品种60个，涉案货值近60万元。2013年8月12日，阳江市局根据由一杂品流动摊档涉嫌摆卖假药案引出的线索联合公安部门深挖案源，发现案情复杂且跨省作案，提请公安部批准后发起全国性集群战役，案件已涉及6省，打掉制假售假团伙6个，抓获犯罪嫌疑人13人，捣毁窝点12个，查封扣押品牌包装（瓶）11万多个、商标标识34万多个，案值达3105万元。

网络售假打击行动。结合“双打”行动，广东省食品药品监管部门积极探索打击互联网渠道销售假药的方法途径，紧紧把握涉药犯罪从行业内走向行业外、从实体店扩大至网络虚拟店的特征和规律，取得初步成效。2013年3月27日，深圳市药监局联合深圳市公安局雷霆出击，分10个行动小组开展“惊蛰”网络销售假药专案收网行动，捣毁售假药窝点17个，抓获犯罪嫌疑人19名，现场缴获假药175种，共计假药18万粒（瓶）。深圳市局通过对互联网药品信息进行监测和线索收集工作，对大量信息比对筛查，准确锁定非法窝点及犯罪嫌疑人，2013年5月30日，联合深圳市公安局经济犯罪侦查局成功侦破“5·30销售假药集群案件”，捣毁销售假药窝点3个，现场缴获假药140余种，共计160余万粒（片），涉案金额逾3000万元，现场抓获涉案嫌疑人6人。2013年6月25日，深圳市局联合公安机关雷霆出击，开展“护瞳”网络销售假冒彩色隐形眼镜专案收网行动，行动当天仅深圳市范围就对5处场所进行了现场检查，摧毁犯罪团伙2个，共抓获犯罪嫌疑人15人，刑拘8人，缴获各种假冒彩色隐形眼镜96件，合计138800余片，现场产品货值1300余万元，涉案金额3000余万元。

两法衔接机制。一直以来，广东省食品药品监督管理局高度重视行政执法与刑事司法衔接工作，坚持行政执法与刑事司法“两法”并举的打假工作导向。2013年4月1日，广东省公安厅、广东省食品药品监督管理局联合开展为期三个月的打击假冒伪劣食品药品违法犯罪专项行动。进一步强化机制建设和基础建设，大力提高公安机关、食品药品监督管理部门联合打击制售假冒伪劣食品药品违法犯罪的能力和水平。随后联合省检察院、省公安厅制定《关于加强食品药品犯罪案件移送和办理工作的意见》，明确涉嫌食品药品涉嫌犯罪案件的移送与接收标准，进一步推进食品药品行政执法与刑事司法衔接工作。

提升联合打假机制。食品药品监管系统积极联合国内外知名制药企业建立联合打假制度，每年举办一届石龙食品药品打假协作论坛，为社会各界增进打假合作、交流打假经验提供一个有效的平台。2013年6月19日，广东省食品药品监管局、广东省公安厅和美国辉瑞制药公司联合举办药品打假合作交流会。邀请知名企业负责人介绍在药品打假情报收集、归纳、分析、甄别等方面的成功经验，并分享一些保护知识产权典型案例。通过强化政府、企业、公众和社会各界的打假合作，推动联合打假和科学打假，推进行政执法与刑事司法的有效衔接，构建食品药品打假技术支撑体系，努力提高打假效能，形成打假合力。

（供稿人：缪志斌）

广东省人民政府发展研究中心

【概况】 2013年，广东省人民政府发展研究中心围绕“三个定位、两个率先”的总目标和知识产权强省建设任务，积极履行政策研究和决策咨询职责，深入调研，完成了《关于运用知识产权促进产业转型升级的意见》（下称《意见》）的起草工作。

【参与起草知识产权促进产业转型升级相关文件】 2013年4月，广东省政府与国家知识产权局在广州共同签署了《国家知识产权局、广东省人民政府关于建立第二轮知识产权高层次战略合作关系的议定书》，其中，《研究制定知识产权服务广东产业转型升级实施意见》（以下简称《意见》）是第二轮省部知识产权高层次战略合作的重要内容，也是2013年度合作工作重点任务。为落实该项任务，广东省知识产权局与广东省政府发展研究中心经研究并报广东省副省长陈云贤同意，共同组织开展《意见》的起草工作。文件起草小组在深入调研并充分吸收省直有关单位、企业和经济学界代表等各方意见和建议的基础上，形成《意见（送审稿）》。《意见（送审稿）》共六个方面25条举措，分别从以知识产权推动产业价值链提升、以知识产权增强产业创新驱动力、以知识产权助力产业财富增值、以知识产权助推产业对外开放、完善有利于产业转型升级的知识产权支撑体系等方面，提出一揽子运用知识产权促进广东省产业转型升级的政策措施。目前，《意见（送审稿）》已报送省政府。

（供稿人：李登峰）

广东省人民政府知识产权办公会议特邀单位

海关总署广东分署

【打击侵权假冒工作】 2013年，广东分署积极协调指导广东省内海关，全面开展知识产权保护工作，取得明显成效。据初步统计，2013

年1至11月，广东省内海关共查获侵权嫌疑货物4798批次，涉案货物数量达1726万件，案值人民币8588万元。查获的侵权货物主要是通讯设备、服装、箱包及皮革制品和机电产品等。此外，还查获假冒药品18880件。

【知识产权查缉】 广东省内海关高度重视利用风险分析手段开展查缉工作，认真总结分析近年来关区查获侵权案件特点，加大对出口到发生侵权风险较高的美国、欧盟、俄罗斯、日本、澳大利亚等国家和香港、澳门地区的货物，以及侵权高发领域的商品，如药品、食品、汽车配件、手机、平板电脑和家用电器等的监控力度，将申报为无品牌的出口消费品和异地报关企业的进出口货物列入监管重点，明确审单岗位验核样品和要求补充申报的职责，做到有的放矢，确保监管到位。据统计，2013年1至11月广东省内海关通过风险分析手段查获的侵权货物共292批次、498万件。

为更有效打击侵权行为，提高综合治理的效果，2013年以来，广东省内海关一方面将有侵权记录的企业列入重点监控名单，加强对这类企业的进出境监管；对于多次进出口侵权货物的企业加大处罚力度，从重从快进行处理。此外，广东省内海关严格按照《中华人民共和国海关企业分类管理办法》的规定，将一年内有两次因进出口侵犯知识产权货物而被海关行政处罚的企业纳入C类管理，采取对该类企业进出口货物实施重点查验等管理措施；将一年内有三次以上因进出口侵犯知识产权货物而被海关行政处罚的企业纳入D类管理，采取对该类企业进出口货物实施逐票开箱查验等管理措施。

【专项执法行动】 针对当前侵权药片和食品等危害公众健康的货物引起社会广泛关注，2013年以来广东省内海关继续针对这类重点假冒货物开展打击行动，在邮递等重点渠道加强了情报经营和风险布控。据统计，2013年广东省内海关共查获假药案件七宗，分别在邮递和行李渠道查获，涉案药品达到18880件，主要为侵犯美国辉瑞产品有限公司的“VIAGRA”的药品。如11月5日，广州海关隶属机场海关就在一名从白云机场出境前往埃塞俄比亚的多哥籍旅客携带的行李中查获侵犯“VIAGRA”品牌的药品9040件；又如，5月，广州海关驻邮局办事处连续查获罗某邮寄至澳大利亚的侵犯“VIAGRA”品牌的药品8640件。

此外，针对近年来通过邮递快件渠道将侵权货物出口至欧美地区的情况有所增加的形势，广东省内海关根据海关总署的统一部署，在2013年3月至4月间举行的中美海关打击输美假冒消费电子产品的“知识产权联合执法行动”，其间广东省内的广州、深圳、拱北以及黄埔等海关按照行动部署，对自内地和内地经由香港以空运、快件和邮递方式输往美国的灯具、电池、手机及零配件、耳机等消费电子产品进行了重点布控查验。其间，共查获涉美侵权货物30166件、涉港侵权货物192815件，成效显著。

【执法合作】 广东省内海关认真学习贯彻国务院发布的《关于做好打击侵犯知识产权和制售假冒伪劣商品工作中行政执法与刑事司法衔接的意见》，根据海关总署与公安部联合下发的《关于加强知识产权执法协作的暂行规定》，开展进出口侵权涉罪案件线索的通报和移送工作。2013年9月，广东分署还与广东省公安厅签署了打击侵权假冒工作领域信息共享合作备忘录，进一步明确了广东海关与广东省公安机关加强打击侵权假冒领域行政执法与刑事司法信息的共享机制。此外，广东分署协调省内海关积极落实与广东省工商局联合签署的关于加强知识产权保护合作的协议，开展与广东省工商行政管理部门在专业咨询、教育培训、专门问题研究等方面的合作。此外，广东省内海关也在积极研究建立与专利、版权、法院等知识产权行政、司法部门合作长效机制的工作。

【深化粤港、粤澳海关合作】 广东分署继续牵头广东省内海关积极开展与香港和澳门的知识产权保护合作，开展情报交流和信息通报，进一步遏制了粤港、粤澳两地进出口侵权活动。其中，针对粤港两地通过邮递快件渠道进出口侵权货物情况有所蔓延发展的情况，广东分署与香港海关联手开展了打击邮递快件渠道侵权违法活动的专项合作，除加强日常情报交流外，广东分署还会同香港海关分别于2013年4月8日至12日和10月22日至24日两次举行打击邮递快件渠道侵权违法活动的专项行动，广东省内的广州白云国际机场、深圳宝安国际机场、深圳邮局、皇岗口岸、东莞口岸、常平口岸和沙田口岸参与，查获侵权货物一大批。此外，粤澳海关在横琴、闸口等口岸也举行了以打击水客携带侵权货物进出境的专项联合执法行动，查获侵权货物一批。据统计，2013年1月至11月，广东省内海关共查获涉及香港、澳门的侵权货物421批次、41万件。

【打击侵权假冒宣传活动】　广东省内海关继续推动知识产权的宣传活动，通过新闻报道、公开销毁侵权货物、举行座谈会、发放宣传品等形式，向社会各界广泛宣传海关知识产权执法工作，普及守法意识。特别是在“4·26”知识产权宣传周广东省内海关集中开展了针对进出口企业、进出境旅客的宣传活动以及侵权货物的销毁活动，推动了社会各界对海关打击侵权假冒工作的认知，提高了守法的自觉性。此外，广东省内海关还依托“12360”海关统一服务热线，完善知识产权社会举报受理处置机制，鼓励社会各界人士举报进出口侵权违法行为，同时宣传海关知识产权保护规定和执法政策，解答社会各界对海关知识产权保护工作的关切。（供稿人：林已凡）

广东省高级人民法院

【概况】　2013年，广东省高级人民法院知识产权庭荣获“国家知识产权战略实施工作先进集体”“全省法院先进集体”称号。全省法院新收知识产权民事一、二审案件24843件和4993件，同比上升4.95%和45.44%，审结一、二审案件24819和4759件，同比增长10.5%和46.25%，结案率89.07%，调撤13993件，调撤率达56.38%；二审发改149件，发改率3.13%。广东高院新收知识产权民事案件969件，同比增长42.63%，审结822件，结案率达83.84%，调撤案件311件，调撤率为37.93%，发改案件17件，发改率为2.07%。全省法院新收知识产权刑事一审案件1099件1820人，审结1075件1731人。新收行政一审案件209件，审结208件。

【审判职能】　审结一大批类型新颖、复杂疑难和在国际国内拥有影响力的案件。一审审结腾讯公司诉奇虎公司不正当竞争纠纷案，划清了互联网安全软件的权利边界，阐明了安全软件“打分”行为与商业诋毁的关系。一审审结奇虎公司诉腾讯公司滥用市场支配地位纠纷案，探索确立互联网领域反垄断纠纷的首个司法标准。终审审结华为公司诉美国交互数字公司反垄断纠纷案，依法支持中国企业通过诉讼程序对抗跨国公司在标准必要专利领域对中国企业实施的价格歧视，该案作为唯一一个民商事案件入选2013年度全国法院十大经典案件。终审审结华为公司与美国交互数字公司标准必要专利许可费纠纷案，提出了在公平、合理和无歧视原则下确定标准必要专利使用费的具体参考因素，成为处理同类案件的重要范例，为专利法修改提供了实践经验。终审审结广州饮食集团诉西关世家“莲香楼”商标及老字号品牌使用许可合同纠纷案，依法维护家喻户晓的国有企业老字号品牌权利人的利益。2013年，全省法院有1件案件入选最高法院公布的中国法院知识产权司法保护10大案件，3件案件入选中国法院知识产权司法保护50件典型案件，1件案件被评为“全国优秀庭审”。

【理论和体制机制创新】 广东高院制定下发《关于开展“探索完善司法证据制度破解知识产权侵权损害赔偿难”试点工作的实施方案》和《广东法院“探索完善司法证据制度破解知识产权侵权损害赔偿难”试点工作座谈会纪要》（以下简称《纪要》），重点在广州、深圳等地区的6家中院、8家基层法院开展“探索完善证据制度破解赔偿难”试点工作。试点工作在司法实践中取得较好成效。广东法院有3个案件入选最高法院评选的全国8大知识产权典型案件。开展了关于加强知识产权司法保护依法规范和促进互联网领域健康发展的专题研究，获得最高法院高度评价。完成《广东省涉外、涉港澳台知识产权民事案件的调研报告》，被最高法院作为地方经验刊登在《知识产权审判动态》2013年第5期。经最高法院批准，广东高院及各中级法院、具有知识产权民事案件管辖权的基层法院开展“三合一”试点工作。试点法院全年共受理知识产权刑事案件855件，审结845件。新受理知识产权行政案件31件，审结34件。广东高院形成知识产权庭与行政庭联合组成合议庭审理行政案件的机制。中山中院尝试在刑事案件判决书中采用“权属—侵权—犯罪（行政处罚）”的撰写体例，形成《中山市公检法办理知识产权刑事案件工作的意见》。经最高法院批准，广东省新增3家基层法院管辖部分知识产权民事纠纷案件（目前全省具有部分知识产权民事纠纷案件管辖权的基层法院达33个），佛山中院成为全国首家审理第一审垄断民事纠纷案件的特别授权法院，全省基层法院知识产权案件的级别管辖标准进行合理调整。

【司法公开】 建立全省三级法院裁判文书上网公布工作分管责任人和联络人制度。截至2013年12月20日，全省法院依法公开生效裁判文书超过9399件，发布量全国排名第一，占全国发布总量的15.76%。广东高院二审案件公开开庭率达到100%，公开开庭审理、宣判大要案，邀请人大代表、政协委员和新闻媒体记者旁听，并全程微博直播及进行深入报道。接受中央电视台等13家中央媒体对广东高院知识产权庭获评“国家知识产权战略实施工作先进集体”的专题采访。广东高院及广州、深圳、佛山、东莞、江门中院在“4·26”宣传周活动期间召开新闻发布会，发布知识产权司法保护状况白皮书和公布十大案例。

【审判监督和业务指导】 广东高院每季度对全省各项审判数据进行统计分析并印发《全省知识产权审判工作统计分析情况的通报》。召开“全省知识产权审判工作视频会议”、重点地区中级法院知识产权审判工作座谈会。举办全省法院业务培训班，组织交流工作的专利复审委审查员赴全省具有专利案件管辖权的中院巡回授课。成功指导广州中院成功调解微软公司与锦兴公司互诉系列案件，形成《知识产权审判中统筹兼顾保护合法权利与防止权利滥用》的经验总结材料上报最高法院。指导广州中院审结广药集团诉加多宝虚假宣传纠纷案。成功指导肇庆中院审结400多件网尚公司、中国电影集团、游戏天堂公司等诉多家网吧侵害信息网络传播权纠纷系列案等容易引发群体案件、闹访隐患大的敏感案件。

【对外交流合作】 与国家知识产权局开展了“新专利法执行情况”、“专利管理与保护”等座谈会，与国家发改委交流研讨反垄断法实施的疑难问题，与广东省政府法制办、广东省政协科教卫体委、广东省政府知识产权办公会议办公室等部门密切沟通，形成立体的法治宣传体系。派出业务骨干50人次参加最高法院、全国各法院、高等院校及行业协会召开的高端学术研讨会，派出10人次参加国际性交流活动，多次接待、会见国外知识产权同行。

（供稿人：肖少杨）

广东省人民检察院

【概况】 2013年，广东省人民检察院全面加强和着力提高知识产权司法保护的力度和效率，为发挥知识产权在推动全省科技创新、经济发展和社会进步中的作用创造了良好的法治环境。

【打击知识产权犯罪】 广东省人民检察院进一步落实2012年制定下发的《广东省检察机关加强知识产权保护工作的意见》，加强对全省检察机关开展知识产权保护工作的领导和监督，要求全省各级检察机关充分行使检察权，充分发挥司法保护知识产权的主导作用，依法严厉打击侵犯知识产权的各类犯罪。在知识产权犯罪案件数量不断增加、疑难个案不断涌现的新形势下，广东省人民检察院通过深入调研、组织业务骨干和专家学者研讨等方式，一方面加强对疑难个案的指导，另一方面出台各类指导意见，努力提升全省各级检察机关办理知识产权案件的水平，努力维护社会公平正义。

在强调依法办案、确保办案质量的前提下，广东省人民检察院大力指导各级检察机关建立办理涉及知识产权案件“绿色通道”的快速反应机制，完善保护知识产权两法衔接制度，与工商、质监、文化等行政执法部门实现案件移送的无缝衔接，确保涉及知识产权犯罪案件得到快速、高效的处理，实现了法律效果、社会效果和政治效果的有机统一。

【知识产权保护长效机制】 广东省人民检察院强力推动“两法衔接”工作，积极争取省委领导支持，力促形成政法委牵头的独特的“两法衔接”模式。全省检察机关积极搭建“两法衔接”信息共享平台，实现行政执法机关与检察机关信息互通。通过广东省人民检察院的努力，由中共广东省委书记胡春华亲自签发的“两法衔接”工作文件——《关于加强我省行政执法与刑事司法衔接工作的意见》于8月17日正式下发；8月19日省委召开的“全省加强行政执法与刑事司法衔接工作”电视电话会议，中共广东省委副书记朱明国亲自对全省推进“两法衔接”工作做出全面部署，广东的“两法衔接”工作步入快车道。在省委领导的重视和支持下，平台建设取得突破性进展。10月，完成省直平台搭建并举办省直成员单位平台应用培训班。12月24日，随着全省“两法衔接”工作信息共享平台正式启动，全省三级信息共享平台全面开通运行，标志着广东省“两法衔接”工作迈入全面信息化阶段。“两法衔接”工作信息共享平台的建成和运行，为实现全省行政执法部门和刑事司法部门之间、行政执法和执法监督之间的信息互联互通，促进行政执法机关依法查处行政违法案件，确保涉嫌犯罪案件及时进入司法程序提供了坚实保障。依托“两法衔接”工作信息共享平台，检察机关建立健全了知识产权保护长效机制，加大了行政执法机关向检察机关移送知识产权刑事案件和检察机关受理知识产权刑事案件的力度，通过对行政执法活动的常态监督有效防止了知识产权执法领域的以罚代刑、有案不立和有罪不究。

【危害民生专项立案监督工作】 自2013年4月最高人民检察院部署开展危害民生刑事犯罪专项监督活动以来，广东省人民检察院认真组织，突出重点，强化措施，创新机制，扎实开展专项监督活动，取得了实实在在的效果。2013年4月至12月，全省检察机关共监督行政执法机关移送涉嫌危害民生犯罪案件229件262人，其中生产、销售伪劣商品危害食品药品产品安全案件110件134人；监督公安机关立案351件425人，其中生产、销售伪劣商品危害食品药品产品安全类案件168件213人。

【增强知识产权保护的合力】 广东省人民检察院在加强对下级检察机关指导的同时，十分注重与其他相关单位和部门的协调协作，通过加强部门之间的沟通协作，进一步增强知识产权保护的合力。密切与外资企业品保委的合作，落实双方签署的保护知识产权备忘录；强化与省“双打办”、知识产权局等部门的协作配合，结合“两建”工作，制定修订相关规定，合力推动知识产权保护工作；多次参与各类专项行动等等。

【营造知识产权保护良好氛围】 广东省人民检察院结合“两建”活动和知识产权保护工作，通过丰富多样的手段开展法制宣传教育工作，大力营造保护知识产权的良好社会环境。充分利用广播、电视、报刊、微博等媒体以及“消费者权益保护日”、“知识产权宣传周”、“举报宣传周”等活动的舆论宣传和监督作用，及时报道侵权假冒的经典案例；及时召开新闻发布会通报开展危害民生刑事犯罪专项立案监督活动情况等等。

（供稿人：陈明杰）

知识产权创造

- 专利
- 商标
- 地理标志
- 植物新品种
- 重大知识产权获奖成果

专　　利

专利申请及授权

【概况】　2013年，广东省专利申请受理总量、实用新型、外观设计专利申请受理量居全国第三，发明专利申请受理量居全国第二。1—12月，广东省发明专利授权量居全国第二。2013年，全省PCT国际专利申请受理量居全国第一，连续十二年保持全国首位。截至2013年12月底，广东省有效发明专利量连续四年居全国第一，每万人口发明专利拥有量居全国第三。

【专利申请】　2013年，广东省专利申请受理量264265件，同比增长15.14%。其中，发明专利申请受理量68990件，同比增长14.13%；实用新型专利申请受理量93592件，同比增长18.88%；外观设计专利申请受理量101683件，同比增长12.56%。发明、实用新型和外观设计三种专利申请占总量的比例为26.11：35.42：38.48。

广东省专利申请中的职务申请数量150169件，同比增长10.63%，非职务申请数量114096件，同比增长21.68%，专利申请中职务与非职务比例为56.83：43.17。

【专利授权】　2013年，广东省专利授权量170430件，同比增长10.96%，其中，发明专利授权量20084件，同比下降9.34%;实用新型专利授权量77503件，同比增长17.52%;外观设计专利授权量72843件，同比增长11.21%。发明、实用新型和外观设计三种专利授权占专利授权总量的比例为11.78：45.48：42.74，发明专利授权比例与2012年相比有所下降。其中，职务授权数量99376件，非职务授权数量71054件，职务与非职务的比例为58.31：41.69。

【有效专利及专利密度】　截至2013年12月底，全省有效发明专利量95475件，同比增长21.0%，占全国有效发明专利总量的17.52%。国家知识产权局把每百万人口所拥有的有效发明专利量定义为专利密度，根据国家知识产权局公布的数据，全省的专利密度为901.2件/百万人，是全国专利密度402.5件/百万人的2.24倍。

【专利申请及授权的主要特点】　专利申请量累计超过160万件。至2013年底，广东省累计专利申请量突破150万件，达1600330件。2013年，全省专利申请量264265件，同比增长15.14%，占累计专利申请量的16.5%。数据显示，全省专利申请量平稳增长，创新主体发明创造能力不断增强。

专利授权量累计突破100万件。至2013年底，广东省累计专利授权量达1026855件。自1985年4月到2010年5月，全省专利授权量突破第一个50万件历时25年。从2010年6月至2013年3月，实现第二个50万件只用了不足四年的时间，专利授权数量显著提升。2013年，广东省专利授权量170430件，占累计专利授权量的16.6%。

有效发明专利量连续四年领跑全国。2013年，广东省有效发明专利总量达95475件，较2012年同比增长21.0%，连续四年居全国第一。每万人口发明专利拥有量比2012年同期增加1.5件。统计数据显示，全省有效发明专利年限主要集中在二至八年，占有效发明专利总量的86.47%。

企业发明创造主体地位进一步巩固。全省

共有17009家企业申请专利136713件，较2012年分别增长10.13%、8.93%，占全省专利申请总量的51.73%；15721家企业获得授权92717件，占全省授权总量的54.4%。其中，7304家企业申请发明专利49801件，同比增长8.8%，占全省发明专利申请总量的72.19%，占企业专利申请总量的36.43%。2013年，企业专利申请受理量排名前三位分别是：深圳市6314家56037件、广州市2873家17538件、东莞市2485家16828件。企业作为创新主体的地位稳固。

大部分地市专利申请保持平稳增长态势。2013年，广东省20个地级以上市专利申请保持正增长，其中河源、茂名、汕尾、惠州、梅州、揭阳、潮州、湛江、韶关、佛山、阳江、广州、中山13个市增幅高于全省平均增长率15.14%，比2012年增加3个市。17个地级以上市的发明专利申请保持正增长，有13个市的增幅高于全省平均增长率14.13%，广州、佛山两市增幅超过20%，深圳市增幅仅为3.68%。

珠三角区域专利申请集聚辐射效应强。2013年，珠江三角洲区域的专利申请量占全省专利申请量的87.73%，其中发明专利申请量占全省发明专利申请量的94.29%。深圳、东莞、广州、佛山、中山五市的专利申请量均超过2万件。

职务发明专利申请比例高于非职务发明专利申请。2013年，专利申请中职务和非职务的比例仍处于六四分成的局面，其中职务专利申请的增幅为10.63%，非职务专利申请增幅为21.68%，较2012年增长率上升2.88%。非职务专利申请增幅连续两年高于职务专利申请。

（供稿人：郑秋莎）

PCT国际专利申请

【概况】 2013年，广东省专利申请人通过《专利合作条约》（以下简称PCT）向国家知识产权局共提出PCT国际专利申请11525件，同比增长25.12%；申请量约占国内PCT国际专利申请总量（20897件）的55.15%。全省PCT国际专利申请连续十二年保持全国首位。

2013年，在广东省PCT国际专利申请中，611家企业申请9842件，占全省总量85.4%，11家高校申请106件，占总量0.92%，15家科研单位申请69件，占总量0.6%，4家机关团体申请5件，占总量0.04%；459个人申请1503件，占总量13.04%。五类申请人中，企业申请优势明显。

2013年，广东省21个地级以上市全部递交PCT国际专利申请，与上年相比增加3个城市。2013年，深圳市PCT国际专利申请量仍居各市之首，达到10049件，比上年增加2028件，增长率为25.28%，占全省PCT国际专利申请总量的87.19%，比上年同期占比上升0.11个百分点。其次为广州市464件，占全省4.03%；东莞市310件，占全省2.69%；佛山市166件，占全省1.44%；惠州市154件，占全省1.34%；其余地级市申请量的比例均低于1%。

【PCT国际专利申请主要特点】

PCT国际专利年申请量连续十二年保持全国首位。2013年，广东省PCT国际专利申请达11525件，年申请量首次突破万件大关，连续十二年保持全国首位。占国内PCT国际专利申请总量的55.15%，连续六年占国内PCT国际专利申请总量的半壁江山。比排名第二的北京市多8544件，比排名第三的上海市多10339件。广东PCT国际专利申请量优势持续扩大。

PCT国际专利年申请量累计突破5万件。截至2013年，广东省累计PCT国际专利申请量突破5万件，已达到50213件，累计申请量约占国内PCT国际专利申请总量（96354件）的52.11%。广东省成为国内PCT国际专利申请的主要来源。

PCT国际专利申请首次涵盖全省21个地级以上市。2006—2012年，广东省一直保持着16个左右地级以上市提出PCT国际专利申请。2013年，广东省PCT国际专利申请取得新突破，21个地级以上市全部递交PCT国际专利申请，与上年相比增加3个城市。

PCT国际专利申请增势强劲。在经历2012年申请量增幅回落后，2013年广东省PCT国际专利申请量实现了强势增长，增幅达25.12%，比全国增长率15.17%高出9.95%。其中深圳市华为技术有限公司和腾讯科技（深圳）有限公司两家企业PCT国际专利申请增幅明显，分别比2012年同期增长30.03%、380.91%。

有四家企业入围全球PCT国际专利申请公布量50强。根据世界知识产权组织（WIPO）3月13日发布的*US and China Drive International Patent Filing Growth in Record-Setting Year*，2013年，中国四家企业入围全球PCT国际专利申请公布量50强，分别是中兴通讯股份有限公司、华为技术有限公司、深圳市华星光电技术有限公司和腾讯公司，全部为广东省企业。其中，中兴通讯公司以2309件回落至全球PCT国际专利申请量第二，与2012年相比其公布量大幅减少1597件。全球首位的位置被日本松下电器公司以2881件取代。华为技术有限公司以2094件升至全球第三，其公布量比2012年增加293件。

值得关注的是深圳市华星光电技术有限公司和腾讯公司是首次入围全球PCT申请人50强。华星光电以916件位列全球十七，其公布量比2012年同期大幅增加 712件，增幅位居全球第三。腾讯公司以365件位列全球四十八，公布量比2012年增加243件，增幅位居全球第十。

2006年至2012年，广东省仅中兴、华为两间企业进入全球PCT国际专利申请企业前100强，而2013年有四家企业进入全球50强，创历史新高，表明广东省企业国际市场竞争能力和知识产权保护意识不断提高。

PCT国际专利申请代理率超过80%。2013年，通过专利代理机构代理PCT国际专利申请共计9283件，占全省PCT国际专利申请的80.55%，较2012年增长0.61%，其中，委托本省专利代理机构代理的PCT国际专利申请为3836件，比例为33.28%，同比增长0.25%。广东省专利代理机构代理PCT国际专利申请排名前三分别为：广州三环专利代理有限公司 413件、深圳市百瑞专利商标事务所（普通合伙）371件、广州华进联合专利商标代理有限公司353件。与2012年本省专利代理机构排名前三位均为深圳地区的情况相比，2013年广州市有两所专利代理机构进入前三甲。

通信行业企业继续占据主导地位。与近年情况类似，2013年，广东省PCT国际专利申请大部分集中在数字通信和电信行业。在国家知识产权局作为PCT国际申请受理局受理的专利申请中，深圳市的华为技术有限公司和中兴通讯股份有限公司PCT国际专利申请已占全省申请量五成。其中华为技术有限公司位居第一，数量达3629件，占全省PCT国际专利申请的31.49%，比2012年增加838件；中兴通讯股份有限公司以2156件位居第二，比2012年减少59件。值得关注的是深圳市腾讯科技（深圳）有限公司以1058件PCT国际专利申请量跃居全省排名第三，较2012年增加838件。

电气工程领域是技术创新的重点。世界知识产权组织根据专利的分类号，将所有专利分解到5大类35个不同技术领域。在广东省已有分类号的5806件PCT国际专利申请量中，电气工程领域占广东省PCT国际专利申请近八成，其中，计算机技术取代数字通信类成为广东省PCT国际专利申请占比最大、发展最快的领域。在全球公布的PCT国际专利申请中，电气工程领域占35.5%。广东省PCT国际专利申请以电气工程领域为主，该特点与企业分布特点相同，显示出集群创新优势。

【PCT国际专利申请存在的不足】

大学和科研机构创新能力明显不足。2013年，广东省11所大专院校和15家科研单位的申请人共提交了175件PCT国际专利申请，仅占全省PCT国际专利申请量的1.51%，高校排名第一的华南理工大学PCT国际专利申请量为28件，科研机构排名榜首的深圳先进技术研究院

PCT国际专利申请量为32件，从整体上看，排名靠前的大专院校或科研机构的PCT国际专利申请数量明显少于企业。

在世界知识产权组织（WIPO）公布的大学或科研机构申请人前50位的排名中，美国高达31所高校入围，而广东省没有一所大学或科研机构进入前50强，中国也仅有两所大学入围。这显示作为广东省自主创新主体重要组成部分的大专院校和科研单位，对知识产权的重视亟须加强。

专利申请布局不均衡。在PCT全球百强申请人中，日本的企业专利内容涉及电子、汽车、机械制造、化工等多个领域，而广东省PCT国际专利申请布局出现了严重的“偏科”现象，申请量前10位领域中，除计算机技术和数字通信外，没有其他领域在世界处于优势地位，国际专利申请布局不均衡表明广东省的对外专利布局意识相对薄弱。

深圳市一家独大的局势依旧存在。从2004年开始，深圳市PCT国际专利申请连续十年居全国各大中城市首位。2013年深圳市以约占全省总量九成的比例继续呈现一家独大的局面，首次突破万件，达到10049件，占全国申请总量的48.1%，比2012年增加2028件，增长率为25.28%，比全省平均增幅高0.16个百分点，所占份额亦比2012年有所上升。排名第二的广州市申请量仅为464件，其他城市与深圳市的差距进一步拉大。广东省PCT国际专利申请量的提高主要是深圳市PCT国际专利申请的迅猛增长。但深圳市一家独大的局势从侧面反映出广东省技术创新的区域不均衡现象仍然突出。

具有国际竞争力的企业数量不足。广东省乃至全国在PCT全球百强的申请人中占4家。美国有15家，而日本有19家，松下、夏普、丰田、三菱、NEC、富士、索尼和日立等8家不同行业企业排名PCT国际专利申请公布量前20名内，优势十分明显。广东省入围的4家企业全部来自于电气工程领域的部分专利密集型企业，优势企业数量明显不足。

PCT企业申请人专利实力两极分化较为明显。2013年，广东省提交PCT国际专利申请的企业数量为611家，较2012年的514家增长了18.87%。其中，申请量在10件以上的企业有37家共8644件，占总量75%，比2012年增加6家1400件；申请量在2—9件的265家889件，占总量7.7%，比2012年增加64家222件；申请量为1件的共309家，占总量2.7%，比2012年增加27家。统计显示，2013年，广东省企业PCT国际专利申请不同数量分组的申请量虽大部分较2012年同期有所增长，但专利实力两极分化仍然明显。

本地专利代理服务机构总体实力不足。广东省PCT国际专利申请中委托本地专利代理机构的比例为33.30%，委托北京市73家专利代理机构代理的申请量高达5377件，比例为46.66%，约占广东省PCT国际专利申请代理市场的半壁江山。2013年广东省专利代理机构代理量排名前五位均为北京市代理机构。专利代理行业是专利事业的重要支撑，广东省专利代理机构代理本省PCT国际专利的数量偏低，反映广东省专利代理机构还须进一步提升业务水平和服务质量，拓宽服务领域，才能满足专利申请人的需求。

化工和机械工程领域发展相对滞后。化工和机械工程也是重要的专利领域之一，广东省在这两个领域的PCT国际专利申请量分别只有200件和217件，仅占已有分类号的国际专利申请量的3.44%和3.74%，而在全球公布的PCT国际专利申请中，化工和机械工程领域分别占其公布量的22.6%和19.2%，差距十分明显。化工和机械工程等领域的不均衡发展，对广东省经济持续健康发展和产业转型升级带来一定程度的制约。（供稿人：郑秋莎）

商 标

有效注册商标

【概况】 2013年，广东省商标注册申请318789件，同比增长16.98%；核准注册162264件，同比下降0.31%。全省累计有效注册商标总量达1126595件，同比增长13.53%，约占全国（含港澳台）商标注册总量的17.76%，自1995年以来连续19年保持全国首位。从地区分布来看，全省申请量排名前五位的地级以上市依次为深圳、广州、佛山、东莞和汕头市，申请量分别为86950件、85078件、27135件、26036件和19544件，这五个市的申请量之和占全省总申请量的76.77%。申请量超过1万件的还有中山市和揭阳市，分别为13912件、12662件。注册量排名前五位的地级以上市依次为广州、深圳、佛山、东莞和汕头市，申请量分别为44315件、39527件、13735件、13000件和12911件，这五个市的注册量之和占全省当年总注册量的76.1%。

【马德里商标国际注册】 2013年，广东省马德里商标国际注册申请量达503件，同比下降5.27%，占全国马德里商标国际注册申请总量的23.47%，自2012年以来连续两年位居全国首位，比排名第二位的浙江省高出94件。

【地理标志注册】 2013年，广东省新增“阳春马水桔”桔、“平远慈橙”橙（鲜水果）、“高州香蕉”香蕉、“化州橘红”原料药（橘红）、“化橘红”原料药（橘红）及“普宁青梅”青梅等6件地理标志证明商标，全省已注册的地理标志证明商标、集体商标总量达到34件。全省地理标志商标数量排名前三位的地级以上市依次是肇庆、佛山、茂名，获准注册的地理标志商标数量分别为8件、5件及4件。

（供稿人：陈小冰）

地理标志

标准与地理标志

【概述】 2013年，广东省大力推进“质量强省”建设，孵化名特优品牌。全年获批地理标志保护产品6个（累计90个，总量居全国第二位），批准实施战略性新兴产业地方标准37项，批准成立省级专业标准化技术委员会32项，制定地理标志产品省级标准（农业类）83项，建立国家级农业标准化示范区22个，省级示范区52个。2013年，全省企事业单位主导或参与制修订国际标准87项（累计670项）、国家标准196项（累计3191项）、行业标准293项（累计2589项）、地方标准100项（累计1243项），制定先进企业标准6195项（累计28019项），凸显广东科技创新的强大实力。

地理标志产品

【概况】 2013年广东省获得国家地理标志产品保护的6个产品都具有鲜明的地方特色，源自特定的自然环境和人文环境，传递着浓厚的岭南文化气息。

【封开油栗】 产于肇庆市封开县。封开油栗是板栗中的佳品，皮薄油亮光滑、极少茸毛、肉色蛋黄、肉质细糯、风味香甜、耐储藏、生食脆甜，并且熟食芳香。至今有500年多年的栽培历史，其中长岗镇马欧村为最出名的产地，其年产量约占全县年产量三分之一，且其品质为全县最优。1988年，封开油栗被评为“广东省优稀水果品种”，载入《广东优稀水果图谱》。2004年，封开油栗通过了国家级无公害农产品认证，2006年，封开油栗被国家认定为绿色食品A级产品，同年8月被中国果品流通协会评定为“中华名果”；在2007年度“质量放心品牌”消费者投票调查中，封开油栗被消费者推选为广东省“消费者信赖水果行业十大质量品牌”。

【西岩乌龙茶】 产于梅州市大埔县。西岩乌龙茶以香气内涵天然的“高山韵味”花蜜香味，香味含香、甘、清、滑、醇，清雅馥郁、滋味鲜爽甘甜，汤色橙黄明亮略显金黄。历史上西岩山上出产的茶，就叫“西岩乌龙茶”。1995年在中国农业博览会荣获金奖；2001年在中国国际农业博览会中被评为中国农业博览会广东省推荐名优产品；2008年被中华人民共和国农业部评为“中国名牌农产品”。

【吴川月饼】 产于湛江吴川市。吴川月饼历史悠久，追溯到南宋时期，至今已有800多年，其采用晾肉、糖肉、火腿等肉与肉制品，和上等桃仁、杏仁、橄榄仁、瓜子仁、芝麻仁等果仁以及小麦粉、糯米粉、白砂糖为主要原料，经传统工艺加工而成，独具吴川地方特色，深受人们喜爱。目前，吴川市月饼生产企业有200家，其中规模以上企业23家，从业人员超过万人，现有“金九”、“南方月”、“福海”等众多家喻户晓的品牌。吴川月饼先后获得“中国著名品牌”、“中国质量500强”、“中国十大月饼质量品牌”、“广东月饼节金奖”、“中国烘焙大赛一等奖”、“粤、港、澳十佳月饼品牌”、“中国金牌月饼”等称号。

【竹山粉葛】 产于清远市佛冈县。竹山粉葛以淀粉含量高、纤维少、清甜、无渣、口感好而著名，至今已有150年的种植历史，经过长期的培育，加上当地的土壤气候条件，形成了品质优良，远近驰名的粉葛品种。佛冈县竹山粉葛种植面积已达5000余亩，平均亩产750—850千克，年产粉葛4250吨，年产值3200万元左右。竹山粉葛于2000年被列为广东省人大立项“一乡一品”发展项目，并先后被广东省农业厅、国家农业部评为无公害农产品，并通过举办一年一度的“竹山粉葛节”广招客商，宣传和推广粉葛及其系列产品，成为宣传佛冈的又一金字招牌。

【信宜怀乡鸡】 产于茂名信宜市，养殖历史悠久，是广东四大名鸡之一，具有较高的知名度。信宜怀乡鸡为肉用鸡种，具有两细（头细、脚细）、三黄（喙黄、毛黄、趾黄）特征，肌肉丰满，皮质黄净，肉嫩骨脆，香味浓郁。2007年通过了广东省农业厅“无公害农产品产地认证”；2008年通过了国家农业部“无公害农产品认证”、2009年荣获广东（茂名）首届农博会金奖；2010年信宜市创建了信宜怀乡鸡国家级农业标准化示范区，有效推动信宜怀乡鸡走上了“标准化养殖”、“品牌战略发展”的产业化道路；2010年，中国农产品区域公用品牌价值评估课题组评估“信宜怀乡鸡”品牌价值为39.38亿元人民币。

【陆河木瓜】 产于汕尾市陆河县。陆河木瓜是陆河县种植的一种特色水果产品，陆河地区原生态的地质条件和土壤中有机质、矿物质特别是稀土元素含量丰富的良好特性，以及特有的木瓜种植技术，造就了陆河木瓜外形靓丽，香味浓郁，甘甜多汁，营养丰富，风味独特的特色，成为人们走亲访友的馈赠佳品。陆河木瓜具有较高的知名度，相继获得了“广东省名牌产品”以及“广东省著名商标”等荣誉称号，并对独特的生产技术申报国家发明专利，通过了中国、美国、日本、欧盟等多项有机产品认证，还多次参展各类大型商品交易会，广受好评。2008年，陆河木瓜被指定为北京奥运果品，成为全省唯一被评选为奥运果品的食品。

（供稿人：李铮）

植物新品种

植物新品种

【概况】 2013年，全省农业植物新品种申请量和授权量分别为30件和8件，累计申请250件，授权71件，5个产品获农产品地理标志证书，有效期内有机农产品50个、绿色食品675个、无公害农产品1638个，农业类名牌产品731个；林业植物新品种申请量和授权量分别为26件和15件，累计申请量和授权量分别为61件和38件，新增国家林业知识产权试点单位2家。继续加强林业科技创新，加快林木花卉新品种的培育，促进林业植物新品种创造、运用和转化，樟科润楠属的中科1号、中科2号，木兰科含笑属的玉壶含笑、转转、甜甜，野牡丹科野牡丹属的心愿、天骄，桃金娘科桉属的新桉3号、新桉4号、新桉5号、新桉6号，山茶科山茶属的夏日粉裙、夏梦可娟、夏日粉黛、夏日七心、夏日热浪、夏日光辉、夏咏国色、夏日广场、夏日红绒、夏梦小旋、夏梦春陵、夏梦文清、夏梦华林、夏梦玉兰及夏梦衍平共26项林木新品种申请植物新品种权；大戟科大戟属的红荷一品红，桃金娘科桉属的尾边桉TH06001、尾柳桉TH06002、尾邓桉TH06008、常寒1号桉，山茶科山茶属的夏日粉裙、夏日粉黛、夏日七心、夏日光辉、夏咏国色、夏日广场、夏梦文清、夏梦可娟、夏梦华林及夏梦衍平共15个林木花卉新品种获得国家林业局植物新品种授权。

（供稿人：张春花）

重大知识产权获奖成果

第十五届中国专利奖

【中国专利奖】 2013年，广东开展了两项中国专利奖相关工作，一是对广东省获得第十四届中国专利奖的单位及个人实施配套奖，二是组织和推荐广东省项目参加第十五届中国专利奖评选。

第十四届中国专利奖配套奖。在第十四届中国专利奖评选中，广东省共有55项专利获奖（其中金奖项目2项、优秀奖项目53项），获奖项目总数创历史新高。其中，优秀奖项目数居全国首位。2013年7月23日，省政府隆重召开表彰大会，对广东省获奖项目单位及个人给予表彰，并给予金奖每项100万元，优秀奖每项50万元的奖励。获奖项目在《南方日报》、《中国知识产权报》等媒体开辟专版、在广东省知识产权局官方网站设立专栏进行宣传报道。

第十五届中国专利奖组织推荐。广东省认真组织开展第十五届中国专利奖项目遴选推荐工作，一方面，广东省知识产权局按照国家知识产权局《关于评选第十五届中国专利奖的通知》要求，在全省范围内遴选优秀项目；另一方面，广东省知识产权局积极鼓励、引导优秀专利项目单位通过国务院部委、行业协会、科学院院士和工程院院士等多种推荐渠道，争取更多广东省专利项目参加评选。广东省各类渠道共推荐项目99项，其中发明67项、实用新型7项、外观设计25项目。广东省知识产权局推荐项目33项，其中，发明专利18项、实用新型专利1项、外观设计专利14项。10月，第十五届中国专利奖评选结果揭晓。广东取得历史最好成绩，共72项项目获奖，其中金奖5项，优秀奖67项。获奖项目中，22项由广东省知识产权局推荐，其中金奖2项、优秀奖20项。

（供稿人：刘延君）

广东专利奖

【概况】 广东专利奖评选与表彰，由省人力资源和社会保障厅、省知识产权局联合开展，广东省知识产权局制定了《广东省专利奖励办法》，明确广东专利奖上升为省政府奖，并对广东省专利奖励工作进一步规范，目前，该办法已进入广东省政府法制办审查程序。

【广东专利奖】 2013年广东专利奖评选与表彰工作于2012年10月启动，按照《2013年广东专利奖评奖工作方案》组织开展，至2012年底完成项目申报、推荐及初审工作。在318项申报项目中，278项顺利通过初审，进入专家评审程序。此届广东专利奖首次采用国际专利分类号（即IPC分类号）对项目进行分组，以更好地反映专利技术的特性，分为机械、通信、医药、光电、电学、材料、化学及外观设计8个组，并首次引入专利审查员作为专家参与评审工作。经专家网上评审、专家会议评审、评审委员会评审等程序，评选出拟奖项目70项，其中金奖15项、优秀奖55项。经公示无异议后，2013年3月由省人力资源社会保障厅、省知识产权局联合发布表彰决定，并于7月召开会议进行表彰。 （供稿人：刘延君）

广东省名牌产品（工业类）

【概况】 2013年，广东省质监局实施名牌带动战略，截至年底，全省共有在有效期内的广东省名牌产品（工业类）1447个。579个广东省名牌产品（工业类）主要分布的地区有：广州86个、深圳41个、珠海19个、汕头31个、佛山73个、韶关6个、河源1个、梅州11个、惠州24个、汕尾6个、东莞68个、中山41个、江门17个、阳江17个、湛江4个、茂名4个、肇庆22个、清远7个、潮州33个、揭阳12个、云浮10个、顺德46个；主要辐射的行业有：电子信息、电器机械及专用设备、汽车及摩托车产业等九大支柱产业，其中合资企业、股份制企业和民营企业的名牌产品已占据半壁河山，有效促进了产品结构和企业组织结构的优化升级。广东省所获中国世界名牌和中国名牌产品中，九大支柱产业生产企业分别占100%和77.59%。以“HUAWEI 华为”、“ZTE中兴”、“震雄CH”、“兴发”等品牌为代表的名牌优势企业吸纳生产要素的能力不断增强，有效促进了产业结构和企业组织结构的优化升级。以名牌企业为龙头，逐步形成了深圳珠宝、佛山陶瓷、顺德家电、南海铝材、虎门服装、狮岭皮具等100多个产业集群和区域品牌。名牌产品已成为带动广东省经济发展的有生力量，不仅成为省经济新的增长点，还提升了省的产业竞争力，带来了核心技术、产业集群、经济质量的提高，优化了广东省的经济结构。

（联系人：李铮）

ZHI SHI CHAN QUAN YUN

知识产权运用

- 专利技术实施计划
- 战略性新兴产业专利信息资源开发利用计划
- 广东省产业专利联盟示范单位培育
- 信息运用
- 知识产权质押及投融资
- 专利保险
- 转化

专利技术实施计划

专利技术实施计划

【项目申报及初审】 2013年度“广东省专利技术实施计划”收到省直有关单位及各地市知识产权局推荐申请77项，其中69个项目通过初审，分为：机械（12项）、电学光电及通信（18项）、材料及化学（20项）、医药生物（16项）四个技术领域。

【项目评审】

产业政策审查。邀请广东省发展改革委、广东省经济和信息化委员会专家，对所有项目从是否属于国家非禁止产业、是否符合技术改造方向、是否环保等方面进行产业政策审查。产业政策专家评审不计分，但对项目给出是否通过政策审查的评审意见。经政策审查，69项申请全部通过。

技术和经济评审。根据项目技术领域分类，邀请相关专业技术专家（国家知识产权局专利局专利审查协作广东中心7名室主任级审查员），对项目的技术水平评审打分；邀请管理与经济领域专家（中山大学、广东工业大学教授）2人，对单位实施条件、项目市场前景评审打分。所有专家评分后，形成两类专家的评分汇总。

【项目立项原则】

根据广东省产业发展需要，采用集中扶持与普及推进相结合，择优立项一批“重大项目”，给予较多经费支持；同时，择优立项一批“重点项目”，扩大在全省的支持范围。

立项以专家评分结果为主要依据，同时考虑广东省区域平衡，以及技术领域平衡，拟立项31个，其中“重大项目”10个，“重点项目”21个。具体分配如下：

（1）立项名额分配：以所属技术领域为纲，突出对广东省重点培育发展、专利技术相对密集的光电通信、新材料、生物医药等战略性新兴产业的扶持。按照各领域的评审项目数比例，确定各领域拟立项重大项目数和重点项目数如下：

产业技术领域	评审项目数	重大项目数	重点项目数	立项总数
机械	15	2	4	6
医药生物	16	2	5	7
电学光电及通信	18	3	5	8
材料及化学	20	3	7	10
合计	69	10	21	31

（2）“重大项目”的立项：以专家评分为依据，分别对机械、医药生物两个产业领域的前2名，电学光电及通信、材料及化学产业两个产业领域的前3名，立“重大项目”。

（3）“重点项目”立项：以专家评分为依据，同时兼顾地区平衡，保证通过初审的各地市及顺德区，至少有1个项目（重大或重点）纳入整个计划。

（4）同等总分下项目的选取：优先立项经济分较高的项目，以突出专利对经济的促进作用；优先考虑以往未获广东省知识产权局专利技术实施计划扶持的单位。

（供稿人：吴瑛）

战略性新兴产业
专利信息资源开发利用计划

战略性新兴产业
专利信息资源开发利用计划

【概述】 2013年，为导航战略性新兴产业科学发展，促进产业高端突破，广东省知识产权局积极推动“战略性新兴产业专利信息资源开发利用计划”实施。

【主要做法】

首轮“广东省战略性新兴产业专利信息资源开发利用计划”项目。2011—2012年，广东省知识产权局一直在推进首轮“广东省战略性新兴产业专利信息资源开发利用计划”（11个项目）实施，该计划围绕广东省重点培育发展的新一代通信、物联网、数字家庭、LED、OLED、新能源汽车、生物医药7个重点产业，组织开展专利信息资源开发，进行产业专利分析及预警。2013年1月，完成广东省财政厅组织开展的该计划工作第三方绩效评价工作，在同批参加评价的省直单位中位居第一。根据《广东省战略性新兴产业专利信息资源开发利用计划项目合同书》，继续推进2011年立项的该计划各个项目实施。2013年，广东省知识产权局在广州市分别举行战略性新兴产业——新能源汽车产业、LED产业外延和芯片领域、广东省LED产业重点产品、生物医药产业、数字家庭产业共5场专利分析及预警报告会，分别面向政府机构、知识产权服务机构和相关产业领域共700多家企事业单位，发布《广东省新能源汽车产业专利分析与预警报告》、《LED产业外延和芯片领域核心专利分析及预警报告》、《中村修二专利分析报告》、《2013年广东省LED产业重点产品专利分析及预警报告》、《2013年广东省LED产业重点产品高价值专利全文翻译及详细解读》、《2013广东省生物医药产业专利竞争情报分析及预警报告》、《数字家庭产业——数字电视技术专利信息分析及预警报告》、《数字家庭产业——人机交互关键技术专利信息及预警报告》。截至2013年底，已初步建立战略性新兴产业专利数据库6个，组织产业专利分析及预警报告会14场，面向2800多家企业发布专利分析及预警报告21份，编辑出版18期《广东省战略性新兴产业知识产权工作动态》；战略性新兴产业专利信息实时统计系统、专利信息资源发布系统分别于2013年6月、10月正式运行；打造广东省战略性新兴产业专利分析及预警平台及品牌。

广东省知识产权局通过举办培训班、工作交流会和到各项目组听取工作进展情况汇报等方式，及时了解和解决工作中存在的问题。同时，培养大量广受企业欢迎的专利信息利用人才。目前，不少参与课题研究的人员已分布在企业、知识产权服务机构、知识产权管理部门，为广东省知识产权服务业向高端发展提供人才储备。

新一轮“战略性新兴产业专利信息资源开发利用计划”。广东省知识产权局会同省财政厅启动实施新一轮即2013年“广东省战略性新兴产业专利信息资源开发利用计划”，围绕云计算、移动互联网、卫星及应用产业、新型元器件、智能制造装备、环保装备、资源循环利用、生物农业、生物医学工程、高性能高分子材料等10个产业领域，经公开组织申报及专家评审立项实施新一批专利分析及预警项目12个。该计划深度开发利用专利信息，形成各重点产业的专利分析及预警研究成果，分析各产业专利布局，明晰广东省产业创新发展的优势劣势、方向、突破口与路径，导航产业发展。广东省知识产权局已于2013年12月面向新一轮各个项目团队组织开展项目实施专题培训班1期，新一轮项目将于2014年全面启动实施。

（供稿人：李伟）

广东省产业专利联盟示范单位培育

广东省产业专利联盟示范单位培育

【概述】 2013年，广东省构建以共性关键技术研发为手段、以知识产权利益分享为纽带、以知识产权有效运用为归宿的产学研合作机制，引导有关行业协会和企业建立产业专利联盟、构筑专利池。全年共认定中彩联、顺德电压力锅、广东LED联合创新中心等3家联盟为广东省专利联盟示范培育单位，推动示范单位在工作机制、专利信息利用合作机制、专利池建设维护机制、技术标准制定机制、专利联合保护机制等方面开展工作，促进相关产业领域专利的协同创造、协同运用、联合保护和协同管理。截至2013年底，全省专利联盟达25家。

【顺德电压力锅专利联盟】 顺德电压力锅专利联盟通过建设专利和标准“双联盟”，实现联手出击、双剑合璧。联盟明确了加盟和许可条件，扩大抱团发展的规模，联盟成员由成立时的4家发展至13家，“专利池”专利数量由46项增加至472项，产品年产量由不到100万台增长至近2000万台，年销售额由不到4亿元发展到30多亿元，产品占全国市场份额的75%以上。2013年，电压力锅专利联盟成员重新签订联盟协议，增加“成员年新增专利”考核制度，制定入盟新标准，对专利维权工作制定了新措施，完善退出机制，完成联盟成员产品ODM备案工作。

【中彩联】 中彩联作为国内最早的实体专利联盟，依靠资深的知识产权专家、法律专家和彩电研发等综合人才团队，基于对国外数千项彩电专利的深度分析，与国外巨头谈判，使得国外彩电专利收费从每台彩电41美元降到20美元以下，为国内行业出口彩电节约专利费支出数亿美元。目前，中彩联已建立行业专利专题数据库及预警平台，正管理2600多件的彩电专利池，正在建立3D立体显示和智能电视等多个专利池模块；推动建立深圳市智能电视标准联盟，正在起草部分子标准。通过专利池与国外巨头谈判，中彩联已累计实现直接经济收入逾1000万元，未来每年还可为公司带来300万元左右的收入。同时，中彩联以风险代理的形式运营专利池的国外专利，通过反向工程实验锁定涉案目标，预期可获得3项专利的许可收益或诉讼赔偿，这也标志着中国彩电专利实现从被动防守到主动出击的突破。

【广东LED联合创新中心】 广东LED联合创新中心以广东新光源产业基地为依托，通过与台湾工研院、香港应科院、国家半导体照明工程研发及产业联盟、清华大学、浙江大学等携手合作，汇集国际国内半导体照明巨头企业、科研团队和院所入驻，形成具有较强创新能力、创意服务能力和辐射带动能力的创新策源地，建设覆盖战略研究、标杆体系研究及认证服务、产业联盟共性技术攻关与创新成果转化、知识产权分析和服务、国际合作交流、创意设计与产品展示、人才评价和培训、产品投融资服务在内的八大工作平台，打造LED产业创新服务集群。（供稿人：成思　吴瑛）

信息运用

知识产权信息与服务

【概况】 2013年，广东省知识产权局制定《广东创建知识产权服务业发展示范省规划（2013—2020年）》及《关于促进我省知识产权服务业发展的若干意见》。开展知识产权证券化及运营公司模式研究，形成《广东知识产权创业投资基金及其运作模式研究》及《广东省知识产权运营基金方案研究》等多份研究报告，并积极筹划设立知识产权交易平台。新设立广东省知识产权评估与价值分析应用推广项目和知识产权运营机构培育试点项目，择优选择10家知识产权评估与价值分析机构、3家知识产权运营机构，给予经费、项目、培训等方面支持。同时，深圳市福田区成为国家知识产权服务业集聚发展试验区。推动信息化建设和深入开展专利信息服务，印发《国家知识产权局区域专利信息服务（广州）中心服务发展规划（2013—2017）》。 （供稿人：阳屹琴）

专利信息化建设及推广

【国家知识产权局区域专利信息服务（广州）中心】 2013年，国家知识产权局区域专利信息服务（广州）中心（以下简称“区域中心”，网址：www.prcgd.gov.cn）完成系统开发工作并上线试运行。数据加载工作继续有条不紊地进行，截至2013年12月，已经完成所有数据的复制，并加紧对剩余数据进行加载；与此同时，完成《国家知识产权局区域专利信息服务（广州）中心服务发展规划（2013—2017）》的修订工作，发展规划的编制具有科学性、规范性、指导性和可操作性，为不断提高专利信息服务的广度和深度，增强专利信息对地方经济发展和科技创新的贡献度，逐步提升全社会对专利信息的依赖度起到保障作用。此外，区域中心以成功挂牌为契机，通过与知识产权示范企业合作，选取重点领域先行试点重点领域专利信息追踪研究工程，从总体趋势、地域、申请人、发明人、技术等多个方面对专利信息进行定量统计分析和智能化数据挖掘分析，找出投资、贸易等活动中存在的专利风险，从热点跟踪、专利产出指数、竞争性侦查等多个专利活跃指数的角度对专利信息进行预警。

【知识产权信息平台建设】 2013年，广东省知识产权局按照广东省战略性新兴产业专利信息资源开发利用工作的基本思路，配合广东省促进战略性新兴产业发展的总体部署，以跟踪战略性新兴产业全球专利动态为重点，深度开发战略性新兴产业专利信息资源，完成广东省战略性新兴产业专利信息资源发布和统计系统及广东省战略性新兴产业专利信息实时统计系统的建设工作，为战略性新兴产业的发展方向，以及重大项目实施、科研人才引进提供决策依据和知识产权保障；同时，广东省知识产权技术信息展示与交易应用系统正式上线对外开放使用，系统通过文字、图片、视频等方式按照技术分类向公众展示项目供求信息，同时系统通过相关指引信息及交易规则帮助用户迅速了解交易步骤，规范交易行为，从而促进知识产权成果转化以及公知公用技术资源的有效利用，加快技术交易服务行业发展和产业结构调整，优化资源配置，尤其是为专利技术供需各方提供技术及产品展示、交易及后期技术成果转让情况跟踪等，促进自主创新成果产业化，同时对现有技术交易信息及服务资源进行整合，实现交易的标准化和流程化，降低开发和交易成本。

【产业/行业专题数据库建设】 广东省知识产权局围绕广东省产业、区域特点、重点产业及战略性新兴产业发展的方向，继续建设并完善省级重点产业/行业、战略性新兴产业专利数据库。2013年，全面完成战略性新兴产业生物医药行业、LED、新能源汽车、OLED、数字家庭、物联网、新一代通信等专利专题数据库的建设工作，同时完成江门摩托车等地方行业数据库的建设并整合到广东省知识产权公共信息综合服务平台（网址：www.guangdongip.gov.cn）对外提供服务。这一系列专利数据库的建设与完善缩短了用户对专利信息获取的时间，可简捷、方便地让用户实时地掌握省战略性新兴产业技术的研发、引进、吸收、专利申请等情况，对于推动广东省战略性新兴产业的技术创新能力和水平建设起到了积极作用。

【专利信息化建设推广应用】 为贯彻实施广东省知识产权战略，提高全省专利信息运用水平，推动知识产权事业发展，提高企事业单位运用专利信息的能力，提升专利挖掘水平及专利撰写质量，促进行业的技术创新和经济发展，广东省知识产权局分别在江门、顺德、揭阳等地举办“企业专利工作者专利信息利用培训班”。在培训中，培训人员通过实际案例向企业专利工作者传授专利检索及分析技巧，通过专业的专利检索分析手段挖掘出更多的核心专利，指导其如何从技术角度应对专利侵权及无效案件，从而增强企业技术创新能力，使国内企业得到良好的发展空间，推动地区经济的发展。同时，培训人员对广东省知识产权公共信息综合服务平台的功能特点与使用技巧进行了详细的介绍，内容同时涉及重点产业专利态势分析及对策、专利信息在线预警分析等。广东省知识产权公共信息综合服务平台在上线运行后，多方听取各类用户的意见，不断完善各项功能，以便更好地服务于企事业单位及社会公众，帮助减少技术人员的开发时间，提高研发效率，规避研发风险，推动广东省社会经济和科技发展。

【加强专利信息应用服务】 2013年，广东省知识产权局积极对外开展专利信息服务，持续为企业及代理所提供优质的专利检索，全年完成专利检索超过百件，工作质量与效率受到用户的一致好评；同时，为丰富检索资源，面向企事业单位开展高端服务提供条件，广东省知识产权局购置了非专利科技文献信息，并整合至广东省知识产权公共信息综合服务平台中，包括中国知网系列数据库、中国期刊全文数据库、中国博士学位论文数据库、中国优秀硕士学位论文数据库、中国重要会议论文数据库等十一种数据库，并设置了子账号免费向广东省企业开放。非专利文献信息检索的开放，极大方便了广东省企业在日常工作中开展文献补充检索，推动科技文献与专利文献在企业研发创新中发挥重要作用。此外，广东省知识产权局加大面向地市企业开展专利信息帮扶工作的力度，开展了多形式、多内容的专利信息传播利用帮扶活动。根据不同地区发展水平和特点，锁定广州、珠海、汕头、茂名、江门等地亟须帮扶的对象，组织国家局相关专家开展个性化培训、技术支持、业务指导等实地帮扶活动，现场解决企业在专利信息利用过程中关于信息资源利用、检索方法、申请布局等一系列实际问题，促进了专利信息利用及服务，对提高企业运用专利信息的能力和水平有着非常直接的现实意义。 （供稿人：李润聪）

知识产权质押及投融资

知识产权质押及投融资

【概述】 2013年广东省知识产权质押及投融资工作在政策制定、质押融资额度和平台建设等方面都取得了一定的成效。知识产权交易流转服务体系逐步完善；专利质押融资登记移至国家知识产权局专利局广州代办处，2013年代办处共办理11件专利权质押融资登记，金额达3.49亿元。南海、顺德等地国家知识产权投融资试验（试点）稳步推进，广州高新区、深圳高新区、佛山高新区、中山火炬开发区积极开展省级知识产权质押融资试点；中国（广东）知识产权投融资项目对接会成功举行，对接会举办三年来，共有16个项目与创投公司签订逾20份合作协议，涉及金额5.5亿元。5月，广东省知识产权局等七部门联合印发《关于贯彻落实〈关于加快推进广东省知识产权质押融资工作的若干意见〉的实施细则》（粤金〔2013〕12号）；同时，广东省知识产权局还配合广东银监局等部门，推动国家知识产权局等部门《关于商业银行知识产权质押贷款业务的指导意见》（银监发〔2013〕6号）的贯彻落实。2013年12月20日，中国（广东）知识产权投融资服务平台（网址：www.ip2vc.com）正式启动，平台确立按行业分类指导原则，以项目风险分级信息披露为核心内容，对知识产权项目分成融资借款、股权投资、许可合作三个链条进行细化，并与各地产业平台、产业资本、私募创投对接。

【试点试验】 佛山市南海区积极创建国家知识产权投融资综合试验区。知识产权质押融资快速发展。2013年实现质押贷款1.85亿元。截至2013年底，共42家次企业通过质押664件知识产权从8家银行获得4.52亿元知识产权质押贷款，其评估总值超过17.7亿元。不断完善基于交易平台的质押融资风控体系。目前南海已建立起覆盖全区逐级推进的工作体系和机制，形成推动知识产权质押融资和投融资“交易+信贷险”、“交易+评估险”等市场化运作模式，并通过商业模式逐渐推广到珠海、肇庆等地。金融服务、中介服务范畴和领域进一步拓展。与广州交易所集团合作探索知识产权融合金融资本进入和退出渠道，与深圳证券交易所、人保财险广东分公司、广东省融资再担保公司、深圳创业投资同业公会分别开展企业上市辅导合作、保险保障合作、融资风险分担保障合作、知识产权投资合作。研制和推广应用质押评估技术规范地方标准。“广东省知识产权质押评估技术规范”被列入2013年广东省服务业地方标准修订计划，该规范适用于评估机构对企业进行质押融资用途的知识产权评估的评估方法和准则，主要规范业务接洽、签订评估业务约定书、编制评估计划、现场调查并收集评估资料、对收集的评估资料进行必要分析、归纳和整理，对知识产权进行评定估算、出具知识产权质押评估报告等整套服务流程，目前已完成标准草案稿。

顺德区积极开展国家知识产权投融资服务试点。以知识产权质押融资为突破口推进知识产权投融资。安排知识产权质押融资专项扶持资金，制订工作方案、实施细则和业务操作管理办法，编印操作指南，举行对接活动，充实项目数据库，探索组建服务联盟，目前首笔融资金额达到2000万元的带质押融资项目正在办理手续，另外还有5家企业与银行达成合作意向。

【专项活动】 2013年12月，广东省知识产权局与广东省金融办在佛山市南海区联合举办2013年广东知识产权投融资路径研讨会，邀请专家研讨和分享了知识产权与金融资本融合发展的相关理论、实践及案例，深化社会各界对知识产权投融资的认识，各界代表约100人参会。2013年12月，广东省知识产权局在佛山市南海区举办知识产权投融资项目对接会（新材料专场）。各界代表约150人参会。对接会面向全省征集了40多个新材料项目，经过专家的分析评审，选出了11个高质素的项目，促成4个新材料项目与风投公司、新材料企业的对接，以一次性或分期现金转让、独家授权许可使用、作价入股成立新公司等方式签订多份意向合作协议，合作金额1.7亿元。

【全省其他地市情况】 广州市研究制定《专利权质押融资操作指引》，2013年全年参与质押融资企业14家，融资额5亿元。广州高新区制定《企业专利权质押贷款扶持办法》，通过设立担保基金和贷款贴息等方式鼓励企业进行质押融资，已有4家企业通过知识产权质押向银行贷款总额1.1亿元。深圳市贯彻落实《促进知识产权质押融资若干措施》，不断完善利用信用再担保方式推进知识产权质押融资的工作模式，仅南山区2013年就有132家企业向14家银行提交6.78亿元的贷款需求，71家企业获得2.45亿元的贷款担保，形成“企业资质导向”、“技术导向”、“法律导向”为核心内容的知识产权质押融资“南山模式”。中山火炬开发区、佛山市三水区、韶关市翁源县等地制定知识产权质押融资扶持政策，推进工作有序开展。 （供稿人：成思）

专利权质押登记

【概况】 2013年，国家知识产权局相关部门及国家知识产权局专利局广州代办处受理涉及广东省的专利权质押登记126件，合同金额为49.8153亿元，涉及专利权822项，平均每件专利权质押登记涉及金额3953.60万元。

据统计，在全省专利权质押登记申请中，珠江三角洲地区专利权质押活动比较活跃。其中，深圳、广州、东莞、佛山四市专利权质押量占全省专利权质押总量的90.48%。按专利权人所在地区分布数量由高到低依次是：深圳市81件，占64.29%；广州市14 件，占11.11%；东莞市12件，占9.52%；佛山市7件，占5.56%；珠海市4件，占5.56%；中山市3件，占2.38%。

专利权质押以发明和实用新型专利为主。2013年，办理专利权质押登记的发明专利有298项，占总量的36.25%；实用新型专利有505项，占总量的61.43%；PCT国际专利有3项，占总量的0.36%。 （供稿人：郑秋莎）

专利保险

专利保险

【概述】 2013年1月，广东省知识产权局在佛山市禅城区组织召开国家专利保险（广东地区）试点工作研讨会。广州、深圳、东莞、佛山市禅城区先后获国家知识产权局批准，开展全国专利保险试点工作。各有关地区积极制订工作方案、服务手册及相关政策文件，建立综合服务平台，推动工作有效开展。

【专利保险试点】 截至2013年底，广州、深圳、东莞、禅城四地共98家企业581项专利参与"专利执行险"等险种，总保额112.81万元，最高可获赔2499.92万元。佛山市禅城区在全国首饮专利保险"头啖汤"，积极探索知识产权与保险资本的融合。禅城区知识产权职能部门经与中国人民财产保险股份有限公司佛山分公司、禅城支公司等单位商议，已形成新的专利保险方案和新的工作模式，成立专利保险合作社，建立专利保险技术专家咨询组和法律维权援助组两个服务团队，开通专利保险网站（www.fszlbx.cn），启用专利保险在线投保系统，搭建企业、保险机构与中介机构对接平台，为企业提供咨询、评估、培训等服务。

【专利保险探索】 省内其他地区结合实际开展专利保险探索。中山市结合该市古镇灯饰行业实际，积极探索开展灯饰行业专利保险工作。截至2013年底，共17家灯饰企业42项专利参保，保费6万元，最高可获赔90万元。这是全国第一个针对单一行业的专利保险探索，对促进行业创新发展意义重大。

（供稿人：成思）

转 化

知识产权交易

【知识产权交易机构】 2013年，广州、深圳、佛山、东莞4个国家专利技术展示交易中心共展示专利技术与产品1128件，实际交易额1298.85万元，发明专利交易量268件。四个展示交易中心分别参与举办中国专利周地方活动、研讨会、论坛、培训等各类活动，服务企业7287家，人数达40139人次。

2013年6月，广州股权交易中心根据企业需求，利用自身的金融服务平台，联合各种金融渠道，上线知识产权交易板块，截至年底，共上线知识产权交易项目 51件，质押融资金额1300万元。

【知识产权会展与活动】 组织广东省优秀专利项目参加广东省内外展会。在第十五届深圳高交会上，广东省知识产权局组织的深圳光启高等理工研究院参展项目获得了优秀产品奖。在第二十届杨凌农交会上，广东省知识产权局组织农业高校和企业参展，项目涉及水肥一体化、生畜养殖、小球藻生态养殖等多个领域，广东省展团达成意向成交金额约400万元。

11月，中国科学院计算技术研究所东莞分所、中科计算技术转移中心在东莞松山湖联合举办“中国科学院计算技术研究所专利拍卖会”，182项电子信息、计算技术应用领域的发明专利摆上台面交易，在一个小时的拍卖中成交19宗，交易总额86万元。

【专利运营】 2013年，国家知识产权局“专利导航试点工程”项目启动，广东省中兴通讯、腾讯、中彩联等企业成为专利运营试点单位，广东省知识产权局积极支持三家企业开展国家专利运营试点工作。目前，腾讯公司每年收到和分析超过40个专利包5000件专利，通过自研和购买运营的方式，成为W3C标准组织的主要成员之一和国家AVS音视频标准基本专利的拥有人之一。中兴通讯已顺利加入两大专利池、四大标准组织，并积极探索知识产权联合运营、作价入股等新型知识产权价值实现手段。中彩联在数字电视技术、智能电视技术、LCD显示技术、3D显示技术、背光技术等领域积极开展专利收储、流转等运营相关活动，包括专利许可谈判、专利许可或诉讼风险代理、专利银行业务、专利标准化等。开展国家专利运营试点工作将进一步加强三家企业专利技术集成和专利运营商业模式创新，培育专利运营业态，发挥专利集成运用对产业运行效益的支撑力。 （供稿人：成思 吴瑛）

专利实施许可合同备案

【概况】 2013年，国家知识产权局相关部门及国家知识产权局专利局广州代办处受理涉及广东省的专利实施许可合同备案1030件（内含专利2243项）。专利许可使用费总计18661.52万元人民币，2.15万美元。

【专利实施许可的特点】

专利独占许可继续领跑其他类型许可。

2013年，在已办理专利许可备案合同总量中，以独占许可类为主，计874件，占总量的84.85%；其次是普通许可132件，占总量的12.82%；第三位是排他许可24件，占总量的

2.33%。

专利许可使用费以无偿许可为主。2013年无偿许可合同备案663件，占总量的64.37%。

实用新型专利许可率最高。从专利类型来看，发明、实用新型、外观设计、PCT国际专利的转让分别为303项、649项、74项和4项，占总量的比例为29.42%、63.01%、7.18%和0.39%，发明、实用新型、外观设计三种专利中，以实用新型的专利实施率最高。

从专利技术主题来看，F部（机械工程、照明、加热、武器、爆破）专利量最多，共217件，其次分别为A部（人类生活需要）176件、B部（作业、运输）163件、H部（电学）138件及C部（化学、冶金）102件，最少为D部（纺织、造纸）26件。

专利权人以自然人的专利许可量居多。专利权人（许可方）类型按自然人、工矿企业、科研单位、大专院校、事业单位划分。2013年专利实施许可合同备案中，自然人的专利许可量居第一位，达576件，占总量的55.92%；第二位是工矿企业408件，占总量的39.61%，第三位是大专院校、科研、事业单位46件，占总量的4.47%。

企业始终在专利的实施中占主导地位。2013年，在办理的专利实施许可合同备案量中，被许可人类型为工矿企业的达1016件，占总量的98.64%，表明专利的实施以企业为主；其次为个人，只有13件，占总量1.26%；国外企业1件。

专利许可方主要集中在珠江三角洲地区。广东省专利权许可主要集中在珠江三角洲地区，排在第一位的是深圳市，涉及专利837项，占总量的37.32%；第二位佛山市663项，占总量的29.56%，第三位广州市231项，占总量的10.30%。在排名前三位的城市中，深圳市的发明专利许可量最多，计153项，占全省发明专利许可总量的50.50%。（供稿人：丁洪）

ZHI SHI CHAN QUAN BAO HU

知识产权保护

● 概述
● 行政保护
● 司法保护
● 执法协作
● 维权援助与涉外应对
● 委局合作
● 实例

概　述

《广东省展会专利保护办法》贯彻落实

【概括】　2013年，广东省知识产权局进一步加大展会专利保护工作的力度，贯彻落实《广东省展会专利保护办法》。一是为中国国际中小企业博览会事务局等展会主办方进行知识产权保护专题培训，指导展会主办方开展专利自律保护工作。二是组织各地市知识产权局执法人员参加广交会专利保护工作，现场培训展会执法力量。三是加大进驻各重点展会开展专利保护工作的力度，全省知识产权局系统共进驻30余个重大展会现场开展专利保护工作。

（供稿人：毕赓）

知识产权保护

【概况】　2013年，广东省各级知识产权行政执法和司法部门，深入开展打击侵权假冒工作，完善知识产权综合保护工作机制，为广东转变经济发展方式、加快转型升级做出积极贡献。

广东省委、省政府高度重视打击侵权假冒工作，将其纳入广东省“两建”考核指标体系，省长朱小丹多次批示，省打击侵权假冒工作领导小组组长、副省长陈云贤主持召开全省打击侵权假冒工作电视电话会议，传达中央精神，部署工作任务。省打击侵权假冒工作领导小组制定并推进年度工作要点实施，进一步强化行政执法与刑事司法衔接工作，组织15家成员单位与公安厅签署打击侵权假冒工作信息共享合作备忘录。各地按照省政府统一部署，切实加强组织领导。广州升格市知识产权工作领导小组并整合打击侵权假冒工作职能，由市长陈建华任组长；深圳市打击侵权假冒工作领导小组成员包括市直单位和各区主管领导，落实了联席会议制度；广州、深圳、珠海、汕头、肇庆所辖县（市、区）全部成立打击侵权假冒协调机构，落实分工责任，夯实工作基础。

全省各地各部门将日常执法与专项行动紧密结合，围绕重点商品和突出问题，切实加大执法监管保护力度。据不完全统计，2013年全省共立案查处侵权假冒行政违法案件4.15万件。其中重大案件数量807件；向司法机关移送案件943件。广东省打击侵权假冒工作成果突出，得到各级领导一致肯定，并获得美国、英国、法国、日本等国家企业和社会组织的高度称赞。

【专利保护】　2013年，全省各级知识产权局共立案受理各类专利纠纷案件1857件（含调解展会专利纠纷），结案1403件，查处假冒专利案件435件并全部办结，查处专利纠纷案件总数居全国第一；进驻广交会等30余个重大展会进行知识产权保护工作，调处展会专利纠纷1000余件。探索建立跨区域联合打击专利侵权违法行为等知识产权保护新机制，开展省内执法协作51次，省际执法协作5次。广东省参加2013年度全国专利执法维权工作绩效考核，名列全国第二位。广州市出台《举报假冒专利行为奖励办法》，加大举报监督和案件查处力度。

【商标保护】　2013年，广东省工商行政管理部门积极开展商标行政执法工作，共立案查处各类商标违法案件4318件，案值6000多万元，罚款5580万元，捣毁移送涉嫌商标犯罪案件57件、嫌疑人43人。

【版权保护】 2013年，全省大力推进县级政府机关软件正版化工作。7月和11月，省推进使用正版软件工作联席会议先后派出多个督查组，对县级政府机关推进使用正版软件工作进行重点抽查，全省共抽查了68个县级（市、区），208个政府机关单位，1600多台计算机。通过以查促建，至8月底，全省县级政府机关已全部实现软件正版化，提前完成国务院工作部署，其中东莞市软件正版化已全面覆盖市、镇（街）两级机关及村（居）委会一级机构。

2013年，全省继续推进“版权兴业”工程，努力发展特色版权产业，促进文学、艺术和科学作品的创作与传播。开展“广东省版权兴业示范基地”认定工作，新认定深圳第七大道、东莞动漫城等9家单位，累计授牌71家。省政府投入250万元文化产业发展专项资金，用于“广东省版权登记系统平台”项目建设。

2013年，全省各级文化行政管理部门严厉打击侵权盗版等非法经营活动，大力开展“净网”、“清源”等系列专项行动，全年共出动行政执法力量51.6万人次，检查各类文化市场经营场所约21.3万家次；受理举报934件，立案调查各类违法违规案件2335件，依法移送案件60件，办结案件1423件，责令停业整顿116家次、吊销经营许可证16家，罚没人民币约899万元。

【生产领域保护与打假】 2013年，质监系统牵头组织开展全省打假专项行动，大力开展农资、汽配、儿童用品、建材等各类执法打假战役，全年共集中组织打假专项行动14次，累计出动执法人员19.7万人次，检查企业8.3万家次，查处侵权假冒违法案件9595宗，捣毁窝点441个，涉案货值2.7亿元，移送司法机关案件144宗。

农业和林业行政管理部门强化农资、农产品质量管理，组织开展各项农业、林木种苗行政执法和质量检查行动，加强对农业、林业新品种权的保护力度。

【海关知识产权保护】 2013年，广东省内海关大力推进知识产权保护机制建设，加大知识产权保护力度，查获侵犯知识产权嫌疑货物4798批次，涉案货物数量达1726万件，案值8588万元。

广东省内海关高度重视利用风险分析手段开展查缉工作，总结近年来侵权案件特点，对出口到侵权风险较高的重点国家和地区的货物以及侵权高发领域的重点商品加大监控力度，对重点企业进行分类管理，将申报为无品牌的出口消费品和异地报关企业的进出口货物列入监管重点，进行专门布控查验，极大提高查获侵权货物的准确性。2013年，全省通过风险分析手段查获侵权嫌疑货物292批次，涉及侵权嫌疑货物498万件。

广东省内海关针对食品、药品、汽车配件、电子产品、酒类等产品和邮递渠道侵权活动开展重点打击行动，全年查获侵权药品18880件；联合香港、澳门海关开展打击侵权货物专项行动；3月至4月间，举行中美海关打击输美假冒消费电子产品的“知识产权联合执法行动”，查获涉美侵权货物3万件，涉港侵权货物19.3万件，成效显著。

2013年，全省出入境检验检疫部门积极查处出口涉嫌侵犯知识产权和假冒伪劣商品，累计出动执法人员2.6万人次，检查企业8339家次，查处案件973宗，涉案货值约9463万元，罚没款386万元，并查获大批涉嫌侵权假冒的路易威登、阿迪达斯、耐克等出口商品，涉案货值超千万元。

【打击侵犯知识产权犯罪】 2013年，全省公安机关将打击侵犯知识产权和制售假冒伪劣商品犯罪作为突破口，突出运用集群战役模式，不断掀起打击侵权假冒犯罪新高潮，取得显著成效。全年共立侵犯知识产权和制售假冒伪劣犯罪案件4126宗，破案3317宗，执行逮捕5460人，捣毁制假窝点2532个，工作成效获公安部部长通令嘉奖，公安部先后30多次发来贺电。

2013年，全省各级公安机关狠抓情报导侦，完善工作机制，不断提升打击效率。省公安厅与20余家省级行政执法单位签署了打击侵权假冒信息共享合作备忘录，从行政处罚案件信息中分析梳理涉及侵权假冒违法犯罪重点对象5万多个，纳入公安情报信息库，建立专业分析模型，开展情报线索深度研判；全省公安机关主动组织开展跨省打击侵权假冒集群战役，对侵权假冒犯罪的产、供、销网络进行围剿，2013年，累计主动开展跨省联合行动285次，协助外省开展集群战役1589次，打掉400多个职业化跨省犯罪团伙。

全省公安机关集中优势力量，加大侦破力度，破获一系列具有重大影响的案件。广州联合上海、福建等地警方侦破全国最大的朱氏家族制售假表团伙案，涉案金额1.7亿元；东莞破获公安部督办的“吴某等非法经营假烟案”，抓获21名犯罪嫌疑人，案值2313万元人民币；广州破获近年来最大宗假冒食用油案，查扣假冒成品食用油约15吨，原料油3吨多；深圳食药监部门联合公安侦破“5·30销售假药集群案件”，涉案金额逾3000万元；汕头联合上海、江苏、福建等地警方破获非法经营卷烟案，案值1600多万元；河源破获制售假冒品牌计算器案件，查封生产线4条，案值超过2300万元；珠海公安联合澳门海关破获特大跨境销售假冒手表、皮具案，捣毁制假窝点3个，涉案金额5000多万元。

【知识产权司法保护】 全省检察机关充分发挥检察职能，严厉打击侵权假冒犯罪行为，2013年，共批准逮捕侵犯知识产权犯罪案件1119件1861人，生产销售伪劣商品案件649件973人；起诉侵犯知识产权犯罪案件1078件1780人，生产销售伪劣商品案件667件905人。全省检察机关依托“行政执法与刑事司法衔接”工作机制，着力推进保护知识产权长效机制建设，延伸检察职能，推动各行政执法单位明确案件移送标准，将案件信息及时、准确录入信息共享平台，完善对行政执法案件的监督和追诉机制，避免以罚代刑，凝聚打击侵权假冒行政执法与刑事司法的工作合力。

全省法院高效审理知识产权民事案件，2013年，新收知识产权民事一审案件24843件，同比增长4.95%；新收二审案件4993件，同比增长45.44%；审结一审案件24819件，同比增长10.5%；审结二审案件4759件，同比增长46.25%。全省法院坚持打造“精品案件”，高质量审结一大批类型新颖、复杂疑难和在国际国内拥有影响力的案件。如审结中国即时通讯领域反垄断第一案，确立了互联网领域反垄断纠纷的首个司法标准；审结华为公司诉美国交互数字公司反垄断纠纷案，依法支持中国企业通过诉讼程序对抗跨国公司价格歧视行为，入选人民法院报社“2013年度全国法院十大经典案件”。2013年，格力诉美的侵害发明专利权纠纷案等6个案件入选最高法院发布的知识产权司法保护典型案例。

知识产权刑法保护力度全面增强，有效惩治、震慑侵犯知识产权犯罪行为。2013年，全省法院共受理侵犯知识产权犯罪案件和生产、销售假冒伪劣商品犯罪案件1728件2687人，审结1705件2562人，对侵权假冒违法犯罪分子形成强大震慑力。

全省法院深化改革创新。省法院积极探索完善司法证据制度试点工作，推动破解知识产权侵权损害赔偿难。省法院印发了《关于开展“探索完善司法证据制度破解知识产权侵权损害赔偿难”试点工作的实施方案》，在广州、深圳等地区的6家中院、8家基层院进行试点。省法院不断完善知识产权案件管辖布局，推进知识产权审判“三合一”试点工作。广州、深圳、佛山、中山、珠海5个中级法院和21个基层法院试点，全年共受理知识产权刑事案件855件，审结845件；受理知识产权行政案件31件，审结34件，知识产权司法保护整体水平和效能不断提高。经最高法院批准，珠海香洲区等3个基层法院新获知识产权民事纠纷管辖权；佛山中院成为全国首家审理垄断民事纠纷案件的特别授权法院；广州市越秀区等21个有管辖权的基层法院，一审知识产权民事案件管辖标准提升至500万元，案件管辖重心进一步下移，诉讼管辖和司法资源配置更趋合理。

【会展及行业协会知识产权保护工作】　2013年，全省各级知识产权行政执法部门不断强化展会知识产权保护工作，先后在中国进出口商品交易会（广交会）、中国加工贸易产品博览会、中国国际中小企业博览会、中国国际高新技术成果交易会、中国国际影视动漫版权保护和贸易博览会等大型展会上开展查处侵犯知识产权行为和法律咨询工作。第113届和114届广交会受理涉嫌侵犯知识产权投诉1042宗，同比上升1.2%，被投诉企业1275家，同比下降9.1%，认定涉嫌侵权企业674家，同比下降8.2%。省版权局在第五届“中国国际影视动漫版权保护和贸易博览会”上设置版权服务工作站，负责会展期间的版权执法、纠纷调解和法律法规宣传，并对本届参展作品提供作品著作权免费登记服务。广州市、区两级知识产权局调处展会专利纠纷559件；深圳市知识产权局在全国电子信息产业博览会和中国（深圳）国际文化产业博览会期间开展执法巡查、受理举报投诉、提供咨询服务等工作。

行业协会继续大力发挥知识产权保护协调作用。经国家工商总局和省政府批准，广东省商标协会承接“广东省著名商标”认定职能和“省内商标代理机构登记备案工作”，并制定出台了《广东省商标代理组织报送备案办法（试行）》，目前备案的省内商标代理机构累计已达3000家。省知识产权研究会联合国际知识产权商业化促进会、韩国知识产权保护协会共同主办“国际知识产权商业化研讨会”，拓宽省内知识产权对外交流合作渠道。深圳市专利协会在深圳市知识产权专业技术人才评价试点工作中承担评委会部分工作，充分发挥行业协会在社会管理中的积极作用。

【知识产权保护协作工作】　2013年，全省各级知识产权行政和司法部门密切配合、通力协作，大力完善知识产权保护工作机制，增强知识产权保护协作合力。全省各部门采取有力措施，着力推动“两法衔接”工作，取得明显成效。8月，省委、省政府印发《关于加强我省行政执法与刑事司法衔接工作的意见》；10月，广东省行政执法与刑事司法衔接工作信息共享平台顺利开通试运行，明确要求全省各有关单位将打击侵权假冒类行政处罚案件全部录入信息共享平台；12月，信息共享平台正式开通运行。2013年，全省检察机关通过“两法衔接”工作机制，受理、发现监督线索272件。经审查，建议行政执法机关移送203件，已移送169件，公安机关立案141件，监督成效初显。

省法院系统联合省和各地知识产权局建立行政执法机关参与专利纠纷案件调解的工作机制，指导汕头市中级人民法院与市知识产权局签署《关于建立知识产权民事纠纷诉调对接机制的意见》；全省检察机关对市场监管环节中的漏洞和缺失，提出完善制度建设的检察建议；公安机关与行政执法机关在线索移送、联合行动、联合督导等方面深化协作，开展联合打击行动1551次；省内海关加强进出口侵权涉罪案件线索的通报和移送工作，并与相关行政和司法部门建立长效合作机制；省知识产权局与国家知识产权局专利复审委员会深化合作，全面推进省际、区域间、部门间专利执法协作，与广西、海南知识产权局签署《华南地区专利行政执法协作调度中心工作方案》确认书，组织中山、佛山、江门市和顺德区知识产权局签订《四市（区）灯饰产业专利行政执法协作协议》，全年共开展省内执法协作51次，省际执法协作5次；广东省6个知识产权维权援助中心积极开展维权援助工作，中国中山（灯饰）知识产权快速维权中心高效运作；省知识产权局向国家知识产权局推荐建立中国东莞（家具）知识产权快速维权中心，全面提升东莞家具产业知识产权综合保护水平。

（供稿人：王一）

行政保护

专利行政执法

【概况】 2013年，广东省各级知识产权局共受理各类专利案件2292件，结案1838件。其中：受理专利纠纷案件1857件（含调解展会专利纠纷），结案1403件；查处假冒专利案件立案435件，结案435件。全省知识产权局受理专利纠纷案件总数居全国第一位，受理各类专利案件总数位居全国第三位。广东省参加2013年度全国专利执法维权工作绩效考核，位居全国第二位。

【专项行动】 广东省知识产权局根据国家知识产权局和广东省“双打”办的要求，继续大力开展执法专项行动，突出重点，集中办案，集中整治。2013年9月，组织查处假冒专利药品案件专项行动和查处“黑代理”专项行动，共查处涉及民生的假冒专利药品案件39件，查处“黑代理”案件8件。

【展会保护】 2013年，广东省知识产权局系统共进驻中国进出口商品交易会、中国加工贸易产品博览会等30余个重大展会开展知识产权保护工作。全省知识产权局共指导展会主办方通过自律方式调解展会专利纠纷1000余件，在第113届、114届广交会上，组织50多人的省市专利联合执法队伍驻会开展知识产权保护工作，展会案件数量排在全国首位。

【执法协作】 为落实国家知识产权局《专利行政执法能力提升工程方案》中关于“建立区域专利行政执法协作调度中心”任务，2013年12月，广东省知识产权局与广西壮族自治区知识产权局、海南省知识产权局签订《华南地区专利行政执法协作调度中心工作方案》确认书，华南地区专利行政执法协作调度中心正式开始运行。为落实广东和广西两省区政府间签订的《“十二五”粤桂战略合作框架协议》中的关于“建立健全知识产权执法协作机制”任务，2013年12月，广东省知识产权局与广西壮族自治知识产权局签订《粤桂专利执法协作协议》。

【省市知识产权联合执法及宣传活动】 2013年4月12日，“省市联合执法集中销毁活动现场会暨东莞市‘4·26’知识产权宣传周启动仪式” 在东莞市科学技术博物馆举行。此次活动由广东省知识产权局和东莞市人民政府联合主办，由东莞市知识产权局、市工商行政管理局和市文化广电新闻出版局承办。广东省知识产权局副局长唐毅、东莞市人民政府副市长张科等领导出席活动。活动现场，省市有关领导、各有关单位和企业代表共同参与以“保护知识产权　从我做起”为主题的签名活动。现场销毁假冒专利、商标产品，盗版光碟和非法出版物等一批违法物品。同时发放知识产权法律法规、“12330”宣传册等宣传资料1000多份。广东省知识产权局以及东莞市有关知识产权执法部门开展省市联合执法专项行动。

（供稿人：毕赓）

商标行政执法

【概况】 2013年，全省工商行政管理系统共查处各类商标违法侵权案件6392件，同比下降42.39%；案值9273.75万元，同比下降74.67%；

罚款7947.31万元，同比下降22.36%；移送司法机关涉嫌商标犯罪案件77件、商标犯罪涉嫌人49人。其中查处侵犯港澳台和外国商标注册人权益案3067件，案值4444.09万元，罚款4311.43万元，移送司法机关涉嫌商标犯罪案件39件、商标犯罪涉嫌人29人。

【专项执法行动】 2013年，全省各级工商行政管理部门集中力量开展打击侵犯知识产权和制售假冒伪劣商品专项行动（简称“双打”专项行动），查处各类商标违法侵权行为，探索建立商标监管长效机制，推进市场监管体系建设。共捣毁制假售假窝点418个，立案查处商标侵权、傍名牌及制售假冒伪劣商品行为案件7184宗，案值1亿元；结案7130宗，罚款7049万元，吊销15户经营者营业执照；向公安机关移送涉嫌犯罪案件118宗、嫌疑人45人。

【执法协作】 2013年，全省商标长效监管机制建设稳步推进，商标保护快速反应和重大案件应急处理执法机制逐步建立，“广东省工商行政管理系统企业信用信息网”正式开通，区域商标执法协作机制不断完善。在粤港保护知识产权合作机制框架下，广东省工商局与香港海关及时通报涉及两地企业的侵权线索。广东省工商局分别参加了第九届泛珠三角区域知识产权合作联席会议、第九届泛珠三角工商行政管理部门高层联席会议，探索商标区域监管合作。2013年5月25日，广东省工商局与内蒙古自治区工商局签订了《内蒙古自治区、广东省工商局商标品牌战略合作协议》，加强了两省区商标品牌战略合作及商标执法合作。

（供稿人：陈小冰）

版权行政执法

【正版软件工作】 2013年4月11日至12日，广东省版权局在从化市举办广东省部分县级（区、县级市）政府机关软件正版化培训工作会议。5月22日，召开广东省推进使用正版软件工作联席会议成员单位联络员会议。7月10日，举办广东省政府采购监管部门和服务机构负责人正版软件采购业务培训班。9月10日召开广东省推进使用正版软件工作联席会议成员单位联络员会议。

根据广东省府办公厅《关于对县级政府机关软件正版化工作完成情况进行重点抽查的通知》（粤府办明电〔2013〕131号）的要求，2013年7月中下旬，广东省推进使用正版软件工作联席会议派出分别由广东省工商局、省版权局、省经信委、省公安厅、省新闻出版局（版权局）等成员单位组成的5个督查组（共22人），对全省县级政府机关推进使用正版软件工作进行了重点抽查。全省共抽查66个县级（市、区），198个政府机关单位，共1584台计算机。从检查情况看，除粤西、粤东个别县区已完成正版软件采购，但安装尚未全部完成外（约占检查数量的3%），其他县级政府机关已于6月底前完成了软件正版化的任务，全省县级政府机关8月底前已全部实现软件正版化的目标要求。

【打击侵犯版权和制售假冒伪劣商品工作】

版权行政执法。广东省版权局各部门通力协作，联合开展版权执法统一行动，尤其是加大对重点区域、重点部位的检查力度。执法行动共清理规范22个灯光夜市，查处取缔违法音像制品经营摊点140个。“3·15”和“5·1”期间，广州和深圳市开展专项整改，共检查音像、书报刊经营场所98家次，收缴侵权盗版和非法音像制品共12050张，吊销了3家音像店的经营许可证。1—6月，全省查处侵权盗版出版物案件136起，查获盗版音像制品1184145件、盗版图书116219件、盗版电子出版物10219件、盗版教材教辅材料993件。转办并查处网络侵权举报投诉信函、邮件等56件，所有线索都得到认真核实和查处。先后向9个申请要求公开“双打”案件投诉办理情况的单位，公开了行政执法的过程或结果等，得到申请单位来函来电给予的好评。通过集中整治，使全省出版物市场面貌明显好转，制售非法、假冒出版物活动明显减少。

打击网络及软件侵权盗版。协调省、市有关通信管理部门加强对互联网站动态管理，强化网站基础管理工作，协调公安及通信管理部门对省内重点网络广告代理商进行整治，督促落实网站加盟准入和实名登记、站点日常检查、相关广告内容审核制度等一系列管理措施和制度，坚决杜绝虚假及有害信息的传播。全省共协调通信管理部门关闭违规违法大小网站近千家。同时，广东省版权局还将推进软件正版化工作作为“双打”的一项重要内容，上半年重点抓了全省县级政府机关的软件正版化和国有企业和大型民企的软件正版化工作。

（供稿人：沈欣）

中美海关知识产权联合执法行动

【概况】 2013年3月15日至4月14日，根据海关总署要求，广东分署会同广州、深圳、拱北、黄埔海关，开展为期1个月的中美海关知识产权联合执法行动。其间省内各有关海关对自中国内地和内地经由香港、澳门以空运、快件和邮递等方式输往美国的灯具、电池、手机及零配件、耳机等消费电子产品进行重点布控查验。专项行动共查获涉美涉嫌侵权货物257575件、涉港侵权货物380507件，成效显著，社会反响较好。

广东分署成立专项行动领导小组，加强对专项行动组织推动、协调、评估，协调港澳海关共同开展联合执法行动。省内广州、深圳、拱北、黄埔海关均做出细致方案，明确要求和查缉重点。对以空运、快件、邮递方式输往美国目的地为“五口岸”、列名“重点商品”的货物予以100%开箱查验；对经由香港、澳门以空运和快件方式输往美国的商品，加大监管力度，防范侵权产品迂回出境，确保打击准确有力。

【交流合作】 专项行动期间，广东分署协调深圳海关与香港海关开展“粤港海关联合执法行动”，重点打击通过深圳地区邮递快件渠道经香港的输美侵权货物；同时，广东分署协调拱北海关与澳门海关开展了“粤澳海关联合执法行动”，在粤澳旅检、快件渠道查处侵权消费类电子产品，取得良好成效。

【宣传教育】 专项活动期间，省内海关通过新闻报道、公开销毁侵权货物、举行座谈会、发放宣传品等形式，向社会各界广泛宣传海关知识产权执法工作，普及守法意识，推动社会各界对海关打击侵权假冒工作的认知，提高了守法的自觉性。

（供稿单位：海关总署广东分署法规处）

司法保护

检察机关知识产权保护

【概况】 2013年，强化司法保护知识产权的主导作用，严厉打击侵犯知识产权犯罪活动，加大“两法衔接”工作力度，提升对知识产权的司法保护水平。

【打击侵犯知识产权犯罪】 全省检察机关全力以赴，积极投入“平安广东”建设中，省检察院成立以检察长郑红为组长的平安创建工作领导小组，充分发挥检察职能，依法严厉打击侵犯知识产权的各类犯罪。2013年，全省检察机关共批捕侵犯知识产权犯罪案件1119件1861人，批捕生产、销售伪劣商品犯罪案件649件973人；起诉侵犯知识产权犯罪案件1078件1780人，起诉生产、销售伪劣商品犯罪案件667件905人。

对罪行严重、情节恶劣、社会影响坏、危害民生的犯罪分子依法严惩，绝不姑息。例如，批捕生产、销售假药犯罪案件426件496人，起诉461件509人。加大提前介入引导侦查工作力度。运用对重大疑难复杂案件通报和提前介入工作机制，通过听取侵犯知识产权案件通报，参与案件讨论、现场勘查等方式，及时提出侦查取证的意见和建议，引导侦查机关全面、及时、准确收集和固定证据，提高办理知识产权案件的效率并确保办案质量。建立“绿色通道”快速办案机制。在依法办案、确保办案质量的前提下，建立办理涉及知识产权案件“绿色通道”的快速反应机制，完善保护知识产权两法衔接制度，与工商、质监、文化等行政执法部门建立案件移送的“无缝衔接”，确保涉知识产权犯罪案件快捕快诉。切实开展法律监督。充分发挥法律监督职能，在知识产权领域切实开展刑事立案监督和侦查活动监督，确保公正、规范执法。充分发挥追捕追诉职能。在审查逮捕、起诉中严格把关，对符合条件的同案犯罪嫌疑人、被告人予以追捕追诉，避免放纵犯罪，避免以罚代刑、有案不立、有罪不究。

【保护知识产权长效机制】 省委、省政府将“两法衔接”信息平台建设纳入“两建”的主要工作来抓，省检察院党组高度重视，多次专题研究全省“两法衔接”工作。全省检察机关紧紧依托“两法衔接”工作机制，着力推进知识产权保护长效机制建设。通过统一信息共享平台应用软件、统一信息共享平台建设的技术标准、统一归口管理，推动全省性的机制建设。由省委政法委牵头，省检察院负责起草的广东省贯彻中办发8号文出台的《关于加强我省行政执法和刑事司法衔接工作的意见》于2013年8月17日由省委办公厅和省府办公厅转发全省执行，为加强广东省“两法衔接”提供制度保障，其中明确规定全省所有“双打”行政处罚案件必须录入信息共享平台。省检察院与省委政法委联合向全省各级下发广东省“两法衔接”信息共享平台工作办法和工作文书，起草并以广东省“两法衔接”办公室名义在省直印发联席会议制度、广东省“两法衔接”信息共享平台工作办法和工作文书。2013年8月19日召开全省“两法衔接”工作电视电话会议，由省委副书记亲自部署“两法衔接”工作，推动召开了广东省“两法衔接”工作第二次联席会议，进一步落实省委、省政府关于“两法衔接”工作的各项部署要求。推动各责任单位制定出台移送标准、提前介入、考核办法等配套制度文件。

【创新管理工作】 2013年，全省检察机关结合广东省知识产权案件特点和办理规律，探索保护知识产权的新途径、新机制。

积极研究对策建议，帮助完善制度。在办案中注意发现问题，查找市场监管环节中的漏洞和缺失，以检察建议的方式履行法律监督职能，堵塞漏洞，完善制度。同时，对工作中发现的问题进行调研分析，撰写相关文章，供有关方面加强和改进工作参考。如深圳市检察院知识产权刑事法律保护研究中心对华为、中兴、腾讯等45家市政府“直通车”企业进行了问卷调查，撰写了《知识产权法律保护调查问卷分析报告》，并以《超九成深企诉苦“维权成本高”》为题目向媒体发布新闻稿，引起新闻媒体的广泛关注，中国新闻网、正义网、法制网、深圳新闻网、《中国知识产权报》等15家媒体进行报道。深圳市市长许勤对媒体的报道批示要求有关部门“要予关注”，促进有关部门研究解决企业知识产权维权问题。广州市萝岗区检察院继2012年在互联网开设“法律服务企业”专栏后，2013年开通“萝岗检察官方微博”，以检察官日记的形式，为企业提供防止侵犯商业秘密等服务项目，积极打造维护非公有制企业合法权益的“维权直通车”。

加大宣传力度，营造良好氛围。全省检察机关有机结合“两建”活动和保护知识产权工作，通过丰富多样的手段开展法制宣传教育工作。充分利用广播、电视、报刊、微博等媒体以及“消费者权益保护日”、“知识产权宣传周”、“举报宣传周”等活动的舆论宣传和监督作用，及时报道侵权假冒的经典案例，营造知识产权保护文化氛围。省检察院开展危害民生刑事犯罪专项立案监督活动领导小组办公室及时召开新闻发布会，主动走访省质量技术监督局等单位，及时宣传通报检察机关开展专项监督活动的情况，就加强打假等工作协作进行深入沟通。汕头市澄海区检察院通过在澄海玩具博览会设“澄海检察法律服务站”的方式，为中国内地最具国际性、商业性、专业性、权威性的玩具礼品展会提供知识产权司法保护咨询服务，强化企业保护知识产权意识，服务企业发展，受到参展企业和客商的欢迎。

（供稿人：陈明杰）

执法协作

专利行政执法协作

【概况】 2013年，广东省各级知识产权局大力加强专利行政执法协作工作，积极强化省际、区域间、部门间的执法协作，严格履行现有协作机制的义务，通过执法协作不断提高执法的水平和效率，共开展省内执法协作51次，省际执法协作5次。

【华南地区专利行政执法协作调度中心】 为落实国家知识产权局《专利行政执法能力提升工程方案》中关于“建立区域专利行政执法协作调度中心”任务，2013年12月，广东省知识产权局与广西壮族自治区知识产权局、海南省知识产权局签订《华南地区专利行政执法协作调度中心工作方案》确认书，华南地区专利行政执法协作调度中心正式开始运行。

【粤桂专利执法协作协议】 为落实广东和广西两省区政府间签订的《“十二五”粤桂战略合作框架协议》中的关于“建立健全知识产权执法协作机制”任务，2013年12月，广东省知识产权局与广西壮族自治知识产权局签订《粤桂专利执法协作协议》。

【四市（区）灯饰产业专利行政执法协作协议】 为加强区域执法协作，联合打击专利侵权跨区域转移违法行为，2013年11月，中山市、佛山市、江门市和顺德区知识产权部门在中山古镇签订《四市（区）灯饰产业专利行政执法协作协议》。11月12日，广东省知识产权局组织江门、中山市知识产权局执法人员在江门开展查处专利侵权案件的联合行动。

【执法交流】 为共享执法培训资源，广东省知识产权局与广西壮族自治区知识产权局、湖南省知识产权局在各自主办的执法培训班互派学员和互相推荐师资；广东省知识产权局派师资参与湖北、海南、黑龙江等省知识产权局承办的全国专利行政执法培训班的授课工作；广西知识产权维权援助中心派出2名人员到广东省知识产权维权援助中心进行交流锻炼；广东省知识产权局与广西壮族自治区知识产权局互派执法人员交流展会知识产权保护工作。

（供稿人：毕赓）

行政执法与刑事司法相衔接

【概况】 广东省委、省政府高度重视“两法衔接”工作，省委办公厅、省政府办公厅印发《关于加强我省行政执法与刑事司法衔接工作的意见》，时任省委副书记朱明国亲自部署并协调推进。2013年，广东省成立“两法衔接”联席会议制度，确定统一的应用软件和技术标准，并纳人“两建”工作重要内容。8月，省委召开“全省加强行政执法与刑事司法衔接工作”电视电话会议；10月，广东省行政执法与刑事司法衔接工作信息共享平台开通试运行；12月，平台正式启动运行，全省三级信息共享平台按照要求全面开通运行。

（供稿：王强）

维权援助与涉外应对

知识产权维权援助

【概况】 2013年，广东省各知识产权维权援助中心共办理维权援助申请84件，办理举报投诉案件585件。其中：广东省知识产权维权援助中心办理维权援助申请10件，办理举报投诉案件26件；深圳市知识产权维权援助中心办理维权援助申请10件，办理举报投诉案件23件；汕头市知识产权维权援助中心办理维权援助申请18件，办理举报投诉案件72件；佛山知识产权维权援助中心办理维权援助申请5件，办理举报投诉案件3件；东莞知识产权维权援助中心办理维权援助申请25件，办理举报投诉案件13件；中国中山（灯饰）知识产权快速维权中心办理维权援助申请16件，办理举报投诉案件364件。

【中国东莞（家具）知识产权快速维权援助中心】 2013年12月1日，《国家知识产权局关于同意设立中国杭州（制笔）、中国东莞（家具）知识产权快速维权援助中心的批复》（国知发管函字〔2013〕189号）印发，同意设立“中国东莞（家具）知识产权快速维权援助中心”。 （供稿人：毕赓）

委局合作

委局合作共建

【概况】 2013年，广东省知识产权局继续加强同国家知识产权局专利复审委员会的交流合作，共同推动提高地方专利行政执法工作。国家知识产权局专利复审委员会共8批58人次来粤，对45件专利无效或复审案件进行巡回审理，为广东省专利复审案件的当事人提供高效、便民服务。广东省知识产权局认真做好巡回审理的协助工作，协助组织专利审查员到企业进行交流指导，组织企业、专利代理人及社会公众参加审理旁听，起到宣传教育效果。在第113届、114届广交会，国家知识产权局专利复审委员会共派出12名专家分批参加广东省知识产权局组织的驻会专利保护工作，为专利侵权判定工作提供技术指导，提高执法人员的案件处理能力和水平。2013年3月26—27日，国家知识产权局专利复审委员会在广州举办专利侵权判定实务研修班，广东省各级专利行政执法人员近130人参加培训。（供稿人：毕赓）

实　例

广东省文化厅知识产权保护主要案例

【案例一：广州市某电器实业有限公司侵犯计算机软件著作权案】 2013年8月14日，广州市文化市场综合行政执法总队到广州市某电器实业有限公司进行执法检查，在该公司的设计室办公区发现3台计算机复制安装了Pro/Engineer wildfire 3.0软件。经查，该公司上述电脑安装的软件未获得权利人许可，货值共为人民币186000元，其行为违反了《计算机软件保护条例》第八条第二款之规定。根据《计算机软件保护条例》第二十四条规定，办案单位已依法对涉案单位作出罚款人民币186000元的行政处罚，处罚已执行完毕。

【案例二：蔡某生产制造非法音像制品案】 2013年6月25日，广州市海珠区文化广电新闻出版局根据线索，联合区公安分局和街道办事处捣毁一个位于广州市海珠区某路的盗版光盘生产制造窝点，现场查缴刻录机15台（刻录光驱87个），打印机3台，电脑整机一台，1130张非法音像出版物，同时发现空白光碟60000张。广州市公安局海珠分局于2013年7月30日正式将涉案嫌疑人蔡某逮捕。2013年10月14日，广州市海珠区人民法院判处当事人蔡某拘役4个月。

【案例三：郑某未经批准擅自从事出版物发行业务案】 2013年2月18日，深圳市龙岗区文体旅游行政执法大队根据举报线索，对龙岗区龙城街道某商铺进行检查，发现该处为一图书仓库。该仓库负责人郑某无法出示相关证件，经执法人员清点，内有图书215373册。执法人员依法扣押了该批涉嫌违法出版物进行调查。经鉴定，其中有133355册出版物为非法出版物。该大队依法责令停止出版物发行业务，给予当事人罚款人民币50000元，并没收出版物82018册，已结案。其余133355册非法出版物已移交公安部门处理。

【案例四：汕头市某印刷材料有限公司无证印刷非法出版物案】 2013年1月29日，汕头市某市场综合执法大队根据举报线索，会同汕头市打假办、汕头市公安局对位于汕头市濠江区达濠街道某厂房处的汕头市某印刷材料有限公司进行检查。经查，该公司生产车间设有北人单色印刷机3台、北人4色印刷机2台。执法人员检查时，该厂正在印刷生产杂志《协和》、《现代女人》两种出版物印刷品，共计52904本，其中杂志《协和》有44088本、《现代女人》有8816本。现场负责人无法向执法人员出示该印刷厂的工商营业执照、印刷经营许可证等证照，且无法提供上述2种出版物的委印证明文件。执法人员对杂志《协和》、《现代女人》进行了辨别，初步认定两种杂志涉嫌为非法出版物（2月1日，杂志《协和》和《现代女人》经汕头市出版物鉴定委员会鉴定为非法出版物）。鉴于该公司涉嫌无证从事印刷经营活动，且涉嫌印刷非法出版物，数量较大，公司负责人现场被市公安局执法人员控制。根据《最高人民检察院、公安部关于公安机关管辖的刑事案件立案追诉标准的规定（二）》第七十九条第六项第三目“单位非法经营报纸五万份或者期刊五万本或者图书一万五千册或者音像制品、电子出版物五千张（盒）以上的”应予以立案追诉。该公司印刷生产的杂志

《协和》和《现代女人》共计52904本，数量已达追诉标准。因此，经市打假专项办现场协调，该案现场移交给汕头市公安局濠江分局查处。

【案例五：东莞市万江“8·13”非法经营音像制品案】 2013年8月13日，万江文化执法分队在东莞市文化市场综合执法大队的指导下，联合万江派出所及石美社区文化支援队，对万江石美社区某出租屋进行突击检查，一举查获了该非法音像制品批发窝点，收缴非法音像制品19406套，其中涉嫌淫秽音像制品3498套。执法人员于现场取证后，对该批发涉嫌音像制品依法登记保存。由于非法音像制品数量较大，万江文化执法分队已将该案件移交万江公安部门进行侦查。

【案例六：中山古镇曹二“1·15”非法音像制品批销窝点案】 2013年1月15日，根据群众举报，中山市文化市场综合执法支队、古镇综合执法局、古镇公安分局曹步派出所、古镇宣传文体服务中心对古镇某出租屋开展查处行动，查处非法音像制品批销窝点1个，现场控制涉案人员6名（其中1名经营者），查获非法光盘约3.5万张、色情淫秽光盘约6800张，非法光盘及涉案人员由公安部门作进一步处理。9月6日，当事人赖某被中山市第二人民法院判处有期徒刑十一年，处罚金5万元。

（供稿人：林旭东）

2013年广东省版权局知识产权保护执法典型案件

【案例一：某科技（广州）有限公司未经授权使用Pro/Engineer 软件案件】 广州市文化市场综合行政执法总队查处某科技（广州）有限公司未经授权使用Pro/Engineer 软件案件。执法人员在该公司工程部办公室的2台电脑内发现安装了涉嫌盗版的Pro/Engineer Wildfire 5.0软件，软件序列号为“88888888”。执法人员对上述电脑的使用者进行现场询问，使用者都承认上述软件是使用者从网络上下载安装的盗版软件。其行为违反了《计算机软件保护条例》第八条的规定，广州市文化市场综合行政执法总队责令其停止侵权行为，删除非法安装复制的Pro/Engineer Wildfire 5.0软件，并根据《计算机软件保护条例》第二十四条，给予该公司罚款人民币124000元的行政处罚，处罚力度较大。

【案例二：深圳市某电子科技有限公司非法复制“凯立德”汽车导航软件案件】 2013年6月，深圳市场监督管理局罗湖分局成功查获深圳市某电子科技有限公司非法复制 “凯立德”汽车导航软件一案。以此为线索，公安部经侦局组织指挥广东、上海、成都、河南等地公安机关，联合开展该公司侵犯著作权案集群战役收网行动。上海、四川、河南、湖北、广东五个省市共捣毁侵犯著作权窝点8处，打掉犯罪团伙4个，抓获犯罪嫌疑人15名，查获侵犯凯立德著作权商品2300余件，全国涉案金额达8000余万元，刑拘6人。汽车导航领域最大软件盗版案成功告破。

【案例三：“动听MP3”等网站通过信息网络擅自向公众提供著作权人的音乐作品案件】 汕头市版权局根据省版权局关于查处“动听MP3”等网站的通知要求，对“动听MP3”网站进行了远程勘验并对网站服务器所在地汕头市某大楼互联网数据中心机房进行检查。经查，网站服务器租赁者为广州市某公司，该公司法定代表人蔡某在接受调查询问时，承认上传至“动听MP3”网站的音乐作品未取得著作权人许可这一事实，但辩解网站是自己个人开办，自己早已离开广州市某公司。为确保查处的违法主体准确无误，办案人员远赴广州，在广州市文化市场综合行政执法总队的协助下前往广州市某公司进行调查取证，掌握了该公司实际经营状况，并取得了蔡某还在该公司工作的确凿证据；同时，办案人员到汕头市某公司（涉案服务器托管方）进行调查取证，获取了涉案服务器租赁费用由广州市某公司支付的财务凭证等关键证据。在充分证据面前，蔡某最终承认了“动听MP3”网站是由广州市某公司运营，并对通过信息网络擅自向公众提供著作权人的音乐作品的违法事实供认不讳。根据《信息网络传播权保护条例》第二条、第十八条第一项的规定，汕头市版权局依法对其作出没收涉案服务器并处以罚款人民币25000元的行政处罚。当事人对处罚决定无异议并按期执行。该案是广东省查处的第一起手机音乐作品侵权案。

（供稿人：张同英　沈欣）

2013年广东省质量技术监督局知识产权保护案例

【案例一：广州市白云区某工业区一窝点生产假冒“POND’S”、“Clean & Clear”等品牌化妆品案】 2013年3月18日，根据举报，广州市质监局稽查分局执法人员前往广州市白云区某工业区进行执法检查。现场检查发现该场所涉嫌生产加工假冒化妆品。执法人员在该场所及其位于白云区东平文盛庄某工业区内的两处仓库查获假冒的“POND'S”、“Clean & Clear”等品牌化妆品共计91万多支，涉案货值约2000万元。执法人员现场依法将上述涉案化妆品及灌装机8台、化妆品包装盒3700个进行了扣押。

因该案货值巨大，情节严重，行政相对人涉嫌生产加工假冒他人注册商标的化妆品的行为，已涉嫌构成假冒注册商标罪，按照《行政执法机关移送涉嫌犯罪案件的规定》的规定，广州市质监局稽查分局依法于3月18日将案件及涉案物品移送广州市公安局食品药品犯罪侦查支队处理，追究当事人刑事责任。该案件于2013年11月18日由广州市白云区人民法院判决，判决该生产场所负责人张某犯假冒注册商标罪，判处有期徒刑四年六个月，并处罚金40万元；其他4名被告分别被判处九个月至一年不等有期徒刑并处罚金；缴获假冒注册商标的商品、灌装机等作案工具予以没收、销毁。

【案例二：佛山市南海区大沥镇某村一窝点生产假冒“雷士照明”“飞利浦”等品牌光管支架案】 2013年4月18日，根据举报，佛山市南海区质量技术监督局行政执法人员依法对位于佛山市南海区大沥镇某村的加工场进行执法检查，发现该加工场系一家地下生产光管支架窝点。现场查获该加工场生产的涉嫌假冒标注“NVC”（雷士照明）的光管支架成品733支、半成品1750支、荧光管2312支、标识302000个、光管座15000个、光管镇流器200个、数码移动机1台、模具6块；标注“PHILIPS”（飞利浦）的光管支架成品222支、半成品2027支、荧光管130支、标识128000个、模具3块。经初步估算，现场查获涉嫌假冒产品货值约15万元。该加工场负责人现场无法提供合法的委托生产证明资料，执法人员依法对上述涉案物品予以扣押。

因该案货值较大，情节严重，当事人的行为涉嫌构成假冒注册商标罪，按照《行政执法机关移送涉嫌犯罪案件的规定》的规定，南海区质监局按程序将本案移送佛山市公安局南海分局作进一步处理。佛山市公安局南海分局对该案进行立案侦查后移送南海区检察院起诉。2013年7月26日，南海区检察院依法向南海区人民法院提起公诉。2013年8月7日，佛山市南海区人民法院作出一审判决，认定被告人（该生产窝点主管）文某犯假冒注册商标罪，判处有期徒刑一年六个月，缓刑两年，并处罚金人民币5000元。

（供稿人：李铮）

2013年广东海关知识产权保护典型案例

【案例一：广州海关查获出口侵犯自主品牌“力帆”商标权摩托车配件案】 2013年1月4日，重庆某公司向广州海关下属南沙海关申报出口至马来西亚的摩托车配件一批，无申报品牌。海关查验发现这些摩托车配件标有“力帆”、“SANLG”等国内自主品牌，共有离合器、火花塞、齿轮、鞍座等摩托车配件137463件，价值110.4万元。海关关员经过风险分析，认为存在以下疑点：一是经营单位为异地生产型企业，远距离跨关区申报有违常规；二是目的国位处东南亚，摩托车消费市场较大，属侵权摩托配件产品高风险指运地；三是摩托车产品均以散件方式申报，且数量较大，属于关系到驾驶人乃至公众生命安全的敏感类别商品。据此，广州海关职能部门下达布控指令，对相关企业出口货物的知识产权情况进行重点查验。关员在查验该票货物过程中，发现相关摩托车配件标有“力帆”、“SANLG”等国内自主品牌，经商标权利人鉴定，确认属于假冒产品。海关经调查，认定涉案摩托车散件为侵权货物，遂对当事企业做出行政处罚决定，并按照规定已将案件线索通报广州市公安机关，进一步加大对侵权案件的打击力度。

【案例二：拱北海关查获中山某公司申报进口镁合金压铸机侵犯“HISHINUMA”商标专用权案】 2013年8月26日，中山某公司向中山海关驻小榄办事处申报进口HISHINUMA牌镁合金压铸机1套，申报价格66200000日元（约折合人民币411.99万元）。经查验发现，该套设备在机器主体、铭牌、包装外观等多个部位均印有“HISHINUMA”标识，经查询“知识产权海关保护备案系统”，发现该商标已在海关申请备案，进口设备牌子与系统备案商品的商标文字、图形完全一致，且核定使用商品范围中的第6项热室压铸机与企业进口设备品名相近，初步认定该票货物的侵权风险较大。经海关联系权利人微型压铸设备有限公司，该权利人于2013年9月3日向拱北海关提出扣留上述货物的书面申请，并提供担保要求对上述货物采取知识产权保护措施。9月5日，中山海关依法对该批进口货物实施扣留并立案调查。2013年9月9日，中山海关根据相关规定，向中山市公安局移送《中山海关知识产权案件线索通报单》（中关知通字〔2013〕5号）通报本案线索，同时将线索抄送中山市人民检察院。2013年9月29日，中山市公安局经济犯罪侦查支队书面回复中山海关，以“线索中侵权货物查获渠道是进口货运渠道，根据中国刑法规定，购买假冒注册商标的商品行为不符合假冒注册商标罪的构成要件，故不是犯罪，不应当追究刑事责任，建议由行政机关依法作行政处理”为处理意见，将案件退回海关处理。

在该案调查过程中，权利人微型压铸设备有限公司于2013年10月17日向海关提交了其与当事人中山某公司签订的《和解协议书》，并书面向海关提出撤回知识产权保护申请。根据《知识产权海关保护条例》第二十四条第（五）项的规定，中山海关对上述在扣的带有“HISHINUMA”标识的1套镁合金压铸机予以解除扣留。

此案是中山海关历年来查获的案值最大的一宗进出口侵权案件，也是拱北海关近年来查获的案值最大的一宗进出口侵权案件，具有较强的代表性和典型意义。

【案例三：黄埔海关联合广州市公安局查获特大跨国犯罪集团制售假冒品牌香水案】 2013年12月2日至24日，黄埔海关会同广州市公安局食品药品犯罪侦查支队（以下简称食药侦支队）联合查办王某等特大跨国犯罪集团制售假冒品牌香水案，在生产及出口环节查获涉嫌侵犯13个著名商标专用权的香水约20万余瓶，包装瓶/盒54万余个，经公安机关初步鉴定，该案案值逾3亿元人民币。

12月2日，黄埔海关根据相关举报线索，查获近3万瓶涉嫌假冒“HUGO BOSS”、“GUCCI”等知名品牌香水产品。但同批出口货物的另外两个集装箱仍迟迟未申报出口。经与权利人进行探讨与调查，得知该批侵权货物有可能涉及多批出口侵权产品，背后隐藏着一个跨境制售假冒香水产品集团。为避免走漏风声，使得侵权者转移生产线或销毁证据，黄埔海关迅速联系食药侦支队通报案件线索，并立即制定对制假源头和出口货物采取拉网式拦截的方案：一方面由公安干警进一步探清该批假冒香水的生产窝点及物流途径；另一方面黄埔海关对尚未申报的嫌疑集装箱保持监控。12月20日，在黄埔海关提供的相关线索材料基础上，经连日侦查，食药侦支队出击捣毁该特大制售假冒知名品牌香水的跨国犯罪团伙。在该生产窝点当场抓获涉案人员41名，查获侵权香水10万余瓶及54余万个香水包装盒/瓶。此外在该生产窝点中找到相关运抵外贸仓码头集装箱的出口资料，固定了假冒香水“生产至出口”的重要证据链条。此外，食药侦支队还根据现场的线索，进一步捣毁为该公司提供假冒知名品牌香水包装材料的地下工厂1家，抓获该厂老板王某，现场缴获假冒包装材料17万个。12月24日，黄埔海关与食药侦支队分别派员到外贸仓码头监管现场联合执法，对之前布控的货柜进行现场查验，共查获侵犯11个商标专用权的假冒香水6.9万瓶。经公安部门证据采集及比对，该货柜中香水正是由查处的同一目标生产。

黄埔海关与食药侦支队联合行动中，有发现部分香水经食药侦支队鉴定因证据不足，达不到追究刑事责任标准，但违反了《中华人民共和国知识产权海关保护条例》，依法由黄埔海关作行政案件处理，经调查，上述货物属侵犯尼娜瑞西香水有限公司的“NINA RICCI”商标专用权及宝佳瑞股份有限公司的“BVLGARI”（宝格丽）商标专用权的货物，黄埔海关依法对该案涉案企业作出没收侵权货物及处以罚款的行政处罚决定。

（供稿人：林已凡）

2013年广东法院知识产权保护十大案件

【案例一：华为技术有限公司与美国IDC公司互诉滥用市场支配地位及标准必要专利使用费系列纠纷案】 美国IDC公司参与了全球各类无线通信国际标准制定，在2G、3G、4G领域标准中拥有大量标准必要专利。华为公司为获得相关标准必要专利授权许可，自2008年起至2011年间，与美国IDC公司进行了持续谈判。在谈判期间，美国IDC公司突然以华为公司侵犯其标准必要专利权为由，于2011年7月26日分别向美国特拉华州和美国国际贸易委员会（ITC）提起诉讼和“337调查”，要求禁止华为公司在美制造、销售被控侵权产品，并要求颁发禁令禁止相关产品进口美国。华为公司因此向中国广东省深圳市中级人民法院提起相关诉讼，以美国IDC公司滥用其市场支配地位，对中国和美国的3G标准必要专利许可经营存在过高定价、搭售等行为，违反中国反垄断法和公平、合理、无歧视（FRAND）条件为由，要求法院判令停止相关侵权行为，按照公平、合理、无歧视（FRAND）的原则确定标准专利许可费率并要求赔偿损失2000万元人民币。

法院审理认为，美国IDC公司在相关必要专利许可谈判过程中滥用其市场支配地位，设定过高定价和不合理搭售，违反中国反垄断法和公平、合理、无歧视（FRAND）条件相关规定，损害华为公司合法利益。同时，根据民事行为的诚信原则，应合理确定许可使用费率。故最终判令美国IDC公司停止相关侵权行为，就中国标准必要专利及标准必要专利申请给予华为技术有限公司许可，许可费率以相关产品实际销售价格计算，不超过0.019%，并赔偿华为公司经济损失2000万元人民币。

点评：上述两案涉及中、美两国知名技术企业，影响范围广，法律问题疑难复杂。两案的成功审理，充分体现了当前中国法院在解决疑难、复杂案件上的高超审判能力，树立了标准必要专利纠纷的审判标准，在知识产权审判史上具有里程碑意义。

【案例二：QQ与360扣扣保镖不正当竞争纠纷案】 奇虎公司针对腾讯公司的QQ软件专门开发了“360扣扣保镖”。在安装了QQ软件的电脑上安装运行“360扣扣保镖”软件后，该软件就会自动对QQ进行体检，进而以QQ存在严重的健康问题来欺骗、恐吓用户删除QQ的功能插件，欺骗和误导用户停止使用QQ提供的各种功能和服务；同时，奇虎公司以QQ侵犯用户隐私为借口欺骗、误导用户修改QQ提供给用户的安全中心功能和安全扫描功能，诱导用户使用360产品。腾讯公司以奇虎公司的行为构成不正当竞争为由向法院提起诉讼，要求判令奇虎公司停止不正当竞争行为，在有关媒体上赔礼道歉、消除影响，并连带赔偿腾讯公司经济损失1.25亿元。

法院经审理认为，奇虎公司的行为构成不正当竞争，判决其停止侵权行为，在有关媒体上赔礼道歉、消除影响，并赔偿腾讯公司经济损失500万元。奇虎公司不服，向最高人民法院提起上诉，最高人民法院组成了由奚晓明副院长、孔祥俊庭长等五人的合议庭对本案进行审理，并于2014年2月24日作出二审终审判决，驳回奇虎公司的上诉。

点评：该案的判决划清了互联网安全软件的权利边界，准确定性安全软件“打分”行为与商业诋毁的关系，对规范互联网行业竞争秩序、促进互联网行业公平、健康发展起到积极的作用。法院判决赔偿数额500万元，创国内不正当竞争纠纷案件赔偿数额之最。该案引起了社会的广泛关注，充分体现出广东法院审理疑难复杂案件的司法能力。

【案例三：海天、威极商标权及不正当竞争纠纷案】 佛山市海天调味食品股份有限公司（以下简称海天公司）是“威極”注册商标的权利人，该商标注册于1994年2月28日，核定使用的商品为酱油等。佛山市高明威极调味食品有限公司（以下简称威极公司）成立于1998年2月24日。威极公司将“威极”二字作为其企业字号使用，并在广告牌、企业厂牌上突出使用“威极”二字。在威极公司违法使用工业盐水生产酱油产品被曝光后，海天公司认为威极公司的行为侵害其商标权并构成不正当竞争，向佛山市中级人民法院提起诉讼，请求法院判令威极公司停止侵权、赔礼道歉，并赔偿其经济损失及合理费用共计1000万元。

法院经审理认为，威极公司在其广告牌及企业厂牌上突出使用“威极”二字构成商标侵权，其将海天公司“威極”注册商标中的“威极”二字登记为其企业字号构成不正当竞争，且其行为导致海天公司商誉受损，遂判决威极公司立即停止在其广告牌、企业厂牌上突出使用“威极”二字，停止使用带有“威极”字号的企业名称，登报向海天公司赔礼道歉、消除影响，并赔偿海天公司经济损失及合理费用共计655万元。威极公司不服，提起上诉。威极公司在二审阶段主动申请撤回上诉。

点评：该案法院在认定被告构成不正当竞争之后，判决被告停止使用相关字号并责令其限期变更企业名称，彻底杜绝了再次侵权的危险。在损害赔偿方面，通过结合审计报表等相关证据确定损害赔偿数额，使损害赔偿数额更接近权利人的实际损失，使权利人所受损失得到最大限度的补偿，体现了加强知识产权司法保护的力度和决心。

【案例四：江西亿铂公司、中山沃德公司等犯侵商业秘密罪案】 广东省珠海市香洲区人民法院审理广东省珠海市香洲区人民检察院指控江西亿铂公司、中山沃德公司、余志宏、罗石和、李影红、肖文娟犯侵犯商业秘密罪一案，于2013年2月6日、2013年2月19日分别作出珠香法刑初字〔2012〕第1204号、珠香法刑初字〔2012〕第1204号之一刑事判决。宣判后，双方均不服，向广东省珠海市中级人民法院提出上诉。

法院经审理认为，原判决定罪准确，但认定部分事实和适用法律错误，量刑不当，结合二审期间各上诉人积极赔偿珠海赛纳公司经济损失的情节，予以改判："一、上诉人江西亿铂电子科技有限公司犯侵犯商业秘密罪，判处罚金人民币二千一百四十万元。二、上诉人中山沃德打印机设备有限公司犯侵犯商业秘密罪，判处罚金人民币一千四百二十万元。三、上诉人罗石和犯侵犯商业秘密罪，判处有期徒刑三年，并处罚金人民币二十万元。四、上诉人李影红犯侵犯商业秘密罪，判处有期徒刑二年，缓刑三年，并处罚金人民币十万元。……十、上诉人肖文娟犯侵犯商业秘密罪，判处有期徒刑二年，缓刑三年，并处罚金人民币十万元。"判决已发生法律效力。

点评：该案系全国最大一宗侵犯经营信息类商业秘密刑事犯罪案件，人民法院判处的罚金总额高达3700万元，创商业秘密犯罪案件罚金数额全国之最。这是广东法院系统实行知识产权审判"三合一"模式审理知识产权刑事案件的成功范例，突出了司法保护知识产权的整体性和有效性，充分体现了司法保护知识产权的主导作用。

【案例五：西门子企业名称（商号）权及不正当竞争纠纷案】 西门子公司及其字号、商标为公众所熟知，具有较高的知名度和美誉度。西门子公司认为东莞市西门子电梯有限公司在销售的电梯上、广告宣传和网页上大量使用"西门子"字号，有"搭便车"、"傍名牌"嫌疑，造成商品来源的混淆，故提起诉讼。东莞西门子电梯公司则认为其名称经过工商部门注册登记，公司有权使用其名称，且西门子公司不生产电梯，双方不存在竞争关系。本案于2013年6月17日公开开庭审理，原被告双方当庭达成调解。

点评：知识产权审判必须积极贯彻落实知识产权审判服务大局的理念和"加强保护、分门别类、宽严适度"的司法政策精神。本案涉及的不正当竞争问题具有代表性，人民法院坚持利益衡平原则，从彻底化解矛盾的角度出发，紧扣双方的利益节点进行调解，最终促使双方达成一揽子和解，凸显了人民法院顺应社会需求，促进社会和谐，依法加强知识产权司法保护的实践努力。

【案例六："莲香楼"商标及老字号品牌许可使用合同纠纷案】 广州饮食服务企业集团有限公司通过公开挂牌转让的方式将广州市莲香楼有限公司99%的股权公开转让，但莲香楼系列商标的所有权不包含在该次产权交易标的中，受让人须缴纳商标使用费。广州市西关世家园林酒家有限公司购得广州市莲香楼有限公司99%的股权。双方签订股权转让协议之后，对"莲香楼"商标许可使用费的问题出现分歧。饮食集团认为西关世家一直使用"莲香楼"商标及老字号品牌进行经营，但并没有按照约定按时足额向饮食集团支付商标使用费。遂向法院提起诉讼，要求西关世家依照国资委文件的要求，足额支付商标许可使用费。

法院经审理认为，"莲香楼"系列商标及老字号品牌的许可使用权及许可使用费是涉案股权交易中的重要条件。西关世家作为理性的市场主体，在订立合同之前必然会审慎、全面地评估合同获益与风险，交易价格是整个交易过程中至关重要的因素。西关世家在参与竞标前，理应对商标及老字号品牌许可使用费这一股权交易所涉的重要问题做好充分评估和思想准备，并接受相应市场交易风险。法院最终判决西关世家依照国资委相关文件确定的费率，向饮食集团支付商标及老字号品牌许可使用费。

点评：该案涉及老字号企业转制过程中产生的一系列法律问题。法院正确适用相关法律和司法解释的规定，最大程度还原合同签订的本意，综合判断合同是否成立及合同条款如何确定。本案判决取得了良好的法律效果和社会效果，对进一步完善老字号品牌的保护起到了积极的引导作用。

【案例七：上海松川远亿机械设备有限公司、四川大学诉黄伟实用新型专利权权属纠纷案】 上海松川远亿机械设备有限公司（以下简称上海松川公司）、四川大学于2008年共同研发ZB120卷筒纸包装机的封（烫）口机，黄伟非法获取该科研项目技术方案中的技术秘密，向国家知识产权局申请了名称为“圆筒物品包装膜叠边机构”的实用新型专利权，并于2010年5月5日获授权，专利号为200920057621.8。上海松川公司、四川大学请求法院判令涉案实用新型专利权归上海松川公司、四川大学共同所有。

法院经审理认为，人民法院根据黄伟违法使用涉案技术方案申请专利所取得的实用新型专利权欠缺权利正当性，涉案实用新型专利的主要技术方案属上海松川公司、四川大学共同研发，涉案实用新型专利部分从属权利中的技术特征虽不属两原告研发的技术内容，超出了上海松川公司、四川大学技术方案的范围，但由于该超出部分的技术变动是以上海松川公司、四川大学的技术方案为基础的细微的变化，且与上海松川公司、四川大学的技术方案属同一发明行为，而非在上海松川公司、四川大学技术方案中另行获取了创造灵感，故判决本案讼争实用新型专利权应归上海松川公司、四川大学享有。

点评：该案与一般专利权属纠纷案件有重大差异，国内尚属首例。本案涉及窃取他人技术方案违法使用，并以该技术方案为基础而进行改造后经专利申请且被授予专利权，原技术方案权利人能否主张该商业秘密形成的技术方案（独立权利要求）和以商业秘密为基础进行创造形成的新的技术方案（从属权利要求）专利权均归其享有的问题，现行专利法对此规定缺失，司法实践中争议激烈。该案判决对同类案件有很强的指导性，对专利法修改过程中有关专利确权制度的进一步立法完善亦有积极的推动意义。

【案例八：宣传代购“美心西饼”行为侵害商标权及不正当竞争纠纷案】 美糕网、淘宝店铺及飞一般网络运营机构系梁嘉超经营的个体工商户与其个人独资设立的美糕公司共同经营，网站宣称“首家网络代理市内一线知名品牌”、“‘美糕网’的优势在于与各大品牌合作伙伴的强强联合”等，所列特约品牌包含“美心西饼”、“香港美心”，同时列明销售流程为消费者在网上下单，网络平台接受订单后于消费者附近的相关品牌门店进行订货、提货，再将蛋糕配送到消费者提供的地址。美心食品有限公司起诉主张两被告构成侵害商标权及虚假宣传等不正当竞争。

法院经审理认为，上述网站销售方式实质即为代购，在通常意义上并不改变产品名称、商标等标识产品来源的信息，原告主张两被告因生产并销售侵犯原告“美心”注册商标专用权的产品构成商标侵权缺乏证据支持。原告与两被告具有密切的竞争关系，两被告与原告并无任何直接代理销售或其他合作关系，其在上述网站上所作宣传以及将“美心西饼”、“香港美心”列为其“特约品牌”，内容虚假，极易使相关公众产生误解，其行为已构成虚假宣传，遂判令两被告删除网站“美心”字样，发布启事消除影响，并连带赔偿原告经济损失包括合理费用共计人民币30000元。二审维持原判。

点评：法院在判决中准确界定了网络代购行为的性质，即不从事生产行为，亦未改变代购产品名称、商标等标识信息，从而认定网络代购行为不侵害注册商标专用权，但若在代购网站上存在虚假宣传行为，则构成不正当竞争。本案的判决切实维护了当事人的合法权益，维护了公平有序的市场经济秩序。

【案例九：“采乐”企业名称与商标权冲突行政案】 该案涉及广州市工商行政管理局作出的行政复议决定是否合法的问题。

法院经审理认为，广州采乐的企业名称登记时间为2002年，美国强生公司向越秀分局提出请求撤销原告企业名称为2009年，该申请已超过有关法律法规规定的5年期限。美国强生公司也不能证明广州采乐企业名称系恶意登记，该争议不符合工商行政管理部门处理商标与企业名称混淆案件的条件，市工商局在行政复议决定中认为越秀分局作出原具体行政行为不存在超出处理时限缺乏依据，属于适用法律法规错误。此外，美国强生公司的“采樂”商标不是驰名商标，依法不能跨类保护，核定使用商品为药品，而广州采乐生产的洗发水产品属于普通洗发水，属于不同类别，两者的商品在产品性质、生产销售渠道等方面有明显区别，市工商局以两者足以产生混淆为由认定广州采乐企业名称为不适宜企业名称，证据不足。一审法院据此判决撤销广州市工商局作出的行政复议决定。二审法院依法维持一审判决。

点评：该案涉及企业名称与商标的权利冲突以及对行政机关的具体行政行为合法性的审查问题。判决有效解决了本地企业与国际知名品牌之间企业名称与商标的权利冲突，平等保护了本地企业行政相对人的合法权益，同时发挥了行政审判对行政机关的监督和指引职能，对维护知识产权行政管理秩序具有积极意义，体现出中国平等保护国内外企业的知识产权司法政策。

【案例十：快播软件侵害作品信息网络传播权纠纷案】 在快播播放器搜索框内输入关键词“我愿意I do”，娱乐风向标功能即将用户需要的内容导向第三方搜索网站去搜索相关内容，而该搜索网站显示仅有5项搜索结果，且均为大小在551.19M至816.1M之间的完整的涉案影片的视频；同时，根据上述搜索结果又可链接至视频播放网站，点击播放涉案影片。原告认为快播软件的上述功能已经侵害其作品的信息网络传播权，遂向法院提起诉讼。

法院经审理认为，该案的争议焦点是被告的行为是否侵权。第一，关于被告行为的定性。被告主张的搜索引擎集成虽未直接搜索、链接涉案侵权作品，但其将用户需要的内容导向第三方搜索网站，而该搜索网站不但将搜索对象限于特定类型文件，还将搜索范围局限于特定网站，因此可以认定其与搜索网站共同实施了搜索、链接涉案侵权作品的行为。第二，关于被告主观过错的认定。综合作品的公映时间、制作成本等，以及被告在技术上对侵权作品是否可以识别、对侵权行为是否可以避免等因素考量，被告主观上存在过错，未尽到注意义务；其应知他人行为构成侵权，但仍然给予实质性帮助，且其帮助行为与损害结果之间存在因果关系，因此应就其造成的侵权损失承担责任。综上，法院判令被告停止侵权并赔偿原告损失。

点评：快播软件提供的搜索链接服务，与传统搜索引擎直接提供搜索、链接、下载等服务有较大区别，属于科技不断发展过程中出现的新事物，而由其引发的信息网络侵权行为也具有特殊性。法院准确把握信息网络侵权行为的本质特征，认定快播软件与搜索网站共同实施了搜索、链接涉案侵权作品的行为，应承担相应的侵权责任。二审过程中双方达成调解，快播公司根据一审裁判要求修改其整体网络服务提供模式。该案的审理受到了网络视频传播业界的普遍关注，审理效果好，体现了人民法院处理新类型问题的较高司法水平。

（广东省高级人民法院供稿）

知识产权管理与服务

ZHI SHI CHAN QUAN GUAN LI

- 区域知识产权发展
- 知识产权试点示范
- 专利代理管理
- 百所千企知识产权服务对接工程
- 企业知识产权管理规范
- 知识产权重大决策研究
- 服务与支撑机构

区域知识产权发展

区域知识产权发展计划

【概况】 2013年，广东省继续推进区域知识产权发展计划。4月，全省启动年度区域计划的申报工作。各市知识产权局根据要求并结合本地实际情况，拟定2013年度的工作目标和具体工作任务，如期完成了项目的申报工作。广东省知识产权局根据“注重实际，兼顾绩效；沟通为主，指令为辅；把握原则，注意平衡；全局为重，灵活处理”的原则，确定了各市2013年度区域发展计划的项目内容。根据计划，全年共安排区域发展计划专项经费509万元（自2007年至2013年，全省共安排区域发展计划专项经费4660万元），支持各市（含顺德区）开展专项工作55项。与往年相比，2013年度的区域发展计划积极贯彻落实省委、省政府《关于进一步促进粤东西北地区振兴发展的决定》要求，将有限的资金向粤东西北地区倾斜，加大对粤东西北地区12个地级市的支持力度。11月，广东省知识产权局下达计划执行通知并与各市签订合同书。全年，各市大力落实区域发展计划的各项工作任务，扎实推进知识产权战略实施和强省建设，大力促进知识产权创造和运用能力，加强知识产权保护，完善知识产权服务，为推动全省实现“三个定位、两个率先”目标做出积极贡献。

2013年，广东省知识产权局与揭阳市人民政府正式签署《关于建立知识产权合作会商制度的协议》，以加强“中德金属生态城”知识产权保护为切入点，在推动知识产权战略实施和管理体制创新等七个方面加强合作，充分发挥知识产权助推发展作用。（供稿人：张璟）

知识产权试点示范

国家知识产权试点和示范城市

【概况】 2013年，广东省知识产权局大力推进国家知识产权试点和示范城市工作，至年底，全省共有国家知识产权示范城市3个（广州、深圳、东莞），原工作示范城市2个（佛山、汕头）、示范城市培育市2个（中山、惠州）、地级试点城市6个（肇庆、江门、潮州、珠海、湛江、顺德）、县级试点城市5个（广州增城、肇庆四会、江门台山、茂名化州、肇庆高要）。

【国家知识产权示范城市】 2013年，国家知识产权示范城市工作取得积极成效。经广东省知识产权局和东莞市知识产权局的精心准备和大力争取，东莞市以90.17分的优异成绩（在入选的18个城市中排名第二，在地级市中排名首位）成为新一批国家知识产权示范城市，同时也成为广东省首个地级市国家知识产权示范城市。11月27日，东莞市举行高标准建设国家知识产权示范城市动员暨全市科学技术奖励大会，中纪委驻国家知识产权局纪检组长、国家知识产权局党组成员肖兴威为东莞授牌并讲话，省政协副主席、省知识产权局局长陶凯元讲话。国家知识产权局专利管理司副司长雷筱云，广东省知识产权局副局长袁有楼，东莞市委书记徐建华、市长袁宝成、副市长张科等领导出席会议。同日，国家知识产权局、广东省知识产权局、东莞市人民政府三方在东莞市举行国家知识产权示范城市工作会谈，共商知识产权城市建设大计。

广州、深圳积极开展示范城市建设工作。2013年初，广州市成立了由广州市市长陈建华任组长的市知识产权工作领导小组，颁布《广州市推进国家知识产权示范城市工作方案》，深圳市成立由深圳市市长许勤为组长的深圳市建设国家知识产权示范城市工作领导小组，制定《深圳市建设国家知识产权示范城市工作方案》和《2013年建设国家知识产权示范城市推进计划》。年底，广东省知识产权局指导广州、深圳两市做好国家示范城市年度考核工作。

【国家知识产权示范城市培育市】 2013年4月，广东省佛山市（原工作示范城市）、中山市和惠州市（试点期满待培育城市）先后制定实施国家知识产权城市示范培育工作方案，并全面开展示范城市的年度培育工作。年底，在广东省知识产权局组织开展的国家知识产权示范培育城市年度考核中，三个城市均获得优秀等级。

【国家知识产权试点城市】 2013年，广东省知识产权局大力推进国家知识产权试点城市工作。4月和10月，两批共成功推荐10个城市进行试点行列，地级城市5个，分别为江门、潮州、珠海、湛江、顺德，县级城市5个，分别为广州增城、肇庆四会、江门台山、茂名化州、肇庆高要，获批试点城市数量占全国同期批复总量的1/4，珠三角地区实现国家知识产权试点城市全覆盖。各城市积极完善试点工作领导机构，认真制定并大力实施知识产权试点城市工作方案，取得积极成效。年底，广东省知识产权局制定《2013年度国家知识产权试点（含示范创建）城市工作考核表（广东省）》并开展年度试点（含示范培育）城市考核工作，江门、肇庆、广州增城、江门台山、肇庆四会、茂名化州获得优秀等级，潮州获得一般等级。

（供稿人：张璟）

国家知识产权强县工程试点、示范县（区）

【概况】 2013年，国家知识产权局印发《关于开展国家知识产权强县工程试点、示范县（区）评定工作的通知》，启动全国首批国家知识产权强县工程示范县（区）和2013年底试点县（区）评定工作。广东省知识产权局全面调研县级知识产权工作基础和发展状况，积极推进国家试点示范县（区）工作。3月，广东省知识产权局成立“国家知识产权强县工程试点县（区）考核验收组”，对2008年认定的广州市花都区，佛山市禅城区、南海区、顺德区和汕头市龙湖区五个国家知识产权强县工程县（区）的试点工作进行考核验收。经综合评定，以上五个区通过考核，成绩均为优秀。在试点考核成绩的基础上，广东省知识产权局择优推荐佛山市禅城区、广州市花都区、佛山市南海区3个区作为国家首批示范县（区）候选单位，并同批推荐试点县（区）7个。经国家知识产权局评审，佛山禅城和广州花都成为广东省首批国家强县工程示范县（区），广州萝岗、越秀，惠州惠城、博罗，江门江海，阳江阳东和韶关曲江7个县区成为国家试点县（区）。各县（区）认真研究工作深化与改进方向，积极制定并大力实施强县工程试点示范工作方案，各项工作取得积极成效。

（供稿人：张璟）

知识产权示范企业

【概况】 2013年，广东省知识产权局继续开展“广东省知识产权示范企业”认定工作。

各市（区）局对此也很重视，在广泛宣传发动的基础上，积极组织企业申报，并严格按照《广东省知识产权优势示范企业认定办法》（以下简称《认定办法》）规定的条件，对当地申报企业进行认真筛选。

截至申报结束日止，“广东省知识产权业务管理系统”显示：共有51家企业申报2013年广东省知识产权示范企业。其中，44家企业经地市局审核后被推荐上来，7家企业未获得地市局的推荐。44家企业来自21个市（区），其中：广州6家、深圳6家、东莞5家、汕头3家、佛山3家、中山3家、揭阳2家、潮州2家、惠州2家、珠海1家、韶关1家、河源1家、梅州0家、汕尾1家、江门1家、阳江1家、湛江1家、茂名1家、肇庆1家、清远1家、云浮1家、顺德1家。经地市局审查，44家企业以前均未获得“省知识产权示范企业”的称号。

根据《认定办法》的条件和原则，广东省知识产权局进行了认真审查，认定海能达通信股份有限公司等20家企业为省知识产权示范企业。

【认定企业情况】

1. 地区分布情况。认定的20家企业，分布在11个地市（区），其中：深圳4家、广州2家、佛山3家、东莞2家、中山2家、惠州2家、汕头1家、阳江1家、潮州1家、揭阳1家，汕尾1家。

2. 产业分布情况。认定的20家企业既包括通信、生物医药、新能源等战略性新兴产业，也包括化工、陶瓷等传统行业。

3. 专利、商标数量情况。截至2012年底，44家企业累计申请专利7587件，其中发明专利申请2060件；累计授权专利4835件，其中发明专利授权632件；申请国际专利538件，授权国际专利58件。共有564件专利进入国家标准及行业标准。注册商标2435件次。

4. 经济效益情况：2010—2012年，44家企业累计销售收入达1189.77亿元，累计利润达130.81亿元。

（供稿人：吴瑛）

知识产权优势企业

【概况】 2013年，广东省知识产权局继续开展“广东省知识产权优势企业”的认定工作。

共有136家企业申报2013年广东省知识产权优势企业。其中：98家企业经地市局审核后被推荐上来，38家企业未获得地市局的推荐。98家企业来自21个市（区），其中茂名无企业申报。经地市局审查，98家企业以前均未获得“省知识产权优势企业”的称号。

根据认定条件和原则，认定广东东阳光药业有限公司等57家企业为广东省知识产权优势企业。

【认定企业情况】

1. 地区分布情况。认定的57家企业，广州8家、深圳11家、珠海3家、惠州2家、汕头4家、佛山3家、韶关1家、河源1家、梅州1家、汕尾2家、东莞6家、中山4家、江门3家、阳江1家、湛江1家、肇庆1家、清远1家、潮州1家、揭阳1家、云浮1家、顺德1家。除茂名无企业申报外，其余地市（区）皆有分布。

2. 专利数量情况。截至2012年底，98家企业累计申请专利12990件，其中发明专利申请4932件；累计授权专利6790件，其中发明专利授权1039件。截至2012年底，拟认定的50家企业累计申请专利4174件，其中发明专利申请2096件；累计授权专利2324件，其中发明专利授权420件。

3. 经济效益情况。2012年，98家企业专利产品销售收入达555.20亿元，总销售收入达865.14亿元。（供稿人：吴瑛）

事业单位知识产权试点示范

【概况】 2013年，按照第二批广东省事业单位知识产权试点工作考核验收标准，采取委托地市局现场考核及邀请专家打分相结合的方式，评选出中国科学院广州地球化学研究所等10家高校和科研院所为第二批广东省知识产权示范事业单位。（供稿人：吴瑛）

会展知识产权保护试点

【概况】 2013年，广东省知识产权局继续开展对2012年8月评定的第四批广东省会展知识产权保护试点单位、第三批广东省会展知识产权保护优势单位、第三批广东省会展知识产权保护示范单位的支持和指导工作。

（供稿人：毕赓）

行业知识产权保护试点

【概况】 2013年，广东省知识产权局继续开展对2012年8月评定的第四批广东省行业协会知识产权保护试点单位、第三批广东省行业协会知识产权保护优势单位、第三批广东省行业协会知识产权保护示范单位的支持和指导工作。（供稿人：毕赓）

专利代理管理

专利代理管理

【概况】 截至2013年底，全省有专利代理机构124家、分支机构120家，执业专利代理人971人，从业人员近4000多人。代理机构中合伙制72家，公司制40家，律所开办专利代理业务12家。专利代理机构数量和执业专利代理人数量均位居全国第二位，分别占全国总量的12.6%和11.8%，分支机构设立数量居全国之首。在代理机构中，具有10名以上（含10名）专利代理人的代理机构有31家。

【代理机构审核、分支机构审批及年检】 广东省知识产权局严格按照《专利代理条例》及《专利代理管理办法》，依法做好专利代理机构、分支机构审核、审批工作。2013年，广东省知识产权局共受理、审核上报国家知识产权局13份，其中获国家局批准11家；审核批准分支机构17家，批准撤销分支机构1家，批准14家分支机构办理著录项目变更。同时，广东省知识产权局通过年检加强对专利代理执业监管：一是配合条法司及全国中华专利代理人协会完成对118家代理机构、120家分支机构及917名专利代理人的年检；二是以年检为契机，2012年11月起实施行政审批制度改革后，对本省机构在省内直接通过工商登记设立的分支机构进行一次全面梳理和规范。

【2013年专利代理管理工作会议暨广东专利代理协会换届会议】 2013年3月，广东省知识产权局组织召开“2013年专利代理管理工作会议暨广东专利代理协会换届会议”。会议认真传达学习2012年全国专利代理管理工作会议精神，全面总结和交流2011年以来广东省专利代理管理经验，深入分析专利代理行业的面临的形势和发展状况，对下一阶段全省代理管理工作进行具体部署。来自全省各地级以上市知识产权局、顺德区经济和科技促进局分管领导及具体工作人员、全省专利代理机构及分支负责人共近150人参加会议。会议同时举行广东专利代理协会第三次会员大会暨换届会议，选举产生协会第三届会长、副会长及理事，确定执行机构。

【专利代理机构负责人座谈会】 2013年12月，广东省知识产权局在深圳召开“专利代理机构负责人座谈会”，座谈会有来自深圳及周边地区30多家代理机构负责人、广东专利代理协会、深圳知识产权局负责人、深圳专利代理协会负责共50多人参会，会议向代理机构传达国家知识产权局副局长贺化在专利代理人资格考试考核工作会议上重要讲话精神，通报从国家局至省、市知识产权局近年来开展的工作、推出的项目，特别是在扶持支持代理行业发展上工作情况，并就目前知识产权工作特别是专利代理工作的热点问题进行深入探讨，会议同时对营改增中新出台知识产权服务业的税收政策进行现场解读。

【《专利代理条例修订草案》专题调研】 2013年9月11日至13日，国务院法制办司长王振江、国家知识产权局司长宋建华一行来粤开展《专利代理条例》修订专题调研，广泛征求社会各界对《专利代理条例修订草案（征求意见稿）》（以下简称《条例草案》）的意见和建议。广东省知识产权局积极配合做好《条例草案》的调研工作，分别组织召开省直有关部门座谈会和立法相对人座谈会，省直相关部门负责人，以及广州市知识产权局、深圳市知识产权局，部分企业、高校、科研院所和专利代理机构的代表近70多人参加了座谈会。与会者结合专利代理行业发展趋势及广东专利代理实践，对《条例草案》提出很多建设性的意见和建议，受到调研组的充分肯定。会后，省知识产权局领导还陪同调研组成员实地走访企业和代理机构。

【行政审批事项改革】 2013年，广东省知识产权局认真做好行政审批事项改革后的有关工作：一是认真落实行政审批制度改革工作，停止实施省内专利代理机构在本省内设办事机构和办事机构停业、撤销行政审批事项，并做好有关政策宣传解释工作。二是及时向全省知识产权局系统、各专利代理机构转发国务院批复，并通过网站、媒体向社会公布审批制度改革事项。三是对取消专利代理机构省内设立分支机构行政审批后出现的情况进行梳理总结，将在执行中与工商系统之间的衔接问题及时反映到省编办。2013年，广东省代理机构在本省内经工商部门直接登记设立的分支机构共7家。

【专利代理行业服务】 加强行业管理和监督，提高专利代理行业的服务能力和水平是促进专利代理行业发展健康发展有效措施。2013年，广东省知识产权局深化专利代理人实务技能培训工作，分别在广州、深圳举办实务技能培训班，培训班为期三天，分专业培训，全省有251名专利代理人参加培训。2012年至2013年，全省共有436名专利代理人参加此培训。在广州、深圳举办机械专业、通讯专业“专利代理机构业务能力促进培训班”，共有17家代理机构的48名代理人参加，该培训深入代理机构，培训内容针对性强，由国家局各审查部门直接派人授课，深受专利代理机构欢迎。圆满完成“2013年全国专利代理人资格考试”广州考点组织工作。本次考试广州考点报名人数2562人，参加考试1979人，取得资格人数526人，通过率26.6%。通过人数占历年累计数的1/4强，是通过人数最多的一年。

2013年，广东省知识产权局由局主要领导带队深入专利代理机构调研，倾听群众的呼声，对代理机构反映的热点难点问题，积极加强与有关方面的沟通与联系，有效推动相关问题的解决。如“营改增”对知识产权服务业带来的冲击问题，广东省知识产权局积极收集、整理代理机构提供的税收资料和信息，并及时将情况反映到省国税局、国家局条法司及全国专利代理人协会。2013年底国家税务总局出台《营业税改征增值税试点有关事项的规定》、《应税服务适用增值税零税率和免税政策的规定》（财税〔2013〕106号），明确营改增中专利代理机构官费及涉外代理免征增值税。如对实施电子申请后纸件文件及票据打印难问题，广东省知识产权局积极与国家局初审和流程部进行沟通，获得国家局的高度重视，目前广州、深圳两个代办处已被列入先行开展异地打印通知书和票据试点，方便代理机构获取各种专利审查纸件通知书及交费票据。

（供稿人：张淑芳）

百所千企知识产权服务对接工程

百所千企知识产权服务对接工程

【概况】 "百所千企知识产权服务对接工程"自2010年启动以来，已连续多年被列入省政府重点工作内容，2013年，再次被列入省政府的工作要点。广东省先后在东莞、中山和佛山市南海区、顺德区、禅城区等五个地区进行试点，再逐步向全省各市推进。目前，绝大部分地市结合各自实际，开展形式多样的对接活动。

2013年3月，省知识产权局印发了《关于深入开展百所千企知识产权服务对接工程的通知》，建立了地市百千对接工作联系人制度，要求各地市结合本地实际，创新工作方式，有针对性地开展对接专项活动。4月初，省知识产权局印发了《关于开展2013年百所千企知识产权对接服务活动的通知》。

【活动情况】 4月，由广东省知识产权局牵头组织开展在肇庆、云浮的百所千企知识产权对接服务系列活动。系列活动组织了25家专利代理机构的30名资深专利代理人参加，其中肇庆市有59家企业，共150多人参加活动；云浮71家企业，共120多人参加活动。活动内容除深入企业开展面对面的对接服务活动外，还举办了"企业专利信息利用技能"、"专利申请实务"、"企业专利的利用与保护"等专题讲座，进一步加强了对专利代理服务行业的宣传。

10月，广东省知识产权局和顺德区经济和科技促进局联合举办百所千企知识产权服务对接工程进园区暨知识产权服务业集聚发展省区合作会商活动。广东专利代理协会、代理机构、顺德知识产权协会、广东工业设计城及美的创业园的部分企业共50多人参加活动。这次活动，是广东省开启百千对接服务工程以来首次走进专题园区的对接活动，专利代理机构和广东工业设计城入驻企业的代表就如何进一步深化广东工业设计城知识产权工作，在园区创建知识产权服务集聚区，建立百千对接服务的常态化基地进行深入的交流与探讨。

（供稿人：张淑芳）

企业知识产权管理规范

企业知识产权管理规范

【概况】 2013年，实现“三个基本形成”：贯标咨询服务体系基本形成、贯标专业人员队伍基本形成、全省贯标工作体系基本形成。

【工作机制】 建立以广东省知识产权局分管局领导为组长，产业促进处为贯标业务归口管理处室的日常工作机制，认真开展国家标准的宣传推广和组织实施。下发《关于推行企业知识产权管理规范工作的通知》（粤知产〔2013〕172号），明确工作原则、工作目标、工作任务和相关配套政策。该工作得到了省发展改革委、省经济和信息化委、省科技厅、省国资委、省工商局、省版权局、省质监局等部门的支持，在全省范围内联合开展企业知识产权管理规范试点工作。

【规范宣传】 2013年4月，广东省知识产权局在广州召开全省企业知识产权管理规范推广会议，通过企业知识产权管理规范专题演讲、贯标工作经验交流等方式，宣传国家标准推行实施工作的目标，明确工作内容，部署相关工作。为广州市动景计算机科技有限公司等首批10家省标达标企业颁发牌匾。各界代表约150人参会。

【培养人才】 组织广东省知识产权局系统管理人员、试点示范园区人员、服务机构人员共39人次，参加国家知识产权局举办的各类贯标培训班。根据工作安排，于2013年6月、9月、10月、12月举办四期全省企业知识产权管理规范培训和一期服务机构培训班，培训人员达700余人，培训内容包括贯标实施工作体系、标准文本解读、企业知识产权管理现状诊断、企业贯标实务、管理体系标准及认证认可体系等，培训时间各3天，并分别组织结业考试。引导各地市积极开展贯标培训。广州、深圳、珠海、汕头、惠州、东莞等地都举办了不同规模的贯标培训班，仅广州市2013年就培训1700多人次。

【贯标宣传和辅导】 下发《关于组织申报企业知识产权管理规范推进项目的通知》（粤知产〔2013〕173号），设立企业知识产权管理规范推进项目，扶持深圳崇德广业知识产权运营顾问有限公司等10家服务质量高、运营情况好的贯标服务机构，按市场化运作原则开展贯标宣传和辅导。目前，项目正在有序推进。

【贯标工作试点】 下发《关于组织申报企业知识产权管理规范推广试点区域的通知》（粤知产〔2013〕211号），发动市、县（区）级知识产权管理部门结合实际，发挥协调作用，加强政策引导，探索有效的企业知识产权管理规范推行工作模式。

【企业贯标】 格力、美的、宇龙、广东电网等一批大型骨干企业参加企业知识产权管理规范专题培训；金发科技、志高空调已成功与知识产权服务机构对接，进入企业知识产权管理规范的辅导阶段；南方电网已在服务机构的帮助下，完成专利全生命周期管理研究及一体化实施系统开发科技项目。

（供稿人：成思　吴瑛）

知识产权重大决策研究

《广东创建知识产权服务业发展示范省规划（2013—2020年）》概况

【概述】 目前，知识产权日益表现为一种优质资本和财富，已成为现代经济的重要生产要素，渗透到国际经济、科技、金融、贸易、社会生活的各个方面，并呈现出新的发展态势。一方面知识产权与科技、经济、金融乃至社会生活的融合发展程度日益提高，知识产权在推进科技、经济、金融乃至社会发展的地位和作用日益增强；另一方面，知识产权服务业作为一种独立的产业形态得到迅速催生，在发展形式、内容和模式上不断创新发展。

根据国际知识产权发展态势，并结合广东省知识产权服务业发展现状，《广东创建知识产权服务业发展示范省规划（2013—2020年）》（以下简称《规划》）着力在发展手段上着力推进公共服务平台建设；在发展形式上着力打造完善产业链，推进集聚发展；在发展内容上，着力提高发展质量和水平；在发展模式上着力推进知识产权与科技、产业、金融乃至社会生活的融合发展。

【主要内容】 《规划》包括五大部分内容：第一部分“发展基础与形势”，主要是阐述广东省知识产权服务业发展的现有基础，分析未来发展的机遇和制约因素，阐明自身起点和环境条件。第二部分“指导思想、发展原则、发展目标与区域布局”，重点明确广东省知识产权服务业发展的指导思想、目标任务及区域布局，就示范省创建期间和深化期间分别提出不同的指标。第三部分“主要任务”，着重对广东省知识产权服务业发展环境的优化、产业链的完善、市场供需的扩大、市场主体的培育等方面工作，分别做出了发展规划。第四部分“重点项目”，紧密围绕主要任务，具体化各项工作，作为工作推进的抓手。第五部分“保障措施”，主要从加强组织领导、加大资金投入、加强人才队伍建设、建立统计监测体系等方面统筹规划实施，保障主要目标任务的顺利完成。

（一）关于“发展基础与形势”。

《规划》从广东省经济产业基础、知识产权服务业规模及服务内容、公共服务载体及软环境建设等五方面，对全省知识产权服务业基础进行了全面深入的剖析，并结合西方国家将知识产权服务业发展上升为国家战略和国际经济战略，通过金融资本、产业资本的强力介入巩固其在国际科技经济中地位和作用等这些国际知识产权发展新趋势，对比分析得出中国知识产权服务业发展普遍存在的问题，即：知识产权服务业基本上仍处在偏重数量和外在形式的初级阶段，尚未上升到注重质量、创新发展模式、提高发展水平、促进融合发展的高端发展阶段，迫切需要推进思路创新和模式创新。广东省知识产权服务业虽然有长足发展，但从总体上看，知识产权服务业尚未形成完整的产业链，发展模式亟待创新，其发展对其他产业的关联和带动作用尚未得到充分发挥，整体发展水平有待提高。具体体现在四个方面，即“宏观引导力度需进一步加大”、“产业链发展不完整，集聚发展水平低”、“知识产权与科技、产业、金融融合度不高”、“服务机构总体实力偏弱”。

（二）关于“指导思想、发展原则、发展目标与区域布局”。

1. 指导思想。

准确把握国际知识产权服务业发展趋势，围绕引领知识产权和科技发展、促进产业转型升级发展主线，以市场为主导、以企业为主体、以政府为引导。着力推进大型公共平台建设，大力推进集聚发展，全面完善产业链，全面提高发展质量和水平，促进知识产权与科技、产业、金融深度融合发展，为广东经济转型升级提供有力支持，为全国知识产权服务业发展探索和积累经验，发挥较好的示范带动作用。

2. 发展原则。

“发展原则”根据知识产权服务业业态和市场发展需要，提出三个坚持原则，即：坚持政府引导与市场驱动相结合、坚持整体推进与分类指导相结合、坚持立足当前与着眼长远相结合。

3. 发展目标。

“发展目标”根据示范省创建的不同阶段，将发展目标分成示范省建设达标期目标和深化期目标。其中，达标期为三年，总体目的是通过1—2个发展亮点，到第二轮省部会商结束时力争获得国家知识产权局认可，即“成功培育1—2家以知识产权产业集群化为标志的创新园区，探索建立国际性知识产权产业园区。知识产权服务市场活力增加，市场进一步规范，提供知识产权服务企业达2000家”。深化期为四年，主要从宏观层面设定未来广东省知识产权服务业发展的局面，最终目标为知识产权服务业成为广东省高技术服务业中最具活力的领域之一，对经济社会发展的贡献率显著提高，成为全国知识产权服务业参与国际竞争的主力省。

4. 区域布局。

针对广东省知识产权服务业发展的不平衡性特点，结合广东省产业转型升级要求，对全省知识产权服务业区域发展进行布局，即：形成“一基地，两核心，三联动”的知识产权服务业发展区域布局，以珠三角为知识产权业发展基地，以广州、深圳为知识产权与金融创新融合示范核心，以粤东西北为联动发展区，通过地区试点的方式，在全省构建知识产业服务网络体系，全面推动广东省知识产业服务业的发展。

（三）关于“主要任务”。

围绕当前广东省知识产权服务业发展存在的突出问题，《规划》从产业、市场及企业三个层面，把握“政府主导产业、补位市场、扶持企业”的原则，通过政府手段，增强知识产权服务市场活力，充分发挥市场机制作用，推动整个产业良性发展。

一是不断完善，营造知识产权服务业发展良好环境，包括完善政策法规和提高知识产权市场主体意识。

二是系统培育，完善知识产权服务产业链。主要通过对知识产权服务业中代理、信息、法律、商用化、咨询、培训等六大类，分门别类地给予引导和扶持，逐步丰富广东省知识产权服务内容，完善知识产权服务产业链。

三是融合集聚，促进知识产权支撑全省产业转型升级。主要包括：建立知识产权服务业产业集群；打造知识产权与科技、产业、金融资本对接的高端平台；构建以知识产权为纽带，有机融合科技、产业和金融的运行机制。

四是创新机制，提高知识产权服务市场活力。主要包括：完善知识产权市场导向机制；培育知识产权服务市场需求；扩大知识产权服务业市场供给等内容。

五是重点培育，支持知识产权服务企业做大做强。主要包括：提高知识产权服务企业服务能力；鼓励知识产权服务企业做大做强；加大知识产权服务机构扶持力度等内容。

（四）关于“重点项目”。

围绕主要任务，根据主要任务的“产业、市场、企业”三个层面，《规划》设定了8个重点项目，即：开展知识产权全覆盖服务、建设国际化知识产权集聚中心、培育知识产权运营公司、开展知识产权评估及价值分析试点、建设广东专利信息大数据服务基地、推行知识产权服务行业星级评定试点、培育知识产权服务品牌机构、建设知识产权服务业人才培养基地。

（五）第五部分“保障措施”。

根据主要任务完成所必须的条件，《规划》提出了四项保障措施：一是加强组织领导，加强与国家的对接，把国家支持和地方配套有机结合，形成合力。二是加大资金投入，落实财政、税收、信贷、政府采购、产品出口等方面对知识产权服务业发展的优惠政策。三是加强人才队伍建设，建立知识产权服务人才信息库和知识产权服务业人才培训体系，鼓励高等院校、社会培训机构开展多层次、多类型知识产权教育培训活动，形成在岗人员继续职业培训体系，造就一批具有全球视角的知识产权高端化新型人才。四是建立统计监测体系，建立知识产权服务标准体系，规范服务内容、服务流程、收费标准，提高服务质量和效率。建立健全知识产权服务业发展监测和信息发布机制。（供稿人：阳屹琴）

《关于促进知识产权服务业发展的若干意见》

【概况】 2011年以来，国家和部分省市相继出台促进知识产权服务业发展的政策文件，2013年4月11日，广东省人民政府与国家知识产权局签订第二轮省部会商协议，其中促进知识产权服务业发展被列入重要议题。为进一步推动广东省知识产权服务业的发展，广东省知识产权局按照“市场主导、政府扶持、分类指导、创新发展”的原则，以创建知识产权服务业发展示范省为目标，从完善知识产权公共服务、打造知识产权服务高地、提升知识产权服务企业能力及人才建设等方面，积极推动知识产权服务业的发展。

【起草过程】 2013年4月，组织开展《关于促进知识产权服务业发展的若干意见》（以下简称《意见》）起草工作，包括制定《意见起草工作方案》，成立由书记马宪民任组长，副局长袁有楼、纪检组长、监察专员严小宜任副组长的起草小组，制定《意见》框架。6—7月，马宪民书记亲自组织小组成员进行多次讨论，对整体框架和内容进行了较大幅度的调整，形成《意见》（征求意见稿）。8月，广东省知识产权局向省直各有关单位、各地市知识产权局及局内各部门征求意见后形成《意见》（修改稿）。9月底，广东省知识产权局联合省府研究室赴佛山进行调研座谈，对《意见》（修改稿）进行修改。12月，在与省府研究室进一步修改的基础上形成《意见》（送审稿）。（供稿人：赵飞）

国家知识产权局区域专利信息服务（广州）中心服务发展规划（2013—2017）概况

2009年，国家知识产权局印发《全国专利信息公共服务体系建设规划》（以下简称《规划》），提出到“十二五”末建成以国家专利数据中心、区域专利信息服务中心、地方专利信息服务中心三级架构为支撑的全国专利信息公共服务体系的战略构想，区域专利信息服务中心作为全国专利信息公共服务体系中的重要环节，承担着优化资源配置、引领高端服务、汇聚专业人才、强化技术支持和统筹协调的重要作用。区域专利信息服务中心建设情况和服务水平，直接关系着全国专利信息公共服务体系建设的成败。

泛珠三角区域面积占全国1/5，人口及经济总量占全国的1/3，是中国经济最为活跃的地区之一。出口导向和加工制造的鲜明经济特点也使该地区成为中国专利信息服务需求最为旺盛的地区之一。国家知识产权局区域专利信息服务（广州）中心（以下简称区域中心），是国家知识产权局设立在泛珠区域的专利信息服务机构。建设区域中心是转变经济发展方式、建设创新型国家的战略需求，是实施知识产权战略纲要的使命需求，是实现拓展职能、提升服务的业务需求，同时还是探索区域中心发展模式的试点需求，具有重要的战略意义。

一、现状和问题

（一）现状

泛珠三角区域是中国经济最为活跃的地区之一，横跨东中西三大地带，覆盖处于不同发展梯级上的几大地区，经济互补性强，具有垂直分工的广阔前景和资源优化配置的巨大空间。近年来，区域内各省区专利信息服务工作取得了显著成绩，为构建全国专利信息服务体系奠定了扎实的基础，建设区域中心的各项条件基本成熟：（1）专利信息基本服务体系初步形成；（2）区域特色专题数据库建设稳步推进；（3）面向企业的服务能力逐步加强；（4）专利信息分析研究工作逐渐深化；（5）区域性专利信息服务需求强烈；（6）协同发展的合作框架初步确立。

（二）问题

随着泛珠三角区域经济的快速发展，专利信息服务需求迅猛增长，专利信息服务的供需矛盾、人才匮乏等一些问题也逐步凸显：（1）区域信息资源平台整合不足；（2）产品创新与服务方式滞后；（3）深层次专利信息服务能力不足；（4）区域内专利服务能力发展不均衡；（5）专利信息服务人才匮乏；（6）服务合作模式尚待完善和细化。

二、指导思想、发展思路

（一）指导思想

以《全国专利信息服务体系建设规划》为指导，与全国专利信息服务体系建设相配合，立足区域、辐射全国，以服务于经济发展和科技创新为主线，以需求导向引领、深化服务推动、协同共享促进为发展原则，发挥泛珠区域九省区知识产权系统积极性，科学部署、统筹发展、创新服务，以夯实区域专利信息服务基础、提供专利信息高端服务为工作重点，提升区域专利信息利用能力和水平，更好地为泛珠区域实施知识产权战略服务。

（二）发展思路

区域中心作为全国专利信息公共服务三级体系中承上启下的重要环节，全面配合全国专利信息公共服务体系建设，利用国家专利数据中心提供的专利信息资源，引领区域内专利信息服务工作，并积极向港澳、东南亚拓展，为区域内各省区和国内外用户服务，其发展以全面提高区域专利信息服务水平为中心，充分贯彻优化资源配置、服务产业发展、发挥高端引领、汇聚专业人才和强化协同运用的关键作用，推动全国专利信息公共服务体系区域工作全面、协调、可持续发展：（1）优化资源配置；（2）服务产业发展；（3）发挥高端引领；（4）汇聚专业人才；（5）强化协同运用。

三、发展目标

（一）总体目标

到2017年，建成专利信息资源及系统工具基本适应泛珠区域科技创新与经济发展的中心服务平台；构建布局科学的泛珠区域专利信息服务体系；专利信息服务覆盖区域内绝大多数经济领域和重点行业；专业化、高端化的专利信息服务占区域中心全部服务内容的半数以上；形成服务一批重大项目和优势企业的服务能力；拥有不少于100人的区域高端服务队伍并培养至少1000名专利信息服务的创新型人才和复合型人才；提高专利信息服务对区域内各地方科技创新和经济发展的贡献度；全社会对专利信息的依赖度得到明显提升。最终形成专利信息数据资源基本健全，服务体系布局合理，服务渠道逐步拓宽，服务方式手段多样，服务规章制度健全，服务支撑能力显著，服务人员数量及水平稳步增长的区域专利信息公共服务体系，向区域内的地方政府、企业及其他用户提供全面、优质的高端专利信息服务。

（二）阶段目标

（1）服务启动期（2013年）；（2）服务完善期（2014年至2015年）；（3）服务深化期（2016年至2017年）

四、主要任务

（1）提高服务基础支撑能力，服务区域专利信息公共服务体系建设。

（2）扩充专利信息基础数据，提高区域专利信息资源开发广度。

（3）布局区域性专题数据库，提高区域专利信息资源开发深度。

（4）普及基础专利信息服务，扩大专利信息服务覆盖和受众范围。

（5）创新专利信息服务模式，推进专利信息服务专业化和高端化。

（6）宣传推广专利信息应用，助推专利技术产业化。

（7）培养专利信息服务人才，壮大专利信息服务专业队伍。

（8）探索区域合作有效方式，建立协同服务的长效机制。

五、重点工程

2013年到2017年间，区域中心计划联合各省区实施8项重点工程，工程名称和目标如下所示。

区域专利数据资源配置优化工程。发挥区域中心优化资源配置的作用，根据各省区的需求，对区域中心的专利数据资源进行加工、配置，形成统筹建设、三级联动、按需配置的区域专利数据格局，充分满足区域用户的数据需求。

区域专题专利数据库统筹和建设工程。形成区域专题专利数据库的整体布局，统筹建设，避免重复；有效组织技术力量，对功能扩展需求强烈的专题专利数据库进行深化，提高专题专利信息的分析利用能力。

区域重点产业领域知识产权分析评议示范工程。形成对重点产业领域的深度分析研究能力，帮助政府和企业更好地把握区域内重点领域的现状和地位、发展态势和专利风险，为政府决策、产业发展、企业生产经营活动等提供决策依据。

区域重大项目专利信息全程服务试点工程。通过对重大项目试行全程分析、预警、跟踪和管理服务，加强专利信息、法律规则信息、技术性贸易壁垒信息等的分析利用，提高专利保护的前瞻性和预测性，初步形成服务一批重大项目的全程服务能力。

区域专利信息高端服务示范工程。通过在区域内优势企业推广高端专利信息服务，以点带面，扩大高端服务受众范围，提高高端服务在专利信息服务中的所占比例，优化高端服务内容和服务模式。

区域专利交易与评估平台建设工程。促进专利信息服务在专利交易与评估等领域发挥积极作用，为专利交易双方提供有效的沟通手段，增加区域专利交易量，增强专利评估的客观性和权威性。

区域专利信息服务帮扶工程。发挥区域中心在资源配置、技术支持、高端服务、管理协调、人才汇聚方面的引领作用，根据不同地区发展水平和特点，在区域内开展面向企事业单位、高校科研机构、专利信息代理机构的专利信息服务帮扶工程，拓展帮扶对象，提升帮扶手段，深化帮扶内容，构建区域专利信息利用帮扶顾问体系。

区域专利信息服务人才培育工程。为区域培养专业的专利信息服务人员至少1000名，并择优选拔不少于100名组成高端服务队伍，建立多层级、多领域专家队伍，实现区域内各省区专利服务人员数量稳步增长，专利信息服务水平综合提高，专利信息服务能力均衡发展，专利信息高端服务队伍初具规模。

六、保障措施

（1）建立组织机构。

（2）建立工作机制。

（3）发挥各方优势。

（4）创新服务模式。

（5）保障资金投入。

（供稿人：阳屹琴）

广东省知识产权软科学研究和管理

【概况】 2013年，广东省知识产权局积极推动全省的知识产权软科学研究发展，进一步发挥软科学研究在促进知识产权事业发展中的作用。

组织开展2013年度广东省知识产权局软科学研究计划项目申报工作。按照《广东省知识产权局软科学研究计划项目管理办法》，组织全省各地市共申报项目36项，经专家评审，批准立项23项，其中重点项目2项、一般项目17项、自选项目4项。

组织申报2013年国家知识产权局软科学研究项目。共组织广东省项目申报5项。另外，组织承担广东省知识产权局的软课题项目申报国家知识产权局第八届全国知识产权（专利）优秀调研报告暨优秀软科学研究成果中，华南师范大学和中山大学两位老师获得三等奖。

组织召开广东省知识产权软科学研究工作座谈会，邀请近年来承担广东省知识产权局课题的项目负责人，包括暨大、华工、华师等十余所高校的科研负责人及专家进行座谈，总结近年来省知识产权局软科学研究项目，对今后一段时期如何提高软科学成果进行研究探讨。

修订公布《广东省知识产权局关于软科学研究计划项目的管理办法》，进一步扩大软科学研究的申请范围，加大对重点项目和一般项目的支持力度。 （供稿人：赵飞）

《广东省专利奖励办法》的制定

【概况】 为贯彻落实《广东省专利条例》第十五条第二款“省人民政府设立广东专利奖，对为我省经济社会发展做出突出贡献、产生显著效益的专利项目实施单位和有重大贡献的专利发明人或者设计人予以奖励”及中共广东省委、广东省人民政府《关于加快建设知识产权强省的决定》第六条“完善广东专利奖励办法”的相关内容，省知识产权局在2012年初经多次调研及召开座谈会征求意见的基础上，形成《广东省专利奖励办法》（草稿）。

2013年初，《广东省专利奖励办法》（以下简称《办法》）被列入省政府2013年度制定规章计划预备项目；3月，在广泛征求各地市知识产权局、省有关单位及企业意见后，形成《办法》（送审稿）；5月，在与相关单位多次沟通达成一致意见后，省知识产权局将《办法》（送审稿）提请省政府审议。

【《办法》调研】 2013年6月，为进一步修改完善《办法》，省知识产权局和省法制办相关人员赴珠海、佛山开展专利奖励专题调研，进一步理解、掌握全省各地市在开展专利奖励有效提高知识产权创造、运用、保护和管理水平等方面的经验和做法，为修改完善《办法》提供实践参考依据。

【《办法》修改】 2013年7月至12月，根据省法制办对《办法》的意见，省知识产权局及时组织相关人员与省法制办进行充分沟通，进一步对《办法》及注释稿进行了调整，为《办法》提交省法制办办务会议讨论做好充分准备。 （供稿人：赵飞）

服务与支撑机构

国家专利审查协作广东中心共建情况

【概况】 2013年，国家知识产权局专利局专利审查协作广东中心（以下简称广东中心）按计划推进各项工作。3月27日，广东省人民政府副省长陈云贤考察广东中心，并听取广东中心共建情况汇报；5月24日，在广东中心召开共建领导小组办公室第二次会议，明确年度重点工作；7月24日，在中新广州知识城南起步区举行广东中心一期业务用房项目奠基仪式，国家知识产权局局长田力普、副省长陈云贤、省政协副主席、省知识产权局局长陶凯元出席仪式。截至2013年底，项目设计单位、代建单位招标等一系列前期工作顺利完成。在人员招聘方面，截至2013年12月，累计招录9批共1060名专利审查员，硕士研究生及以上学历占90.1%，中心在册员工总人数达1139人；在审查业务方面，共完成专利结案32970件、发出第一次审查意见通知书70424件；在行政建设保障方面，过渡期业务用房运营维护、信息化建设、党团建设、制度建设、人员管理等工作有序推进。 （供稿人：余洋）

广东省知识产权服务业集聚中心

【概况】 2013年，广东省知识产权服务业集聚中心（以下简称集聚中心）项目已被列入广东创建知识产权服务业示范省的重点项目。在推进项目立项方面，3月13日，开发区召开用地会，在集聚中心原有10亩用地基础上另行增加10亩，并核发规划设计条件；10月9日，广东省政协副主席、省知识产权局局长陶凯元，省知识产权局党组书记马宪民就集聚中心建设问题向副省长徐少华进行专题汇报，得到省领导的支持。在项目建设研究方面，广东省知识产权局与华南理工大学合作开展集聚中心规划和建设方案编制，于3月1日召开专家研讨会，探讨项目功能定位和服务模式；组织课题组赴北京、广州、中山等地政府部门、事业单位和知识产权服务机构进行调研，在此基础上完成规划及建设方案第五稿编制。

（供稿人：余洋）

国家知识产权局专利局广州代办处

【概况】 2013年，国家知识产权局专利局广州代办处（以下简称广州代办处）共受理专利申请83099 件，同比增长15.71%，其中纸件受理9191件，电子申请人工受理73908件；收缴各项专利费用365338笔，金额2.84亿元，同比增长6.38%；处理远程票据共42573笔，金额3114万元。

全年受理向外国申请专利保密审查请求2875件，同比增长11.56%，其中暂缓488件，同意2387件；办理专利电子申请用户注册5096户，同比增长133.01%，其中，个人4061件，企业1033件，代理机构2件；承担各类通知书对外发文及管理204522份，同比增长26.19%，其中，电子申请受理通知书151685份，电子申请审查业务通知书52830份，纸件专利申请审查业务通知书7份；办理各类请求及相关文件扫描19647件，同比增长12.70%；开展特殊新申请文件受理文件58件；受理复审、无效宣告专利文件15件，同比增长275%。

广州代办处于2013年3月成功承办2012年度全国专利代办工作会议，得到国家知识产权局与兄弟代办处的充分肯定。

【专利服务】 办理专利登记簿副本出证2947件，出具专利法律状态证明文件61批次3653件，同比增长159.26%，完成涉及专利实施许可合同备案和专利权质押登记的专利登记簿副本出证全流程制作538件；办理专利实施许可合同备案619件，涉及专利1024项，合同金额6725万元，受理合同变更15件，合同注销18件，为中小微企业开通绿色通道，完成《专利实施许可合同备案简报》撰写分析工作；办理专利技术合同认定登记41件，合同金额9378万元；受理专利权质押登记申请11件，同比增长450%，涉及专利111项，合同金额3.49亿元，办理质押注销登记2件，完成《区域知识产权质押融资服务体系建设及推进措施研究》课题研究，并被国家知识产权局初审及流程管理部评为优秀研究报告；完善语音咨询查询系统，及时了解系统的运行情况，全年共接受电话语音咨询2万余次。

第113、114届广交会期间，广州代办处为广东省知识产权执法工作提供641件的专利确权信息，对投诉专利的法律状态进行核实，为参展企业投诉当事人提供专利信息查询服务，极大地方便了当事人，切实维护权利人和社会公众的合法权益，确保投诉专利的有效性和案件处理的准确性。通过远程会晤系统开展会议交流和提供业务培训25场（次）。

【专利电子申请】 为进一步深化专利电子申请推广工作，确保年度工作任务顺利完成，广东省知识产权局领导高度重视专利电子申请推广工作。2月，广东省政协副主席、省知识产权局局长陶凯元在全省知识产权局长会议上就专利电子申请推广工作，要求全省各级知识产权管理部门采取各种有效措施，全力以赴做好专利电子申请推广的宣传和落实工作。4月，副局长朱万昌组织局相关部门负责人召开专题协调会，进一步明确部门职能分工及要合力抓好的几项重点工作，并进行研究和部署。8月，广东省知识产权局印发《关于加强全省专利申请工作的意见》，要求有条件的地市，可将专利电子申请推广工作纳入专利申请资助范围，对通过专利电子申请系统提交专利申请的单位及个人给予相应的资助。多数地市对本市专利资助政策进行适当的调整，为电子申请推广工作提供了有力支撑。10月，局党组书记马宪民、副局长朱万昌带领相关人员到深圳等市进行电子申请推广工作指导、督查。

2013年，广州代办处在专利电子申请推广过程中，重点抓了如下工作：一是开展系列宣传推广活动。起草并协同局相关处室印发《广东省2013年专利电子申请宣传推广月活动方案》，全力推动宣传推广月活动内容的落实。通过召开座谈会、协调会、交流会及《广东科技报》等宣传媒体大力宣传专利电子申请、网上缴费优势。同时，通过举办专题培训班，普及专利电子申请知识和系统操作方法。二是及时通报专利电子申请推广信息。编印《专利电子申请使用手册》、《广东省专利电子申请统计简报》，在省局网站和受理大厅，定期通报全省及各专利代理机构电子申请率，为各地市打击黑代理提供准确、可靠信息。全年共编印《广东省专利电子申请统计简报》13期。三是积极做好相关服务保障工作。协助部分地市举办电子申请系统使用培训班及相关会议17场（次），1000余人参加培训，并通过专线电话、QQ群、微信、上门服务等方式指导申请人使用电子申请和网上缴费系统，及时解答申请人各类问题。全年共组织6批20人次上门提供技术服务，办理专利电子申请用户注册5096户，同比增长133.01%。

2013年12月，全省当月电子申请率达95.49%，跃居全国第三位，全年平均专利电子申请率为86.89%，每月电子申请率超过80%，专利代理机构平均电子申请率达99.87%。年均电子申请率同比上升6.7个百分点，圆满完成国家知识产权局下达的“三达标”年度工作任务。

【专利统计分析】 2013年，广州代办处针对广东省专利申请授权形势和实际需求，全年共编写发布《专利统计简报》12 期，完成《2012年广东省PCT国际专利申请情况分析简报》、《2012年广东专利登记簿副本出证情况分析》、《2013年上半年广东省大型骨干企业发明专利活动情况》等专题简报的撰写及2012年广东省专利统计小册子的整理编辑任务，其中《2013年上半年广东省大型骨干企业发明专利活动情况》被广东省政府《政务信息》采用；全年共通报7批次926件疑似非正常专利申请和10批次292件最终确认的非正常专利申请，完成《广东省2012年非正常专利申请情况的分析报告》，编辑简报5期，为有关部门和单位查处工作提供有力依据。

【获奖荣誉】 2013年3月，广州代办处连续11年被国家知识产权局评为全国“先进代办处”。 （供稿人：牛晨蕾）

广东省知识产权研究与发展中心

【概述】 2013年，广东省知识产权研究与发展中心（广东省知识产权维权援助中心）（以下简称“中心”）围绕专利信息传播利用和知识产权维权援助两个轴心，强化服务、开拓业务、以提质提效为目标，全力做好各项工作，完成年度目标任务。

【信息平台建设】 专利信息传播利用基地取得新进展。2013年，“国家知识产权局（广东）专利信息传播利用基地”建设取得实质进展。一是启动编制传播利用基地发展规划工作，已完成初稿并呈报国知局文献部征求意见。二是完成文献部下达的传播利用基地建设和服务相关研究项目4项，并全部通过结题验收，为基地的建设和服务打下良好的理论基础。三是加强人才培训，派送3名基地工作人员参加专利局审查协作中心培训，提升了基地人员的工作能力。

信息服务（广州）中心建设全面完成。2013年，“国家知识产权局区域专利信息服务（广州）中心”全面完成。11月，全国首个区域中心服务发展规划正式发布，广东省知识产权研究与发展中心完成中外8400多万件全量专利基础数据加工和加载工作，成为全国唯一具有全量基础数据的地方中心。11月，广东省知识产权研究与发展中心召开全国区域中心建设工作会议、12月召开泛珠区域专利信息服务工作座谈会，围绕区域服务发展规划思路及措施展开深入讨论、与会人员达成了共识。

公共信息综合服务平台上新台阶。2013年，广东省知识产权研究与发展中心公共信息综合服务平台上新台阶。一是展示与交易应用系统于6月正式上线并对外开放使用，标志着经三年努力综合平台建设全面完成。二是充实综合平台新功能，将完成的战略性新兴产业专利信息资源发布系统和实时统计系统纳入综合平台。三是进一步扩充专题数据库，将战略性新兴产业专利信息资源利用计划完成的生物医药、LED等10个专题数据库纳入综合平台。

平台扩充和影响力提高取得新成果。2013年，广东省知识产权研究与发展中心获批首批国家局“知识产权分析评议服务示范创建机构”。开展专利大数据服务基地建设前期筹备工作。被推选为全国知识产权分析评议服务联盟常务会长和知识产权服务业联盟副理事长单位。

【专利信息服务】 2013年，广东省知识产权研究与发展中心巩固了面向政府的高端服务，第一批战略性新兴产业专利信息资源开发利用项目推进有力，完成统计和发布系统开发，并通过系统发布项目全部研究成果，完成生物医药产业专利竞争情报分析及预警报告并正式发布，编辑和发放工作动态6期、统计简报1期；积极申报并获批第二批项目2项。面向地市的增值服务取得突破，承接广州开发区生物产业基因治疗专利预警分析和江门市摩托车地方行业数据库建设项目。创新对中小微企业服务模式，与中山、东莞、顺德等地区二十多个专业镇签订《提升知识产权能力助推专业镇转型升级合作协议书》，以专业镇为抓手，将知识产权信息服务、培训、维权三大核心服务向广大中小微企业渗透，并把该种形式推广到部分县。积极开展一般性检索服务，为单位和个人出具检索报告20余份，完成交易会投诉案件专利检索380多起、申请资助项目专利检索100多件。探索开展企业高端服务，与金发科技共同开展 “车用聚丙烯领域” 专利风险及专利布局分析，选择广州开发区两家示范企业进行信息综合利用试点。深入不同层次企业开展专利信息利用实地帮扶服务。踏实开展多项知识产权研究及项目申报工作，项目研究、验收、申报共计32项。其中，年度内申报项目10项、开展研究项目11项、结题项目11项。着重培养自己的核心研究团队，逐步形成以自主研究为核心的发展格局，独立完成研究项目7项，形成总数为57万字的研究报告。

【培训工作】 国家知识产权培训（广东）基地建设全面展开。2013年3月28日，国家知识产权培训（广东）基地正式揭牌，成立基地领导小组、工作委员会，出台基地章程和管理办法，进一步完善基地的机制和制度建设。

培训工作亮点纷呈。2013年，广东省知识产权研究与发展中心全年举办28期专业性强、实效显著的各类培训，累计近3200多人次参加学习。培训呈现三大亮点：一是班次减少，学时增多，如贯标班和信息检索班采用三天系统性培训，大大增强培训效果；二是面上内容少、实用内容多，大幅度增加了面向创新主体技术人员的专利信息传播和利用技能培训；三是独立办班少、联合办班多，通过与地市、专业镇和服务机构联合办班，向基层延伸培训工作，调动各种培训资源，有效地推动全省培训工作开展。广东省知识产权研究与发展中心成为全省唯一一家贯标培训机构，成功打响广东省知识产权培训服务品牌。

【知识产权维权援助】 知识产权维权援助中心基础进一步加强。2013年，广东省知识产权研究与发展中心机制建设取得突破，颁布“中心举报知识产权违法行为奖励办法”。工作体系不断加强，服务网点延伸到县（区）一级，在茂名成立首个分中心，与高要县、化州市等建立合作关系；在省日化商会等机构建立4个工作站，联合中山大学等成立3个保护知识产权志愿服务队伍。扩充工作内容，建立华南地区专利侵权判定咨询中心，制定工作机制、成立专家库。不断提升中心影响力，利用 “4·26” 知识产权日、公交车粘贴宣传贴、派发宣传册等形式，着力打造“12330”高效维权公益形象。

知识产权维权援助工作成绩显著。2013年，广东省知识产权研究与发展中心加强 “12330的投诉举报电话” 值班制度，增强服务意识，全年共接入举报投诉电话约500个，较上年大幅度增加40%。密切与相关执法部门配合，按程序和时限转交案件28件，较上年增加33%。依托维权援助专家库和协作机构智力资源，完成维权援助案件分析25件，较上年大幅度增加48%，得到申请人的充分肯定。服务展会保护，派出60多人次参加广交会等8个会展保护工作。深入企业开展形式多样的维权服务活动，共走访11个地市30多家企业。开拓新服务，华南地区专利侵权判定中心刚成立，就为省内和广西执法部门出具咨询意见6份。

知识产权司法鉴定服务量增价涨。2013年，广东省知识产权研究与发展中心接受司法鉴定委托案件累计45件，较上年增加13%，案件数虽然没有大的变化，但案件的鉴定难度大幅度提高，相应带来的鉴定收入较上年增加近四成。完成司法鉴定委托案件共35件，其中，技术秘密案件23件，专利案件5件，计算机软件案件5件，集成电路布图设计案件2件；按委托主体分类，公检法等部门委托的案件13件，企事业单位委托案件22件。参加法院质证出庭4次，出庭质证共7人次。完成司法检定所名称、法人等变更登记手续，扩充了专家队伍，为进一步发挥广东省唯一的知识产权司法鉴定机构作用创造条件。

【专利代理人资格考试考务】 根据广东省知识产权局的统一部署，2013年广东省知识产权研究与发展中心继续承担全国专利代理人考试广东考点考务工作。2013年，广东省知识产权研究与发展中心完成全国专利代理人资格考试广州考点考务工作，全年共接受2711名考生报名，占全国考生11.67%，多项指标创历史新高。

【全国专利实施调查和知识产权服务业统计调查】 2013年，广东省知识产权研究与发展中心吸收往年经验教训、精心设计调查方案，专人跟踪调查进度、及时给予技术指导、反复确认填报内容，顺利完成调查工作。专利调查工作共回收调查问卷4779份，回收率90.2%；完成广东省1433家法人单位知识产权服务业统计调查工作，共回收问卷253件，完成率20.57%。

【《广东知识产权年鉴（2013）》和广东省知识产权局年报（2012年）】 2013年，广东知识产权年鉴编辑部总结历年编撰经验，实现《广东知识产权年鉴（2013年）》和《广东省知识产权局年报（2012年）》编撰目标。

（供稿人：蔡艳清）

广东省知识产权研究会

【概况】 2013年，广东省知识产权研究会（以下简称研究会）充分发挥研究会作为社会组织的作用，推动广东省知识产权事业发展。2013年，研究会新增加团体会员6个，增选副理事长1名、常务理事2名，聘请副秘书长1名、顾问5名，增加秘书处专职人员1名。目前共有会员161个，其中团体会员56个，个人会员105个。

【学会基础建设】 经广东省知识产权研究会第四届第一次常务理事会会议通过，新增加郭驰为副理事长、罗秋林和曾旻辉为常务理事、黄玉霞为专职副秘书长，聘请顾问 5名。新加入单位会员6家，分别是广州华进联合专利商标代理有限公司、广州中浚雄杰知识产权代理有限责任公司、广州中瀚专利商标事务所、广州圣理华知识产权代理有限公司、中国能源建设集团广东省电力设计研究院、广州赛特环保工程有限公司。新制定广东省知识产权研究会秘书处工作规范，其中包括：《日常工作规范》、《档案管理规范》、《承接政府项目工作规范》、《调研工作规范》、《会员联系规范》、《财务管理规范》；新修改《广东省知识产权研究会财务管理制度》。

建立广东省知识产权研究会网站（www.gdips.org）。网站板块设置“学术研究”、“新闻资讯”、“会员之家”、“活动专辑”、“知识产权论坛”及“《广东知识产权研究会简报》”等栏目。

【知识产权学术交流】 是年，研究会先后组织会员721人次，分别参加“广东省科协学术活动周”、“‘4·26’审协广东中心开放日活动”、“外观设计专利合法有效保护宣讲会”、“国家专利审查业务调研座谈会”、“关于运用知识产权促进产业转型升级意见座谈会”及“2013年广州国际知识产权商业化研讨会 ”等。

11月26日，“2013年广州国际知识产权商业化研讨会 ”在广州召开，研讨会由广东省知识产权研究会、国际知识产权商业化促进会、韩国知识产权保护协会共同主办，广东省知识产权局、香港特别行政区政府知识产权署及韩国知识产权局为支持单位。广东省政协副主席、广东省知识产权局局长陶凯元，香港知识产权署署长张锦辉、韩国特许厅审判院院长李在熏等支持单位负责人出席研讨会开幕式并致辞。近100名会员代表参加研讨会。研讨内容分为“知识产权商业化概念及挑战”和“知识产权商业化的策略与经验分享”两个主题。

【知识产权科普活动】 6月15—16日，在广东科学中心，研究会与广东发明协会、广东科学中心等单位联合主办第十一届广东省少年儿童发明奖优秀作品展暨第二届广东省创意机器人大赛。此届少年儿童发明奖活动主题是“加强科技教育，培养创新人才”。全省及港澳地区共708项作品参加现场展示。评选出一等奖21项，二等奖79项，三等奖204项，获奖作品总数达304项。活动还颁发专利申请鼓励奖9项，特别奖12项，组织奖38项。获奖的优秀作品推荐参加“中国国际发明展览会”和“宋庆龄少年儿童发明奖”。

【知识产权课题研究】 8—12月，研究会承接广东省知识产权局安排的工作任务，先后在广州、深圳组织会员单位，参与广东省政府研究发展中心开展的《关于运用知识产权促进产业转型升级的意见》研究工作，并形成该意见的送审稿。

9—12月，研究会联合广东政协教科卫体委员会和省知识产权局，共同组成联合课题组，开展《战略性新兴产业涉外知识产权应对策略》课题研究并形成专题报告。

【知识产权交流活动】 研究会先后3次组团前往台湾进行知识产权交流。其中，9月下旬，由广东省政协副主席、广东省知识产权局局长陶凯元率领广东省知识产权代表团访问台湾，就开展知识产权（智慧财产权）交流合作达成共识，广东省知识产权局副局长谢红代表广东省知识产权研究会与台湾工业总会签署了《关于开展知识产权（智慧财产权）交流合作谅解备忘录》。

8月30日，研究会与广东省知识产权局共同接待来自韩国的知识产权代表团，副秘书长黄玉霞向韩国同行介绍了广东省知识产权研究会的情况，韩国同行希望加强双方知识产权交流。10月，研究会理事长马宪民和副理事长林德伟出席在韩国首尔举行的第四届韩国—广东发展论坛，副理事长林德伟代表广东省知识产权研究会与韩方签署《韩国广东民间组织关于开展知识产权合作的谅解备忘录》。

【承接政府项目】 研究会承担广东省知识产权局“全省企业知识产权管理规范推广会议”的组织和策划工作，以及“广东省产业专利联盟示范培育单位”评审会、“2013年广东省重点出口产品专利预警分析计划项目”评审会、“2012年广东省知识产权保护状况新闻发布会”、“2013年4·26世界知识产权日国家知识产权局专利局审查协作（广东）中心开放日活动”、“2013年粤港‘正版正货承诺’活动总结交流会”中的事务性工作。

研究会受广东省知识产权局委托，在项目申报和评审中负责材料收集和组织专家评审。主要有：“2013年广东省专利技术实施计划”、“2013年度广东省知识产权优势、示范企业”、“广东省产业专利联盟示范培育单位”、“2013年广东省重点出口产品专利预警分析计划项目”、“2013年广东专利奖”、“第二批广东省知识产权示范事业单位”、“第十五届中国专利奖广东省项目申报与推荐”等。

8—11月，研究会会受广东省知识产权局委托，先后8次组织会员代表200多人次参加并配合国家知识产权局专利局审查员来粤开展巡回审查活动。（供稿人：钟永欣）

广东知识产权保护协会

【概况】 2013年，广东知识产权保护协会（以下简称保护协会）在广东省知识产权局的大力支持和指导下，在理事会的正确领导和全体会员单位的积极参与下，努力开展各项工作，尽力为广大会员提供优质的服务，取得较为突出的成绩。保护协会新吸纳北京万慧达知识产权代理有限公司广州分公司、北京纵横长智教育科技有限公司广州分公司、东莞市智高文具有限公司、广东广大律师事务所、广州市广知商务服务有限公司、北京市集佳知识产权代理有限公司广州分公司等多家企业和中介机构，为保护协会补充新的血液，壮大协会会员队伍。

【培训与合作】 2013年1月25日上午，保护协会在河源市和平县举行“广东知识产权保护协会二届四次理事会”。

2013年4月19日上午，保护协会作为合办单位，和广州市律协知识产权专业委员会等单位，在暨南大学共同举办“中国梦——创新转型与知识产权热点问题论坛”。

2013年4月19日下午，保护协会和广州市中级人民法院知识产权庭举行“第四届广州知识产权司法保护论坛”。

2013年4月26日，保护协会与广东省版权保护联合会在广州合作举办“知识产权全产业链保护措施研讨会”。

2013年5月31日，保护协会作在广州举办“2013年广东地区知识产权经典案例报告会”。

2013年6月22日，保护协会与广东省社会科学院等单位，联合举办在广东省委党校召开的“首届广东品牌国际竞争力提升与保护高峰论坛”。

2013年7月，应会员单位珠海天威飞马打印耗材有限公司请求，支持举办第七届“天威杯”打印耗材创新设计与专利大赛。

2013年8月28—29日，保护协会应香港贸易发展局请求，组织多家会员企业参加“转型升级，香港博览”系列活动。

2013年8月28日，应省高级人民法院要求，保护协会组织多家企业参加在深圳举行的“最高人民法院知识产权庭专利侵权审判专项调研（深圳）座谈会”。

2013年9月27日，保护协会在广州成功举办“知识产权资产评估与司法鉴定研讨班”。

2013年10月25日，保护协会参与由广州仲裁委员会广州知识产权仲裁院在广州碧桂园凤凰城酒店主办的广州知识产权仲裁论坛“聚焦仲裁——知识产权保护的变革与创新”。

2013年11月22日，保护协会作在广州举办“修改后的《商标法》理解与运用”专题研讨班。

2013年12月4日上，保护协会与广东省版权保护联合会在从化联合召开“两会领导工作座谈会”，双方的会长、部分副会长和秘书长共计30多人参加会议，就两会的合作及知识产权保护热点问题进行讨论。

2013年12月8日，保护协会参与由广东省律师协会知识产权专业委员会在华南理工大学主办的“首届广东知识产权法律服务论坛”，协会很多企业会员也参加会议。

据不完全统计，2013年，在保护协会开展的培训研讨活动中，包括主办、合办、协办以及作为支持单位等组织的活动，累计超过2000人参加，其中会员单位代表超过1500人次，有效促进企事业单位知识产权保护水平的提升。

【知识产权纠纷调解机构设置和工作座谈会】 鉴于目前广东省知识产权纠纷快速增长，而法院又陷入案多人少的困局，为了缓解社会矛盾，维护知识产权合法权益和社会公益，保护协会积极探索建设知识产权纠纷调解机制工作，在广东省知识产权局的大力支持下，于2013年5月16日在广州市浙江大厦召开“知识产权纠纷调解机构设置和工作座谈会”。

会议邀请广东省知识产权局执法与监督处、广东省高级人民法院知识产权庭、广州市中级人民法院知识产权庭、广州市天河区法院知识产权庭、广州市海珠区法院知识产权庭、北京市立方（广州）律师事务所、广东奥飞动漫文化股份有限公司、广东健力宝集团有限公司、广州立白企业集团有限公司、北京万慧达知识产权代理有限公司、广州国智知识产权代理服务有限公司等有关单位负责人参加，就知识产权纠纷调解机构成立的必要性和可行性、相关机构的设置和报批、调解人员队伍的组建和运作、调解工作流程等问题展开讨论，为下一步探索开展相关工作奠定良好的基础。

【宣传工作】 2013年，保护协会继续举办《广东知识产权》的编辑出版工作。协会在克服了采编人员人手紧张、经费缺乏的情况下，严格遵守相关要求，按质、按量地完成了杂志的编辑出版和发行工作。截至目前，已经编辑出版刊物6期，发稿200多篇，超过60万字。目前刊物已经建立了一个较为稳定的撰稿队伍和发行网络，走向了既健康又可持续的发展方向。

2013年9月起，保护协会得到东莞市智高文具有限公司的大力支持，由该公司出资，向协会会员单位免费赠阅《中国知识产权报》4个月，深入宣传了知识产权制度，同时也进一步扩大了保护协会的知名度和影响力。

【人才培育】 2013年，为了加强知识产权专业人才培育工作，保护协会作为协助单位，协助“知识产权规划师”职业能力鉴定资格培训部分工作，累计有10多名不具备专利代理人资格考试的会员企业的知识产权管理人员，报名参加“知识产权规划师”职业能力鉴定资格培训。

【保护与合作】 2013年，保护协会积极发挥知识产权保护的桥梁沟通作用，通过推荐专业律师，举行专家论证座谈会，向知识产权司法和行政保护机关表达对案件的合法合理关注等多种形式，为部分会员单位及企事业单位知识产权维权和应诉提供力所能及的作用。

保护协会还积极整合优质社会资源，强化知识产权社团组织和行业组织之间的合作。保护协会先后和商业软件联盟、北京市知识产权保护协会、省高新技术企业协会、省版权保护联合会、省律师协会知识产权专委会、省商标协会、广州市律师协会知识产权专委会、东莞市知识产权保护协会等一批省、市社团组织展开合作，形成良好的知识产权社会环境。

（供稿人：顾奇志）

广东专利代理协会

【宣传培训】 2013年，广东代理协会举办或承办的培训活动共计22场次，参加培训的人员超过4000人次，如“实务技能培训班”、“复审无效培训班”、“诉讼代理人研修班”等广受专利代理人欢迎。

【交流与合作】 2013年，广东代理协会举办协会会员大会，组织全省主要专利代理机构代表，共同交流行业发展的最新情况，探讨行业发展存在的问题，促进了行业间沟通与合作。

【政府委托事项】 广东代理协会负责对全省专利代理机构的日常管理工作、对全省向国外专利申请资助项目的材料汇总初核工作、百千对接、电子申请培训推广工作等。

（供稿人：陈一忠）

广东商标协会

【概况】 广东商标协会于1996年6月6日在广东省民政厅依法登记设立，是一家依法由商标所有人、商标中介组织、商标管理人员、商标理论工作者以及相关机构和个人组成的非营利性专业协会。

协会现有会员约369家(其中商标代理分会会员107家），部分为驰（著）名商标企业。协会具有完善的组织架构，秘书处依照协会章程制定了一系列规章制度。2012年5月，协会成立了广东商标代理分会，起草制定了《广东省商标代理机构行业规范》，已经被省质监局批准立项，将成为广东省商标代理行业的地方标准。广东商标协会自1997年省工商局开展著名商标认定工作以来，就积极协助省工商局商标处，长期参与省著名商标材料的受理审查、实地考察以及认定后资料归档等工作，积累了丰富的商标管理和服务工作经验。

自成立以来，广东商标协会秉承提高全社会的商标意识，维护本会会员的商标合法权益，协助会员正确运用商标战略和策略开拓市场，倡导并协助会员提高商标信誉、创立著名商标、驰名商标的工作宗旨，始终把服务会员、服务社会作为立身之本和工作的核心，不断创新服务模式，坚持不懈地为会员单位和社会提供优质高效的服务，在实施行业自律，规范行业行为，构建公平、诚信、有序的市场秩序方面发挥了重要作用；作为政府和企业的桥梁，企业之间的纽带，在协助政府实施行业管理和维护企业的合法权益，推动行业和企业的健康发展方面做出了积极贡献，建立了行业影响力和社会公信力，得到了政府和广大企业及社会公众的认可。（供稿人：胡红琳）

广东省版权保护联合会

【第三届理事会第三次会议】 2013年11月22日，广东省版权保护联合会第三届理事会第三次会议在广州市召开，69位理事和理事代表参加了会议。会议由本会常务副会长陈彦主持，副会长兼秘书长梁守坚代表理事会在会上作了工作报告。

会议通过表决，一致同意增补北京金杜（广州）律师事务所、广州立白企业集团有限公司、深圳市力嘉创意文化产业发展有限公司、广东省现代文化产业发展中心等4家企业为副会长单位；广东宏图建筑设计有限公司、东莞市极客库电子商务有限公司、广州市鸣骏知识产权代理有限公司、大亚湾核电运营管理有限责任公司、广东学苑文化发展有限公司、肯尼思（中国）有限公司等6家企业为常务理事单位；广州尚思传媒广告股份公司、无锡永中软件有限公司、深圳市中艺海畅文化传播有限公司、广州凯特龙商贸有限公司、深圳市友谊书城有限公司等5家单位为理事单位；孙明飞等4人为副会长；叶万春等6人为常务理事；陈文伟等7人为理事。

新增补的副会长、北京（广州）金杜律师事务所知识产权部主任孙明飞，常务理事、广东宏图建筑设计有限公司董事长兼总经理叶万春，理事单位代表、广州尚思传媒广告股份公司总监曾振宇，分别代表新当选的副会长、常务理事和理事在会上作了发言。

部分与会代表还在会上，结合本单位的版权保护工作措施和版权保护工作中存在的问题进行了热烈的讨论。

【作品著作权自愿登记工作座谈会】 为加强各代理机构在作品著作权自愿登记代理工作的经验交流，规范作品著作权自愿登记工作流程，广东省版权保护联合会根据省内部分知识产权代理机构的建议，于2013年4月10日下午在广州市召开“作品著作权自愿登记工作座谈会”。来自全省各地的30家知识产权代理机构派代表参加会议。在座谈会上，广东省版权局版权处处长张同英作了“版权保护与维权”专题讲座；省版权局政务中心陈成建科长讲解了作品著作权自愿登记手续和流程；广东省版权保护联合会会长刘板盛讲解“如何界定登记作品范畴、登记作品著作权的意义和作用”；作品登记部负责人讲解作品著作权自愿登记工作中的常见问题和注意事项。

【考察访问】 福建省新闻出版局（版权局）原局长、福建省人大常委会原常委、福建省版权协会现任理事长白京兆，与福建省版权局版权处副处长、福建省版权协会秘书长谢振芳一行应广东省版权保护联合会邀请，于5月23—25日，从福州来协会考察访问。

【荣誉称号】 2013年11月30日，由中国版权协会主办、中国联通、FAB精彩集团共同协办的第六届中国版权年会在北京召开。在此次年会上，广东省版权保护联合会副会长单位——广州朗声图书有限公司，与中央电视台、腾讯网、搜狐网等全国20多家企业一起荣获2013年度“中国版权最具影响力企业”称号。

广州市朗声图书有限公司成立于2003年，是一家以版权运营和图书产品销售为主业的公司。该公司拥有专业、高效的管理团队，核心管理层具有编辑发行、律师及会计师等专业资格。

朗声作为国内规模最大、最具影响力的武侠文学版权运营商，成功引进了被誉为“华人世界的共同语言”的《金庸作品集》中文简体版、汉语有声版独家版权，并获得一批相关衍生品开发授权。

朗声与港台及海外的众多出版机构建立了良好的版权合作关系，引进了著名武侠作品《梁羽生作品集》、《古龙精品集》简体中文图书独家版权以及其他众多海外优秀的作品。在注重引进版权的同时，朗声也积极致力衍生版权和自主版权开发；大力开展版权及相关产品的对外输出工作，为国内优秀图书及相关文化创意产品面向港台及海外版权输出提供专业服务，是国内外有影响力的版权运营机构。

朗声建立了完整的版权保护体系，以引进版权、自主开发版权为核心资源，开展产品开发、授权使用、授权生产和发行销售等业务，形成了全版权商业运营模式。

【粤港版权产业企业交流活动】 根据粤港保护知识产权合作专责小组第十二次会议确定的交流计划项目，香港知识产权署助理署长黄文泰率领香港知识产权署、香港海关、香港贸易发展局、香港电影制作发行协会、香港国际影视协会有限公司、高保真委员会、香港数码港、超影娱乐有限公司、现代音像有限公司和XNT LIMITED等单位代表一行14人组成香港版权产业企业交流团，于12月16日至17日来穗开展粤港影视动漫版权管理与知识产权贸易交流活动。广东省版权保护联合会协办此次交流活动。

12月16日下午，粤港双方在广东珠江电影集团有限公司会议室召开了“粤港版权产业企业交流活动专题座谈会”。座谈会由省新闻出版广电局（版权局）副局长钟庆才主持。省新闻出版广电局（版权局）局长黄小玲出席座谈会并致辞。她强调，“加强版权保护”是党的十八届三中全会做出的重大决定之一，是推动版权运用和保护、健全创新激励机制的驱动力。她同时指出，粤港双方围绕版权保护和版权贸易，进行相互交流互访，目前已经形成机制，并取得明显成效，希望双方更加重视交流互访工作，使之更好地推动粤港版权工作的开展。香港知识产权署助理署长黄文泰介绍香港知识产权署的主要职能和近期开展的主要工作。广东珠江电影集团有限公司总经理相贤古介绍了珠影集团的相关发展情况。

座谈会上，粤港双方代表围绕影视动漫版权管理与知识产权贸易这个主题，提出了大家关心的法规制度建设、打击侵权盗版等共性问题，分享了各自在版权保护、版权管理与运用、知识产权贸易、会展版权保护与贸易等方面的成功经验和好的做法。省知识产权局版权管理处处长张同英就港方关心的版权案件的受理投诉、行政执法、版权登记、法制建设、知识产权贸易、行业准入、版权保护等与香港同行进行了交流，回答了香港方面关心的问题。

座谈会后，香港交流团分别参观珠影文化创意产业园、珠影数字音画传媒有限公司、广州市文化市场物证中心和广东奥飞动漫文化股份有限公司。香港同行普遍认为此次交流活动的行程安排科学、主题突出、内容丰富、交流研讨气氛热烈。对广东的新经验、新做法颇感兴趣，对黄小玲局长、钟庆才副局长亲自参加交流活动表示感谢，对广东方面取得的成绩表示祝贺，并希望双方继续加强交流合作，共同推动粤港两地版权产业的繁荣发展。

为确保此次活动顺利进行，依据港方提议，局版权管理处在局电影管理处、广东珠江电影集团有限公司、广州市版权局、省版权保护联合会、广东奥飞动漫文化股份有限公司、广州天闻角川动漫有限公司、广州漫友文化科技有限公司、广州嘉佳卡通影视有限公司的协助下成功举办了座谈会。局版权管理处处长张同英、调研员袁新迪、副处长宁建芳、省版权保护联合会秘书长梁守坚、广州市版权局版权处处长金极权等全程陪同。

【“两会”领导工作座谈会】 广东省版权保护联合会与广东知识产权保护协会（以下简称“两会”）为加强“两会”副会长以上单位的合作与交流，促进互相间的了解，更好地为两会会员单位提供优质服务，共同提升广东省知识产权保护水平发挥积极作用，于2013年12月3日至4日在广州从化市联合召开两会领导工作座谈会。此次座谈会是广东省版权保护联合会与广东知识产权保护协会于2011年底签订两会战略合作框架协议以来首次举办的两会领导工作会议。与会者高度评价此次座谈会所取得的成果，同时希望两会今后更加密切沟通，充分发挥各自的优势，共同在知识产权特别是版权保护领域扩大合作与交流，为广东省建设知识产权强省做出应有的贡献。

【知识产权全产业链保护措施研讨会】 5月10日，协会与广东知识产权保护协会和深圳市版权协会在广州市联合举办知识产权全产业链保护措施研讨会，来自珠三角的10多家知识产权代理机构派人参加了会议。在此次研讨会上，常务副会长陈彦和深圳市版权协会法务部主任、广东利人律师事务所律师孟海分别就“E防标”商品知识产权市场权益维护平业务以及可信时间戳知识产权自助保护及互联网电子证据固化业务进行详细的介绍。

（供稿人：梁守坚）

广东发明协会

【概况】 2013年，广东发明协会为营造发明创新氛围，提高群众性发明创新水平、建设创新型广东服务，取得良好成效。

【广东省少年儿童发明奖】 “广东省少年儿童发明奖”评选活动，是广东发明协会坚持开展的一项全省性重大活动，并与全国“宋庆龄少年儿童发明奖”评选活动相衔接。2013年，广东发明协会牵头主办了十一届“广东省少年儿童发明奖”评选活动，此次活动共接到全省及港澳地区共708项少年儿童发明作品。经专家的严格评审和现场考察，评选出一等奖21项、二等奖79项 、三等奖204项，获奖作品总数达304项。活动还颁发专利申请鼓励奖9项，特别奖12项，组织奖38项。获奖优秀作品将优先推荐参加“中国国际发明展览会”和“宋庆龄少年儿童发明奖”。

【DI创新思维竞赛】 2013年已举办了七届，普及广东省十多个地级市。每年通过省级竞赛，成绩优异的队伍代表广东省参加DI全国决赛和年度全球总决赛。七年来共有4000多名师生及他们的家长参与了此项活动。DI在广东省的推广，对广东省的中小学素质教育起到了积极的推动作用，为培养和提升青少年的综合素质提供了一片土壤。

【科技交流】 2013年6月，广东发明协会与香港发明协会、澳门创新发明协会在广东科学中心召开粤港澳创新活动座谈会。

（供稿人：邝伯麟）

《中国知识产权报》广东记者站

【概况】 2013年，分管记者站工作的领导为广东省知识产权局副局长朱万昌，记者站在报社通联部和省局协调管理处的指导和支持下开展相关工作。广东记者站目前驻站记者1名。

高质量完成新闻报道的任务。据不完全统计，截至2013年12月底，广东记者站共计发稿298篇。其中驻站记者发稿共150篇，通讯员发稿共148篇。所有稿件中，头版头条共3篇。其他版头条共36 篇，言论1篇，新闻图片36 幅。总字数为超过20万字。

开创性完成《广东专刊》采编任务。一年来，广东记者站肩负《广东专刊》的采编任务，探索地方版的发展道路。广东记者站成功争取《广东专刊》得到广东局和一些地方局的大力支持。截至2013年12月底，《广东专刊》先后出版24个整版，深入全面报道广东展会知识产权保护、专利奖励、省部会商、海关保护等省局层面的工作，还推出惠州、东莞、广州、茂名等地方专题报道。

积极有效地开展通联工作。广东记者站充分利用《广东专刊》这一宣传阵地，成功培育一批核心通讯员，并亲自对广州等地的通讯员进行面授式的培训，提升了通讯员新闻写作能力。

协助广东省知识产权局开展知识产权宣传工作。一年来，广东记者站承担《数说强省——广东推进知识产权战略实施纪实》大型画册、《铿锵强省路——广东推进知识产权战略实施纪实》视频专题片等制作任务，承编《广东推进知识产权战略纲要简报》等，策划“4·26”世界知识产权日、中国专利周、国家知识产权战略实施五周年、广东省知识产权战略实施六周年等专题宣传，起草了超过10万字的文稿，出色完成各项工作。

坚守执业纪律和职业道德。一年来，广东记者站坚决服从党的领导，严格执行党的新闻纪律和新闻出版方面的法律法规，认真学习党的相关文件精神，努力提升自身素质，怀着极大的工作热情，创造性地开展工作，保证各项任务的全面和如期完成，同时做到廉洁奉公。

（供稿人：顾奇志）

广东省知识产权研究与发展中心司法鉴定所

【概况】 广东省知识产权研究与发展中心司法鉴定所（以下简称“鉴定所”）主体单位原名称“广东省专利信息中心”，于2010年更名为“广东省知识产权研究与发展中心”。根据《全国人民代表大会常务委员会关于司法鉴定管理问题的决定》、《司法鉴定机构登记管理办法》（司法部令第95号）、《关于司法鉴定机构、司法鉴定人登记管理工作实施办法》（修订稿）文件精神，鉴定所变更机构名称、住所应及时向登记机关办理变更登记。鉴定所即刻安排专人负责与司法鉴定管理部门联系将“广东省专利信息中心知识产权司法鉴定所”名称变更为“广东省知识产权研究与发展中心司法鉴定所”，并针对更名所需准备的材料和相应的要求进行了认真、详细的整理和准备后提交给司法管理部门，最终于2013年9月得到司法管理部门的批准。随后，鉴定所尽快办理新旧名称交替工作，更换相应的业务印章，并通知各业务相关单位，尽量避开因变更工作给鉴定工作带来的不便。

【业务情况】 2013年，鉴定所接受司法鉴定委托案件累计45件，其中已完成案件共35件。在完成的案件中，按鉴定业务类别分类，技术秘密案件23件，专利案件5件，计算机软件案件5件，集成电路布图设计案件2件；按委托主体分类，公检法等部门委托的案件13件，企事业单位委托案件21件，个人委托案件1件。随着科学技术的日新月异，知识产权侵权的手段也愈加隐蔽，给鉴定工作带来很大的困难。鉴定所在面对新形势下出现的新问题，始终坚持在确保鉴定质量的前提下推进业务的发展，为社会提供高质量的知识产权司法鉴定服务。

【宣传工作】 2013年，为了使更多人了解如何利用司法鉴定保护自身权益，拓宽鉴定所的知名度，鉴定所积极参与各类培训并授课。9月26日，鉴定所副所长张甫筠出席“知识产权资产评估与司法鉴定研讨班”并讲授；11月8日，鉴定所冯健宁所长出席广东省公安厅召开的关于知识产权保护工作商讨会议并就知识产权相关的问题发表意见和建议等。

【内部管理】 根据《最高人民法院〈关于行政诉讼证据若干问题的规定〉》第47条“当事人要求鉴定人出庭接受询问的，鉴定人应当出庭。鉴定人因正当事由不能出庭的，经法庭准许，可以不出庭，由当事人对其书面鉴定结论进行质证。鉴定人不能出庭的正当事由，参照本规定第41条的规定”，鉴定人对鉴定意见负有责任，在接到出庭通知书后若无不能出庭的正当事由，必须参加庭审接受质证。2013年，鉴定所接到出庭通知4次，出庭数共7人次。随着司法鉴定事业的发展和司法鉴定社会公信力的提高，鉴定所亟须对鉴定人加强培训，提高鉴定人出庭质证的技巧和应对能力。

鉴定所在做好技术工作的同时，始终坚持鉴定人的职业道德规范，拒绝委托人的钱、物，不受外界干扰，坚持客观公正的立场。在受到干预的情况下，与各方进行耐心细致的说服、撰写说明材料等工作，既坚持客观公正，又避免不良的影响。

【鉴定培训】 为了强化鉴定人的政治素质、业务素质和职业道德建设，提高鉴定能力、鉴定水平及管理能力，保证鉴定质量，鉴定所组织鉴定人参加省司法鉴定协会组织的全省司法鉴定协会成员年度继续教育培训及司法鉴定人岗位培训。

【充实鉴定人】 针对鉴定业务情况，鉴定所通过各种途径着力物色有技术专长的技术人员，以保障鉴定所业务质量和效率。经过筛选和观察，已有两位符合条件，鉴定所已向市司法局提交申请资料并将他们发展为鉴定所的鉴定人。此外，为扩大鉴定人后备力量，鉴定所在高校、科研院所聘请一批特聘专家，一方面填补某些特殊领域的空白，一方面为物色相关人才增加储备力量。

【鉴定人执业证】 根据《司法鉴定人登记管理办法》规定，司法鉴定人执业证自颁证起五年内有效。鉴定所为即将到期的鉴定人执业证办理延续手续，拟定司法鉴定人延续执业证申请、司法鉴定人延续执业证证明、司法鉴定人历年执业情况汇报等相关资料，协助鉴定人完成执业证的延续工作，以保障鉴定人顺畅开展鉴定工作。（供稿人：唐硕穗）

广东省律师协会知识产权法律专业委员会

【概况】 2013年，广东省新一届知识产权法律专业委员会以结合广东省知识产权法律服务的实际情况为基础，以充分发挥本专业委员会的作用为前提，以积极推动广东省知识产权律师专业化的进程、提高全省专业律师的服务水平为最终目标，制定《2013—2016年广东省律师协会理事会工作规划》以及2013年度工作计划。在工作规划中明确要完成的主要工作有：有针对性地组织疑难业务、新业务研讨会或者培训班；编写《商业秘密律师业务操作指引》等业务指导文件，修订著作权法、专利法、商标法等业务操作指引；深入偏远地区，与当地律协联合举办知识产权律师业务培训；编辑出版广东省律师研究知识产权法的专著或者论文集1—2部；面向全省征集评选典型案例举办年度知识产权典型案件报告会；加强与其他行业协会、省外、境外律师协会和律师事务所的交流与合作，扩大广东知识产权律师在社会各界的影响。

【交流与合作】 针对专业委员会普遍存在管理不够规范、缺乏相应管理制度和考核机制，导致委员会委员缺乏组织性、参与性的问题，有的委员很少甚至没有参与过委员会的活动。专业委员会根据省律协的相关规则和纪律，加强委员管理工作，建立相应的制度，定期召开专业委员会工作会议，推进专业委员会工作规范化进程。为加强交流，广东省律师协会知识产权法律专业委员会分别在2013年6月和12月两次召开专业委员会全体委员会议，充分发挥每个委员的作用，共同为提高广东省知识产权法律服务水平献计献策。

【业务培训】 以商标法修改为契机，启动全省商标业务培训工作，积极推动律师事务所从事商标代理业务。广东省律师协会知识产权法律专业委员会于9月、11月和12月分别在潮州、东莞以及珠海，举办了三场“律师商标代理及诉讼实务培训研讨会”培训，主要面向当地的律师。通过培训，一方面对新商标法的颁布实施进行了很好的宣传发动作用；另一方面，进一步加深律师对商标代理及诉讼实务的认识，同时增强商标代理业务的基本技能，帮助广东省律师尽快掌握商标代理实务，并迅速展开商标代理业务。

【征集典型案例】 为充分展示广东知识产权律师的实力，总结广东省律师知识产权理论研究成果、宣传典型案例，提高广东知识产权律师队伍的整体影响力，推动广东省知识产权律师业务的发展，同时也为成功举办年度知识产权典型案件报告会，并根据案例征集情况编辑出版，专业委员会于2013年面向全省广泛征集评选典型案例。目前已征得来自全省范围内各地律师报送的候选案例三十余件，同时年度知识产权典型案件报告会的举办事宜也正在紧锣密鼓地筹备中。

【广东知识产权法律服务论坛】 广东省律师协会知识产权法律专业委员会以服务于企业、服务于律师为出发点，为法律服务提供者和法律服务需求方之间构建桥梁，从2013年开始每年举办一次广东知识产权法律服务论坛，邀请各行业企业以及包括律师在内的法律服务提供方共同参加，为双方提供对接平台，一方面帮助企业找到所需要的知识产权法律服务，另一方面，为律师开拓知识产权法律服务业务。

“首届广东知识产权法律服务论坛”于2013年12月8日在广州成功举办。论坛举办的信息一经发出，即得到广大律师和企业的积极响应和踊跃报名，共有130余位来自省内多个城市的律师参与此次论坛。同时论坛还邀请100多名企业代表。此次论坛议程主要包括主题演讲和经典案例回放两大板块，在知识产权商业化运营、专利联盟与律师创新、品牌国际保护、网络版权疑难问题及维权技巧、境外上市融资与知识产权等方面作了深度交流和探讨。

为使此次论坛达到最佳的效果，广东省律师协会知识产权法律专业委员会借鉴国外的先进经验，设置多个现场对接交流与宣传展览环节，由各个律师所设置展台，向参加会议的企业代表展示本事务所的服务特色，为企业和律所法律服务单位提供对接平台。通过举办此次论坛，进一步宣传广东省律师在知识产权法律服务领域所取得的成就，增强各界对知识产权在社会发展过程中具有重要性的认识，积极推动知识产权法律服务市场的完善，并加强律师与企业之间的交流与学习。（供稿人：邓尧）

ZHI SHI CHAN QUAN JIAO LI

知识产权交流与合作

- 对外交流与合作
- 区域交流与合作

对外交流与合作

知识产权对外交流与合作

【概况】 2013年，广东省知识产权局本着平等、务实、互利的原则，进一步拓展对外交流合作的渠道，继续完善全省知识产权系统外事工作管理，加强与相关部门的沟通与协作，积极举办参与外事活动，全面提升全省知识产权外事水平，不断推进知识产权对外交流合作，为广东省经济社会的发展出谋献策。

【知识产权涉外工作】

2013年，广东省知识产权局认真履行统筹协调知识产权涉外事宜的职能，协调全省各知识产权相关部门开展知识产权涉外工作，确保在敏感时期及敏感问题上，各部门协同一致。

4月份知识产权宣传周期间，广东省知识产权局组织省政府知识产权办公会议26个成员单位及6个特邀单位，编写《2012年广东省知识产权保护状况》白皮书（中英文版），并联合省政府新闻办召开新闻发布会，由广东省知识产权局党组书记、副局长马宪民向各国驻穗领事机构及境内外媒体进行发布，相关部门代表出席发布会并回答相关提问。自2003年至今，发布会已连续11年举办，成为广东省对外知识产权宣传工作的品牌活动。

2013年，美国、日本等多国驻广州总领事馆多次就“双打”工作向设在广东省知识产权局的“双打”领导小组办公室了解情况，广东省知识产权局及时与相关部门进行事前沟通，协调工商、版权、质监等单位代表提供素材，确保对外知识产权宣传工作的顺利开展。

2013年初和12月，广东省知识产权局两次组织接待“日本经济产业省及国际知识产权论坛官民实务代表团”来访，协调邀请省工商局、质监局等知识产权职能部门参加，与来自日本经济产业省、在华日资企业知识产权保护联盟（IPG）、日本贸易振兴机构等机构约30名代表就知识产权保护相关问题进行会谈。

2013年1—12月，美国对广东的电子、通讯、轮胎、家用电器等出口产品发起“337”知识产权调查5起，占其同期立案数量的10%以上，涉及广东省不少战略性新兴产业的大型龙头企业。2013年广东省中兴、华为、华南轮胎、康宝等龙头企业先后遭遇“337”调查，广东省进出口公平贸易局除了及时通报案情外，还赴华为、中兴等公司开展调研和指导工作，在珠海举办美国“337”调查应对工作现场会，总结梳理广东省受到美国“337”调查案件的有关企业总结应对经验和成效，开展经验交流，并上报商务部。

【国际知识产权交流研讨活动】

2013年，广东省知识产权局继续积极举办并参与国际知识产权交流研讨活动，提升广东省企事业单位知识产权制度运用能力和水平，扩大国际影响。

广州国际知识产权商业化研讨会。11月26日，广东省知识产权局联合香港知识产权署、韩国知识产权局支持举办“2013年广州国际知识产权商业化研讨会”，广东省政协副主席、广东省知识产权局局长陶凯元，香港知识产权署署长张锦辉，韩国特许厅审判院院长李在熏出席了研讨会开幕式并致辞。来自香港、内地、台湾和新加坡、韩国、芬兰、美国等国家和地区的专家学者出席研讨会并作专题演讲，全省知识产权相关部门、高校、知识产权中介服务机构200多人参加了研讨会，围绕知识产权如何更好地服务中小企业成长和工业提升等主题进行了深入研讨和交流。

广东省知识产权局先后与日本知识产权协会合作举办中日企业知识产权合作会议；与英国睿格律师事务所合作举办欧洲知识产权制度巡回演讲、欧盟知识产权实务讲座；协助美国飞翰律师事务所在深圳成功举办美国“337”调查应对系列讲座；与美国莱纳戴维律师事务所合作举办美国新专利法及应对策略研讨班。帮助广东省企事业单位了解国际知识产权发展最新动向，掌握欧美知识产权保护体系，提高海外知识产权维权能力和保护水平。

中欧知识产权工作组第十二次会议广州分会。2013年8月30日，由广东省外经贸厅负责承办的中欧知识产权工作组第十二次会议广东分会在广州花园酒店举行，广东省外经贸厅副厅长马桦出席此次会议并作欢迎致辞。商务部条法司、国家版权局、最高人民检察院等有关负责人，欧委会贸易总署、欧盟驻华代表团、欧盟内部市场协调局、欧盟商会珠三角分会、意大利驻广州总领事馆等相关负责人，广东省公安厅、知识产权局、工商局、版权局、海关总署广东分署、省高院、省检察院等相关负责人，以及广东省外经贸厅有关业务处室负责人及企业代表近60人参加了此次会议。

【知识产权外事会见活动】 2013年，广东省知识产权局继续加强与外国知识产权相关部门机构的交流，积极拓展知识产权对外交流合作平台。大力协助广东省领导会见国外政要及知识产权代表团，广东省知识产权局领导多次参加重要外事会见活动。为省委书记胡春华会见美国驻华大使骆家辉，省委领导会见欧盟驻华大使，省长朱小丹会见美国全国商会常务副会长兼国际事务总裁博迈伦、日立集团会长川村隆等省长经济顾问等外事会见提供知识产权参阅材料。2013年，广东省知识产权局继续大力加强与美国、欧洲、日本、韩国等国家的交流合作，共接待来自美国、德国、日本、韩国等国家共12个知识产权代表团86人次来访，来访机构包括美国专利商标局、日本经济产业省、韩国知识产权局、韩国世界知识产权检索有限公司（韩国WIPS）、日本特许厅、日本知识产权协会、日本知识产权海外研修团、德国卡尔杜伊斯堡公益中心等，会谈内容涉及知识产权保护、宣传、培训、服务等多个领域。同时，广东省知识产权局积极与外方商讨实质性的合作项目，沟通建立知识产权保护工作机制事宜，与美国专利商标局商榷“美国知识产权访问学者计划”，以及与法国内政部国际合作局内务安全处商榷“广东—法国系列知识产权巡回展览及研讨活动”事宜。

【知识产权访问交流】 2013年，广东省知识产权局积极开展赴外国访问合作及培训。先后组织两个知识产权代表团分别赴德国、法国、澳大利亚、新西兰开展访问交流合作，到访欧洲专利局、德国卡尔斯鲁厄专业情报中心、弗劳恩霍夫应用研究促进协会、法国Questel知识产权信息服务公司、澳大利亚代理人协会、澳大利亚骁盾知识产权事务所、Pipers专利事务所等部门和机构，考察了上述国家在知识产权服务业园区建设，知识产权信息服务业推进，知识产权信息检索、分析、预警、交易、运营，资产评估和价值分析，知识产权信息传播、分析研究、资源开发和人才培训等领域的发展及经验；向外方积极宣讲了广东鼓励创造、促进运用、加强保护、提升服务管理等主要方面的措施和成效。积极参与第四届韩国广东周活动，在活动期间签署了《韩国广东民间组织签署关于开展知识产权合作的谅解备忘录》，在访问澳大利亚、新西兰期间签署《广东专利代理协会与澳大利亚骁盾知识产权事务所合作意向书》、《广东省知识产权研究与发展中心与新西兰PIPERS知识产权服务机构专利信息合作意向书》，并就《广东省知识产权研究与发展中心与德国卡尔斯鲁厄专业情报中心专利信息合作意向书》、《广东省知识产权研究与发展中心与法国Questel公司关于开展知识产权交流合作谅解备忘录》签署事宜与相关机构展开会谈，推动建立知识产权合作长效机制。

【知识产权高端人才培养】 2013年，广东省知识产权局组织知识产权系统高层次人才培训班赴英国开展为期21天的培训活动，省内知识产权局系统及事业单位负责知识产权工作的管理人员及业务骨干参加培训。通过学习培训，掌握并了解英国知识产权保护方面的法律制度、政策措施及实施情况，对英国知识产权管理和执法体系运行状况、英国知识产权立法程序与执法机构设置、英国专利侵权的诉讼与案例分析、英国企业知识产权战略及知识产权创造、管理、运营、保护的做法和经验等重要内容有了更加深入的了解。此外，积极申报参加广东省领导干部赴美国高级培训班，组织推荐广东省高层次知识产权人才参加美国“国际访问者计划”，广东省公务员公共管理瑞典、加拿大专题研究班，以及国家知识产权局高层次人才赴美国知识产权培训班等。培训及培训活动内容丰富，成果显著，圆满地完成了各项出访任务。

【知识产权对外宣传】 为了通过各种途径和利用各种机会开展对外宣传，增进国际社会对广东省知识产权制度运行状况的了解，树立广东省在保护知识产权方面的良好国际形象，增强外商来广东省投资的信心，同时，积极配合省政府的有关工作和省领导的有关活动，进行高层的沟通和宣传。2013年，广东省知识产权局注重接待外事来访中开展知识产权的对外宣传工作，向来访者介绍广东省政府对保护知识产权的坚定态度、有关政策措施及所取得的显著成效，消除他们因不了解而产生的疑虑，同时也不回避目前仍然存在的问题，使来访者对广东省的知识产权保护工作有比较正确的了解和比较客观的评价，增强外商来粤投资的信心。广东省知识产权局领导每年都会多次接受境外媒体的采访，介绍广东省知识产权取得的积极成果，通过境外媒体，宣传广东的知识产权保护工作。充分利用中国出口商品交易会（广交会）在海外的巨大影响力，通过在交易会设立投诉站、举行大型宣传活动、派发宣传资料等方式，多渠道、多途径地向参展的客商和来宾介绍会展知识产权保护的规定，具体做法，以及中国政府保护知识产权的决心，树立中国尊重和保护知识产权的良好形象，取得了较好的宣传效果。美国专利商标局驻华知识产权专员柯恒、日本经济产业省及国际知识产权保护论坛（IIPPF）官民实务代表团对广东省在打击侵权假冒保护知识产权领域的工作和成效给予高度赞扬。经在华日资企业知识产权保护联盟（IPG）会长会议推荐，广东省知识产权局当选“2012年度在华日资企业知识产权保护贡献部门”，继2010年后第二次获此荣誉。英国戴森有限公司向广东省知识产权局局颁发“公正执法，维护创新”的牌匾。自2008年起，法国布瑞威利有限公司在每年的广交会上向广东省知识产权局赠予“维护知识产权合法权益”奖牌，高度赞赏广东省知识产权局知识产权保护工作。

【知识产权创新合作项目】 按照《关于研究部署提高我省对外开放水平构建对外开放新格局有关工作会议纪要》（省政府工作会议纪要〔2013〕132号）要求，为提高广东知识产权对外开放水平，促进构建对外开放新格局，广东省知识产权局制定《提高广东知识产权对外开放水平促进构建开放新格局实施意见》，以国际合作园区和出口企业为主题探索知识产权对外交流合作新路径；围绕创建知识产权服务业发展示范省的目标，全面提升广东知识产权服务业国际化水平；加大知识产权保护力度，建设与国际接轨的知识产权运用平台；培养具有国际视野的知识产权高端人才，全面提升广东知识产权对外开放能力和水平，将广东建设成中国知识产权多元国际合作试验区。在中新（广州）知识城等重大国际合作平台试点建设“知识产权保护与服务试验区”，探索成功经验，带动其他重大国际合作平台试点建设工作，建立多方参与的公益性综合保护和服务体系。支持中新（广州）知识城管委会与新加坡知识产权学院签署合作备忘录，鼓励双方在知识产权培训、交流、人才引进等方面开展深入合作。鼓励中新知识城申报“知识产权保护与服务综合试点”项目，鼓励中德金属生态城建设重点国际知识产权合作平台，打造国际知识产权创新型园区。

为贯彻落实《国家知识产权局和广东省人民政府第二轮知识产权高层次战略合作协议》，培育促进开放型经济发展新优势，搭建知识产权国际交流合作平台，构建知识产权高端人才聚集工作机制，广东省知识产权局向全省启动“重大国际知识产权合作平台建设工程”、“国际知识产权制度运用能力提升工程”、“国际知识产权高端研讨品牌打造工程”、“粤台知识产权对接计划”四大项目的申报工作。在对申报材料进行汇总、整理的基础上，组织省贸促会、省台办、知识产权行政管理部门等机构的专家进行集中讨论和评审。此举对培育促进开放型经济发展新优势，搭建知识产权国际交流平台，加强知识产权涉外管理与服务有极其重要的意义。

（供稿人：郭亚青　邓楷凯）

区域交流与合作

2013年粤港知识产权合作

【概况】 2013年，在“粤港保护知识产权合作专责小组”的积极推动下，两地知识产权相关部门，顺利推动开展多个合作项目的落实。

【粤港知识产权宣传活动】 2013年6月5日，粤港双方在广东省清远市联合举办主题为“知识产权贸易与资本化”的“粤港知识产权与中小企业发展（清远）研讨会”。来自国家知识产权局和粤港两地的知识产权专家、中小企业负责人及中介机构代表在会上分享内地与香港知识产权制度及知识产权贸易的最新进展，并就如何协助企业利用知识产权贸易建立品牌、创造价值、开拓商机及走进国际市场等问题进行解读和研讨。粤港保护知识产权合作专责小组成员单位代表，来自清远市及珠三角地区企业、中介机构、协会和研究所共200余人参加了研讨会。

2013年7月31日，由香港知识产权署支持举办的“第二届香港国际知识产权产业化会议”在香港举行，广东省政协副主席、广东省知识产权局局长陶凯元及香港知识产权署署长张锦辉出席会议并作主题演讲。双方分别联合举办以“知识产权贸易与资本化”为主题的“粤港知识产权与中小企业发展（清远）研讨会”和以“版权管理与知识产权贸易”为主题的版权产业交流活动。香港知识产权署于2012年12月举办“设计营商周——知识产权论坛”，向企业推广知识产权贸易的概念。

2013年11月26日，广东省知识产权局联合香港知识产权署、韩国知识产权局支持举办“2013年广州国际知识产权商业化研讨会”。广东省政协副主席、省知识产权局局长陶凯元，香港知识产权署署长张锦辉、韩国特许厅审判院院长李在熏等支持单位负责人出席了研讨会开幕式并致辞。来自全省知识产权领域的200多人参加了研讨会。

2013年6月27日，广东省知识产权局、香港知识产权署联合广东省版权局、省工商局在广东省东莞市联合举行“正版正货承诺”总结交流活动，广东21个地级以上市知识产权局、版权局、工商局、顺德区经科局及香港发标贴机构和粤方行业协会代表100余人出席。截至2013年6月，广东省共有886家商家企业3000多间门店被授予“正版正货”牌匾，其中18家门店因不履行承诺被摘除牌匾。

【知识产权交流】 2013年3月7日至8日，香港知识产权署率团赴粤开展主题为“版权管理与版权贸易”的版权产业交流活动，2013年4月17日至19日，广东省版权局副局长钱永红率领18人赴港访问，与香港版权影印授权协会及香港动漫画联会代表开展交流，并访问香港海关和数码港，加深了两地在版权管理及贸易发展趋势方面的了解，为深化未来合作奠定基础。广东省版权局和香港海关、香港知识产权署共同举办“粤港中学生版权知识和版权保护交流活动”。2013年1月和3月，香港“青网大使”与广东肇庆中学生开展交流互访活动，分享了知识产权保护的心得体会。

省工商局副局长姜海平率领广东省部分企业、代理组织与工商部门等代表共16人出席“设计营商周——知识产权论坛”，并前往香港著名企业开展品牌建立主题交流，加强两地商标品牌创建方面的合作，同时为粤港两地的民间机构搭建了交流平台。

【知识产权跨境保护】 针对日益频繁的通过邮递快件渠道进出口侵权货物的违法行为，粤港海关于2013年4月8日至12日联合开展了打击邮递快件渠道输港假冒消费电子产品专项行动。广东省内广州白云国际机场、深圳宝安国际机场、深圳邮局、皇岗口岸、东莞口岸、常平口岸和沙田口岸的海关人员参与行动，其间共查获输美和输港案件23宗，涉及侵权嫌疑货物11582件。香港海关在行动中也查获侵权货品12217件，涉案总值港币32万余元。

广东省公安厅推进与香港海关案件协查合作。2013年4月10日，香港海关版权及商标调查科与深圳市公安局经侦支队开展互访。深圳公安机关向港方通报了一起跨境网络侵权案件线索。针对跨境网络侵权案件，香港海关于2013年4月10日为深圳市公安局经侦支队举行了讲座，介绍互联网侵权案件的调查技巧及取证技术，为粤港两地共同合作打击跨境网络侵权案件奠定更巩固的基础。

广东省工商局落实与香港海关建立的粤港商标案件线索通报、协查、联络制度。自2012年9月至2013年5月，香港海关向广东省工商局通报线索75条，涉及广东省企业侵权线索30条，广东省工商局及时对线索进行分析并将信息立即转有关地市局调查处理。同期，广东省工商局请求港方协查7家香港企业信息。广东省版权局在与香港海关建立联络员、侵权案件信息通报和协查制度的基础上，及时交换两地最新的侵权技术情况及线索，逐步完善粤港版权案件协作处理机制，提高两地版权保护水平。广东省知识产权局应香港海关的请求，协助申请国家知识产权局专利局为香港专利权人出具专利登记簿副本2件。

【“广东省少年儿童发明奖”】 2013年6月15日至16日，香港派出6位代表带8件参赛作品参加于广东科学中心举行的第十一届广东省少年儿童发明奖优秀作品公开展示及评审，并夺得“广东省少年儿童发明奖”6个特别奖及1个优秀组织奖。

【新任审查员培训】 广东省知识产权局协助香港知识产权署组织官员参加国家知识产权局专利局专利审查协作广东中心关于专利审查、IPC分类、专利检索、PCT申请及审查等第五期新任审查员培训课程，并特别申请为港方减免相关培训费用。

【广东省著名商标认定】 2012年，在粤港资企业获得新认定广东省著名商标44件、延续82件，合计126件；截至2013年7月，在粤港资企业拥有广东省著名商标425件，占有效广东省著名商标总量的15.4%。

【2013年全国专利代理人资格考试】 2013年全国专利代理人资格考试于11月2日至3日在全国20个城市同时举行。2013年，共有38名香港考生在粤报名参加全国专利代理人资格考试，10人通过考试。自2004年以来，香港共有38人通过全国专利代理人资格考试，目前有14人在内地执业。（供稿人：郭亚青）

【粤港版权产业交流】 2013年9月7日，广东省版权局应香港海关的邀请，赴港参加版权保护研讨会，会上专门介绍广东展会的版权保护办法和香港权利人如何加强在内地的版权保护，并回答了权利人的提问，增进了香港权利人对内地版权保护体系的了解。

2013年1月，广东省版权局、肇庆市版权局率肇庆颂德学校15名中学生前往香港开展交流活动。3月28—30日，香港海关和香港版权署组织15名“青网大使”到肇庆市与颂德学校中学生开展版权知识和版权保护交流活动。

香港知识产权署于2013年3月7—8日组团来粤进行版权产业交流活动。座谈会主题为版权管理与版权贸易。2013年4月17—19日广东省版权局副局长钱永红率领广东版权代表团共18人赴港进行交流。

（供稿人：张同英　沈欣）

2013年粤澳知识产权合作

【概况】 粤澳知识产权合作有效推进，粤澳双方知识产权相关部门多次进行工作会晤，确保粤澳知识产权合作项目的顺利开展。

【粤澳知识产权案件协助处理机制】 在粤澳知识产权工作小组机制推动下，海关广东分署恢复设立粤澳海关保护知识产权专项联络员。两地海关举行各层次会晤，加强沟通联系。积极开展情报交流与情况通报，粤澳海关坚持定期通报相互查获的涉澳、涉粤侵权案件信息，对突发的重大边境侵权事宜及时通报，促进两地海关对进出境侵权情势的分析判断。2013年3月7日至8日粤澳海关在横琴口岸举行了联合执法行动，将假冒药品、食品、汽车配件、酒类产品、手机、平板电脑等商品列为重点监控商品，并对水客携带侵权物品进出境的违法行为加大打击力度，两地海关查获侵权案件一批。

【粤澳创意产业交流活动】 2013年5月24日，广东省知识产权局与澳门知识产权厅在广州羊城创意园区联合举办首届粤澳创意产业交流活动。来自粤澳双方创意产业界的代表围绕知识产权与创意产业发展的主题开展交流研讨，取得了良好效果。

【澳门考生在粤参加全国专利代理人资格考试】 广东省知识产权局协助澳门知识产权厅开展澳门考生在粤参加全国专利代理人资格考试工作。加大力度在澳门宣传推广全国专利代理人资格考试相关信息，鼓励澳门考生在粤参加全国专利人资格考试。

【粤澳知识产权交流研讨】 广东省知识产权局加大与澳门在知识产权交流研讨领域的合作，邀请在粤澳门企业参加“粤港知识产权与中小企业发展研讨会”、“2013年广州国际知识产权商业化会议”等知识产权交流研讨活动，大大提高了在粤澳门企业对知识产权的认识，提升了在粤澳门企业运用知识产权制度的能力。 （供稿人：郭亚青）

粤台知识产权合作

【概况】 2013年，广东省继续推进与台湾在知识产权培训、“专利云”、知识产权信息管理平台、知识产权服务体系、知识产权多元国际合作试验区等多个领域的交流合作，成效斐然。

【粤台签署备忘录】 广东省知识产权局指导广东省知识产研究会与台湾工业总会签署《广东省知识产权研究会与台湾工业总会关于开展知识产权（智慧财产权）交流合作谅解备忘录》，建立知识产权合作长效机制。这是粤台第一个知识产权交流合作谅解备忘录，广东省政协副主席、广东省知识产权局局长陶凯元访问台湾期间见证该备忘录的签署。该备忘录的签署为加强两岸的知识产权保护、推动知识产权运用、加速知识要素的流动提供了新的动力和保障，自此，粤台双方以落实谅解备忘录中的具体项目为重点，以谅解备忘录为纽带，不断加深双方企业间的互信和理解，形成互利双赢的良好局面，为粤台知识产权合作提供新的战略机遇和发展舞台。

【对台知识产权交流】 2013年5月27日至6月3日，广东省知识产权局副局长朱万昌率广东省、市、县（区）知识产权局系统行政管理人员24人赴台湾交流。主要目的是了解台湾地区知识产权战略布局、制度建设及司法保护等，加强粤台知识产权实务合作与交流，进而促进两岸经济、科技与文化发展。通过参观考察、与台方有关人员进行深层交流和业务探讨，对台湾知识产权的过去与现在有了进一步的认识，取得了很好的效果。

2013年9月24—30日，广东省政协副主席、广东省知识产权局局长陶凯元率知识产权代表团一行6人对台湾进行访问。主要目的是促进增强海峡两岸在知识产权领域的了解与互信，推进粤台在知识产权领域的交流与合作，交流重点为知识产权运用及商用化。在台期间，代表团学习了台湾知识产权管理体系及运行状况、知识产权教育与宣传培训、公共服务平台建设、创造运用和保护的做法和经验，以及专利技术产业化、产学研合作中的知识产权问题等内容；同时，让台湾地区的知识产权从业者了解了大陆知识产权发展的现状。通过与台方深层交流和探讨，代表团成员对粤台知识产权发展趋势有了更新的了解，进一步夯实知识产权理论基础，提升知识产权业务水平，圆满完成任务，达到预期目的。

【粤台知识产权对接计划】 2013年10月，广东省知识产权局向全省启动“粤台知识产权专题项目”的申报工作，制定详尽的《粤台知识产权专题项目申报指南》，明确“粤台知识产权对接计划”项目的名称、数量、内容以及申报条件、材料和程序等，通过局网站、向各市寄送正式通知等方式，在全省范围内进行发布。在对申报材料进行汇总、整理的基础上，组织省台办、省贸促会、知识产权行政管理部门等方面10名专家进行集中讨论和评审。经评审确定3个入围项目，分别是粤台专利服务高端人才培育、粤台知识产权运营合作洽谈，以及粤台企业高级管理人员知识产权对接工作。对培育促进开放型经济发展新优势，搭建粤台知识产权交流平台，加强粤台知识产权合作有十分重要的意义。（供稿人：尹怡然）

2013年粤蒙知识产权合作

【概况】 2013年5月24日，广东省知识产权局与内蒙古知识产权局合作举办《粤蒙知识产权合作框架协议》签署仪式暨知识产权对接会议。明确了双方的合作宗旨、合作原则、合作要求、合作内容、合作机制，提出在信息交流、专利行政执法保护、专利信息开发运用、知识产权代理服务、企业知识产权工作、知识产权宣传教育等六个领域开展合作。

【粤蒙知识产权合作宗旨】 充分发挥粤蒙两地的优势和特色，切实加强在知识产权领域的交流合作，努力提升两地知识产权创造、运用、保护、管理和服务水平，规范市场经济秩序，加快产业及技术转移，增进地区间投资增长，促进两地创新发展，增强两地整体实力和核心竞争力。

【粤蒙知识产权合作机制】

建立合作机制。建立粤蒙知识产权合作会商机制，在两地轮流不定期举行工作会议，商议确定并推动开展合作项目。

建立联络员制度。双方各确定一名联络员，负责联络、沟通和协调工作。联络员应加强跟踪、落实和情况反馈，畅通各成员单位信息交流渠道，提高工作效率，确保各项合作项目的顺利完成。

建立项目组制度。根据工作会议确定的年度合作计划，成立相应项目组，开展具体的专项合作。项目组成员由双方指定，对具体合作项目及相关事宜制订合作计划，提出工作措施，落实合作事项，并定期报告合作项目落实情况。

【粤蒙知识产权合作内容】

信息交流共享。加强知识产权信息交流，进行双方官方网站互联，分享两地知识产权地方法规政策及知识产权事业最新进展。

专利行政执法保护。推动建立专利行政执法保护协作机制，建立专利行政执法信息共享制度，共同促进两地专利行政执法水平提升。

专利信息开发运用。加强专利信息资源

共享，合作开发战略性新兴产业专利信息数据库，推进专利信息传播利用。

知识产权代理服务。推进两地知识产权代理服务行业的交流合作，交流知识产权服务机构建设管理先进经验，加强代理服务专业人才培养合作，促进两地专利代理服务业协同发展。

企业知识产权工作。开展企业知识产权工作交流及调研合作，推动企业知识产权展示交易，促进知识产权转化运用；引导开展企业知识产权托管合作，共同探索知识产权托管新模式。

知识产权宣传教育。开展知识产权培训合作，通过互派师资、互邀参加培训等方式实现知识产权培训资源共享；推动两地中小学知识产权教育交流合作，提高青少年知识产权教育水平。 （供稿人：郭亚青）

泛珠三角区域知识产权合作

【概况】 2013年，在各省（区、特区）知识产权职能部门的积极推动下，泛珠三角区域知识产权合作环境不断优化，合作领域不断拓展，合作力度不断加强，合作成果不断扩大。

【泛珠三角区域知识产权合作联席会议】 2013年10月15日，第九届泛珠三角区域知识产权合作联席会议在贵阳召开。泛珠“9+2”各方知识产权职能部门代表相聚贵阳，共同总结泛珠十年知识产权合作的实践和经验，相互学习与借鉴，探讨知识产权合作未来的发展方向。

【泛珠三角区域专利信息服务工作座谈会】 2013年12月10日，泛珠区域专利信息服务工作座谈会在广州市举行。国家知识产权局专利局自动化部部长张东亮、广东省知识产权局党组书记马宪民、副局长袁有楼出席会议，泛珠三角区域内地九省（区）知识产权局的相关领导和代表参加会议。此次座谈会旨在探讨实施区域专利信息服务（广州）中心发展规划的具体思路以及相应措施。座谈会上，自动化部宣读了国家知识产权局办公室“关于同意区域专利信息服务（广州）中心服务发展规划（2013—2017）”的批复，广东省知识产权研究与发展中心就“服务发展规划（2013—2017）”作了解读说明，并汇报区域中心的建设情况。与会代表围绕区域服务发展规划思路及措施展开深入的讨论。

【泛珠三角区域知识产权执法协作】 区域专利行政执法协作充分发挥了专利行政执法的优势，最大限度减少当事人的维权成本，对及时、有效地制止专利违法行为，加强各地区的协同执法工作力度，维护市场经济秩序发挥了积极作用。自《泛珠三角区域内地九省（区）专利行政执法协作协议》签署以来，截至2013年，广东省知识产权局已分别向广西、四川、福建、江西等省区移送案件6件，接受贵州省知识产权局、海南省知识产权局、福建省知识产权局、四川省知识产权局移送专利案件7件，并分别向省内广州、深圳、中山、珠海、佛山、汕头、惠州、江门、揭阳、潮州、湛江和茂名等市指定管辖案件26件。

【泛珠三角区域知识产权专家库建设】 2013年，由广东承担的“泛珠三角区域内地九省区知识产权专家库系统”已完成建库的相关工作，进入运营阶段。 （供稿人：郭亚青）

2013年粤喀知识产权合作

【概况】 2013年，双方认真履行合作项目。在知识产权宣传培训、专利执法及学校知识产权教育试点等领域开展合作。

【人才交流与培训】 广东省知识产权局与相关单位先后互派十余人次挂职工作或培训学

习，通过各种方式交流工作经验。

【知识产权执法能力提升】 广东省知识产权局大力支持喀什地区知识产权局提升知识产权执法能力，资助喀什知识产权局改善执法条件、配置执法交通工具、统一配备执法服装，更新和配置执法及办公自动化设备、宣传教育设备和网站建设设备。

【知识产权教育】 广东省知识产权局支持喀什地区大力推动学校知识产权教育试点工作，协助喀什地区知识产权局更新知识产权试点学校的设备，支持喀什地区知识产权局提升知识产权教育试点学校的信息化、电教化水平。

（供稿人：郭亚青）

宣传　教育培训

XUAN CHUAN JIAO YU

宣 传

“4·26”知识产权宣传周

【概况】 按照全国知识产权宣传周活动组委会《关于开展2013年全国知识产权宣传周活动的通知》（知宣组字〔2013〕1号）要求，2013年4月，广东省知识产权局以“建设知识产权强省，支撑创新驱动发展”为主题，精心组织开展了知识产权宣传周活动，取得了良好成效，营造了尊重和保护知识产权的浓厚氛围。

【“4·26”知识产权宣传周主要活动】 紧密结合省委、省政府核心工作任务，围绕“建设知识产权强省 支撑创新驱动发展”主题，研究制定年度知识产权宣传周活动方案，对58项工作进行安排部署。

创新知识产权宣传周启动新方式，在南方网精心组织“2013年全省知识产权宣传周活动启动仪式”，发布2013年全省知识产权宣传周活动方案，启动“南方网2013年广东‘4·26’知识产权宣传周”专栏，并举行了知识产权人物专题访谈。

开展新闻发布活动，联合省政府新闻办召开《2012年广东知识产权保护状况》（中英文白皮书）新闻发布会等，及时向社会公众、驻穗领馆及国内外媒体发布知识产权保护情况。

联合腾讯网举办以“知识产权在你身边”为主题的世界知识产权日微访谈活动，邀请专家学者与网友就知识产权热门话题进行讨论。

接受广东新闻频道《权威访谈》栏目专访并制作“尊重知识产权、维护市场秩序”专题节目。

积极在全国专业媒体及本省主流媒体组织专版，大力宣传广东省知识产权事业取得的最新进展。4月12日，在《中国知识产权报》刊登广东宣传特刊；4月19日，在《广东科技报》刊登知识产权专刊；4月26日，在《南方日报》刊登“建设知识产权强省 实现创新驱动发展”专版，发表陈云贤副省长世界知识产权日致辞，报道知识产权新的政策法规等。

协助国家知识产权局专利局专利审查协作广东中心成功举办“4·26世界知识产权日审协广东中心开放日活动”。

圆满完成2012年度全国知识产权保护重大事件、案件及有影响人物的推荐工作，广东省1个事件、3个案件和2个人物分别入选。

（供稿人：吴勇）

广东省知识产权宣传工作

【概况】 2013年，广东省知识产权宣传工作着力宣传知识产权事业的最新进展，努力提升全社会的知识产权意识，促进经济社会发展，营造良好的知识产权氛围。

【知识产权战略实施五周年专题宣传】

知识产权综合发展指数报道。组织召开“广东位居2012年全国知识产权综合发展指数排名第一”新闻通气会，广东卫视、新华网等近20家新闻媒体参会并就关心的问题进行了提问。

知识产权战略实施亮点巡回采访活动。组织广东省多家重要媒体赴广东多地开展巡回采访，据不完全统计，此次采访累计发稿30余篇，图片10余幅，其中《中国知识产权报》用2个整版、《广东科技报》知识产权周刊用4个整版宣传报道了广东省工作开展情况。

宣传专栏。在广东省知识产权局门户网站上开设“国家知识产权战略实施五周年”专栏，全面反映广东省实施知识产权战略的做法、进展和成效，广泛发动群众共同关心、支持和参与知识产权战略实施。配合国家知识产权局开展“国家知识产权战略实施五周年中央媒体地方行”专题宣传活动，为各媒体准备近20份新闻素材，有近十家中央媒体从不同角度对广东省工作开展情况进行了报道。制作《大省的光荣、强省的跨越——广东实施知识产权战略五周年成就巡礼》画册和“实现强省跨越，支撑经济转型——广东实施知识产权战略五周年纪实”专题片。

【重大活动和热点工作宣传】 2013年，广东省知识产权局通过各类新闻媒体，先后对第二轮省部高层次战略合作协议签署、全省知识产权工作座谈会暨广东省专利奖励大会、粤港保护知识产权合作专责小组第十二次会议、全省打击侵权假冒工作电视电话会议等知识产权的重大活动和热点工作进行了广泛宣传报道。据不完全统计，2013年，累计在各类媒体发表文字报道400余篇，图片报道近百幅，有力营造了良好的知识产权文化氛围。同时，还注重作好地市知识产权宣传组织指导工作，积极向各级党政领导赠阅《中国知识产权报》，向各市发放知识产权宣传资料，提高各级知识产权管理人员的宣传工作意识和能力。

【搭建宣传工作信息平台】 广东省知识产权局注重与省内外各家媒体加强沟通联系，搭建成由《中国知识产权报》广东记者站、广东电视台、《南方日报》、《羊城晚报》等近20家媒体在内的QQ信息传送平台，对一些重要新闻、重大事件和工作动态、经验成就第一时间在平台上进行发布，增强了宣传工作时效性，基本实现了知识产权宣传“电视上有图像、广播上有声音、报刊上有文章、网络上有信息”的目标。

【发挥局门户网站窗口功能】 广东省知识产权局充分发挥局门户网站的重要作用，网站对全年知识产权有关论坛、报告会、讲座等专题活动都予以全方位宣传报道，对知识产权工作新思路、新动态进行及时跟踪分析。广东省知识产权局先后在局门户网站上推出“广东省知识产权局系统‘两建’工作专栏”“广东省打击侵权假冒工作专栏”“国家知识产权战略实施五周年专栏”“2013年知识产权宣传周专题”等一系列专项栏目，及时发布最新情况，为社会大众了解知识产权工作提供了极大的便利，有效提高了全社会知识产权意识。

【办好《中国知识产权报广东专刊》】 2013年，在广东省的努力争取和中国知识产权报报社的大力支持下，广东专刊正式创刊运行。广东省知识产权局高度重视此项工作，年初，专门印发《关于大力支持“中国知识产权报广东专刊”的通知》，要求全省21个地级以上市知识产权局和顺德区经济和科技促进局大力支持专刊相关工作，省政协副主席、省知识产权局局长陶凯元亲自撰写了《积极为广东建设知识产权强省鼓与呼》的创刊词。迄今为止，专刊共计出版27期，先后推出《广东：励精图治谱写强省建设新篇章》《省部知识产权高层次战略合作十大进展》《争当广东省创新驱动的顶梁柱》等一系列重量级报道，并深入广东省一些知识产权工作成效显著的地市和县区进行重点报道，极大地扩大了广东省知识产权工作的影响力。

（供稿人：吴勇）

广东省工商行政管理系统“知识产权宣传周”商标宣传工作

【概况】 2013年，广东省工商行政管理局制定《2013年全国知识产权宣传周全省商标宣传活动方案》，组织全省工商系统开展以“推进商标品牌战略，服务创新驱动发展”为主题的宣传周活动。“4·26”知识产权宣传周活动期间，全省工商系统通过各类媒体宣传报道1653条/篇，共举办现场咨询、集中销毁等活动481次，发布公益广告17617条/次，派发各种商标宣传资料9万多份。在“4·26”商标专项执法行动中，共出动执法人员18866人次，执法车辆4797辆次，检查经营主体48364户，检查专业市场1653个，立案318宗，案值711.62万元，罚款243.17万元，移送司法机关涉嫌商标犯罪案件7件、商标犯罪涉嫌人5人。

【宣传情况】 多媒体网络平台宣传。宣传周期间，广东省工商局以首次发布《广东商标品牌战略年度报告》为契机，在门户网站推出“推进商标品牌战略，服务创新驱动发展”宣传专栏，宣传商标知识、广东省商标管理工作成效以及企业品牌建设经验，全面客观发布广东省商标发展状况和商标保护典型案例。2013年4月26日下午，广东省工商局商标处作客腾讯大粤网，和网友们分享广东商标品牌战略工作成就和经验。深圳市市场监督管理局与腾讯公司合作，“4·26”当天，在QQ（即时通讯软件）登录页面显示设置“4·26”宣传内容及相关链接，在腾讯网科技频道设置“4·26活动专版”，宣传“深圳市知识产权十大事件”，“深圳市知识产权白皮书”，通过“深圳知识产权”腾讯微博与网友交流互动，开通“深圳知识产权”微信公众账号，推送“知识产权每日舆情”。佛山市工商局在政务微博推出佛山品牌系列推广活动，每期向社会各界着重推荐一个知名本地品牌，以提高佛山区域品牌价值。广州、阳江、茂名市局利用微博宣传商标品牌。

传统媒介宣传。各级工商部门利用当地主流媒体，宣传商标法律知识以及实施商标品牌战略、开展“三打两建”和“双打”专项行动取得的成效，提高全社会重视和保护知识产权的意识。

培训、讲座等传统形式与创新形式宣传。2013年4月22日，广东商标协会联合深圳市商标协会、深圳精英商标事务所在深圳举办“商标运用实践与司法保护”讲座，邀请专家从不同的层面分析商标的运用实践和司法保护。2013年4月26日，深圳市召开主题为“知识产权引领城市未来”的全市知识产权工作会议，发布了深圳市2012年度知识产权十大事件、深圳市2012年知识产权发展状况白皮书、深圳市2012年知识产权指标体系等知识产权重要信息。2013年4月28日，梅州市工商局举办商标品牌战略视频讲座，邀请省工商局商标管理处吴励超处长就经济欠发达地区如何实施商标品牌战略，进一步促进企业做强、做大授课。佛山市工商局与佛山日报社签订了2013年“商标战略进校园”合作框架协议，共同推动商标宣传从娃娃抓起。2013年4月26日上午，活动在佛山市实验学校正式启动，学生们以歌舞、绘画、游戏等方式宣传商标品牌知识，同步启动“有家就有佛山品牌——识商标、树品牌”创意作品大赛，百名小学生现场绘画，活动引起了社会的广泛关注。广东省工商局结合会办省政协一十一届一次会议第20130213号提案，与汕头市、潮阳市局领导一同走访了提案人——广东三凌塑料管材有限公司总裁、省政协委员吴锡炎，现场征求对于引导扶持民营企业发展品牌经济的意见，对于吴锡炎在提案中的建议作出了具体回应，并对该公司的商标运用提出了指导性建议。 （供稿人：陈小冰）

教育培训

广东省知识产权人才培训工作

【概况】 2013年，广东省知识产权局积极贯彻国家和广东省知识产权战略纲要，大力实施国家知识产权局《知识产权人才“十二五”规划》和《广东省知识产权事业发展“十二五”规划》，充分调动和发挥各方力量，认真开展知识产权人才工作，取得良好成效。

【首家国家中小微企业知识产权培训基地】 2013年初，广东省知识产权局指导佛山南海区研究起草中小微企业知识产权培训基地建设的可行性报告和工作方案，提出基地建设的模式和发展方向，并向国家知识产权局正式提出申请；同年12月，国家知识产权局正式批复同意设立国家中小微企业知识产权培训（南海）基地，首家国家中小微企业知识产权培训基地顺利落户广东，目前，基地各项建设工作正在紧锣密鼓推进中。

【国家和省知识产权培训基地】 2013年，广东省知识产权局全面加强国家和省知识产权培训基地建设，完善知识产权人才培训体系。3月，国家知识产权局副局长甘绍宁、广东省副省长陈云贤共同为全国首家高校以外的国家知识产权培训（广东）基地（省知识产权研究与发展中心）揭牌；5月，会同省教育厅批复同意在惠州学院设立省级知识产权培训基地，全省累计认定省级培训基地7家；9月，组织召开全省知识产权培训基地工作座谈会，搭建培训基地交流平台；研究制定《广东省知识产权培训基地管理办法》和《广东省知识产权培训基地总结评估实施方案》，加强对省级知识产权培训基地的管理和指导力度。

【中国知识产权远程教育广东省知识产权远程教育平台】 2013年，广东省知识产权局大力推进中国知识产权远程教育广东省分平台建设工作，研究起草《中国知识产权远程教育广东省知识产权远程教育平台建设方案》并提请中国知识产权培训中心审议通过，启动实施知识产权远程教育平台建设工程，在全省分片区设立首批分站5个，加强与中国知识产权培训中心、国家和省知识产权培训基地的紧密沟通，力争将远程教育打造成为广东省知识产权人才培养的重要新平台。

【国家知识产权人才工作任务】 2013年，广东省知识产权局全面落实国家知识产权人才培养任务，组织全省认真贯彻执行《2013年全国知识产权人才工作要点》；开展全国专利信息领军人才和专利信息师资人才推选工作，3名领军人才和6名师资人才入选；开展全国知识产权系统人才工作先进集体和个人评选工作，3个集体和3名个人获得荣誉称号；配合国家知识产权局完成全国知识产权教育培训指导纲要修订、知识产权人才评价体系建设情况、《知识产权人才“十二五”规划（2011—2015年）》推进情况等调研工作。

【知识产权人才培育专项工程】 2013年，广东省知识产权局研究制定《2013年广东省知识产权人才培训计划》，对全省人才培训工作进行全面安排。同时，针对实务型、复合型人才培养需求推进政府、企事业单位和中介服务机构有关人员的培养研修活动，委托国家和省培训基地，精心组织举办“2013年企业上市公司总裁知识产权研修班”“第六期政府知识产权行政管理人员研修班”“专利侵权判定实务研修班”“美国新专利法及应对策略研讨班”等各类高层次培训班数十期，参加培训数千人次。

【知识产权专业技术资格评审试点工作】 2013年，深圳市继续推进知识产权专业技术资格评审省级试点工作，经申报和评审，共有16人通过评审，其中，高级（副研究员）3人、中级（助理研究员）11人、初级（实习研究员）2人；按专业分，专利类13人、商标类2人、版权类1人。同年11月底，广州市获得省人力资源社会保障厅批复同意开展知识产权专业高、中级专业技术资格评审试点工作。

（供稿人：张璟）

国家知识产权培训（广东）基地（华南理工大学）

【人才培养体系与师资】 2013年，招收知识产权方向全日制法学硕士研究生19人；招收民商法专业（知识产权方向）法学硕士周末班25人。学院拥有知识产权专职教师11人，其中教授3人、副教授6人，讲师2人。具有博士学位的9人。学院聘请国内著名的学者、政府部门和实务界的资深人士为客座教授或兼职教授，如吴汉东教授、李明德教授、刘春田教授、田力普局长、王景川教授、陶凯元局长等。

【知识产权教育】 形成了完整的知识产权人才培养体系：包括法学博士（民商法专业知识产权方向），知识产权法学硕士及法律硕士，知识产权本科专业，知识产权双学位、双专业及专业辅修。邀请学院客座教授、台湾大律师张家祥博士讲授专业选修课程《知识产权之法律、管理及商业运用》。2013年，华南理工大学知识产权学院首届民商法专业（知识产权方向）法学硕士周末班研究生30人顺利毕业。

【科学研究】 华南理工大学知识产权学院王岩教授申报的国家知识产权局软科学研究项目《企业对知识产权强国政策的需求研究》获得立项；孟祥娟副教授申报的广东省社科规划项目《著作权法引入延伸性集体管理制度的价值论证》获得立项；杨雄文教授主持的横向项目《Guangdong IP Judicial Visit to the UK》获得立项；2013年，华南理工大学知识产权学院共获得省部级课题2项，厅局级课题7项，横向课题8项，在《知识产权》等杂志上发表论文15篇。

【学术活动】 2013年6月22日，主办“计算机软件著作权法律保护研讨会”，来自法院、企业、行业联盟、律所60多位精英人士参加了研讨会，媒体对研讨会进行了广泛的报道。与广东省律协知识产权专业委员会合作，共同举办了6期“华南知识产权月谈”，如“微博与著作权的保护”“互联网商业运营模式及其法律问题”“国际并购中的知识产权问题”等专题研讨会，吸引了律师群体、企业界代表、兄弟院校的老师们约400人参加月谈，在业界产生了广泛的影响，“华南知识产权月谈”已成为广东地区知识产权精英砥砺思想的重要场所。“华进知识产权论坛”举办了7期，刘春田教授应邀就知识产权热点问题来院讲座；邀请北京市高级人民法院知识产权庭庭长陈锦川，广东省高级人民法院知识产权庭副庭长张学军等法官来院讲学；邀请哥伦比亚大学Joe Karaganis教授就媒体盗版、台湾“清华大学”范建得教授就“从创意到商化——台湾经验分享”来院讲学；还有“办理民商案件的思路和方法”“互联网环境下的反不正当竞争与反垄断”等讲座，共400多人参加了这一系列论坛。为提高知识产权研究生（本科生）阅读兴趣、推动学生主动参与学术活动、提高学生学术素养创办了专门交流互动平台——“珠水围谷知识产权阅读共享沙龙”。

【社会服务】

2013年，华南理工大学知识产权学院、国家知识产权培训（广东）基地共承办2期培训班，学员达230多人，培训时间达6天。

2013年9月27—30日，由省知识产权局主办，华南理工大学法学院（知识产权学院）协办的2013年专利行政执法上岗培训班开班，来自广东省各市乃至海南、广西和湖南省的共170多人参加了此次培训。邀请了知名专家学者为学员们授课，课程包括基础法律法规、展会执法问题、专利侵权纠纷调处、典型案例分析等。

2013年11月7—9日，来自广州、深圳、珠海、佛山、东莞的约50家准上市公司与企业联合参加了由广东省知识产权局主办、华南理工大学法学院（知识产权学院）和国家知识产权培训（广东）基地承办的“2013年上市公司总裁知识产权研修班”的培训学习。邀请知识产权专家分别就准上市公司中的经营管理、财务专业服务、知识产权专业服务、审查及知识产权风险防范等方面对准上市公司进行了数据和策略分析。来自各企业的总裁、知识产权负责人、部门经理、高级合伙人共同探讨公司上市的各类知识产权问题。

（供稿人：李良成　俞涛）

国家知识产权培训（广东）基地（广东省知识产权研究与发展中心）

【概况】 2012年10月，经国家知识产权局批准，广东省知识产权研究与发展中心成为全国第一家高校以外、广东第二家的国家知识产权培训（广东）基地。2013年3月28日，国家知识产权局副局长甘绍宁、广东省人民政府副省长陈云贤共同为国家知识产权培训（广东）基地揭牌并分别作重要讲话。广东省知识产权局党组书记、副局长马宪民主持揭牌仪式。

【基地建设】 2013年，基地建立以来，筹备成立了基地建设领导小组和基地工作委员会。同时根据《国家知识产权培训基地管理办法》和《国家知识产权培训基地考核评估办法》，建立了《国家知识产权培训（广东）基地管理办法（试行）》及《国家知识产权培训（广东）基地章程》。

【知识产权人才培训】 2013年，国家知识产权培训（广东）基地共举办各级各类知识产权培训（研讨）班28期，参加培训的各类人员达3200多人次。

为提高全省企事业单位和其他相关人员处理知识产权纠纷案件的水平和能力，保护企业和当事人的合法权益。基地组织举办了“商标与著作权实务保护培训班”；“专利侵权判定和专利诉讼应对能力培训班”。

为解决地方知识产权管理部门师资和部分经费不足等问题，基地组织举办了“东莞市企业专利工作者培训班”（共2期）“佛山市顺德区企业专利工作者培训班”（共2期）“清远市企业知识产权实务培训班”“揭阳市专利实务培训班”。

基地在总结历年广东省知识产权研究与发展中心举办考前培训班经验的基础上，举办了“2013年全国专利代理人资格考试广州考点考前冲刺班”。据统计，参加本次培训的110名学员已有56人成功取得专利代理人资格证书，培训通过率高达50%。创广东举办考前班通过率历史新高。

根据国家知识产权局的要求和部署，受省知识产权局委托，基地分别在2013年6月、7月、9月、10月、12月举办了五期“企业知识产权管理规范培训班”，共培训人员820多人，颁发证书805份。同时，鉴于举办培训班的出色表现，基地经省知识产权局批准公布，成为全省唯一一家贯标培训机构，成功打响了广东省知识产权培训服务品牌。

受国家知识产权局委托，基地承办“广东省知识产权示范及优势企业专利信息利用能力提升培训班”“国家知识产权局（广东）专利信息传播利用基地服务能力培育培训班”“专利竞争情报服务技能培训班”。12月，基地还举办了“战略性新兴产业专利分析研究团队专利信息应用培训班”。

为加强地市企业保护知识产权能力，先后在阳江、茂名、肇庆、河源等地举办了4期“企业知识产权维权保护培训班”。

【国际会议和交流】 2013年3月5日，国家知识产权培训（广东）基地与日本知识产权协会联合举办了“中日企业合作知识产权研讨会”。3月11日，由国家知识产权局与日本特许厅主办，国家知识产权培训（广东）基地承办的“中日知识产权跟进研讨会”在广州举行。

同年，基地协助省知识产权局组织人员赴英国开展为期21天的培训活动，学习英国的知识产权保护、知识产权管理和执法体系运行状况等重要内容。并协助组织人员赴台湾进行考察与交流；同时还协助省知识产权局开展赴香港、澳门及美国等活动的各项工作。

【知识产权研究】 2013年，基地开展项目研究、验收、申报共计16项。其中，年度内申报项目10项、开展研究项目11项、结题项目9项。 （供稿人：梅颖娟）

广东省知识产权培训基地（暨南大学）

【概况】 暨南大学法学院/知识产权学院是华南地区首家获得教育部批准招收知识产权本科专业的集教学科研为一体的专业学院，学院共有专任教师48人，其中，教授12人，副教授25人，讲师11人。知识产权系现有教师11人，其中教授2人、副教授4人、讲师5人。其中，9人具备博士学位。

【人才培养】

2013年，学院招收知识产权本科生24人、博士生1人。

2013年，学院共有25位知识产权本科生毕业并获得学士学位。其中，2013届级知识产权专业本科生陈咏珏考取香港中文大学法学院攻读法学硕士学位。

2013年11月11—15日，学院承办了第六期广东省政府知识产权行政管理人员研修班，中国知识产权法学研究会会长、中国人民大学知识产权学院院长刘春田教授、中国知识产权法学研究会副会长、北京大学法学院郑胜利教授等在内的多位国内知名知识产权专家莅临讲学，来自广东省各市、县的知识产权管理干部共60余人参加了培训。

【科研获奖】

2013年1月，国家知识产权局下发《关于公布首批全国知识产权领军人才的通知》，徐瑄教授入选“首批全国知识产权领军人才”。

2013年6月，徐瑄教授的论文《视阈融合下的知识产权诠释》（《中国社会科学》，2011年第5期）获广东省2010—2011年度哲学社会科学优秀成果一等奖，严永和教授的论文《民族民间文艺知识产权保护的制度设计：评价与反思》（《民族研究》，2010年第3期）获广东省2010—2011年度哲学社会科学优秀成果二等奖。

【应邀讲学】

2013年4月25日，原香港特别行政区知识产权署署长、现香港知识产权会董事、亚太经合组织知识产权保护专家委员会主席谢肃方来院讲学，并作了题为“知识资本管理与知识产权”的学术讲座。

2013年6月7日，香港大学法学院李亚虹教授来院讲学，从知识产权法的边界和利益平衡角度为学院师生做了题为“知识产权法的危机和前景”的学术讲座。李亚虹教授先后在美国斯坦福大学取得法学硕士、博士学位，师从著名的知识产权专家约翰·巴顿教授。曾在麻省理工学院、普林斯顿大学工作，并在哈佛大学法学院做访问学者，是香港研究知识产权领域的著名专家。

2013年6月19日，美国专利商标局高级顾问柯恒来院讲学，并做了题为“中国知识产权与创新——美国视角”的学术讲座，以崭新的视角、大量的实例对比分析了中美知识产权制度。柯恒先生是美国知识产权法律和实践的资深专家，长期担任美国专利商标局高级顾问兼美国驻华大使馆知识产权办公室主任，还曾担任微软公司国际知识产权顾问。

【学术会议】

2013年4月19日，学院与广州市律师协会知识产权法律专业委员会、广东省知识产权保护协会联合举办“中国梦——创新转型与知识产权热点问题”研讨会，围绕知识产权保护在中国建设创新型经济与和谐社会中如何发挥重要作用开展研讨。

2013年12月22—23日，学院与北京大学知识产权学院、国家数字版权研究基地联合主办了第五届海峡两岸与香港、澳门著作权法律研讨会，来自全国人大法律委员会、最高人民法院、国家版权局、大陆及港澳著作权集体管理组织和台湾政治大学、辅仁大学、香港大学、北京大学、中国社会科学院、暨南大学等四地著作权领域近70名专家学者参会，开幕式由北京大学法学院教授、北京大学知识产权学院常务副院长张平主持，国家版权局副局长阎晓宏、暨南大学副校长饶敏、暨南大学法学院（知识产权学院）院长朱义坤先后致辞。研讨会围绕“著作权的限制与例外”展开，共分为五场主题发言，近40位专家学者分别发表了主题演讲，其内容涵盖《马拉喀什条约》的实施、合理使用、法定许可、强制许可、延伸集体管理、著作权保护期等。

2013年11月2—3日，徐瑄教授参加了由中国知识产权法学研究会主办，浙江省法学会和浙江大学光华法学院承办的“知识产权与创新驱动”论坛暨中国知识产权法学研究会2013年年会。在年会上，徐瑄教授增补为中国知识产权法学研究会副会长，并应邀作了“知识产权作为根本制度安排：基于创新驱动发展”的主题发言。（供稿人：陈慧瑛）

广东省知识产权培训基地（深圳大学）

【概况】 2013年，广东省知识产权培训基地（深圳大学）以较强科研实力的研究团队为支撑，紧密围绕加强知识产权司法理论研究、服务知识产权司法保护主题，开展各项研究工作，发表论文4篇，出版教材、专著6本。

【学术活动】 2013年3月起，定期在深圳大学举办中国知识产权深圳讲坛，邀请国内知识产权学科、领域知名专家学者和行业精英授课，以知识产权领域的热点资讯、难点问题为焦点，解析和探讨最前沿的知识产权理论政策、法规和实务案例，为广大知识产权学者专家和各界工作者提供交流平台。

2013年8月10日，与中国知识产权法学研究会、最高人民法院知识产权庭联合举办“中国特色的知识产权保护模式研讨会”，邀请多所著名院校和最高法院，全国部分高级法院、中级法院的知识产权界专家、学者及企业界代表共120余人齐聚深圳，围绕“法治与中国知识产权保护模式的理性选择”“中国知识产权司法保护的功能与知识产权法修改”“新形势下知识产权司法保护主导作用的实现”等主题进行了广泛而深入的讨论。

【人才培养】 招收知识产权研究生课程进修班。2013年第一期共招收学员31名，课程内容包括知识产权基本法律及相关知识产权实务课程；邀请全国知识产权司法、行政、企业、中介机构中最知名的理论和实务专家担任老师。课程正在按计划进行中。（供稿人：戢荔）

广东省知识产权培训基地（汕头大学）

【概况】 2013年，广东省知识产权培训（汕头大学）基地紧扣高校人才培养及地方社会经济发展需求，开展多层次、多方位的知识产权教育培训工作。全年共主办或联合举办知识产权培训班12场，培训人员691人次；开展知识产权知识宣传普及大型活动两次，参与者逾2000人次；另有1名基地管理人员取得专利代理人资格。

【知识产权宣传活动】 2013年，基地围绕“世界知识产权日”及第七届“中国专利周”，在校园开展大型宣传活动，广泛普及知识产权知识；同时开设面向性较强的培训课程，包括为在校理工科研究生开设的专利文书撰写课程以及为科技型企业定制的专利分析及利用课程等。

【知识产权培训服务】 基地通过探索，采用以点带面的方式，以行业协会、商会为切入点，畅通为地方产业提供知识产权培训服务的渠道，并开设内容贴近行业需求的培训课程。2013年，分别为汕头市化妆品协会，澄海区玩具协会，濠江区工艺行业协会，金平区塑料、印刷、包装机械行业等举办知识产权保护与维权、产业技术专利分析、知识产权利用方面的培训7场，受到企业技术和管理人员的普遍认可。（供稿人：罗英光）

广东省知识产权培训基地（惠州学院）

【知识产权人才培养】 2013年3月，惠州学院与惠州市知识产权局合作，开设法学（专利代理方向）双学位辅修专业，第一期共招学生61人。

【知识产权培训】

2013年3月29日举行开班仪式，邀请粤高专利商标代理有限公司董事长林德纬先生作“专业代理事业的发展”专题讲座。

2013年5月20日，北京路浩知识产权代理有限公司惠州分公司杨丽萍总经理受邀为学生作了“专利申请基础知识及相关事项”专题知识讲座。

2013年10月17日，惠州市知识产权局与惠州学院联合邀请国家专利审查局电学处韩燕处长前来作惠州市专利撰写与答辩实务培训，讲解了电学、计算机程序、算法等领域专利撰写的技巧，以及该领域专利代理错误及其注意事项，并通过自己丰富的工作经验，举了很多现实中的案例，让学生对专利申请工作有了更深刻的理解和启发。

惠州学院政法系和广州粤高专利商标代理有限公司在知识产权人才培养方面继续深度合作，双方协商设立了法学（专利代理方向）双学位辅修专业奖学基金——“粤高”奖学金，出台了《“粤高”奖学基金设立及评奖办法》，商定由粤高公司每年出资一万元专用于奖励专利代理班成绩优秀的学生，旨在支持惠州市知识产权专业人才的培养，激励惠州学院专利代理培训班学员积极学习，成长为新一代专利代理人。2013年12月12日，该班首次“粤高”奖学金颁奖仪式有惠州学院政法系召开。本次共评选出一等奖学生5名，二等奖学生10名。通过设立奖学基金，进一步鼓励学生更加积极学习创新，吸引更多的学子走进专利代理行业，为惠州市甚至全国知识产权事业的发展注入创新活力。

【广东省知识产权培训基地建设】 2013年，经广东省知识产权局和广东省教育厅组织专家评审及实地考察，惠州学院被认定为广东省知识产权培训基地（粤知协〔2012〕89号），与暨南大学、深圳大学等院校成为获批广东省知识产权培训基地的7所高校之一，这对惠州市知识产权工作又是一个重要的突破。

（供稿人：范思婕）

广东省知识产权培训基地（东莞理工学院）

【知识产权宣传培训】

2013年，基地共开展培训及知识产权宣传活动10场次，参与人数2900人。

其中，知识产权专题讲座2场，东莞中学松山湖学校中学生及在校大学生300人参与；

《创新知识企业知识产权管理通用规范》培训班2期，省内企事业单位及知识产权中介机构工作人员500人参与；

广东省企业专利工作者培训班2期，东莞市专利培训试点企业、镇（街）相关工作人员及服务机构代表200人参与；

东莞市创业板企业知识产权创新能力提升论坛，东莞市科技企业代表200人参与；

企业技术创新与专利保护研讨会，东莞科技企业100人参与；东莞市知识产权知识有奖大赛，共计1600人参与。

2013年面向东莞理工学院理工科学生新开设了“知识产权基础、知识产权实务和国际知识产权法”等公选课程，选修人数超过450人。首次在文学院尝试举办知识产权模拟法庭活动，并增加“发现侵权、寻求援助和咨询”等场景活动。

举办了知识产权讲座活动3次。

到东莞中学松山湖学校、东莞市第八中学，通过讲座、竞赛等形式，向中学生宣讲知识产权知识。

举办了2期“企业专利工作者培训班”，并举办研讨会、论坛2场，培训企业知识产权人才200余人，不断为东莞知识产权事业输出创新动力。

3月和9月，承接了关于贯彻实施广东省《创新知识企业知识产权管理通用规范》的培训活动，累积培训企业贯标人才达500人，提高了企业的知识产权管理水平，推动了企业自主创新能力的提高。

4月至6月，承办了东莞市知识产权知识有奖大赛活动，全程承担了活动方案、赞助办法、操作细则制定及试题命制工作，深化提高社会知识产权意识和影响力。

【参与政府政策制定和实施】 2013年，基地还参与了东莞市“高标准建设国家知识产权示范城市工作方案”起草工作，并完成了与基地相关工作方案，提交市政府有关部门，并重点部署了基地未来的发展规划，继续为地方知识产权事业发展和示范城市建设提供支撑。

【深化基地建设】 2013年，基地加强和完善知识产权工作机构和制度建设，配备专职人员、专项资金和场地，加快推进基地建设，进一步为基地立足学校、服务社会提供保障，通过不断完善机构和制度，提高基地服务软实力。2013年，基地还承担了知识产权相关课题项目5项，其中广东省知识产权软科学课题1项、广东省知识产权人才培养项目1项、东莞市高等院校科研机构研究课题1项、东莞市知识产权局委托项目2项，并完成研究论文3篇、研究报告（简报）10份，通过课题项目研究不断强化自身素质。 （供稿人：李文伟）

广东省知识产权培训基地（广东海洋大学）

【“12·4”知识产权培训与宣传】

2013年12月4日下午，由湛江市知识产权局和广东海洋大学举办、广东省知识产权培训基地（广东海洋大学）和法学院承办的知识产权培训与宣传活动成功举行。湛江市知识产权局、校科技处、法学院、培训基地及部分教师参加了宣传和咨询活动。广州广信知识产权代理有限公司的专家为学生作了有关专利申请的专题讲座，广东海洋大学工程学院、艺术学院及法学院部分同学认真听取了讲座内容。培训从专利的种类、专利授予条件、专利申请流程、专利权保护及专利信息检索途径等多方面详细阐述了专利申请的相关内容。

本次宣传活动，使广大师生进一步加深了对知识产权知识的认识和理解，为进一步激发同学们的发明和创新热情，提升全体师生学习、运用、创造、保护知识产权的意识，进一步推进知识产权教育工作的全面开展起了积极作用。（供稿人：王春）

广东省知识产权培训（顺德职业技术学院）

【知识产权培训】 2013年，面向顺德职业技术学院的多个二级单位，举办“知识产权基础”培训活动，并邀请顺德区专利事务所的资深知识产权工作者主讲，培训学生达730多人。同时，将知识产权课程纳入通识教育，继续面向学生开设线下知识产权公选课，《专利与知识产权保护》和《创新与知识产权教育》，两门课程作为公选课在每学期安排一次教学活动。为向区域产业界提供前沿信息，基地与顺德知识产权协会联合举办题为“知识产权法律新变化对顺德优势产业的影响分析”的专题讲座，并邀请知名教授主讲。活动配合区政府知识产权局及协会组织举办的“专利周”活动，扩大基地在企业中的影响，并利于开展后续工作。

【知识产权远程教育分站建设】

基地申请依托中国知识产权远程教育广东省子平台，设立“顺德职业技术学院知识产权远程教育分站”，且将进行正式运营。现阶段，已向广东子平台提交了分站2014年的工作计划，向顺德职业技术学院教育处提交了公选课的开课申请，同时安排好了分站班主任、管理员和技术员。

与此同时，基地与协会共同探索我区知识产权人才培训的长线模式，起草了《佛山市顺德区知识产权管理专员培训工作方案》，该方案有待进一步完善。（供稿人：伍时礼）

广东金融学院知识产权研究所

【知识产权人才培养】

2013年7月，广东金融学院有101名知识产权专业方向的学生毕业走向社会，同年9月又招入100名知识产权专业方向新生。

【知识产权论著与研究】 2013年，广东金融学院发表知识产权方面论文9篇。获得知识产权方面科研项目立项7项。

【知识产权会议】 2013年，共举办知识产权方面的重要会议2次，参与知识产权重要会议8次，2013年4月，研究所举办知识产权系列学术讲座4场。

2013年9月5日，广州市知识产权局来人到广东金融学院知识产权研究所召开知识产权人才培养调研会，双方就广州市知识产权人才培养合作问题展开了深入细致的交流和研讨。

2013年11月24日，举办“珠三角高技术知识产权保护有效执行国际研讨会”。特邀了美国驻广州总领事馆知识产权官员、英国驻中国大使馆知识产权官员、省市知识产权局领导及省内外专家学者40多人参加了本次会议，吴国平教授以《商业秘密保护侵权救济程序规则的缺陷及完善对策》为题作发言。

（供稿人：吴国平）

华南师范大学

【概况】 2013年，华南师范大学知识产权工作进一步完善，构建起学校知识产权管理体系，形成了一套知识产权的管理制度和管理程序，全校师生员工的知识产权保护意识不断得到提高。于2013年通过了第二批省知识产权试点事业单位的验收工作，被正式确定为第二批“广东省知识产权示范事业单位”。

【知识产权宣传培训活动】

华南师范大学有计划有步骤分层次地开展了多种形式的知识产权宣传培训活动，取得了很好的效果。华南先进光电子研究院组织师生前往佛山参观自主知识产权支撑企业的创新与发展，举行以“保护知识产权，尊重研发成果，杜绝抄袭，从我做起”为主题的知识产权宣传暨签名活动，邀请校外专家主讲 “专利申请的注意事项以及如何撰写技术交底材料”；生命科学学院举办“知识产权宣传周”宣传展览、编印知识产权宣传手册、举行大学生科技创新竞赛及专利申请活动；教育信息技术学院举办以“专利基础知识”为主题的沙龙以及知识产权有奖竞答等系列活动，为师生派发知识产权宣传资料；物理与电信工程学院开展以“知识产权，积极维权”为主题的知识产权讲座等系列活动；其他学院也以不同形式进行了知识产权宣传。

【知识产权创造与运用】 华南师范大学在专利申请及专利授权量有稳定的增长，2013年专利申请量达到了206项，专利授权83项；在专利成果转化方面，华南师范大学积极做好专利成果的收集、整理与宣传工作，参加各种类型的展览会，通过多种形式促进华南师范大学专利成果的转化。2013年专利成果转化达到105万元。（供稿人：许恩平　杨艺）

中小学知识产权教育

【中小学知识产权教育工作】 2013年，广东省知识产权局联合省教育厅、团省委、少工委继续开展“广东省中小学知识产权教育示范学校”认定工作，广州市第六中学等10所学校为省中小学知识产权教育示范学校，至2013年，已累计认定省级中小学知识产权教育示范学校4批共计40所。2013年11月，省知识产权局、省教育厅、团省委、少工委及部分高校、协会、媒体知识产权宣传教育工作方面的专家学者组成评审组，对广东实验中学等10所首批省知识产权示范学校近三年来开展青少年知识产权教育工作情况进行了评估验收，广东实验中学等7所学校为优秀，佛山市南海区九江镇初级中学等3所学校为达标。（供稿人：吴勇）

地市知识产权工作

DI SHI ZHI SHI CHAN QUAN GO

地市知识产权工作

广 州 市

【概况】

2013年，广州市深化实施知识产权战略，大力推进国家知识产权示范城市和创新型城市建设，知识产权各项工作迈上新台阶。

【知识产权创造】

专利。2013年全市专利申请39751件，同比增长18.9%，其中发明专利12156件，同比增长23.8%；专利授权26156件，同比增长18.6%，其中发明专利4055件，同比增长0.5%；PCT国际专利申请463件，同比增长43.3%。截至12月底，全市拥有有效发明专利15554件，专利密度1211件/百万人，高于全国和全省水平。20项专利获得第十五届中国专利优秀奖；7项专利获得广东专利金奖，16项专利获得优秀奖，获奖数量位居全省首位。组织开展第二届“广州市保护知识产权市长奖”和“广州市专利奖”评选活动，奖励总额达968万元。

商标。全市注册商标29.7万件，同比增长16%，居全国副省级城市和计划单列市首位。新增“潘高寿”等17件中国驰名商标，同比增长22%，全市驰名商标总数增至96件；广东省著名商标370件；新增“蓝月亮”等107件广州市著名商标，市著名商标总数增至817件。

著作权。完成作品著作权登记9249件，占全省总量的半数以上。

标准。全年共下达地方技术规范项目65个，发布《井盖设施建设技术规范》等地方技术规范44项。

地理标志和植物新品种。“炭步槟榔香芋”获批国家农产品地理标志；5个水稻和蔬菜新品种、4个红掌新品种、3个兰花新品种通过省农作物品种审定，1个番木瓜品种通过国家农业部热带作物品种审定。

【知识产权运用】

示范培育工程。积极组织区县、企业申报各级试点、示范培育工程。广州开发区创建国家知识产权示范园区，制定了《关于在中新广州知识城开展国家知识产权保护和服务综合改革试点的总体方案》；花都区和越秀区、萝岗区分别被认定为国家知识产权强县工程示范区和试点区；增城市获批首批县级国家知识产权试点城市。全市被认定国家知识产权示范企业2家、优势企业6家；被认定省知识产权示范企业2家、优势企业8家。

企业贯标和行业建部。推动企业贯彻实施知识产权管理规范，组织服务机构参加相关培训班，共有18家服务机构60人考试合格获得评审服务资质，其中，推荐6家服务机构申报省“企业知识产权管理规范推进项目”，签约企业达到25家。按照“先试点、后建部，稳步推进”的原则，在全市发展首批15家行业协会、展会知识产权工作部试点单位，并举办了高级经理人知识产权培训班。

专利质押融资。制订了《市专利权质押融资操作指引》，推动专利权质押融资工作，缓解中小企业融资难。2013年全市参与质押融资企业14家，融资额度超过5亿元。其中番禺区专利质押融资规模达到4.8亿元；资助产业化项目34项，实现销售收入15.7亿元，纳税2.9亿元。

专利保险。探索利用保险的形式为专利维权提供资金支持，与中国人保广州分公司签署了《广州市专利保险试点框架合作协议》，并举办专利保险试点推进会，引导21家企事业单位的63件优秀专利参与投保“专利执行险”，总保额75.6万元。

【知识产权保护】

打击侵权假冒工作。由市政法委和检察院牵头，建立了全市的行政执法和刑事司法衔接机制，市知识产权行政管理部门都纳入该体系。行政执法和刑事司法之间实行案件网上移交和督办制度，杜绝有案不移和以罚代刑。全年全市打击侵权假冒主要行政执法部门总计立案5197宗，其中重大案件98宗，办结案件4367宗，移送司法机关案件97宗，捣毁制假售假窝点553个。

专利行政执法。全年共开展专项市场检查26次，专利侵权假冒案件立案242件，结案241件，其中专利侵权纠纷立案133件，同比增长137.5%；查处无资质从事专利代理行为案件3件。所有案件均在法定期限内办结。在2012年度全国专利行政执法绩效考核中，广州市名列第一。市知识产权局调处的一宗摩托车专利侵权纠纷案，促成被请求人补偿请求人50万元达成和解，入选全国知识产权保护十大案例，也是入选的唯一一宗专利行政执法案例。

展会知识产权保护。在广交会上规范和细化专利案件调查要求，有效减少缠诉、虚假投诉。共受理知识产权投诉1042宗，其中专利类案件731宗，商标类351宗，版权类97宗。市、区（县级市）两级知识产权局在广博会等25个展会查处案件98宗；市版权局派执法人员进驻中国（广州）国际家具博览会、中国（广州）国际汽车展览会等大型展会，依法开展展会版权执法工作。

长效机制建设。拟制了国内地方第一部规范专利行政执法的政府规章《广州市专利行政执法办法》，待市政府常务会议审议。实施《广州市举报假冒专利行为奖励办法》，鼓励公民有序参与知识产权维权。组建知识产权维权志愿者队伍，推动政府、会展业协会、企业实现知识产权保护工作的有机结合，为展会知识产权保护创造条件。强化事前预防，针对舞台灯光行业出现大面积侵权、屡遭意大利百奇公司等专利人投诉现象，将防治侵权行为的关口前移，及时下发案情通报，加强和广东演艺设备行业商会沟通，并组织62家相关企业开展知识产权法律知识培训。

区县执法。全年共举办区县执法人员培训58人次，市知识产权局指导区县查处案件255人次。黄埔区知识产权工作领导小组办公室组织成员单位开展打击临港商务区侵犯知识产权犯罪工作，联合市知识产权局开展执法行动；番禺区知识产权局与南沙区人民法院共建“知识产权（番禺）巡回法庭”“知识产权口审室”，推进司法保护与行政保护的有效衔接；海珠区设立知识产权行政执法专项工作经费，成立全市首个会展合议庭，创新展会执法方式，引进协管员，联系有关专业律师、部分协会参与案件分析，入驻锦汉家居展等8个大型展会开展独立执法行动，处理专利侵权案83宗。全年各区县知识产权局共立案167件（含处理专利侵权纠纷案件78件，查处假冒专利行为89件），办结152件，所办案件占全市专利执法案件69%。

专利执法协作。借助广佛同城、穗莞、广清合作、泛珠三角区域、粤闽沿海城市等专利行政执法协作机制，广泛开展跨区域专利行政执法，牵头拟定了《广州市清远市知识产权合作协议》，与湖州、南昌、郑州、洛阳等市知识产权局开展执法合作。

【知识产权管理】

制度建设。推动出台《广州市人民政府关于加强专利创造工作的意见》，该文件以政策激励和市场推动为抓手，加大政策资金扶持力度，加强专利产业化示范效应，发挥企业创新主体和专利、商标、版权等各职能部门及中介作用，强化专利创造预测、评估、监督，全面提升全市专利创造能力。

“国家知识产权示范城市”。市知识产权工作领导小组印发《广州市知识产权工作领导小组工作规则》，明确领导小组的主要职能和工作程序，进一步加强对全市知识产权工作统筹，深入推进知识产权战略实施和国家知识产权示范城市工作。

“国家商标战略实施示范城市”。深入推进商标战略实施，加强自主品牌培育。制定了《广州市工商局重点培育自主品牌名录（2013-2015）》，实施“1+2+3”品牌培育计划，即确定100家大型企业作为驰名商标重点培育对象，200家重点企业作为省著名商标培育对象，300家重点企业作为市著名商标培育企业，努力培育出一批代表广州优势产业、地域特色和城市形象的商标品牌。

“全国版权示范城市”。广州市继获得“国家知识产权示范城市”“国家商标战略实施示范城市”之后，2013年又被国家版权局授予“全国版权示范城市”称号。至此，广州市在专利、商标、版权三大知识产权领域全部获得国家示范城市称号。

实施人才集聚工程。组织推进广州市知识产权人才集聚工程，印发了《广州市知识产权人才集聚工程工作方案》，对广州市“十二五”期间知识产权人才队伍建设提出了全面规划，着力构建“培养提升、创新创业、服务保障”三大知识产权人才开发体系，实施知识产权人才基地建设、知识产权专业职称评定等十大知识产权人才集聚项目。

中新广州知识城建设。中新广州知识城管委会在国家有关部门和省、市政府的支持和指导下，积极申报国家知识产权保护和服务综合改革试点，意欲通过深化知识产权行政服务体系改革，强化行政和司法保护，多措并举促进知识产权产业化、商品化、资本化，致力于建设立足华南、辐射全国的知识产权保护和服务业高地。

知识产权宣传。广州市知识产权工作领导小组成员单位以“实施知识产权战略，促进广州创新发展”为主题，组织开展“4·26”知识产权周系列宣传活动，社会公众参与宣传活动的人数达到近1.8万人次，发放各种宣传资料约3.3万份（册），举办各类大型新闻发布会、广场宣传、论坛、讲座、展览、培训班等活动近60场次。全市各部门、各区（县级市）以中国专利周、广交会、“6·1”著作权法颁布实施纪念日、南国书香节等活动为契机，结合职能特色和业务重点，通过报纸杂志、电台、电视台、网络等多渠道开展知识产权普及宣传。

市知识产权局编印《广州知识产权》简报，在《文汇报》《中国知识产权报》专版专题宣传广州市知识产权工作，在广东电视台新闻频道南粤风采栏目播出以“加强知识产权保护、促进广州创新发展”为主题的专题宣传片，制作“奖励举报假冒专利行为”公益动画片，在电视台和公交车、游轮等视频系统反复播放，印制各种知识产权小常识宣传卡片，结合办案、流通领域检查等工作进行派发宣传。

知识产权培训。市知识产权局将知识产权保护相关政策规定和基础知识编辑成章，纳入市专业技术人员继续教育公需课，供全市专业技术人员学习运用。全年举办知识产权培训44场，培训企业知识产权管理人员、代理服务人员、行政执法人员近5000人次。各区（县级市）结合自身优势和特色，针对创意产业、软件、电子、舞台灯光、皮革皮具等不同行业特点，根据企事业单位的不同实际需要设置课程，举办了知识产权政策、管理、保护、资本化、运营等专题培训。

青少年教育。积极开展知识产权示范学校和试点学校创建工作，全市获评省知识产权示范学校4所、试点学校16所，市知识产权局、市教育局联合制定了《广州市中小学知识产权教育试点工作方案》，培育市级试点学校10所。花都区新认定区科技创新和知识产权教育试点学校12家，举办了区科技创新大赛。增城市推动将知识产权纳入中小学教育新课程。

知识产权对外交流与合作。接待慧智林欧洲专利和商标代理事务所，与欧洲知识产权联盟合作举办欧洲知识产权实务讲座，与香港总商会合作召开知识产权战略研讨会，赴台湾开展发明创造与专利技术交易交流活动，参加“第七届中国（香港）国际服务贸易洽谈会”及相关经贸活动。中新知识城管委会与新加坡知识产权学院签署了合作备忘录。天河区承办了首届粤澳创意产业知识产权培训交流活动。番禺区通过举办第二次美国瑞普知识产权圆桌专题研讨会、欧洲知识产权制度及展会维权专题研讨会开展国际交流，为企业产品“走出去”提供智力支持。编印了《2012年广州市知识产权发展与保护状况》，介绍全市知识产权工作情况。

【知识产权服务】

专利信息平台建设。围绕全市支柱产业，开发建设了全市汽车新能源电池产业专利数据库。为促进外经贸工作，探索开发了广州市进出口专利预警平台。推进国家专利技术（广州）展示交易中心建设，积极开展专利网上展示交易；搭建区域二级展示交易平台，建立荔湾、番禺、白云、黄埔、增城5个区知识产权信息分平台和白云区、黄埔区、华南理工大学专利技术展示交易平台。广州市首个区级知识产权交易服务中心在白云区正式开始运营，番禺区启动专利情况分析及战略性主导产业专利技术发展预警机制。（供稿人：陈文浩）

深圳市

【概况】 2013年，深圳市加大实施知识产权战略力度，重点提升知识产权运用水平，着力降低维权成本，各项指标数据保持平稳增长，知识产权工作质量稳步提升。

【知识产权创造】 国内专利申请量达80657件，同比增长10.3%，其中发明专利申请量32208件，同比增长3.6%。国内专利授权量49756件，同比增长2.25%，其中发明专利授权量10987件，同比减少15.9%。累计有效发明专利达到62293件，居全国大中城市第二，仅次于北京。PCT国际专利申请量首次超过1万件，达到了10049件，同比增长了25.2%，占国内申请总量的48.1%，连续10年居全国各大中城市之首。国家知识产权局第十五届中国专利奖，深圳市取得了历史性突破，获专利金奖4项，专利优秀奖18项，外观优秀奖2项，是深圳市历年来获得金奖数量和获奖总数最多的一届。

【知识产权运用】

起草《专利价值评估指南》，开展重大经济科技活动知识产权评议试点工作，光启理工、先健科技等多家企业率先受益。组织开展了多场知识产权质押融资培训班和对接会，推动各区开展知识产权质押融资。2013年全市知识产权质押融资额突破16个亿，仅南山区2013年共有54家企业获得总额达17350万元的贷款担保。利用知识产权专项资金的引导作用，在LED显示、3D立体显示、锂电池材料领域建立了四个专利数据库并不断加强后续更新管理。

开展专利保险试点工作。深圳市知识产权局制定了《深圳市知识产权局专利保险试点工作方案》，成立了深圳市专利保险工作领导小组，按照国家知识产权局与人保财险总公司的合作框架，与人保财险深圳市分公司签署深圳市专利执行保险战略合作协议，推动人保财险深圳分公司开发了第一个深圳市专利保险险种“专利执行保险”，召开3场专利保险宣讲会，收集企业专利保险需求并统一录入数据库，为下一步推进试点工作提供基础数据，建立专利保险工作协调机制，推动探索保险经纪模式。2013年，腾讯等企业与人保公司深圳分公司签订了专利保险协议，共有164件专利投保“专利执行保险”。

【知识产权保护】

知识产权执法体系。加大对基层办案人员的培训力度，实现辖区分局均可办理商标、专利、版权行政案件，监管所可办理简单的知识产权案件，构建起市局、分局、监管所三级联动的知识产权行政执法体系。健全行政执法与刑事司法衔接机制，完善知识产权保护的信息通报制度、相互协作监督机制、案件处理备案制度等。加强与兄弟省市知识产权保护的情报共享及执法协作，签署了《闽粤沿海十二城市查处假冒专利行为协作备忘录》，进一步促进跨区域知识产权行政执法协作。

知识产权保护长效机制。开展专业市场知识产权授权经营试点工作，引导试点的专业市场建立健全内部知识产权管理制度和知识产权保护自律机制，积极引进国内外优质商品和自主知识产权商品，提高市场竞争力。完成《深圳出版业知识产权保护状况报告》，为深圳图书业的知识产权保护工作提供有益参考；针对深圳市重点企业在国内和国际知识产权竞争中遇到的问题，起草《企业知识产权工作指引》和《企业海外知识产权协同指引》，指导、规范深圳市企业参与知识产权竞争。

知识产权专项执法。2013年，深圳市继续加大重点领域、重点地区、重点产品的知识产权执法力度，深圳市市场监督管理局（市知识产权局）继续开展知识产权执法维权“护航”专项行动、全省专利执法统一行动、开展打击网络侵权盗版专项治理“剑网行动”、打击“黑代理”专项行动，查处了一批重点案件，取得良好效果。2013年，全系统共办理商标案件1119宗，罚款629.06万元，移送司法机关51宗；办理专利案件150宗，其中专利侵权纠纷立案58宗、假冒专利案件立案60宗、非法专利代理（俗称“黑代理”）案件立案18宗；办理版权案件86宗，罚款4.05万元，移送公安机关15宗。

【知识产权管理】

全市机关事业单位软件正版化。深圳市知识产权局与各区组成谈判小组，参照市直机关事业单位软件正版化工作模式，与微软公司开展多轮艰苦谈判，最终逐一签订采购协议——各区以场地授权的方式采购微软正版软件，授权各区党政机关、事业单位（含学校、医院）及区属国有企业使用，授权产品包括市一级模式里的操作系统、办公软件、服务器操作系统软件、数据库软件以及虚拟云技术解决方案，软件装机数量不受限制，三年内免费享受大版本升级，永久享有小版本免费升级，微软公司已按照采购协议要求提供了软件产品、培训和安装服务。2013年7月，通过了省推进使用正版软件工作联席会议督导组对深圳市区级机关软件正版化的检查验收，实现了全市各级机关事业单位软件正版化。深圳的低成本、全覆盖（覆盖全部的机关、事业单位和部分国有企业）的软件正版化工作模式，得到了省委、省政府的表扬。

软件正版化长效工作平台和管理机制。深圳市知识产权局联合深圳市信息安全测评中心建立的深圳市正版软件自助服务网站，在2013年各区采购协议生效后，将服务范围延伸到各区，为全市各级机关事业单位提供合同涉及的正版软件下载、网上培训等自助服务。推动由深圳市财政委员会牵头制定并印发了《深圳市行政事业单位国有软件资产管理暂行办法》，成为广东省首部面向行政事业单位软件资产管理的地方性规范性文件，将正版软件的采购、更新等纳入国有资产统一规范管理。

知识产权宣传。开展主题为“知识产权引领城市未来”的“4·26”知识产权宣传周活动，发布《深圳市2012年知识产权发展状况白皮书》《知识产权业务指南》《深圳市2012年度知识产权十大事件》等重要文件。利用第十五届高交会，集中展示深圳市50余家企业及个人的专利项目，引起广泛关注。

知识产权培训。深圳大学知识产权学院第一期研究生班顺利开学。完成专题培训56场，培训企业知识产权管理人员10000余人次。邀请国家工商总局、国家知识产权局在深圳成功举办商标国际注册、专利国际审查高速路（PPH）、美国专利维权等高端培训，培训深圳企业500多家。邀请国家知识产权局在深圳开办了专利价值分析人才培训班，为深圳企业培训高级分析人才。

知识产权对外合作交流。2013年4月25日，深圳市知识产权局召开了“知识产权引领深圳未来”专家研讨会，邀请了来自日内瓦的WTO大法官张月姣教授、世界500强企业华为技术有限公司副总裁兼首席法务官宋柳平博士进行主题演讲，内容涉及WTO现状、基本原则、发展趋势、争议解决等诸多重要内容。

【知识产权服务】

知识产权服务业集聚发展。2013年，深圳市知识产权局贯彻落实国家知识产权局等部门印发的《关于加快培育和发展知识产权服务业的指导意见》，不断完善有利于知识产权服务业发展的政策环境，推动国家知识产权服务业集聚发展试验区落户深圳市福田区，成为全国5个试验区中唯一的行政区（其余4个试验区均为园区），集聚发展的优势更大。年底，福田区聚集着1.6万家科技型企业，其中有531家国家高新技术企业、170家深圳高新技术企业及37家知识产权代理机构；推动国家知识产权局审查员实践基地落户深圳，国家知识产权局专利局先后下派三个巡回审查组，为深圳光启、超多维等企业共24件发明专利现场开展实质审查，取得良好效果。出台了全国首个《专利代理机构服务规范》地方标准，将知识产权服务机构纳入到知识产权优势企业评选范围，有效规范和促进服务机构专利代理行业发展。2013年，深圳市知识产权局共受理代理机构提交的资助申请（含发明专利与境外商标）共4761件；有2家知识产权代理机构入选深圳市知识产权优势企业，每家资助20万元；全市专利代理机构（包括外地在深圳设立的分公司）已增至63家，具备专利代理人资格405人，实际从业人员2500人，知识产权服务已成为知识产权创新体系中重要的推动力量。

高交会发明创新专利技术成果展。2013年第十五届中国深圳国际高新技术成果交易会期间，举办深圳发明创新专利技术成果展览，专题展馆设在深圳会展中心8号馆，展览设面积288平方米，组织50余家企业及个人的项目参展，充分展现了近年来深圳高新技术产业与知识产权深度结合发展的成就与水平。

中小企业知识产权服务。按照“政府支持中介、中介服务企业”的思路，深圳市知识产权局通过招投标形式对中标知识产权中介机构给予定额资金补贴，购买其对20家以上中小企业的服务，全年共完成14家中介机构对接300余家中小企业提供知识产权培训等服务，300余家企业均实现了专利申请“零的突破”，申请的专利包括发明专利和PCT国际专利。

（供稿人：陈宇纲）

珠 海 市

【知识产权创造】

2013年，珠海市专利申请量8017件，同比增长12.96%，授权量4805件。其中，发明专利申请量2729件，同比增长19.33%，每百万人发明专利申请量1695件，排名连续3年保持全省第二。专利申请结构进一步优化，发明与实用新型专利申请的比重达到82.62%，比全省平均比重高21个百分点，企业作为专利申请人主体地位进一步得到加强，2013年企业申请专利7037件，占全市专利申请总量的87.78%，比全省比重高33个百分点。全市新申请商标注册3503件，新核准注册商标2564件，全市累计注册商标25718件；截至2013年11月全市拥有中国驰名商标9件，省著名商标86件。全市共有4家企业获得“广东省版权兴业示范基地”称号，2家企业产品获得“广东省最具价值版权产品”称号。2013年共受理作品登记91件。

专利奖评选。为鼓励发明创造，促进自主知识产权的运用和保护，2013年我局组织开展了2012年度珠海市专利奖申报，共受理专利项目62项，该批项目近两年累计实现销售收入80亿元，税后利润9.3亿元。经过经济评审、专业评审等环节，评出13项获奖项目，其中金奖

5项，优秀奖8项，下达奖励资金98万元。珠海市知识产权局积极推荐优秀专利申报第十五届中国专利奖。其中，格力电器等5家企业的4项专利获得“中国专利优秀奖”，罗西尼表业1项专利获得“中国外观设计优秀奖”。珠海市对获奖单位进行配套奖励，2013年对十四届中国专利奖3项获奖项目进行配套奖励共计120万元。

【知识产权运用】

知识产权优势企业。珠海市知识产权局开展2013年申报市知识产权优势企业认定和市知识产权优势企业考核工作，经专家评审，共有8家企业通过认定，10家企业通过考核，获得培育资金共90万元。截至目前全市共有市知识产权优势企业61家。同时，积极推荐市知识产权优势企业申报认定为广东省知识产权优势企业和广东省知识产权示范企业，共有3家企业新认定为省级优势企业，使得全市的省级知识产权优势企业、知识产权示范企业总数分别达到28家和9家。通过大力推动企业建立健全知识产权管理制度，制定知识产权专项规划，提高了企业自主知识产权创造、运用、保护、管理能力，市知识产权优势企业已成为珠海市专利申请量的主力军。

【知识产权保护】

行政保护。珠海市知识产权局加强专利执法，保护知识产权权利人合法权益，维护市场经济秩序，规范商品专利标注行为，树立保护知识产权的良好形象。2013年市知识产权局联合市工商局、市药监局，开展了多次打击假冒专利执法行动，专项行动累计出动执法人员46人次，检查大型商场及药店等经营场所6家次，检查箱包皮具、食品、药品和日化用品等商品约1100件；共立案2件，结案2件，下发整改通知书1份，其中包括假冒专利案件1件和调处专利纠纷案1件。加大展会知识产权保护力度，参加广交会的知识产权执法，共派出市区执法人员3人，参加第113、114届广交会展会执法共5期，为期25天。

珠海市工商局2013年的“双打”工作在近年取得成效的基础上，继续扎实开展，深入推进。1至12月，全系统共出动执法人员10061人次，检查经营主体23816户，检查批发零售市场、集贸市场等各类市场1603个次，立案查处侵权和假冒伪劣商品案件239宗，案值119.25万元，罚没金额207.3954万元。

珠海市版权局2013年开展打击网络侵权盗版专项治理“剑网行动”，共出动执法人员746人次，执法车辆207台次，检查各类文化经营单位306家次，重点检查了印制复印单位72家次，整改教育经营单位19家，查处非法委印内部资料性出版物单位3家、违规印刷企业1家，清查各类非法音像制品1023张。

拱北海关2013年共采取知识产权边境保护措施611批次，涉及进出口货物693.6万件，货值13334.6万元；查获侵权案件214宗，涉案侵权货物、物品29.6万余件，货值1056.8万元。向公安机关通报重大侵权嫌疑线索6宗，移交重大侵权案件1宗。拱北海关于3月15日至4月14日组织开展了为期一个月的打击输美假冒消费电子产品的“知识产权联合执法行动”。行动期间，拱北海关共查处输美侵权货物案件2宗，查获侵权货物6562件，案值人民币54.37万元；查处出口香港侵权货物案件2宗，查获侵权货物14.79万件，案值人民币58.37万元。

珠海市质监局2013年共捣毁各类大小假冒伪劣商品生产窝点8个，移送公安机关追究刑事责任案件6宗，缴获假冒皮鞋、酒类、耗材、开关等货值160多万元。

司法保护。珠海市中级人民法院率先设立全国首家独立设置的知识产权法庭，统一受理知识产权刑事、民事、行政案件，实现“三审合一”的就地法律保护和就地司法审判。2013年新收各类知识产权民事案件1502件，其中侵害著作权案件1291件，侵害商标权纠纷案件176件，侵害专利权案件16件，商业秘密案件13件，其他6件。目前已审结案件1456件，结案率达到97%。高新区知识产权法庭还受理了3件知识产权刑事二审案件，1件行政二审案件，目前已全部结案，结案率100%。

珠海市检察院成立全国首家独立设置的知识产权监察室，全力为科技创新保驾护航。2013年，检察机关共受理公安机关提请审查批准逮捕知识产权案件13件25人，经审查批准逮捕10件16人；受理公安机关移送审查起诉案件21件32人，经审查后提起公诉14件23人。

【知识产权管理】

国家知识产权试点城市。根据国家知识产权局《国家知识产权试点和示范城市（城区）评定办法》等文件精神，按照省知识产权局的部署和要求，通过大半年的筹备和申报，经批复，我市已成功入选新一批国家知识产权试点城市，试点时间为2013年12月至2016年11月。本次入选试点对进一步推动我市知识产权战略纲要的实施，提高知识产权创造、运用、管理和保护的能力，充分发挥知识产权制度在增强城市自主创新能力、规范市场秩序、提升产业竞争力等方面的作用，推动知识产权事业的快速发展，有积极的促进作用。

促进专利申请十项工作措施。根据《珠海市进一步加强专利工作的若干措施》（珠知〔2012〕32号），我局开展了对2012年度全市专利申请工作先进单位进行奖励的有关工作。经初步筛选、通知申报、审核确认及上网公示四个环节，对华进联合专利商标代理有限公司珠海分公司等3家专利代理机构、珠海格力电器股份有限公司等10家企业进行了奖励，奖励资金共90万元。该项举措有效促进了企业的专利申请，提升了全市专利申请数量，提高专利质量。

专利申请资助政策。为鼓励本市单位及个人发明创造的积极性，增强知识产权意识，提高技术创新能力，促进全市的科技进步和经济发展，珠海市于2002年开始实施专利申请资助政策。2013年珠海市知识产权局共资助专利申请2107件，包括发明专利843件，实用新型专利979件，外观设计专利222件，集成电路布图设计12件，PCT国际申请23件，国外专利28件。

商标国际注册财政资助工作。珠海市工商局开展商标国际注册的财政资助工作，今年继续结合商标系列宣传活动进行深入广泛的宣传，分别利用《珠海特区报》、珠海红盾网、走访企业、召开座谈会等多种形式的宣传，使更多的企业了解商标国际注册的财政资助政策，激发出口企业运用商标参与国际市场竞争的积极性。经审核，珠海纳思达电子科技有限公司的150件国外、境外注册商标符合资助条件。

知识产权宣传培训。2013年珠海市知识产权局联合各区知识产权局围绕“建设知识产权强省，支撑创新驱动发展”的主题，结合“打击侵权假冒”“两建”“4·26世界知识产权日宣传周”“中国专利周”等工作，创新宣传活动形式，在全市范围内组织开展系列专利宣传与培训活动20场，其中专利专业知识培训18场，培训1180人次，派发资料4180份；市区联动，在斗门区等地举办大型现场咨询活动2场，接受咨询2137人次，派发资料7453份。同时通过特区报等媒体进行宣传，大力营造尊重和保护知识产权的浓厚氛围。市工商局开展了多种形式的宣传教育和行政指导工作，提高企业和社会公众商标法律意识。利用大众传播媒体进行广泛宣传。开展商标知识进园区、进乡镇活动，在斗门富山工业园等园区及部分农产品生产基地举办商标知识培训，参加培训企业约500家。组织全系统商标监管人员培训6期。召开商标代理机构新商标法学习4场。市版权局印制了近20万份“4·26”宣传海报和手册等宣传品向全体市民免费发放。

【统计资料】

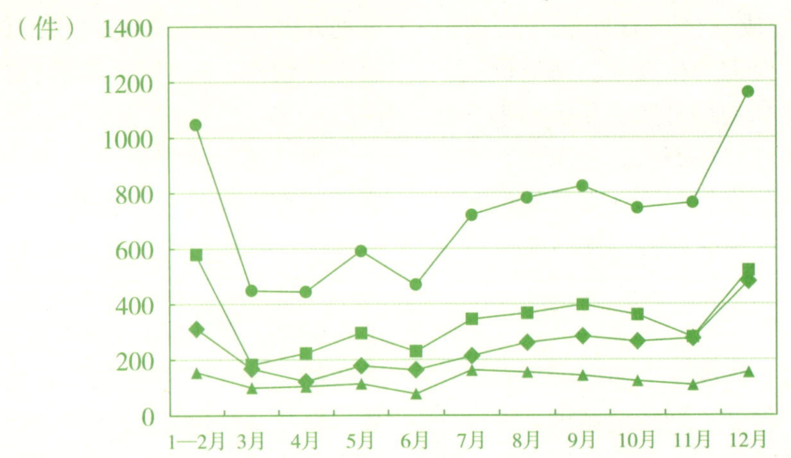

图1 2013年1—12月珠海市专利申请趋势图

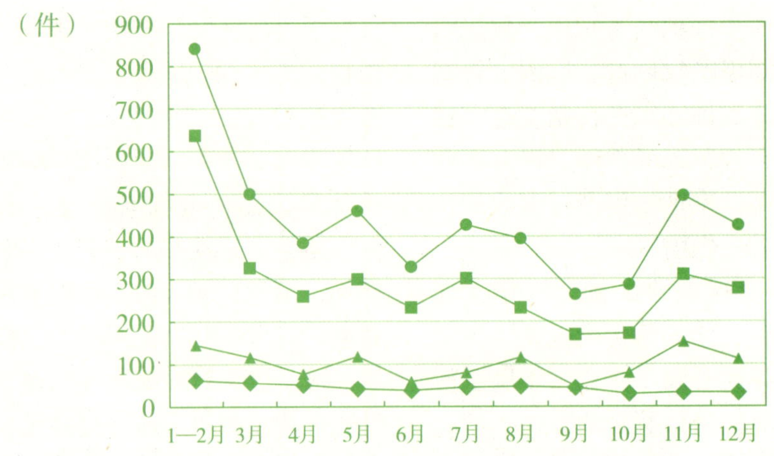

图2 2013年1—12月珠海市专利授权趋势图

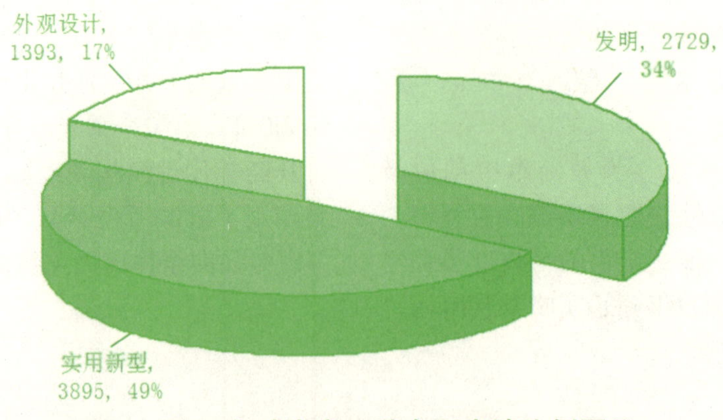

图3 2013年珠海市三种专利申请比例图示

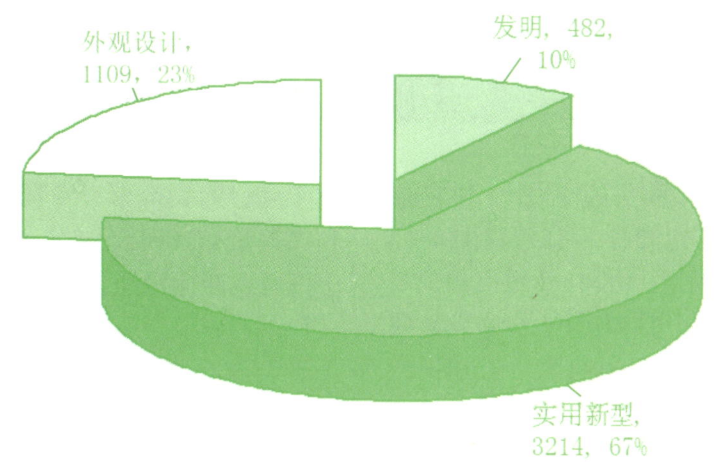

图4　2013年珠海市三种专利授权比例图示

表1　2013年1—12月珠海市各区专利申请与授权情况表

各区	专利申请	去年同期	同比增长	发明申请	去年同期	同比增长	专利授权	去年同期	同比增长	发明授权	去年同期	同比增长
香洲区	5581	5296	5.38%	2003	1801	11.22%	3204	3601	−11.02%	324	342	−5.26%
金湾区	551	461	19.52%	138	108	27.78%	433	375	15.47%	39	35	11.43%
斗门区	478	370	29.19%	137	74	85.14%	330	239	38.08%	26	19	36.84%
高新区	1110	754	47.21%	382	253	50.99%	627	534	17.42%	84	90	−6.67%
高栏港区	257	171	50.29%	55	25	120.00%	181	146	23.97%	7	14	−50.00%
其他	40	45	−11.11%	14	26	−46.15%	30	41	−26.83%	2	3	−33.33%
合计	8017	7097	12.96%	2729	2287	19.33%	4805	4936	−2.65%	482	503	−4.17%

表2　2013年全市发明专利申请排名前十名企业

排名	企业名称	2013年发明申请（件）	2012年发明申请（件）	同比增长	同比增加（件）
1	珠海格力电器股份有限公司	1130	973	16.14%	157
2	珠海格力节能环保制冷技术研究中心有限公司	110	77	42.86%	33
3	珠海天威飞马打印耗材有限公司	68	61	11.48%	7
4	珠海金山办公软件有限公司	57	53	7.55%	4
5	珠海市魅族科技有限公司	50	35	42.86%	15
6	珠海市君天电子科技有限公司	41	74	−44.59%	−33
7	远光软件股份有限公司	35	19	84.21%	16
8	东信和平科技股份有限公司	34	30	13.33%	4
9	珠海优特电力科技股份有限公司	31	6	416.67%	25
10	珠海赛纳打印科技股份有限公司	29	26	11.54%	3
	珠海全志科技股份有限公司	29	19	52.63%	10
	合计	1614			

（供稿人：谭韬）

汕 头 市

【概况】 2013年，汕头市新增专利申请11000件、专利授权6833件、有效注册商标12270件、作品版权登记190件；新增市知识产权优势培育企业10家，市专利技术实施计划项目11个，省知识产权示范企业1家，省知识产权优势企业4家，省专利技术实施计划项目1个。

2013年，在第十五届中国专利奖评选中，汕头市获中国专利优秀奖4项，中国外观设计优秀奖2项；在2013年广东专利奖评选中，汕头市获广东专利金奖1项，广东专利优秀奖4项。汕头市政府组织开展第五届汕头市专利奖评选活动，评出市专利金奖4项、优秀奖7项，外观设计金奖2项、优秀奖4项，优秀发明人10名。

【知识产权政策体系建设】 2013年6月20日，中共汕头市委办公室、汕头市政府办公室联合印发《关于贯彻落实省委、省政府建设知识产权强省决定的实施意见》，提出汕头市到2015年在知识产权创造、运用、保护和服务方面的发展目标，对突出企业知识产权主体地位、发展重点产业自主知识产权等五个方面27项具体工作任务进行部署；8月16日，汕头市政府办公室印发《汕头市2013—2014年贯彻实施国家和省知识产权战略纲要工作意见》，对近两年全市实施知识产权战略工作进行具体部署。是年，汕头市质量技术监督局印发《汕头市地方技术规范管理办法》《汕头市企业标准联盟管理办法》；汕头市知识产权局印发《汕头市知识产权局行政处罚裁量权基准》，与汕头市中级人民法院签署《关于建立知识产权民事纠纷诉调对接机制的意见》。

【知识产权创造】 2013年，汕头市专利申请11000件，同比增长5.89%；发明专利申请1692件，同比增长3.3%；专利授权6833件，同比增长3.80%；专利申请总量、发明专利申请量和专利授权总量分别居全省第七、第八和第六位；新增有效注册商标12674件，同比增长3.3%；市版权局办理作品版权登记189件。截至年底，汕头市累计专利申请量80311件、专利授权量47709件，有效注册商标101709件，中国驰名商标19件、广东省著名商标243件。

【专利奖获奖成果】 2013年，汕头参加第十五届中国专利奖评选项目：广东金明精机股份有限公司的“200610035293.2一种塑料吹塑机分布式自动控制系统”、汕头华尔怡医疗器械有限公司的“200810096785.1一种自毁式安全注射器”、广东天际电器股份有限公司的“201120132674.9一种隔水电炖盅”、广东邦宝益智玩具股份有限公司的“201120213827.2多功能玩具桌”四个项目获得中国专利优秀奖；汕头市华莎驰家具家饰有限公司的“201130385414.8 餐椅（74900）”和广东奥飞动漫文化股份有限公司、广东奥迪动漫玩具有限公司、广州奥飞文化传播有限公司的“201230080465.4陀螺（C01）”项目获中国外观设计优秀奖。截至年底，汕头市累计获得中国专利金奖1项，中国专利优秀奖18项，中国外观设计优秀奖4项。

【专利技术实施】 2013年，汕头市甜甜乐糖果食品有限公司的“巧克力饼干及其制造方法”、广东邦宝益智玩具股份有限公司的“注塑模具及其制造方法”、广东益德环保科技有限公司的“以淀粉为基料的全降解发泡材料及制品研发”、汕头市贝斯特科技有限公司的“聚烯烃薄膜高效抗静电母料”、广东名臣有限公司的“两性护发定型组合物专利技术实施孵化”、汕头市南光摄影器材有限公司的“摄影摄像器材专利技术实施孵化”、广东宏杰内衣实业有限公司的“一种远红外抗菌防螨功能文胸的生产工艺”、汕头市东方科技有限公司的“一种气压式金属罐夹紧器”、拉芳家化股份有限公司的“一种不含硅油的调理香波”、广东西电动力科技股份有限公司的“高压柴油发电机组”、汕头市超声仪器研究所有限公司的“一种乳腺CT设备”等11个项目被汕头市知识产权局确定为市专利技术实施孵化项目。汕头市超声仪器研究所有限公司的“实时三维医学超声图像的重建方法”被广东省知识产权局确定为省专利技术实施计划重大项目。

【知识产权优势企业培育】 2013年，广东美联新材料股份有限公司、汕头市华鹰软包装设备总厂有限公司、汕头吉祥五金塑胶有限公司、汕头三辉无纺机械厂有限公司、广东汕头超声电子股份有限公司、金奇集团金奇日化有限公司、汕头市华馨香料有限公司、汕头市星河电器有限公司、广东雅丽洁精细化工有限公司、广东东研网络科技股份有限公司等11家企业被汕头市知识产权局确定为市知识产权优势培育企业；广东益德环保科技有限公司、广东达诚机械有限公司、汕头东风印刷股份有限公司、广东金玉兰包装机械有限公司等4家企业被广东省知识产权局确定为省知识产权优势企业，拉芳家化股份有限公司被广东省知识产权局确定为省知识产权示范企业。

【知识产权标准申报】 2013年，汕头市新设立省级农业标准化示范区4个、市级农业标准化示范区3个，企事业单位参与制修订国家标准16项、行业标准13项，省地方标准8项，化妆品企业联盟标准8项，有5项省地方标准给予立项批准；有53家企业118项产品采用国际标准或国外先进标准进行生产；有10家企业被确认为4A、3A级“标准化良好行为企业”；汕头市质量技术监督局发动组织企业申报省技术标准战略资金资助项目14项、市技术标准战略资金资助项目140项，其中9个项目获得省资助资金28万元、98个项目获得市资助资金180万元。截至2013年底，汕头市有国家级农业标准化示范区4个、省级农业标准化示范区41个、市级农业标准化示范区36个；有68家企业89个产品被评为广东省工业类名牌产品。

【知识产权行政保护】 2013年，汕头市知识产权局立案处理专利侵权纠纷案件22宗，结案19宗，中止2宗；出动执法人员200多人次，查处假冒专利案件80宗，结案80宗。汕头市工商行政管理系统出动执法人员21068人次，查结各类商标违法案件190宗，罚款金额224.59万元，捣毁制售假窝点1个。汕头市文化市场执法队伍共出动执法人员12365人次，检查文化经营单位2638家次，立案查处侵权盗版案件51宗，其中书报刊4宗、印刷33宗、音像1宗、网站13宗，向公安机关移交涉嫌犯罪案件1宗，收缴非法出版物57968张（本）。汕头海关采取知识产权海关保护措施28次，查获侵权案件8宗，案值38万元。

【知识产权司法保护】 2012年12月26日至2013年12月25日，汕头市检察机关共批准逮捕各类侵犯知识产权的刑事犯罪案件37件67人，其中，假冒注册商标案件13件27人，销售假冒注册商标的商品案件2件2人，非法制造、销售非法制造的注册商标标识案件16件31人，侵犯商业秘密案件2件2人，侵犯著作权案件4件5人；全市两级公诉部门共起诉36件62人。2013年7月1日起，汕头中院、龙湖区法院和金平区法院开始开展知识产权审判“三合一”试点工作。全年，汕头市两级法院审结侵犯知识产权刑事案件54件，依法追究96名犯罪分子刑事责任；受理知识产权民事一、二审案件151件，审结133件，结案率88.08%；受理知识产权行政案件1件（集中管辖案件），审结1件。

【知识产权维权援助服务】 2013年7月11日，中国（汕头）知识产权维权援助中心印发《关于对举报假冒专利行为进行奖励的通知》，决定对7月15日至10月15日向中心提供假冒专利线索的举报人进行奖励。全年，中心共接受举报投诉85宗，核实转办85宗，维权援助18宗，协助异地维权4宗，对27名提供假冒专利线索的举报人实施了奖励。

【打击侵权假冒工作】 2013年，汕头市打击侵权假冒工作领导小组结合汕头实际，组织各职能部门紧扣药品、食品、农资产品、卷烟、通信产品、汽车配件、日化用品等关系民生领域商品的侵权假冒违法行为，制售假冒国际、国内知名品牌商品的违法行为开展专项整治行动，汕头市知识产权、工商、文广新（版权）、质监、药监、经信、农业、物价局和汕头海关、汕头出入境检验检疫局等10个主要行政执法部门共立案查处侵权假冒案件465件，涉案金额179.19万元（其中重大案件3件，涉案金额35.4万元）；移送司法机关侵权假冒案件11件，捣毁侵权制假窝点39个；办结案件558件，涉案金额208.80万元（其中重大案件1件，涉案金额33.2万元）。汕头市公安机关发起各类涉侵权假冒集群战役55起、收网55起，共破侵权假冒案件178宗（其中公安部督办案件7宗），抓获犯罪嫌疑人323人，刑拘280人，逮捕105人，打掉涉假犯罪团伙27个，捣毁窝点139个。

【知识产权宣传】 2013年4月21日，中国（汕头）知识产权维权援助中心携手汕头大学团委、科研处及汕头市专利保护协会联合组建了汕头首支保护知识产权志愿服务队“汕头大学保护知识产权志愿服务队”，旨在深入社会基层传播知识产权文化和普及知识产权知识，提高社会公众的知识产权意识，首批队员由30名汕头大学在读大学生组成。25日，汕头市人民政府在政府大楼会议厅举办“2012年度知识产权保护状况通报暨典型案例发布会”，向社会各界通报2012年全市知识产权保护状况和知识产权典型案例，这是汕头市首次集中发布年度知识产权典型案例，分别为：假冒“adidas”和“ADIDAS三叶草（图形）”商标案、擅自使用他人“贵夫人”企业字号不正当竞争纠纷案、“牙刷柄”外观设计专利侵权纠纷重复诉讼案、假冒“Ceeture”等名牌化妆品商标案、侵犯“TAKARA TOMY”等注册商标专用权案、侵犯“Dior”（迪奥）等注册商标专用权案、假冒“佳洁士”等品牌包装标识案、立体拼图玩具系列专利侵权纠纷案、假冒“匡威”运动鞋团伙案、假冒“拉菲”红酒案。5月份开始，汕头市知识产权局在《汕头日报》开设为期半年的专利保护宣传专栏，每周选刊一例近年发生在本市的专利保护典型案件。

【知识产权培训与教育】 2013年，汕头市知识产权局先后在汕头市玩具、电子、印刷、包装机械等传统优势行业和战略性新兴产业企业中举办各类专题培训班20场，培训企业负责人、管理人员和科研人员400多人次；10月21日至23日，与广东省知识产权研究与发展中心、国家知识产权培训（广东）基地在汕头科技馆联合承办了广东省知识产权局主办的“粤东地区企业知识产权管理规范培训班”，来自粤东五市的企事业单位及服务机构代表、汕头市各区县知识产权局的工作人员150余人参加培训，其中汕头市有110名参训人员顺利通过结业考试，获得结业证书。经汕头市知识产权局、教育局、团市委、少工委联合推荐申请报，汕头市第一批市级中小学知识产权教育试点学校——汕头市金涛小学被省知识产权局、教育厅、团省委、少工委确定为2013年省中小学知识产权教育示范学校。

【统计资料】

（一）2013年汕头市专利奖获奖项目

表1　第五届汕头市专利奖金奖项目（4项）

专利号	项目名称	申报单位
201010590524.2	一种灌装封口机	广东粤东机械实业有限公司
200910040933.2	一种医用B超前端激励方法	汕头市超声仪器研究所有限公司
200610122394.3	DHA微胶囊食品添加剂、DHA软胶囊保健品及其应用	广东润科生物工程有限公司
00117190.9	用淡水河蚌养殖珍珠的插核方法	广东绍河珍珠有限公司

表2　第五届汕头市外观设计专利金奖项目（2项）

专利号	项目名称	申报单位
201130175932.7	智能型隔水炖盅	广东天际电器股份有限公司
201230276811.6	餐台84700	汕头市华莎驰家具家饰有限公司

表3　第五届汕头市专利奖优秀奖项目（7项）

专利号	项目名称	申报单位
200910037013.5	多层共挤吹膜设备和多层共挤吹膜工艺	广东金明精机股份有限公司
200910130636.7	一种分配器	广东达诚机械有限公司
200910036875.6	一种电容式触摸屏	汕头超声显示器（二厂）有限公司
201120178672.3	隔热防火玻璃门窗或幕墙	广东金刚玻璃科技股份有限公司
201010588021.1	一种低损耗高压陶瓷电容器介质	汕头高新区松田实业有限公司
201010179084.1	一种不饱和聚酯树脂复合材料及其制备方法	汕头市华莎驰家具家饰有限公司
201010190576.0	柠檬酸亚锡二钠的制备方法	西陇化工股份有限公司

表4　第五届汕头市外观设计专利优秀奖项目（4项）

专利号	项目名称	申报单位
201030115411.8	玩具视频飞机FX026	广东飞轮科技实业有限公司
201230409467.3	挂钟B8126	汕头市丽盛实业有限公司
201130424189.4	笔记本U4801W	广东树德实业有限公司
201230407339.5	背背佳塑身衣	广东宏杰内衣实业有限公司

表5　第五届汕头市专利奖优秀发明人奖项目（10人）

姓　名	申报单位
杨育和	汕头华尔怡医疗器械有限公司
骆建雄	汕头市保源节能建材与装备制造科技有限公司
沈　奕	汕头超声显示器有限公司/汕头超声显示器（二厂）有限公司

（续上表）

姓　名	申报单位
吴鸿彬	广东金晖隆开关有限公司
刘建生	汕头超声印制板公司
翁创杰	广东宏杰内衣实业有限公司
黄茂荣	汕头市华莎驰家具家饰有限公司
林伟章	广东群兴玩具股份有限公司
张太军	广东名臣有限公司
杨汉标	广东银润实业有限公司

（二）2013年汕头市专利技术实施孵化项目

表6　2013年汕头市专利技术实施孵化项目表

企业名称	项目名称	所属区域
汕头市甜甜乐糖果食品有限公司	巧克力饼干及其制造方法201110318191.2	金平区
广东邦宝益智玩具股份有限公司	注塑模具及其制造方法201010614766.0	金平区
广东益德环保科技有限公司	以淀粉为基料的全降解发泡材料及制品研发201110106437.X	龙湖区
汕头市贝斯特科技有限公司	聚烯烃薄膜高效抗静电母料200810198397.4	龙湖区
广东名臣有限公司	两性护发定型组合物专利技术实施孵化200910193807	澄海区
汕头市南光摄影器材有限公司	摄影摄像器材专利技术实施孵化201310054404.4	澄海区
广东宏杰内衣实业有限公司	一种远红外抗菌防螨功能文胸的生产工艺201210286191.3	濠江区
汕头市东方科技有限公司	一种气压式金属罐夹紧器201010186983.4	潮南区
拉芳家化股份有限公司	一种不含硅油的调理香波201110207886.3	潮南区
广东西电动力科技股份有限公司	高压柴油发电机组200910192039.7	保税区
汕头市超声仪器研究所有限公司	一种乳腺CT设备201210303681.X	市直

（三）2013年汕头市三种专利申请比例

发明专利
1692，15%
实用新型专利
2431，22%
外观设计专利
6877　63%

2013年汕头市三种专利申请统计图

（四）2013年汕头市三种专利授权比例

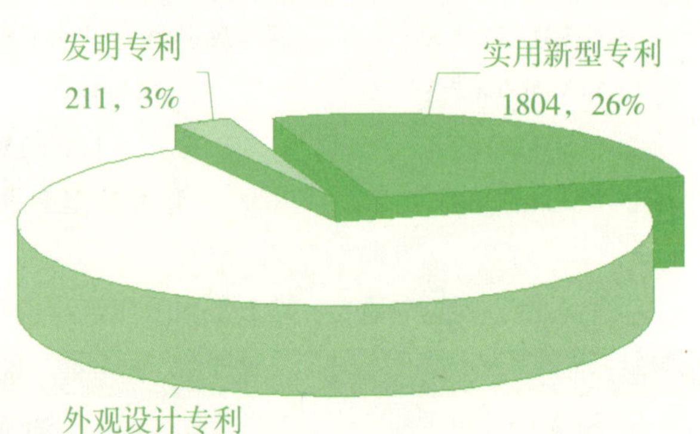

2013年汕头市三种专利授权统计图

（五）2013年汕头市各区县专利申请统计

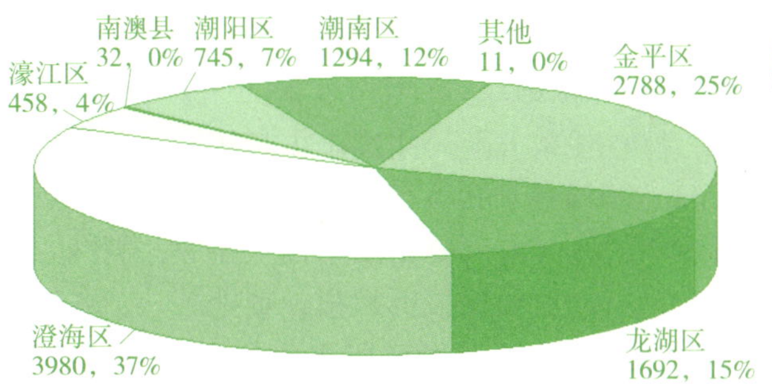

2013年汕头市各区县专利申请统计图

（六）2013年汕头市各区县专利授权统计

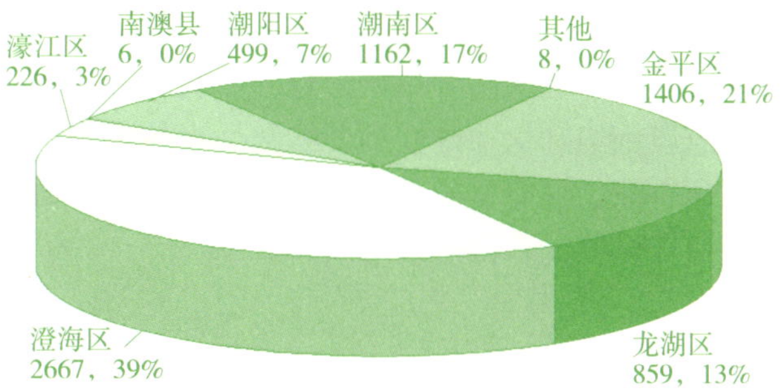

2013年汕头市各区县专利授权统计图

（供稿人：柯宁）

佛山市

【知识产权创造】 2013年，佛山市专利申请量27199件（其中发明4674件，实用新型11537件，外观设计10988件），同比增长20.31%；专利授权量19626件（其中发明1012件，实用新型9717件，外观设计8897件），同比增长10.01%；PCT国际专利申请166件，同比增长37.19%；有效发明专利4537件。截至2013年12月31日，佛山地区有效注册商标数量突破11万件，累计共116792件，比上年同期增加12254件，增长11.72%，在全国城市中排名第10。佛山市2013年新增中国驰名商标25件，现共有中国驰名商标118件，广东省著名商标376件，数量稳居全省第一位。此外，佛山市集体商标和证明商标达到21件，集体商标数量排名全省第一位，使佛山市荣获“中国十大品牌城市”的称号。

2013年佛山市在第十五届中国专利奖评选中，共有11个获奖项目，其中包括中国外观设计金奖1项，中国专利优秀奖4项，中国外观设计优秀奖6项。另外，共有12个专利项目获得2013年广东专利奖，其中金奖1个，优秀奖11个。

【知识产权运用】

至2013年底，佛山市共有国家级知识产权示范企业1家，国际级知识产权优势企业3家，广东省知识产权示范企业19家，广东省知识产权优势企业65家，广东省中小学知识产权教育示范学校2所，新增国家级科技孵化器2家。截至2013年，南海区与招商银行等8家银行合作，2013年度实现知识产权质押贷款1.85亿元，至今为止共42家次企业获得4.52亿元知识产权质押贷款，质押664件知识产权（专利147件、商标517件），其评估总值达17多亿元。全年企业以知识产权作价出资增资1830万，有效促进了知识产权运用深入发展。目前，以南海区知识产权质押融资的经验为指导，顺德、三水和高明区均开始尝试开展知识产权质押融资工作。

佛山市禅城区国家专利保险试点工作稳步推进，取得阶段性成果，截至2013年底投保的专利数达392件，保费金额290300元。佛山市禅城区知识产权局制定了《佛山市禅城区国家专利保险试点工作实施方案》和《佛山市禅城区专利保险补贴资金管理办法》，并把专利保险纳入禅城区贯彻实施的《佛山市建设创新型城市总体规划（2013-2020年）》。为了提高保险的实用性，还制定了4个保险方案供企业选择，不同基准保费对应不同的赔偿额，最高可以获得保费90倍的赔偿费，赔偿金额达到144万元，并根据投保专利数量和投保年限对企业进行不同的保费补贴政策；在工作模式方面，成立专利保险合作社，建立专利保险技术专家咨询组和法律维权援助组两个服务团队，搭建企业、保险机构与中介机构对接平台，为企业提供咨询、评估、培训等服务。

【知识产权保护】

专利保护。2013年间，通过佛山市知识产权局精心部署，狠抓落实，知识产权执法和保护工作得到有效的开展，全年联合执法共出动执法人员221次，处理专利案件40宗，其中调解专利侵权案件7宗，假冒专利案件33宗。

2013年11月7日，闽粤沿海12城市保护知识产权工作第十次联席会议在佛山召开。会上，福州、厦门、泉州、漳州、莆田、宁德，广州、深圳、珠海、汕头、佛山和湛江的代表签署《共同查处假冒专利行为协作备忘录》，合力营造“崇尚创新精神、尊重知识产权”的文化氛围。在此合作备忘录框架下，闽粤沿海12城市将相互支持，协同办案，必要时可同时开展异地共同查处行动，从根源上消除假冒专利行为。

2013年11月11日，佛山、中山、江门、顺德四市（区）联合举行了专利行政执法协作会议，并签署了《四市（区）灯饰产业专利行政执法协作协议》。此次会议对于发挥四市（区）互补优势，大力推动灯饰行业流通领域执法协作、专利行政执法联合培训工作和推动展会知识产权保护合作起到积极的作用。

商标保护。佛山市工商部门启用商标统计分析与预警保护软件系统，对全市118件中国驰名商标、376件广东省著名商标以及知名产地名称、知名旅游景点、文化遗产等公共资源进行全方位抢注监测。2013年间，对“万家乐”“黄飞鸿”等30多个商标和公共资源的相关企业和管理机构发出100多份预警通知书，提醒该企业、机构关注该商标的注册程序，并建议采取更有力的措施，提升商标和公共资源的保护水平。同年，佛山市工商系统共查处假冒商标案件12宗，商标侵权案件205宗，冒充注册商标14宗，违反《商标印制管理办法》规定的7宗，案值达417.91万元。

版权保护。2013年佛山市文化广电出版局开展了2013春季和秋季中小学教辅材料出版发行专项检查、开展打击网络侵权盗版“剑网”等专项行动。根据投诉举报，查处了一个非法光碟批发窝点，收缴盗版光碟10000多张，制止了一家彩雕公司的侵犯著作权行为。全市文化市场综合执法队伍共出动执法人员8486人次，检查各类文化市场3720家次，捣毁非法及盗版出版物批销窝点3个，清理无证照经营店档139个，收缴各类非法及盗版出版物共35.5万张（册、盒）。

指导佛山版权基层工作站在2013年完成作品著作权登记代理共计 899个、计算机软件登记4个，引导企业运用“时间戳”进行版权保护共计530次。

司法保护。2013年佛山市中级人民法院受理知识产权案件919件，较2012年增长12.34%，审结800件，同比增长9.59%，上诉案件发改率同比下降3.45%，体现结案质量的不断提升。

2013年4月17日，佛山市中级人民法院制定并推出了《关于加强知识产权司法保护积极推进佛山市建设国家创新型城市的实施意见》（下文简称《意见》）。根据《意见》要求，对创新程度高、投入大的发明创造给予较高的保护强度和较宽的等同保护范围，对知名度较高的商标采取较宽松的对比标准，在有证据提供明显证明的前提下，维权的司法赔偿或可高于法律规定的最高赔偿金额。《意见》中体现了佛山市中级人民法院有意加强知名商标的保护力度，促使佛山企业品牌形成新的竞争优势；降低权利人的维权难度，为企业的创新和投资创造安全与可依赖的法律环境；赔偿额度根据举证或能超法定限额；加大对核心技术、前沿技术以及佛山重点扶持发展的战略性新兴产业技术成果的司法保护力度，以此激发设计人员和有关单位的创作热情。

2013年4月25日，佛山市中级人民法院发布了2012年度《佛山市知识产权司法保护白皮书》，指出佛山市知识产权案件的数量在大幅增长的同时，新类型案件和疑难案件层出不穷，案件类型已扩展到网络著作权纠纷、计算机软件著作权纠纷、发明权纠纷、确认不侵害知识产权纠纷等新领域，从侧面反映出佛山新兴产业不断发展的态势。除此以外，《白皮书》还呈现出佛山市知识产权维权的三大趋势，分别是佛山两级法院加大了保护力度和完善保全措施以帮助维权、佛山本地企业对于维护自身品牌的意识日益增强以及维权领域从版权保护主战场转移至网络。

2013年10月31日，最高人民法院作出批复，同意佛山市中级人民法院为管辖发生在其辖区内的垄断民事纠纷的第一审法院。根据该批复，佛山市中级人民法院成为了除省、自治区、直辖市人民政府所在地的市、计划单列市中级人民法院外，全国第一家获得垄断民事纠纷案件管辖权的特别授权法院。

“正版正货”承诺活动。佛山市知识产权局、工商局、版权局于2013年4月20日下午在意美家卫浴陶瓷世界广场举办了“正版正货”授牌仪式，对佛山市禅城区惠盈达卫浴经营部等10家商户授予“正版正货”牌匾。2013年间，佛山市知识产权局、工商局、版权局联合确定了4批共79家企业为佛山市承诺生产、销售“正版正货”企业，并授予“正版正货”牌匾。此活动推进以“尊重知识、崇尚创新、诚信守法”为核心的知识产权文化建设，引导社会各界树立知识产权意识，倡导参与商家或企业向社会承诺：不制造、销售假冒专利商品；不制造、销售侵犯注册商标专用权商品；不制造、销售盗版软件、音像制品和书籍。这一系列活动使企业树立生产、销售“正版正货”的自豪感和社会责任感，并在全社会营造尊重知识产权、鼓励自主创新、诚信守法经营的良好氛围。

【知识产权管理】

专利资助政策。根据佛山市人民政府办公室印发的《佛山市专利资助办法》，2013年佛山市知识产权局共资助专利申请916件，包括国内发明专利836件，中小学生发明创造申请专利4件，国外发明专利25件，PCT国际申请51件，另外发明专利申请灭零35件，专利维权资助4件。

第七届中国专利周佛山分会场。2013年11月21日至11月27日由国家知识产权局主办，广东省知识产权局、佛山市知识产权局、国家专利技术（佛山）交易展示交易中心承办，佛山市生产力促进中心、中国专利孵化网、中外知识产权网、佛山国家高新技术产业开发区禅城管理委员会、佛山国家火炬创新创业园协办的2013·第七届中国专利周佛山分场专利展示交易活动在佛山国家火炬创新创业园隆重举行。本次专利周的主题为“专利导航产业发展，服务聚焦企业创新”，共展出专利产品40项，展示突出了五个专题：准备推广到欧洲市场的优秀专利产品展示、软件专利展示、非职务发明人专利创意展示、企业优秀专利产品展示、高校专利成果展示。此次专利周活动内容除常规的展示和优秀专利技术介绍外还有展示交易中心新网站的开通仪式、德国VJP知识产权事务所业务介绍等。平台新引入了德国VJP知识产权事务所、中外知识产权网、广东省科技工作者服务中心等合作伙伴，通过整合优势资源的方式不断提高自身服务能力，力求为企业、非职务发明人提供更好、更优质的服务，促进佛山市知识产权服务业发展。

2013年，佛山市知识产权局利用“4·26”世界知识产权日及“中国专利周”等重要时点，通过电视、电台、报纸作立体专题宣传，同时开展专利申请、知识产权管理、知识产权保护、专利信息运用等不同层次的培训，举办了“知识产权保护策略及纠纷应对策略培训班”“镇街专员科技与知识产权培训班”“科技型中小企业技术创新基金项目管理暨知识产权应用培训会”等多场知识产权培训，参加人数累计超7000人次。

版权知识培训。2013年9月12日，佛山市版权局主办，佛山市版权协会承办的“佛山市版权知识及软件正版化培训”在佛山市图书馆报告厅举办，吸引了100多位来自不同行业的佛山市企业代表参加。本次培训内容涵盖了版权基本理论及侵权应对、企业面临的软件正版化挑战和建议、企业软件侵权案例的解读和企业实现软件正版化的价值。此次培训让企业代表们更进一步地了解版权的基本知识，从政策层面、法律角度等方面加深了对企业推进软件正版化的必要性的认识，掌握了推进软件正版化的步骤和方法。

知识产权交流与区域合作。建立中德知识产权服务试验区。2013年3月29日，广东佛山市知识产权局主办的推进佛山新城知识产权国际合作签约仪式在佛山国家火炬创新创业园举行，胡学骏代表佛山市知识产权局与德国VJP知识产权事务所的代表Dr.Wolfgang FESTL-WIETEK（沃夫尔冈·菲梭维特克）签订了战略合作框架协议。签约仪式之后，德国VJP知识产权事务所的Michael JOHNSON（迈克尔·庄逊）和Dr. Wolfgang FESTL-WIETEK（沃夫尔冈·菲梭维特克）分别就欧洲单一专利和商标价值及商标侵权后果两个专题进行了讲座，并与企业进行了详细的交流和互动。同年11月14日，德国VJP知识产权事务所佛山办事处在佛山东方印象艺术馆举办开业典礼及推介会，应邀出席的佛山企业达70多家，出席人数达百多人，现场与VJP达成初步合作意向的企业有安新材料股份有限公司、广东至高律师事务所、广东新健达律师事务所等佛山知名企业。VJP的落户为佛山市涉外知识产权能力的提升工作奠定了新的基础，将促进佛山市企业在欧洲、美国和新加坡以及世界各地的知识产权申请和保护，推动佛山市专利技术实施和专利技术引进，促进佛山市知识产权服务行业的专业化和高端化，有助于充分发挥知识产权对佛山市经济、社会发展的助推器作用。

【知识产权服务】

2013年，佛山市引入高端的专利信息服务平台——汤森路透公司的Thomson Reuters（Scientific）INC.数据系统，购买其THOMSON INNOVATION一站式检索分析平台的使用账号一年的使用权，此平台是全球唯一整合专利、科技文献和商业信息及新闻，并提供独有的分析、合作和提醒等工具的创新平台。专利信息量包括更多主要专利国家的经过深加工的专利信息，可做高端的专利分析，可对专利进行预警分析。

【统计资料】

表1　2013年佛山市专利申请情况表

单位：件

各区	发明	实用新型	外观设计	合计	2012年	增长
禅城	927	1159	1589	3675	2826	30.04%
南海	963	3185	2645	6793	6034	12.58%
顺德	2107	5603	6309	14019	11744	19.37%
高明	319	1086	242	1647	1072	53.64%
三水	358	504	198	1060	927	14.35%
合计	4674	11537	10983	27194	22603	20.31%
2012年	3310	9514	9779	22603		
增长	41.21%	21.26%	12.31%	20.31%		

表2　2013年佛山市专利授权情况表

单位：件

各区	发明	实用新型	外观设计	合计	2012年	增长
禅城	201	1011	1146	2358	2266	4.06%
南海	207	2736	2118	5061	4870	3.92%
顺德	499	4800	5261	10560	9483	11.36%
高明	70	711	153	934	623	49.92%
三水	35	458	218	711	597	19.10%
合计	1012	9716	8896	19624	17839	10.01%
2012年	1161	8146	8532	17839		
增长	−12.83%	19.27%	4.27%	10.01%		

表3　2007—2013年佛山市PCT申请情况表

单位：件

各区	2007年	2008年	2009年	2010年	2011年	2012年	2013年
禅城	19	10	6	8	9	27	17
南海	7	14	12	22	26	14	28
顺德	17	31	31	59	65	72	108
高明	4	4	1	4	11	6	4
三水	0	1	0	1	3	2	5
合计	47	60	50	94	114	121	162

表4　2013年佛山市知识产权示范企业

企业名称	所属区域
广东德美精细化工股份有限公司	顺德区
广东兴发铝业有限公司	禅城区
广东博德精工建材有限公司	三水区
佛山市三水新明珠建陶工业有限公司	三水区
广东富信科技股份有限公司	顺德区
广东多正化工科技有限公司	三水区
佛山市中格威电子有限公司	南海区
广东美涂士建材股份有限公司	顺德区
佛山市柏克电力设备有限公司	禅城区
万峰石材科技有限公司	顺德区
佛山市广顺电器有限公司	禅城区
佛山市富士宝电器科技股份有限公司	禅城区
广东新劲刚新材料科技股份有限公司	南海区
佛山市金银河智能装备股份有限公司	三水区
广东星徽精密制造股份有限公司	顺德区

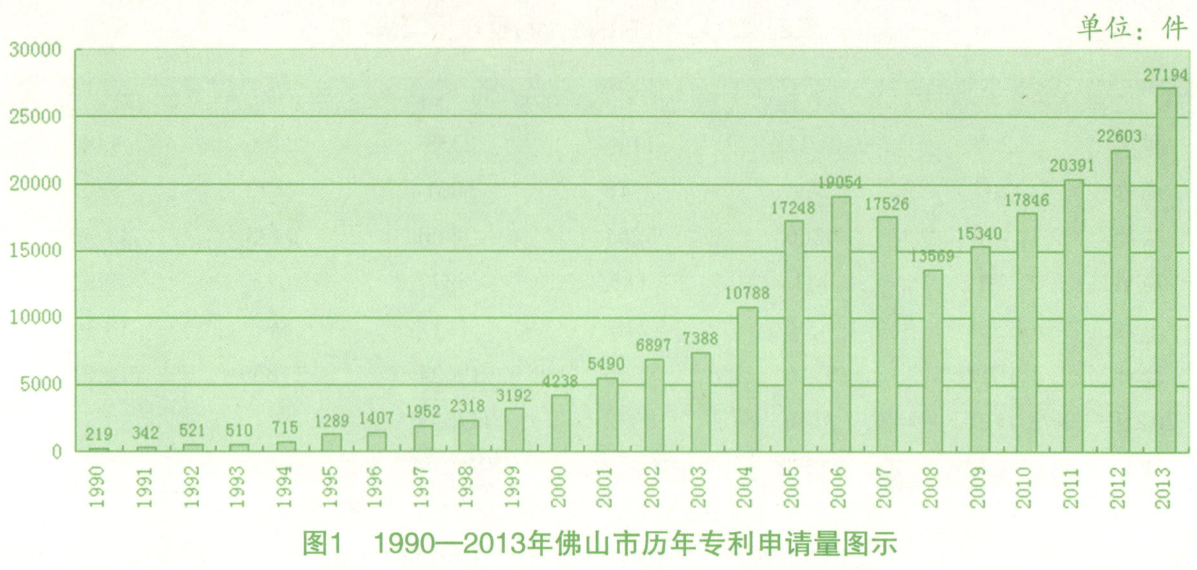

图1 1990—2013年佛山市历年专利申请量图示

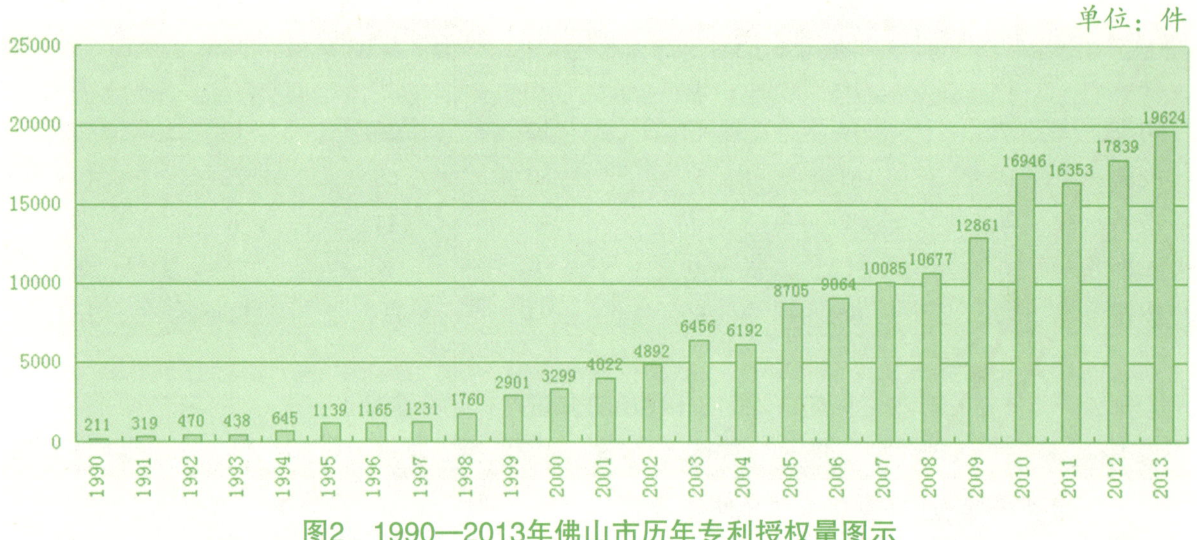

图2 1990—2013年佛山市历年专利授权量图示

（供稿人：郭晓欣）

韶 关 市

【概况】 2013年，韶关市抓好知识产权宣传培训、执法保护等方面工作，全社会知识产权意识明显增强，企业专利工作面貌焕然一新，全市专利申请的数量和质量明显提升，结构进一步优化，充分发挥专利制度激励和保护创新的作用，有力地支撑我市创新驱动发展。

【知识产权创造】 2013年，全市专利申请量2266件，同比增长24.91%，其中发明和实用新型专利申请1423件，发明和实用新型专利申请量占专利申请总量62.79%，专利授权量1438件，同比增长0.4%。

【知识产权运用】

2013年，曲江区与全国99个县区被列为“国家知识产权强县工程试点区”，韶关市力冉农业科技有限公司被列为广东省知识产权优势企业。目前，韶关市拥有国家级知识产权试点县（区）1个、省级知识产权试点县（区）4个、省级知识产权优势企业10家、省级知识产权试点事业单位2个、省级中小学知识产权教育试点（示范）学校10所；省知识产权战略试点企业1家；广东省知识产权示范企业1家；全国企事业知识产权试点单位1家。

专利技术产业化。韶关市力冉农业科技有限公司的“高密度水产养殖方法”项目获得省专利技术实施计划重点项目。韶关金苹果饲料有限公司的“具有抗腹泻的中草药添加剂在乳猪料中的应用”项目、丽珠集团利民制药厂的“药液软包装及其包装方法应用与产业化”项目、广东富然农科有限公司的“浓香山茶籽油的制作方法专利实施”获得市专利技术实施计划重点项目。

【知识产权保护】

开展“4·26”知识产权联合执法行动。4月26日，市知识产权局联合工商局、文广新局、公安局、质监局、药监局等部门组成10多人的联合执法组对市区商场、书店多家经营单位进行了执法检查，现场查处了专利标识不规范、假冒商标等知识产权违法行为，并对经营者进行了知识产权法律法规宣传教育。同日，在市体育馆召开集中销毁非法音像制品现场会，破碎销毁文化、公安、工商等部门收缴的近3万多张非法音像制品，在校学生、各新闻媒体及音像发行单位等有关行业的负责人共400多人参加了现场会。现场会还举行了“保护知识产权，打击侵权盗版，从我做起”签名活动。

为切实推进专利执法维权“护航”专项行动，配合全省查处“肤立修凝胶”假冒专利的统一执法行动，有效维护市场经济秩序，8月28日，市知识产权局联合市公安局组成联合执法组开展了查处“肤立修凝胶”假冒专利的执法行动。

【知识产权管理】

2013年共举办了3期知识产权管理及实务等内容的培训班。培训对象为全市企事业单位代表、各县（市、区）知识产权管理部门等有关人员，培训人数560多人。培训班邀请省有关知识产权专家授课，结合生动的案例为大家讲解了专利申请、企业专利运用、企业应对知识产权纠纷等方面的知识，深受大家的欢迎。4月20日，市知识产权局与文广新局联合在市区中山公园、大润发商业广场、风度路步行街开展“4·26”知识产权周宣传活动。活动中，免费向市民派发了知识产权宣传单张近3000份，参加人数500多人。4月22日，市知识产权局联合市文广新局在市区共同举办知识产权法律法规培训班，全市印刷企业、出版物发行企业以及网吧等负责人共200多人参加了培训班。

（供稿人：冯瑞麟）

河源市

【知识产权创造】 2013年，河源市专利申请1098件，同比增长92.63%，其中，发明专利194件，同比增长了55.20%，实用新型专利545件，外观设计专利359件。

【知识产权运用】

企业知识产权工作。2013年，河源市开始开展市级知识产权优势企业认定工作。经过评审，广东汉能光伏有限公司、广东九天绿药业有限公司、广东雄达实业发展有限公司、河源市绿纯酿酒厂、景旺电子科技（龙川）有限公司五家企业被认定为河源市首批知识产权优势企业。

2013年，广东金源绿色生命有限公司“治疗慢性阻塞性肺病药物组合物及应用”被列入省级专利技术实施计划项目；广东立国制药有限公司被认定为省级知识产权优势企业；河源市粤兴实业有限公司被国家知识产权局认定为国家级首批知识产权优势企业。

【知识产权保护】 知识产权行政执法巡查。“4·26”期间，河源市知识产权局联合市工商、版权、公安、海关等部门深入市区大型超市进行执法巡查活动，提高商家知识产权保护意识。

知识产权维权。为进一步了解和掌握市内企业知识产权维权状况，12月17日，河源市知识产权局和广东12330知识产权维权援助中心深入西可通信技术设备（河源）有限公司、广东美晨通讯有限公司和广东汉能光伏有限公司等三家高新技术企业进行实地走访，了解企业知识产权维权状况。在走访过程中详细了解企业对知识产权的认知情况，以及在发展过程中所遇到的知识产权问题，及时对企业提出的需求做出了相关回应。相关企业负责人纷纷表示，在企业发展的过程之中，知识产权的重要性日益凸现，加强知识产权保护、维权工作显得尤为重要。

打击假冒专利。根据省知识产权局统一部署，8月28日10点整，河源市知识产权局联合市公安局经侦支队与源城区科技局知识产权办与省内其他地市有关部门同时行动，开展查处“肤立修凝胶”假冒专利行为。在执法检查中，检查组重点检查了省局提供的经销商，发现涉嫌假冒专利商品“肤立修凝胶”2盒，根据该店电脑进货账单查询，该药店于今年初由厂商送货代销“肤立修凝胶”5盒，至今已卖出3盒，每盒售价168元。执法人员对涉嫌假冒专利商品进行了拍照、信息登记，在执法检查过程中，执法人员还向商家宣传有关专利法律法规和专利标识标注规范要求，并就流通企业加强专利商品的监管提出了指导性意见。

根据《专利法》实施细则第八十四条第二款和《广东专利条例》第四十条有关规定，经讨论，决定销毁封存的假冒专利“肤立修凝胶”2盒产品的外包装，并责成商家针对专利标识标注不规范商品进行限期整改。

参与第114届广交会执法。10月份，河源市知识产权局派出执法人员与各地市执法人员组成广东省市专利联合执法队为第114届广交会执法保驾护航。省知识产权局发出表扬信肯定了我局派出的专利执法员在第114届广交会期间的工作表现。

【知识产权管理】

专利申请奖励。对专利申请进行资助的同时，采取专利申请费用减缓的方式切实解决发明人在专利申请中的资金短缺问题，并对2012年完成年度专利申请任务的县区给予1万元奖励，对超额完成任务10%的县区给予2万元奖励，对超额完成任务20%以上的县区给予3万元奖励，有效促进河源市各县区专利工作的推进。

4·26世界知识产权日活动。4月25日，在河源职业技术学院举行河源市“4·26知识产权日”宣传活动启动仪式，河源市副市长章权出席活动。“4·26”期间，河源市知识产权局牵头，工商、版权、海关等有关部门共同组织材料，在“4·26”《河源日报》介绍河源知识产权现状；在河源电视台、河源电台播出知识产权公益广告，随新闻滚动播出，时间为一个星期；“4·26”当天，向移动手机30万用户、电信手机12万用户统发知识产权公益广告；河源五县一区知识产权管理部门走向街头，采取发放宣传资料、挂图，实物展示等形式，开展了知识产权宣传咨询活动，并销毁侵犯知识产权物品；结合科技下乡活动，深入东源县蓝口镇宣传知识产权法律法规等知识；开展知识产权维权走进高新区活动；为宣传普及知识产权知识，加强我市知识产权维权援助工作，12月17日上午，省知识产权维权援助中心、河源市知识产权局以及河源市高新区管委会共同主办知识产权维权援助公益活动在河源市高新技术开发区举办，来自河源市高新区的企事业单位代表60多人参加了此次活动。

第十二届粤东知识产权局长联席会议。11月14—15日，第十二届粤东知识产权局长联席会议在河源市召开。来自汕头、潮州、汕尾、揭阳、梅州、惠州、河源七市的代表出席了会议，省知识产权局谢红副局长应邀到会指导并作了重要讲话，河源副市长章权到会致辞。粤东知识产权局长联席会议是一个区域知识产权协作的会议，与会代表围绕今年各地知识产权工作特别是知识产权执法协作和维权工作情况进行了热烈的交流和探讨，会议圆满成功并取得了良好的效果。

第八届河源市青少年科技创新大赛。12月6—8日，第八届河源市青少年科技创新大赛在和平县福和高级中学举办。省科协党组书记、副主席何真，河源市人大常委会副主任、河源市科协主席吴素香，河源市副市长章权等领导出席了大赛开幕式并致辞，河源市知识产权局副局长作为大赛领导小组副主任出席开幕式活动，科室负责人作为评委参与了大赛项目的评判工作。通过多年参与，学生知识产权意识明显增强。从学生参赛申报材料看，普遍材料都有简单的项目查新或专利检索行为。

知识产权培训。4月25日、8月6—8日，邀请华南理工大学关永宏教授深入河源职业技术学院、紫金县、和平县、连平县作题为《知识产权是激励创新和支撑发展的必由之路》的专题报告。河源市县区知识产权管理人员、部分高新技术企业、知识产权示范和优势企业，省市级知识产权教育示范试点学校代表，河源职业技术学院师生共有3000多人次聆听了报告。

学校知识产权教育。河源市继续开展学校知识产权教育。在学校自愿申报、各县区审核推荐的基础上，确定河源市第一中学为2013年河源市中小学知识产权教育示范学校，确定源城区雅居乐小学、东源县广州大学附属东江中学、和平县阳明镇龙湖学校、龙川县车田镇中心小学、紫金县乌石中学、连平县第一小学为2013年河源市中小学知识产权试点学校。全市共有省市两级试点示范学校30所。河源市第三小学以优秀成绩通过省第一批知识产权教育示范学校验收。（供稿人：陈伟东）

梅州市

【概况】 2013年，梅州市不断加大知识产权宣传力度，提高全民知识产权意识，推动知识产权事业发展，提高梅州自主创新能力，为加快建设知识产权强省、为梅州实施“一园两特带动一精”发展战略提供支撑。

【知识产权创造】

2013年，梅州市专利申请量1686件（其中发明122件，实用新型795件，外观设计769件），比上年增长47.66%；专利授权量1257件（其中发明41件，实用新型619件，外观设计597件），比上年增长38.28%；申请量和授权量增幅均排在全省地级市第五位。1985年4月至2013年12月底，梅州市累计专利申请量6781件（其中发明900件，实用新型2565件，外观设计3316件），累计专利授权量4816件（其中发明294件，实用新型1971件，外观设计2551件）。梅州市在《商标公告》上被核准公告的商标共449件，梅州市注册商标累计数8067件（其中中国驰名商标1件，广东省著名商标56件）。

【知识产权运用】

企事业单位知识产权工作。推动专利产业化，鼓励企事业单位重视知识产权工作。广东嘉和微特电机股份有限公司被认定为2013年广东省知识产权优势企业；广东富远稀土新材料股份有限公司的“一种从稀土料液中除铝的方法”发明专利获得2013年广东专利优秀奖。有3项发明专利获得2013年度梅州市科学技术奖，分别是：广东富远稀土新材料股份有限公司的“稀土料液除铝新工艺技术”获梅州市科学技术一等奖，梅州世联泵业科技股份有限公司的“一种螺旋流恒压泵”获梅州市科学技术二等奖，博敏电子股份有限公司的“一种在多层电路板上加工盲埋孔的方法”获梅州市科学技术三等奖。

到2013年底，梅州市有广东省知识产权试点区域4个，广东省知识产权优势企业11家，广东省知识产权示范企业1家，获得广东专利优秀奖8个，广东省中小学知识产权教育试点学校9所，广东省中小学知识产权教育示范学校1所。

品牌培育。抓好引导和协助申报农产品商标和地理标志及集体商标的注册工作，对已注册的农产品商标引导其规范管理和运用。积极协助、指导市农业部门做好“嘉应茗茶”（茶叶类商品）商标注册。“平远慈橙”地理标志证明商标于2013年3月成功注册，是梅州市地理标志证明商标“零”的突破；“嘉应茗茶”商标注册已成功通过国家商标局注册。鸿源”等6件商标被省工商局新认定为广东省著名商标。梅州市商标协会于2013年12月31日成立。

【知识产权保护】

专利保护。2013年，梅州市知识产权系统共出动执法人员100多人次，检查生产经营场所80 家，检查商品1万多件，立案专利案件4宗（其中假冒专利案件3宗，专利侵权纠纷案件1宗），涉案金额5万元，已结案4宗。

展销会知识产权保护。2013年客商名优特产品展销会于9月20日至10月7日在梅州市院士广场举行，梅州市知识产权局派员进驻展销会。9月22日，梅州市知识产权局到展销会现场执法，发现在产品宣传资料上打有专利标识的有20多个，其中有2个专利标识属于假冒专利行为。梅州市知识产权局对上述2个产品的厂家进行了专利标识教育，并要求其限期改正。

商标保护。加大对驰名商标著名商标的保护力度，扎实开展打击侵犯知识产权和制售假冒伪劣商品专项行动。2013年，梅州市工商系统共出动执法人员2568人次，检查各类经营主体5318户，检查批发市场和集贸市场96个次，重点整治区域51处，查处商标侵权案153宗，案值70多万元，没收销毁侵权商品1049件，为权利人挽回经济损失8多万元。

版权保护。全面完成政府市直机关、事业单位软件正版化工作任务和县（市、区）政府机关、事业单位软件正版化工作。梅州市委市政府高度重视，采取“统谈统签”的方式统一谈判、统一购买、统一支付，用1500万的资金（分三年支付）采购了微软公司桌面办公电脑的微软操作系统和办公软件，授权范围包括市、县（市、区）、镇（乡）三级党政机关和事业单位，全市范围内的党政机关可以在三年内不限数量使用正版微软操作系统与办公软件，一次性解决了梅州市全市党政机关软件正版化的问题。据统计，梅州市市、县、镇三级合计完成安装正版计算机数量67023台，占应安装总数98.91%。

【知识产权管理】

知识产权政策。印发2013—2014年实施广东省知识产权战略纲要工作方案。为贯彻落实《中共广东省委广东省人民政府关于加快建设知识产权强省的决定》（粤发〔2012〕4号）和《2013年实施广东省知识产权战略纲要工作方案》，扎实推进知识产权战略实施，充分发挥知识产权工作对科学发展的促进作用，经梅州市政府同意于2013年9月22日印发实施《2013—2014年梅州市实施广东省知识产权战略纲要工作方案》。

印发《梅州市专利资助管理办法》。2013年5月，梅州市制定并印发了《梅州市专利资助管理办法》，进一步提高了企业申请专利的积极性和申请的质量。该办法规定：坚持电子申请授权专利优先审查资助的原则。专利资助标准为：授权外观设计专利300元/件，授权实用新型专利600元/件，授权发明专利2000元/件，授权PCT专利10000元/件。

知识产权宣传活动。2013年梅州市知识产权系统共举办专题讲座和培训班7场次，如：2013年12月13日，2013年12月27日梅州市梅县区知识产权局、大埔县知识产权局分别举办知识产权讲座，共100多人次参加。张贴宣传标语20多条，在广东省知识产权局门户网站、《梅州日报》和《梅州科技简报》刊登短讯、信息100多条次。

2013年7月23日，梅州市政府召开商事登记制度改革、“两建”暨对获得2012年度广东省著名商标企业颁发证书大会。会上，梅州市政府常务副市长丁文充分肯定工商部门的商标战略工作："市工商局实施商标品牌战略工作成绩显著，使全市商标有效注册量、著名商标有效数均排在粤北山区5市的第一位。"市长谭君铁为获得2012年度广东省著名商标企业颁发了证书。

2013年，梅州市启动了"正版正货"承诺活动。9月6日梅州市举行首批"正版正货"承诺活动授牌仪式，梅州市知识产权局廖峭局长参加授牌并讲话。首批"正版正货"10家承诺单位是：广东龙岗马山茶业股份有限公司、广东侨微生物科技有限公司、广东玉纯酒业有限公司、广东嘉味鲜食品有限公司、广东超宇起重设备有限公司、广东梅县雁球食品有限公司、梅州市客都文化产业艺博城有限公司、梅州市金穗生态农业发展有限公司、兴宁市龙江建材实业有限公司、丽声音像。

（供稿人：饶火东　陈军忠　涂志军）

惠州市

【知识产权创造】

2013年，惠州市专利申请量为15168件，同比增长53.32%，增幅连续5年位居珠三角第一，其中发明专利申请2466件，在全省排名第五；专利授权量为5917件，同比增长44.49%，其中发明专利授权467件；专利密度（万人口有效发明专利量）为2.34件，PCT专利申请154件；专利电子申请率为95.24%，名列全省第一；新增注册商标3275件，累计有效注册商标25421件；全年新认定广东省知识产权示范企业2家，广东省知识产权优势企业2家，惠州市知识产权优势企业3家；获得第十五届中国专利优秀奖1项。

2013年，惠州市科学技术局和惠州市知识产权局联合组织了惠州市2013年度科学技术奖专利类项目申报和评选工作，共评选出市科学技术奖专利类奖15项，其中专利金奖3项，专利优秀奖12项。在第十五届中国专利奖和2013年广东专利奖的评审中，惠州市亿能电子有限公司"动力电池组充放电均衡控制方法"项目获得第十五届中国专利优秀奖。TCL集团股份有限公司技术中心的"液晶电视机（V7300）和惠州TCL移动通信有限公司的"一种电子墨水显示设备及其照明方法"的两项专利技术获得2013年广东专利优秀奖。

2013年，惠州企业已向国家商标局提交驰名商标申报材料11件，向广东省省著名商标评审委员会提交著名商标申报材料36件；延续申报材料16件。

2013年，惠州市文化广电新闻出版局认真开展作品版权登记代办工作，全年共完成56项版权登记。

【知识产权运用】

专利技术产业化。2013年，惠州市知识产权局积极推进本地专利技术产业化进程，扶持了惠州市长润发涂料有限公司专利技术"一种紫外光固化木器漆及其制备方法"等8个项目产业化，扶持资金100万元。惠州亿纬锂能股份有限公司发明专利技术项目"Safe-plus安全增强型锂亚硫酰氯电池"被列入"广东省专利技术实施计划重点项目"，获得省知识产权局的重点支持。

知识产权试点、示范、优势企业。惠州市知识产权局根据企业的不同需求，探索开展知识产权分类指导服务，着力提升企业知识产权工作能力，加大专利示范试点企业培育力度，培育一批省、市知识产权示范试点企业。同时要在专利示范企业的基础上，组织企业参与到"通用规范"的贯标工作，更好地助推企业创新发展。2013年，惠州市华阳多媒体电子有限公司和广东九联科技股份有限公司被确定为2013年广东省知识产权示范企业；惠州市长润发涂料有限公司和TCL-罗格朗国际电工（惠州）有限公司被确定为2013年广东省知识产权优势企业。惠州市知识产权局认定了3家惠州市知识产权优势企业。

企业知识产权贯标。惠州市知识产权局开展了企业知识产权贯标试点工作。11月，惠州市知识产权局印发了《惠州市关于推进企业知识产权管理规范工作方案》，组织企业申报《惠州市企业知识产权管理规范试点项目》，遴选确定了9家企业为首批参加贯标企业，同时组织评审机构、辅导机构与企业进行对接。组织服务机构申报《广东省企业知识产权管理规范推进项目》，广州粤高专利商标代理公司惠州分公司入选2013年广东省企业知识产权管理规范推进项目承担单位。

知识产权投融资试点。根据《关于推进惠州市专利工作的实施意见》提出“探索‘政府引导、企业参与、市场化运作’的知识产权投融资新模式”的要求，以解决惠州市中小型企业贷款难问题。2013年，惠州市知识产权局与中国建设银行惠州分行就合作开展专利权质押贷款工作进行了专题会商座谈并达成一致。中国建设银行惠州分行愿意为惠州市拥有授权发明专利的科技型中小企业进行专利质押贷款。惠州市昌亿科技股份有限公司等3家企业接受了建行指定的评估机构进行专利权评估，获得贷款。根据惠州市领导的批示，惠州市知识产权局联合惠州市财政局起草了《惠州市专利权质押融资贴息资助项目操作规程》上报市政府审定，对企业以专利权质押向银行贷款所产生的贷款利息给予补贴。

版权兴业。惠州报业传媒集团全媒体产业基地被广东省版权局授予了“广东省版权兴业示范基地”称号。

【知识产权保护】

2013年，惠州市各级相关行政执法部门大力开展打击侵犯知识产权和制售假冒伪劣商品工作，坚持整体推进、突出重点、打防结合、标本兼治、力求实效的原则，抓住薄弱环节和突出问题，有针对性地开展专项整治，取得了显著成效。2013年，全市共开展联合执法活动300多次，出动执法人员6000多人次，执法车辆500多台次，检查企业5000余家，查处案件1401件，涉案金额660多万元，办结案件1153件，移送司法机关案件29件，捣毁窝点69个。

2013年，惠州市知识产权局加强与市级有关知识产权部门横向联合，以及与县（区）知识产权局纵向联合，开展知识产权执法维权“护航”专项行动，抽调市局及县区局专门力量组成了联合执法组，在全市范围内开展了打击假冒专利行动，共开展专利专项执法活动40多次，检查各类商场、企业200家次，出动执法人员90人次、立案89件，其中：专利纠纷案件6件、查处假冒专利案件83件，涉案金额5.5万元，查处黑代理机构2家。惠州市工商行政管理局坚持以“严厉打击保名牌，打扶并举护企业，认真履责促发展”为工作目标，以集中查处危害民生、侵犯驰（著）名商标专用权为重点，采取有效措施，创新工作方式，突出重点领域，围绕食品、药品、农产品、涉外商品等重点行业进行拉网式、地毯式排查，对排查出的问题集中进行治理。2013年，查处商标案件328宗，案值275.30万元，罚没金额200.85万元，收缴并销毁违法商标标识9742件，没收销毁侵权商品20643件；惠州市文化广电新闻出版局组织开展净化文化市场环境专项行动、出版物市场专项整治行动、印刷复制业专项整治行动、“4·26”保护知识产权文化市场专项整治行动、网吧暑期专项整治行动等10项重大行动。一年来，共出动执法人员15200多人次，出动执法车辆5200多辆次，检查了各类文化经营单位6400多家次，依法查缴了盗版书籍2万多册、盗版音像制品3万多张，立案查处99起，吊销经营许可证6家，责令停业整顿4家；取缔非法经营出版物的游商地摊90多个。在2013年广东省文化市场综合执法工作考评中，惠州市总分排名第四，并被评为“先进单位”。惠州市文化市场综合执法大队被国家版权局评为2012年度全国查处侵权盗版案件二等功单位。惠州市检察院始终保持严打的高压态势，不断加大审查逮捕、审查起诉工作力度，及时批捕、起诉一批侵犯知识产权和制售假冒伪劣商品犯罪分子，确保快、稳、准、狠的打击效果。截至2013年11月，已批捕相关案件32件60人，其中侵犯知识产权案件18件27人、制售假冒伪劣商品案件32件60人；起诉相关案件24件42人，其中侵犯知识产权案件16件32人，制售假冒伪劣商品案件8件10人。

会展知识产权保护。2013年11月1—3日，在惠州市举行的“2013中国惠州物联网·云计算技术应用博览会”上，大会组委会设立了知识产权服务咨询点，惠州市知识产权局安排执法人员进行执法检查，行动中共检查参展设备近300余件，对有专利标识的展位与产品共50余项进行了登记备案，对专利标识不规范的企业进行了纠正，向参展商与参观人员进行知识产权知识的普及和宣传。展会中共接待知识产权服务咨询200余人次，向咨询人员发放《专利法》《广东省专利条例》《专利标识标注办法》等有关资料、宣传册近2000余份。

专利巡回审查。2013年10月16—17日，惠州市知识产权局邀请了国家知识产权局电学发明审查部部长李永红一行，在惠州市开展专利巡回审查工作。在此次专利巡回审查活动中，来自国家知识产权局电学发明审查部的专利审查员组成两个专利巡回审查小组，对惠州市的TCL集团股份有限公司等企业的一批进入实质审查阶段的发明专利进行了现场审查。活动期间，专利代理人和发明人与专利审查员直接交流，详细论述了各项发明的背景、所要解决的技术问题以及改进方案，特别是针对审查员所指出的申请文件中所存在的缺陷做出了详细的意见陈述和解答，使存在问题的发明专利重新获得被授予专利权的可能性。

侵权假冒行政执法与刑事司法衔接。截止到2013年12月，惠州市各级行政机关和司法机关共录入执法、司法案件信息29392件。

销毁非法出版物。2013年4月22日，惠州市“扫黄打非”工作领导小组在惠州市博物馆举行“2013年保护知识产权宣传周系列活动启动仪式暨非法出版物现场销毁活动”，现场共集中销毁了侵权盗版及非法出版物15万多张盘（册）。中共惠州市委常委、宣传部长黄雁行，惠州市人大常委会副主任华红，惠州市政府副市长刘冠贤参加活动，市直有关部门、出版物经营业界、电子音像经营业界和师生代表等200多人参加了现场会。

惠州市文化广电新闻出版局加强对文化经营单位版权保护宣传教育，协调指导惠州仲恺高新技术产业开发区成功解决了歌舞娱乐场所的KTV版权费纠纷等案件。

【知识产权管理】

政策法规。2013年8月，中共惠州市委惠州市政府出台《关于加快发展壮大民营经济的决定》，提出实施鼓励创业行动、驱动创新行动、强企壮企行动、融资助企行动、市场开拓行动、人才支撑行动、减负惠企行动、优化服务行动、协调保障行动等“九大行动”。规定对新荣获中国专利金奖的企业一次性奖励50万元；对新获评中国驰名商标的民营企业给予一次性100万元奖励，对以自有品牌出口的中小民营企业，在（国）境外获得专利授权、商标注册、产品认证的费用给予支持。

2013年9月，中共惠州市委惠州市人民政府在颁布实施《进入珠三角第二梯队总体方案》中提出了实施知识产权战略，加大专利申请和知识产权保护力度，力争到2014 年和2017年，专利申请量分别达到1.6万件和2.6万件。

惠州市知识产权局把提高专利申请数量和质量作为专利工作的重点，落实《关于推进惠州市专利工作的实施意见》的激励政策措施，采取了将专利产出指标纳入各县区科学发展观考核和“九年大跨越”考核，联合本地的专利代理机构专家深入企业开展专利申请帮扶服务等措施，促进全市专利申请授权快速提升。

专利电子申请。2013年，惠州市知识产权局加大专利电子申请推广工作力度，通过宣传和培训，加强对省市知识产权试点示范企业、高新技术企业、民营科技企业和高校等单位的专利电子申请的普及工作；同时把电子申请率作为市专利实施项目、市专利奖、市知识产权优势示范企业评选、专利资助经费等工作开展的一个重要指标参数。

国家知识产权示范城市培育工作。2013年4月，惠州市人民政府办公室下发了《惠州市国家知识产权示范城市培育工作方案》，《方案》明确了指导思想和工作目标，对工作任务进行了分解，要求各部门、各单位强化责任，认真实施，确保按时高质量地完成示范培育任务目标。2013年，惠州市知识产权相关部门按照《方案》部署和要求推进各项培育工作。

国家知识产权试点园区和试点强县工作。2013年4月25日，受国家知识产权局委托，以广东省知识产权局副局长袁有楼为组长的考核验收专家组在听取仲恺高新区开展知识产权试点园区工作的汇报，审查相关工作文档，并对试点工作相关问题进行了提问后，一致认为，惠州仲恺高新技术产业开发区通过验收。

2013年，惠州市知识产权局组织了惠城区和博罗县申报“国家知识产权强县工程试点县（区）”。9月，国家知识产权局正式下文批准，惠城区和博罗县双双入选。惠城区和博罗县人民政府相继成立了知识产权强县工作领导小组，印发了《知识产权强县示点县创建工作方案》，有序推进各项工作。

驰名、著名商标。2013年，惠州市工商行政管理局完善了全市推荐申报驰（著）名商标规范管理办法，通过推行商标行政指导制度，以发放商标注册建议书、商标使用提示书、商标战略策划书、商标创牌倡议书、商标法律告知书的形式，提高企业的商标注册意识、创牌意识和保护意识。

软件正版化。2013年惠州市政府机关使用正版软件的整改工作以及企业软件正版化年度任务全面完成，顺利通过了广东省督查组检查验收。

知识产权宣传。惠州市知识产权相关部门借助“3·15”消费者权益保护日、“4·26”世界知识产权日和中国专利周等重要节日，联合开展现场咨询、集中销毁非法出版物活动、知识产权联合执法、“扫黄打非”专项行动和现场咨询等系列活动；惠州市知识产权局举办了“深圳知识产权之旅”活动，向市四套班子领导，知识产权办公会议成员，县（区）、镇办知识产权部门及知识产权优势企业、高新技术企业等免费赠阅全年《中国知识产权报》400份。惠州市工商行政管理以《中华人民共和国商标法》和《商标法实施条例》为宣传重点，充分发挥广播、电视、报纸、杂志、网络等媒体作用，普及在社会“面”的宣传；利用开展商标培训班、商标巡展、企业座谈会、专题讲座，扩大在行业“线”的宣传；通过建立商标指导点、企业回访、年检等形式，送法上门，强化在企业“点”的宣传。通过“面”“线”“点”多方位结合的立体宣传，增强全社会的商标注册和保护意识，提高商标的知名度和美誉度。

知识产权培训。惠州市知识产权局根据《2013年广东省知识产权人才培训计划》，围绕企业知识产权制度建设等内容，采取分期、分批、分领域的方式，开展不同层次的培训。先后举办了“创新知识企业知识产权管理通用规范”“专利撰写与答辩实务”“企业专利运营”和“企事业单位高级管理人员知识产权”等10多场专题培训班和讲座，参加人员1500多人。2013年，惠州市知识产权局还承办了“全省知识产权培训基地座谈会”和“全省企业知识产权工作座谈会”。

2013年，惠州市文化广电新闻出版局建立健全了文化经营单位守法自律监管员制度、文化市场社会监督员制度、网吧义务监督员制度等长效管理机制，全年举办了全市守法自律监管员培训班5期，组织各类经营业主座谈会20多次，参加人员达8000多人次。

专利代理方向人才培养。惠州市知识产权局与惠州学院共同制定专利代理方向人才培养计划。按照培训计划，在惠州学院政治法律系开设法学·专利代理方向双学位（辅修专业），以双学位辅修专业培养的教育方式，招收了本校第一专业为理工科背景的三年级学生和辖区企事业单位从事专利工作的人员辅修专利代理方向，辅修1年，首批共招了52名学生。到2013年底，辅修学生已完成学习课程。惠州市知识产权局协助惠州学院申报广东省知识产权培训基地。在广东省知识产权局和广东省教育厅的大力支持下，惠州学院被认定为广东省知识产权培训基地。

【统计资料】

2013年惠州市各县区专利申请统计表

单位：件

县区	发明	实用新型	外观设计	合计	2012年合计	同比增长
惠城区	585	756	2282	3623	2511	44.29%
惠阳区	235	389	1516	2140	1313	62.99%
博罗县	150	252	1462	1864	1211	53.92%
惠东县	55	135	994	1184	822	44.04%
龙门县	53	90	95	238	145	64.14%
大亚湾区	137	412	276	825	437	88.79%
仲恺高新区	1250	1796	2242	5288	3447	53.41%
校正值	1	0	5	6	7	
合计	2466	3830	8872	15168	9893	53.32%

2013年惠州市各县区专利授权统计表

单位：件

县区	发明	实用新型	外观设计	合计	2012年合计	同比增长
惠城区	155	563	604	1322	1198	10.35%
惠阳区	26	264	469	759	602	26.08%
博罗县	12	206	381	599	425	40.94%
惠东县	10	114	345	469	151	210.60%
龙门县	2	135	31	168	30	460.00%
大亚湾区	15	233	19	267	255	4.71%
仲恺高新区	248	1062	1025	2334	1428	63.45%
校正值	0	0	0	0	4	
合计	468	2577	2874	5918	4093	44.59%

（供稿人：纪智敏）

汕　尾　市

【概况】　2013年，汕尾市落实知识产权区域发展计划，积极开展“两建”“双打”活动，鼓励创新，强化宣传、培训和服务，促进知识产权工作的开展。

【知识产权创造】　2013年，汕尾市专利申请量1176件，比2012年同期增长55%。其中发明专利87件，实用新型520件，外观设计569件；

专利授权量818件，比2012年同期增长69%。其中发明专利24件，实用新型364件，外观设计430件。

商标注册新增1200多件，现汕尾市累计注册商标近14000件。

【知识产权运用】

2013年汕尾市知识产权局发动组织申报2013年省专利实施计划项目2项，获省知识产权局立项1项，推荐上报省知识产权示范企业1家并获省知识产权局认定，推荐上报省知识产权优势企业两家并获省知识产权局认定。2013年9月17日，汕尾市陆河岁宝百货公司等6家企业被评为第二批“汕尾市专利产品生产销售诚信单位”，通过创建“汕尾市专利产品诚信市场”活动，进一步推进“两建”活动的深入发展。

汕尾市各级工商行政管理局主动为企业提供咨询服务，引导和发动企业申办注册商标、申报著名商标、驰名商标。2013年有2户企业办理申请著名商标，同时还有延期认定的企业3户。

【知识产权保护】

汕尾市知识产权局制定印发《汕尾市打击侵权假冒专项行动实施方案》，召开各县（市、区）知识产权局局长会议，加强与工商、文化等知识产权部门密切配合，组织知识产权联合执法和知识产权局系统执法活动12次，出动执法车辆20多车次，执法人员100多人次，在海丰、陆丰、陆河等重点领域，开展以皮具、服装、珠宝、食品、药品和家具五金配件为重点产品的“双打”专项行动，抽查相关产品5500件；检查大型商场、超市22家，药店25家，抽查有专利标识的食品950多件，药品1500多件。2013年处理侵权纠纷案件3宗（已结案），涉嫌假冒专利案件5宗（已结案），发出整改通知书3份。

2013年，汕尾市工商行政管理局落实属地管理的职责，组织各县（市、区）工商管理部门对一些重点企业开展突查，查处商标违法案件53宗，案值23.41万元，罚款25.27万元。出动执法人员160人次，车辆37车次。检查商场、超市180多家，企业60多家。

汕尾市文化广电新闻出版局加大文化市场的监管力度，各级文化市场管理1—11月份出动行政执法人员6438人次，检查各类文化经营场所4715家次，立案调查62宗，已办结案件59宗。

汕尾市文化广电新闻出版局制定了《关于进一步加强演出管理的通知》，印发到各县（市、区）文化广电新闻出版局、综合执法队，并组织演出市场督查组深入到各县（市、区）影剧院、歌舞厅进行督查，取得了良好的效果。

【知识产权管理】

4月25日，汕尾市知识产权局结合世界知识产权日宣传活动，与汕尾市工商行政管理局、汕尾市文化广电新闻出版局在市区主要地段设立知识产权咨询台，发放宣传资料2000多册，接受群众咨询120多人次，提高公众的知识产权意识，营造知识产权的氛围。

汕尾市工商行政管理局做好“宣传周”的宣传工作，发放宣传资料600多份，接受咨询200多人次，4月19日至26日，在汕尾电视台、报社进行了公益广告宣传，发布公益广告280条次，各级工商部门制作宣传横幅43多条，发放宣传资料1150多份。11月，在海丰、陆丰两地工商行政管理局组织商标监管人员和经检部门、工商所主管商标工作的所长及商标专管员进行培训，参加人员达到110多人。11月28日，在海丰举办企业负责人及管理人员的新《商标法》培训班，参加人员达到120多人，为新《商标法》的实施打下坚实的基础。

2013年汕尾市文化广电新闻出版局举办市区网吧业主培训班3期，重点进行政策法规培训，参加培训的业主100多人次。5月29日下午召开了市区娱乐场所、网吧业主会议，贯彻部署“安全生产月”活动。汕尾市文化广电新闻出版局黎学斌副局长、城区科技文体局有关负责人以及市区娱乐场所、网吧业主共80多人参加了会议，会上汕尾市文化广电新闻出版局与市区娱乐场所、网吧业主签订守法经营承诺书、禁毒责任承诺书130多份。

（供稿人：袁劭翊）

东 莞 市

【概况】

2013年，东莞市以全国地级市评分第一、全国入选的18个城市中排名第二位的成绩荣获“国家知识产权示范城市”称号。获批中国东莞（家具）知识产权快速维权援助中心。东莞市知识产权局被评为“全国知识产权系统人才工作先进集体”。

【知识产权创造】

2013年东莞市专利申请量29012件，专利授权量22595件，连续4年位居全省前三位，发明专利申请量6454件，同比增长15.9%，占专利申请量的比例达22%；发明专利授权量1495件，同比增长7.9%。全年新增注册商标13129件，其中新增中国驰名商标18件。开展专利奖评选工作，拟定市专利金奖5项，市专利优秀奖25项。荣获广东省专利优秀奖3个。

【知识产权运用】

企业知识产权工作。积极组织和推荐优秀知识产权企业和项目申报国家和省级项目，获认定省知识产权优势企业6家、省知识产权示范企业2家；获批准省专利实施计划项目3项、广东省重点出口产品专利预警分析计划项目2项。

贯标工作。举办《企业知识产权管理规范》（国家标准）和《创新知识企业知识产权管理通用规范》（广东省标准）2期学习培训班；宣传专利优势企业认定政策，推动企业积极参加知识产权管理规范贯标工作。2013年，东莞市有两家企业被认定为全省首批达标单位，还有50多家企业正在积极贯标中。

专利质押融资及保险。开展专利质押融资项目，促进银企对接。2013年银行共发放7笔专利质押贷款，金额达到2755万元。东莞市知识产权局召开专利保险试点工作启动仪式暨专利保险业务研讨会，设计专利执行险受理、审查、理赔业务流程，编制专利保险服务手册，正式受理专利保险业务。2013年东莞市已有18家企业完成27项专利参保。

知识产权预警。推动成立首个专利联盟——LED专利联盟，通过整合联盟各成员资源，加强联盟企业知识产权保护，应对激烈的LED市场竞争。东莞市工商行政管理局建立和完善重点企业数据库，扩大商标预警监测范围，将全市老字号企业、上市公司等972家重点企业的注册商标纳入商标预警保护服务范围。2013年，共向重点企业发出各类预警通知书691份、向有关镇（街）发出公共商标预警通知书31份。

提高知识产权运用能力。组织8个专业镇和广东省知识产权研究与发展中心签订《提升知识产权运用能力　助推专业镇转型升级合作框架协议》，共同提高我市专业镇的知识产权能力；制定《东莞市2013年度企业知识产权托管工作计划方案》，提升企业知识产权管理能力；大力推行知识产权管理规范的贯彻实施工作，指导企业建立知识产权制度。

【知识产权保护】

行政保护。2013年，东莞市知识产权局共受理专利侵权纠纷案件28宗，结案21宗；查处假冒专利案件10宗、违法从事专利服务行为案件5宗；全市工商系统立案查处侵犯知识产权和制售假冒伪劣商品案件692宗，涉案金额2942万元，移送公安机关26宗；全市公安机关共立制假售假犯罪类案件175宗，刑事拘留234人，成功侦破公安部督办案件5宗；全市文化执法机构查处地下音像批发窝点2个、书店28

家、音像店23家，向公安机关移送涉嫌犯罪案件3宗；全市经信系统检查各类酒类批发、零售经营单位9200多家次，立案查处案件47宗，移送公安机关3宗；市质量技术监督局查处制假案件7宗，移送公安机关案件1宗。市食品药品监督管理局捣毁窝点2个，立案300多宗；市农业局查处案件63宗（含简易程序），移送公安机关案件7宗。

刑事司法保护。东莞两级法院坚持庭前释法、调解优先和媒体旁听庭审常态化，发布首份知识产权司法保护白皮书。2013年，总收案2761宗，总结案2405宗，总结案率87.11%。欧珀案入选中国法院2012年度知识产权司法保护50件典型案例和广东法院2012年度知识产权司法保护十大案件。

展会保护。东莞市知识产权局共进驻5家展会开展展会专利维权工作，处理各类专利纠纷案件30宗，纠正专利标识标注不规范行为25宗，派发知识产权宣传资料1600余份。在第五届中国国际影视动漫版权保护和贸易博览会上，省版权局与东莞市版权局组织成立“版权服务工作站”，负责漫博会期间版权维权等工作，共与305家参展商签订《参展作品著作权来源合法承诺书》，发出“作品著作权来源信息卡”877张，受理参展作品著作权免费自愿登记申请308宗，实现了连续五届漫博会版权纠纷有效投诉“零投诉”。

维权援助。2013年，东莞市知识产权维权援助中心通过12330知识产权维权援助平台受理各类咨询共计294宗，其中，电话咨询179宗、来访咨询65宗、来信咨询9宗。开通全国首家获得认证的12330官方微信平台。推进专利侵权判定咨询机制建设，组建专利侵权判定咨询委员会，为全国家具行业领域的专利行政执法案件提供专利侵权判定咨询公共服务。

【知识产权管理】

优化政策体系。东莞市出台《东莞市专利促进项目资助办法》《东莞市专利保险试点工作实施意见》和《东莞市专利保险补贴资金管理暂行办法》。

实施专利战略。东莞市知识产权局出台《2013年东莞市实施知识产权战略纲要工作方案》，充分发挥政策的引导和促进作用，全面提高企业和个人申请专利、保护创新成果的意识和水平。组织各镇街联合专利代理机构举办专利宣讲活动，促进专利申请，共举办宣讲活动44场。

实施商标（品牌）战略。东莞市工商行政管理局以“推进商标品牌战略，服务创新驱动发展”“自有品牌、助推崛起”为主题，在全市范围内开展了多形式、多角度、全方位的宣传，营造品牌建设氛围。目前，全市累计共有注册商标84506件，驰名商标52件，著名商标226件，各项指标继续位居全省前列。东莞市质量技术监督局完善名牌管理制度，科学制定品牌发展规划和配套支持政策，培育、扶持、保护和发展一批名牌产品，实施名牌带动战略取得显著成效。目前共有198个广东省名牌产品（工业类），总数位居全省第三位；并推动虎门镇获批休闲服装全国知名品牌示范区，指导大朗镇申报毛织产品省级知名品牌示范区。

版权兴业工程。东莞市版权局充分发挥市“版权基层工作站”贴近基层、服务群众的特点，推动版权登记工作不断深入。2013年，东莞市企业类作品和计算机软件著作权登记1108宗，居全省第四位、地级市第二位，作品著作权登记工作取得较大进展。

正版正货。东莞市知识产权局联合市工商行政管理局、市版权局开展“正版正货承诺”活动后续监管工作，对已授予“正版正货承诺”牌匾的100多家单位进行全面走访和清理，对不再符合活动参加条件的商家予以摘牌，对继续参与“正版正货承诺”活动的商家进行媒体报道，以正面宣传引导社会自觉抵制假冒伪劣商品。

专题会议。2013年“4·26”期间，东莞召开全市知识产权工作会议暨专利奖励大会，总结2012年知识产权工作，并提出下阶段知识产权工作规划；11月，国家知识产权局、广东省知识产权局与东莞市举行国家知识产权示范城市工作三方会谈，对东莞市的知识产权工作提出了更高要求。随后，东莞市召开高标准建设国家知识产权示范城市动员大会。会上，中纪委驻国家知识产权局纪检组长、国家知识产权局党组成员肖兴威组长为东莞市颁发了国家"知识产权示范城市"牌匾。

知识产权宣传。"4·26"期间，广东省知识产权局、东莞市人民政府联合举办"省市联合执法集中销毁活动现场会暨东莞市'4·26'知识产权宣传周启动仪式"。东莞市知识产权局举办知识产权知识有奖竞赛，回收答卷1598份；举办"知识产权在我身边"等专题讲座；开展"东莞市青少年知识产权竞赛""中学生知识产权模拟法庭"等活动。此外，各知识产权成员单位也通过专题报道、播放宣传广告、召开专题研讨会等多种形式广泛宣传知识产权。

知识产权培训。东莞市知识产权局举办两期知识产权管理规范贯标培训班，共620人参加培训；举办两期广东省专利工作者培训班，共200人参加培训并获得"广东省专利工作者"证书；与市对外贸易经济合作局联合举办"涉外知识产权风险管理及保护"讲座，邀请英国睿阁律师事务所和美国莱纳戴维律师事务所的专家就欧盟知识产权风险管理及展会知识产权保护、东莞企业出口美国所面临的知识产权问题及应对向我市企业进行讲解。

【知识产权服务】

搭建服务平台。中国东莞（家具）知识产权快速维权援助中心获批，目前已启动了各项筹建工作；东莞市工商行政管理局牵头成立了东莞市商标品牌发展保护促进会，帮助东莞市企业开展跨区跨境维权、诉讼，降低企业维权成本。市质量技术监督局强化12365平台建设，共处理举报投诉信息3418个，其中咨询类2749个，受理各类案件线索669起。

发展服务机构。东莞市知识产权局新引进了3家专利代理机构，全市专利代理机构总数达到35家；对5家违法从事专利服务行为的机构进行了查处，规范了我市专利代理市场。

【统计资料】

东莞市2013年专利申请及授权情况表

表1　2013年东莞市三种专利比2012年同期增长情况

单位：件

		2012年	2013年	增长率
申请	发明	5568	6454	15.91%
	实用新型	13167	12746	−3.19%
	外观设计	10464	9812	−6.23%
	合计	29199	29012	−0.64%
授权		2012年	2013年	增长率
	发明	1381	1495	8.25%
	实用新型	10667	12080	13.24%
	外观设计	8852	9020	1.89%
	合计	20900	22595	8.11%

表2　2013年东莞市五类申请人专利申请授权情况表

单位：件

		2012年	2013年	增长率
申请	大专院校	84	108	28.57%
	个人	11777	11688	-0.75%
	工矿企业	17171	16828	-2.00%
	机关团体	82	144	75.61%
	科研单位	118	244	106.78%
授权		2012年	2013年	增长率
	大专院校	49	89	81.63%
	个人	8799	8969	1.93%
	工矿企业	11964	13390	11.92%
	机关团体	30	37	23.33%
	科研单位	52	110	111.54%

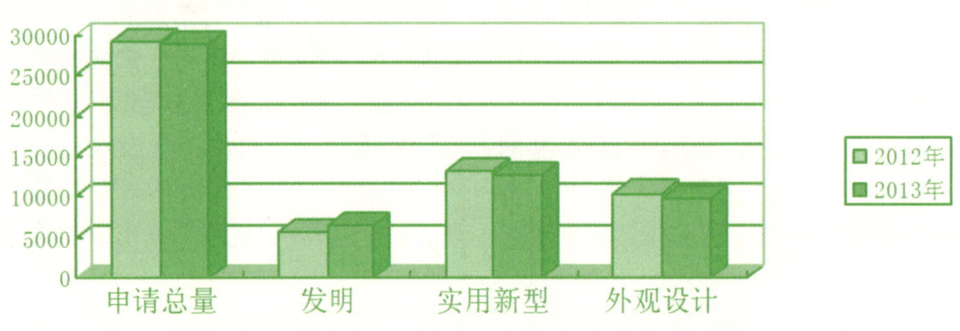

图1　2013年三种专利申请与2012年申请比较图（单位：件）

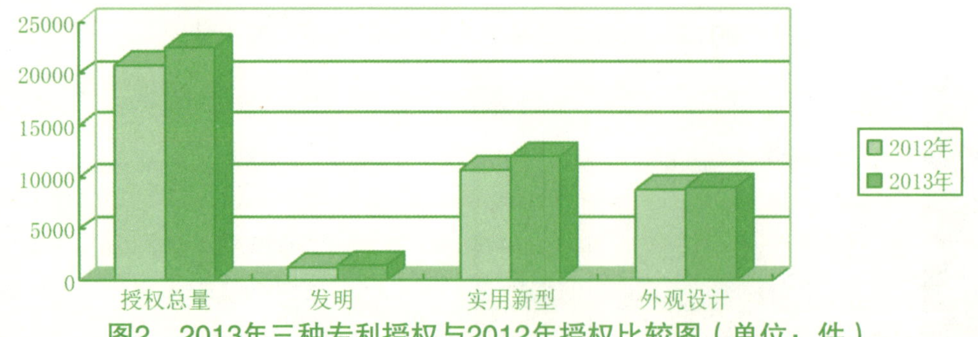

图2　2013年三种专利授权与2012年授权比较图（单位：件）

（供稿人：唐静）

中 山 市

【概况】　2013年，中山市专利申请量首次突破2万件，全年专利申请量达21815件。一项发明专利荣获2013年广东专利金奖。中山市启动灯饰领域专利保险试点工作。中山市与佛山市、江门市、顺德区建立四市（区）灯饰行业专利行政执法协作机制。“4·26”世界知识产权日期间，中山知识产权维权援助志愿者队伍正式成立。中国中山（灯饰）知识产权快速维权中心获国家知识产权战略实施工作先进集体。

【知识产权创造】 2013年，中山市专利申请量21815件，创历史新高，同比增长18.57%。其中，发明专利申请量2432件，同比增长33.99%；实用新型专利申请5884件，同比增长16.12%；外观设计专利申请13499件，同比增长17.27%。PCT申请量101件，同比增长20.24%。专利授权量14218件，同比增长30.44%；发明专利授权量464件，实用新型专利授权量4939件；外观设计专利授权量8815件。有效发明专利的拥有量1599件，每万人有效发明专利拥有量4.94。平均专利电子申请率89.21%。

【知识产权运用】

专利保险试点。2013年，中山市推进专利保险业务，将开发区、古镇列为专利保险工作试点区域。12月16日上午，中山市知识产权局、古镇镇人民政府、人保财险中山市分公司在我市古镇镇举办中山市灯饰专利保险试点启动仪式。中山市知识产权局与人保财险中山市分公司签订了《专利保险合作框架协议》，人保财险中山市分公司与古镇镇10家企业代表签订了《参保意向书》。

知识产权质押贷款。2013年，中山市选择火炬开发区为试点区域，开展知识产权质押贷款，通过贴息补助，鼓励金融机构加大信贷支持力度，对拥有自主知识产权的企业提供授信额度和多样化金融服务，全年22件专利进行质押登记，贷款2532万元。

商标品牌战略。2013年，中山市有效商标注册量是63586件，拥有行政认定驰名商标45件，广东省著名商标249件。其中“完美”（非医用营养粉）、“曼秀雷敦”（化妆品）、“香山”（衡器）、棕榈园林“图形”（园林）等7件商标分别通过商标管理、商标异议、商标争议案件分别向国家工商总局商标局、商标评审委员会申请认定驰名商标。

【知识产权保护】

“双打”“两建”工作。2013年，中山市各成员单位积极开展“双打”工作，建立起部门联动、机制创新、行业规范、企业自律、社会参与的工作机制，真抓实干，确保专项行动取得实效。知识产权局系统共出动执法人员1549人次，专利侵权纠纷案件立案371宗；工商系统共立案查处“双打”案件558件，案值2425.25万元，罚款701.20万元，移送涉嫌犯罪案件13宗；食品药品监督管理局共立案查处案件264宗，涉案货值金额约97万元，罚没款金额293万元，吊销“药品经营许可证”44张，捣毁窝点36个；检察院共受理公安机关提请批准逮捕的侵犯知识产权和制售假冒伪劣商品91人，经审查全部批准逮捕，其中，生产销售假冒伪劣产品案件2件3人，假冒注册商标案件25件41人，销售假冒注册商标的商品案件4件4人，侵犯著作权案件6件9人，非法经营案件17件22人，共受理公安机关移送起诉的侵犯知识产权和生产销售假冒伪劣商品案件94件116人；中级法院共受理各类知识产权案件共601件，其中民事585件（一审443件，二审142件），刑事二审21件，行政一审二审共4件，审结409件，未结案件192件；经信局共立案查处3宗，查获（扣）涉案肉及肉制品415公斤，涉案总货值1.45万元，处罚金额5.79万元，查处“三无”散装白酒企业51家，未领取酒类许可证20家，责令限期整改71家；出入境检验检疫局查处案件涉及金额约人民币120万元，执行处罚金额4.49万元；卫生局检查涉水产品专经营单位140家，发现无有效批件产品83个，共检查各类医疗机构508家，查处取缔各类非法行医场所136间，共罚没26.53525万元；中山市“双打”领导小组办公室接上级转来线索，组织开展了扑克牌侵权假冒专项整治行动。

四市（区）灯饰行业专利行政执法协作。2013年11月15日，围绕灯饰产业，佛山市、中山市、江门市、顺德区四市（区），在中山市古镇共同签署了《四市（区）灯饰产业专利行政执法协作协议》，启动了四市（区）灯饰产业执法协作平台，协作内容包括加强立案协作、案件协办、联合执法、商品流通领域执法协作、推动展会知识产权保护合作、知识产权业务交流等。

中国中山（灯饰）知识产权快速维权中心工作。2013年，中国中山（灯饰）知识产权快速维权中心组建知识产权维权援助志愿者队伍，旨在弘扬志愿服务精神，营造良好的知识产权文化、法制和市场环境，发展首批成员180余名；积极探索专业市场知识产权保护新模式，继续培育瑞丰国际灯配城成为第三家知识产权保护示范基地；推进知识产权信用体系建设工作，召开了知识产权信用体系金融机构监管座谈会，将结合中国人民银行中山市中心支行的“中山市社会征信和金融服务一体化系统”进一步推进社会信用体系的建设；推进专利保险试点工作。组织专利代理机构召开专利保险推进工作会议，详细介绍专利保险的情况，并收集意见，为完善推进专利保险工作夯实基础；进一步完善专利行政执法和司法保护的衔接机制，落实司法确认机制和诉调对接机制。

商标案件执法。2013年，中山市工商局对案情复杂、影响面广及跨区域的“加多宝”、“青苹果”“BEE”等商标侵权案件，积极向省局业务处室请示，内部研究探讨，加强与办案单位沟通联系，对性质相同的案件，统一定性和处罚尺度。同时做好商标涉嫌犯罪案件移送工作，向公安部门移送商标涉嫌犯罪案件14件，案值超660万，涉案标识超过11万个。涉案商品包括服装、燃气热水器、燃气灶等，涉案商标包括Levi's、Lee、美的、九阳、NVC雷士、五羊等。另外，借用全国工商系统的整体合力，对中山企业涉及异地的维权问题给予积极帮助，为企业在全国范围内打假做好服务工作。协助“洁柔”“夏宝”“鹰唛”“榄菊”“纯儿记”等多个中山品牌打假维权，有力保护了本地品牌的合法权益。

版权保护。2013年，中山市版权局开展盗版出版物集中销毁行动，销毁盗版音像制品约10万张；推进8家省督办企业软件正版化工作；积极开展版权纠纷调解，共调解未经许可商业使用计算机软件版权纠纷案件共20件，有效维护了权利人的权益；在 3月下旬、9月上旬、12月上旬举办了三期企业软件正版化培训会议，向400家企业宣讲了国家政策法规；“4·26知识产权宣传周”期间，印刷了10000册广东省企业使用正版软件指南，免费派发给企业；完成了《计算机软件侵权黑名单管理办法》起草和意见征求工作，目前已报市政府公开发布，正式施行。

【知识产权管理与服务】 知识产权宣传、培训。2013年，中山市制定知识产权宣传方案，开展了一系列声势宏大的宣传报道活动，着力培育知识产权文化，提升经济、社会发展的软实力。在“4·26”世界知识产权保护宣传周期间，开展了主题为“实施知识产权战略，支撑创新驱动发展”的图文展览展示和宣传咨询活动，成立180人的中山知识产权维权援助志愿者队伍，举办瑞丰国际灯配城知识产权保护示范基地挂牌仪式。通过中山主要媒体公布中山专利申请、授权前十名的企业名单，播放12330公益宣传片、公益宣传短语，弘扬一批保护知识产权的典型，曝光一批违法违规企业和案件，营造尊重知识、保护知识产权的文化氛围。举办了“世界知识产权组织有效利用工业产权注册体系巡回研讨会”，组织了包括企业代表、各镇区经信部门负责人、商标专利代理机构、学者等200多人参加。

（供稿人：蔡日辉）

江 门 市

【概况】

2013年，江门市知识产权工作以建设知识产权强市为目标，积极实施知识产权战略，在知识产权创造、运用、保护、管理和服务等方面做了大量工作，为加快经济发展方式转变和产业转型升级营造了良好的环境。

【知识产权创造】

专利申请授权。2013年，江门市国内专利申请达到8439件，其中发明专利申请1634件，国内专利授权5345件，其中发明专利授权272件，PCT国际专利申请47件，专利申请授权量保持平稳增长。

驰名著名商标。2013年，江门市申请广东省著名商标30件，其中，新申请11件，延续申请19件。

【知识产权运用】

企业知识产权工作。开展“百所千企对接”暨“发明专利灭零倍增”工作，推动专利代理机构与企业实现服务对接，实现发明专利灭零66件、倍增41件。

深入推进专利技术产业化工作。积极组织发动市内重点骨干企业申报广东省知识产权局的各类项目，广东海鸿变压器有限公司的“SCB13-RL立体卷铁心树脂绝缘干式变压器研发及产业化”项目获得广东省专利技术实施计划立项和经费扶持。

积极推动各类试点、示范工作，参加广东省专利奖评选活动。全市获认定广东省知识产权优势企业3家、广东省知识产权示范学校1家，培育认定13家江门市知识产权示范企业，江门天钇金属工业有限公司发明专利“一种摩托车发动机ZL200820201950.0”获2013年广东省专利优秀奖。

创新专利运用模式，推动专利联盟建设。恩平市电声行业专利联盟于2013年1月10日正式成立。

培育“版权”兴业示范基地。江门市围绕九大支柱产业、高新技术产业、现代服务业、现代农业、文化产业等，组织行业性联合科技攻关，获取一批促进产业发展的共性技术和关键技术，形成一批行业自主的知识产权，培育了广东色色婚纱摄影有限公司影城和新会古典家具城两个“版权兴业”示范基地，形成版权产业群。

【知识产权保护】

行政保护：专利。一是专利执法机构建设进一步加强。经江门市机构编制委员会办公室批复同意，江门市知识产权局将原知识产权科更名为知识产权管理科，加挂知识产权法制科牌子，增加专利行政执法专项编制2名，执法力量得到加强。二是区域知识产权保护进一步深化。江门市知识产权局与中山、佛山、顺德三地知识产权主管部门签订了四市（区）灯饰产业专利行政执法协作协议，建立了区域执法协作机制，进一步推动了区域知识产权保护。三是开展专利行政执法专项行动。江门市知识产权局积极开展打击侵权假冒工作，牵头组织参与召开各类执法工作会议和现场会，全力开展专利侵权纠纷调处、假冒专利行为查处等执法工作，及时维护专利权人的合法权益，进一步优化了产业发展环境。四是完成“两法”衔接平台建设。江门市知识产权局牵头23个成员单位开展打击侵权假冒行政执法与刑事司法衔接工作信息共享平台的建设工作，平台采取与市“两法”衔接平台数据共享的方式进行建设。五是积极参加广交会知识产权保护工作。广交会期间，江门市知识产权局领导带领执法人员前往广交会学习展会知识产权保护工作，并派员参与知识产权保护工作，为江门市企业提供专利知识咨询、专利侵权应对等方面的服务。

行政保护：商标。江门市工商行政管理局结合江门实际，采取有效措施，深入开展打击侵犯知识产权和制售假冒伪劣商品工作（简称“双打”工作）。2013年，江门市工商系统共出动执法人员9125人次，检查经营主体18927户，依法查处各类“双打”案件620件，其中商标侵权案465件、案值829.89万元。切实保护了商标专用权人和消费者的合法权益，维护了公平竞争的市场秩序。

行政保护：版权。江门市各级版权管理部门采取有效措施，深入探索建立知识产权保护长效机制，不断加大对出版行业侵权盗版违法行为的打击力度：一是加强出版物进销各个环节的检查，切断侵权盗版出版物的市场流通渠道；二是深入排查印刷复制企业，深挖侵权盗版出版物生产源头；三是对图书批销中心、电子出版物市场、音像制品经营单位、书报亭等进行排查，清理和查缴盗版出版物；四是加大网上巡查力度，整治盗版出版物网上销售活动；五是严厉打击侵权盗版教材教辅材料销售活动。2013年，江门市各级文化市场综合执法机构共出动执法人员6640人次，检查出版物经营单位2328家次，查办9宗出版物侵权盗版案件，取缔销售侵权盗版出版物的地摊游商61个，收缴各类侵权盗版出版物12万余件。

司法保护。江门市中级人民法院坚持“以司法保护为基础，促进创新为目标”，全面开展知识产权审判工作，为江门市建设自主创新型城市、提高核心竞争力提供有力的司法保障。2013年共受理一审知识产权案件87件，二审知识产权案件165件，办结一二审知识产权案235件，结案率为93.2%。上诉案件无一件错案，无一件发回重审，较好实现了息诉服判，案结事了。江门市中级人民法院还首次编制了《全市知识产权审判白皮书》和《全市知识产权十大案例选编》，并组织新闻发布会予以发布。白皮书收纳了江门市2008—2012年知识产权审判取得的成绩、存在的问题与对策，并针对知识产权纠纷案件中企业和政府部门存在问题提出详细建议。十大案例选编则直接从案例出发，给相关企事业单位提供有益的借鉴。

海关保护。江门海关全年共采取知识产权海关保护措施34批次，货值826万元，货物数量347万件；立案调查侵权案件7宗，涉案金额129万元，涉案货物275万件；依法将总值5.6万元的3384件侵权货物移交广东省红十字会用于社会公益事业。

【知识产权管理与服务】

政策体系建设。制定印发《2013年江门市实施知识产权战略纲要工作方案》。为贯彻落实广东省委、省政府建设知识产权强省决定，推进国家和广东省知识产权战略实施，江门市结合实际制定印发了《2013年江门市实施知识产权战略纲要工作方案》，为全市知识产权工作做好部署、明确方向。制定出台《江门市本级财政知识产权经费管理办法》。为顺应专利工作的发展形势，根据省对地方专利考核重点转移到发明专利上来的要求，江门市知识产权局结合实际，制定出台《江门市本级财政知识产权经费管理办法》，将专利资助的重点转移到发明专利的申请和授权上来，发挥财政资金的政策导向作用，提升专项经费的使用效能。

加大财政投入力度。江门市知识产权局统筹省市两级知识产权（专利）专项经费600多万元，用于专利申请性资助、奖励性资助及软课题研究、培训等专利促进工作，推动专利促进工作深入到重点企业、重点产业和重点园区。

国家知识产权试点创建。为全面推进知识产权战略实施，江门市以知识产权运用和保护为重点，积极申报国家级知识产权试点。2013年8月，江门市被国家知识产权局批准为国家知识产权试点城市（地级），下辖江海区和台山市也分别被批准为国家知识产权强县工程试点县（区）和国家知识产权试点城市（县级）。

知识产权研究。联合广东省LED专利信息应用工程专家团队，对江门市LED产业专利工作进行研究，形成《江门市LED行业专利调研报告》，对江门市LED产业重大专利问题作出预警分析，提出江门市LED产业切实可行的突围和提升方向。开展江门市专利事业发展现状调研，形成《江门市专利发展现状及对策建议调研报告》，为江门市政府领导科学决策提供参考依据。

探索创新服务机制。一是推动台山、开平、恩平三市成立科技知识产权服务站。通过强化对企业的贴身服务，大幅提升了专利申请量和拥有量，帮助江门产业转移工业园在全省产业转移目标责任考核评价中取得示范产业园第一名的好成绩，园区因而获得了1000亩的省专项用地指标和2000万元扶持资金的奖励。二是完善专利专题信息数据库建设。建立了江门市摩托车专利信息服务平台，同时链接省LED专利数据库，促进了企业专利创造和运用。

知识产权宣传。积极投入人财物，以“3·15消费者权益日”“六月科技进步活动月”“中国专利周”“4·26世界知识产权日”等大型活动为重点，举办各具特色的大型宣传、咨询活动十多场，发放宣传资料3万份，社会参与人数近10万人次，向社会宣传国家知识产权政策和相关法律法规，增强了社会的知识产权创造和保护意识，知识产权文化的社会影响力日益增强。

知识产权培训教育。举办专利信息检索、电子申请、贯标等形式多样、各有重点的知识产权培训讲座23场次，增强了企业运用知识产权战略的意识，推动了企业加强知识产权制度建设，提升了运用知识产权制度参与市场竞争的能力。

知识产权文化宣传渠道。充分利用网络、报纸、电视台等媒体多渠道、全方位地普及知识产权政策与知识，增强全市知识产权意识，营造重视知识产权、崇尚技术创新的良好氛围。创新宣传教育形式。江门市知识产权局在2013年青少年科技创新大赛中增设专利申请资助评审环节，对优秀科技创新作品给予专利申请、授权等环节全额资助，支持青少年科技创新成果专利化，培育青少年知识产权创造和保护意识。该活动成为中小学知识产权教育的重要载体，对于知识产权文化的建设起到良好的促进作用。

（供稿人：林耀君）

阳 江 市

【概况】 2013年，阳江市全面实施知识产权战略，切实抓好知识产权创造、运用、保护和管理等各项工作，加快知识产权强市建设，全面提升知识产权综合能力，为阳江产业结构调整升级、转变经济发展方式提供强有力的保障。

【政策体系建设】 2013年10月，阳江市出台《中共阳江市委、阳江市人民政府关于贯彻落实〈省委、省政府关于加快建设知识产权强省的决定〉的实施意见》，确定了知识产权发展的总体目标和要求。

【知识产权创造】 2013年阳江市专利申请量1499项，同比增长19.25%。其中发明专利41项、实用新型专利381项、外观设计专利1077项；专利授权量1180项，同比增长29.39%。至2013年止，阳江市现有注册商标13779件，同比增长16.1%。

【知识产权运用】

专利技术实施项目和专利奖励。阳江市知识产权局加强对现有19个省级专利技术实施项目的跟踪落实和指导，组织阳江市顺和工业有限公司、阳江市万丰实业有限公司申报省专利技术实施项目。组织阳江市顺和工业有限公司、广东永力泵业有限公司、阳春市中诚铜业有限公司申报第十五届中国专利奖。

2013年，阳江市新力工业有限公司被批准为“国家知识产权优势企业”，这是阳江市首家获此殊荣的企业。新增阳江市汉能工业有限公司为“广东省知识产权优势企业”。阳江十八子集团有限公司为“广东省知识产权示范企业”。

【知识产权保护】

专利保护。行政执法。2013年阳江市知识产权局受理专利侵权纠纷案14宗，处理假冒专利案件3宗，合计17宗，涉案金额200万元。其中涉外案件3宗，结案14宗。因派执法人员参与广州中国进出口交易会的会展执法工作，广东省知识产权局分配阳江市知识产权局在广州中国进出口交易会的会展案件7宗。

展会知识产权保护。2013年阳江市举办第十二届阳江（国际）刀博会。会上，阳江市知识产权局联合广东省知识产权维权援助中心开展刀博会知识产权保护工作。展会期间，共发放《中华人民共和国专利法》《广东省专利条例》《广东省展会专利保护办法》等宣传资料1000多份。

商标保护。2013年阳江市工商系统共立案查处商标违法案件82宗，案值76.7万元，罚款80.95万元，没收侵权商品标识24897件，有力地打击和震慑了商标侵权行为。2013年阳江市工商局协助调查处理“TOTO”“回春神”“樱花”等8件影响较大的商标投诉案件，有效防止商标侵权行为发生。

版权保护。2013年阳江市文化广播新闻出版局（阳江市版权局）常规执法检查，共出动人员1.4万人次，检查经营单位3100多家次，责令经营场所限期改正27家，吊销娱乐经营许可证1家，收缴涉嫌非法出版物2061多册（张）。

“正版正货承诺”工作。为推动诚信文化建设，提高全市知识产权保护的意识，11月27日，根据《2013年阳江市“正版正货承诺”活动工作方案》，阳江市知识产权局牵头组织市工商局、版权局、食品药品监督局、质监局和代理机构在大润发广场举行中国专利宣传周暨“正版正货”活动授牌仪式。现场还组织了宣传咨询活动并向民众派发环保袋及有关知识产权方面的宣传资料。

打击侵权假冒。2013年阳江市在全市范围内统一部署开展了打击侵权假冒工作（以下简称“双打”），采取专项行动与群众参与相结合、专项整治与监督执法相结合、突击行动与长效监管相结合的办法，市“双打”办牵头组织公安、检察、法院、工商、文广新（版权）、科工信（知识产权）、质监、药监、卫生、农林、商务、物价、海关、烟草等部门积极开展打击侵权假冒行动，突出重点产品、重点区域、重点市场，集中力量，重拳出击，行动中共出动执法人员10530多人次，出动执法车辆2890车次，检查各类经营场所11452家次，查处各类违法案件1041宗，涉案金额9.3亿元，接待咨询人员3100多人次，派发宣传资料6000多份，取得了显著的成效。

2013年阳江市公安局侦办涉案价值过亿元的大案要案两宗：一宗是制售假冒“凌霄牌”水泵案，案件告破后得到公安部、省公安厅、市委市政府的批示表扬，省公安厅发来贺电，称这起案件为我省公安机关打假经典战役。另一宗是制售假冒广东阳江十八子公司刀具案。阳江市公安机关联合北京、山西、上海、江苏等16个省级公安机关统一行动，查获生产工具和刀具成品、半成品一大批，涉案价值约1.1亿元。

【知识产权服务】

2013年8月28日阳东县被国家知识产权局认定为“国家知识产权强县工程试点县”。

专利电子申请。阳江市知识产权局于8月24日至9月24日，在全市范围内开展专利电子申请推广月活动。9月6日，召开全市2013年专利电子申请宣传推广工作会议。12月，全市专利电子申请率达到92%，全年平均专利电子申请率达76.92%。

商标品牌培育。阳江市工商局会同县级局人员深入阳西县上洋惠农西瓜专业合作社等31家农业龙头、重点工业企业，指导企业制定完善商标策略和管理制度，培育商标品牌。同时，通过深入企业走访指导，筛选指导符合条件的4家企业申报省著名商标。走访市区的商标代理机构，加强信息沟通，倡议其诚信守法经营，营造良好的商标代理从业市场环境。对驰名商标企业开展上门宣传新商标法，引导企业规范管理使用中国驰名商标。

政府机关和企业使用正版软件工作。2013年主要加强对县级政府和企业使用正版软件工作的督查力度，于6月份顺利通过省对县级政府机关使用正版软件工作的验收，政府机关使用正版软件工作取得预期效果，得到省的好评。

为巩固政府机关使用正版软件的工作成果，阳江市版权局加强同有关部门的密切配合，在总结各项工作经验的基础上，进一步完善了正版软件的后续管理。通过抓好重点督导检查，多次进行检查督导和验收，提高了全市县级政府机关软件正版化工作的安装率和使用率，为实现推进使用正版软件工作的制度化、规范化、常态化打下坚实基础。

加强计算机软件市场监督管理，从源头上杜绝侵权盗版行为。完善相关政策制度，建立完善推进使用正版软件工作的长效机制，建立完善软件资产管理的制度，强化对软件资产的管理。

为确保企业使用正版软件工作的顺利推进，市联席会议办公室明确了各成员单位的职责，并按照省局《关于印发〈2013年广东省推进企业使用正版软件工作计划〉的通知》（粤权〔2013〕16号）要求，决定在广东粤运朗日股份有限公司等5家单位开展企业使用正版软件督导工作，明确推进企业使用正版软件工作的要求、方法和步骤，要求各企业开展自查、自纠工作。严格审核各企业提交上来的正版材料，及时反馈相关整改意见给各企业。目前全市各企业正版化工作正稳步推进。

知识产权宣传培训。阳江市知识产权局组织有关部门在“4·26世界知识产权日”期间开展声势浩大的系列宣传活动。4月26日，在阳东县五金刀具技术创新中心大楼，市政府、阳东县政府和局领导及社会各界代表等共300人举行2013年度“4·26”系列活动启动仪式。仪式上还举行了百千对接工程签约仪式、专利咨询、专利申请资助、参观创新成果展等活动。“4·26”期间，联合阳江电视台等宣传媒体广泛宣传知识产权相关知识和“4·26”期间举办的系列活动。知识产权知识和政策法规进一步深入人心，扩大了社会影响力。5月15日，配合参与阳江市公安局牵头组织的“打击防范经济犯罪，携手平安法治建设”的“5·15”打击和防范经济犯罪宣传日活动。市电视台、广播电台多次播放打击侵权假冒工作成效，《阳江日报》发表了8篇专题报道，省级媒体报道13次，中央媒体报道2次。悬挂标语横幅246多条次，派发宣传资料近6000多份，结合巡查有针对性开展主题宣传160多次。

举办两期专利实务和知识产权维权培训班。5月22日，与中小企业协会联合举办了专利实务培训班；8月29日还与省知识产权维权援助中心联合举办了企事业单位知识产权维权培训班。两期培训班中，共有市科工信局（知识产权局）、各县（市、区）知识产权局、科工贸局（经发局）以及有关企业代表200多人参加了培训。

阳江市工商局邀请省局商标处领导进行全市商标品牌战略专题授课，并深入阳东县调研指导证明商标管理使用；通过派发单张、显示屏等形式投放资料2100多张（条）开展商标品牌战略和新商标法宣传。同时，阳东等县级局也开展多形式宣传活动，为全市深入推进商标品牌战略实施营造良好社会氛围。

（供稿人：卢家新）

湛江市

【知识产权创造】 2013年，湛江市专利申请量1488件，同比增长29.17%，其中发明专利申请量289件，同比增长9.89%，专利授权量1088件，同比增长20.75%。PCT申请总量4件。

【知识产权运用】

认定为广东省知识产权优势企业1家，广东省专利技术实施计划1项。实施市级专利技术与科技成果产业化示范项目8项，市级区域知识产权发展计划项目3项。认定湛江市知识产权示范企业4家，湛江市中小学知识产权教育试点学校1所。

2013年增加知识产权示范企业、中小学知识产权教育示范学校建设、区域知识产权发展计划等3个专题，认定区域知识产权发展计划项目3项，湛江市知识产权示范企业4家，湛江市中小学知识产权教育试点学校1所。开展所企对接和产学研合作，提高专利服务能力和水平。组织知识产权代理机构与湛江重点企业对接座谈，组织实施科技特派员制度。

【知识产权保护】

湛江市知识产权局积极履行打击侵权假冒领导小组办公室职责，召开联席会议，加强与公安、工商、版权、质监、食药监、农业、林业、湛江海关、检验检疫等相关部门的协作，共同推进打击侵权假冒工作。拟定《湛江市知识产权保护综合监管分体系建设“两法衔接”工作制度（讨论稿）》，开展联合执法巡查。4月26日，湛江市知识产权局和湛江市公安局联合牵头，邀请市工商局、市中级法院、市检察院、市文广新局、市农业局和湛江海关等10多个单位，共同巡查世贸大厦内的国美电器、沃尔玛超市等商店，主要检查食品、药品、农资产品、卷烟、酒类、通信产品、日化用品等关系民生的2万多件商品。2013年，湛江市知识产权局先后出动联合执法车辆50多台次，出动执法人员150多人次，先后对海田市场、世贸、国贸等各大超市进行巡查，对20多家商铺进行了检查，立案4宗，结案1宗。

执法区域合作。11月7日，参与闽粤沿海12城市保护知识产权工作第十次联席会议，协同闽粤12城市签署“共同查处假冒专利行为协作备忘录”，在此合作备忘录框架下，12城市将相互支持，协同办案，必要时可同时开展异地共同查处行动，从根源上消除假冒专利行为。

【知识产权管理】

知识产权机制。制定和完善《湛江市促进专利申请的激励措施》，对年度专利申请工作有突出贡献的单位进行奖励，召开激励专利申请工作颁奖会，激发单位和企业的工作积极性。每年划出专项经费，对全市专利申请、实审、登记费用实行全额资助。2013年共资助专利申请780件，资助经费73.1万元。年度财政资金科技专项竞争性分配项目中设立8个专利技术产业化示范项目，总经费96万元。在实施科技计划中强化知识产权的目标导向，在项目立项合同中明确项目验收时必须提供专利或申报专利证明作为主要验收目标。把拥有专利技术作为评审市级科学技术奖的重要依据。

宣传与培训。湛江市利用“3·15”保护消费者权益日、“4·26”世界知识产权日、5月15日全国打击和防范经济犯罪宣传日、12·4全国法制宣传日，联合宣传、工商、版权、公安、技监、海关等部门，通过悬挂横额、出版墙报、组织知识产权活动一条街、派发知识产权宣传资料、开展行政执法等活动广泛宣传。在《湛江日报》《湛江晚报》《湛江科技报》和碧海银沙网站开辟专版专栏宣传。

多层面开展知识产权培训，力促宣传常态化。2013年湛江市指导开展多次知识产权培训，1月14日，湛江市知识产权局和湛江海关联合在廉江市召开知识产权培训会；“4·26”期间，指导霞山区中小学校举办了3场知识产权讲座。湛江市知识产权局与湛江师范学院、广东海洋大学举办多场知识产权宣传、维权讲座等活动。8月21日遂溪县举办知识产权培训班。11月27日雷州市举办知识产权培训班。各类活动共培训了企业负责人、科研人员、管理人员、老师学生等3500多人。

联合高校举办外观专利设计大赛。4月和12月，湛江市知识产权局分别联合湛江师范学院和广东海洋大学举办大学生外观专利设计大赛。湛江师范学院举办的“2013年大学生‘未来煮义’电饭煲外观设计大赛”评选出了100多件获奖作品并进行颁奖；广东海洋大学举办的大学生外观专利设计大赛初评100多件获奖作品。

【统计资料】

表1　2013年湛江市三种类型专利申请同比增长情况

单位：件

	2013年	2012年	增长率
发明	289	263	9.89%
实用新型	593	373	58.98%
外观设计	606	516	17.44%
合计	1488	1152	29.17%

表2　2013年湛江市三种类型授权申请同比增长情况

单位：件

	2013年	2012年	增长率
发明	117	144	−18.75%
实用新型	473	382	23.82%
外观设计	498	375	32.80%
合计	1088	901	20.75%

表3　2013年湛江市五种专利申请人申请专利同比增长情况

单位：件

	2013年	2012年	增长率
个人	816	624	30.77%
大专院校	183	149	22.82%
科研单位	120	101	18.81%
工矿企业	346	276	25.36%
机关团体	23	2	1050.00%
合计	1488	1152	29.17%

（供稿人：戴辰）

茂　名　市

【概况】　2013年，茂名市全面实施知识产权战略，深入贯彻落实知识产权强省的措施，充分发挥知识产权对经济社会发展的助推器作用，扎实推进各项工作，促进产业转型升级，全面提升企事业单位知识产权创造、运用、保护和管理能力，推进茂名市知识产权事业稳步发展，推进创新型茂名建设。

【知识产权创造】

2013年全市专利申请量达2530件，同比增长58.52%，增幅列全省第二位;其中发明专利申请392件，同比增长127.91%，增幅列全省第一位;专利授权量1089件，同比增长56.92%，增幅列全省第三位。

【知识产权运用】

知识产权试点示范工作。选择知识产权工作开展较好的企业作为试点示范企业的培育对象，鼓励和支持企业建立完善知识产权工作制度和机制，在全市大中型企业、高新技术企业普遍建立知识产权管理制度，并形成有效的运行机制。如化州民生轮业公司是一家专业的聚氨酯滑轮制造企业，该公司高度重视知识产权工作，目前拥有63件中国专利，其中发明专利5件、实用新型专利8件、外观设计专利50件。现在民生轮业公司已经成长为全球最大的滑轮运动产业零配件生产基地之一，2013年成功与世界著名体育用品企业法国迪卡伦公司签订了合作协议。

专利计划实施项目。例如茂名重力石化机械制造有限公司是一家国家高新技术企业，在石化工业炉、聚丙（乙）烯反应器、铸铁板翅式空气预热器等方面具有研发优势，目前，该公司拥有中国专利53件，其中发明专利10件。2013年该公司申报的“铸铁空气预热器专利技术”（ZL201110102270.X）被列入省专利技术实施项目，市本级按1：1配套经费支持该项目实施。

农业专利技术转化实施。茂名市注重引导、推动和扶持农业企业在种（养）植方法、育苗技术、加工技术等方面的创新成果转化为知识产权，并积极转化实施，涌现出一批典型企业。如广东为多生物科技有限公司是一家利用荔枝为原料生产果酒的农产品后加工企业，该公司与中国农业大学、西北农林科技大学开展合作，解决了荔枝深加工酿造高品质、高附加值酒类的核心技术，成功开发出面向高端酒类市场的“XO荔枝白兰地”系列产品，深受市场欢迎，申请专利11项，获得发明专利授权2项、外观设计专利授权5项。茂名具有“中国罗非鱼之都”的美誉，茂名市伟业罗非鱼良种场和上海海洋大学、珠江水产研究所等单位长期合作，承担了一批省、市科技计划项目，取得了一批优秀成果，其中“一种杂交鱼——吉奥罗非鱼的制种技术”发明专利，获得茂名市2012年专利优秀奖和广东省2013年专利优秀奖。茂名市茂南三高渔业发展有限公司与中科院淡水渔业研究中心、广东海洋大学等院校长期合作，建成茂名市第一个农业博士后工作站，目前该企业已申请4项专利。茂名市金阳热带海珍养殖有限公司与中科院南海海洋研究所、广东海洋大学等院所合作，承担了一批省、市科技计划项目，获得了4项发明专利授权，申请发明专利6项。

【知识产权保护】

知识产权保护机制。2013年，茂名市成立了广东省知识产权维权援助中心茂名分中心，由茂名市知识产权服务中心加挂该分中心牌子。茂名市注重加强市、县两级知识产权行政执法体系建设，畅通行政执法部门与公安、法院的案件移送渠道，健全知识产权行政执法和刑事司法相衔接工作机制。2013年底，“两法衔接”信息平台建成使用。2014年1月，市知识产权局与市中级人民法院签署了《关于建立知识产权民事纠纷诉调对接机制的意见》的协议。

打击知识产权违法行为。依法查处各类知识产权案件，加大对知识产权案件打击力度。2013年全市查处假冒专利案件5件，无资质代理案件1件，全部结案。

专利行政执法队伍建设。派员参加省专利执法培训班学习，提高执法人员的综合素质；局内部调配3名干部参加行政执法培训，充实到茂名市专利行政执法队伍中；加强县（市、区）知识产权行政执法体系建设，开展专利行政联合执法行动，通过传、帮、带方式提高县（市、区）专利行政执法队伍人员素质和能力。

打击侵犯知识产权和制售假冒伪劣商品

工作。茂名市继续全面开展和深入推进打击侵犯知识产权和制售假冒伪劣商品工作，各相关部门严厉打击侵犯知识产权和制售假冒伪劣商品违法行为。全市公安、工商、版权、质监、食药监、知识产权、农业、林业、经贸、外经贸、烟草、海关系统等部门共出动执法人员42100多人次，检查各类经营场所63800多家，查处各类违法案件2367宗，涉案金额11767万多元。

“两建”工作。茂名市建立完善知识产权保护综合监管体系，建立重点对象监管机制，完善社会监管机制，坚持整体推进、突出重点、打防结合、标本兼治、力求实效的原则，抓住薄弱环节和突出问题，有针对性地开展专项治理，取得了明显的成效。

【知识产权管理】

知识产权政策。2013年3月出台了《中共茂名市委 茂名市人民政府贯彻〈中共广东省委 广东省人民政府关于加快建设知识产权强省的决定〉的实施意见》（茂发〔2013〕4号）（以下简称《意见》）。《意见》明确了茂名市知识产权工作的指导思想和发展目标，提出了扎实可行的目标。如在加大资金投入上，明确了从2013年起，设立市级知识产权专项资金200万元，纳入年度财政预算。至2013年12月底，200万元专项资金已全部到位，并已按预算计划安排使用。

知识产权措施。为促进茂名市专利申请工作，茂名市知识产权局积极采取措施，努力提高全市专利申请的数量和质量。定期与县（市、区）知识产权局走访知识产权优势和示范企业，搭建政企沟通桥梁，讲解知识产权相关政策，解决企业面临的困难和问题；积极争取财政资金的支持，对专利申请等费用进行资助；大力开展百千对接工程，邀请省内的专利事务所来茂名市与企业对接，挖掘可以申请专利的创新成果，进行细致的服务；邀请省内知识产权专家对企业的管理人员、科技人员进行培训，提高他们管理企业知识产权工作的能力。

市级中小学知识产权教育试点。茂名知识产权局与市教育局、团市委和市少工委联合印发《茂名市中小学知识产权教育试点示范工作方案（试行）》，联合开展市级中小学知识产权教育试点工作，2013年认定了市级中小学知识产权教育试点学校5家。同时认真做好省中小学知识产权教育试点示范学校申报和落实工作。今年，茂名市高州第一职业学校被认定为省中小学知识产权教育示范学校。目前，全市共有省级知识产权教育试点学校9家，省级知识产权教育示范学校2家，市级知识产权教育试点学校5家。

知识产权宣传和报道。茂名市知识产权局积极争取新闻单位支持，对全市知识产权工作的新动向、新举措、新成效进行了相关报道。在2013年“4·26”期间，报纸刊发知识产权工作稿件4篇，电视台播发知识产权工作信息5次。《中国知识产权报》以“充分发挥知识产权对经济的助推作用”为题，刊发了对茂名市政府分管领导崔爽副市长关于茂名知识产权事业发展的专访，介绍了茂名市在推动全市知识产权事业发展方面采取的措施，取得的成效、成功经验和未来发展规划，同时还以图文等形式宣传报道了茂名部分知识产权优势、示范企业知识产权工作取得的显著成效。茂名市知识产权局将该期《中国知识产权报》专门送给市政府分管领导，县（市、区）政府主要领导、分管领导参阅，使各级领导进一步了解茂名市知识产权工作动态，支持知识产权工作。

知识产权人才队伍建设。加大知识产权人才培养的力度，创新人才培养机制，面向知识产权管理人员、中介机构服务人员、研发人员、经营管理人员开展各种形式的知识产权教育培训活动。2013年7月，茂名市知识产权局联合广东省知识产权维权援助中心举办了“茂名市企事业单位知识产权维权援助培训班”，来自市内企事业单位高级管理人员、知识产权部门负责人及业务骨干70多人参加了培训。

【知识产权服务】

知识产权中介服务机构。加快发展知识产权代理、信息服务等各类中介服务机构。市生产力促进中心加挂了市知识产权服务中心牌子，充分发挥知识产权服务作用，积极向社会提供知识产权信息跟踪、查询和咨询等服务。茂名市知识产权服务中心依托省知识产权维权援助中心，积极为茂名市企事业单位提供维权援助服务。积极引进专利代理服务机构，对来茂名开办专利代理机构的一次性奖励3万元。2013年，茂名市注重开展“百所千企”对接工程，从广州引进能力强、效率高的专利事务所到茂名市设立分支机构，广州中瀚专利商标事务所在信宜开设了办事处，广东祈增颢律师事务所在茂名设立了联络点，为茂名市企事业单位提供专利代理、专利信息、法律咨询、维权援助等知识产权全方位服务。茂名市2011年年底建成使用的广东石化产业公共信息平台（茂名）高效运行，为茂名乃至广东的石化产业提供专利信息和研发服务。（供稿人：吕崇君）

肇庆市

【概况】

2013年，肇庆市扎实推进知识产权战略纲要的实施，知识产权创造、运用、保护和管理能力得到进一步提升。

【知识产权创造】

2013年，肇庆市申请专利1777 件，其中发明专利295件，实用新型专利964件，外观设计专利518件，申请量比2012年增长14.57%；专利授权量1288件，其中发明专利授权116件，实用新型专利790件，外观设计专利382件，授权量比2012年增长9.80%，发明专利授权量同比增长18.37%；（PCT）国际专利申请量为14件，与2012年持平。全市百万人口发明专利申请量为73.5件，有效发明专利为383件，平均万人发明专利拥有量为0.97件。全市商标申请量为2540件，注册量为1114件，有效商标注册量累计达到9301件，比2012年增加了900多件。

【知识产权运用】

知识产权试点工作。全年培育认定市级知识产权试点学校1家、试点企业2家、试点区域4个，爱晟电子科技有限公司被省局认定为知识产权优势企业。

专利资助。全年资助专利申请674项，评出“肇庆专利奖”15项。

专利计划项目。2013年全市共获得3项省级专利计划项目，专题包括专利技术实施、专利信息分析、专利软课题研究。实施专利技术产业化计划4项，市级专利专项经费增幅超过40%。

【知识产权保护】

执法机制。建立知识产权联合执法工作机制和完善打击侵权和假冒伪劣商品长效工作机制，打击侵权行为，维护合法权益。

执法能力。先后4次派人参加由省知识产权局组织的各类专利培训班。其中，9月26—30日，组织各县（市、区）专利行政执法人员共14人，到华南理工大学知识产权学院，参加“2013年专利行政执法上岗培训班”，各县（市、区）专利行政执法能力得到进一步提高。

行政执法。全市先后开展3次联合执法行动，参与第114届广交会知识产权执法维权两期，成功处理专利侵权案件1件，查处专利纠纷或假冒专利案件16件。市工商局全年共查办“双打”案件210多宗，案值达150多万元；查处2宗案值超过10万元的商标侵权大案，其中1宗达到刑事追诉条件，已移送公安机关追究刑事责任。市版权部门联合公安、电信等部门对全市40多家经营性网站实施重点监控，取得良好效果。此外，还积极参与网络链接侵权案件的调解和相关法律诉讼，为版权保护保驾护航。

【知识产权管理与服务】

试点城市建设。2013年1月6日，肇庆市被国家知识产权局正式批准为“知识产权试点城市”，试点期从2013年1月至2015年12月，试点主题是“知识产权运用能力提高”。2013年7月，市政府成立由23个单位参与的“肇庆市创建国家知识产权试点城市工作领导小组”，统筹协调各项试点工作的开展。肇庆市下属的四会、高要两市也分别向国家知识产权局提出创建“国家知识产权试点城市”的申请，并先后于8月和12月获得国家知识产权局的批准。

知识产权服务机构。引入省知识产权文化研究院与华南智慧城共同组建“华南知识产权服务中心”，为全市提供知识产权全方位服务。

专利宣传与培训。2013年4月23日，在端州区举办“2013年肇庆市百所千企知识产权服务对接活动”，来自广州、深圳、汕头等25家知识产权代理机构的专利代理人、律师和肇庆市58家企业技术负责人实现了对接。5月16日，在四会市地豆镇举办“肇庆市2013年‘科技进步活动月’启动仪式暨大型科普集市活动”，现场派发宣传资料，开展知识产权知识有奖竞答活动。5月28日，组织“广宁县2013年‘科技进步活动月’启动仪式暨科普进校园活动”，与广宁中学共同举办了一个别开生面的专利发明创造培训班，250多名中学生参加了培训。6月5日，联合多个部门，共同组织了主题为“政银企共牵手，谋合作促发展”“2013年肇庆市第二次银担企融资洽谈会暨政企互动活动”，为企业融资难和政银企沟通合作牵线搭桥。活动中给社会公众派发知识产权宣传单张1200份、《中国知识产权报》500份，在各级媒体发送新闻宣传信息21条。

在培训工作方面，肇庆市知识产权局在风华高科、市委党校两个培训基地举办了3期专题培训班，并分别在端州区、四会市、高要市、广宁县、封开县、怀集县等地各举办一场知识产权专题讲座，全年参加培训的人员超过2000人次。

驰（著）名商标。2013年工作重点转移至培育和指导企业争创驰（著）名商标工作上，着力做好宣传解释工作，引导企业向新的审批单位申请，至年底，已有27家企业向省商标协会提出广东省著名商标申请认定。

商标宣传。充分利用“3·15”国际消费者保护权益日、“4·26”知识产权宣传日以及参与《行风热线》电视节目等活动，悬挂横幅、张贴宣传画、派发宣传资料、接受咨询投诉、鉴别假冒伪劣商品、营造宣传氛围。

“商标富农”工作。深入农村和涉农企业进行农产品商标及地理标志法律法规知识宣传，提高认识，营造重商标、创品牌的良好氛围；组织地理标志企业参展，提高产品知名度。2013年6月，组织了地理标志农产品商标企业参加了国家工商总局和中华商标协会在大连举办的“第五届中国国际商标·品牌节”，“肇实”地理标志证明商标、“羚羊峡”广东省著名商标参加了展出，提高了我市地理标志农产品的知名度。

正版软件工作。全面完成县级政府机关推进使用正版软件工作。各县（市、区）共出资900万元采购正版软件，达到了通用软件100%正版化率目标，顺利通过省政府第五督导组的抽检，受到市政府通报表彰。大力推进企业使用正版软件。全市共确定34家重点督导企业，推进企业软件正版化工作，完成20家企业的软件正版化工作任务，采购正版软件200万元以上，顺利通过省局的年度检查。

版权服务。进一步理顺作品登记代办机构以及法人企业专业代办相关工作。全市登记著作权作品117件，登记作品由文字作品逐步扩展到书画艺术、端砚、玉器、音乐等方面。其中：广宁县广绿玉器街、广宁县宝锭山旅游区成为“广东省版权兴业示范基地”；砚语堂端砚“天圆行方砚”成为全省最具版权价值作品。

版权宣传与培训。与香港海关、香港知识产权署联合举办了“青少年学生版权知识交流活动”，组织西江日报社记者和肇庆六中师生参加版权法规讲座，并在报刊上以专版形式宣传版权法规，在电视和网络上宣传版权政策，以提高社会公众的版权意识。

（供稿人：廖强、杜丛、王如彬）

清 远 市

【概况】

2013年，清远市知识产权工作以保护知识产权为核心，开展知识产权创造、运用、保护、管理、服务等工作，取得了较好的成效，为促进全市经济社会又好又快发展发挥了积极作用。

【知识产权创造】

专利。2013年，清远市专利申请受理量为838件，同比增长11.73%，其中，发明专利187件，实用新型331件，外观设计320件，发明专利申请量同比增长47.24%。专利授权量为609件，其中，发明专利43件，实用新型266件，外观设计300件。

商标。清远市有效注册商标5538件，与去年同比增长了610件，增长率为12.37%。清远市现有广东省著名商标42件，中国驰名商标8件，中国驰名商标数名列山区市第一。

地理标志。截至2013年12月底，清远市共有13个产品获批地理标志产品保护，分别是清远鸡、清远乌鬃鹅、清新冰糖桔、英石、英德红茶、西牛麻竹笋、西牛麻竹叶、星子红葱、东陂腊味、连州溪黄草、连南无核柠檬、连南瑶山茶油、“竹山粉葛”，地理标志产品数量目前居全省地级市之首。此外，连山“连山大米”已通过技术审查，即将予以公告，连州“丰阳牛肉干”已成功获得省质监局立项批准；阳山县质监局已向省质监局申请成立阳山淮山地理标志产品保护申报办公室，进入撰写书面申报材料阶段。

名牌产品。2013年度，清远市有7个产品（工业类）被评为广东省名牌产品（工业类），分别是新亚光电缆实业有限公司和远光电缆实业有限公司的额定电压0.60/1kV聚氯乙烯绝缘电力电缆、豪美铝业有限公司的铝型材、英德市南山水泥厂的普通硅酸盐水泥、忠华棉纺织实业有限公司的弹力纱、先导稀有材料有限公司的稀有金属材料、聚石化学股份有限公司的阻燃聚丙烯。全市广东省名牌产品（工业类）累计总数达到29个。

一是制定清远市贯彻落实《关于加快建设知识产权强省的决定》重点任务分工方案。

二是制定印发《2013年清远市贯彻实施广东省知识产权战略纲要工作方案》。

【知识产权运用】

省级项目申报和管理。组织申报省知识产权局2013年知识产权保护专项项目17项，其中：2013年广东省知识产权优势企业2家；2013年广东省知识产权示范企业1家；2013年广东省专利技术实施计划项目2项；2013年广东省知识产权教育示范学校1家；2013年广东区域知识产权发展计划项目1项；粤东西北地区知识产权中高层次专业人才培训班1项；粤东西北地区专利申请促进项目1项；2013年资助向国外申请专利专项2项；推荐申报2013年广东专利奖评选项目6项。

到目前，省知识产权局下达清远市2013年知识产权保护专项项目11项，其中：2013年广东省知识产权优势企业1家；2013年广东省专利技术实施计划项目1项；2013年广东省知识产权教育示范学校1家；2013年广东区域知识产权发展计划项目1项；粤东西北地区知识产权中高层次专业人才培训班1项；粤东西北地区专利申请促进项目1项；专利行政执法办案支持费用1项；国内发明专利申请资助1项；2013年资助向国外申请专利专项2项；2013年度广东专利奖优秀奖1项。组织申报评选第十五届中国专利奖项目2项。

市级项目申报和管理。组织开展2013年清远市知识产权优势企业认定工作，共有3家企业申报认定，经综合考评，2家企业被认定为2013年清远市知识产权优势企业。

组织开展2013年清远市专利技术实施计划工作，共有8家企业的8个项目申报，经组织评审组评审和综合评议，其中3个项目被批准为2013年清远市专利技术实施计划项目。

开展2013年清远市知识产权软科学研究工作，共有1家单位的1个项目申报，经综合考评和研究后，中共清远市委政策研究室的“清远市专利产出调研”被确定为项目2013年清远市知识产权软科学研究工作项目。

项目绩效自评工作。市知识产权局组织开展对清远市有关单位承担的2011年省知识产权专项资金项目绩效自评工作，本次绩效自评涉及项目共22项。通过项目绩效自评工作，有效提高资金管理水平和使用效益。

根据清远市知识产权专项资金项目的有关管理的规定和要求，组织开展对清远市2010—2012年知识产权专项资金项目绩效评价工作。本次绩效评价涉及有关单位承担的项目共59项。通过项目绩效自评工作，检验资金支出效率和效果，促进了清远市知识产权专项资金管理水平和使用效益的提高。

百所千企知识产权服务对接工作。2013年清远市知识产权局多次组织广州粤高专利商标代理公司的有关专利代理人、北京国之专利预警咨询中心专家、国家知识产权局专利局专利审查协作北京中心、香港特别行政区知识产权有关专家等与清远连州市、清远高新区、清远英德市华侨工业园等有关企业开展百所千企知识产权服务对接工作，解答了企业对专利申请的挖掘与保护等困惑，鼓励企业技术创新并采取积极有效的方式开展知识产权保护。

中小学知识产权教育试点工作。清远市知识产权局、教育局、团市委、市少工委联合组织开展2013年清远市中小学知识产权教育试点工作，共有7所学校申报，经组织评定组评审和综合评议，2所学校被批准为2013年清远市中小学知识产权教育试点。

【知识产权保护】

知识产权行政执法信息共享和协作机制。为扎实推进2013年清远市市场监管体系建设的各项工作，市知识产权局、工商局、公安局、文化广电新闻出版局联合制定并下发了《关于建立知识产权行政执法信息共享和协作机制的通知》，联合建立知识产权行政执法信息共享和协作机制，充分发挥知识产权行政执法优势，加强清远市专利、商标、版权等知识产权行政执法协作，加大知识产权行政执法和市场监管力度，营造公平、开放、规范、有序的市场环境，为促进清远市经济社会又快又好发展做出贡献。

制定联合建立打假情报信息交流合作机制。为切实做好清远市的打假工作，严厉打击侵犯知识产权和制售假冒伪劣商品等违法犯罪行为，市知识产权局、市公安局联合制定《建立打假情报信息交流合作机制》，充分发挥紧密合作、打假治劣、信息互通、资源共享的作用，建立情报信息交流合作机制。

知识产权执法协作。为落实《广州·清远市知识产权合作协议》，12月12日，清远市知识产权局与广州市知识产权局开展专利行政执法协作，清远、广州两市知识产权局交换了涉及两地涉嫌假冒专利行为的信息，通报了涉案线索，协调执法文书内容，规范办案程序，明确双方主办人员和分工分组，清远、广州两市知识产权局及清远市清城区知识产权局、清远市工商局相关执法人员等18人在清远义乌商贸城进行专利行政执法检查，检查涉及专利的商品1870件。

专利执法。在开展专利行政执法工作中，查处案件与扩大宣传相结合，以流通环节的大型商场和商品集散地为重点目标，对清远市的清远义乌商贸城、华润超市、益华百货等商品集散地进行执法检查，在检查过程中，宣传专利的有关知识和销售假冒专利产品需承担的责任，要求对销售的专利产品的合法性和有效性进行自查，自觉抵制侵犯知识产权行为。2013年清远市知识产权局共出动执法人员54人次，检查涉及专利的商品2180件，立案查处涉嫌假冒专利案件8件，已全部结案。

商标执法。市工商局针对市中级人民法院对关于商标行政执法方面的司法建议，加强沟通，就注册商标行政和司法保护衔接问题达成共识。今年6月14日以来，市局及各县（市、区）局、直属分局分别收到林兰姬等7位投诉人投诉清远市辖区的部分超市商店销售的“榄菊”和“劳工牌”洗洁精使用“青苹果”、“GREEN APPLE”等字样，要求工商部门进行查处。根据省局的指导意见，市局、各县（市、区）局、直属分局认为被投诉人的行为不构成商标侵权行为，并将不予立案的处理结果及时回复投诉人。投诉人认为清远市工商部门在处理投诉中存在不作为，分别向法院和检察院进行起诉和控告（连州、佛冈、阳山、清城、清新、市中级法院分别收到起诉状，连南检察院和市检察院分别收到控告状）。市工商局积极与市法院、检察院沟通协调，达成工商并没有存在不作为的共识，有效化解了诉讼和控告风险。

市工商局继续深入开展“双打”专项整治行动，严格按照国家工商总局、省工商局的统一部署，充分认识打击侵权假冒工作的长期性、艰巨性，排除懈怠情绪，继续扎实工作，深入推动“双打”工作开展。2013年，全市工商系统立案查处“双打”案件1343宗，案值667.46 万元，结案1289宗，罚没入库300.82万元，其中重大案件11宗，案值189.29万元，移送公安机关4宗。2013年，全市工商系统共立案查处商标违法案件197件，案值137.15万元，罚款金额179.34万元；没收、销毁侵权商品50257件，收缴和销毁商标标识100942件。

版权执法。2013年4月26日，市文化广电新闻出版局、市版权局、市“扫黄打非”工作领导小组成员单位，在市田家炳实验中学举办了2013年保护著作权宣传周活动大会暨销毁侵权盗版非法出版物活动现场会，现场销毁侵权盗版音像制品32650张和非法出版物9603册。

【知识产权管理】

知识产权政策。

制定清远市贯彻落实《关于加快建设知识产权强省的决定》的实施意见和重点任务分工方案。为贯彻落实《中共广东省委、广东省人民政府关于加快建设知识产权强省的决定》（粤发〔2012〕4号）精神，提升清远知识产权综合能力，发挥知识产权对经济社会发展的助推器作用，促进产业转型升级，结合清远实际，制定了“清远市贯彻落实《中共广东省委、广东省人民政府关于加快建设知识产权强省的决定》的实施意见”、“清远市贯彻《中共广东省委、广东省人民政府关于加快建设知识产权强省的决定》重点任务分工方案”，经向各有关单位征求修改意见或建议后，现已颁发。《实施意见》和《分工方案》的实施为清远市知识产权工作顺利开展提供了有力保障。

制定印发《2013年清远市贯彻实施广东省知识产权战略纲要工作方案》。为扎实推进知识产权战略实施，清远市政府知识产权办公会议办公室印发了《2013年实施广东省知识产权战略纲要工作方案》，确定全市知识产权工作的指导思想，对全市知识产权工作进行具体部署。

专利申请费用资助。根据《清远市专利申请费用资助暂行办法》和省有关专利申请费用资助的有关规定，做好清远市专利申请费用的资助工作，2013年共资助专利申请389件，资助资金合计369160元。

正版软件工作。政府机关使用正版软件工作在市委市政府的高度重视与大力支持下，至2012年6月29日，市财政统一安排资金529万元，对67家市直机关（驻清省直单位）安装正版软件（Windows操作系统和金山WPS办公系统软件）6301套；至2012年8月底，清远市8个县（市、区）财政共投入资金1151万元，采购、安装正版软件11811套，提前完成县级政府机关使用正版软件工作。2013年7月，市、县两级政府机关分别接受省政府正版软件督查组检查，顺利完成正版软件验收工作，并受到省督查组的好评。

2013年11月，市文化广电新闻出版局、市版权局联合中国联合网络通讯有限公司清远分公司，实施《清远市网吧行业通信及信息化解决方案》，解决全市所有网吧相应的互联网业务的PC端微软操作系统软件版权正版化合法化。

清远知识产权宣传。为培育和发展知识产权文化，营造尊重知识、保护知识产权的良好社会氛围，在《清远日报》设立宣传周专栏，宣传省委、省政府关于加快建设知识产权强省的决定、刊登了知识产权知识问答等相关资料。在“4·26”知识产权日宣传期间，向各县（市、区）及有关企业发放知识产权宣传资料2080份

市工商局于“3·15”消费者权益保护日以及“4·26”世界知识产权日期间在全市范围内开展商标知识产权宣传周活动。活动采取悬挂横幅、派发宣传单张、开展现场咨询活动等形式进行，全市工商系统共悬挂宣传横幅46条，派发宣传单张16800张，现场接受咨询74人次。“4·26”期间，市工商局举办了“豪美杯”商标战略知识竞赛，分两期在《清远日报》以及市工商局政务信息网刊登了试题，共收到有效知识竞赛答卷625份。经阅卷，按照《关于开展“豪美杯”商标战略知识竞赛的通知》规定的评奖规则，兼顾公平原则，对92分以上的共195份答卷进行评奖，评出一等奖5名、二等奖10名、三等奖20名、纪念奖50名以及优秀组织奖3名。5月21日，《清远日报》以及市工商局政务网站刊登了中奖名单。

知识产权培训。2013年在市区、清城区、连州市、英德市等地分别举办知识产权宣传培训班6期，共760多人参加培训，对鼓励发明创造、推动科技创新、营造全社会尊重和保护知识产权的良好氛围起到了积极作用。为了加强清远市知识产权培训工作，开展2013年清远市知识产权宣传培训项目工作，共有9家单位的9个项目申报，经研究后，均给予经费支持，要求承担项目的单位要按照培训计划，扎实开展宣传培训工作。（供稿人：林成辉）

潮州市

【概况】

2013年，潮州市全力推进知识产权强市建设的核心任务，扎实推进知识产权创造、运用、保护和管理工作，全市知识产权事业呈现出“目标明确、措施有力、发展迅速、成效显著”的特点，为潮州市经济社会发展做出了积极贡献。

【知识产权创造】

2013年全市专利申请量为4564项，增幅达29.37%，专利申请量居全省第10位，增幅居全省第7位；专利授权量为2957项，专利授权量居全省第10位，增幅达23.11%，居全省第10位。2013年全市“每万人口发明专利拥有量”居全省第10位。

【知识产权运用】

2013年潮州市有两个项目被评为中国外观设计专利优秀奖，1个项目列入广东省专利优秀奖；两个企业评为省知识产权优势企业，1个企业评为省知识产权示范企业。同时各有1个项目分别列入省专利技术实施计划项目、软科学研究计划项目、省重点出口产品专利预警分析计划项目。这些项目围绕地方产业转型升级需求，以“提高孵化水平、提高企业产出”为核心，帮助所依托企业运用知识产权形成新的市场竞争优势，相应带动企业产品的市场占有率，大幅提升经济附加值，知识产权优势向经济优势转化成效明显。

【知识产权保护】

专利执法。2013年，潮州市坚持打、防、治、扶、建多措并举，严厉打击专利侵权和假冒专利行为，开展执法150人次，现场查处侵权行为23宗；新增专利纠纷案件26宗，全年共审结案件24宗。潮州市还在2013潮州国际陶瓷交易会设立专利管理工作组，受理会展期间的专利侵权纠纷，接受参展商的专利咨询，维护陶交会的知识产权秩序，提高了知识产权工作的显示度。同时参照广东省知识产权保护协会的运作模式，初步成立了潮州市知识产权保护协会筹备工作组，力求经过几年的建设，提高协会服务知识产权事业和经济社会发展的能力，为潮州市的产业界和知识产权界人士搭建一个学习和交流的平台。在这一系列工作的基础上，经广东省知识产权局评审推荐，潮州市已通过国家知识产权局的审核，被列入国家知识知识产权试点城市，彰显了本市“执法有能力、保护有效果、竞争有秩序，创造有价值、创新有激情”的知识产权保护新面貌。

商标执法。2013年，全市各级工商部门进一步强化行政执法力度，突出对涉外商标、驰名商标、著名商标、地理标志商标等重点商标的保护，查办“傍名牌”等不正当竞争案件，打击采取不正当竞争手段恶意攀附知名商品商誉行为，抓好流通领域商品质量监管，特别是加强对食品、家用电器等商品的质量抽查，不断加强对网络市场监管，规范交易秩序。全市工商系统共出动执法人员次数530次，出动执法人员2294人次，检查经营主体 3638户次，检查批发零售市场、集贸市场等各类市场90个次；共立案查处商标侵权假冒案件93宗，案值142.87万元，罚款176.33万元。

“扫黄打非”工作。加强“扫黄打非”工作，制订实施本市“扫黄打非”工作方案，组织开展“净网”“清源”“秋风”专项行动。其中“净网”行动，共检查了互联网服务单位5家，网吧50余家次，共删除、处置各类网络淫秽色情有害信息60多条，查破利用网络开展淫秽色情刑事案件2宗、行政案件4起；检查相关文化经营单位249家次，取缔兜售非法出版物的游商地摊10处，收缴非法书刊170册，非法音像制品479张，查处违规印刷企业1家，罚没款10025元。“清源”行动共出动1219人次，排查有关企业281家次，查处涉淫秽色情出版物案件10起，查获违法嫌疑人11人，收缴非法书刊3231本，各类淫秽色情和侵权盗版影碟13477多张，尚未发现非法政治性出版物。

【知识产权管理与服务】

知识产权政策。2013年潮州市始终将推动知识产权又好又快发展贯穿于经济发展全过程，修订出台了《潮州市专利申请费用资助管理办法》等一系列促进知识产权发展的政策措施，召开潮州市促进专利申请工作会议，组织实施了企业专利灭零计划等知识产权推进工程，为潮州市知识产权强市建设打下坚实基础。2013年，在全省各市2012年专利产出指数考核中，潮州市专利产出指数在全省排名第13位，完成了预期的工作目标。

正版软件工作。市文广新局大力推进政府机关使用正版软件工作，组织各县、区政府机关召开使用正版软件工作会议及举办使用正版软件培训班，强化政府机关使用正版软件的意识，确保政府机关使用正版软件工作制度化、规范化。加强对各县区政府机关单位使用正版软件工作的督查指导，分别于3月底、6月底对二县二区政府机关单位软件正版化工作方案的制订和落实情况、软件采购及安装等情况进行抽查，推动县区级机关单位使用正版软件整改工作的有序开展。今年7月，省政府督查组对本市政府机关推进使用正版软件工作进行检查，对潮州市软件正版化工作给予充分肯定，并通报表扬。

知识产权宣传。各县区、各部门紧紧围绕“双打”专项行动、“4·26”知识产权宣传周等重大活动，通过刊登专栏专版、建立网站、联合组织现场执法和销毁活动、发布微博信息、知识产权进校园、农家书屋周末辅导员、书香潮州等各种形式，加强宣传力度，营造尊重知识、崇尚创新、诚信守法的知识产权文化氛围，培育构建有利于知识产权战略实施的社会环境。共印发知识产权宣传手册、卡片、图画等宣传资料26543份，悬挂或张贴宣传条幅、标语786条，LED户外滚动宣传800次，通过手机信息平台发送知识产权公益短信15多万条。

市工商局充分利用“网格”的监管作用，制定详细的监管巡查工作计划，明确各监管区域的监管责任人，在辖区内全方位检查，对辖区经营户开展面对面式宣传，提高了全社会对保护知识产权和打击制售假冒伪劣商品重要性的认识，营造一个良好的氛围。同时还举办咨询活动，向广大群众发放宣传资料210多份、现场接受咨询多次。

知识产权培训。为增强知识产权培训工作的针对性和有效性，市知识产权局年初就制定下发了《潮州市2013年知识产权培训工作方案》，确定培训重点和责任部门，全年先后在陶瓷、不锈钢、水族器材、包装机械等传统优势行业和高新企业中举办各类专题培训班8期，培训企业负责人、管理人员和科研人员800多人次。

知识产权服务平台。通过实施百所千企知识产权服务对接工程和科技服务提升计划，积极引入和扶持具有合法资质的知识产权代理机构到本市设立分支构，延伸服务窗口，推进潮州市知识产权代理机构与中小企业紧密对接，大力推进专利电子申请，引导知识产权代理机构加强行业自律，查处涉非代理机构，提高知识产权代理（办）服务水平。目前全市已设立专利代理中介机构3家。（供稿人：陈灿伟）

揭　阳　市

【概况】

2013年，揭阳市知识产权系统落实省委、省政府《关于加快建设知识产权强省的决定》，推动自主创新，实施名牌战略。

【知识产权创造】

2013年，全市专利申请量3578件，同比增长41.48%，其中发明申请143件，PCT专利申请4件，实用新型专利768件，外观设计专利2667件；授权量2397件，同比增长25.30%，其中发明专利51件，实用新型专利580件，外观设计专利1766件。全市累计专利申请14952件，授权11018件。新增注册商标7552件，注册商标总量达56984件，商标注册总量位居全省地级市第7位，驰名商标达14件。“普宁青梅”地理标志证明商标获准注册。市版权局受理版权作品登记267件，其中揭东万株纱华纺织有限公司获广东省版权兴业示范基地称号，全市广东省版权兴业示范基地达到两家。

【知识产权运用】

2013年，广东环西生物科技股份有限公司被广东省知识产权局确定为广东省知识产权示范企业，广东海兴塑胶有限公司被确定为广东省知识产权优势企业。广东泰宝科技医疗用品有限公司、广东深展实业有限公司两家企业被认定为2013年揭阳市知识产权试点企业。

2013年，广东天银化工实业有限公司的“氟硅/或油改性丙烯酸酯共聚物阳离子乳液”被广东省知识产权局确定为省专利技术实施计划重点项目。广东海兴塑胶有限公司“真空密封显示膜及其按压式真空保鲜盒”获2013年广东专利优秀奖。

【知识产权保护】

专利保护。专利侵权纠纷和假冒专利案件查处工作。2013年揭阳市知识产局受理专利侵权纠纷6件，假冒专利1件；其中调解3件，撤案3件，作出处理决定1件。

商标保护。工商系统组织开展流通领域商品质量监管、注册商标专用权保护、网络交易市场监管和查处“傍名牌”等不正当竞争案件四项重点工作，共出动执法人员4600多人次，检查生产经营单位2000多家次，立案查处各类涉假案件428件。查处侵权和假冒伪劣商品案件143宗，案值107.42万元，罚没款194.77万元。

正版软件工作。截至2013年6月，全市9个县（市、区）3087台计算机使用软件通过预装、单机购买、批量许可、场地授权等方式完成了正版化整改任务。

【知识产权管理与服务】

省市合作会商。2013年11月20日，揭阳市人民政府与广东省知识产权局在广州举行签字仪式，正式签署《广东省知识产权局揭阳市人民政府关于建立知识产权合作会商制度的协议》。通过建立合作会商制度，进一步提升揭阳市知识产权工作水平。

知识产权宣传、教育培训。大力开展“4·26”宣传周活动，联合市文广新局、工商局、市电视台、揭阳日报社等单位在揭阳市区、各县（市）区内开展了内容丰富、形式多样的“知识产权宣传周”活动。活动期间，通过现场咨询、发放宣传资料、展板等形式，向公众宣传知识产权法律法规知识、知识产权保护取得的成果和典型案例。活动期间接受咨询130多人次，发放宣传资料3000多份，版权知识笔记本2000册，制作展板38张。多层次开展知识产权培训，举办知识产权管理、专利实务、专利申请与保护等3个培训班，提高全市知识产权管理干部、企业对国家和省知识产权法律、制度、政策的运用能力，促进全市知识产权创造、运用、保护和管理工作机制的完善和落实。全年共培训800多人次。

知识产权服务。2013年，揭阳市吸引省内享有盛名的专利代理机构——广州粤高专利商标代理有限公司（下简称“粤高”）在普宁设立分支机构，成为普宁首家专利代理机构，有力完善了揭阳市知识产权服务体系，提高企业保护和运用知识产权能力。截至2013年底，揭阳市拥有揭阳市博佳专利代理事务所、广州粤高专利商标代理有限公司普宁分公司等两家专利代理服务中介机构。　（供稿人：吴伟锋）

云浮市

【概况】

2013年，云浮市深入实施省、市知识产权战略纲要，积极开展知识产权各项工作，全市知识产权创造、运用、管理和保护水平不断提高，为促进云浮市社会经济发展提供了有力支撑。

【知识产权创造】

2013年，全市共有专利申请569件，同比增长12.5%，其中，发明专利申请95件，实用新型专利175件，外观设计专利315件，PCT国际专利申请1件。专利授权461件，同比增长24.9%；其中发明专利28件，实用新型专利178件，外观设计专利255件。至2013年底，全市专利申请共3003件，专利授权2150件。

2013年，全市新增注册商标444件，省著名商标5件，集体商标1件。至2013年底，全市注册商标总数为6405件，驰名商标2件，广东省著名商标26件，集体商标2件，地理标志证明商标2件。

【知识产权运用】

知识产权试点示范工作。知识产权部门推动企业转型升级、带动专利技术产业化，采取多种措施提高本市企业运用知识产权制度的能力和水平。2013年，云浮市共获得广东省《创新知识企业知识产权管理通用规范》达标企业1家，广东省知识产权优势企业1家，广东省重点出口产品专利预警分析计划项目1项，广东省专利技术实施计划项目1项，广东省中小学知识产权教育示范学校1所。其中，广东凌丰集团股份有限公司被广东省知识产权局、广东省经济和信息化委认定为首批实施《创新知识企业知识产权管理通用规范》达标企业，成为广东省首批10家达标企业之一。新兴县德纳斯金属制品有限公司被认定为2013年广东省知识产权优势企业。广东凌丰集团股份有限公司新型高档节能不锈钢压力锅项目获得广东省重点出口产品专利预警分析计划项目立项。广东大华农动物保健品股份有限公司的专利技术猪瘟细胞品质的提升和产业化推广获得省专利技术实施计划项目的立项。新兴县实验中学被评定为2013年广东省中小学知识产权教育示范学校。截至2013年，全市共有广东省知识产权优势企业10家、省知识产权示范企业1家、省《创新知识企业知识产权管理通用规范》达标企业1家、省中小学知识产权教育试点学校10所、省中小学知识产权教育示范学校2所、组织实施省专利技术计划项目20项、省重点出口产品专利预警分析计划项目1项。

【知识产权保护】

云浮市打击侵权假冒工作小组认真履行职责，继续抓好打击侵犯知识产权和制售假冒伪劣商品工作。2013年10月，组织召开全市打击侵权假冒工作会议，总结前阶段工作和部署下阶段工作重点以及任务。2013年，市打击侵权假冒领导小组在加强组织领导、开展专项整治、狠抓大案要案、开展“两法”衔接平台建设、推进软件正版化建设、深化宣传报道等方面做了大量工作，有效地打击了侵犯知识产权和制售假冒伪劣商品行为。据统计，全市行政执法部门共出动行政执法人员32301人次，查处案件1008件，捣毁侵权制假窝点74个，移交司法机关案件5件。

【知识产权管理】

政策体系建设。云浮市知识产权办公会议办公室制定了《2013年实施云浮市知识产权战略纲要工作方案》，围绕专利、商标、版权三个方面提出工作措施，明确各项工作目标、任务、措施。云浮市知识产权局制定了《云浮市实施广东省加快建设知识产权强省重点任务分工方案》，从企业主体地位、人才的培育、宣传教育、知识产权保护、服务能力建设等五个方面部署32项具体工作任务，将责任落实到具体单位。云浮市工商局制定了《云浮市工商局实施商标战略落实云浮市2013年十件民生实事工作方案》，提出了加强组织领导、明确工作目标、推进商标注册、加强沟通协调、加强业务指导、发挥联动作用等六项工作举措。

知识产权合作交流。根据《粤西四市专利合作协定》，经湛江、茂名、阳江、云浮四市知识产权部门商定，于2013年10月在云浮市举办第六届粤西四市专利合作联席会议。会议总结了当地知识产权工作情况，并就当前知识产权工作面临的形势开展讨论交流，省局领导到会作指导。

软件正版化工作。云浮市积极推进软件正版化工作，通过调查摸底、方案研制、解决经费、实施采购、推进整改、长效管理等工作措施，至2013年3月底止，全市所辖五个县（市、区）全面完成软件正版化整改任务。其中，操作系统使用正版微软软件共计4270套，办公软件使用统一采购的正版金山WPS办公软件（云浮区域授权），杀毒软件使用免费版本。

商标战略宣传培训。6月27日，云浮市召开实施商标战略联席会议第三次会议，并举办实施商标战略知识培训班，组织驰（著）名商标企业、皮具、不锈钢、农民专业合作社等企业负责人共计230余人参加培训，同时深入到企业开展商标战略知识宣传活动，发放各种宣传资料共2000多份。11月29日，市工商局举办新《商标法》培训班，邀请高级讲师为全市工商系统商标监管人员及全市获驰（著）名商标、集体商标、地理标志证明商标的企业或商（协）会的负责人共60余人进行专业授课，加强基层工商部门落实新《商标法》，促进企业正确使用驰（著）名商标和维护其合法权益。

百所千企知识产权服务对接。4月24日，云浮市知识产权局组织20多家专利代理机构与本市70多家企业进行知识产权服务对接活动。开设“企业专利的利用与保护”和“企业专利信息利用技能”专题讲座，组织服务机构代表走访企业，了解企业专利申请、专利运用、管理以及代理服务等情况，指导企业及时对创新技术成果申请专利加以保护。

【统计资料】

表1 云浮市2013年各县（市/区）专利申请情况

单位：件

地 区	申 请					
	发明	实用新型	外观	合计	去年同期	同比增长
云城区	8	14	13	35	51	−31.37%
罗定市	11	46	93	150	100	50.00%
新兴县	53	90	153	296	267	10.86%
郁南县	7	22	35	64	59	8.47%
云安县	0	3	21	24	29	−17.24%
合 计	79	175	315	569	506	12.45%

表2 云浮市2013年各县（市/区）专利授权情况

单位：件

地 区	授 权					
	发明	实用新型	外观	合计	去年同期	同比增长
云城区	8	21	13	42	33	27.27%
罗定市	2	30	61	93	59	57.63%
新兴县	16	97	124	237	221	7.24%
郁南县	2	20	26	48	46	4.35%
云安县	0	10	31	41	10	310.00%
合 计	28	178	255	461	369	24.93%

（供稿人：赖俊宇）

表彰奖励

BIAO ZHANG JIA

● 表彰奖励

表彰奖励

国家知识产权战略实施工作先进集体和先进工作者

【概况】 2013年，人力资源社会保障部和国家知识产权战略实施工作部际联席会议办公室开展国家知识产权战略实施工作先进集体和先进工作者评选表彰活动。广东省高级人民法院知识产权审判庭、中国中山（灯饰）知识产权快速维权中心获“国家知识产权战略实施工作先进集体”荣誉称号。黄埔海关法规处科长宋扬，广东省人民检察院侦查监督一处科长翁毓华，华南理工大学广州现代产业技术研究院常务副院长、副研究员何燕玲获“国家知识产权战略实施先进工作者”荣誉称号。

（供稿人：陈燕）

2013年全国专利信息领军人才和专利信息师资人才

【概况】 2013年，国家知识产权局开展第二批全国专利信息领军人才和专利信息师资人才推荐选拔工作。经推荐和评审，广东省共有3人荣获“全国专利信息领军人才”荣誉称号，6人荣获“全国专利信息师资人才”荣誉称号。

【2013年全国专利信息领军人才】

田卫平　深圳市中彩联科技有限公司
魏庆华　广东省知识产权研究与发展中心
张　驰　广州奥凯信息咨询有限公司

【2013年全国专利信息师资人才】

陈玉琼　广州杰赛科技有限公司
贾振勇　深圳崇德广业知识产权运营顾问有限公司
王峻岭　广州奥凯信息咨询有限公司
文　毅　广州奥凯信息咨询有限公司
张　明　东莞市华南专利商标事务所有限公司
周永新　珠海赛纳打印科技股份有限公司

（供稿人：张璟）

广东入选2012年度全国知识产权重大事件、案件及有影响人物

【重大事件】 灯饰行业知识产权快速维权试点工作取得显著成效。全国首个知识产权快速维权中心——广东中山（灯饰）知识产权快速维权中心成立一年多来，在知识产权授权、维权、确权方面打破常规，勇于突破，取得显著成效。

【重大案件】 大长江集团摩托车外观设计专利侵权纠纷得到快速调解。2012年，广州市知识产权局对大长江公司5件摩托车外观设计专利侵权纠纷进行积极调解，快速有效维护了当事人的合法权益，体现行政执法的优势和行政保护力度的增强。

iPad商标纠纷达成和解。2012年6月，苹果公司与深圳唯冠就iPad商标在中国大陆所有权的诉讼在法院调解下达成和解，苹果支付6000万美元一揽子解决纠纷，该案引发高度关注，为社会公众上了一堂生动的知识产权知识

普及课。

广州市白云区尊尚皮具制品厂制售侵犯他人注册商标专用权皮具被联合查处。2012年6月，广东工商部门联合广州市公安机关，查处尊尚皮具制品厂涉嫌制售假冒GUCCI等国际名牌皮具（箱包）案，涉案金额达1.5亿元，并移送检察机关审查起诉。该案是行政执法和刑事司法衔接的一个成功范例。

【有影响人物】 腾讯公司原首席行政官陈一丹。2012年，在陈一丹领导下，腾讯科技有限公司获得世界知识产权组织颁发的版权创意金奖；倡导设立的深圳版权金奖成为国内首个城市版权表彰项目；作为国家版权局著作权法修改专家委员会委员，对著作权法修改提出真知灼见。

广东省公安厅经侦总队知识产权犯罪侦查科科长曾旭岩。2012年，曾旭岩带领部门继续严厉打击制假售假犯罪行为，多措并举，扎实推进，指导各地侦破公安部督办案件38宗、大要案件1478宗，取得突出工作成效，得到上级领导的充分肯定。（供稿人：吴　勇）

全国知识产权系统人才工作先进集体和先进个人

【概况】 2013年，国家知识产权局开展全国知识产权系统人才工作先进集体和先进个人评选活动。国家知识产权培训（广东）基地——华南理工大学、中国中山（灯饰）知识产权快速维权中心、广东省东莞市知识产权局三个集体获得“全国先进集体”荣誉称号，广东省知识产权研究与发展中心吴建华、广东省潮州市知识产权局林焕贤、广东省佛山市顺德区经济和科技促进局梁兆宏三人获得“全国先进个人”荣誉称号。（供稿人：张璟）

GONG ZUO JIAO

工作交流

工作交流

工作交流

广交会知识产权保护工作

【概况】 第113届广交会于2013年4月15日至5月5日在广州举办，第114届广交会于10月15日至11月4日在广州举办。两届广交会期间，广东省知识产权局组织了50余人的省市专利联合执法队伍驻会开展专利保护工作。在广交会业务办的统筹下，广东省知识产权局与商标、版权等职能部门共处理知识产权投诉1042宗，其中：专利类投诉731宗，商标类投诉214宗，版权类投诉97宗。

【第113届广交会知识产权投诉基本情况】 共受理知识产权投诉542宗，比上届增加59宗，增幅12.22%；664家参展企业被投诉，比上届减少6家，减幅0.90%；最终认定383家被投诉企业涉嫌侵权，比上届增加28家，增幅7.89%。知识产权投诉案件中，专利类投诉受理374宗，占69.00%，比上届增加9宗，增幅为2.47%；商标类投诉受理114宗，占21.03%，比上届增加21宗，增幅22.58%；版权类投诉受理54宗，占9.96%，比上届增加29宗，增幅达116.00%。

【第113届广交会专利投诉基本情况】 在374宗专利类投诉中，外观设计专利投诉有276宗，占73.79%；实用新型82宗，占21.93%；发明16宗，占4.28%。外观设计专利投诉居多，在一定程度上反映出我国企业产品同质化竞争问题比较突出，掌握核心技术的能力有待提高。

【第113届广交会广东省企业投诉基本情况】 本届广交会出口展69个交易团（含中央企业分团）共21310家参展企业，有52个交易团（分团）的共362家企业涉嫌侵权，平均涉案率为1.70%。广东省五个交易团共有参展企业4146家，认定涉嫌侵权企业66家，平均涉案率为1.6%，低于全国各交易团平均水平。其中广东团26家、广州团14家、深圳团20家、珠海团3家、汕头团3家，涉案率分别为1.25%、2.37%、2.11%、1.63%、0.58%。

广东省企业涉及知识产权投诉共159宗，其中专利投诉118宗，占74%；商标投诉30宗，占19%；版权投诉11宗，占7%。涉嫌侵权产品主要集中在家用电器、餐厨用具、卫浴设备、摩托车等传统产业展区。

【第114届广交会知识产权投诉基本情况】 共受理知识产权投诉500宗，比上届减少42宗，降幅7.8%；611家参展企业被投诉，比上届减少53家，减幅8.0%；最终认涉嫌侵权企业291家，比上届减少88家，减幅23.2%。知识产权投诉中，专利类投诉357宗，占71.4%；商标类投诉100宗，占20.0%；版权类投诉43宗，占8.6%。专利、商标、版权三类投诉数量均出现下降，分别比上届减少17宗、14宗、11宗，降幅分别达到了4.6%、12.3%、20.4%。

【第114届广交会专利投诉基本情况】 在357宗专利类投诉中，发明投诉13宗，占比3.6%；实用新型投诉62宗，占比17.4%；外观设计投诉282宗，占比79.0%。

【第114届广交会广东省企业投诉基本情况】 本届广交会出口展区69个交易团（含中央企业各分团）共有23975家参展企业，其中50个交易团中有289家参展企业被最终认定涉嫌侵权，平均涉案率为1.2%。广东省五个交易团共有参展企业4067家，认定涉嫌侵权企业66家，平均涉案率为1.6%，略高于全国各交易团的平均水平。其中，广东团25家、广州团9家、深圳团26家、珠海团3家、汕头团3家，涉案率分别为1.2%、1.6%、2.9%、1.7%、0.9%。涉嫌侵权产品主要集中在家用电器、餐厨用具、卫浴设备和摩托车等传统产业展区。

广东省企业涉及知识产权投诉共84宗，其中专利投诉57宗，占67.9%；商标投诉19宗，占22.6%；版权投诉8宗，占9.5%。

（供稿人：毕赓）

附 录

FU LU

- 知识产权大事记
- 统计资料
- 专利代理机构

知识产权大事记

1月

7日　国家专利保险（广东地区）试点工作研讨会在佛山市禅城区举行。国家知识产权局专利管理司、中国人民财产保险股份有限公司、省内参与专利保险工作企业代表共40多人进行研讨。

8日　全国知识产权局局长会议在北京召开，省政协副主席、省知识产权局局长陶凯元参加会议。

17日　经广东省著名商标评审委员会评审通过，广东省工商行政管理局决定认定“盛和化工”等351件商标和延续“宇田”等630件商标为广东省著名商标。3月25日，广东省工商局决定注销“柯杰”等142件商标的广东省著名商标资格。目前，广东省著名商标有效数量为2759件。

23—28日　省知识产权局党组书记、副局长马宪民列席广东省政协十一届一次会议。

25日　国家知识产权局规划发展司副司长金泽俭来粤调研审协广东中心共建工作进展情况。

25—31日　省知识产权局党组书记、副局长马宪民列席广东省人大十二届一次会议。

2月

6日　省“三打”专项行动总结会议在广州召开。省“三打”领导小组对全省“三打”专项行动绩效考评情况进行通报并现场表彰“三打”优秀典型。省知识产权局被评定为“优秀”等级，局执法与监督处被评为先进集体。

7日　广东省“三打”领导小组下发《关于表扬全省“三打”专项行动先进集体、先进个人的通报》（粤三打领导小组电〔2013〕1号），全省工商系统共有30个单位被评为全省“三打”专项行动先进集体，74人被评为全省“三打”专项行动先进个人。

26日　全省知识产权局局长会议在广州召开。省政协副主席、省知识产权局局长陶凯元作题为《在新起点上再谱广东知识产权事业发展华章》的工作报告。省知识产权局党组书记、副局长马宪民主持会议。

27日　省知识产权局副局长朱万昌会见日本经济产业省及国际知识产权保护论坛官民事务代表团。

28日　“广东省战略性新兴产业——新能源汽车产业专利分析及预警报告会” 在广州举行。省知识产权局党组书记、副局长马宪民、省发展和改革委员会副主任张军出席报告会并致辞，省知识产权局副局长袁有楼主持会议。

3月

1日　省知识产权服务业集聚中心规划与建设方案（第一稿）研讨会在广州召开，省知识产权局党组书记、副局长马宪民、副局长唐毅出席会议，与会专家对方案进行深入研讨并提出修改意见。

5日　由省知识产权研究与发展中心与日本知识产权协会联合主办，省知识产权局支持举办的“中日企业合作知识产权研讨会”在广州召开。

7日　全省专利代理管理工作会议暨广东专利代理协会换届会议在广州召开。省知识产权局纪检组长、监察专员严小宜出席会议并作讲话。来自全省各地级以上市知识产权局、顺德区经济和科技促进局分管领导及具体工作人员、全省专利代理机构及分支机构负责人共近150人参加了会议。

9—11日 由省美容美发化妆品行业协会主办，全国工商联美容化妆品业商会协办的“第38届广州国际美容美发化妆用品进出口博览会”在广州琶洲展馆举办。省知识产权局执法与监督处派员驻会，共调解专利投诉案件9件。

9—12日 由省科学技术厅、省文化厅、恩平市人民政府和省对外科技交流中心主办，广东国际科技贸易展览公司和广州光亚法兰克福展览有限公司承办的第十一届中国（广州）国际专业音响灯光展览会和第十届中国（广州）国际乐器展览会在广州琶洲展馆举办。省知识产权局执法与监督处派员驻会，共调解专利投诉案件4件。

11日 由国家知识产权局和日本特许厅联合主办，省知识产权局承办、日本社团法人发明推进协会亚太工业产权中心和省知识产权研究与发展中心协办的“中日知识产权跟进研讨会”在广州召开。

12—15日 全国打击侵犯知识产权和制售假冒伪劣商品工作绩效考核组来粤进行检查考核。省政协副主席、省知识产权局局长陶凯元，省知识产权局党组书记、副局长马宪民出席工作汇报会。副局长朱万昌陪同进行现地检查。2012年广东省打击侵权假冒工作绩效考核获满分。

13日 经广州萝岗开发区通过召开用地会方式运作，省知识产权服务业集聚中心建设用地由10亩增加至20亩，新增用地位于原用地东北侧。

18日 英国驻广州总领事馆副总领事麦思安先生、英国驻华大使馆首任知识产权联络官员汤姆先生、高级项目主任董丽亚女士一行三人到访广东高级人民法院。

26日 广东省工商行政管理局与广东商标协会签订了职能转移协议。广东省工商行政管理局组织实施了16年的广东省著名商标认定工作，正式移交给广东商标协会。这不仅是政府部门向社会转移职能，也是运用社会力量参与品牌建设的有益尝试。

26—27日 由国家知识产权局专利复审委员会主办、省知识产权局承办的专利侵权判定实务研修班在广州举行。国家知识产权局专利复审委员会人事教育处处长张予革、省知识产权局副局长唐毅出席开班式。全省各级专利行政执法人员近130人参加培训。

27日 美国微软公司大中华区首席法律顾问关挺立先生一行3人到访我院，代表微软公司对广东各级法院在知识产权保护方面所作贡献表示诚挚谢意。

是日 省人民政府副省长陈云贤一行前往审协广东中心过渡期办公场所考察，听取共建工作情况汇报。省政协副主席、省知识产权局局长陶凯元，省知识产权局局党组书记、副局长马宪民、副局长唐毅陪同考察。

是日 湖南省知识产权局副局长刘中杰一行到国家知识产权局专利局广州代办处交流调研。省知识产权局副局长朱万昌出席并主持召开座谈会。

28日 广东高级人民法院审理的奇虎360诉腾讯公司垄断案件一审公开宣判，驳回奇虎360全部诉讼请求。

是日 国家知识产权局专利复审委张茂于副主任一行来粤调研。省知识产权局纪检组长、监察专员严小宜陪同调研。

是日 国家知识产权培训（广东）基地揭牌仪式在广东省知识产权研究与发展中心举行。国家知识产权局副局长甘绍宁、省人民政府副省长陈云贤出席仪式并讲话，省知识产权局党组书记、副局长马宪民主持仪式。

28—29日 国家知识产权局专利局2013年代办工作会议在广州召开。省人民政府副省长陈云贤出席会议并致辞，国家知识产权局甘绍宁副局长，国家局机关相关部门负责人，全国各省、市、自治区知识产权局领导及代办处负责人约110人参加了会议。国家知识产权局专利局广州代办处第十一次被评为全国“先进代办处”并作经验交流发言。

29日 甘肃省知识产权局副局长许瑞端一行来粤调研，省知识产权局副局长袁有楼出席并主持座谈会。

4月

1日 北京市知识产权局杨明久副巡视员一行来粤调研，省知识产权局副局长朱万昌出席并主持座谈会。

8—10日 国家知识产权局专利复审委员会2013年度巡回审理庭工作会议在河南郑州召开。国家知识产权局专利复审委员会副主任曾武宗出席会议并讲话。省知识产权局派员参加会议。

9日 “全省企业知识产权管理规范推广会议”在广州召开。国家知识产权局马维野司长出席会议并致辞，省知识产权局党组书记、副局长马宪民、省质监局处长陈锦汉、省经济和信息化委调研员李小华出席会议并讲话，省知识产权局副局长袁有楼主持会议。

11日 国家知识产权局与广东省人民政府第二轮知识产权高层次战略合作协议签署仪式暨2013年会商工作会议在广州举行。省委副书记、省长朱小丹，国家知识产权局局长田力普出席会议并作重要讲话。省政协副主席、省知识产权局局长陶凯元总结第一轮合作情况，副省长陈云贤提出2013年会商工作安排建议，国家知识产权局副局长贺化就2013年工作安排建议交流意见，双方共同签署第二轮合作会商议定书。

12日 省知识产权局与东莞市人民政府联合主办的“省市联合执法集中销毁活动现场会暨东莞市4·26知识产权宣传周启动仪式”在东莞举行，省知识产权局副局长唐毅出席仪式。

13日 第28届广东省青少年科技创新大赛在深圳举行。省知识产权局副局长朱万昌出席开幕式。

14日 第113届广交会知识产权保护工作动员大会在广州召开。省知识产权局副局长唐毅、国家知识产权局专利复审委员会调研员吴大章、广州市知识产权局副局长邓佑满出席会议，来自全省知识产权局系统的30多名执法人员参加会议。

15日—5月5日 第113届广交会在广州举办。省知识产局组织50余人的省市专利联合执法队伍驻会开展知识产权保护工作。大会投诉站共受理专利类投诉374宗，涉及被投诉企业664家，专利投诉占知识产权总投诉的69.00%。其中，外观设计276宗，占73.79%；实用新型82宗，占21.93%；发明16宗，占4.28%。

16日 省知识产权局党组书记、副局长马宪民在广东工业大学作题为“掌握专利武器，增强创新驱动力”的专题讲座。

17日 广东高级人民法院召开全省知识产权审判工作视频会议，郑鄂院长为会议作了重要批示，徐春建副院长出席会议并讲话。

17—19日 国家知识产权局专利局实用新型部部长刘志会一行来粤调研。省知识产权局副局长袁有楼，纪检组长、监察专员严小宜分别陪同调研组赴东莞和广州调研。

18日 省知识产权局副局长唐毅前往第113届广交会知识产权投诉站检查知识产权保护工作，并看望省市知识产权局系统驻会工作人员。

是日 2013年全省知识产权宣传周活动启动仪式在南方网举行。省政府知识产权办公会议办公室主任、省知识产权局党组书记、副局长马宪民发布《2013年全省知识产权宣传周活动方案》，并启动“南方网2013年广东‘4·26’知识产权宣传周”专栏。

22日 广东高级人民法院召开2012年知识产权司法保护新闻发布会，发布了广东法院知识产权司法保护状况（2012年）和广东法院2012年度十大知识产权典型案例。

23日 省政府新闻办、省政府知识产权办公会议办公室联合召开2012年广东省知识产权保护状况新闻发布会。省政府知识产权办公会议办公室主任、省知识产权局党组书记、副局长马宪民发布《2012年广东省知识产权保护状况》。省法院、省检察院、省公安厅、省工商局、省版权局、省质监局、省知识产权局、海关广东分署等部门负责人出席发布会并回答提问。省政府知识产权办公会议成员单位代表、各国驻广州领事馆代表、境外及港澳驻穗新闻媒体代表、中央驻粤和广东各新闻单位代表共90余人参加发布会。

是日　由国家知识产权局、工商总局、版权局共同开展的2012年度全国知识产权保护重大事件、案件及有影响人物评选活动结果在北京揭晓。广东省“灯饰行业知识产权快速维权试点工作取得显著成效”入选全国知识产权保护重大事件，“大长江集团摩托车外观设计专利侵权纠纷得到快速调解”等3个案件入选重大案件，腾讯公司原首席行政官陈一丹等2人入选最具影响力人物，省知识产权局被评为“优秀推荐单位”。

是日　由省知识产权局、肇庆市知识产权局联合主办，广东专利代理协会、肇庆市端州区科技局协办的“2013年百所千企知识产权服务对接活动”在肇庆举行。来自省、市、县三级知识产权局代表，广东专利代理协会、专利代理机构代表和肇庆市各类企业代表共150多人参加了活动。

24日　省知识产权局副局长唐毅率调研组赴广西知识产权局调研，就加强两地专利行政执法协作有关事宜进行座谈和交流。

是日　由省知识产权局、云浮市知识产权局联合主办，广东专利代理协会协办的“2013年云浮市百所千企知识产权服务对接活动”在云浮举行。来自省、市、县三级知识产权局代表，广东专利代理协会、专利代理机构代表和云浮市各类企业代表共120多人参加了活动。

25日　广东高级人民法院审理的腾讯公司诉奇虎360不正当竞争案做出一审判决，认定奇虎360构成不正当竞争，判令其赔偿500万元。这是国内互联网行业不正当竞争纠纷目前最高的判决赔偿金额。

是日　受国家知识产权局委托，省知识产权局副局长袁有楼率工作组对惠州仲恺高新技术产业开发区国家知识产权试点园区工作进行考核验收。

是日　省知识产权局党组书记、副局长马宪民接受广东新闻频道《权威访谈》栏目专访。

是日　省知识产权局党组书记、副局长马宪民出席2013年东莞市知识产权工作会议暨专利奖励大会并作讲话。

26日　省知识产权局党组书记、副局长马宪民参加省研究与发展中心党支部召开的“三个定位、两个率先”主题学习会。

是日　由省知识产权局主办、华南师范大学光电子材料与技术研究所承办的“广东省战略性新兴产业——LED产业外延和芯片领域核心专利分析及预警报告会”在广州举行。

5月

6—7日　省知识产权局党组书记、副局长马宪民率调研组赴河南省知识产权局调研学习。就知识产权服务业发展、人才队伍建设及战略实施等工作与河南局进行座谈和交流。

7—10日　广东省工商局在广州举办2013年全省工商系统商标广告业务培训班，广东省工商局副局长姜海平出席培训班并作开班动员和总结讲话。

10日　国家知识产权局和省知识产权局共同组成的评审小组实地考察深圳高新区，就设立国家知识产权局审查员实践基地的具体情况和工作思路进行座谈，国家知识产权局人事教育部副部长赵喜元，省知识产权局副局长袁有楼出席座谈会。

14日　省知识产权局副局长朱万昌会见中国国际贸易促进委员会代表团。

15—17日　国家知识产权战略实施工作部际联席会议办公室、国务院办公厅、经济和信息化部、工商总局、知识产权局和中科院组成联合调研组来粤调研知识产权管理工作情况。省知识产权局副局长朱万昌出席座谈会。

16日 省委批准，谢红同志任省知识产权局副局长、党组成员。

16—19日 2013年专利代理人实务技能培训班在广州、深圳两地同时举办。省知识产权局纪检组长、监察专员严小宜出席开班仪式并作讲话。来自省内的93家专利代理机构的251名专利代理人参加了培训。

17日 广东高级人民法院在广州市南沙区召开“探索完善司法证据制度破解知识产权侵权损害赔偿难”试点工作座谈会，徐春建副院长出席会议并作总结讲话，南沙区委常委、政法委书记梁岭和南沙区法院院长吴翔出席了会议。

20日 省知识产权局党组书记、副局长马宪民会见富士康集团知识产权代表团。

21日 省知识产权局党组书记、副局长马宪民会见韩国WIPS集团代表团。

21—22日 省知识产权局副局长朱万昌赴北京参加全国知识产权领军人才研讨班。

22日 全国知识产权系统党风廉政建设工作会议山东潍坊召开。省知识产权局纪检组长、监察专员严小宜出席会议。

23日 省知识产权局袁有楼副局长会见香港生产力促进局副总裁林广成一行。

是日 湖北省知识产权局舒正荣副巡视员一行来粤调研专利代办业务及公共服务建设等工作，省知识产权局副局长朱万昌出席并主持座谈会。

24日 由省知识产权局和澳门知识产权厅联合主办、天河区知识产权局和羊城创意园承办的首届粤澳创意产业知识产权交流活动在广州举行。省知识产权局副局长朱万昌、澳门知识产权厅厅长郑晓敏出席活动。广州市天河区知识产权局、羊城创意产业园、粤澳两地文化创意产业代表共40余人参加活动。

是日 “共建领导小组办公室第二次会议” 在审协广东中心召开，会议提出将审协广东中心建筑面积由11万平方米调整至11.5万平方米，基建费用调整至8.3141亿元。

25日 省知识产权局副局长袁有楼出席“内蒙古广东科技合作活动周”启动暨签约仪式。

26日 《粤蒙知识产权合作框架协议》签署仪式暨知识产权对接会议在广州召开。省知识产权局党组书记、副局长马宪民，内蒙古知识产权局党组书记白宝玉出席会议并作讲话。

27日—6月3日 省知识产权局副局长朱万昌率领省、市、县（区）三级专利行政管理部门业务骨干24人赴台湾专题学习台湾知识产权制度。

28日 国家知识产权局监察局来粤开展专利事业发展战略推进计划中期检查工作，省知识产权局纪检组长、监察专员严小宜主持座谈会并作专利行政执法相关法规制度贯彻落实情况和省知识产权局党员干部贯彻落实廉洁从政各项规定情况汇报，副局长袁有楼、谢红分别汇报了广东落实《推进计划》情况和广东省专利人才体系建设工作推进情况。

6月

5日 由省知识产权局、清远市人民政府、香港知识产权署、香港贸易发展局主办，清远市知识产权局和清远市生产力促进中心联合承办的“2013粤港知识产权与中小企业发展研讨会”在清远召开。省知识产权局副局长谢红，清远市市委常委、副市长曾贤林，香港知识产权署副署长梁家丽，香港贸易发展局制造业拓展部总监周瑞出席会议并致辞。

7—9日 国家知识产权局综合调研组来粤调研中国中山（灯饰）知识产权快速维权中心工作情况及东莞快速维权中心筹建情况。省知识产权局党组书记、副局长马宪民会见调研组一行，副局长谢红陪同调研。

8日 省知识产权局副局长朱万昌赴北京参加全国打击侵权假冒工作会议。

14日 经最高法院批准，广东省高级人民法院对全省基层法院管辖第一审知识产权案件的标准进行调整。

15—16日　省知识产权局副局长谢红出席第十一届广东省少年儿童发明奖优秀作品展暨第二届广东省创意机器人大赛并主持开幕式。

18日　美国专利商标局政策和外务办公室中国事务主任柯恒先生一行三人来访广东高级人民法院。

是日　省知识产权局副局长谢红会见美国专利商标局政府和外务办公室中国事务处主任柯恒（Mark A. Cohen）先生一行。

是日　省知识产权局纪检组长、监察专员严小宜带队送驻村干部到河源市紫金县龙窝镇高坑村开展新一轮扶贫双到工作。

19日　省知识产权局组织召开“广东位居2012年全国知识产权综合发展指数排名第一”新闻通气会。

19—22日　2013中国加工贸易产品博览会在东莞市厚街镇广东现代国际展览中心举行。省打击侵权假冒工作领导小组办公室组织相关单位驻会开展知识产权保护工作。共接受各类咨询20宗，巡查展馆15次，登记专利标示标注产品13件，调解涉嫌专利侵权纠纷5宗。

20日　省知识产权局组织召开建立四市（区）灯饰产业专利行政执法协作机制座谈会。来自佛山、中山、江门、顺德四市（区）知识产权局的代表对建立灯饰产业专利行政执法协作机制，加强区域间涉及灯饰专利违法行为的立案协作、案件协办、侵权判定等问题进行了协商和探讨。

21日　中共中央政治局委员、国务院副总理汪洋和中共中央政治局委员、中共广东省委书记胡春华一行视察加博会知识产权保护服务中心。省知识产权局副局长谢红汇报加博会知识产权保护服务中心和广东省打击侵权假冒工作情况，汪洋副总理对广东知识产权保护工作给予充分肯定。

21—23日　第二届中国（广州）国际金融交易博览会在广州举行。省知识产权局派员驻会开展知识产权保护工作。

24日　由国家知识产权局专利局广州代办处、省知识产权研究与发展中心、揭阳市知识产权局联合举办的“2013年揭阳市专利实务培训班”在揭阳举行。

26—28日　省知识产权局和省法制办组成联合调研组赴珠海、佛山开展《广东省专利奖励办法》征求意见专题调研。

27日　2013年粤港“正版正货承诺”交流总结活动在东莞市举行。省政协副主席、省知识产权局局长陶凯元，香港知识产权署署长张锦辉，东莞市政府副市长张科出席会议并致辞。省知识产权局副局长朱万昌、省工商局副局长姜海平参加会议并作讲话。

27—28日　省知识产权局副局长袁有楼率队赴深圳市开展企业知识产权涉外应对状况工作调研。

28日　省知识产权局副局长谢红赴北京参加专业市场知识产权保护研讨会。广东省专业市场知识产权保护项目顺利通过国家知识产权局验收。

7月

2—4日　由省知识产权局主办，省知识产权研究与发展中心、国家知识产权培训（广东）基地联合承办的“企业知识产权管理规范培训班”（企业专场）在广州举行。省知识产权局副局长袁有楼出席开班仪式并讲话。省内知识产权企业及知识产权服务机构代表近300人参加培训。

3—6日　省知识产权局副局长朱万昌率领省内两家（华南理工大学和省知识产权研究与发展中心）国家知识产权培训基地代表赴湖北武汉参加国家知识产权培训基地研讨班。

5日　粤港保护知识产权合作专责小组第十二次会议预备会议在广州举行，省知识产权局党组书记、副局长马宪民，香港知识产权署署长张锦辉出席会议。

8—11日　省知识产权局组织新华社、

《经济日报》、《中国知识产权报》、《南方日报》、南方网联合开展“知识产权战略实施亮点巡回采访活动”。

10日　全省依法行政工作会议在广州召开，省知识产权局党组书记、副局长马宪民出席会议。

是日　省知识产权局副局长谢红赴香港出席2013粤港经济技术贸易合作交流会及重大项目签约仪式。

15—19日　省知识产权系统领导干部培训班在中国浦东干部学院举办。省政协副主席、省知识产权局局长陶凯元，省知识产权局党组书记、副局长马宪民作为带班领导参加了培训班的学习和讨论。全省各地级以上市知识产权局负责人和我局机关干部共44人参加了培训。

18日　国家知识产权局专利局审查业务管理部在粤召开“发明专利审查周期调研座谈会”，审协广东中心副主任汤海珠、业务协调室主任崔磊等参加座谈。

18—20日　省知识产权局执法监督处和广州、深圳等地市知识产权局执法处室组成联合调研组赴浙江学习调研电子商务平台下的知识产权保护和专利侵权责任问题。

23日　全省知识产权工作座谈会暨广东省专利奖励大会在广州召开。国家知识产权局局长田力普，省人民政府副省长陈云贤，省政协副主席、省知识产权局局长陶凯元出席会议并作重要讲话，省人民政府副秘书长李捍东主持会议。

24日　审协广东中心一期业务用房奠基仪式在中新广州知识城举行，国家知识产权局局长田力普，省人民政府副省长陈云贤，省政协副主席、省知识产权局局长陶凯元出席仪式。

24—25日　国家质检总局科技司裴晓颖副巡视员对我省质监系统地理标志保护工作的成效与现状以及地理标志产品保护示范区建设等工作开展专题调研。裴晓颖副巡视员实地考察了广州市从化火龙果农业标准化示范区及栽培基地，召集当地质监、农业等部门及企业、行业协会的负责人进行座谈，详细了解从化火龙果产区种植栽培、品牌培育以及标准化生产等情况。在听取了各参会代表的意见和建议后，裴晓颖副巡视员对我省质监系统近年来地理标志工作给予充分的肯定。

25日　经广东省法制办审查通过，广东省工商局制定发布《广东省工商行政管理局关于广东省著名商标认定职能转移监管评估办法》，以制度保障职能转移后著名商标评审认定工作的公平、公正。该监管评估办法于2013年8月10日实施。

25—26日　国家知识产权局专利管理司调研组来粤调研专利侵权判定咨询机制建设和区域专利执法协作调度机制建设进展情况。

30日　国家知识产权局专利局自动化部调研组到广州代办处开展自动化业务调研，省知识产权局朱万昌副局长出席并主持座谈会。

31日—8月1日　省政协副主席、省知识产权局局长陶凯元出席第二届香港国际知识产权产业化会议并作主题演讲，省知识产权局副局长谢红参加会议。

8月

6日　由国家知识产权局专利复审委员会、专利局初审流程管理部及审查业务管理部、自动化部联合主办，省知识产权局承办的复审无效电子请求系统及CEPCT电子申请系统推广培训班在广州举办。省知识产权局副局长袁有楼出席开班仪式并讲话，省内专利代理机构、企业代表90余人参加培训班。

是日　粤港保护知识产权合作专责小组第十二次会议暨新闻发布会在广州举行。省政协副主席、省知识产权局局长陶凯元，香港知识产权署署长张锦辉分别率领粤港双方代表团出席会议。

7日　省知识产权局党组书记、副局长马宪民一行赴广州知友专利商标代理有限公司、北京万慧达知识产权代理有限公司广州分公司开展党的群众路线教育实践活动调研，听取专利代理机构对省知识产权局系统工作的意见和建议。

是日　省知识产权局副局长袁有楼、省政府发展研究中心副主任李惠武率领联合调研组赴深圳市开展知识产权促进产业转型升级政策制定工作专题调研。

7—8日　省知识产权局副局长唐毅率调研组赴深圳市倍轻松科技股份有限公司和2013（秋）深圳国际家纺布艺暨家居装饰展览会开展党的群众路线教育实践活动调研。

8日　省知识产权局副局长袁有楼率调研组赴佛山市开展产业园区知识产权工作专题调研。

8—9日　国家知识产权局调研组赴深圳开展知识产权人才评价体系建设调研。省知识产权局副局长朱万昌陪同调研。

9日　《关于运用知识产权促进产业转型升级的意见》征询会在广州召开。省知识产权局副局长袁有楼出席并主持会议，省政府发展研究中心副主任李惠武出席会议并讲话。

是日　省打击侵权假冒工作领导小组办公室召开全省打击侵权假冒工作电视电话会议。省人民政府副省长、省打击侵权假冒工作领导小组组长陈云贤出席会议并作重要讲话，省打击侵权假冒工作领导小组副组长、办公室主任，省知识产权局党组书记、副局长马宪民作工作报告，省人民政府副秘书长、省打击侵权假冒工作领导小组副组长李捍东主持会议。

14—15日　省知识产权局副局长唐毅带领局办公室、执法与监督处、服务业集聚中心筹建组等部门负责人赴粤东相关地市局开展党的群众路线教育实践活动调研，深入听取汕头、潮州、揭阳、汕尾四市局对省知识产权工作的意见和建议。

14—18日　国家知识产权局组织14家中央媒体来粤开展国家知识产权战略实施五周年中央媒体地方行专题采访活动。省知识产权局副局长谢红出席采访座谈会。

15日　国家知识产权局组织中央电视台等13家中央媒体来我院专题采访报道广东高级人民法院开展知识产权审判工作的情况，广东高级人民法院召开接受媒体采访的座谈交流会。

是日　省知识产权局副局长朱万昌会见日本贸易振兴机构代表团。

15—16日　省知识产权局副局长袁有楼率调研组赴云浮市开展党的群众路线教育实践活动调研，深入听取了各县区知识产权局、各工业园区对我省知识产权工作的建议。

16—18日　省知识产权局党组书记、副局长马宪民，纪检组长、监察专员严小宜带队到扶贫“双到”帮扶村河源市紫金县龙窝镇高坑村慰问因台风“尤特”受灾群众。

19日—9月16日　省知识产权局副局长谢红赴美国参加省委组织部第14期领导干部美国高级培训班学习。

20日　省知识产权局党组书记、副局长马宪民，纪检组长、监察专员严小宜一行赴广州市南锋专利事务所有限公司等四家代理机构开展党的群众路线教育实践活动调研，听取专利代理机构对省知识产权局系统工作的意见和建议。

21日　省知识局副局长袁有楼出席广东博士创新发展促进会知识产权维权援助服务工作站揭牌仪式暨高层次人才知识产权维权研讨会。

是日　省知识产权局副局长朱万昌率调研组赴东莞市开展党的群众路线教育实践活动专题调研，并为当地专利申请用户开展电子申请工作提供技术支持。

22日　华南片三省（区）专利行政执法协作座谈会在广州召开。省知识产权局副局长唐毅出席会议。会议就建立华南地区专利行政执法协作调度机制及华南地区专利侵权判定咨询机制的相关方案进行了讨论。来自广东、广西、海南三省（区）知识产权局及省知识产权维权援助中心的代表参加了会议。

23日　省执法工作部署会议在广州召开。会议布置了展会案件上报全国专利执法办案报送系统的相关事宜、查处黑代理统一行动和查处“肤立修”假冒专利案统一行动。全省各地市知识产权局执法人员参加会议。

27日　省知识产权局党组书记、副局长马宪民，纪检组长、监察专员严小宜一行赴广州市越秀区海心联合专利事务所和哲力专利商标事务所开展党的群众路线教育实践活动调研，听取专利代理机构对省知识产权局系统工作的意见和建议。

是日　国家知识产权战略实施工作先进评选结果揭晓。省高级人民法院知识产权审判庭、中国中山（灯饰）知识产权快速维权中心获先进集体称号。黄埔海关法规处科长宋扬，省人民检察院侦查监督一处科长翁毓华，华南理工大学广州现代产业技术研究院常务副院长、副研究员何燕玲获先进工作者称号。

27—30日　省知识产权局副局长朱万昌率调研组赴长春、哈尔滨代办处开展调研活动。

28日　省知识产权局党组书记、副局长马宪民、副局长唐毅一行赴佛山市顺德区龙江镇调研家具专利快速维权工作。并与顺德区经济和科技促进局、顺德区龙江镇政府相关同志进行了座谈。

29日　省知识产权局、广州市知识产权局组成联合调研组赴广州市花都区及增城市开展案件回访活动，深入与企业和当事人进行座谈，了解其对知识产权工作的需求，征求其对专利执法工作的意见和建议。

29日—9月1日　2013中国（广东）国际旅游产业博览会在广州举行，省知识产权局与其他职能部门组成综合服务组在现场开展知识产权保护服务工作。

30日　全国知识产权战略实施工作电视电话会议在北京召开。省人民政府副省长刘志庚出席广东省分会场并作为唯一省级代表作交流发言。省人民政府副秘书长李捍东，省政协副主席、省知识产权局局长陶凯元，省知识产权局党组书记、副局长马宪民出席会议。省政府知识产权办公会议各成员单位及相关部门负责同志共40余人参加会议。

9月

2日　福建省厦门市知识产权局法律事务处调研组来粤调研展会知识产权保护工作。

8—28日　省知识产权局副局长唐毅率领省知识产权行政管理部门业务骨干一行17人赴英国参加知识产权系统高层次人才培训班学习。

10日　香港荣华饼家有限公司诉佛山市顺德区苏氏荣华食品有限公司等侵犯商标权和擅自使用知名商品特有名称、包装、装潢纠纷二审案进行公开庭审。庭审过程同步进行微博直播。民建广东省委员会专职副主委陈海、中山大学法学院副院长黄瑶、市社科院经济与管理研究所所长尹涛等8名省人大代表观摩了庭审。

10—11日　第三次全国知识产权局系统立法指导协调机制工作会议在广州召开。省知识产权局纪检组长、监察专员严小宜出席了会议并作讲话，来自全国21个省、自治区、直辖市的知识产权局代表参加了此次会议。

11—13日　国务院法制办王振江司长、国家知识产权局宋建华司长一行来粤开展《专利代理条例》修订专题调研。省知识产权局党组书记、副局长马宪民会见调研组，纪检组长、监察专员严小宜陪同调研。

11—13日　全国打击侵权假冒工作领导小组办公室副主任柴海涛一行来粤调研打击侵权假冒工作情况。省打击侵权假冒工作领导小组副组长、办公室主任，省知识产权局党组书记、副局长马宪民汇报广东省开展打击侵权假冒工作情况及下一步工作计划，省公安厅、农业厅、文化厅、林业厅、工商局、版权局、质监局、食药监局、知识产权局、法院、检察院，海关广东分署代表分别汇报各系统开展打击侵权假冒工作情况。

12—14日　成功举办全省法院知识产权审判业务培训班。省法院党组成员、副院长徐春建出席开班仪式作动员讲话，最高法院知识产权庭孔祥俊庭长、夏君丽审判长和北京大学知识产权学院常务副院长张平教授到培训班授课，全省三级法院的知识产权审判业务骨干约120人参加主会场培训，各中院、具有知识产权案件管辖权的基层法院的其他知识产权审判人员通过全程同步视频直播在分会场接受培训。

15—16日 省知识产权局党组书记、副局长马宪民赴香港参加粤港合作联席会议第16次会议，并与香港知识产权署签署《粤港知识产权合作协议（2013—2014年）》。

17日 国家工商总局召开全国工商行政管理系统贯彻落实新《商标法》电视电话会议，广东省工商局局党组书记、局长卢炳辉，副局长姜海平及相关处室负责人在省工商局分会场参加会议，各地级市局、横琴新区局，佛山市顺德区市场安全监管局相关负责人在各市（区）分会场参加会议。

是日 全省知识产权培训基地工作座谈会在惠州召开。省知识产权局副局长朱万昌出席会议并作讲话。

是日 2013年“广东省战略性新兴产业——LED产业重点产品专利分析及预警报告会”在广州举办。省知识产权局、科技厅、生产力促进中心代表出席报告会。全省各地市知识产权局、知识产权局服务机构、LED产业企事业单位代表130余人参加了报告会。

18日 省知识产权局副局长谢红会见国际知识产权商业化促进会代表一行。

24—30日 省政协副主席、省知识产权局局长陶凯元率知识产权代表团赴台湾访问，见证签署《广东省知识产权研究会与台湾工业总会关于开展知识产权（智慧财产权）交流合作谅解备忘录》。

25—28日 省政府知识产权办公会议办公室组织省公安厅、工商局、版权局、知识产权局和省知识产权维权援助中心进驻第十届中国国际中小企业博览会开展知识产权保护工作。

25—30日 国家知识产权局专利局外观设计审查部审查员严若菡一行来粤开展企业的外观设计专利具体申请需求以及创新要点调研。

26—30日 由省知识产权局主办、华南理工大学知识产权学院承办的专利行政执法培训班在广州举办。省知识产权局纪检组长、监察专员严小宜出席开班仪式并作讲话。为加强与兄弟省（区）的执法培训合作，本次培训邀请了湖南、广西和海南三省（区）的同志参加。

27日 省知识产权局配合省政府研究室赴南海开展知识产权服务业发展专题调研，了解南海区知识产权服务业发展的基本情况和经验做法。

是日 省打击侵权假冒工作领导小组办公室举行打击侵权假冒信息共享合作备忘录签署仪式。省知识产权局党组书记、副局长马宪民主持仪式，省司法厅、文化厅、质监局、食品药品监管局和海关广东分署、广东出入境检验检疫局等15家单位分别与省公安厅签署打击侵权假冒信息共享合作备忘录。

10月

9日 省政协副主席、省知识产权局局长陶凯元、省知识产权局党组书记、副局长马宪民就集聚中心建设问题向省人民政府徐少华副省长作专题汇报，得到省领导支持。

13日—11月8日 省政协副主席、省知识产权局局长陶凯元赴美国参加中组部哈佛大学国际培训项目学习。

14日 第114届广交会知识产权保护工作座谈会在广州召开。省知识产权局副局长唐毅、广州市知识产权局副局长邓佑满出席会议，来自国家知识产权局专利复审委员会的专家和全省知识产权局系统的执法人员共30多人参加了会议。

14—16日 省知识产权局党组书记、副局长马宪民赴韩国出席第四届韩国—广东发展论坛，并见证《韩国广东民间组织关于开展知识产权合作的谅解备忘录》签署。

14—16日 省知识产权局副局长朱万昌率广东代表团赴贵州参加第九届泛珠三角区域知识产权合作联席会议。

15日—11月4日 第114届广交会在广州举行。省知识产权局组织了50余人的省市专利联合执法队伍驻会开展知识产权保护工作。其间共受理专利类投诉357宗，涉及被投诉企业611家，专利投诉占知识产权投诉案件总数的71.4%。在专利类投诉中，发明投诉13宗，占比3.6%；实用新型投诉62宗，占比17.4%；外观设计投诉282宗，占比79.0%。

17日 省知识产权局、顺德区经济和科技促进局联合举办的“百所千企知识产权服务对接工程进园区暨知识产权服务业集聚发展座谈会”在顺德广东工业设计城举行。省知识产权局纪检组长、监察专员严小宜出席活动并作讲话。广东专利代理协会各理事单位和秘书处、顺德知识产权协会、广东工业设计城、美的创业园及部分企业等代表共50多人参加了活动。

21日 省知识产权局副局长谢红参加《中华人民共和国广东省人民政府与日本国独立行政法人日本贸易振兴机构合作备忘录（2013—2016）》续签仪式。

21—23日 由省知识产权局主办，省知识产权研究与发展中心、汕头市知识产权局、汕头市知识产权服务中心、国家知识产权（广东）基地联合承办的 “粤东地区企业知识产权管理规范培训班” 在汕头举办。省内粤东五市知识产权企业及知识产权服务机构代表等130多人参加了培训班。

30日 省知识产权局党组书记、副局长马宪民，副局长朱万昌一行赴深圳市知识产权局就专利电子申请工作开展专题调研。

是日 受国家知识产权局委托，以国家知识产权局专利管理司司长马维野为组长的，由国家知识产权局专利管理司、省知识产权局、佛山市知识产权局领导共同组成专家组对佛山高新技术产业开发区国家知识产权试点园区工作进行考核验收。

是日 省知识产权局副局长谢红赴北京参加中新广州知识城知识产权保护和服务综合改革试点总体方案专家论证会。

31日 经最高法院批准，佛山中院成为全国首家审理第一审垄断民事纠纷案件的特别授权法院。

是日 省知识产权局接待日本知识产权协会海外研修F5访问团来访。

11月

1日 省知识产权局党组书记、副局长马宪民赴第114届广交会视察知识产权保护工作。马宪民书记与广交会副主任、中国对外贸易中心副主任王润生进行了座谈，听取了广交会业务办的工作介绍，看望了广东省知识产权局系统的驻会工作人员。

2—3日 由国家知识产权局组织的“2013年全国专利代理人资格考试”在包括广州在内的全国20个城市举行。省知识产权局党组书记、副局长马宪民，纪检组长、监察专员严小宜亲临考场指导。广州考点考场设在广东技术师范学院，共有2562人参加考试。

6日 省政府知识产权办公会议办公室召开全省知识产权战略实施阶段性总结座谈会。省人民政府副省长、省政府知识产权办公会议主持人陈云贤出席会议并讲话。省政府知识产权办公会议办公室主任、省知识产权局党组书记、副局长马宪民作工作报告，省人民政府副秘书长、省政府知识产权办公会议副主持人李捍东主持会议。

7日 闽粤沿海十二城市保护知识产权工作第十次联席会议在佛山召开。 省知识产权局副局长唐毅出席会议并致辞。本次会议的目的是加强信息交流，完善协作机制，签署《查处假冒专利行为协作备忘录》。

7—8日 省知识产权局副局长谢红出席第六届粤西四市专利合作联席会议并作讲话。

8日 广东省工商局巡视员姜海平出席东

莞市商标品牌发展保护促进会成立大会。

11日　第十五届中国专利奖颁奖大会在北京举行。世界知识产权组织有关官员、国家知识产权局领导为金奖项目代表颁奖，省知识产权局副局长袁有楼参加会议。

是日　中山、佛山、江门市知识产权局和顺德区经济和科技促进局在中山古镇召开执法协作会议。省知识产权局副局长唐毅出席会议并作讲话，会议签订了《四市（区）灯饰产业专利行政执法协作协议》。

13日　国家发展改革委价格监督检查与反垄断局卢延纯副巡视员、反垄断二处徐新宇处长，省物价局杨骁婷副局长等一行六人来访广东高级人民法院，就办理反垄断案件相关问题，与我院交流意见并进行研讨。我院党组成员、副院长徐春建会见了客人，知识产权庭陈国进庭长、邱永清副庭长、肖海棠审判长参加了座谈。

13—20日　省知识产权局党组书记、副局长马宪民率广东省知识产权服务业访问团一行6人赴德国、法国开展知识产权服务专题访问。

14日　国家知识产权局专利审查工作社会需求调研组到访广东高级人民法院并举行专利管理与保护座谈会。调研组由国家知识产权局专利局审查业务管理部部长葛树、专利复审委副主任张茂于，以及机械发明审查部、通信发明审查部、实用新型审查部、外观设计审查部、光电发明审查部、材料发明审查部等各部部长、副部长、审查协作河南中心主任等15名成员组成。广东省知识产权局副局长唐毅陪同参会。广东高级人民法院党组成员、副院长徐春建出席座谈会，知识产权庭全体负责人、审判长，以及广州、深圳、佛山、中山、东莞中院知识产权庭负责人参加座谈。

14—15日　第十二届粤东知识产权局长联席会议在河源市召开。省知识产权局谢红副局长出席会议并作讲话，来自汕头、潮州、汕尾、揭阳、梅州、惠州、河源七市知识产权局的代表参加会议。

20日　省知识产权局与揭阳市政府在广州签署《关于建立知识产权合作会商制度的协议》。省政协副主席、省知识产权局局长陶凯元，揭阳市委书记陈绿平，揭阳市委副书记、市长陈东和省知识产权局副局长谢红出席签约仪式。

22日　云南省知识产权局李士林副局长一行来粤调研。省知识产权局副局长唐毅出席并主持座谈会，局执法与监督处及广州市知识产权局相关同志参加座谈。

是日　省知识产权局接待美国领事馆知识产权官员来访。

24日—12月1日　省知识产权局纪检组长、监察专员严小宜率知识产权访问团一行6人赴澳大利亚、新西兰进行知识产权专题访问，并与外方签署《广东专利代理协会与澳大利亚骁盾知识产权事务所合作意向书》《广东省知识产权研究与发展中心与新西兰PIPERS知识产权服务机构专利信息合作意向书》。

25日　韩国特许厅审判院院长李在熏、韩国驻华大使馆参赞徐东旭、韩国特许厅国际司副处长李宗基、韩国特许厅知识产权振兴处副处长余德镐一行到访广东高级人民法院。

26日　由省知识产权研究会、国际知识产权商业化促进会、韩国知识产权保护协会共同主办，省知识产权局、香港特别行政区政府知识产权署、韩国知识产权局支持举办的“2013年广州国际知识产权商业化研讨会”在广州举行。省政协副主席、省知识产权局局长陶凯元，香港知识产权署署长张锦辉，韩国特许厅审判院院长李在熏出席开幕式并致辞，省知识产权局副局长谢红主持会议，来自全省知识产权领域的200多人参加会议。

27日　“国家知识产权示范城市工作会谈”和“高标准建设国家知识产权示范城市动员大会”在东莞召开。省政协副主席、省知识产权局局长陶凯元出席动员大会。副局长袁有楼出席国家知识产权示范城市工作会谈。国家知识产权局党组成员、中央纪委驻国家知识产权局纪检组组长肖兴威、东莞市委书记徐建华、市长袁宝成出席工作座谈会和动员大会。东莞市以全国地级市评分第一、同批次总评分第二的优异成绩荣获国家知识产权示范城市称号。

是日 省知识产权局副局长谢红出席阳江市2013年第七届中国专利宣传周暨“正版正货承诺”活动。

28日 九省市专利行政执法协作年度例会通过网络视频会议形式召开。省知识产权局副局长唐毅参加会议。北京市、天津市、河北省、上海市、江苏省、山东省、广东省、重庆市、四川省等九省市知识产权局局长及负责专利行政执法工作的处长参加会议。

12月

1日 国家工商总局在江门市举办全国知识产权前沿理论研究高级研修班现场教学交流培训。全国工商系统从事商标注册和管理工作的专家型人才近100人参加交流活动。

4日 中国东莞（家具）知识产权快速维权援助中心获批成立，广东成为全国唯一拥有两家国家知识产权快速维权援助中心的省份。

4—6日 广东省工商局巡视员姜海平应香港特区知识产权署邀请，带队赴港参加香港特区政府举办的“2013亚洲知识产权营商论坛”活动，该活动也是2013年粤港知识产权合作专责小组第十二次会议中安排由广东省工商行政管理局承担和执行的合作项目。

5日 国家中小微企业知识产权培训（南海）基地获批成立，广东成为全国首个拥有国家中小微企业培训基地的省份。

5—6日 第三届亚洲知识产权营商论坛在香港举行。香港特别行政区政府行政长官梁振英，国家知识产权局局长田力普，世界知识产权组织副总干事王彬颖出席并致辞。省知识产权局党组书记、副局长马宪民参加论坛。

9—11日 由省知识产权局主办，省知识产权研究与发展中心、广州市开发区科技和信息化局、国家知识产权培训（广东）基地联合承办的“广州开发区企业知识产权管理规范培训班”在广州举办。

10日 全国打击侵权假冒工作领导小组办公室召开“打击侵权假冒”专题新闻发布会。省打击侵权假冒工作领导小组办公室副主任、省知识产权局副局长谢红作为唯一地方代表出席发布会并回答记者提问。

是日 泛珠区域专利信息服务工作座谈会在广州举行。国家知识产权局专利局自动化部部长张东亮、省知识产权局党组书记、副局长马宪民，副局长袁有楼出席会议，泛珠三角区域内地九省（区）知识产权局的相关领导和代表参加会议。

11—13日 省打击侵权假冒工作领导小组办公室与省检察院共同参加全国打击侵权假冒办“两法”衔接工作推进会暨业务培训班。

12日 深圳高新区专利审查员实践基地揭牌仪式在深圳举行，国家知识产权局人事教育部部长高康，省知识产权局副局长袁有楼，深圳市知识产权局副局长郭驰，深圳市科技创新委副主任邱宣共同为实践基地揭牌。

是日 “广东省生物医药产业专利竞争情报分析及预警报告会”在广州举办。来自广东省促进战略性新兴产业发展领导小组各成员单位、地市知识产权局、高校、科研院所、知识产权服务机构以及相关生物医药领域企事业单位代表100余人参加了报告会。

是日 国家知识产权试点城市实现珠三角地区全覆盖。

13日 省知识产权局纪检组长严小宜一行赴清远市知识产权局开展省知识产权专项资金使用管理工作监督检查。

是日 省知识产权局党组书记、副局长马宪民会见香港知识产权交易所有限公司（HKIPX）主席吴高林一行 。

19日 国家地理标志产品保护示范区创建工作座谈会在江门市新会区召开。省质监局法规处、江门市质监局、新会区人民政府及区质监、农业、工商、宣传等部门及单位的负责人、部分企业代表参加了会议。

20日　华南地区专利行政执法协作调度中心工作方案签字仪式暨首次联席会议在广州召开。省知识产权局党组书记、副局长马宪民，副局长唐毅，海南省知识产权局长杨天梁，广西知识产权局副局长韦志边出席会议。粤桂琼三省（区）知识产权局共同签署了《华南地区专利行政执法协作调度中心工作方案》确认书，粤桂两省（区）知识产权局签署了《粤桂两省区专利行政执法协作协议》，共同商定了2014年度执法协作调度重点工作。

是日　2013中国（广东）知识产权投融资项目对接会（新材料专场）在佛山举行。省知识产权局副局长袁有楼、佛山市南海区副区长周佩珊出席会议并作讲话。

是日　2013广东知识产权投融资路径研讨会在佛山举行。省知识产权局副局长袁有楼、省金融办副主任张晓山出席会议并作讲话。

21—22日　国家工商总局在深圳总局行政学院举办全国工商行政管理系统新《商标法》学习培训班，广东省工商局副局长钱永成参加培训班学习。

23日　由省知识产权局主办，中山大学、广州市番禺区人民政府、国家专利产业化（广州数字家庭）试点基地联合承办的“广东省战略性新兴产业——数字家庭产业专利分析及预警报告会”在广州举行。来自广东省促进战略性新兴产业发展领导小组各成员单位、地市知识产权局、高校、科研院所、知识产权服务机构以及相关数字家庭产业领域企事业单位代表150余人参加了报告会。

25日　广东高级人民法院与省公安厅、省林业厅、省文化厅、省工商局、省新闻出版局、省质监局、省知识产权局、省食品药品监督管理局、海关总署广东分署等相关行政机关就成立知识产权法院的相关问题进行座谈。

26日　省人民政府副省长陈云贤到省知识产权局进行工作视察，省知识产权局党组书记、副局长马宪民汇报全省知识产权工作情况。

27日　省知识产权局在深圳组织召开专利代理机构负责人座谈会，总结交流2013年专利代理管理工作。深圳市知识产权局、深圳专利协会、广东专利代理协会理事及深圳、珠海、东莞、中山等地区50多家代理机构负责人参加了会议。

是日　省知识产权局、省教育厅、团省委和少工委联合在广东实验中学召开“省中小学知识产权教育示范学校交流培训暨首批示范学校评估验收情况通报会”。省知识产权局副局长谢红，省教育厅副处长赵琦，团省委、省少工委副部长肖伟鸿，广东实验中学校长郑炽钦出席会议。

31日　广东高级人民法院在珠海中院高新区知识产权法庭召开探索设立知识产权法院调研座谈会。会议由广东省高级人民法院徐春建副院长、珠海市高新区党委书记张宜生、珠海中院院长万国营出席会议。知识产权庭陈国进庭长、张学军副庭长及部分代表、研究室代表，以及广州、深圳、珠海、佛山、东莞、中山、江门等七家中院主管副院长、知识产权庭庭长参加座谈。

是日　经广东省人民政府同意，《广东创建知识产权服务业发展示范省规划（2013—2020年）》正式印发。

是日　由中华全国专利代理人协会主办、省知识产权局承办的专利行政执法及维权培训班在广州举办，省知识产权局副局长唐毅出席开班仪式并致辞。

统计资料

1985—2013年广东省专利申请统计表

类别/年份	小计	专利种类构成						专利申请人构成									
		发明		实用新型		外观设计		企业		高校		科研单位		机关团体		个人	
		件	占%	件	占%	件	占%	件	占%	件	占%	件	占%	件	占%	件	占%
1985	286	128	44.8	136	47.6	22	7.7	54	18.9	42	14.7	30	10.5	13	4.5	147	51.4
1986	390	88	22.6	264	67.7	38	9.7	92	23.6	32	8.2	31	7.9	7	1.8	228	58.5
1987	825	140	17.0	511	61.9	174	21.1	220	26.7	27	3.3	53	6.4	103	12.5	422	51.2
1988	1203	148	12.3	790	65.7	265	22.0	285	23.7	35	2.9	51	4.2	130	10.8	702	58.4
1989	1276	175	13.7	683	53.5	418	32.8	346	27.1	45	3.5	58	4.5	158	12.4	669	52.4
1990	1948	231	11.9	1001	51.4	716	36.8	716	36.8	33	1.7	90	4.6	157	8.1	952	48.9
1991	2997	322	10.7	1371	45.7	1304	43.5	924	30.8	36	1.2	60	2.0	514	17.2	1463	48.8
1992	4656	476	10.2	1640	35.2	2540	54.6	1554	33.4	39	0.8	64	1.4	932	20.0	2067	44.4
1993	5020	603	12.0	2002	39.9	2415	48.1	1494	29.8	65	1.3	74	1.5	958	19.1	2429	48.4
1994	5883	605	10.3	1960	33.3	3318	56.4	1334	22.7	48	0.8	49	0.8	1687	28.7	2765	47.0
1995	7729	463	6.0	2367	30.6	4899	63.4	3017	39.0	65	0.8	50	0.6	1186	15.3	3411	44.1
1996	9946	510	5.1	2798	28.1	6638	66.7	5442	54.7	47	0.5	54	0.5	87	0.9	4316	43.4
1997	12858	680	5.3	3173	24.7	9005	70.0	7084	55.1	62	0.5	102	0.8	17	0.1	5593	43.5
1998	13473	753	5.6	3621	26.9	9099	67.5	7230	53.7	88	0.7	115	0.9	40	0.3	6000	44.5
1999	16802	1127	6.7	4561	27.1	11114	66.1	8372	49.8	175	1.0	147	0.9	57	0.3	8051	47.9
2000	21123	1760	8.3	6033	28.6	13330	63.1	9988	47.3	237	1.1	194	0.9	27	0.1	10677	50.5
2001	27596	2549	9.2	8144	29.5	16903	61.3	10882	39.4	305	1.1	276	1.0	51	0.2	16082	58.3
2002	34352	3819	11.1	9972	29.0	20561	59.9	11769	34.3	384	1.1	194	0.6	59	0.2	21946	63.9
2003	43186	6181	14.3	12985	30.1	24020	55.6	14510	33.6	532	1.2	299	0.7	86	0.2	27759	64.3
2004	52201	8093	15.5	14682	28.1	29426	56.4	17222	33.0	671	1.3	227	0.4	113	0.2	33968	65.1
2005	72220	12887	17.8	18951	26.2	40382	55.9	23999	33.2	1070	1.5	371	0.5	96	0.1	46684	64.6
2006	90886	21351	23.5	23886	26.3	45649	50.2	33737	37.1	1537	1.7	429	0.5	174	0.2	55009	60.5
2007	102449	26692	26.1	25389	24.8	50368	49.2	42701	41.7	1593	1.6	500	0.5	194	0.2	57461	56.1
2008	103883	28099	27.0	28883	27.8	46901	45.1	47954	46.2	2322	2.2	783	0.8	165	0.2	52659	50.7
2009	125673	32247	25.7	39027	31.1	54399	43.3	60450	48.1	3029	2.4	1068	0.8	250	0.2	60876	48.4
2010	152907	40866	26.7	47706	31.2	64335	42.1	78119	51.1	4696	3.1	1412	0.9	484	0.3	68196	44.6
2011	196275	52012	26.5	67336	34.3	76927	39.2	107806	54.9	5165	2.6	3347	1.7	1028	0.5	78929	40.2
2012	229514	60448	26.3	78731	34.3	90335	39.4	125503	54.7	6191	2.7	2730	1.2	1321	0.6	93769	40.9
2013	264265	68990	26.1	93592	35.4	101683	38.5	136713	51.7	7533	2.9	3976	1.5	1947	0.7	114096	43.2
扣除非正常专利	1492	775		410		307		2								1490	
合计	1600330	371668	23.2	501785	31.4	726877	45.4	759515	47.5	36104	2.3	16834	1.1	12041	0.8	775836	48.5

1985—2013年广东省专利授权统计表

类别 年份	小计	专利种类构成						专利申请人构成									
		发明		实用新型		外观设计		企业		高校		科研单位		机关团体		个人	
		件	占%	件	占%	件	占%	件	占%	件	占%	件	占%	件	占%	件	占%
1985	1	0	0	1	100	0	0	0	0	1	0	0	0	0	0.0	0	0.0
1986	78	3	3.8	69	88.5	6	7.7	16	20.5	7	9.0	8	10.3	1	1.3	46	59.0
1987	182	8	4.4	138	75.8	36	19.8	58	31.9	8	4.4	17	9.3	1	0.5	98	53.8
1988	379	21	5.5	276	72.8	82	21.6	138	36.4	22	5.8	28	7.4	12	3.2	179	47.2
1989	683	32	4.7	462	67.6	189	27.7	268	39.2	25	3.7	39	5.7	34	5.0	317	46.4
1990	889	40	4.5	571	64.2	278	31.3	274	30.8	33	3.7	39	4.4	81	9.1	462	52.0
1991	1348	30	2.2	661	49.0	657	48.7	597	44.3	25	1.9	42	3.1	174	12.9	510	37.8
1992	1708	34	2.0	891	52.2	783	45.8	580	34.0	28	1.6	39	2.3	294	17.2	767	44.9
1993	4546	96	2.1	1822	40.1	2628	57.8	1556	34.2	55	1.2	67	1.5	966	21.2	1902	41.8
1994	3149	63	2.0	1440	45.7	1646	52.3	909	28.9	44	1.4	34	1.1	783	24.9	1379	43.8
1995	4611	56	1.2	1447	31.4	3108	67.4	1277	27.7	30	0.7	33	0.7	1423	30.9	1848	40.1
1996	5273	57	1.1	1399	26.5	3817	72.4	2412	45.7	46	0.9	37	0.7	726	13.8	2052	38.9
1997	7173	49	0.7	1606	22.4	5518	76.9	4340	60.5	22	0.3	30	0.4	88	1.2	2693	37.5
1998	10707	77	0.7	1992	18.6	8638	80.7	6503	60.7	45	0.4	71	0.7	28	0.3	4060	37.9
1999	14328	123	0.9	3897	27.2	10308	71.9	7697	53.7	80	0.6	89	0.6	50	0.3	6412	44.8
2000	15799	261	1.7	4797	30.4	10741	68.0	7937	50.2	132	0.8	118	0.7	41	0.3	7571	47.9
2001	18259	301	1.6	5246	28.7	12712	69.6	8354	45.8	130	0.7	108	0.6	29	0.2	9638	52.8
2002	22761	352	1.5	6395	28.1	16014	70.4	8612	37.8	135	0.6	135	0.6	26	0.1	13853	60.9
2003	29235	953	3.3	7921	27.1	20361	69.6	9467	32.4	233	0.8	196	0.7	46	0.2	19293	66.0
2004	31446	1941	6.2	9307	29.6	20198	64.2	9899	31.5	382	1.2	224	0.7	58	0.2	20883	66.4
2005	36894	1876	5.1	11017	29.9	24001	65.1	11518	31.2	393	1.1	206	0.6	45	0.1	24732	67.0
2006	43516	2441	5.6	15644	35.9	25431	58.4	13801	31.7	503	1.2	283	0.7	72	0.2	28857	66.3
2007	56451	3714	6.6	21636	38.3	31101	55.1	19776	35.0	759	1.3	272	0.5	109	0.2	35535	62.9
2008	62031	7604	12.3	25072	40.4	29355	47.3	25703	41.4	984	1.6	327	0.5	119	0.2	34898	56.3
2009	83621	11355	13.6	27438	32.8	44828	53.6	36706	43.9	1419	1.7	525	0.6	158	0.2	44813	53.6
2010	119346	13691	11.5	43901	36.8	61754	51.7	56334	47.2	1926	1.6	767	0.6	258	0.2	60061	50.3
2011	128413	18242	14.2	51402	40.0	58771	45.8	68914	53.7	2946	2.3	1121	0.9	539	0.4	54895	42.7
2012	153598	22153	14.4	65946	42.9	65499	42.6	85375	55.6	3084	2.0	1555	1.0	2357	1.5	61227	39.9
2013	170430	20084	11.8	77503	45.5	72843	42.7	92717	54.4	4241	2.5	1644	1.0	774	0.5	71054	41.7
合计	1026855	105657	10.3	389897	38.0	531303	51.7	481738	46.9	17738	1.7	8054	0.8	9292	0.9	510035	49.7

1986—2013年广东省各类申请人三种专利申请统计表

单位：件

申请人	类别＼年份	1986—1997年	1998年	1999年	2000年	2001年	2002年	2003年	2004年	2005年	2006年	2007年	2008年	2009年	2010年	2011年	2012年	2013年	扣除非正常专利	合计
企业	发明	646	212	427	665	1058	1973	3508	5032	8677	15455	20296	21282	24151	30226	37770	45774	49801		266953
	实用新型	3843	1233	1605	2245	2845	3239	4089	4898	6667	8671	10843	14068	21352	29206	44375	52470	58355	2	270002
	外观设计	18019	5785	6340	7078	6979	6557	6913	7292	8655	9611	11562	12604	14947	18687	25661	27259	28557		222506
高校	发明	251	48	82	154	204	271	389	495	811	1188	1254	1663	1944	2566	2988	3294	4247		21849
	实用新型	251	34	85	80	97	111	138	170	256	314	331	473	594	785	1204	1301	1776		8000
	外观设计	32	6	8	3	4	2	5	6	3	35	8	186	491	1345	973	1596	1510		6213
科研单位	发明	284	45	75	112	203	134	215	174	265	292	355	515	708	950	2419	1875	2822		11443
	实用新型	340	34	44	55	61	55	76	43	89	105	126	246	293	398	803	696	1062		4526
	外观设计	113	36	28	27	12	5	8	10	17	32	19	24	67	64	125	159	92		838
机关团体	发明	378	8	15	13	24	20	48	47	55	83	84	91	106	163	369	430	767		2701
	实用新型	1375	26	20	10	24	19	33	47	38	64	61	57	103	231	591	759	992		4450
	外观设计	4183	6	22	4	3	20	5	19	3	27	49	15	41	90	68	132	188		4875
个人	发明	2882	440	528	816	1057	1421	2021	2345	3079	4333	4703	4548	5338	6961	8466	9075	11353	775	68591
	实用新型	12751	2294	2807	3643	5117	6548	8649	9524	11901	14732	14028	14039	16685	17086	20363	23505	31407	408	214671
	外观设计	9383	3266	4716	6218	9908	13977	17089	22099	31704	35944	38730	34072	38853	44149	50100	61189	71336	307	492426
合计		54731	13473	16802	21123	27596	34352	43186	52201	72220	90886	102449	103883	125673	152907	196275	229514	264265	1492	1600044

1986—2013年广东省各类申请人三种专利授权统计表

单位：件

申请人	类别＼年份	1986—1997年	1998年	1999年	2000年	2001年	2002年	2003年	2004年	2005年	2006年	2007年	2008年	2009年	2010年	2011年	2012年	2013年	合计
企业	发明	60	14	27	54	72	123	434	1033	1024	1366	2443	5800	8839	10814	14117	17226	15455	78901
	实用新型	2182	659	1428	1904	2068	2386	2869	3176	4173	6215	9235	11963	14808	26096	34112	45067	53045	221386
	外观设计	10187	3845	6242	5979	6214	6103	6164	5690	6321	6220	8098	7934	13059	19424	20685	23082	24217	179464
高校	发明	109	15	21	36	52	56	117	266	240	283	395	564	770	946	1477	1708	1667	8722
	实用新型	220	28	51	90	74	78	111	116	149	215	346	416	469	629	893	1148	1465	6498
	外观设计	20	2	8	6	4	1	5	0	4	5	18	2	180	351	576	228	1109	2519
科研单位	发明	95	9	12	32	39	57	127	172	145	178	139	165	220	318	463	645	738	3554
	实用新型	261	29	48	45	57	63	59	44	51	80	119	145	270	355	548	682	745	3601
	外观设计	57	33	29	41	12	15	10	8	10	25	14	13	35	94	110	228	161	895
机关团体	发明	50	7	8	17	14	5	8	13	11	25	30	19	36	57	76	184	77	637
	实用新型	1060	14	28	20	12	18	24	35	23	43	54	61	60	163	347	1405	646	4013
	外观设计	3473	36	14	4	3	3	14	10	11	4	25	38	62	38	116	768	51	4670
个人	发明	175	32	55	122	124	111	267	457	456	589	707	1044	1490	1556	2109	2390	2147	13831
	实用新型	7059	1262	2342	2738	3035	3850	4858	5936	6621	9091	11882	12487	11831	16658	15502	17644	21602	154398
	外观设计	5011	4722	4015	4711	6479	9892	14168	14490	17655	19177	22946	21368	31492	41847	37284	41193	47305	343755
合计		30019	10707	14328	15799	18259	22761	29235	31446	36894	43516	56451	62019	83621	119346	128415	153598	170430	1026844

2006—2013年广东省各地级以上市专利申请统计表

单位：件

类别	2006年				2007年				2008年				2009年				2010年				2011年				2012年				2013年			
地区	发明	实用新型	外观设计	合计	发明	实用新型	外观设计	合计	发明	实用新型	外观设计	合计	发明	实用新型	外观设计	合计	发明	实用新型	外观设计	合计	发明	实用新型	外观设计	合计	发明	实用新型	外观设计	合计	发明	实用新型	外观设计	合计
广州	2706	3735	5855	12296	2894	3613	5550	12057	4047	4444	5499	13990	5042	5635	5853	16530	6503	7141	7159	20803	8173	10219	9705	28097	9815	11824	11748	33387	12157	14575	13019	39751
深圳	14583	6766	8390	29739	19198	7879	8734	35811	18757	9009	8495	36261	20525	12717	9050	42292	23955	15113	10354	49422	28823	21196	13503	63522	31068	23706	18335	73109	32211	28109	20337	80657
珠海	401	929	788	2118	458	993	766	2217	437	1063	744	2244	644	1323	811	2778	847	1765	942	3554	1484	2706	1404	5594	2287	3513	1297	7097	2729	3895	1393	8017
汕头	160	689	2803	3652	219	705	3345	4269	217	676	3929	4822	330	838	5510	6678	675	859	8058	9592	1423	1452	9796	12671	1638	2130	6620	10388	1692	2431	6877	11000
韶关	85	272	104	461	88	183	89	360	79	206	122	407	71	277	166	514	158	337	435	930	179	428	638	1245	274	757	783	1814	316	1107	843	2266
河源	10	42	84	136	35	67	84	186	34	116	159	309	28	89	128	245	77	244	101	422	147	151	191	489	125	229	216	570	194	545	359	1098
梅州	30	73	100	203	48	85	98	231	54	74	198	326	73	133	279	485	80	210	285	575	111	317	560	988	126	401	618	1145	122	795	769	1686
惠州	75	377	425	877	84	436	715	1235	252	510	398	1160	359	801	601	1761	823	1352	714	2889	1296	2236	2497	6029	1676	2614	5604	9894	2466	3830	8872	15168
汕尾	28	43	170	241	14	47	120	181	25	54	85	164	25	54	204	283	65	93	136	294	69	86	187	342	93	166	501	760	79	521	576	1176
东莞	553	2603	6723	9879	876	3458	9508	13842	1188	4606	8612	14406	1593	6557	10956	19106	3143	7677	10834	21654	4214	10821	9419	24454	5568	13167	10464	29199	6454	12746	9812	29012
中山	192	1263	2794	4249	293	1330	4790	6413	555	1781	4565	6901	645	2541	5513	8699	985	3333	7714	12032	1289	4162	8684	14135	1816	5067	11518	18401	2432	5885	13501	21818
江门	200	802	2279	3281	184	937	2413	3534	313	1010	2864	4187	403	1257	3256	4916	531	1403	3911	5845	821	2100	4776	7697	1259	2322	4585	8166	1634	2373	4432	8439
佛山	2016	5248	11790	19054	1891	4497	11144	17532	1575	4198	7796	13569	1853	5229	8259	15341	2182	6312	9358	17852	2758	8424	9191	20373	3310	9514	9780	22604	4674	11537	10988	27199
阳江	24	156	625	805	24	175	736	935	22	167	768	957	38	234	830	1102	68	238	946	1252	73	250	1009	1332	47	272	938	1257	41	381	1077	1499
湛江	112	153	318	583	130	205	307	642	204	256	186	646	198	306	335	839	219	318	279	816	225	426	401	1052	263	373	516	1152	289	598	601	1488
茂名	22	118	174	314	50	122	179	351	75	109	207	391	79	191	227	497	98	199	306	603	109	293	506	908	172	398	1026	1596	392	725	1413	2530
肇庆	41	171	163	375	41	169	148	358	82	150	187	419	100	226	225	551	161	334	264	759	266	805	395	1466	323	824	404	1551	295	964	518	1777
清远	20	64	86	170	35	88	111	234	29	54	97	180	43	96	103	242	51	146	268	465	115	337	355	807	127	290	333	750	187	331	320	838
潮州	28	187	1415	1630	64	222	1070	1356	73	243	1419	1735	86	325	1481	1892	95	342	1410	1847	282	497	2259	3038	251	606	2671	3528	389	1234	2941	4564
揭阳	32	145	470	647	49	134	380	563	51	102	495	648	86	144	516	746	109	211	715	1035	97	330	1256	1683	142	344	2043	2529	143	768	2667	3578
云浮	29	47	91	167	16	43	77	136	28	51	72	151	25	52	95	172	40	67	133	240	58	98	195	351	55	167	284	506	79	175	315	569
校正值	4	3	2	9	1	1	4	6	2	4	4	10	1	2	1	4	1	12	13	26	0	2	0	2	13	47	51	111	15	67	53	135
合计	21351	23886	45649	90886	26692	25389	50368	102449	28099	28883	46901	103883	32247	39027	54399	125673	40866	47706	64335	152907	52012	67336	76927	196275	60448	78731	90335	229514	68990	93592	101683	264265

2006—2013年广东省各地级以上市专利授权统计表

单位：件

类别	2006年				2007年				2008年				2009年			
地区	发明	实用新型	外观设计	合计	发明	实用新型	外观设计	合计	发明	实用新型	外观设计	合计	发明	实用新型	外观设计	合计
广州	705	2539	3155	6399	846	3492	4186	8524	1122	3709	3250	8081	1516	3990	5589	11095
深圳	1263	4952	5279	11494	2260	6685	6617	15562	5426	7974	5425	18825	8138	9002	8771	25910
珠海	63	596	592	1251	50	976	631	1657	143	1099	555	1797	203	961	844	2008
汕头	52	403	1569	2024	53	684	2328	3065	59	710	2158	2927	88	596	3008	3692
韶关	14	170	41	225	24	246	74	344	25	171	69	265	29	176	111	316
河源	1	25	15	41	5	37	56	98	9	57	49	115	6	86	141	233
梅州	24	47	62	133	19	67	55	141	15	73	119	207	17	76	184	277
惠州	21	301	319	641	33	353	340	726	66	426	519	1011	73	488	424	985
汕尾	5	20	94	119	3	31	123	157	14	42	83	139	11	30	111	152
东莞	28	1729	3115	4872	44	2507	4201	6752	115	3616	4362	8093	254	4370	8294	12918
中山	17	850	1568	2435	21	1220	2155	3396	49	1350	2943	4342	102	1650	3324	5076
江门	41	583	1390	2014	32	828	1634	2494	66	900	1394	2360	103	913	2434	3450
佛山	132	2712	6221	9065	231	3540	6313	10084	366	3889	6422	10677	646	4045	8175	12866
阳江	1	101	397	499	7	158	498	663	9	155	497	661	8	168	759	935
湛江	22	118	194	334	27	135	320	482	18	198	160	376	55	245	207	507
茂名	14	90	84	188	11	91	104	206	6	101	111	218	13	106	122	241
肇庆	5	99	102	206	7	149	112	268	27	143	99	269	24	116	189	329
清远	1	54	41	96	3	53	53	109	7	55	87	149	6	46	98	150
潮州	8	118	787	913	13	191	886	1090	9	209	696	914	26	241	1403	1670
揭阳	15	93	348	456	20	147	328	495	17	128	305	450	27	91	550	668
云浮	8	38	54	100	5	41	82	128	6	41	50	97	10	41	88	139
校正值	1	6	4	11	0	5	5	10	30	26	2	58	0	1	2	3
合计	2441	15644	25431	43516	3714	21636	31101	56451	7604	25072	29355	62031	11355	27438	44828	83621

类别	2010年				2011年				2012年				2013年			
地区	发明	实用新型	外观设计	合计	发明	实用新型	外观设计	合计	发明	实用新型	外观设计	合计	发明	实用新型	外观设计	合计
广州	1990	6152	6949	15091	3146	8032	7168	18346	4027	9692	8278	21997	4055	12098	10003	26156
深圳	9611	14265	11076	34952	11824	16309	11230	39363	13143	20799	14919	48861	10988	23233	15545	49766
珠海	201	1597	970	2768	323	1999	1368	3690	503	3198	1235	4936	482	3214	1109	4805
汕头	109	923	4686	5718	149	979	3243	4371	179	1451	4953	6583	211	1804	4818	6833
韶关	40	321	197	558	29	258	381	668	39	536	856	1431	61	932	445	1438
河源	12	86	98	196	5	209	158	372	19	139	168	326	23	281	217	521
梅州	27	172	332	531	29	225	438	692	57	372	486	915	44	632	590	1266
惠州	44	992	592	1628	117	1577	1223	2917	313	2227	1553	4093	467	2577	2870	5914
汕尾	4	60	189	253	4	60	163	227	21	139	342	502	24	364	430	818
东莞	442	7529	12426	20397	758	7976	10618	19352	1381	10667	8852	20900	1495	12080	9020	22595
中山	165	2914	5459	8538	355	3400	6272	10027	465	3822	6591	10878	464	4941	8815	14220
江门	151	1383	3884	5418	213	1549	3547	5309	362	1917	2991	5270	272	1973	3101	5346
佛山	683	5872	10395	16950	974	6651	8715	16340	1152	8131	8535	17818	1012	9717	8897	19626
阳江	6	239	973	1218	10	204	641	855	17	239	656	912	4	252	924	1180
湛江	68	300	397	765	110	329	308	747	144	382	375	901	117	473	498	1088
茂名	12	133	177	322	23	197	176	396	39	239	416	694	41	457	591	1089
肇庆	31	285	234	550	56	492	341	889	98	758	317	1173	116	790	382	1288
清远	16	128	272	416	13	233	151	397	51	290	328	669	43	266	300	609
潮州	22	318	1725	2065	47	365	1465	1877	63	480	1859	2402	85	622	2250	2957
揭阳	39	153	573	765	43	286	1011	1340	59	317	1537	1913	51	580	1766	2397
云浮	4	58	128	190	12	69	154	235	19	125	225	369	28	178	255	461
校正值	14	21	22	57	2	3	0	3	2	26	27	55	1	39	17	57
合计	13691	43901	61754	119346	18242	51402	58771	128413	22153	65946	65499	153598	20084	77503	72843	170430

2002—2013年全国及广东省PCT国际专利申请统计表

年份	全国		广东		广东占全国比例（%）
	数量（件）	增长率（%）	数量（件）	（%）增长率	
2002年	951	/	200	/	21.03%
2003年	1146	20.50%	287	43.50%	25.04%
2004年	1592	38.92%	467	62.72%	29.33%
2005年	2438	53.14%	989	111.78%	40.57%
2006年	3826	56.93%	1731	75.03%	45.24%
2007年	5401	41.17%	2646	52.86%	48.99%
2008年	5853	8.37%	3120	17.91%	53.31%
2009年	8000	36.68%	4418	41.60%	55.23%
2010年	12016	50.20%	6678	51.15%	55.58%
2011年	16089	33.90%	8941	33.89%	55.57%
2012年	18145	12.78%	9211	3.02%	50.76%
2013年	20897	15.17%	11525	25.12%	55.15%

2013年广东省各地级以上市PCT国际专利申请统计表

地级以上市	数量（件）	占全省比例（%）	地级以上市	数量（件）	占全省比例（%）
广州	464	4.03%	江门	47	0.41%
深圳	10049	87.19%	佛山	166	1.44%
珠海	80	0.69%	阳江	3	0.03%
汕头	69	0.60%	湛江	4	0.03%
韶关	27	0.23%	茂名	5	0.04%
河源	1	0.01%	肇庆	14	0.12%
梅州	5	0.04%	清远	2	0.02%
惠州	154	1.34%	潮州	9	0.08%
汕尾	10	0.09%	揭阳	4	0.03%
东莞	310	2.69%	云浮	1	0.01%
中山	101	0.88%	修正	0	0.00%

2013年广东省各地级以上市专利行政执法统计表

单位：件

执法部门	专利纠纷案件情况											查处假冒专利行为		强制执行累计	涉外案件	行政诉讼
	纠纷案件受理							纠纷案件结案								
	合计	专利种类			纠纷种类			合计	结案方式			假冒立案	假冒结案	（包括港澳台）	（受理）	
		发明	实用新型	外观设计	侵权	权属	其他		处理	调解	撤回					
广东省知识产权局	1115				1115			1106								
广州市知识产权局	159				156	3		124				125	125			
深圳市知识产权局	59				57	2		43				51	51			
珠海市知识产权局	1				1							1	1			
汕头市知识产权局	22				22			190				80	80			
佛山市知识产权局	10				9	1		7				33	33			
顺德区经济和科技促进局	15				15			12				9	9			
韶关市知识产权局	1				1			1								
河源市知识产权局												1	1			
梅州市知识产权局	1				1							3	3			
惠州市知识产权局	10				10			4				78	78			
汕尾市知识产权局	2				2			2								
东莞市知识产权局	50				50			43				10	10			
中山市知识产权局	362				362			7								
江门市知识产权局	2				2			2				1	1			
阳江市知识产权局	16				16			9				3	3			
湛江市知识产权局												1	1			
茂名市知识产权局												5	5			
肇庆市知识产权局												2	2			
清远市知识产权局												8	8			
潮州市知识产权局	26				26			24				23	23			
揭阳市知识产权局	6				6											
云浮市知识产权局												1	1			
合计	1857	115	383	1359	1851	6		1574				435	435		231	

1985—2013年广东省受理、审结专利案件统计表

单位：件

执法部门			1985至1991年	1992年	1993年	1994年	1995年	1996年	1997年	1998年	1999年	2000年	2001年	2002年	2003年	2004年	2005年	2006年	2007年	2008年	2009年	2010年	2011年	2012年	2013年	合计	历年查处假冒专利案件
行政	广东省知识产权局	受理	35	11	0	18	45	83	102	72	96	97	57	44	6	29	23	42	23	23	22	33	0	5	1115	1981	89
		审结	30	6	7	12	32	56	80	56	93	83	75	55	23	13	25	20	33	26	13	33	10	8	1106	1895	
	其他地级以上市知识产权局	受理	67	5	2	16	22	78	99	115	113	221	240	374	350	347	307	194	233	176	122	112	220	484	742	4639	2064
		审结	49	16	7	9	12	55	81	76	75	210	173	265	269	267	252	180	181	172	79	74	137	410	468	3517	
	小计	受理	102	16	2	34	67	161	201	187	209	318	297	418	356	376	330	236	256	199	144	145	220	489	1857	6620	2153
		审结	79	22	14	21	44	111	161	132	168	293	248	320	292	280	277	200	214	198	92	107	147	418	1574	5412	
司法	法院	受理	26	62	64	77	125	92	81	123	119	131	161	421	395	646	655	648	992	1115	1200	625	571	678	967	9974	
		审结	18	56	41	49	101	78	108	114	117	124	123	326	459	480	590	756	937	1006	1200	623	563	673	879	9421	
全省合计		受理	128	78	66	111	192	253	282	310	328	449	458	839	751	1022	985	884	1248	1314	1344	770	791	1167	2824	16594	2153
		审结	97	78	55	70	145	189	269	246	285	417	371	646	751	760	867	956	1151	1204	1292	730	710	1091	2453	14833	

注：自2013年开始，广东省知识产权局系统调解展会案件纳入案件统计。

2013年广东省会展活动解决专利纠纷情况统计表

展会名称	专利投诉案件数（件）	涉及被投诉企业（家）	最后认定涉嫌侵权企业数（家）	涉外案件（件）		专利类型（件）			备注
				港澳台	其他国家	发明	实新	外观	
第18届华南国际口腔展	2	2	2			1	1		
第38届广州国际美容美发化妆用品进出口博览会、第十一届中国（广州）国际专业音响灯光展览会、第十届中国（广州）国际乐器展览会	16	32	16			2	8	6	
第十五届中国国际高新技术成果交易会	1	1		1				1	
第29届（东莞）国际名家具展览会	3	2	1				1	2	
第30届国际名家具展	22	22	6				2	20	
2013年中国（顺德）厨卫生活电器采购展览会	3	3	3					3	
第二十五届龙家具精品展览会暨家具原材料展览会	1	1	1				1		
第十四届中国顺德（伦教）国际木工机械博览会	1	1	1			1			
第113届广交会	374	664	383			16	82	276	
第114届广交会	357	611	291			13	62	282	
2013广东国际广告展、第九届广州国际LED展览会	5	5				5			
2013第31届广州国际家具博览会-民用家具展、2013中国（广州）国际户外及休闲展览会、2013中国（广州）家居饰品/用品展览会、2013中国（广州）国际家用纺织品及辅料博览会	22	16					2	20	
第31届中国(广州)国际家具博览会-办公环境展、2013中国广州国际木工机械、家具配料展览会	29	18				1	7	21	
第17届烘焙展览会	4						4		
2013第16届广州阀门管件+流体设备+过程装备展览会	1							1	
第27届中国国际塑料橡胶工业展览会	4					2	2		
第十八届广州国际照明展览会&LED展	26	18				5	1	20	
第十五届国际建筑装饰博览会、2013中国（广州）国际地面铺装材料展览会、2013中国（广州）国际卫浴及建筑陶瓷展览会、2013中国（广州）国际厨房厨柜设备展览会、2013中国（广州）国际门窗、衣柜展	69	32					4	65	
合计	940	1428	704			46	177	717	

2013年广东省行业协会解决专利纠纷情况统计表

行业协会名称	专利投诉案件数（件）	投诉类别（件）			专利类型（件）			备注
		会员间投诉	对外投诉	外来投诉	发明	实新	外观	
广州市家具协会	15	13		2			15	
潮州市鞋业行业协会	6	6					6	
潮州市陶瓷行业协会	10	10					10	
合计	31	29		2			31	

2013年广东专利奖获奖项目

广东专利奖金奖项目

（15项，排名不分先后）

序号	专利号	项目名称	申报单位	推荐单位
1	ZL02114903.8	蛇床子总香豆素在制备治疗银屑病药物中的应用	广东海赛特医药器械技术开发有限公司	钟南山院士
2	ZL200410080392.3	多策略的P2P连接建立方法	腾讯科技（深圳）有限公司	深圳市知识产权局
3	ZL200610037479.1	一种直流无刷电机系统	中山大洋电机股份有限公司	中山市知识产权局
4	ZL200710029544.0	中央空调末端环境温度与冷源负荷远程调控方法及系统	华南理工大学、广州市远正智能科技有限公司	华南理工大学
5	ZL200710030995.6	生产过程的实时监控系统及监控方法	广东工业大学	省教育厅
6	ZL200710075828.3	一种多功能健康检查设备及其控制方法	深圳先进技术研究院、深圳中科强华科技有限公司	科学院
7	ZL200810096785.1	一种自毁式安全注射器	汕头华尔怡医疗器械有限公司	汕头市知识产权局
8	ZL200910001918.7	单转子压缩机的转矩自动补偿系统和转矩自动补偿方法	珠海格力电器股份有限公司	周远院士
9	ZL200910041255.1	瓶装饮用水溴酸盐控制方法	广东省微生物研究所	科学院
10	ZL200910106262.5	一种塑料组合物及塑料表面金属化方法	比亚迪股份有限公司	深圳市知识产权局
11	ZL201010506223.7	一种海洋来源 Bacillus barbaricus SCSIO 02429 以及用它制备鱿鱼小肽的方法	中国科学院南海海洋研究所、广东海大集团股份有限公司、广州市祺福珍珠加工有限公司	科学院
12	ZL201110136574.8	一种金属带材无毛刺分切加工装置及其加工方法	广东工业大学、广州日宝钢材制品有限公司	省教育厅
13	ZL200630058794.3	轮胎（S-1063）	广州市华南橡胶轮胎有限公司	广州市知识产权局
14	ZL201030696166.4	汽车	比亚迪股份有限公司	省发展改革委
15	ZL201230071069.5	燃气热水器（Q3）	广东万家乐燃气具有限公司	顺德区知识产权局

广东专利优秀奖项目

（55项，排名不分先后）

序号	专利号	项目名称	申报单位	推荐单位
1	ZL93100276.1	一种治疗温血动物或人类热损伤的药用组合物及其制法	汕头市美宝制药有限公司	汕头市知识产权局
2	ZL01129867.7	全能漏电保护插头	佛山市新基德电子厂有限公司	佛山市知识产权局
3	ZL200410015024.0	柚皮素及其盐用于制备止咳化痰药物	中山大学	中山大学
4	ZL200410027709.7	一种聚醚接枝聚羧酸型混凝土减水剂的制备方法	中科院广州化学有限公司	科学院
5	ZL200410052115.1	一种电磁场加速白兰地酒橡木陈酿的方法	华南理工大学	华南理工大学
6	ZL200510086600.5	制备低杂质含量、澄清透明的食品级卵磷脂的方法及产品	暨南大学理工学院	暨南大学
7	ZL200510100147.9	消除彩色血流图像中速度异常点的方法	深圳迈瑞生物医疗电子股份有限公司	深圳市知识产权局
8	ZL200580001276.0	内外层异性纯棉快干织物及其生产方法	广东溢达纺织有限公司	佛山市知识产权局
9	ZL200610033254.9	一种喷涂聚脲高强弹性防水涂料及其施工方法	广州秀珀化工股份有限公司	广州市知识产权局
10	ZL200610083263.9	电泳显示粒子及其合成方法	广州奥翼电子科技有限公司	广州市知识产权局
11	ZL200610091884.1	党参黄芪组合物提高晚期肿瘤患者生存质量的制药用途	丽珠医药集团股份有限公司	珠海市知识产权局
12	ZL200610122640.5	γ-聚谷氨酸产生菌及利用该菌株制备γ-聚谷氨酸的方法	广东省微生物研究所	科学院
13	ZL200710006801.9	一种立体孔洞装饰陶瓷砖的制备方法及其产品	广东东鹏陶瓷股份有限公司、广东东鹏控股股份有限公司	佛山市知识产权局
14	ZL200710027591.1	食品或饲料中脂溶性偶氮染料的检测方法及试剂盒	广东省疾病预防控制中心	省卫生厅
15	ZL200710028834.3	金属碳化物/类金刚石（MeC/DLC）纳米多层膜材料及其制备方法	广州有色金属研究院	省有色院
16	ZL200710030590.2	真空密封显示膜及其按压式真空保鲜盒	广东海兴塑胶有限公司	揭阳市知识产权局
17	ZL200710030850.6	功率发光二极管封装结构	佛山市国星光电股份有限公司	佛山市知识产权局
18	ZL200710032453.2	有价票据真伪鉴别方法及系统	广州广电运通金融电子股份有限公司	广州市知识产权局
19	ZL200710040190.X	一种杂交鱼——吉奥罗非鱼的制种技术	茂名市伟业罗非鱼良种场	茂名市知识产权局
20	ZL200710090273.X	一种光传送网中客户信号传送方法及相关设备	华为技术有限公司	深圳市知识产权局
21	ZL200710171709.8	一种具有耐划伤性能的聚丙烯组合物及其制备方法	金发科技股份有限公司	广州市知识产权局
22	ZL200810009496.3	一种物理混合重传指示信道资源的分配方法	中兴通讯股份有限公司	深圳市知识产权局
23	ZL200810030233.0	实时三维医学超声图像的重建方法	汕头市超声仪器研究所有限公司	汕头市知识产权局
24	ZL200810134905.2	一种实现片上系统管脚分时复用的装置及方法	炬力集成电路设计有限公司	珠海市知识产权局
25	ZL200810198328.3	一种制备4,5,6,7-四氢普伐他汀及其钠盐的方法和固体结晶形式	丽珠集团新北江制药股份有限公司、华南理工大学	清远市知识产权局
26	ZL200810219963.5	Java语言程序与虚拟机程序共同调试的方法	东信和平科技股份有限公司	珠海市知识产权局
27	ZL200810220661.X	一种低噪声窄线宽高功率的单纵模光纤激光器	华南理工大学	华南理工大学
28	ZL200910037515.8	一种高压避雷电缆	广东中宝联合电缆有限公司	佛山市知识产权局
29	ZL200910038011.8	带填料的板管蒸发式冷凝空调机组	广州市华德工业有限公司	广州市知识产权局
30	ZL200910038371.8	五轴多功能螺纹磨削加工中心	广州市敏嘉制造技术有限公司	广州市知识产权局

（续上表）

序号	专利号	项目名称	申报单位	推荐单位
31	ZL200910040023.4	用于罐头异形罐连续自动计量和加装豆豉的方法与设备	广州南联实业有限公司、华南理工大学	广州市知识产权局
32	ZL200910040555.8	一种呈味核苷酸二钠结晶物的制备方法	广东肇庆星湖生物科技股份有限公司	肇庆市知识产权局
33	ZL200910164331.8	一种兼容GPS和北斗2导航系统的卫星信号捕获方法	东莞市泰斗微电子科技有限公司	东莞市知识产权局
34	ZL200910192919.4	一种变频空调器的控制方法	广东美的电器股份有限公司	顺德区知识产权局
35	ZL200910192995.5	一种市电和电池双路供电的多路输出辅助开关电源	佛山市柏克电力设备有限公司	佛山市知识产权局
36	ZL200910193258.7	燃气热水器用铝合金热交换器的制造方法	广东万和新电气股份有限公司	顺德区知识产权局
37	ZL200910214411.X	一种双向DC/DC变换器的拓扑结构及变换器	广东易事特电源股份有限公司	东莞市知识产权局
38	ZL200910246534.1	液晶显示装置及其制作方法	信利半导体有限公司	汕尾市知识产权局
39	ZL200910247078.2	电机转子位置估算方法及电机驱动控制方法	珠海格力电器股份有限公司	省科技厅
40	ZL201010102505.0	一种8种氨基酸和11种维生素微丸胶囊及其制备方法	深圳万和制药有限公司	深圳市知识产权局
41	ZL201010113084.1	一种电子墨水显示设备及其照明方法	惠州TCL移动通信有限公司	惠州市知识产权局
42	ZL201010547720.1	一种从稀土料液中除铝的方法	广东富远稀土新材料股份有限公司、广州有色金属研究院	梅州市知识产权局
43	ZL200820201950.0	一种摩托车发动机	江门天钇金属工业有限公司	江门市知识产权局
44	ZL200920053735.5	处理盒	珠海天威飞马打印耗材有限公司	珠海市知识产权局
45	ZL201020521177.3	用于高潮湿环境的大型风力发电机组	广东明阳风电产业集团有限公司	中山市知识产权局
46	ZL201030160572.9	连体坐便器（H0128）	广东恒洁卫浴有限公司	潮州市知识产权局
47	ZL201030183345.8	床头柜（61100）	汕头市华莎驰家具家饰有限公司	汕头市知识产权局
48	ZL201130174342.2	空气能热水器(11-01)	珠海格力电器股份有限公司	珠海市知识产权局
49	ZL201130183713.3	移动终端（VK66-A）	深圳市嘉兰图设计有限公司	深圳市知识产权局
50	ZL201130308400.6	婴儿车架	明门(中国)幼童用品有限公司	东莞市知识产权局
51	ZL201130376094.X	液晶电视机（V7300）	TCL集团股份有限公司技术中心	惠州市知识产权局
52	ZL201130382279.1	台灯（T-Pad）	广东雪莱特光电科技股份有限公司	佛山市知识产权局
53	ZL201130429986.1	无叶风扇(20110805-01)	佛山市柏飞特工业设计有限公司	佛山市知识产权局
54	ZL201130445807.3	玩具公仔（1）	广东邦宝益智玩具股份有限公司	汕头市知识产权局
55	ZL201230082761.8	导轨灯	佛山市凯西欧灯饰有限公司	佛山市知识产权局

第十五届中国专利奖广东获奖项目

中国专利金奖（4项）

序号	专利号	专利名称	专利权人	发明人	推荐单位或院士
1	200410080392.3	多策略的P2P连接建立方法	腾讯科技（深圳）有限公司	梁柱、盛馥钟、张宝和、刘念	广东省知识产权局
2	99117225.6	用于数据处理系统的快闪电子式外存储方法及其装置	深圳市朗科科技股份有限公司	邓国顺、成晓华	中国电子工业标准化技术协会
3	200710073184.4	一种流式细胞检测装置及其实现的流式细胞检测方法	深圳迈瑞生物医疗电子股份有限公司	郭文恒、章桃辉、赵丙强	中国医疗器械行业协会
4	201010260236.0	一种塑料制品的制备方法及一种塑料制品	比亚迪股份有限公司	宫清、周良、苗伟峰、张雄	广东省知识产权局

中国外观设计金奖（1项）

序号	专利号	专利名称	专利权人	设计人	推荐单位或院士
1	201230198197.6	分体壁挂式房间空调器（K12010）	海信科龙电器股份有限公司、广东科龙空调器有限公司	章沛然、王浩评、王磊、李胜辉、何也	中国制冷空调工业协会

中国专利优秀奖（51项）

（一）机械领域（3项）

序号	专利号	专利名称	专利权人	发明人	推荐单位或院士
1	201110136574.8	一种金属带材无毛刺分切加工装置及其加工方法	广东工业大学、广州日宝钢材制品有限公司	阎秋生、潘继生、黄升伟、李忠荣	广东省知识产权局
2	201010228466.9	一种微细沟槽管多级拉拔制造方法	华南理工大学	汤勇、欧栋生、陈剑鸿、萬子平、练彬、陈伟彬	教育部
3	201010102660.2	聚苯硫醚纺粘针刺无纺布的制备方法	佛山市斯乐普特种材料有限公司	李杰、曾世军、叶锡平、雷晓光、吕大鹏、陈让军、周思远	郝铭芳、周翔

（二）电学领域（7项）

序号	专利号	专利名称	专利权人	发明人	推荐单位或院士
1	200910247078.2	电机转子位置估算方法及电机驱动控制方法	珠海格力电器股份有限公司	黄辉、马颖江、张有林、米雪涛、韩东	广东省知识产权局
2	201010198736.6	薄膜太阳能电池沉积夹具	深圳市创益科技发展有限公司	李毅	中国建筑金属结构协会
3	200610032708.0	一种数字家庭网络多任务并发执行装置的并发执行方法	中山大学	罗笑南、林业	孙玉、张景中
4	201010213194.5	动力电池组充放电均衡控制方法	惠州市亿能电子有限公司	刘飞、阮旭松、盛大双	中国防伪行业协会
5	200910110132.9	多晶钴镍锰三元正极材料及其制备方法、二次锂离子电池	贵州振华新材料有限公司、深圳市振华新材料股份有限公司	向黔新、赵孝连	贵州省知识产权局
6	200610037479.1	一种直流无刷电机系统	中山大洋电机股份有限公司	毕荣华、彭霭钳、曾茂森、黄文伟、金建伟	广东省知识产权局
7	01129867.7	全能漏电保护插头	刘睿刚	刘锦泰	广东省知识产权局

（三）通信领域（10项）

序号	专利号	专利名称	专利权人	发明人	推荐单位或院士
1	200710111528.6	以太环网报文处理方法及应用该方法的以太环网保护系统	中兴通讯股份有限公司	吴少勇、王治春、过仕好	工业和信息化部
2	200710169616.1	一种信号处理方法和处理装置	华为技术有限公司	詹五洲、王东琦、涂永峰、王静、张清、苗磊、许剑峰、胡晨、杨毅、杜正中、齐峰岩	中国专利保护协会
3	02129009.1	一种三层虚拟私有网络及其构建方法	华为技术有限公司	李斌、董伟嗣	中国电子工业标准化技术协会
4	200810095251.7	基于MU—MIMO的预编码指示方法及装置、控制方法	中兴通讯股份有限公司	支周、于辉、魏巍、禹忠、卢忱	中国专利保护协会
5	201010163064.5	一种带低频磁通信的射频通信接入方法	国民技术股份有限公司	杨贤伟、朱杉、肖德银、李美祥、蒋宇	国务院国有资产监督管理委员会
6	01136044.5	一种基于比特变换的数据重传方法	华为技术有限公司	范涛、胡灏	李乐民、朱中梁
7	200810029660.7	数字射频拉远系统及其备用载波信道控制方法	京信通信系统（中国）有限公司	邓宇、周帅	广州市知识产权局
8	200610061838.7	一种LCD电视显示质量的自适应调节装置及方法	深圳创维—RGB电子有限公司	李海鹰、沈思宽、卢铁军、王鹍、江润、郭明海、刘志明、陈秋君	中国电子视像行业协会
9	200810003371.X	无线通信系统随机接入信道循环移位置集合的生成方法	中兴通讯股份有限公司	郝鹏、喻斌、夏树强、戴博、梁春丽	广东省知识产权局
10	200810108466.8	为用户分配应答信道的方法、装置和系统	华为技术有限公司	陈小波、刘广	科学技术部

（四）医药生物领域（5项）

序号	专利号	专利名称	专利权人	发明人	推荐单位或院士
1	201010506223.7	一种海洋来源Bacillus barbaricus SCSIO 02429以及用它制备鱿鱼小肽的方法	中国科学院南海海洋研究所	张偲、尹浩、罗雄明、齐振雄、田新朋	广东省知识产权局
2	200710123539.6	一种人尿激肽原酶及其制备方法	广东天普生化医药股份有限公司	傅和亮、苗丕渠、王晓岩、许文勤、郑少亮	强伯勤、詹启敏
3	200410079250.5	蛇床子总香豆素作为制备治疗过敏性皮肤病或变态反应性皮肤病药物中的应用	杨利平	杨利平	桑国卫、钟南山
4	200910037371.6	一种口炎清颗粒的质量控制方法及应用	广州白云山和记黄埔中药有限公司、中山大学	苏薇薇、李楚源、关倩怡、王德勤、彭维、林青、王永刚、黄琳、梁峰、肖晓丽	康乐、洪德元
5	200910039138.1	一种易燃的果蔬烟剂型保鲜剂	中国科学院华南植物园	蒋跃明、屈红霞、段学武、杨宝、李月标、林文彬	中国科学院

（五）化学领域（3项）

序号	专利号	专利名称	专利权人	发明人	推荐单位或院士
1	200810218436.2	一种热塑性阻燃合金及其制备方法	金发科技股份有限公司、上海金发科技发展有限公司	许晶玮、叶晓光、吴博、吴晓辉、宁方林、胡付余	广州市知识产权局
2	200810117918.9	印制线路板金手指的制作方法	北大方正集团有限公司、珠海方正科技多层电路板有限公司、珠海方正科技高密电子有限公司	朱兴华	中国文字著作权协会
3	201010256870.7	一种用于注塑具有良好外观汽车制件	金发科技股份有限公司、上海金发科技发展有限公司、绵阳东方特种工程塑料有限公司	李永华、杨波、杨燕、罗忠富、宁凯军、叶南飚、王灿耀、袁绍彦	汪旭光、周克崧

（六）光电领域（9项）

序号	专利号	专利名称	专利权人	发明人	推荐单位或院士
1	201010225094.4	一种2D/3D显示切换装置及其驱动装置及方法	深圳超多维光电子有限公司	洪煦、戈张	深圳市知识产权局
2	200710075828.3	一种多功能健康检查设备及其控制方法	深圳先进技术研究院	樊建平、毕亚雷、李·K、周树民、邵伟、吕建成、黄石、王磊、马炘、游璠、姜春元、郝重亮、薛广洲	俞梦孙、曾益新
3	200910189853.3	一种数字化棒位控制系统及其控制方法	中广核工程有限公司、中国广东核电集团有限公司	王萍、田亚杰、彭锦、黄伟军	郑健超、徐大懋
4	200610060798.4	汽车车轮定位检测方法及系统	深圳市元征科技股份有限公司	刘均、周珠亮、吕光俊	深圳市知识产权局

（续上表）

序号	专利号	专利名称	专利权人	发明人	推荐单位或院士
5	200810220661.X	一种低噪声窄线宽高功率的单纵模光纤激光器	华南理工大学	徐善辉、杨中民、张伟南、张勤远、姜中宏	中国文字著作权协会
6	201010511742.2	光栅、立体显示装置及立体显示方法	深圳超多维光电子有限公司	宋磊、戈张	工业和信息化部
7	200710030995.6	生产过程的实时监控系统及监控方法	广东工业大学	戴青云	广东省知识产权局
8	200910188900.2	NOx分析仪	宇星科技发展(深圳)有限公司	吕俊鹏、陈传富、韦常贤	中华环保联合会
9	200810096785.1	一种自毁式安全注射器	汕头华尔怡医疗器械有限公司	杨育和	广东省知识产权局

（七）材料领域（8项）

序号	专利号	专利名称	专利权人	发明人	推荐单位或院士
1	200910041255.1	瓶装饮用水溴酸盐控制方法	广东省微生物研究所、广东环凯微生物科技有限公司	吴清平、张永清、张菊梅、杨秀华、郭伟鹏、阚绍辉	广东省知识产权局
2	200710029544.0	中央空调末端环境温度与冷源负荷远程调控方法及系统	华南理工大学、广州市远正智能科技有限公司	彭新一、闫军威、周璇、简伟名、许海航、卢展超	广东省知识产权局
3	201010566193.9	一种室内空气杀菌、消毒方法	深圳市怀德科技发展有限公司	何光怀、何光汉、周胜军、谢敏、李炜、徐成	深圳市知识产权局
4	200810026168.4	超软弱土浅表层快速加固方法	中交第四航务工程局有限公司、中交四航工程研究院有限公司、中国港湾工程有限责任公司	董志良、张功新、莫海鸿、房营光、陈伟东、林军华、邱青长、罗彦、李燕、朱信群	交通运输部
5	200710028109.6	古建筑墙体的修复方法	佛山市工程承包总公司、黄文铮、吴德深	黄文铮、吴德深	中国建筑装饰协会
6	200810026300.1	核电站用耐辐射涂料及其制备方法	广州秀珀化工股份有限公司	张娴、孙再武、王秋娣、周子鹤、李贵周	广州市知识产权局
7	201010561209.7	一种使用可变容压缩机的空调器及其控制方法	广东美的制冷设备有限公司	张浩、李金波、李强	中国轻工业联合会
8	200610035293.2	一种塑料吹塑机分布式自动控制系统	广东金明精机股份有限公司	李子平、吴彦明	中国塑料机械工业协会

（八）实用新型领域（6项）

序号	专利号	专利名称	专利权人	发明人	推荐单位或院士
1	200920053735.5	处理盒	珠海天威飞马打印耗材有限公司	苏健强	广东省知识产权局
2	201120213827.2	多功能玩具桌	广东邦宝益智玩具股份有限公司	吴锭辉	中国塑料加工工业协会
3	200820207478.1	一种锂离子电池及电池组	比亚迪股份有限公司	沈晞、韩磊、徐德仁、刘兵	中国专利保护协会
4	201120284856.8	用于检测挥发性有机物的环境检测精度的测试装置	江苏出入境检验检疫局工业产品检测中心、东莞市升微机电设备科技有限公司	卢志刚、朱海鸥、蔡建和、封亚辉、陶宏锦、夏可瑜	国家质量监督检验检疫总局
5	201120132674.9	一种隔水电炖盅	广东天际电器股份有限公司	林镇城、詹文杰	中国家用电器协会
6	200920058661.4	手表	珠海罗西尼表业有限公司	施岳	中国钟表协会

中国专外观设计优秀奖（16项）

序号	专利号	专利名称	专利权人	设计人	推荐单位或院士
1	201130416235.6	分体落地式空调器室内机（WYR-KE）	广东美的电器股份有限公司	王业仁、李三新、刘晓辉、白冰、詹素君、王武中、梁栋杰	中国家用电器协会
2	201130385414.8	餐椅（74900）	汕头市华莎驰家具家饰有限公司	黄茂荣	中国家具协会
3	201130382279.1	台灯（T-Pad）	广东雪莱特光电科技股份有限公司	柴国生、魏志权、汤维勇、周鹰	广东省知识产权局
4	201230071767.5	侧吸抽油烟机	广东欧派家居集团有限公司	陈耀权	广东省知识产权局
5	201030298142.3	微波炉	广东格兰仕微波炉电器制造有限公司	区宗尹、王守国、谭德强	广东省知识产权局
6	201130458060.5	盘（国之器方盘）	广东松发陶瓷股份有限公司	林道藩	中国陶瓷工业协会
7	201230082761.8	导轨灯	吴育林	吴育林	广东省知识产权局
8	201130365022.5	吸尘器（VCP1001）	广东新宝电器股份有限公司	郭建刚、花明映	广东省知识产权局
9	201130043806.6	手表（LY03）	深圳市飞亚达（集团）股份有限公司	李北、廖莹、熊松涛	工业设计协会
10	201230013709.7	电子词典（D2000）	艾利和电子科技(中国)有限公司	彭日峰	广东省知识产权局
11	200930075429.7	手表(5459-01)	珠海罗西尼表业有限公司	郭勐	中国钟表协会
12	201230080465.4	陀螺（C01）	广东奥飞动漫文化股份有限公司、广东奥迪动漫玩具有限公司、广州奥飞文化传播有限公司	蔡东青	广东省知识产权局
13	201130069264.X	汽车	广州汽车集团股份有限公司	肖宁、樊毅、卢卓宇、谢国清、冯小奕、沈全传	广东省知识产权局
14	201230009153.4	手机(六十六)	华为终端有限公司	黎欣	深圳市知识产权局
15	201030160572.9	连体坐便器(H0128)	谢伟藩	谢伟藩	中国建筑卫生陶瓷协会
16	201230071069.5	燃气热水器（Q3）	广东万家乐燃气具有限公司	余少言、仇明贵、邓海燕、潘桂荣、胡定刚	广东省知识产权局

2013年广东省专利技术实施计划项目表

序号	所在地市	申报单位	项目名称	立项类别
1	广州	金发科技股份有限公司	汽车用高性能环保聚丙烯关键技术开发及产业化	重点项目
2		广州白云山制药股份有限公司广州白云山化学制药厂	头孢类抗生素专利药物发明专利技术产业化	重大项目
3		广东工业大学	全自动纤维细度成分含量检测仪	重点项目
4		广东海赛特药业有限公司	蛇床子总香豆素在制备治疗银屑病药物中的应用	重点项目
5	深圳	深圳市格林美高新技术股份有限公司	废旧线路板绿色回收与资源化处理关键技术	重大项目
6		深圳市元征科技股份有限公司	汽车车轮定位检测方法及系统	重大项目
7		比亚迪股份有限公司	比亚迪双模混合动力汽车F3DM产业化	重点项目
8	珠海	丽珠医药集团股份有限公司	新型伏立康唑制剂研发	重大项目
9	汕头	汕头市超声仪器研究所有限公司	实时三维医学超声图像的重建方法	重大项目
10	佛山	广东一鼎科技有限公司	瓷质抛光砖表面光泽处理机	重大项目
11		佛山市金银河智能装备股份有限公司	硅酮密封胶全自动连续化生产线	重点项目
12	韶关	韶关市力冉农业科技有限公司	高密度水产养殖方法	重点项目
13	河源	河源市金源绿色生命有限公司	治疗慢性阻塞性肺病药物组合物及应用	重点项目
14	梅州	广东富远稀土新材料股份有限公司	稀土料液除铝新工艺技术	重大项目
15	惠州	惠州亿纬锂能股份有限公司	Safe-plus安全增强型锂亚硫酰氯电池	重大项目
16	汕尾	汕尾市快捷通导设备有限公司	船用导航雷达	重点项目
17	东莞	东莞市金河田实业有限公司	超宽幅高效节能电脑电源专利技术产业化实施	重点项目
18		广东大族粤铭激光科技股份有限公司	机器视觉智能激光切割机	重点项目
19		东莞市友美电源设备有限公司	可置换驱动电源的LED三基色室内照明灯	重点项目
20	中山	中山大洋电机股份有限公司	一种直流无刷电机控制方法	重大项目
21		广东通宇通讯股份有限公司	覆盖2G、3G及LTE的多制式电调基站天线	重大项目
22	江门	广东海鸿变压器有限公司	SCB13-RL立体卷铁心树脂绝缘干式变压器研发及产业化	重点项目
23	阳江	阳江市万丰实业有限公司	环保型硅橡胶及其制作方法	重点项目
24	湛江	广东恒兴饲料实业股份有限公司	一种石斑鱼配合饲料及其制备方法	重点项目
25	茂名	茂名重力石化机械制造有限公司	铸铁空气预热器专利技术实施	重点项目
26	肇庆	广东肇庆星湖生物科技股份有限公司	呈味核苷酸二钠生产技术集成化	重点项目
27	清远	清远市浩宇化工科技有限公司	含羟基丙烯酸聚氨酯水分散体的汽车罩光清漆	重点项目
28	潮州	潮州市三元陶瓷（集团）有限公司	防氟挥发的乳白玻璃基础材料熔炼工艺应用	重点项目
29	揭阳	广东天银化工实业有限公司	氟硅/或油改性丙烯酸酯共聚物阳离子乳液	重点项目
30	云浮	广东大华农动物保健品股份有限公司	猪瘟细胞品质的提升和产业化推广	重点项目
31	顺德	广东万和新电气股份有限公司	燃气比例阀在燃气热水器上的应用及产业化	重点项目

2013年广东省商标侵权假冒案件统计表

项目		机器编号	案件总数（件）合计	案件总数 其中：投诉案件	其中：涉外案件 小计	其中：涉外案件 其中：投诉案件	案值（万元）	罚款金额（万元）	其中：立案查处案件（件）小计	其中：投诉案件	处罚程度 罚款10万至100万	处罚程度 罚款100万元以上	利用互联网实施侵权假冒案件 案件数	利用互联网实施侵权假冒案件 案值	没收、销毁侵权商品(件)	没收、销毁侵权商标标识（件）	没收、销毁专门用于制造侵权商品和伪造注册商标标识的工具（件）	移送司法机关 案件数 合计	案件数 其中：投诉案件	人数	其中:涉外案件数 合计	其中：投诉案件	人数
甲		乙	1	2	3	4	5	6	7	8	9	10	11	12	13	14	15	16	17	18	19	20	21
合计		1	5965	3009	3067	1922	8326.64	7530.09	5418	2933	145	2	9	6.69	3920241	1935340	903	—	—	—	—	—	—
假冒商标	小计	2	1624	690	806	486	2748.74	1832.27	1478	687	10	0	2	3.12	771286	909993	229	77	59	49	40	30	25
	未经注册商标所有人的许可，在相同商品上使用与其注册商标相同的商标的	3	802	313	464	239	2069.18	973.20	722	309	4	0	0	0.00	474862	375839	111	52	41	33	29	22	14
	伪造、擅自制造他人注册商标标识或者销售伪造、擅自制造的注册商标标识的	4	171	65	71	28	126.77	214.26	165	64	3	0	0	0.00	64180	488734	21	7	3	3	1	0	1
	销售明知是假冒注册商标的商品的	5	651	312	271	219	552.79	644.81	591	314	3	0	2	3.12	232244	45420	97	18	15	13	10	8	10
商标侵权	小计	6	4341	2319	2261	1436	5577.90	5697.82	3940	2246	135	2	7	3.57	3148955	1025347	674	—	—	—	—	—	—
商标侵权	未经注册商标所有人的许可，在相同商品上使用与其注册商标近似的商标或在类似商品上使用与其注册商标相同或近似的商标的	7	1034	401	640	266	1786.49	1910.96	988	387	71	1	2	2.58	1732863	644177	157	—	—	—	—	—	—
	销售侵犯注册商标专用权的商品的	8	3203	1878	1579	1160	3727.02	3693.35	2856	1823	64	1	5	0.99	1348468	352591	450	—	—	—	—	—	—
	在同一种或类似商品上，将与他人注册商标相同或近似的标志作为商品名称或者商品装潢使用，误导公众的	9	75	28	32	9	53.35	64.87	72	24	0	0	0	0.00	64836	6850	53	—	—	—	—	—	—
	故意为侵犯他人注册商标专用权行为提供仓储、运输、邮寄、隐匿便利条件的	10	2	0	2	0	0.00	2.71	2	0	0	0	0	0.00	9	0	0	—	—	—	—	—	—

（续上表）

项目		机器编号	案件总数（件）		其中:涉外案件		案值(万元)	罚款金额(万元)	其中：立案查处案件(件)						没收、销毁侵权商品(件)	没收、销毁侵权商标标识（件）	没收、销毁专门用于制造侵权商品和伪造注册商标标识的工具（件）	移送司法机关					
											处罚程度		利用互联网实施侵权假冒案件					案件数			其中:涉外案件数		
			合计	其中：投诉案件	小计	其中：投诉案件			小计	其中：投诉案件	罚款10万至100万	罚款100万元以上	案件数	案值				合计	其中：投诉案件	人数	合计	其中：投诉案件	人数
商标侵权	未经商标注册人同意更换其注册商标并将该更换商标的商品又投入市场的	11	0	0	0	0	0.00	0.00	0	0	0	0	0	0.00	0	0	0	—	—	—	—	—	—
	给他人注册商标专用权造成其他损害的	12	21	8	8	1	10.24	25.63	18	8	0	0	0	0.00	2779	21729	14	—	—	—	—	—	—
	侵犯地理标志专用权的	13	0	0	0	0	0.00	0.00	0	0	0	0	0	0.00	0	0	0	—	—	—	—	—	—
	侵犯特殊标志所有权的	14	0	0	0	0	0.00	0.00	0	0	0	0	0	0.00	0	0	0	0	0	0	0	0	0
	侵犯驰名商标权益的	15	6	4	0	0	0.80	0.30	4	4	0	0	0	0.00	0	0	0	—	—	—	—	—	—

2013年广东省查处商标一般违法案件统计表

项目		机器编号	案件总数（件）		其中:涉外案件		案值(万元)	罚没金额(万元)	其中：立案查处(件)				收缴和销毁商标标识(件)	销毁物品(件)
			合计	其中：投诉案件	合计	其中：投诉案件			小计	其中:投诉案件	罚款10万至100万元	罚款100万元以上		
甲		乙	1	2	3	4	5	6	7	8	9	10	11	12
合计		1	427	54	42	18	947.11	417.22	324	97	14	0	48230	2
注册商标使用的管理	自行改变注册商标的	2	2	0	0	0	2.00	—	2	0	—	—	—	—
	自行改变注册商标注册人名义、地址或其他注册事项的	3	0	0	0	0	0.00	—	0	0	—	—	—	—
	自行转让注册商标的	4	0	0	0	0	0.00	—	0	0	—	—	—	—
	商品粗制滥造、以次充好、欺骗消费者的	5	35	0	0	0	66.64	17.18	2	0	0	0	—	—
未注册商标使用的管理	冒充注册商标的	6	260	43	21	11	781.02	317.27	215	66	13	0	—	—
	商品粗制滥造、以次充好、欺骗消费者的	7	20	0	0	0	4.12	8.44	0	0	0	0	—	—
	违反《商标法》第六条规定的	8	1	0	0	0	0.01	0.00	1	0	0	0	—	—
	违反《商标法》第十条规定的	9	0	0	0	0	0.00	0.00	0	0	0	0	—	—
违反《商标法》第四十条第二款规定的		10	19	8	16	7	1.00	—	19	8	—	—	0	2
违反《商标法》第十三条规定的		11	1	1	0	0	0.00	—	1	1	—	—	515	0
违反《商标印制管理办法》规定的		12	89	2	5	0	92.32	74.33	84	22	1	0	47715	0
违法使用地理标志的		13	0	0	0	0	0.00	0.00	0	0	0	0	0	0
违法使用地理标志产品专用标志的		14	0	0	0	0	0.00	0.00	0	0	0	0	0	0
违法使用特殊标志的		15	0	0	0	0	0.00	0.00	0	0	0	0	0	0

2013年广东省查处侵犯港澳台和外国商标注册人权益案件统计表

国别（地区）	机器编码	案件总数（件）		案值（万元）	罚款金额（万元）	其中：立案查处(件，万元)							其中：立案查处(件，万元)			没收、销毁侵权商品（件）	没收、销毁侵权商标标识（件）	没收、销毁专门用于制造侵权商品和伪造注册商标标识的工具（件）	移送案件（件，人）		
								处罚程度		假冒商标案件			商标侵权案件								
		合计	其中：投诉案件			小计	其中：投诉案件	罚款10万至100万元	罚款100万元以上	案件数	其中：投诉案件	案值	案件数	其中：投诉案件	案值				案件数	其中：投诉案件	人数
甲	乙	1	2	3	4	5	6	7	8	9	10	11	12	13	14	15	16	17	18	19	20
合计	1	3067	1922	4444.09	4311.43	3005	1876	78	1	780	493	1228.39	2225	1383	2930.50	2327494	1227155	496	39	29	29
美国	2	1047	668	1378.88	1401.03	1042	663	27	0	270	181	619.62	772	482	701.08	978770	397065	336	21	17	15
日本	3	352	234	590.35	553.02	350	233	14	0	66	52	122.45	284	181	379.23	299594	45612	112	1	0	0
德国	4	237	143	264.91	336.09	237	143	2	0	56	31	54.63	181	112	190.80	122060	41193	2	1	1	0
英国	5	137	73	299.65	214.21	134	71	3	0	32	19	114.52	102	52	172.21	39682	40558	0	1	1	1
法国	6	389	223	1049.07	723.22	387	220	9	0	130	70	154.97	257	150	882.97	449115	241761	15	0	0	0
俄罗斯	7	3	0	3.77	4.30	3	0	0	0	0	0	0.00	3	0	3.77	613	1240	0	0	0	0
瑞士	8	94	63	117.54	175.83	92	62	2	0	23	11	17.37	69	51	99.98	82015	52118	5	0	0	0
韩国	9	136	93	318.93	273.77	135	92	3	1	15	9	19.65	120	83	217.19	151778	85896	0	8	7	7
意大利	10	144	78	130.92	251.66	135	76	2	0	43	28	41.03	92	48	89.89	43358	60182	4	1	0	0
新加坡	11	186	149	35.04	51.88	186	149	1	0	62	47	6.30	124	102	26.74	12176	81307	0	2	1	0
维尔京	12	0	0	0.00	0.00	0	0	0	0	0	0	0.00	0	0	0.00	0	0	0	0	0	0
澳大利亚	13	8	0	2.98	2.84	8	0	0	0	1	0	0.54	7	0	2.44	873	0	0	0	0	0
瑞典	14	4	2	5.39	5.06	4	2	0	0	0	0	0.00	4	2	5.39	42	0	0	0	0	0
加拿大	15	6	5	5.00	6.82	6	5	0	0	2	2	3.45	4	3	1.53	3258	6000	0	0	0	0
芬兰	16	20	2	26.91	29.45	20	2	8	0	3	1	6.23	17	1	20.68	9047	19800	0	0	0	1
泰国	17	55	47	4.56	6.34	55	47	0	0	8	8	0.21	47	39	4.35	3620	0	0	0	0	0
比、荷、卢	18	70	36	46.69	99.18	69	36	0	0	30	13	21.71	39	23	24.98	48488	39928	1	1	1	2
丹麦	19	18	14	12.10	15.76	18	14	0	0	2	0	0.88	16	14	11.22	17146	0	0	0	0	0
西班牙	20	8	5	5.85	7.21	8	5	0	0	4	3	2.78	4	2	3.07	2275	793	1	0	0	0
马来西亚	21	2	0	0.15	4.45	2	0	0	0	0	0	0.00	2	0	0.15	84	0	0	0	0	0
香港	22	45	30	47.63	74.65	45	30	1	0	12	8	5.92	33	22	39.71	42713	91416	1	2	1	3
澳门	23	0	0	0.00	0.00	0	0	0	0	0	0	0.00	0	0	0.00	0	0	0	0	0	0
台湾	24	17	11	18.48	21.40	17	11	0	0	3	3	3.03	14	8	15.05	3025	12141	0	0	0	0
哈萨克斯坦	25	2	0	2.10	2.20	2	0	0	0	1	0	0.60	1	0	1.50	387	420	0	0	0	0
冰岛	26	0	0	0.00	0.00	0	0	0	0	0	0	0.00	0	0	0.00	0	0	0	0	0	0
越南	27	3	3	0.02	0.03	3	3	0	0	0	0	0.00	3	3	0.02	14	0	0	0	0	0
蒙古	28	0	0	0.00	0.00	0	0	0	0	0	0	0.00	0	0	0.00	0	0	0	0	0	0
罗马尼亚	29	0	0	0.00	0.00	0	0	0	0	0	0	0.00	0	0	0.00	0	0	0	0	0	0
新西兰	30	0	0	0.00	0.00	0	0	0	0	0	0	0.00	0	0	0.00	0	0	0	0	0	0
其他	31	84	43	77.17	51.03	47	12	6	0	17	7	32.50	30	5	36.55	17361	9725	19	1	0	0

2013年广东省著名商标认定名单

（按商标注册用商品或服务国际分类顺序）

商标	商标注册人	认定商品或服务项目
ORIENT	广东东方锆业科技股份有限公司	氧化锆，氧化锆粉，氧氯化锆
	广东邦普循环科技股份有限公司	镍盐，碳酸盐，醋酸盐（化学品）
东美	东莞东美食品有限公司	工业用淀粉
赫尔普	广州赫尔普化工有限公司	炼油用化学助剂，汽油净化添加剂，工业用油催化剂
JHD	广东光华科技股份有限公司	搪瓷生产用瓷釉（化学制剂，非颜料），电镀液，工业化学品
德联 DELIAN	广东德联集团股份有限公司	防冻剂，液压系统用液
	广东红日星实业有限公司	工业用洗净剂，电镀电解溶液，磨料用辅助液
	佛山市三水区康立泰无机合成材料有限公司	陶瓷釉料（釉用色料）
瑞能	广东瑞安科技实业有限公司	混凝土凝结剂（减水剂）
	广东银洋树脂有限公司	未加工丙烯酸树脂
拉多美	广东拉多美化肥有限公司	肥料
顾康力	深圳市顾康力化工有限公司	工业用粘合胶，氯丁胶，粘胶液
	广东新展化工新材料有限公司	工业用粘合剂，工业用胶，粘胶液
JOINTAS	广州集泰化工有限公司	工业用胶
科域 FO KUO	佛山市南海区金叶硅胶有限公司	工业用粘合剂（硅酮密封胶）
	佛山市南海区金叶硅胶有限公司	玻璃胶
	刘长青	颜料，二氧化钛（颜料）
CC	广东佳景科技有限公司	印刷油墨
	广东雅图化工有限公司	油漆（汽车修补漆）
奥大林	中山市大田汽车护理用品有限公司	油漆（汽车用）
JOINTAS	广州集泰化工有限公司	漆（集装箱用）
景江	深圳市景江化工有限公司	涂层（油漆）（工业地坪涂料）
鹏锦	广东鹏锦实业有限公司	肥皂，香皂，洗衣用浆粉
SHAUNG	广东雅威生物科技有限公司	洗面奶，祛斑霜，防晒剂
A'Gensn 安安金纯	佛山市安安美容保健品有限公司	化妆品，洗发液，浴液
舒客	广州薇美姿个人护理用品有限公司	牙膏
amer	东莞市安美润滑科技有限公司	工业用油，润滑油，切割液
东长	东莞市东宝能源有限公司	汽油，石油气
	广州白云山医药集团股份有限公司	人用药，中西成药，兽药
BYS	广州白云山医药集团股份有限公司	人用药，医用诊断剂
陳李濟	广州白云山医药集团股份有限公司	中药成药
广药集团	广州白云山医药集团股份有限公司	人用药
	广州白云山医药集团股份有限公司	人用药
	广州白云山医药集团股份有限公司	西药
润都	珠海润都制药股份有限公司	人用药，生化药品
Wondfo 万孚	广州万孚生物技术股份有限公司	医用诊断制剂，怀孕诊断用化学制剂
华南牌	广东华南药业集团有限公司	人用药
信立欣	深圳信立泰药业股份有限公司	人用药（注射用头孢呋辛钠）
	沈小葵	药草
雨田青	珠海润都制药股份有限公司	医用药物（雷贝拉唑钠肠溶胶囊）
丹媚	广州朗圣药业有限公司	口服避孕药
	东莞广发制药有限公司	中药成药
赛博尔 SEPO	深圳赛保尔生物药业有限公司	医用生物制剂（重组人促红素注射液）
菲鹏	深圳市菲鹏生物股份有限公司	医用生物制剂，医用诊断制剂
WEICKY	深圳市味奇生物科技有限公司	婴儿食品（米粉）
正典 STANDARD	佛山市正典生物技术有限公司	兽医用生物制剂，兽医用化学制剂
	广东立威化工有限公司	杀害虫剂，除草剂
	中山市天乙铜业有限公司	铜，未加工或半加工铜
兴创 XINGCHUANG	佛山市南海桃园铝业有限公司	铝型材
	佛山市南海南方铝业有限公司	普通金属合金，金属门，金属窗
FPA	佛山通宝精密合金股份有限公司	金属片和金属板，金属铆钉，粉末冶金
伟强	广东伟强铜业科技有限公司	铜，未加工或半加工铜，未加工或半加工黄铜
	佛山市南海宏钢金属制品有限公司	钢管
	肇庆新鸿秀金属有限公司	钢管，金属管，金属套管
	清远市华南铜铝业有限公司	金属护栏，金属窗，金属建筑材料
Deko	广州迪高建材有限公司	金属天花板
DAIICHI	东莞市成功幕墙建材有限公司	金属建筑材料（金属异形装饰板）
合阁 HEGE	佛山市合阁钢构集成房屋有限公司	可移动金属建筑物
	佛山市东亚钢门有限公司	金属门，金属门板，金属门框
	鹤山市鸿图铁艺实业有限公司	金属楼梯基（楼梯间部件），金属围篱，窗用铁制品
科一	东莞市科力钢铁线材有限公司	钢丝
银亮 YIN LIANG	广东亚太不锈钢制品有限公司	钢丝（汽车雨刮用不锈钢支条线）
	广州鑫源恒业电力线路器材股份有限公司	非电气金属电缆接头，铁接板，紧线夹头
TWM	广东东荣金属制品有限公司	家具用金属附件
	广东合和建筑五金制品有限公司	窗户金属器材，窗用小滑轮，金属铰链
GZ	高要市金箭不锈钢制品有限公司	弹簧铰链
	广东鸿丽金属制品有限公司	金属二节走珠滑轨，金属三节走珠滑轨，金属抽屉导轨
	高要市金利镇永扬五金制品有限公司	金属铰链，家具用金属附件
木匠王 MUJIANG	广东星鹏实业有限公司	金属铰链，金属家具部件
Xiao Bo Shi	高要市大力金属制品有限公司	金属锁（非电）
天龙品 TIAN LONG PIN	岑华标	金属锁（非电）
GAOLI 高利	中山市高利锁业股份有限公司	金属插锁，金属锁（非电）
	中山市毅马五金有限公司	金属法兰盘（管桩端板）
英联	汕头市英联易拉盖有限公司	容器用金属盖，金属瓶盖，封口用金属盖
	佛山市永盛达机械有限公司	陶瓷工业用机器设备（包括建筑用陶瓷机械）（超高压水切割机）
MODENA	广东摩德娜科技股份有限公司	制砖机，制瓦机
	佛山市南海金刚新材料有限公司	陶瓷辊棒
YUEMING	广东大族粤铭激光科技股份有限公司	雕刻机，切割机
HONBRO	东莞市鸿宝锂电科技有限公司	电池机械
赢合 YINGHE	深圳市赢合科技股份有限公司	电池机械
TECH-LONG	广州达意隆包装机械股份有限公司	包装机，洗罐机，瓶子封口机
SPEED	深圳速度技术有限公司	钞票捆扎机
Basis 银宝山新	深圳市银宝山新科技股份有限公司	加工塑料用模具
KAI MING	广东佳明机器有限公司	注塑机
FCS	东莞富强鑫塑胶机械制造有限公司	注塑机
	中山集华模具有限公司	加工塑料用模具
G.M.X	佛山市金银河智能装备股份有限公司	炼胶机
	东莞市新望包装机械有限公司	粘胶机
凯卓立	深圳市凯卓立液压设备有限公司	起重机械，运输机械
FeHZ	惠州富士电梯有限公司	电梯（升降机）
HTPD	广东鸿泰科技股份有限公司	自动梯
	深圳市伟创自动化设备有限公司	带升降设备的立体车库
台冠 TAI GUAN	东莞市台冠起重机械设备有限公司	起重机，天车
联为 LINKWAY	深圳市鑫联为科技发展有限公司	输送机
	广州市型腔模具制造有限公司	压铸模
润星	东莞市润星机械科技有限公司	机床，金属加工机械
OMS 奥美森	中山市奥美森工业有限公司	弯曲机
wintop	东莞台一盈拓科技股份有限公司	金属加工机械，车床，机床
JAL	深圳翠涛自动化设备股份有限公司	电子工业设备，印刷电路板处理机，工业用拣选机

（续上表）

商标	商标注册人	认定商品或服务项目
GKG	东莞市凯格精密机械有限公司	静电工业设备
KASAVA	中山凯旋真空技术工程有限公司	真空浸漆设备，真空浇注设备，真空镀膜机
HUAGUANG	广州万宝集团有限公司	电冰箱压缩机
MINAMOTO	惠州市源立实业有限公司	水泵
	佛山市南海珠江减速机有限公司	机器传动装置
	广东中兴液力传动有限公司	液力耦合器
龙的 LONG DE	广东龙的集团有限公司	吸尘机，喷香波清洗地毯的电动机器和装置
白云清洁	广州市白云清洁用品有限公司	电动清洁机械和设备，清洗设备，清洁用吸尘装置
Colamark	达尔嘉（广州）标识设备有限公司	贴标签机（机器）
	广东威力狮五金有限公司	手工操作的手工具
LIVEON	阳江市力王实业有限公司	刀，剪刀，餐具（刀、叉、匙）
TRULY	信利光电股份有限公司	计算器，液晶显示器，照相机（摄影）
	深圳市得润电子股份有限公司	连接器（数据处理设备）
得实	江门市得实计算机外部设备有限公司	电子计算机及其外部设备（打印机）
楚天龙	广东楚天龙智能卡有限公司	智能卡（集成电路卡）
fki	泓凯电子科技（东莞）有限公司	计算机外围设备
YUE LIN	广东粤林电气科技股份有限公司	计算机外围设备
	广州力麒智能科技有限公司	计算机周边设备（触控）
urovo	深圳市优博讯科技股份有限公司	读出器（数据处理设备），扫描仪（数据处理设备），计算机周边设备
快灵通	东莞快灵通卡西尼电子科技有限公司	计算器
JCTC	东莞市胜蓝电子有限公司	连接器（数据处理设备）
HDM	广东海川智能机器股份有限公司	衡量器具
HL	东莞市华兰海电子有限公司	衡器，感应器（电）
Chipshow	深圳市齐普光电子股份有限公司	电子公告牌，荧光屏，自动广告机
	广东日美光电科技有限公司	灯箱，霓虹灯广告牌，电子公告牌
大越 Adayo	惠州市华阳集团有限公司	车辆用导航仪器（随车计算机），车辆用收音机，防盗报警器
步步高	步步高通信科技有限公司	手提电话，电话机，学习机
Comba	京信通信系统（广州）有限公司	天线，电子信号发射机，载波设备
大富	深圳市大富科技股份有限公司	内部通讯装置（滤波器）
昂纳	昂纳信息技术（深圳）有限公司	光传输设备，光通讯设备，光纤通信用器件
TN	深圳市特纳电子有限公司	调制调解器
Shenglu	广东盛路通信科技股份有限公司	天线，电子信号发射器
PEIYING 培英	丰顺县培英电声有限公司	扬声器及配件
FOXDA	福兴达科技实业（深圳）有限公司	MP3播放机，计算机（平板电脑），数码摄像机
SATIR	广州飒特红外股份有限公司	光学器械和仪器（红外热像仪）
雄力 XIONG & LI	广东雄力电缆有限公司	电线，电缆
WASUNG	广东华声电器股份有限公司	电缆，电线，插头、插座和其他连接物（电器连接）
环市	广州市珠江电线厂有限公司	电线，电缆
利南	广东新南达电缆实业有限公司	电缆
	广东汇龙通电缆实业有限公司	电缆，电线
Linoya 领亚	领亚电子科技股份有限公司	电源材料（电线电缆）
科胜 KE SHENG	东莞市成天泰电线电缆有限公司	电线，电缆
	广东和昌电业集团有限公司	电缆，电线
JEC	东莞泽龙线缆有限公司	漆包线
NISTAR	东莞市日新传导科技股份有限公司	电线（非常规高端特种电线）
Blueway	惠州市蓝微电子有限公司	电源管理控制板，集电器，控制板（电）
崇达	深圳市崇达电路技术股份有限公司	印刷电路，集成电路
	星源电子科技（深圳）有限公司	液晶显示屏
茂硕	茂硕电源科技股份有限公司	稳压电源
	东莞市三友联众电器有限公司	继电器
W	东莞市大忠电子有限公司	变压器
	东莞市石龙富华电子有限公司	低压电源
STOM	广东斯灵通科技有限公司	配电盘（电），配电控制台（电）
熙彰	东莞熙彰五金电器制品有限公司	配电控制台
Actions	炬力集成电路设计有限公司	集成电路
KE	广东科源电气有限公司	变压器（35千伏以下），配电箱（电）
GG 广高	广州广高高压电器有限公司	变压器，开关柜
NRE	广东新昇电业科技股份有限公司	变压器（电子变压器）
M	东莞市光华实业有限公司	稳压电源
	深圳市光辉电器实业有限公司	高压开关柜，低压开关柜
MCOSU	佛山市顺德区勒流镇百顺电器有限公司	电开关，光电开关（电器）
	广州正力通用电气有限公司	自动定时开关，配电箱（电），配电控制台（电）
GCA 吉熙安	广东吉熙安电缆附件有限公司	电缆接头套，电线连接物，电器接插件
Wanbao 万宝	广州万宝集团有限公司	继电器（电的）（制冷压缩机用继电器）
AEP	亚洲电力设备（深圳）股份有限公司	高压防爆配电装置，电站自动化装置
	广东守门神电子科技有限公司	非医用X光射线防护装置
TeleSky	广州市浩云安防科技股份有限公司	报警器，电子监听仪器，录像机
TBL	深圳市通宝莱科技有限公司	电子防盗装置
safer	深圳市翔飞科技有限公司	电子防盗装置，监视器（计算机硬件），摄像机
QIHAN 旗瀚	旗瀚科技有限公司	电子防盗装置（监控用摄像机）
霸诺	汕头市新家乐电器有限公司	电门铃
铁神锁业	中山市铁神锁业有限公司	电子锁
BYD	比亚迪股份有限公司	电池
凌力	东莞市凌力电池有限公司	电池（干电池）
Kendal	东莞市力王电池有限公司	干电池
拓日新能	深圳市拓日新能源科技股份有限公司	单晶硅太阳能电池，多晶硅太阳能电池，非晶硅太阳能电池
EDAN	深圳市理邦精密仪器股份有限公司	医疗器械和仪器，医用测试仪，医用诊断设备
快易康	广州科莱瑞迪医疗器材有限公司	护理器械，矫形用物品
Antmed	深圳市安特高科实业有限公司	医用注射器
英仕医疗 INSPIRED MEDICAL	东莞永胜医疗制品有限公司	吸入器，麻醉仪器
ABLE	广东百合医疗科技有限公司	医用导管
	洋紫荆牙科器材（深圳）有限公司	假牙，假牙套，全口假牙
	广东昭信企业集团有限公司	照明器械及装置
	广州轻工工贸集团有限公司	电筒
DP久量	广东久量光电科技有限公司	电筒，探照灯，矿灯
DL 奥莱尼	东莞宝辉灯饰有限公司	枝形吊灯
	佛山克莱汽车照明有限公司	汽车照明设备
奥莱	广州市番禺奥莱照明电器有限公司	电筒
OPT Machine Vision	东莞市奥普特自动化科技有限公司	照明器（机器视觉设备）
广明源	鹤山市广明源照明电器有限公司	弧光灯（卤钨灯、卤素灯）
小熊	广东小熊电器有限公司	电热制酸奶器
Vanward 万和	广东万和新电气股份有限公司	煤气灶，电热水器
Efini	李杰明	电热壶，电力煮咖啡机，电炊具
百得	中山百得厨卫有限公司	燃气炉，热水器
Changdi 长帝	佛山市伟仕达电器实业有限公司	电烤箱
巧康	中山市巧康电器制造有限公司	电炊具（电压力锅）
新力士	日升五金制品（深圳）有限公司	电炉（自助餐加热产品），烹调器具（自助餐加热产品），电炊具（自助餐加热产品）
Rileosip	中山市雅乐思电器实业有限公司	电磁炉
ELECPRO	广东伊立浦电器股份有限公司	电火锅，电压力锅（高压锅），电饭锅

（续上表）

商标	商标注册人	认定商品或服务项目	商标	商标注册人	认定商品或服务项目	商标	商标注册人	认定商品或服务项目
SKG	佛山艾诗凯奇电气有限公司	电热水器，烹调器具		东莞市金叶珠宝有限公司	贵重金属合金，链（首饰），戒指（首饰）		深圳市为海建材有限公司	混凝土
美斯特	中山市美斯特实业有限公司	电热水瓶		深圳市东方金钰珠宝实业有限公司	翡翠，珠宝（首饰），玉雕首饰		李进财	石料，石头构件
名健	佛山市顺德区名健电器制造有限公司	电热水器	六瑞	深圳市金艺珠宝有限公司	翡翠，宝石（珠宝），戒指（珠宝）	罗浮山牌	惠州市罗浮山水泥集团有限公司	水泥
SOUTHSTAR	广州市赛思达机械设备有限公司	烘烤器具（烹调器具）	金福佳	深圳市金福佳金银珠宝有限公司	手镯（首饰），链（首饰），戒指（首饰）		华润水泥投资有限公司	水泥
	珠海三麦机械有限公司	面包烘箱，烤面包箱	圣德宝	深圳市圣德宝实业有限公司	项链（珠宝），戒指（珠宝），装饰品（珠宝）		惠州市宝湖建材制造有限公司	水泥
SHINI	东莞信易电热机械有限公司	干燥器，干燥设备，干燥料斗	威妮華 Viennois	广州市威妮华时尚首饰有限公司	项链（首饰），耳环，戒指（首饰）		佛山市天纬陶瓷有限公司	瓷砖
NAW 南洋有为	佛山市南海南洋电机电器有限公司	通风设备和装置（空气调节）（风幕机）		邱梓桑	翡翠		佛山市金巴利陶瓷有限公司	瓷砖
squirrel	广州迪森家用锅炉制造有限公司	燃气采暖热水炉，家用锅炉，壁挂锅炉	黄金资讯	深圳市黄金资讯集团有限公司	贵重金属艺术品（纪念币、金条）		广东新明珠陶瓷集团有限公司	建筑用非金属墙砖，非金属地板砖，瓷砖
ROC	广东诺科冷暖设备有限公司	壁炉（燃气壁挂炉）		深圳市仙路珠宝首饰有限公司	宝石（珠宝）	纯美	广东纯美陶瓷有限公司	瓷砖
DEVOTION	广州迪森热能设备有限公司	常压热水锅炉（油、气），燃油锅炉辅机设备，燃气锅炉辅机设备		深圳市金钻缘珠宝首饰有限公司	银首饰		佛山市新华陶瓷业有限公司	瓷砖
CAIZHOU	广东彩洲卫浴实业有限公司	水龙头，浴室装置，淋浴器	美得理	得理乐器（珠海）有限公司	乐器（电子琴，数码钢琴）	ITTO 意特陶	广东宏陶陶瓷有限公司	瓷砖
CLEANMAX	广东省轻工进出口股份有限公司	各种单水龙头，电子自动感应水嘴	Alice	广州市罗曼士乐器制造有限公司	乐器弦	比卡拉	广东安基装饰砖集团有限公司	瓷砖
WOMA	佛山市欧威斯洁具制造有限公司	浴室装置	中发	中山永发纸业有限公司	瓦楞原纸（纸板），牛皮纸板		佛山市新联发陶瓷有限公司	瓷砖
贝尔马	中山市贝尔马卫浴有限公司	水箱液面控制阀，马桶座圈，坐便器		东莞振兴纸品有限公司	印刷品，纸板盒或纸盒		广东新明珠陶瓷集团有限公司	建筑用非金属墙砖，非金属地板砖，瓷砖
金莎丽	中山市莎丽卫浴设备有限公司	淋浴隔间，整体浴室，坐浴浴盆		广东金冠科技股份有限公司	印刷品，日历（年历）		广东新润成陶瓷有限公司	瓷砖，非金属地板砖
ROSERY	中山市伟莎卫浴有限公司	浴室装置，淋浴器，沐浴用设备		深圳市金之彩文化创意有限公司	瓶用纸板或纸制包装物，包装用纸袋或塑料袋，纸板盒或纸盒	L&D	广东家美陶瓷有限公司	非金属地板砖，瓷砖，树脂复合板
HUI ZHONG 汇众	广东汇众环境科技股份有限公司	污水处理设备，水净化装置，水软化器	TAILI太力	中山市太力家庭用品制造有限公司	包装用纸袋或者塑料袋（信封、小袋）（真空压缩袋）		广东东鹏控股股份有限公司	建筑砖瓦
BYD	比亚迪股份有限公司	汽车、电动车辆	金得利	广东华隆文具有限公司	文件夹	one&one 壹加壹	广东新润成陶瓷有限公司	建筑砖瓦
WINBO 东箭	广东东箭汽车用品制造有限公司	车辆行李架，汽车两侧脚踏板，车辆保险杆	真彩 TrueColor	广东乐美文具有限公司	书写工具	dths	广东东鹏陶瓷股份有限公司	瓷砖
陆地方舟	深圳市陆地方舟新能源电动车集团有限公司	电动车辆	CHENQI 晨奇	广东晨奇文具实业有限公司	自来水笔	路翔	路翔股份有限公司	改性沥青，建筑用沥青产品
井上建上	东莞井上建上汽车部件有限公司	车辆内装饰品	相の宝	佛山美林数码影像材料有限公司	不干胶纸（冷裱膜）	APF	广东科顺化工实业有限公司	防水卷材
Smartkey	广州市雄兵汽车电器有限公司	车辆防盗设备	POS	佛山市顺德区亿达汽车密封件有限公司	密封环，密封橡皮圈	KOALA BEAR	广州星河湾实业发展有限公司	非金属建筑装饰板
Powerful	广东华铟勇士汽车用品有限公司	车辆保险杆，车辆行李架		广州机械科学研究院有限公司	液态密封胶（化合物），密封圈	冠牛 Energetic bull	深圳市冠牛木业有限公司	非金属门，非金属门框，非金属门板
Richtek	东莞瑞柯电子科技股份有限公司	气泵（车辆附件）	OKER澳佳	深圳市澳佳胶带有限公司	非文具、非医用、非家用粘合胶带（封缄胶带）	南亮	佛山市南亮玻璃有限公司	镀膜玻璃
SPY	广东小飞将科技有限公司	车辆防盗设备	科聚	深圳市科聚新材料有限公司	合成树脂（半成品），半加工塑料物质，橡胶或塑料填料	索菲亞	索菲亚家居股份有限公司	家具，家具门，非金属门装置
五羊 WUYANG	广州汽车集团股份有限公司	摩托车	XIONG YI	东莞市兄奕塑胶制品有限公司	塑料条（家具封边条）		东莞富运傢俬有限公司	家具
UCC	广州环球自行车工业有限公司	自行车	GARY	佛山市顺德区伦教希顺塑料厂	有机玻璃	维意 WAYES	佛山市维尚家具制造有限公司	家具
SONGI	陈少裕	自行车（电动自行车）		东莞南泰绝缘材料有限公司	绝缘材料	迪欧	中山迪欧家具实业有限公司	办公家具
台铃	深圳市深铃车业有限公司	机动自行车	NewTechWood	惠东美新塑木型材制品有限公司	绝缘材料	中泰	中山市中泰龙办公用品有限公司	家具，办公家具
	东莞硕仕儿童用品有限公司	婴儿车	HR	广州市赫莲娜服饰实业有限公司	手提包，钱包，旅行箱（袋）		广东雅柏家具实业有限公司	家具，沙发
	阳江市顺和工业有限公司	手推车，折叠行李车，推车小脚轮（车辆）	lina 林安	广东丰之林木工艺品有限公司	胶合板（难燃胶合板）		佛山市南海区金龙恒家具有限公司	弹簧床垫
迈克	中山市小榄镇鸿泰五金塑料厂	补内胎用胶粘补片	SAMPOLY 深福	深圳市拓奇实业有限公司	纤维板（浸渍胶膜纸饰面板）	福邦 FU BANG	吴文球	家具，办公家具
江龙船舶 Jianglong Shipbuilding	广东江龙船舶制造有限公司	船（玻璃钢船及复合型船舶），游艇（玻璃钢及复合型游艇）	桢英 ZHEN YING	佛山市南海区西樵桢英木业有限公司	胶合板		鹤山市新红阳实业有限公司	家具
	广东省土产进出口（集团）公司	爆竹，烟花（出口）		万峰石材科技有限公司	石板，大理石，人造石		湛江昌发家具制造有限公司	家具

（续上表）

商标	商标注册人	认定商品或服务项目
名鼎世	广东红运家具有限公司	家具
ON LEAD	罗胜辉	办公家具
虹桥	佛山市虹桥家具有限公司	椅子（座椅）
	佛山市骏业家具发展有限公司	家具
韩丽 HANEX	广东韩丽家居集团股份有限公司	餐具柜，家具（陈列柜）
联邦·高登	广东联邦家私集团有限公司	壁柜
顶固	广东顶固集创家居股份有限公司	家具（衣柜、书柜）
御鸣居 YUMINGJU	萧凤秋	家具（红木家具）
宜心	珠海宜心家居有限公司	非金属容器（存储和运输用）（收纳整理箱）
创明	广东创明遮阳科技有限公司	室内百叶窗（遮阳）（家具），条板式室内窗帘，窗帘轨
凌丰	广东凌丰集团股份有限公司	非电高压锅（加压炊具），家用非贵重金属器皿，非电热锅
	广东新科达实业有限公司	非贵重金属厨房用具
	中山市万雄卫厨制品有限公司	矮脚金属架（餐具）
	广州市恒福茶业有限公司	日用瓷器（包括盆、碗、盘、壶、餐具、缸、坛、罐），日用玻璃器皿（包括杯、盘、壶、缸），非贵重金属茶具
	隆年华实业（深圳）有限公司	家庭用陶瓷制品
	潮州市广嘉陶瓷制作有限公司	日用瓷器（包括盆、碗、盘、壶、餐具、缸、坛、罐），日用陶器（包括盆、碗、盘、缸、坛、罐、炻器餐具）
Evernice	深圳市泰仓祥实业有限公司	家庭用陶瓷制品，日用瓷器（包括盆、碗、盘、杯、碟、壶、餐具、缸、坛、罐）
	黄福传	家庭用陶瓷制品，日用瓷器（包括盆、碗、盘、壶、餐具、缸、坛、罐）
	饶平县胜佳陶瓷工艺厂	家庭用陶瓷制品，瓷器装饰品，茶具
玉隆 YULONG	潮州市玉隆陶瓷制作有限公司	瓷、赤陶或玻璃艺术品
金鹿 JINLU	广东金鹿陶瓷实业有限公司	瓷、赤陶或玻璃艺术品，瓷器装饰品
SEKO新功	广东新功电器有限公司	茶具，茶托，茶壶
eko	广州市亿科贸易发展有限公司	垃圾筒，垃圾箱
鸿润发	广东鸿润发实业有限公司	水桶，洗澡桶，筛（家用器具）
振兴	广州市振兴实业有限公司	清洁器具（手工操作），食物保温容器，刷子
源盛	东莞市粤源包装有限公司	包装用纺织品袋（信封、小袋），包装用纺织品袋（包）
	佛山佛塑科技集团股份有限公司	编织织物，聚丙烯编织布，聚乙烯编织布
	佛山市三水佳利达纺织染有限公司	织物，布，纺织品垫
	佛山市南海天鹿纺织有限公司	棉织品，毛织品，苎麻织品
吉贝 JI BEI	刘信江	纺织织物
新昌景	增城市新昌景纺织品有限公司	布（牛仔布）
莲盈	东莞市莲盈无纺科技有限公司	无纺布
3MR	恩平市奕马企业有限公司	无纺布
音儿	深圳影儿时尚集团有限公司	服装
VERSINO	深圳市中惠福实业有限公司	服装
Canudilo	广州卡奴迪路服饰股份有限公司	服装
Annil	深圳市岁孚服装有限公司	童装，婴儿全套衣
歌莉娅	广州市格风服饰有限公司	服装（女装）
Song of Song	深圳影儿时尚集团有限公司	服装
K	广东大哥大集团有限公司	衣物，帽，领带
青蛙王子 FROG PRINCE	佛山市南海区弗格平治服饰有限公司	童装
DAZUN	东莞市大朗镇经济联合总社	服装（毛织服装）
D&C	中山市裕骏制衣有限公司	衣服（牛仔服装）
LEBARIO	深圳市莱尔利奥服饰有限公司	衣物，制服，西服制服
DISY	广东泰源鑫实业有限公司	内衣
Aidai 爱戴	周绪泽	服装（乳罩）
	李创雄	针织品（服装）（内衣内裤）
天姿芳	广东天姿芳内衣实业有限公司	乳罩
KISSCAT	广州天创时尚鞋业股份有限公司	鞋（女鞋）
	广东骆驼服饰有限公司	皮鞋
蒙尼克	揭阳市蒙尼克鞋业有限公司	鞋
PRINCE PARD	张明才	鞋（童鞋）
	佛山市顺德区和亨袜业有限公司	袜
哎呀呀	哎呀呀饰品连锁股份有限公司	头发夹（发夹），头发装饰品，发带
千千氏	广州千千氏工艺品有限公司	头发装饰品
LC	东莞龙昌数码科技有限公司	玩具，积木，玩具汽车
喜木玩具	汕头市澄海区喜木塑胶玩具有限公司	玩具，智能玩具
	广东奥飞动漫文化股份有限公司	玩具，游戏机，陀螺（玩具）
auby澳贝	广东奥飞动漫文化股份有限公司	玩具，积木（玩具），玩具娃娃
dbolo迪宝乐	广州迪宝乐电子有限公司	积木，玩具，智能玩具
	汕头市澄海区华达玩具有限公司	玩具车，玩具，智能玩具
	广东奥飞动漫文化股份有限公司	玩具（悠悠球）
JOEREX	广东麦斯卡体育用品有限公司	运动球类，羽毛球拍，游泳滑水板
壹号土	广东壹号食品股份有限公司	肉，鸡肉，蛋
瑶土	连州市瑶土农业有限责任公司	肉片
	饶平县杜盛食品有限公司	死家禽
千膳村	中山市千膳村食品有限公司	腊肠
	林贤胜	鱼制食品（即食）
	赖新庭	果仁巧克力酱
大八益智	广东阳江八果圣食品有限公司	蜜饯
	胡谭喜	腌制蔬菜，干蔬菜
	化州市樱花泉食品有限公司	蔬菜罐头，腌制蔬菜，罐装水果
燕塘	广东燕塘乳业股份有限公司	牛奶，牛奶制品
	温少强	黄油（人造奶油）
富万家	河源富万家农业发展有限公司	糖炒栗子
菊皇	康美药业股份有限公司	茶，茶叶代用品
岩中玉兔 YANZHONGYUTU	魏顶国	茶
	广州市珍奇味食品有限公司	糖果，糕点
泰茂	广东泰茂食品有限公司	糖果，巧克力
国盛源	深圳市国盛源药业有限公司	非医用营养液
MCKIN麦金利	深圳市麦金利实业有限公司	非医用营养胶囊
	韶关市詹氏养蜂场蜂业有限公司	蜂蜜，食用蜂花粉，食用王浆（非医用）
	东莞万好食品有限公司	糕点，包子
金苹果	广东金苹果食品有限公司	月饼
元朗	珠海元朗食品有限公司	糕点（蛋卷）
来利洪	刘启洪	饼干
	广东粮丰园食品有限公司	糕点，饼干
	东莞市味盟食品有限公司	糕点，饼干
	肇庆市肥仔伟食品有限公司	粽子（裹蒸粽）
谷尊	深圳市稼贾福实业有限公司	米
	广东金祥食品有限公司	谷类制品，麦片
	增城市粮食局新塘粮食管理所	大米
	惠州伴永康粮油食品有限公司	米，谷类制品

（续上表）

商标	商标注册人	认定商品或服务项目
	广东乡意浓农业科技有限公司	米
陈村	黄汉标	方便面，米粉
	惠州市金种家禽发展有限公司	孵化蛋（已受精），种家禽，活家禽
李艺	惠州李艺金钱龟生态发展有限公司	活动物（金钱龟）
石坝三黄	博罗县石坝镇三黄畜牧有限公司	活家禽，孵化蛋（已受精）
新宝	湛江市东海岛东方实业有限公司	虾（活）
	湛江海茂水产生物科技有限公司	活虾（南美白对虾虾苗）
	宏辉果蔬股份有限公司	鲜水果，新鲜蔬菜
	乐昌市九峰镇绿峰果菜专业合作社	鲜水果（奈李），柑桔，桃
	高州市永兴生态农业发展有限公司	荔枝，鲜水果（龙眼）
	惠州市雨露明农业发展有限公司	新鲜蔬菜
	广州东升农场有限公司	新鲜蔬菜
	勇记农业开发（惠州）有限公司	新鲜蔬菜
合水粉葛	佛山市粉葛种植协会	粉葛（新鲜蔬菜）
砚洲	肇庆市鼎湖区广利砚洲粉葛专业合作社	食用植物根
	广东省金稻种业有限公司	植物种子
比利美英伟	深圳比利美英伟营养饲料有限公司	猪饲料，饲料，动物饲料
	广州智特奇生物科技股份有限公司	非医用饲料添加剂
汇昌	林豪杰	动物用鱼粉（蒸汽鱼粉）
天地壹号	天地壹号饮料股份有限公司	无酒精饮料（醋饮料）
东鹏	深圳市东鹏饮料实业有限公司	无酒精饮料
爱森	广东爱森食品饮料有限公司	水（饮料）（天然净水）
	阳山山泉天然饮用水有限公司	水（饮料）（天然净水）
九江双蒸	广东省九江酒厂有限公司	酒（饮料），米酒
威力神	湛江三角威力神酿酒集团有限公司	酒
	惠州市南昆昆竹酒业有限公司	糯米酒，米酒
十二岭 TWELVE RIDGE	广东十二岭酒业有限公司	果酒（含酒精）
	广东澄海酒厂股份有限公司	酒（米酒）
	中国对外贸易中心（集团）	组织商业或广告交易会，组织商业或广告展览
GZLI	广州轻出集团股份有限公司	进出口代理
唯品会	广州唯品会信息科技有限公司	替他人推销
天河城	广东天河城（集团）股份有限公司	推销（替他人）
	东莞市时尚电器有限公司	推销（替他人）
水贝珠宝	深圳市水贝珠宝有限公司	推销（替他人）
运通四方	运通四方汽配供应链股份有限公司	推销（替他人）（国产商用车配件）
广顺	深圳市广顺五金电器有限公司	推销（替他人）
一览英才	深圳市一览网络股份有限公司	人事管理咨询，人员招收
粤海	广东粤海控股有限公司	资本投资
	深圳联合金融控股有限公司，深圳金融电子结算中心	金融服务，票据交换（金融），电子结算（金融）
承翰 CHENGHAN	深圳市承翰投资开发集团有限公司	住所（公寓）
宝能地产	深圳市宝能投资集团有限公司	不动产管理，商品房销售
世联	深圳世联地产顾问股份有限公司	不动产代理，不动产估价，不动产经纪人
	广州粤华物业有限公司	不动产管理
国众联 GUOZHONGLIAN	国众联资产评估土地房地产估价有限公司	不动产评估，金融评估（保险、银行、不动产）
汇景	汇景集团有限公司	建筑
宝鹰	深圳市宝鹰建设集团股份有限公司	室内装潢修理
CENTURYSTAR 世纪达	广东世纪达装饰工程有限公司	室内装潢，建筑
奇信集团	深圳市奇信建设集团股份有限公司	室内装潢，建筑施工监督，建筑
中装	深圳市中装建设集团股份有限公司	室内装潢，供暖设备的安装和修理，建筑施工监督
TERART	深圳市特艺达装饰设计工程有限公司	室内装潢
	深圳市建筑装饰（集团）有限公司	室内装潢
玉禾田	深圳市玉禾田物业清洁管理有限公司	清扫建筑（外表面），清扫建设物（内部），清洗窗户
顺恒利	深圳市顺恒利实业发展有限公司	办公室用机器和设备的安装、保养和修理，电器设备的安装与修理
LJDE	广东立乔交通工程有限公司	电子警察监控系统的安装和维护，照明设备的安装和修理
多玩 duowan.com	广州华多网络科技有限公司	信息传送，提供与全球计算机网络的电讯联接服务
神彩	深圳神彩物流有限公司	货运，汽车运输，仓库出租
	东莞市南方物流有限公司	卸货，货运，仓库出租
ERoad 恒路	深圳市恒路物流股份有限公司	运输
	广州市明通运输有限公司	搬迁，卸货
GLOFOR 佳捷	深圳市佳捷现代物流有限公司	货运经纪（第三方物流）
一起飞	广州一起飞国际旅行社有限公司	旅行预定，旅行座位预定
MEIYA	广州美亚电子商务国际旅行社有限公司，广州市美亚国际物流有限公司	旅游预定，旅游安排
GCPC	格林精密部件（惠州）有限公司	定做材料装配（替他人）
YUTO	深圳市裕同包装科技股份有限公司	平版印刷，印刷，图样印刷
	广州市有福数码科技有限公司	印刷业
HEADWATER 恒通源	深圳恒通源水处理科技有限公司	水净化
	东莞市观音山森林公园开发有限公司	公共游乐场，假日野营服务（娱乐），筹划聚会（娱乐）
	广东色色婚纱摄影有限公司	摄影
	广东建筑消防设施检测中心有限公司	质量检测（消防设施）
中明	广东中明建筑装饰实业有限公司	工程（建筑幕墙工程）
柏星龙	深圳市柏星龙创意包装股份有限公司	包装设计，工业品外观设计，造型（工业品外观设计）
迅雷	深圳市迅雷网络技术有限公司	计算机数据库存取时间租赁，计算机软件设计，把有形的数据和文件转换成电子媒体
iPanel	深圳市茁壮网络股份有限公司	计算机编程，计算机软件设计，把有形的数据转换成电子媒体
凡拓	广州市凡拓数码科技有限公司	计算机软件设计，把有形的数据和文件转换成电子媒体
39	广州启生信息技术有限公司	主持计算机站（网站），把有形的数据和文件转换为电子媒体
The Garden Hotel	广州花园酒店有限公司	备办宴席，住所（饭店、供膳寄宿处），餐馆
爱视	深圳市爱视医疗服务有限公司	医疗诊所，医务室，医疗护理
KINGMED 金域	广州金域医学检验中心有限公司	医疗辅助
和顺堂	深圳市和顺堂医药有限公司	医疗诊所，保健，医药咨询
GUOYI	深圳市国艺园林建设有限公司	庭园风景，园艺，草坪修整（高尔夫草坪修整）
文科园林 Wenke Landscape	深圳文科园林股份有限公司	庭院风景布置，园艺，风景设计
哲力 JILY	广东哲力知识产权事务所有限公司	知识产权的申请代理，法律服务，知识产权咨询

2013年广东省著名商标延续认定名单

（按商标注册用商品或服务国际分类顺序）

商标	商标注册人	认定商品或服务项目
实华	茂名石化实华股份有限公司	合成树脂塑料，烃类推进剂，碳五发泡剂
	江门市制漆厂有限公司	油漆，铝涂料，木器涂料
	广福建材（蕉岭）精化有限公司	碳酸钙，滑石，重晶石
Dymatic	广东德美精细化工股份有限公司	染料助剂
正大制釉 ZHENGDA GLAZE	佛山市正大制釉有限公司	陶瓷釉料，工业增亮化学制品（颜料），烧结用陶瓷合成物（颗粒和粉末）
Nonfemet	深圳市中金岭南科技有限公司	电池用锌粉（电池原材料）
	广东三水大鸿制釉有限公司	陶瓷釉，陶瓷上釉料
	美晨集团股份有限公司	速发蛋糕油，消泡剂
	珠海市斗门福联造型材料实业有限公司	铸造制模用物料，铸造用砂，铸粉
AIMSEA 志海	深圳市志海实业有限公司	塑料助剂
	广州市二轻工业科学技术研究所	镀镍添加剂（含挂镀、滚镀），电镀前处理除油剂，代铬电镀添加剂
	广州化学试剂厂	化学试剂
	广州科苑新型材料有限公司	聚丙烯，未加工塑料，未加工合成树脂
	东莞市金威化工有限公司	氯化聚丙烯（不含化学危险品）
芭田	深圳市芭田生态工程股份有限公司	肥料
彩虹牌 CAIHONGPAI	广东天禾中加化肥有限公司	水稻专用肥，香蕉专用肥，荔枝专用肥
	茂名市穗田复合肥有限公司	农业肥料，混合肥料，化学肥料
泽邦	广东信澳化肥有限公司	肥料
	茂名市农丰复合肥厂	混合肥
	广东传丰复合肥厂有限公司	农业肥料，混合肥料，肥料制剂
GUANGYI	广东广益科技实业有限公司	食品储存用化学品，食品防腐用化学品
BAI YUN	广州市白云化工实业有限公司	粘胶，工业用胶
宏英 HONG YING	佛山市宏英实业有限公司	粘胶液（硅酮耐候胶）
GAO JU	佛山市三水科鑫化工有限公司	靴和鞋粘接剂
金萬得	广东金万得胶粘剂有限公司	工业用胶粘剂，粘胶液
	广州一江化工有限公司	聚醋酸乙烯乳液，工业用粘合剂
百利合	百利合化工（中山）有限公司	工业用粘合剂（人造毛皮粘合剂）
	洋紫荆油墨（中山）有限公司	印刷油墨
	珠海市乐通化工股份有限公司	印刷油墨，印刷合成物（油墨）
YK 英科	东莞市英科水墨有限公司	印刷油墨（水性油墨）
天龍	广东天龙油墨集团股份有限公司	印刷油墨
	嘉宝莉化工集团股份有限公司	聚酯家具漆，聚酯树脂
展辰	展辰涂料集团股份有限公司	涂料，油漆，油墨
Blue Sea	佛山市万正涂料有限公司	木材涂料（油漆）
STARVIC 四方威凯	江门市四方精细化工有限公司	油漆（摩托车、工程机械），银涂料（汽车轮毂），清漆
福田 FUTIAN	广州市福田实业有限公司	漆（汽车漆）
青竹	广州珠江化工集团有限公司	涂料，油漆及辅料
绿树 LUSHU	广东绿树涂料有限公司	（储油罐及输油管专用）油漆，涂料，油漆稀释剂
华林牌 HUALIN	广东华林化工有限公司	脂松香，马来松香，萜烯树脂
蓝月亮	广州蓝月亮实业有限公司	洗涤剂，抑菌洗手液，厕所清洁剂
浪奇 LONKEY	广州市浪奇实业股份有限公司	香皂，洗涤剂
樱雪	中山市美日洁宝有限公司	沐浴露，洗发水，洗面奶
WANLI 万丽	广州市浪奇实业股份有限公司	洁厕精
MINGFANG 名芳	广东铭康香精香料有限公司	香皂香精，化妆品用香料，芳香剂（香精油）
星湖	广东省肇庆香料厂有限公司	乙基麦芽酚，甲基麦芽酚，烟用香料
MARUBI 丸美	广东丸美生物技术股份有限公司	防皱霜，增白霜
DANZI	广州市白云联佳精细化工厂	化妆品，洗面奶，洗发液
好迪	广州好迪集团有限公司	化妆品，洗面奶
蕾琪 LEIQI	广东蕾琪化妆品有限公司	口红，香水，增白霜
EDELWEISS 雪柔	广东雪柔精细化工实业有限公司	化妆品
可贝尔	珠海海狮龙生物科技有限公司	化妆品（水晶美容贴膜）
甜香	美晨集团股份有限公司	化妆品，护发素，洗面奶
KANGMEI	康美药业股份有限公司	人用药
信立泰	深圳信立泰药业股份有限公司	人用药，化学药物制剂，原料药
	广州白云山和记黄埔中药有限公司	中药成药
	广东一力集团有限公司	片剂（复方感冒灵片、复方丹参片）
	广东众生药业股份有限公司	西药，中成药，药茶
阿莫仙	珠海联邦制药股份有限公司中山分公司	人用药（阿莫西林制剂）
特一	广东台城制药股份有限公司	人用药（止咳宝片、金匮肾气片、红霉素肠溶片）
达力芬	深圳致君制药有限公司	化学药物制剂，药物胶囊
LITAI	广东利泰制药股份有限公司	人用药（氨基酸系列注射液）
敬修堂	广州白云山敬修堂药业股份有限公司	中药成药，酊剂，膏剂
华南牌	广东华南药业集团有限公司	西药（硫糖铝混悬液，头孢氨苄胶囊，氯芬黄敏片）
冯了性	佛山冯了性药业有限公司	药酒，中药成药
美寶	汕头市美宝制药有限公司	湿润烧伤膏（药膏）
铍宝	广东太安堂药业股份有限公司	卫生消毒剂，药物胶囊
贝复舒	珠海亿胜生物制药有限公司	眼药水，医药制剂（眼用凝胶）
	广东新峰药业股份有限公司	中成药，西药
圣通平	广东环球制药有限公司	片剂（硝苯地平缓释片）
丽珠得乐	丽珠医药集团股份有限公司	人用药
	广东太安堂药业股份有限公司	人用药（消炎癣湿药膏）
邦民制药 BMP	广东邦民制药厂有限公司	人用药（注射用头孢地嗪钠、阿莫西林胶囊、心脉通片）
君泰 JUNTAI	东莞市亚洲制药有限公司	中药成药（双黄连口服液）
太太口服液	健康元药业集团股份有限公司	口服液
	广东联康药业有限公司	中成药（八宝惊风散）
丽珠威	丽珠医药集团股份有限公司	人用药品（抗疱疹病毒药）
鱼王石	广东省阳春市信德生物科技发展有限公司	卫生消毒剂
丽扶欣	丽珠医药集团股份有限公司	人用药（注射用头孢类抗生素）
LONZA	龙沙（中国）投资有限公司	医用营养添加剂（烟酰胺）
天寶	广东省天宝生物制药有限公司	兽医用制剂，兽医用药
牧童牌	广东海康兽药有限公司	兽药
	广州立白企业集团有限公司	蚊香
	广东湛江吉民药业股份有限公司	橡皮膏（麝香追风膏）
	广东韶钢松山股份有限公司	钢筋，钢材
KAI SHENG	广东开盛钢铁实业有限公司	钢条，钢板，合金钢
YGP	广东友钢钢铁有限公司	钢条，铁条，金属建筑材料
ZHONG RUEN	广东中润钢铁实业有限公司	钢条，铁条，钢丝
五羊	广州钢铁企业集团有限公司	热轧带肋钢筋，线材，钢板
	佛山市华鸿铜管有限公司	铜管，铜型材
	广亚铝业有限公司	各种型材，普通金属合金，金属板
HGS	广东华冠钢铁有限公司	钢板，镀锌钢板，烤漆钢板
	广东中亚铝业有限公司	铝合金型材
粤亚	佛山市南海新亚铝业不锈钢有限公司	普通金属合金（铝合金型材）
	佛山市南海永丰铝型材有限公司	金属板条，金属隔板，金属门（铝制品）
ND南大	佛山市兴亚铝业有限公司	铝合金型材
傲翔牌 AO XIANG PAI	广东大鹏铝业有限公司	普通金属合金（铝合金型材）
	佛山市高明协进不锈钢制品有限公司	不锈钢型材
QFD	深圳市粤深钢投资集团有限公司	钢条（螺纹钢）
PCK	番禺珠江钢管有限公司	钢管，金属管

（续上表）

商标	商标注册人	认定商品或服务项目
圣迪生 EDISON	广州海鸥卫浴用品股份有限公司	金属阀门（非机器零件），金属管道配件，金属水管阀
	佛山市业和不锈钢有限公司	钢管（装饰用）
华捷	广东华捷钢管实业有限公司	钢管，镀锌管，防腐涂层钢管
	广州钢管厂有限公司	电焊钢管
	广东宝丽雅金属建材有限公司	建筑用金属板（金属装饰保温板）
GUANG HAO	广州广灏装饰材料有限公司，广州铝业有限公司	建筑用金属板，金属天花板
	鹏驰五金制品有限公司	金属螺丝，金属螺母
SH·ABC	广东星徽精密制造股份有限公司	金属铰链，家具用金属附件（滑轨）
国广	郑双喜	磁碰块（门吸）
MEIYI	潮州市美怡装潢五金有限公司	吸门器
BALING	广东霸菱科技有限公司	金属锁（非电），金属门把手
	中山亚萨合莱安防科技有限公司	金属锁，弹簧锁，电子锁
	广东坚士制锁有限公司	非电子金属锁，弹簧锁，非电子锁
飞球牌	广州市飞球锁业有限公司	门锁（球形锁）
MINGMENSI	陈力	金属锁，车辆用金属锁
HENGLI 恒力	广东恒力精密弹簧有限公司	弹簧（金属制品）
	深圳华特容器股份有限公司	其他包装容器（金属包装容器，马口铁包装容器，马口铁罐）
LAYA 莱雅	广东莱雅化工有限公司	压缩气体和液态空气用金属容器
Qida	东莞市千岛金属锡品有限公司	金属焊丝，金属焊条
FUDU 富都	阳东县富都塑金有限公司	农业机械（增氧机），泵（机器、发动机或马达部件）
Atman	中山市创星电器有限公司	水族池通气泵，水族池通水泵
Nanxing	东莞市南兴家具装备制造股份有限公司	木工机器
KINGTEX	广东丰凯机械股份有限公司	剑杆式无梭织布机
	广东大洋地毯机械设备厂有限公司	制地毯机械
LDL	广东省韶关烟草机械配件厂有限公司	工业用卷烟机，烟草加工机
	佛山市高明新明和机械技术研究开发有限公司	湿式PV人造革生产线，干式PV、PVC人造革生产线
ZHANYI	陈展新	刺绣机（电脑绣花机）
	广东轻工机械二厂有限公司	装瓶机，装卸设备，清洗设备
达诚	广东达诚机械有限公司	挤塑机
JMD	深圳市精密达机械有限公司	包装机（印刷业书刊装订包装设备）
	广东伊之密精密机械股份有限公司	注塑机
震德	佛山市顺德区震德塑料机械有限公司	注塑机

商标	商标注册人	认定商品或服务项目
FEEC	汕头市远东轻化装备有限公司	塑料扁丝拉丝机组，塑料覆膜机组，塑料片材机组
	广东乐善机械有限公司	塑料吹瓶机
SINO	先锐模具配件（东莞）有限公司	注塑机热流道系统
KEDA	广东科达机电股份有限公司	陶瓷工业用机器设备（包括建筑用陶瓷机械），玻璃工业用机器设备（包括日用玻璃机械）
FUSHAN	广东富山玻璃机械有限公司	玻璃加工机械（玻璃直线斜边机）
SICOMA	珠海仕高玛机械设备有限公司	混凝土搅拌器（机器），搅拌机（建筑）
SW	韶关新宇建设机械有限公司	混凝土搅拌机，搅拌站，配料站
	佛山市云雀振动器有限公司	混凝土振动器
	广州市京龙工程机械有限公司	升降设备
	广州富菱达电梯有限公司	自动楼梯
Veshai	肇庆威士海库房设备有限公司	装卸设备（库房专用），起重机（升降装置）
	广东锻压机床厂有限公司	锻压设备
赛瓦特	深圳市赛瓦特动力科技股份有限公司	柴油机，内燃机配件，发电机（组）
SWT	深圳市赛瓦特动力科技股份有限公司	内燃机配件，电机，柴油机
	罗定市水轮机厂有限公司	水轮机
Monte-Bianco	广东奔朗新材料股份有限公司	切削工具（包括机械刀片），刀具（机器零件），机械加工装置
KINDA	广东精创机械制造有限公司	金属加工机械，弯曲机，钻床
诺信	广州市诺信数字测控设备有限公司	铣床，机械加工装置，金属加工机械
TIMAX	惠州市大亚湾天马电子机械有限公司	机床（数控印刷板钻床）
亚洲 YaZhouJinDa	叶金汉	铝型材机械
FUNG YU	东莞丰裕电机有限公司	电子工业设备，喷漆机，涂装设备
JT 劲拓	深圳市劲拓自动化设备股份有限公司	电子工业设备（波峰焊机、回流焊机）
	中山大洋电机股份有限公司	电动机
Welling	广东威灵电机制造有限公司	铁壳电机，塑封电机
KB 凯邦电机	珠海格力电器股份有限公司	马达和引擎起动器
ENGGA	广州英格发电机股份有限公司	交流发电机
	广东鸿源众力发电设备有限公司	发电机（组），水力发电机和马达，泵（机器）
	潮州市汇能电机有限公司	水轮发电机
KENFLO	广东省佛山水泵厂有限公司	泵（真空泵、离心泵、混流泵）
	南方风机股份有限公司	除尘等用的鼓风机，离心机，气体压缩、排放、输送用鼓风机
HAILEA	广东海利集团有限公司	泵（潜水泵、气泵），空气压缩机
	广东瑞荣泵业有限公司	水泵（潜水电泵）

商标	商标注册人	认定商品或服务项目
方大	广东省肇庆方大气动有限公司	气动元件
广液	广东广液实业股份有限公司	高性能叶片泵
IB	韶关东南轴承有限公司	滚珠轴承（汽车用轴承）
	广东阳春轴承股份有限公司	轴承
	梅州市沐华齿轮有限公司	齿条齿轮转动装置，机器轴，机器转动装置
SAWA 砂威	深圳市二砂深联有限公司	磨具（手工具）
	阳江市江城区顺全五金制品厂	钳，刀（小刀）
FASAKA	阳江市祥业实业有限公司	刀，剪刀
庖切夫 PRO-CHEF	阳江市浩强工贸有限公司	刀，剪刀
	阳东县天上红厨业有限公司	切菜刀，餐具（刀、叉和匙）
	阳江市三宝刀业有限公司	菜刀，刀（手工具）
十八子作	阳江十八子厨业有限公司	刀（手工具），菜刀，折叠刀，开罐头刀
KINYI	阳江市新毅剪刀有限公司	剪刀
神舟	深圳市神舟电脑股份有限公司	计算磁盘，计算机器，计算机周边设备
	东信和平科技股份有限公司	智能卡，IC卡（集成电路卡），磁条卡
LAUNCH	深圳市元征科技股份有限公司	电脑检测仪，电脑解码器，汽车故障诊断电脑
CIRIC	深圳中航信息科技产业股份有限公司	与计算机联用的打印机（金融特种打印机）
microlab 麦博	深圳市麦博电器有限公司	扬声器音箱，计算机周边设备（机箱）
MANGO	中山达华智能科技股份有限公司	非接触式IC卡读卡器，智能卡（集成电器卡）
	深圳华视电子读写设备有限公司	（证件用）信息处理机（中央处理装置），读出器（数据处理设备），智能卡（集成电路卡）
Cosonic	东莞市佳禾电子有限公司	耳塞机，扩音器喇叭
Netac	深圳市朗科科技股份有限公司	数据处理设备，计算机储存器，计算机周边设备
新贵	深圳市富业达实业发展有限公司	计算机键盘，计算机周边设备（鼠标）
AOSIKA	讯维数码科技（中山）有限公司	密纹盘（只读存储器），密纹光盘（可读存储器）
	七喜控股股份有限公司	计算机，计算机外围设备，计算机周边设备
Wcon	东莞市维峰五金电子有限公司	计算机周边设备（计算机连接器及线束线缆）
GXIN	东莞市恒兴电子五金有限公司	散热器（电子产品配件）
怡化	深圳市怡化电脑有限公司	现金存取款机，现金存款机
	广东香山衡器集团股份有限公司	衡器，台秤，人体秤
Coolpad 酷派	宇龙计算机通信科技（深圳）有限公司	成套无线电话机，可视电话
AnnAtec	京信通信系统（广州）有限公司	天线
卡仕达	广东好帮手电子科技股份有限公司	车辆用导航仪器（随车计算机），车辆用收音机，电视荧光屏

（续上表）

商标	商标注册人	认定商品或服务项目
	广东通宇通讯股份有限公司	天线
	广东天波信息技术股份有限公司	程控电话交换设备（IC卡公用电话终端、无线终端、IP融合通信系统）
宏电 Hongdian	深圳市宏电技术股份有限公司	调制解调器，网络通讯设备
Kirisun 科立讯	科立讯通信股份有限公司	对讲机，载波设备
	普宁市源丰电器有限公司	室内外天线
	深圳市索莱实业股份有限公司	扬声器音箱，车辆用收音机，录音机
德生	东莞市德生通用电器制造有限公司	音像设备（收音机）
	台山钟神音响科技有限公司	功放机
奥林 AO LIN	广东奥林磁电实业有限公司	空白录音磁带，空白录像磁带
DTAV 東田	广东东田教育集团有限公司	激光视盘
雅图	深圳雅图数字视频技术有限公司	幻灯放映机，幻灯片放映设备，教学投影灯
GOTECH	高铁检测仪器（东莞）有限公司	材料检验仪器，（橡胶/塑料/制鞋/皮革/胶带/化工）试验机
	深圳市兴源鼎新科技有限公司	水表
Rational	广东万濠精密仪器股份有限公司	精密测量仪器，光学器械和仪器
HAN'S	深圳市大族激光科技股份有限公司	激光标记机，光学器械和仪器，非医用激光器
	广东中联电缆集团有限公司	电线，电缆
新亚 SHINE	广东新亚光电缆实业有限公司	电线，电缆
	深圳市金环宇电线电缆有限公司	电线，电缆
金信诺 Kingsignal	深圳金信诺高新技术股份有限公司	同轴电缆
联嘉祥 LJX	深圳市联嘉祥科技股份有限公司	电话线
JINLAN	广东金华电缆股份有限公司	电线，电缆
	汕头超声印制板公司	双面、单面、多层印制电路板
	深圳市雄韬电源科技股份有限公司	蓄电池，电池
顺特电气 SUNTEN	顺特电气设备有限公司	变压器，电抗器，组合式变电站
Inovance	深圳市汇川技术股份有限公司	变频器，伺服控制器，可编程控制器
click	深圳可立克科技股份有限公司	变压器（电），低压电源
	广东志成冠军集团有限公司	稳压电源
BM	广东丰明电子科技有限公司	电容器
炬力	炬力集成电路设计有限公司	集成电路
MANK 曼科	广东锦力电器有限公司	电器插座（触点），高低压开关板
	深圳奥特迅电力设备股份有限公司	逆变器（电），整流用电力装置，电站自动化装置
	深圳美凯电子股份有限公司	变压器（数字电视系统设备用）
四会	广东四会互感器厂有限公司	互感器，传感器，变压器（电）
	广州骏发电气有限公司	变压器
secopower	珠海南方华力通特种变压器有限公司	变压器
GCA	广东吉熙安电缆附件有限公司	电缆接头套，电器接插件，电线连接物
Vmark	中山市朗日电器有限公司	不间断电源，稳压器
AMB	深圳市安邦信电子有限公司	变频器
DONGAO 东奥	信宜江东电子有限公司	电感线圈
UNIONMAN	广东九联科技股份有限公司	音像设备（数字电视机顶盒）
英威腾 invt	深圳市英威腾电气股份有限公司	配电箱（电），配电控制台（电）
UT UNITECH	珠海优特电力科技股份有限公司	电站自动化装置
	中山市泰峰电气有限公司	电流互感器，电压互感器
GTech	中山市卓梅尼控制技术有限公司	升降机操作设备（电梯控制部件）
K	广东南粤电气有限公司	工业操作遥控电器设备
ASIANET	亚太电效系统（珠海）有限公司	电动调节设备
HIGHTE	凯地（广东）电业设备有限公司	变压器（预装式地下变压器箱式变电站）
JASIC 佳士	深圳市佳士科技股份有限公司	电焊设备，电弧焊接设备，电弧切割设备
金象	广州市金象电焊机厂	电焊机
ST.WIN	卓道民，卓道杰	体育用风镜，安全头盔，体育用保护头盔
Double Arrows	湛江嘉力手套制品有限公司	防事故手套
WAVE	广州市前锋水上运动器材用品有限公司	潜水服，潜水装置，游泳用镜
EVE	惠州亿纬锂能股份有限公司	电池等能源类产品（高能锂电池）
TMB	中山天贸电池有限公司	电池
DYNAVOLT	广东猛狮电源科技股份有限公司	车辆用蓄电池，电力蓄电池，蓄电池
	佛山市东方医疗设备厂有限公司	大便坐椅（坐厕椅），助行器，拐杖
爱丽丝	湛江市汇通药业有限公司	避孕套，非化学避孕用具，子宫帽
FSL	佛山电器照明股份有限公司	灯（照明灯）
NVC	惠州雷士光电科技有限公司	照明器，灯，照明器械及装置
天拓	东莞市百分百科技有限公司	照明器（节能灯）
	广东本邦电器有限公司	灯
	广州市雅江光电设备有限公司	舞台灯具
KINGLONG 琪朗	袁仕强	灯
WINJET	广东威捷极光汽车灯具有限公司	车辆灯，车辆前灯，车辆转向指示灯
AD	广州奥迪通用照明有限公司	灯（建筑照明）
DLAA	中山市帝光汽配实业有限公司	汽车灯，汽车照明设备，汽车防眩装置（灯具）
Galanz 格兰仕	广东格兰仕集团有限公司	空调机，电饭锅
RedSun 红日	广州市红日燃具有限公司	燃气炉具，抽油烟机
Donlim	广东新宝电器股份有限公司	电力煮咖啡机，烤面包器，电炊具
威多福 WEI DUO FU	广东威多福集团有限公司	电炊具（电饭锅），电压力锅（高压锅）
HONG	广东省湛江市家用电器工业有限公司	电饭煲
Weber	广东威博电器有限公司	电热水器
HAO TE	广东浩特电器有限公司	电饮具（电饭锅）
	广东强力集团有限公司	电饭煲
Royal Elegance	中山市广隆燃具电器有限公司	烤箱
WEKING 威王	广东威王集团有限公司	电饭锅
JINGELI 金格丽	广东金格丽电器有限公司	电炊具（电饭锅）
	广东长菱空调冷气机制造有限公司	热水器（热泵热水器）
	中山市岐景厨房设备制造有限公司	燃气炉（商用）
Ronshen 容声	海信科龙电器股份有限公司	电冰箱，冰柜
科龙	海信科龙电器股份有限公司	空气调节器，电冰箱
jaymac	广东蕾洛商用厨房设备有限公司	厨房炉灶，冷藏柜（商用厨房设备）
美的 Midea	广东美的电器股份有限公司	空调，电风扇
艾美特	艾美特电器（深圳）有限公司	电扇，电暖器，排气风扇
钻石牌 "DIAMOND"	广州轻出集团股份有限公司	电风扇
九洲普惠 POPULA	佛山市南海九洲普惠风机有限公司	风扇（空气调节），风扇鼓风机（空调部件）
正野 GENUIN	广东正野电器有限公司	管道式排风扇，换气扇
Nedfon	台山市奥达电器有限公司	排气风扇，电扇
JINLING 金羚	江门市金羚排气扇制造有限公司，江门市金羚风扇制造有限公司	排气风扇
Junte 骏特	冼锡彬	风扇（空气调节）
永华	中山市永宁通风设备制造有限公司	排气扇
	东莞圣雅洁具有限公司	轻便蒸汽浴室，浴室装置，水管龙头
SSWW 浪鲸	佛山市浪鲸洁具有限公司	浴室装置，坐便器
ARROW	佛山市顺德区乐华陶瓷洁具有限公司	坐便器，洗澡盆
YOYO 娃娃	潮安县培兴陶瓷有限公司	坐便器，浴室装置
Sally	中山市莎丽卫浴设备有限公司	卫生器械和设备（淋浴隔间）
HeGII	广东恒洁卫浴有限公司	坐便器，沐浴器，浴室装置
戴思乐	深圳市戴思乐泳池设备有限公司	（游泳池用）水净化装置，水过滤器，游泳池用氯化装置
	怀集登云汽配股份有限公司	排气门（汽车配件），进气门（汽车配件）
	广州发拉达散热器有限公司	汽车水箱
久远	广东建成机械设备有限公司	液化气汽车槽车
	江门市兴江转向器有限公司	整体式动力转向器
LangQing	广州朗晴电动车有限公司	电动车辆（电瓶车）
ACCEL	广东亚新汽车传动有限公司	陆地车辆离合器
Hua Lin 华林	广州华林企业集团有限公司	摩托车

（续上表）

商标	商标注册人	认定商品或服务项目
Shenshi	揭阳市明珠机车配件有限公司	摩托车配件（点火器）
ROAD-MATE 乐美达	中山乐美达日用制品有限公司	儿童车，婴儿车，手推车
WANLI	广州市华南橡胶轮胎有限公司	汽车轮胎
JIN YE	广东金业贵金属有限公司	未加工，未打造的银
宝怡	深圳市宝怡珠宝首饰有限公司	手镯（珠宝），项链（宝石），戒指（珠宝），珍珠（珠宝），耳环
JHAN	深圳市粤豪珠宝有限公司	宝石（珠宝），链（珠宝），手镯（珠宝），戒指（珠宝），耳环
CHJ 潮宏基 CHJ JEWELLERY	广东潮宏基实业股份有限公司	装饰品（珠宝），宝石，戒指（珠宝），链（珠宝）
嘉乐祥珠宝 JIALEXIANG JEWELRY	深圳市嘉乐祥珠宝饰品有限公司	链（珠宝），宝石，人造宝石
	广东南玉工艺总公司	玉石盆景，镶玉珐琅，玉雕各类产品
	湛江龙之珍珠有限公司	珍珠（珠宝）
Ronghui	广东荣辉珍珠养殖有限公司	珍珠（珠宝）
ROSSINI 罗西尼	珠海罗西尼表业有限公司	钟表
RARONE 雷诺	深圳市雷诺表业有限公司	钟表计时器及其零部件（手表）
GEYA	深圳市格雅表业有限公司	钟表计时器及其零部件（手表）
POSCER 宝时捷	深圳市迈尔格表业有限公司	表（手表）
POWER	深圳市霸王实业集团有限公司	钟
Chaowei	深圳市超维实业有限公司	钟表计时器及其零部件（智能数字钟）
星皇 TIAHUA	深圳市捷永星皇钟表有限公司	钟表及配件
Ritmüller	广州珠江钢琴集团股份有限公司	中西乐器（钢琴）
永美	揭西县美声电子电器厂	电子琴
DONGSAN	广东东南薄膜科技股份有限公司	酒标纸，激光全息膜，淋复卡纸
TANGO	广东天章信息纸品有限公司	复印纸（文具），复写纸，记录机用纸
CANARY 金丝雀	金鑫（清远）纸业有限公司	复印纸，记录机用纸，便条本
洁柔	中顺洁柔纸业股份有限公司	卫生纸，纸手帕，纸巾
	东莞市潢涌银洲纸业有限公司	箱板纸，白板纸，瓦楞原纸
Jinchi	汕头市金辉实业有限公司	笔记本，名片册，影集
化虎印	化州金成印刷有限公司	印刷出版物
	汕头海洋（集团）公司	聚酯包装薄膜
ZHAO SHENG	汕头市创盛文化用品实业有限公司	文件夹（办公用品）
ACE	郑永升	文件套（文具），文件夹（办公用品），文件夹（文具）
KINGTAC	中山金利宝胶粘制品有限公司	不干胶纸，办公或家用胶带
新冠 Sun Crown	联冠（中山）胶粘制品有限公司	不干胶纸

商标	商标注册人	认定商品或服务项目
威诗柏 Respect	鹤山市威诗柏胶粘制品有限公司	不干胶纸（广告不干胶纸）
COBOL 高宝	佛山市顺德区高宝实业发展有限公司	色带，墨水
	四会市生料带厂有限公司	接头用密封化合物
	广东德塑科技有限公司	塑料管，管子接头
超能	广东省增城市新塘镇超能建材塑料有限公司	塑料管
	东莞市高能电气股份有限公司	绝缘用材料及其制品（高压合成绝缘子）
	佛山佛塑科技集团股份有限公司	双向拉伸聚酯薄膜
威利邦 WEILIBANG	广东威华股份有限公司	纤维板，半成品木材，制模用木材
	佛山市金福板业有限公司	硅酸钙板，纤维板
PACO 柏高	中山广新柏高装饰材料有限公司	木质地板，木质墙板，木质天花板
荣冠	佛山市荣冠玻璃建材有限公司	玻璃马赛克，人造石
石井 SHI JING	广州市石井水泥厂	水泥
YUEXIU	广州市珠江水泥有限公司	水泥
英马牌	英德市英马水泥有限公司	水泥
粤海 YUE-HAI	乐昌南方水泥有限公司	水泥
SUMMIT 萨米特	广东新明珠陶瓷集团有限公司	建筑用非金属墙砖，非金属地板砖，瓷砖
T.W	佛山市天纬陶瓷有限公司	瓷砖，建筑用非金属墙砖
	广东新中源陶瓷有限公司	砖，非金属砖瓦，瓷砖
顺辉 SH	佛山高明顺成陶瓷有限公司	砖，瓷砖，建筑用非金属墙砖
天弼 TIANBI	广东天弼陶瓷有限公司	瓷砖
惠万家	广东新明珠陶瓷集团有限公司	建筑用非金属墙砖，非金属地板砖
	广东新明珠陶瓷集团有限公司	建筑用非金属墙砖，非金属地板砖，瓷砖
SHIMANLI 诗曼丽	罗永祖	建筑用瓷砖
KMY 卡米亚	广东宏威陶瓷实业有限公司	瓷砖，非金属砖瓦
汇亚 HUIYA	广东汇亚陶瓷有限公司	瓷砖，非金属地板砖，建筑用非金属墙砖
宏宇陶瓷 HONGYU CERAMICS	广东宏陶陶瓷有限公司	瓷砖，非金属砖瓦
	佛山石湾鹰牌陶瓷有限公司	墙地砖
惟东	广东蒙娜丽莎新型材料集团有限公司	非金属地板砖，瓷砖
来德利	广东强辉陶瓷有限公司	瓷砖;非金属地板砖;建筑用非金属墙砖
	珠海市斗门区旭日陶瓷有限公司	建筑陶瓷砖（外墙砖）
	佛山市利华陶瓷有限公司	墙地砖
联塑	广东联塑科技实业有限公司	非金属水管

商标	商标注册人	认定商品或服务项目
OCEANO	佛山欧神诺陶瓷股份有限公司	瓷砖，建筑用非金属墙地砖，非金属地板砖
GAO 永高	深圳市永高塑业发展有限公司	非金属管道，非金属水管
新元素	广东新元素板业有限公司	非金属天花板，非金属护壁板
RCCZ	广东润成创展木业有限公司	非金属门，非金属门板，非金属门框
三鑫	中航三鑫股份有限公司	隔热玻璃（建筑），安全玻璃，镀膜玻璃
RHTL	广东日化涂料有限公司	非金属建筑涂面材料（隔热防渗涂料）
联邦	广东联邦家私集团有限公司	家具
GUANGRUN 光润	东莞光润家具股份有限公司	办公用家具
新古典	东莞市华伟家具有限公司	家具
好莱客	广州好莱客创意家居股份有限公司	家具（整体衣柜）
福溢	中山福溢家具有限公司	家具（美式家具）
ESUN 易尚展示	深圳市易尚展示股份有限公司	陈列架，展览展示架，桌子
皮阿诺 PIANOR	中山市新山川实业有限公司	有抽屉的橱，碗柜，餐具柜
金海马	香江集团有限公司	家具
圆方圆	深圳市圆方园实业发展有限公司	床，沙发，垫褥（亚麻制品除外）
	萧广铎	家具（红木家具）
	深圳市豪迈实业发展有限公司	家具（酒店用）
穗宝	广州穗宝家具装饰厂	床垫
国泰	广东国泰集团有限公司	办公用家具，沙发，弹簧床垫
	阳江市长荣工业有限公司	衣柜（迷你组合衣柜）
多秀	广东高秀花园制品有限公司	花盆台座，安乐椅，屏风（家具）
	广东华兴玻璃股份有限公司	玻璃瓶（容器），调味品套瓶，细颈圆酒瓶
	揭阳市庆展不锈钢有限公司	不锈钢餐具（不包含刀、叉、匙）
囍囍 DOUBLE HAPPINESS	珠海双喜电器有限公司	压力锅
	廉江红星陶瓷企业有限公司	瓷器品（日用陶瓷）
中宝	广东中宝炊具制品有限公司	非贵重金属餐具，非贵重金属制家用或厨房用容器，非贵重金属厨房用具
WIRE KING	广东伟经日用五金制品有限公司	非贵重金属架，厨房用刀叉架，家用非贵重金属篮
Dong Yuan 东原	广东省东原厨具实业有限公司	非贵重金属厨房用具（不锈钢水槽）
精达 JINGDA	郑立文	非贵重金属制厨房用具，非贵重金属制厨房容器
振能 ZHEN NENG	潮安县彩塘振能不锈钢制品厂	非贵重金属餐具，非贵重金属厨房用具
YY	广宁县长荣竹木工艺制品有限公司	竹制盒（碗）
W	伟业陶瓷有限公司	家庭用陶瓷制品，日用瓷器（包括盆、碗、盘、壶、餐具、缸、坛、罐）

（续上表）

商标	商标注册人	认定商品或服务项目
	潮州市晨辉陶瓷有限公司	家庭用陶瓷制品，日用瓷器（包括盆、碗、盘、壶、餐具、缸、坛、罐），日用陶器（包括盆、碗、盘、缸、坛、罐、砂锅、壶、炻器餐具）
BAOLIAN	曾文光	家庭用陶瓷制品，瓷器，陶瓷
Shunxiang	广东顺祥陶瓷有限公司	日用瓷器（包括盆、碗、盘、壶、餐具、缸、坛、罐），日用陶器（包括盆、碗、盘、缸、坛、罐、砂锅、壶、炻器餐具）
auratic	深圳市永丰源实业有限公司	日用瓷器（包括盆、碗、盘、壶、餐具、缸、坛、罐）
中厦	潮州市中厦实业投资有限公司	瓷器，日用瓷器（包括盆，碗，盘，壶，餐具，缸，坛，罐）
	广东雄英集团有限公司	细瓷金鱼缸系列
	阳江市建新塑料有限公司	垃圾筒，撑衣架
美宜	广东中兴塑料化工有限公司	垃圾箱，水桶
	广东顺胜工贸有限公司	桶，垃圾筒，儿童浴盆（便携式）
小护士	广东三笑实业有限公司	牙刷
	广东富强网业有限公司	渔网，网线，非金属缆绳
	广东省轻工进出口股份有限公司	塑料编织袋，尼龙编织袋，塑料线
	广东秋盛资源股份有限公司	涤纶纤维（纺织品纤维）
忠华 ZHONGHUA	胡忠华	纱，棉线和棉纱，纺织用弹性纱和线
EVERWIN	深圳市华一纺实业有限公司	纱（色纺纱）
Qian Jin	广东前进牛仔布有限公司	布（牛仔布）
Zhida	广东志达纺织装饰有限公司	印花棉布，装饰织品
	广东汇益纺织有限公司	纺织织物（经编拉架布）
埃迪蒙托	深圳埃迪蒙托居室用品有限公司	被子，被罩，床单
Marisfrolg	深圳玛丝菲尔时装股份有限公司	服装（女装）
雅韵	深圳雅韵服装有限公司	服装
ELLASSAY	深圳歌力思服饰股份有限公司	服装
WEIYUE	广东威文服装有限公司	衣服，运动服，茄克
金嘉德 GOLDEN CATTLEYA	潮州市金嘉德服饰有限公司	服装（晚礼服）
WSM 威丝曼	珠海威丝曼服饰股份有限公司	毛线衫
	广东省纺织品进出口股份有限公司	服装
JUNE ROSE 六月玫瑰	广东宏杰内衣实业有限公司	内衣
	广东金潮集团有限公司	绣花衣服，针织衣物，衣服（晚礼服）
沙溪	中山市沙溪镇工业发展有限公司	服装
	广东洪兴实业有限公司	睡衣
健将	中山市小榄镇金龙制衣厂	内裤
	广东美思内衣有限公司	胸衣，内衣裤
美标 MEIBIAO	广东美标服饰实业有限公司	内衣，睡衣
BENBO	广东宾宝服饰有限公司	服装
Kiwando 纪帆登	东莞市兴业针织有限公司	针织服装
WenShite 文时特	广东文时特制衣实业有限公司	服装，裤子
	潮州市龙宝集团有限公司	婚纱，服装（晚礼服）
新一步 XINYIBU	汕头市佳美针织服装有限公司	服装（家居服），内衣
Xiong Ye 雄业	广东雄业织造有限公司	针织品（服装）
LAFEI-NIER	汕头经济特区业盛制衣有限公司	服装，套服，针织服装
	广东贵夫人制衣实业有限公司	内衣，胸衣
	广东新怡内衣集团有限公司	内衣
	广东雄兴内衣实业有限公司	针织男女内衣内裤
Deanfun	中山市蝶安芬内衣有限公司	内裤（女式）
	广东雪妮芳实业有限公司	乳罩
创雅诺	何德强	内衣
Yikailin 伊凯琳	普宁市伊凯琳服装有限公司	内裤
hongziqing	汕头市潮阳区鸿展发实业有限公司	乳罩，内衣裤
	汕头市天辉毛织制品有限公司	毛衣
	中山市大涌镇嘉兴制衣厂	服装（牛仔服）
CONIAO 高尼奥	曾富浩	服装
	惠州市良丰服饰发展有限公司	裤子（女裤）
贝克顿 BEIKEDUN	广东贝克顿服饰有限公司	服装（男装）
	汕头市城达制衣有限公司	服装（休闲运动服）
	广东永金兴集团有限公司	鞋（凉鞋、拖鞋）
劳特斯	广东劳特斯企业有限公司	鞋（皮鞋、工艺鞋）
Zheng Tian	潮州市嘉富制鞋有限公司	鞋（工艺鞋）
天鹅星	广东天鹅星鞋业有限公司	鞋（女鞋）
	潮州市西达利鞋业制造有限公司	鞋
俏佳人	肇庆市俏佳人织业发展有限公司	丝袜
	广东庆兴织带有限公司	松紧带
BG	广东宝丰塑胶工业有限公司	塑胶地板
	中山市金马游艺机有限公司	儿童游乐器具（自动滑车、碰碰车）
	广东群兴玩具股份有限公司	玩具，成比例的模型车，智能玩具
	广东可儿玩具有限公司	玩具娃娃（时装娃娃）
银润	广东银润实业有限公司	玩具车
迪士嘉	广东迪士嘉科技有限公司	玩具（动物类玩具）
	广东五星玩具有限公司	玩具，活动玩具，智能玩具
GUOKAI	汕头市澄海区经纬实业有限公司	玩具车
	广东美业电子科技有限公司	玩具娃娃（智能）
	中山市黄圃镇工业开发有限公司	腌腊肉，腊肠，板鸭
江村黄 Jiang Cun Huang	广州市江丰实业股份有限公司	鸡肉
东进农牧	惠州东进农牧股份有限公司	猪肉食品，肉，肉冻
无穷	广东无穷食品有限公司	死家禽
南诺信 NANNUOXIN	广东南诺信食品工业有限公司	腌肉（腌鸡肉）
CHIU KEE 潮记	惠州市潮记食品有限公司	死家禽（鸭）
	东莞市鑫源食品有限公司	腌腊肉，风肠，香肠
	连州市东陂林泉食品有限公司	腊味，风肠，腊鸭
	中山市得福肉食制品有限公司	腌腊肉
	中山市黄圃镇泰和食品有限公司	腌腊肉，香肠，猪肉食品
GUO LIAN	湛江国联水产开发股份有限公司	虾（非活），鱼（非活），贝壳类动物（非活）
	广东永发水产有限公司	鱼（非活），虾（非活），海蜇皮
	雷州市珠联冷冻有限公司	鱼（非活罗非鱼）
	广东万亚食品厂有限公司	虾（非活）
	吴川市天然食品加工有限公司	海蜇（即食海蜇、盐渍海蜇）
	揭西县京溪园罐头厂	水果罐头，玉米罐头，蔬菜罐头
	广东志诚食品有限公司	蔬菜罐头，水果罐头，水产罐头
	惠州市盈佳农业发展有限公司	水果罐头
	广州轻工工贸集团有限公司	水产罐头
	广东收获罐头食品有限公司	水果罐头
	雅士利国际集团有限公司	蜜饯果类，第30类：麦片
	广东元亨食品有限公司	凉果
农夫山庄	广东农夫山庄食品工业有限公司	蜜饯，精制坚果仁
	广东绿业工业集团有限公司	水果蜜饯（春砂仁养胃蜜、蜜饯黄皮）
	广东嘉华生物化工有限公司	脱水菜，蜜饯果类，精致坚果仁
济公	广东济公保健食品有限公司	果脯
大有	广东彩艳股份有限公司	干果，蜜饯
	开平广中皇食品有限公司	腐乳
	广州市如丰果子调味食品有限公司	酱菜，甜酸荞头，酸梅酱
蓬盛	广东蓬盛实业有限公司	腌制蔬菜，咸菜
	广东马林食品有限公司	酸菜（酸姜），水果罐头，加工过的花生
	广东正红鸭蛋开发有限公司	鲜蛋，味蛋（咸蛋），皮蛋（松花蛋）

（续上表）

商标	商标注册人	认定商品或服务项目
	深圳市晨光乳业有限公司	纯牛奶，甜鲜奶，巧克力奶
	绿雪生物工程（深圳）有限公司	酸乳酪，酸奶
创康牛牛	萧永国	牛奶制品
威極	佛山市海天调味食品股份有限公司	食用油
豪華 HAO HUA	中山市华实食品有限公司	精制坚果仁
	广东茶叶进出口有限公司	茶叶
	广东凯达茶业股份有限公司	茶（乌龙茶）
	大埔县枫朗镇西岩茶场	乌龙茶
	广东健神科技股份有限公司	茶
豪爽	广东豪爽天然保健食品有限公司	茶（白茶、溪黄草茶）
宏伟	陈伟忠	茶叶
	揭阳市大南山华侨茶叶三厂	茶
	广东省翁源县茂源糖业有限公司	白砂糖，赤砂糖，片糖
	汕头市金南华工贸有限公司	食用糖果
SIRIO	广东仙乐制药有限公司	非医用营养胶囊
环西	广东环西生物科技股份有限公司	非医用营养液（氨基酸口服液）
	广州市宝生园有限公司	蜂蜜，食品蜂胶（蜂胶）
	东莞市燕东保健品实业有限公司	非医用营养液（氨基酸口服液）
学者	广州绿色盈康生物工程有限公司	非医用营养胶囊（灵芝孢子胶囊）
金富士 GOLDEN FUJI	东莞市金富士食品有限公司	饼干
	汕头市三发保健食品有限公司	糕点（蛋黄派）
元朗欢乐	珠海元朗食品有限公司	糕点（蛋卷）
	珠海元朗食品有限公司	糕点（蛋卷）
	卢汝滔	月饼，糕点，饼干
	广东荣诚食品有限公司	月饼
MDL 马得利	中山市港隆食品有限公司	牛奶蛋糕
道滘	东莞市道滘镇资产经营管理有限公司	粽子，米粉
	佛山市金城速冻食品有限公司	包子，饺子
皇中皇	肇庆市皇中皇裹蒸粽有限公司	裹蒸粽
	广东白燕粮油实业有限公司	面粉，大米
	深圳市中泰米业有限公司	米
靓虾王	东莞市太粮米业有限公司	米
	广东开兰面粉有限公司	面粉（糕点粉）
	广州市南方面粉股份有限公司	糕点粉
	梅州市金穗生态农业发展有限公司	米（有机米）
TAIJI	增城市泰稷发展有限公司	米（丝苗米）
正味 ZHENG WEI	雅士利国际集团有限公司	麦片
	广东裕昌食品有限公司	方便面
	广州金司奇米面制品有限公司	米粉（排米粉）
	东莞市金燕粮油食品有限公司	排米粉
	新兴县广华食品有限公司	排米粉
	广州市洲星食品有限公司	马蹄粉
	揭阳市新元调味食品有限公司	酱油
威極	佛山市海天调味食品股份有限公司	醋，调味品
	中山市嘉美乐食品有限公司	酱油
	揭阳市酱油厂有限公司	酱油，醋
	东莞市永益食品有限公司	调味品
	惠来县隆江龙安调味食品厂	佐料精，调味品
	紫金县千禧食品有限公司	椒酱
	广东阳帆食品有限公司	豆豉
	丰顺县黄金食品厂	姜糖
	黄益祥	鲜土豆，大顶苦瓜
	广州市百兴畜牧饲料有限公司	活家禽（鸡）
	信宜市畜牧水产学会	鸡（活）
	广东瑞昌食品进出口有限公司	活动物（猪）
	佛山市南海种禽有限公司	鸡苗
	乳源瑶族自治县南水渔业开发有限公司	活鱼（三角鲂）
	清远市凤翔麻鸡发展有限公司	活家禽（鸡）
	清远市好爱牌清远鸡发展有限公司	活鸡，活鸭，活鹅
JOY	深圳市鑫荣懋实业发展有限公司	鲜水果，新鲜蔬菜
	深圳市源兴果品有限公司	鲜水果（苹果、香梨），柑橘
	广东省红江农场	鲜水果（橙）
	梅县梅岭果品有限公司	鲜水果（柚）
	李永生	柚子
三水黑皮冬瓜	佛山市三水区农林技术推广中心	黑皮冬瓜
	博罗县水果蔬菜业协会	鲜水果
	博罗县水果蔬菜业协会	新鲜蔬菜，植物种子，谷种
	惠东县奕达农贸有限公司	新鲜蔬菜（马铃薯）
	惠东县九华农贸有限公司	鲜土豆
白沙	汕头市白沙蔬菜原种研究所	蔬菜，豆类，瓜类种子
	广东粤海饲料集团有限公司	饲料（水产饲料）
	东莞市沙田顺发畜禽实业有限公司	动物饲料，活动物（猪）
	湛江恒兴珊瑚饲料有限公司	饲料
爱保农	广东爱保农科技有限公司	非医用饲料添加剂
	惠州市澳华饲料有限公司	饲料（鸡饲料）
世海	珠海市世海饲料有限公司	饲料（虾饲料）
	完美（中国）有限公司	固体饮料，植物饮料，茶饮料（水）
華山泉	鹤山市华山泉食品饮料有限公司	矿泉水
津威	东莞石龙津威饮料食品有限公司	乳酸饮料（果制品、非奶）
	佛山市三水华力饮料有限公司	植物饮料
	广州黄振龙凉茶有限公司	无酒精饮料（凉茶）
	河源市新丰江天然净水有限公司	水（饮料）
远航九江	广东省九江酒厂有限公司	酒（饮料），米酒
无比	广东德庆无比养生酒业有限公司	酒（饮料）（药酒）
	广东三河坝酒股份有限公司	米酒（客家黄酒）
	广东中烟工业有限责任公司	香烟
	广东迎海集团有限公司	商业信息，贸易业务的专业咨询
DADICOM	广东大地通讯连锁服务有限公司	推销（替他人）（手机销售）
	运通四方汽配供应链股份有限公司	推销（替他人）（国产商用车配件）
南方人才	中国南方人才市场管理委员会办公室	职业介绍所，人事管理咨询，为挑选人才而进行的心理测试
	深圳市天威投资集团有限公司	金融服务
万科 VANKE	万科企业股份有限公司	不动产管理，不动产出租
	雅居乐地产置业有限公司	住所（公寓），不动产代理
海印集团	广州海印实业集团有限公司	不动产出租，不动产管理
	东莞市新世纪房地产开发有限公司	不动产出租，不动产管理
	广东三正集团有限公司	不动产管理
	东莞市虎门富民投资有限公司	不动产出租，不动产管理（商场出租管理）
联泰 LIAN TAI	广东省联泰集团有限公司	建筑，铺路，港湾建设
汕路桥	汕头公路桥梁工程总公司	道路铺设，桥梁建筑
	广东宏达工贸集团有限公司	室内装潢，空调设备的安装与修理，计算机硬件安装、维护和修理
海大	深圳市海大装饰有限公司	室内装潢，室内外油漆，室内装潢修理
	深圳广田装饰集团股份有限公司	室内外装潢
	深圳市宝鹰建设集团股份有限公司	室内装潢
居众装饰	深圳市居众装饰设计工程有限公司	室内装潢，室内装潢修理，建筑施工监督
星艺装饰	广东星艺装饰集团股份有限公司	室内装潢修理，室内装潢，建筑施工监督
QQMAIL	腾讯科技（深圳）有限公司	信息传送，电子邮件，提供全球计算机网络用户接入服务（服务商）
	深圳市万港物流发展有限公司	运输经纪，汽车运输，货物贮存
	广州市白云出租汽车集团有限公司	汽车运输，运输，租车
	广州市长途汽车运输公司	汽车运输，旅客运送，货运
欧浦	广东欧浦钢铁物流股份有限公司	（钢铁）货物贮存、运输、仓库出租
广之旅	广州广之旅国际旅行社股份有限公司	旅行社（不包括预定旅馆），旅行陪伴，旅行预订

（续上表）

商标	商标注册人	认定商品或服务项目
	布立凯	旅游安排
禅之旅	佛山市禅之旅国际旅行社有限公司	观光旅游，旅行社（不包括预订旅馆），旅行安排
	深圳市九洲国际旅行社有限公司	观光旅游，旅行预定，旅行社（不包括预定旅馆）
雁南飞	梅县雁南飞茶田有限公司	观光旅游，旅游安排，旅行预订
Hucais	东莞虎彩印刷有限公司	印刷
萬昌	广东万昌印刷包装有限公司	印刷
JIESAI 杰赛	广州杰赛科技股份有限公司	研究和开发（替他人），工程（信息与通讯）
从兴	广东立信企业有限公司	技术项目研究，计算机软件维护，计算机系统设计
NewPian 嘉兰图	深圳市嘉兰图设计有限公司	工业品外观设计，包装设计，研究与开发（替他人）
	深圳市晶宫设计装饰工程有限公司	室内装饰设计，建筑制图，建筑咨询
	深圳市名雕装饰股份有限公司	室内装饰设计
金蝶	金蝶软件（中国）有限公司	计算机程序控制，计算机软件设计
远光	远光软件股份有限公司	计算机程序编制，计算机软件更新，计算机软件设计（电力系统财务软件）
广州酒家	广州酒家集团股份有限公司	餐馆，备办宴席
绿茵阁	广州市绿茵阁餐饮连锁有限公司	餐馆，咖啡馆
南海渔村	南海渔村有限公司	备办宴席，餐馆
	何卫	餐馆（湘菜）
	东莞市富盈酒店有限公司	住所（旅馆、供膳寄宿处），会议室出租，餐馆
	广东潮皇食府有限公司	备办宴席，饭店，餐馆
建业酒家	广东建业酒家有限公司	餐馆（潮菜）
好百年	深圳市好百年家居连锁股份有限公司	提供展览设施，柜台出租
Techand 铁汉	深圳市铁汉生态环境股份有限公司	园艺，庭院风景布置，植物养护

广东省驰名、著名商标地区分布情况表

（截至2013年12月31日）

单位	驰名商标数	著名商标数
广州市	78	370
深圳市	118	366
珠海市	10	86
汕头市	21	243
佛山市	100	376
韶关市	1	23
河源市	2	20
梅州市	1	47
惠州市	10	81
汕尾市	2	16
东莞市	40	227
中山市	46	249
江门市	18	98
阳江市	3	60
湛江市	7	79
茂名市	1	52
肇庆市	6	69
清远市	8	42
潮州市	8	123
揭阳市	12	106
云浮市	2	26
全省合计	494	2759

2013年广东省新增50件驰名商标名单

序号	商标	商标注册人/使用人	类别	认定商品/服务项目	地区
1	秀珀	广州秀珀化工股份有限公司	2	油漆、涂料	广州市
2	恒福	广东恒福陶瓷有限公司	19	金属地板砖	河源市
3	光润GUANGRUN及图	东莞光润家具股份有限公司	20	办公用家具	东莞市
4	太粮Tai liang及图	东莞市太粮米业有限公司	30	米	东莞市
5	华艺卫浴HUAYI	广东华艺卫浴实业有限公司	11	水龙头、喷水器	江门市
6	美肤宝MEIFUBAO	广州环亚化妆品科技有限公司	3	美容面膜	广州市
7	铍宝	广东太安堂药业股份有限公司	5	医用药膏、卫生消毒剂	汕头市
8	FS及图	佛山市东方医疗设备厂有限公司	12	轮椅、坐厕车	佛山市
9	金嘉利及图	深圳市金嘉利珠宝首饰有限公司	14	铂金饰品（首饰）	深圳市
10	玖龙及图	东莞玖龙纸业有限公司	16	牛皮卡纸	东莞市
11	Biem lfdlkk及图	比音勒芬服饰股份有限公司	25	服装	广州市
12	王者	佛山市高明王者陶瓷有限公司	19	非金属砖瓦	佛山市
13	潮宏基	广东潮宏基实业股份有限公司	14	装饰品（珠宝）、戒指（珠宝）、宝石	汕头市
14	福田FUTINA	广东福田电器有限公司	9	电开关	佛山市（顺德区）
15	观澜湖	深圳观澜湖高尔夫球会有限公司	41	提供运动设施	深圳市
16	WOER及图	深圳市沃尔核材股份有限公司	17	绝缘材料、电线绝缘物	深圳市
17	珍奇味及图	广州市珍奇味食品有限公司	29	精制坚果仁	广州市

（续上表）

序号	商标	商标注册人/使用人	类别	认定商品/服务项目	地区
18	蓬江及图	江门市制漆厂有限公司	2	油漆	江门市
19	宝克BAOKE	广东宝克文具有限公司	16	圆珠笔；铅笔	汕头市
20	宝亨达首饰BHD及图	深圳市宝福珠宝首饰有限公司	14	宝石（珠宝）、装饰品（珠宝）、戒指（珠宝）	深圳市
21	量子高科及图	量子高科（中国）生物股份有限公司	30	天然增甜剂	江门市
22	蓓尔丽	广东信达纸业有限公司	16	纸、卫生纸、纸餐巾	揭阳市
23	第6038288号图形	宏旺投资集团有限公司	6	合金钢	肇庆市
24	星艺XING YI及图	广东星艺装饰集团有限公司	37	室内装潢修理、室内装潢	广州市
25	迈瑞	深圳迈瑞生物医疗电子股份有限公司	10	医疗分析仪器	深圳市
26	龙的LONG DE	广东龙的集团有限公司	7	吸尘机	中山市
27	一片爽 YIPIANSHUANG	王树杨/东莞市常兴纸业有限公司	16	纸或纤维素制婴儿尿布（一次性）	东莞市
28	潮流前线	东莞市搜于特服装股份有限公司	25	服装	东莞市
29	绿茵阁及图	广州市绿茵阁餐饮连锁有限公司	42	餐馆	广州市
30	ST&SAT	佛山星期六鞋业股份有限公司	25	鞋	佛山市
31	第312315号图形	佛山市兴亚铝业有限公司	6	铝合金型材	佛山市
32	罗马利奥ROMARIO及图	佛山市三水罗马利奥陶瓷有限公司	19	瓷砖	佛山市
33	BOHUA	广东博华陶瓷有限公司	19	瓷砖	清远市
34	第3572003号图形	广东一力集团有限公司	5	片剂	肇庆市
35	方大FANGDA	方大集团股份有限公司	19	非金属建筑材料（铝塑板）	深圳市
36	哎呀呀	哎呀呀饰品连锁股份有限公司	14	头发夹（发夹）	广州市
37	埃迪 蒙托	深圳埃迪蒙托居室用品有限公司	24	被子、被罩、床单	深圳市
38	迪诺雅	深圳市仁豪家具发展有限公司	20	家具	深圳市
39	第3960472号图形	深圳市洪涛装饰股份有限公司	37	室内装潢	深圳市
40	999	华润三九医药股份有限公司	5	人用药	深圳市
41	第4056108号图形	深圳市安托山投资发展有限公司	19	混凝土	深圳市
42	第1736077号图形	广东德联集团股份有限公司	1	制动液、防冻液	佛山市
43	BOMIN及图	深圳市博敏电子有限公司	9	印刷电路	深圳市
44	卡尼	深圳市卡尼珠宝首饰有限公司	14	戒指（珠宝）	深圳市
45	第1161731号图形	棕榈园林股份有限公司	42	园艺	中山市
46	味奇WEiCKY及图	深圳市味奇生物科技有限公司	30	食用葡萄糖	深圳市
47	钜豪	广东钜豪照明电器有限公司	11	照明器械及装置、节能灯	中山市
48	中装及图	深圳市中装建设集团股份有限公司	37	建筑施工监督	深圳市
49	第8189168号图形	广州广电物业管理有限公司	36	不动产出租、不动产代理、不动产管理	广州市
50	联邦	珠海联邦制药股份有限公司	5	生化药品、医药制剂	珠海市

广东省已注册地理标志名录

（截至2013年12月31日）

序号	商标名称	注册人	注册证号	商品	类别	注册日期	地区
1	清远鸡	清远市清远鸡研究开发中心	2016498	活鸡	31	2003年1月7日	清远市
2	清远麻鸡	清远市清远鸡研究开发中心	2016501	活鸡	31	2003年1月7日	清远市
3	翁源三华李	翁源县三华李研究发展中心	3130826	三华李（水果）	31	2006年10月7日	韶关市
4	郁南无核黄皮	郁南县无核黄皮协会	4813314	黄皮（鲜水果）	31	2006年11月14日	云浮市
5	三水黑皮冬瓜	佛山市三水区农业技术推广中心	4843870	黑皮冬瓜	31	2006年11月14日	佛山市
6	四会砂糖桔	四会市砂糖桔协会	5101208	砂糖桔（桔）	31	2007年4月28日	肇庆市
7	四会贡柑	四会市砂糖桔协会	5101207	贡柑（柑橘）	31	2007年4月28日	肇庆市
8	新兴香荔	新兴县水果生产协会	4520816	荔枝	31	2007年6月14日	云浮市
9	信宜怀乡鸡	信宜市畜牧水产学会	3761179	鸡（活）	31	2007年7月7日	茂名市
10	德庆砂糖桔	德庆县农业技术推广中心	5009908	柑橘	31	2007年9月14日	肇庆市
11	德庆贡柑	德庆县农业技术推广中心	5009909	柑橘	31	2007年9月14日	肇庆市
12	新会陈皮	江门市新会区农学会	2024528	陈皮	29	2008年6月28日	江门市
13	惠州梅菜	惠州市梅菜产销协会	4263575	腌制梅菜；梅菜罐头	29	2009年1月21日	惠州市
14	潮州柑	潮州市果树研究所	5188939	柑橘	31	2009年1月21日	潮州市
15	封开杏花鸡	封开县杏花鸡繁育中心	5596282	活鸡	31	2009年1月21日	肇庆市
16	合水粉葛	佛山市粉葛种植协会	6179017	粉葛（新鲜蔬菜）	31	2009年8月14日	佛山市
17	合水粉葛	佛山市粉葛种植协会	6179018	粉葛（新鲜蔬菜）	31	2009年8月14日	佛山市
18	石湾公仔	佛山市陶瓷行业协会	7134888	瓷器艺术品；陶器艺术品等	21	2009年12月7日	佛山市
19	乐平雪梨瓜	佛山市三水区乐平镇农业服务中心	6310720	雪梨瓜	31	2009年12月14日	佛山市
20	阳东双肩玉荷包荔枝	阳东县农业技术推广中心	4634450	荔枝	31	2010年2月21日	阳江市

（续上表）

序号	商标名称	注册人	注册证号	商品	类别	注册日期	地区
21	南山荔枝	深圳市南山区农业技术推广站	7104300	荔枝	31	2010年3月28日	深圳市
22	凤凰单丛	潮安县凤凰茶叶专业协会	5365101	茶	30	2010年4月14日	潮州市
23	普宁蕉柑	普宁市水果蔬菜局	6510100	蕉柑	31	2010年8月21日	揭阳市
24	英德红茶	英德市茶叶发展推广中心	5868390	茶	30	2010年11月21日	清远市
25	增城菜心	增城市蔬菜行业协会	8107346	大白菜	31	2010年11月21日	广州市
26	端砚	肇庆市端砚协会	4865263	砚（墨水池）	16	2011年2月14日	肇庆市
27	封开油栗	封开县水果协会	6450451	新鲜栗子	31	2011年6月14日	肇庆市
28	肇实	肇庆市鼎湖区肇实协会	7735064	芡实（新鲜）	31	2012年8月7日	肇庆市
29	阳春马水桔	阳春市马水桔协会	5598498	桔	31	2013年1月21日	阳江市
30	平远慈橙	平远县慈橙果业协会	11159882	橙（鲜水果）	31	2013年2月28日	梅州市
31	高州香蕉	高州市香蕉协会	10943672	香蕉	31	2013年3月21日	茂名市
32	普宁青梅	普宁市水果蔬菜局	11518099	青梅	31	2013年3月21日	揭阳市
33	化州橘红	化州市化橘红产业协会	11674953	原料药（橘红）	5	2013年11月21日	茂名市
34	化橘红	化州市化橘红产业协会	11879421	原料药（橘红）	5	2013年11月21日	茂名市

广东省中国世界名牌产品名单

（截至2013年底）

产品	注册商标	生产企业名称
程控交换机	HUAWEI	华为技术有限公司
空调器	GREE	珠海格力电器集团公司
程控交换机	ZTE中兴	中兴通讯股份有限公司
集装箱	中集	中国国际海运集装箱(集团)股份有限公司

2011—2013年广东省名牌产品（农业类）名录

序号	地市	生产企业	注册商标	产品名称	被评为名牌年份
1	潮州	潮安县凤凰南馥茶叶有限公司	南馥	凤凰单丛红茶	2011
2	潮州	潮安县凤凰南馥茶叶有限公司	南馥	凤凰蜜兰香单丛茶	2011
3	潮州	潮安县凤凰南馥茶叶有限公司	南馥	凤凰黄枝香单丛茶	2011
4	潮州	广东康辉集团有限公司	正一品	鲜卤鸭肫肝	2011
5	潮州	广东传丰复合肥厂有限公司	传丰+图形	活力素复混肥	2011
6	潮州	广东光宇生物科技有限公司	勇杰琦+图形	铁皮石斛	2011
7	潮州	广东国宾集团有限公司	国+图形	奇兰茶	2011
8	潮州	广东好味来食品有限公司	羽帆	盐焗鸡腿	2011
9	潮州	广东宏伟集团有限公司	凤凰山	单丛茶	2011
10	潮州	广东济公保健食品有限公司	济公	佛手果	2011
11	潮州	广东康辉集团有限公司	康辉+图形	杨梅	2011
12	潮州	广东永生源生物科技有限公司	图形商标	铁皮石斛	2011
13	潮州	广东真美食品集团有限公司	真美	真美牌猪肉脯	2011
14	潮州	潮安县庵埠天凤食品有限公司	天凤+图形	桂味杨梅	2012
15	潮州	潮安县凤凰南馥茶叶有限公司	图形	凤凰八仙单丛茶	2012
16	潮州	潮州市雅力斯科技实业有限公司	雅力斯	灵芝剥壁孢子粉	2012
17	潮州	广东国宾集团有限公司	图形	单丛茶	2012
18	潮州	广东宏伟集团有限公司	凤凰山	芝兰香单丛茶	2012
19	潮州	广东宏伟集团有限公司	宏伟	单丛茶	2012
20	潮州	广东康辉集团有限公司	康辉	多味花生	2012
21	潮州	广东真美食品集团有限公司	真美+图形	牛肉脯	2012
22	潮州	饶平县坪溪古山生态茶叶有限公司	古山赤叶	单丛茶	2012
23	潮州	饶平县双雄食品有限公司	双雄+图形	橄榄菜	2012
24	潮州	新华海集团有限公司	华孚	冻烤鳗	2012
25	潮州	潮安县朝阳农业开发有限公司	朝陽盛	潮州柑	2013
26	潮州	潮州市雅力斯科技实业有限公司	雅力斯	芡实维钙片	2013
27	潮州	广东潮盛食品实业有限公司	潮盛	橄榄菜	2013
28	潮州	广东宏伟集团有限公司	凤凰山	宋种茶	2013
29	潮州	广东康辉集团有限公司	康辉	香瓜子	2013

（续上表）

序号	地市	生产企业	注册商标	产品名称	被评为名牌年份
30	潮州	广东康辉集团有限公司	kanghui康辉	话梅	2013
31	潮州	广东无穷食品有限公司	无穷	鸡翅	2013
32	潮州	饶平县高堂一卜食品有限公司	一卜	高堂菜脯	2013
33	潮州	饶平县高堂裕盛食品厂	高堂大嫂	高堂菜脯	2013
34	潮州	饶平县凌旭茶业有限公司	凌旭	凉瓜茶	2013
35	东莞	东莞市冠宇木业有限公司	WALTO	木方	2011
36	东莞	东莞市恒基木业有限公司	图形商标	木质门	2011
37	东莞	东莞市鸿兴食品有限公司	百利BERRY	红腰豆	2011
38	东莞	东莞市金良稻丰米业有限公司	牛坝香	牛坝香油粘米	2011
39	东莞	东莞市金燕粮油食品有限公司	金燕	金燕牌米粉	2011
40	东莞	东莞市骏东木业有限公司	JOO	细木工板	2011
41	东莞	东莞市奇的肥业有限公司	奇的	柑桔专用肥	2011
42	东莞	东莞市瑞德丰生物科技有限公司	卡德龙	20%百草枯水剂	2011
43	东莞	东莞市瑞德丰生物科技有限公司	瑞华	2.5%高效氯氰菊酯微乳剂	2011
44	东莞	东莞市沙田顺发畜禽实业有限公司	沙田顺发+图	504肥鸭配合饲料	2011
45	东莞	东莞市沙田顺发畜禽实业有限公司	沙田顺发+图	312小猪配合饲料	2011
46	东莞	东莞市太粮米业有限公司	太粮	油粘米	2011
47	东莞	东莞市养生源蜂业有限公司	养生源	养生源牌蜂王浆	2011
48	东莞	东莞市银华生物科技有限公司	银华	鳗鱼饲料	2011
49	东莞	东莞市永益食品有限公司	凤球唛	凤球唛鲍鱼汁	2011
50	东莞	广东绿卡实业有限公司	绿卡	乌龟苗	2011
51	东莞	广东星河生物科技股份有限公司	玉龙洞	真姬菇	2011
52	东莞	广东星河生物科技股份有限公司	玉龙洞	金针菇	2011
53	东莞	东莞市保得生物工程有限公司	保得	微生物叶面增效剂	2012
54	东莞	东莞市金良稻丰米业有限公司	客家情	晚籼米	2012
55	东莞	东莞市金良稻丰米业有限公司	米乐丝苗	米乐丝苗米（晚籼米）	2012
56	东莞	东莞市林氏饲料发展有限公司	汇昌+图形	蒸汽鱼粉	2012
57	东莞	东莞市穗丰食品有限公司	穗嘉丰	小麦粉	2012
58	东莞	东莞市太粮米业有限公司	靓虾王	晚籼米	2012
59	东莞	东莞市天富板业有限公司	TF+图形	白色PE高光饰面中密度纤维板	2012
60	东莞	广东大众农业科技股份有限公司	田师傅	土壤调理剂	2012
61	东莞	广东康达尔农牧科技有限公司	康达尔	105肥鸡配合饲料	2012
62	东莞	广东绿卡实业有限公司	绿卡	中华鳖种苗	2012
63	东莞	广东绿卡实业有限公司	绿卡	乌龟	2012
64	东莞	东莞泛亚太生物科技有限公司	保来康	饲用酶制剂（pk100）	2013
65	东莞	东莞市保得生物工程有限公司	保得	微生物土壤接种剂	2013
66	东莞	东莞市东骏长和木业有限公司	骏丰	细木工板	2013
67	东莞	东莞市广利饲料有限公司	莞利	4165哺乳母猪复合预混料	2013
68	东莞	东莞市金峰生态农业有限公司	报丰年	黄金花芒	2013
69	东莞	东莞市瑞丹生物科技有限公司	瑞丹	蛹虫草子实体	2013
70	东莞	东莞市沙田顺发畜禽实业有限公司	图形	616A大鸡配合饲料	2013
71	东莞	东莞市新泰粮食有限公司	醉兰	香粘米	2013
72	东莞	东莞市养生源蜂业有限公司	养生源	洋槐蜜	2013
73	东莞	东莞市银华生物科技有限公司	银华	鳖配合饲料	2013
74	东莞	东莞市银华生物科技有限公司	普罗宝	酶解蛋白粉	2013
75	东莞	东莞市永益食品有限公司	凤球唛	番茄沙司	2013
76	东莞	广东康达尔农牧科技有限公司	康达尔	康大宝膨化小猪配合饲料	2013
77	东莞	广东绿卡实业有限公司	绿卡	中华鳖	2013
78	东莞	广东星河生物科技股份有限公司	玉龙洞	白玉菇	2013
79	佛山	佛山市卖口乖食品有限公司	卖口乖	罗非鱼干	2011
80	佛山	佛山市南海种禽有限公司	狮山+图形	南海黄鸡苗	2011
81	佛山	佛山市三水宝叶木业有限公司	南盛	细木工板	2011
82	佛山	佛山市正典生物技术有限公司	球苗	鸡球虫四价活疫苗	2011
83	佛山	佛山市海航饲料有限公司	图形	163AA大鸡配合饲料	2012
84	佛山	佛山市佳洁斯门业有限公司	佳洁斯	全实木榫拼门	2012
85	佛山	佛山市南海甘力木业有限公司	甘力	细木工板	2012
86	佛山	佛山市南海红宝蛋类食品有限公司	红宝	咸蛋黄	2012
87	佛山	佛山市三水区联科畜牧有限公司	联科	三水白鸭鸭苗	2012
88	佛山	佛山市正典生物技术有限公司	虫力黑	虫力黑（阿苯达唑、伊维菌素预混剂）	2012
89	佛山	佛山市正典生物技术有限公司	加能速补	加能速补（电解质多维预混料）	2012
90	佛山	广东耀东华家具板材有限公司	红棉花+图形	浸渍胶膜纸饰面人造板	2012
91	佛山	美亚环球木业（佛山）有限公司	美亚环球	细木工板	2012
92	佛山	佛山金葵子植物营养有限公司	金葵子+图形	腐秆剂	2013
93	佛山	佛山市南海百容水产良种有限公司	百容（Holdone）	草鱼苗	2013
94	佛山	佛山市南海东方澳龙制药有限公司	澳富龙	土霉素注射液	2013

（续上表）

序号	地市	生产企业	注册商标	产品名称	被评为名牌年份
95	佛山	佛山西江农业生态园有限公司	绿之选	菜心	2013
96	佛山	广东海纳川药业股份有限公司	吉他富	吉他霉素预混剂	2013
97	广州	广东恒发集团有限公司	图形商标	钻石牌冻罗非鱼片	2011
98	广州	广东拉多美化肥有限公司	拉多美	硫酸钾型复肥	2011
99	广州	广东省金稻种业有限公司	金稻	五优308	2011
100	广州	广东旺大集团有限公司	图形商标	中猪复合预混料	2011
101	广州	广东兴亿海洋生物工程有限公司	兴亿高	优鲜肽	2011
102	广州	广东珍奇味集团有限公司	珍奇味	贡枣	2011
103	广州	广东智威农业科技股份有限公司	岭南黄	岭南黄鸡（活鸡）	2011
104	广州	广州飞禧特水产科技有限公司	特免皇	水产动物多糖预混合饲料	2011
105	广州	广州陆仕水产企业有限公司	新新一煮	冷冻鱼丸	2011
106	广州	广州迈高化学有限公司	消特灵	有机氯消毒剂	2011
107	广州	广州市佳荔干鲜果食品有限公司	伟明	糯米糍荔枝干	2011
108	广州	广州市江丰实业股份有限公司	粤江丰	多种矿物元素预混合饲料 高硒禽矿-1000	2011
109	广州	广州市骏宝饲料有限公司	骏宝	215出口肥鸭配合饲料	2011
110	广州	广州市荔泉食品有限公司	妃子笑+图形	七丝软粘米	2011
111	广州	广州市清香农产有限公司	粤清香	白菜干	2011
112	广州	广州市清香农产有限公司	粤清香	苦瓜干	2011
113	广州	广州市伟正木制品有限公司	伟业	细木工板	2011
114	广州	广州市增城祥惠香蕉专业合作社	祥惠	香蕉	2011
115	广州	广州天王动物保健品有限公司	天王+图形	恩诺沙星注射液	2011
116	广州	广州雄迪食品有限公司	雄迪	雄迪牌水磨糯米粉	2011
117	广州	广州智特奇生物科技有限公司	图形商标	智特红10%	2011
118	广州	广州智特奇生物科技有限公司	图形商标	金黄素Y-20	2011
119	广州	广州智特奇生物科技有限公司	图形商标	智富磷5000	2011
120	广州	广东爱保农科技有限公司	applon 爱保农	爱保农536猪用多维	2012
121	广州	广东东升农场有限公司	东升	菜心	2012
122	广州	广东省前沿动物保健有限公司	图形	复合酚（消毒灵）	2012
123	广州	广东天禾中加化肥有限公司	彩虹	高浓度水稻专用肥	2012
124	广州	广东希普生物科技股份有限公司	普乐宝	普乐宝	2012
125	广州	广东正大康地有限公司	广大	552小猪配合饲料	2012
126	广州	广州从化润至园蜂业有限公司	润至园	荔枝蜂蜜	2012
127	广州	广州飞禧特水产科技有限公司	飞禧特	蛋氨酸预混合饲料	2012
128	广州	广州力智农业有限公司	穗康	肉猪	2012
129	广州	广州陆仕水产企业有限公司	陆仕	冻罗非鱼片	2012
130	广州	广州鹭业水产有限公司	鹭业	彩虹鲷（红罗非）苗种	2012
131	广州	广州迈高化学有限公司	百迪	高效消毒剂	2012
132	广州	广州市宝生园有限公司	宝生园	纯鲜蜂王浆	2012
133	广州	广州市海维饲料有限公司	HaiLong+图形	8612草鱼料	2012
134	广州	广州市华侨糖厂	红棉	白砂糖	2012
135	广州	广州市江丰实业股份有限公司	江村黄	江村黄鸡	2012
136	广州	广州市江丰实业股份有限公司	粤江丰	鸡用复合维生素预混料C101	2012
137	广州	广州市凌利木业有限公司	凌利	细木工板	2012
138	广州	广州市兴达动物药业有限公司	海利	杀毒先锋（二氯异氰脲酸钠粉）	2012
139	广州	广州市友生园林有限公司	友生	玫瑰	2012
140	广州	广州天河奥特农化新技术有限公司	奥特	小牛硫酸钾三元复肥	2012
141	广州	广州天科生物科技有限公司	天科	甘氨酸铁络合物	2012
142	广州	广州雄迪食品有限公司	田迪+图形	水磨糯米粉	2012
143	广州	广州一衣口田有机农业有限公司	一衣口田	鸡（活鸡）	2012
144	广州	广州智特奇生物科技有限公司	智特奇+图形	β-胡萝卜素	2012
145	广州	广州智特奇生物科技有限公司	智特奇+图形	虾青素	2012
146	广州	增城市泰稷发展有限公司	泰稷	丝苗米	2012
147	广州	增城市优质米生产基地公司	桂绿	丝苗米	2012
148	广州	正大康地（蛇口）有限公司番禺厂	红朱岭	311S瘦肉型膨化乳猪配合饲料	2012
149	广州	广东丰之林木工艺品有限公司	林安	细木工板	2013
150	广州	广东海大集团股份有限公司	海因特	鲤鱼预混料A801	2013
151	广州	广东海大集团股份有限公司	海因特	草食性鱼预混料1011	2013
152	广州	广东海兴农集团有限公司	海兴农（hisenor）	南美白对虾苗	2013
153	广州	广东省金稻种业有限公司	图形	天优3618	2013
154	广州	广东省金稻种业有限公司	图形	天优122	2013
155	广州	广东省前沿动物保健有限公司	图形	球卡丹	2013
156	广州	广东新南都饲料科技有限公司	图形	复方富血铁	2013
157	广州	广东珍奇味集团有限公司	珍奇味+图形	地瓜干	2013
158	广州	广东珍奇味集团有限公司	珍奇味+图形	甜话梅	2013
159	广州	广州大丘有机农产有限公司	图形	火龙果	2013

（续上表）

序号	地市	生产企业	注册商标	产品名称	被评为名牌年份
160	广州	广州大台农饲料有限公司	大台农	4312小猪复合预混料	2013
161	广州	广州大台农饲料有限公司	大台农	4011乳猪饲料	2013
162	广州	广州力智农业有限公司	力智	杜洛克种猪	2013
163	广州	广州力智农业有限公司	力智	长白种猪	2013
164	广州	广州丽恒科技开发有限公司	丽恒	脐橙	2013
165	广州	广州南宝饲料有限公司	爱宝+图形	302快大肥鸭配合饲料	2013
166	广州	广州南宝饲料有限公司	爱宝+图形	308蛋鸭配合饲料	2013
167	广州	广州南宝饲料有限公司	爱宝+图形	553中猪配合饲料	2013
168	广州	广州市澳洋实业有限公司	粤盛丰	罗非鱼配合饲料	2013
169	广州	广州市百兴畜牧饲料有限公司	穗香+图形	穗香鸡	2013
170	广州	广州市宝生园有限公司	宝生园	槐花蜜	2013
171	广州	广州市番禺区农业科学研究所	禺山+图形	奥尼罗非鱼苗	2013
172	广州	广州市丰恒农产品进出口有限公司	丰莲	莲藕	2013
173	广州	广州市国营珠江华侨农工商联合公司	万珠	黑珍猪猪肉	2013
174	广州	广州市江丰实业股份有限公司	粤江丰	快大黄大鸡配合饲料	2013
175	广州	广州市良种猪场	广良	猪肉	2013
176	广州	广州市农业科学研究院	穗农	广糯1号	2013
177	广州	广州市清香农产有限公司	粤清香	荔枝干	2013
178	广州	广州市盛洲德威粮油食品有限公司	德威	咸蛋黄	2013
179	广州	广州市谭山蜂业有限公司	谭氏	荔枝蜜	2013
180	广州	广州市先步农业科技有限公司	xianbu先步+图形	鳄龟苗种	2013
181	广州	广州市洲星食品有限公司	洲星+图形	马蹄粉	2013
182	广州	广州天科生物科技有限公司	TanKe	奇力锌	2013
183	广州	广州天王动物保健品有限公司	天王+图形	福多安（氟苯尼考粉）	2013
184	广州	广州天王动物保健品有限公司	天王+图形	高利高	2013
185	广州	广州天王动物保健品有限公司	天王+图形	1号注射液	2013
186	广州	广州智特奇生物科技有限公司	智特奇（wisdem）+图形	超能脂（磷脂氨基酸复合预混料）	2013
187	广州	增城市粮食局新塘粮食管理所	挂荔	增城丝苗米	2013
188	河源	东源县顺景农民专业合作社	义宝	赤灵芝破壁孢子粉	2011
189	河源	广东瑞昌食品进出口有限公司	东瑞	长白种猪	2011
190	河源	广东雄达实业发展有限公司	神农宝	灵芝	2011
191	河源	河源市创始人农业发展有限公司	原创人	风味炒栗	2011
192	河源	河源市伊势农业有限公司	伊势	鲜鸡蛋	2011
193	河源	紫金县千禧食品有限公司	永安	紫金椒酱	2011
194	河源	东源县板栗发展有限公司	望郎回	风味炒栗	2012
195	河源	东源县顺景农民专业合作社	义宝	赤灵芝子实体	2012
196	河源	广东霸王花食品有限公司	霸王花	河源米粉	2012
197	河源	广东瑞昌食品进出口有限公司	东瑞	活肉猪	2012
198	河源	广东中兴绿丰发展有限公司	options	尤力克柠檬	2012
199	河源	河源富万家农业发展有限公司	富万家	原味炒栗	2012
200	河源	河源万绿湖食品有限公司	万绿湖	营养米排粉	2012
201	河源	紫金县金山茶业科技发展有限公司	武顿山	红茶	2012
202	河源	紫金县龙塘三高农业开发有限公司	春甜	紫金春甜桔	2012
203	河源	河源市绿之宝食品有限公司	绿之宝	甜酸萝卜	2013
204	河源	河源市石坪顶茶业发展有限公司	石坪顶	螺绿茶	2013
205	河源	河源市天仙湖农业发展有限公司	圣仙湖	灵芝茶	2013
206	河源	河源市万家香实业有限公司	万家香	金贡米	2013
207	河源	紫金县黄花茶业有限公司	黄花	黄花闺秀（绿茶）	2013
208	河源	紫金县金葫芦保健品有限公司	金馨玉振	竹壳茶	2013
209	河源	紫金县金山茶业科技发展有限公司	武顿山	绿茶（一级）	2013
210	惠州	广东海纳农业有限公司	水中鲤	水中鲤牌丝苗米	2011
211	惠州	惠东县广兴农贸有限公司	平海	马铃薯	2011
212	惠州	惠东县中源农业发展有限公司	美之源	梅花白萝卜	2011
213	惠州	惠州梅菜产销有限公司	祯州	即食梅菜	2011
214	惠州	惠州市澳华饲料有限公司	图形商标	澳华牌鸡饲料	2011
215	惠州	惠州市潮记食品有限公司	潮记	潮记牌鲜冻鸭	2011
216	惠州	惠州市东海王海洋食品有限公司	粒粒纯	原榨玉米汁	2011
217	惠州	惠州市好收成农贸有限公司	万其	过年米	2011
218	惠州	惠州市鹏昌农业科技有限公司	鹏昌	鲜鸡蛋	2011
219	惠州	惠州市四季绿农产品有限公司	四季绿如蓝	小白菜	2011
220	惠州	惠州市四季绿农产品有限公司	四季绿如蓝	菜心	2011
221	惠州	龙门县科信食品有限公司	奥蜜	蜂蜜酿造醋	2011
222	惠州	博罗县柏塘光华食品有限公司	华恒	话梅姜	2012
223	惠州	惠东县东进保鲜肉类有限公司	东进农牧+图形	冰鲜猪肉	2012
224	惠州	惠东县广兴农贸有限公司	好运莲	多祝银丝粘	2012

（续上表）

序号	地市	生产企业	注册商标	产品名称	被评为名牌年份
225	惠州	惠州伴永康粮油食品有限公司	伴永康	野澳丝苗米	2012
226	惠州	惠州李艺金钱龟生态发展有限公司	李艺	金钱龟（三线闭壳龟）	2012
227	惠州	惠州市财兴实业有限公司	惠绿源	中华鳖	2012
228	惠州	惠州市金种家禽发展有限公司	金种	麻黄鸡	2012
229	惠州	惠州市绿色食品有限公司	悠久	无公害惠州梅菜	2012
230	惠州	惠州市四季绿农产品有限公司	四季绿如蓝	青瓜	2012
231	惠州	惠州市四季绿农产品有限公司	四季绿如蓝+图形	西红柿	2012
232	惠州	惠州市四季鲜绿色食品有限公司	粤农	荔枝干	2012
233	惠州	惠州市四季鲜绿色食品有限公司	四季鲜	糯米糍鲜荔枝	2012
234	惠州	惠州市祥浩实业有限公司	粤来粤好+图形	甜玉米粒罐头	2012
235	惠州	惠州市兴牧畜牧发展有限公司	惠牧	大白种猪	2012
236	惠州	惠州顺兴食品有限公司	唐顺兴	冰鲜鸡	2012
237	惠州	龙门县裕华竹制品实业有限公司	南昆山+NAN KUN SHAN	竹餐签2.5毫米×250毫米	2012
238	惠州	龙门县云鹏实业有限公司双丰鱼米厂	双丰鱼+图形	丝苗米	2012
239	惠州	勇记农业开发（惠州）有限公司	图案	菜心	2012
240	惠州	广东中迅农科股份有限公司	中迅+图形	10%苯醚甲环唑水分散粒剂	2013
241	惠州	惠东县九华农贸有限公司	九华	马铃薯	2013
242	惠州	惠东县四季鲜荔枝专业合作社	四季鲜	石硖鲜龙眼	2013
243	惠州	惠东县中源农业发展有限公司	美之源	中源尖椒	2013
244	惠州	惠州李艺金钱龟生态发展有限公司	李艺	石金钱龟（黄喉拟水龟）	2013
245	惠州	惠州市煌粮实业有限公司	益绿香	丝苗米	2013
246	惠州	惠州市鹏昌农业科技有限公司	御家农庄	鲜鸡蛋	2013
247	惠州	惠州市四季绿农产品有限公司	四季绿如蓝	苦瓜	2013
248	惠州	惠州市四季绿农产品有限公司	四季绿如蓝	薯苗心菜	2013
249	惠州	惠州市四季鲜绿色食品有限公司	九龙峰	蜂蜜金桔	2013
250	惠州	惠州市四季鲜绿色食品有限公司	粤农YUENONG	龙眼干	2013
251	惠州	惠州顺兴食品有限公司	唐顺兴	冰鲜鸽	2013
252	江门	广东新粮实业有限公司	永丰	1322A罗非中成鱼膨化配合饲料	2011
253	江门	鹤山市东古调味食品有限公司	东古	蚝油	2011
254	江门	鹤山市华粮米业有限公司	鹤粮+图形	址山贡粮	2011
255	江门	江门汇海饲料厂有限公司	汇银丰	F835草鱼料	2011
256	江门	江门市鸿豪生物科技有限公司	鸿豪	虫草子实体	2011
257	江门	广东新粮实业有限公司	永丰	111小鸡料	2012
258	江门	江门汇海饲料厂有限公司	图案	H3203瘦肉型中猪料	2012
259	江门	江门嘉年华饲料实业有限公司	嘉年华	1#小猪料	2012
260	江门	江门市大光明农化新会有限公司	大光明DAGUANGMING+图形	天丰素可溶液剂	2012
261	江门	江门市丰正食品有限公司	丰正+图形	即食海洋蔬菜	2012
262	江门	台山市科朗现代农业有限公司	科朗+图形	麻黄鸡苗	2012
263	江门	台山市长江食品有限公司	图形	大白猪种猪	2012
264	江门	恩平基龙实业有限公司	基龙	凤山鸡	2013
265	江门	广东新粮实业有限公司	永丰+图形	202出口肥鸭料	2013
266	江门	鹤山市东古调味食品有限公司	东古	野山椒	2013
267	江门	鹤山市墟岗黄畜牧有限公司	旺禽+图形	墟岗黄鸡	2013
268	江门	江门汇海饲料厂有限公司	图形	膨化乳猪料	2013
269	江门	江门汇海饲料厂有限公司	图形	8895膨化罗非鱼料	2013
270	江门	江门市大光明农化新会有限公司	大光明DAGUANGMING+图形	绿福乳油	2013
271	江门	江门市得宝集团有限公司	劲宝+图形	552瘦肉型小猪配合饲料	2013
272	江门	江门市得宝集团有限公司	劲宝+图形	553瘦肉型中猪配合饲料	2013
273	江门	江门市丰正食品有限公司	丰正+图形	即食天然海蜇	2013
274	江门	江门市江帆水产制品厂有限公司	江帆	即食天然海蜇	2013
275	江门	江门市杰士植物营养有限公司	乌金绿	有机水溶肥	2013
276	江门	江门市新康虫草有限公司	岗州春	虫草子实体	2013
277	江门	台山市粮食购销总公司	珍香	丝苗米（五星）	2013
278	揭阳	广东百得佳高新农业发展有限公司	百得佳baidejia	仙蜜果	2011
279	揭阳	广东富城食品工业有限公司	金碧富城+图形	花生（烤制花生果）	2011
280	揭阳	广东茂林食品有限公司	茂林	清甜杨梅	2011
281	揭阳	广东农夫山庄食品工业有限公司	农夫山庄	西瓜子	2011
282	揭阳	广东星期八食品工业有限公司	星期8+图案形	星期8瓜子	2011
283	揭阳	广东亿心食品工业有限公司	亿心+图形	九制橄榄	2011
284	揭阳	揭东试验区宏安食品有限公司	奥仕嘉	甜玉米	2011
285	揭阳	广东广信食品有限公司	广信	冬瓜丁	2012
286	揭阳	广东越群海洋生物研究开发有限公司	图形	特级无渣虾片饲料	2012
287	揭阳	广东志诚食品有限公司	XingHeng+图形	甜玉米罐头	2012
288	揭阳	揭西县京溪园罐头厂	龙江+图形	甜玉米粒罐头	2012
289	揭阳	普宁市绿洁食品有限公司	叶原坊	花生（带壳烘炒）	2012

（续上表）

序号	地市	生产企业	注册商标	产品名称	被评为名牌年份
290	揭阳	广东广信食品有限公司	广信	香蕉片	2013
291	揭阳	广东京明茶叶综合发展有限公司	京明	红心铁观音茶	2013
292	揭阳	广东农夫山庄食品工业有限公司	农夫山庄	九制杨梅	2013
293	揭阳	广东越群海洋生物研究开发有限公司	东丸	海水鱼配合饲料	2013
294	揭阳	广东越群海洋生物研究开发有限公司	源+图形	车元虾蟹种苗配合饲料	2013
295	揭阳	揭东县联民茶叶专业合作社	湖岗生态	金缘福茶	2013
296	揭阳	揭西县同心食品有限公司	粤揭同心	地瓜干	2013
297	揭阳	揭阳宝优生态科技有限公司	宝优	硝硫基复混肥料（总养分≥45%，15-15-15）	2013
298	揭阳	揭阳市富德园果蔬种植有限公司	富德园	佛手	2013
299	揭阳	普宁市金枝（茶业）保健品有限公司	金枝+图形	铁观音	2013
300	茂名	高州市丰盛贸易有限公司	桂康	生晒桂圆肉	2011
301	茂名	广东光环化肥有限公司	光环	过磷酸钙（一等品有效P_2O_5≧16%）	2011
302	茂名	广东立威化工有限公司	立威	高效氯氰菊酯母药	2011
303	茂名	广东信澳化肥有限公司	信澳	信澳水稻专用肥〔总养分≥53%（含氯）〕	2011
304	茂名	广东盈富农业有限公司	信宜怀乡鸡+图形	信宜怀乡鸡（活鸡）	2011
305	茂名	广东正红鸭蛋开发有限公司	正红	咸鸭蛋黄	2011
306	茂名	茂名市金信米业有限公司	锦旺	贵族香油粘	2011
307	茂名	茂名市金阳热带海珍养殖有限公司	正金阳	南美白对虾苗	2011
308	茂名	茂名市金阳热带海珍养殖有限公司	正金阳	南美白对虾	2011
309	茂名	茂名市茂南三高渔业发展有限公司	三高奥雄	奥尼罗非鱼	2011
310	茂名	茂名市农丰复合肥厂	图形商标	（复混肥料）50%掺混肥料（氮25、磷5、钾20）	2011
311	茂名	茂名市农丰复合肥厂	图形商标	53%水稻专用肥（氮24%、磷9%、钾20%）	2011
312	茂名	电白县新科养殖有限公司	新海眷+图形	南美白对虾苗	2012
313	茂名	电白县永发水产有限公司	永发	冻带头南美白对虾	2012
314	茂名	电白县永发水产有限公司	永发+图形	冻熟虾	2012
315	茂名	电白县正绿菜业有限公司	水东正绿+图形	水东芥菜	2012
316	茂名	电白亿顺食品有限公司	億品+图形	包心鱼豆付	2012
317	茂名	高州市桑马生态农业发展有限公司	马头+图形	储良龙眼	2012
318	茂名	高州市晟丰水果专业合作社	晟丰园+图形	桂圆肉	2012
319	茂名	广东立威化工有限公司	立威	氯氰菊酯原药	2012
320	茂名	广东立威化工有限公司	立威+图形	95%氯氰菊酯原药	2012
321	茂名	广东信澳化肥有限公司	信澳	信澳BB肥〔总养分≥57%，含氯〕	2012
322	茂名	茂名龙海海蜇集团有限公司	Long Bao+图形	即食海蜇	2012
323	茂名	茂名龙海海蜇集团有限公司	Long Bao+图形	盐渍海蜇	2012
324	茂名	茂名市伟业罗非鱼良种场	简伟业	吉奥罗非鱼苗	2012
325	茂名	茂名市伟业罗非鱼良种场	简伟业+图形	新吉富罗非鱼苗	2012
326	茂名	电白县永发水产有限公司	永发	速冻虾仁	2013
327	茂名	电白亿顺食品有限公司	億品+图形	鲜鱼丸	2013
328	茂名	高州市丰盛食品有限公司	Gui Kang+图形	桂圆干	2013
329	茂名	高州市桑马生态农业发展有限公司	马头	桂味荔枝	2013
330	茂名	高州市杨氏农业有限公司	绿杨	鲜鸡蛋	2013
331	茂名	广东丰利农业综合开发有限公司	丰利王	肉鸽	2013
332	茂名	广东光环化肥有限公司	光环	53%掺混肥料	2013
333	茂名	广东立农生物科技有限公司	立农	30%草甘膦水剂	2013
334	茂名	广东立威化工有限公司	立威	5.7%氯氰菊酯乳油	2013
335	茂名	广东绿洲农业有限公司	水东鸡心茶+图形	水东鸡心茶	2013
336	茂名	化州市肥业有限公司	丰宇牌+图形	过磷酸钙（有效磷≥16.0%）	2013
337	茂名	化州市益利化橘红专业合作社	橘利	化橘红	2013
338	茂名	茂名市海名威水产科技有限公司	Hi★TASTE+图形	冻罗非鱼片	2013
339	茂名	茂名市金信米业有限公司	锦旺	旺上旺靓米	2013
340	茂名	茂名市金阳热带海珍养殖有限公司	正金阳	斑节对虾苗	2013
341	茂名	茂名市茂南三高渔业发展有限公司	三高奥雄	奥本系奥尼罗非鱼苗	2013
342	茂名	茂名市穗田复合肥有限公司	穗田	复混肥料〔氮、磷、钾总养分≥30%（15-6-9）〕	2013
343	茂名	茂名市天力大地生态农业有限公司	水东清心芥	水东芥菜	2013
344	茂名	茂名市泽丰园农产品有限公司	泽丰园	妃子笑荔枝	2013
345	茂名	信宜市钱排供销社三华李专业合作社	钱排李	钱排三华李	2013
346	茂名	中粮饲料（茂名）有限公司	高捷	313瘦肉型大猪配合饲料	2013
347	梅州	广东飞天马实业有限公司	飞天马	飞天马乌龙茶	2011
348	梅州	广东富农生物科技股份有限公司	图形商标（HL）	精制纯鸡油	2011
349	梅州	广东凯达茶业股份有限公司	凯达	香妃翠玉乌龙茶	2011
350	梅州	广东凯达茶业股份有限公司	凯达	凯达乌龙茶	2011
351	梅州	广东客家黄畜牧有限公司	梅客黄	鲜鸡蛋	2011
352	梅州	广东客乡农牧发展有限公司	客乡香	客乡香猪肉	2011
353	梅州	广东梅县雁球食品有限公司	客乡	米粉	2011
354	梅州	广东省大埔县西岩茶叶集团有限公司	西竺	西岩乌龙茶	2011

（续上表）

序号	地市	生产企业	注册商标	产品名称	被评为名牌年份
355	梅州	广东顺兴种养股份有限公司	星奇泰	蜜柚	2011
356	梅州	广东银新现代农业股份有限公司	晨露	金针菜	2011
357	梅州	蕉岭县天然蜂业有限公司	桂岭	野桂花蜜	2011
358	梅州	梅州市稻丰实业有限公司	金良稻丰	客家丝苗米	2011
359	梅州	梅州市佳仙食品有限公司	佳仙	柚皮蜜饯	2011
360	梅州	广东金霖竹业有限公司	金霖	竹编胶合板	2012
361	梅州	广东梅县雁球食品有限公司	雁球	山泉米粉	2012
362	梅州	广东省大埔县西岩茶叶集团有限公司	Xi Yan Shan	西岩绿茶	2012
363	梅州	梅县嘉俊金柚食品厂	嘉俊	金柚凉果	2012
364	梅州	梅州惠玲投资实业有限公司	绿兰春+图形	腐竹	2012
365	梅州	梅州市稻丰实业有限公司	金良稻丰	鄱阳湖顶上香米	2012
366	梅州	梅州市稻丰实业有限公司	金良稻丰	客家情象牙粘米	2012
367	梅州	梅州市东恒食品有限责任公司	客家亲+图形	腐竹	2012
368	梅州	梅州市金稻实业有限公司	梅江桥	农夫山水晚籼米	2012
369	梅州	梅州市金穗生态农业发展有限公司	辰曲	辰曲香米（晚籼米）	2012
370	梅州	梅州市平远锅𠀾土特产有限公司	锅𠀾+图形	水仙绿茶	2012
371	梅州	梅州市同仁柚果出口农民专业合作社	梅妃	红肉蜜柚	2012
372	梅州	梅州市盈安生态农牧发展有限公司	大坪八斗种	八斗种有机沙田柚	2012
373	梅州	丰顺县黄金食品厂	黄金	可口姜糖	2013
374	梅州	广东健神科技股份有限公司	健神	健神茶	2013
375	梅州	广东蓝田农业有限公司	图形	杏鲍菇	2013
376	梅州	广东龙岗马山茶业股份有限公司	马山	马山绿茶（本土高山茶）	2013
377	梅州	广东龙星茶业发展有限公司	龙星	乌龙茶	2013
378	梅州	广东梅龙柚果股份有限公司	嘉誉梅龙	金柚	2013
379	梅州	广东侨徽生物科技有限公司	侨徽	原木赤灵芝孢子粉	2013
380	梅州	广东省大埔县西岩茶叶集团有限公司	Xi Yan Shan	西岩红茶	2013
381	梅州	广东省大埔县西岩茶叶集团有限公司	西竺（图形）	西岩黄枝香茶	2013
382	梅州	广东省大埔县西岩茶叶集团有限公司	西竺（图形）	西岩单丛茶	2013
383	梅州	广东省大埔县西岩茶叶集团有限公司	西竺（图形）	西岩奇兰茶	2013
384	梅州	广东省大埔县西岩茶叶集团有限公司	西竺（图形）	岩中玉兔茶	2013
385	梅州	广东顺兴种养股份有限公司	太子妃	太子妃名柚（蜜柚）	2013
386	梅州	广东银新现代农业股份有限公司	银新	黄花菜	2013
387	梅州	梅县西南泰岭水果专业合作社	泰岭	金柚	2013
388	梅州	梅县雁南飞茶田有限公司	雁南飞	金单枞乌龙茶	2013
389	梅州	梅州丰华有机农业发展有限公司	叶湖真田	有机大米（象牙香粘）	2013
390	梅州	梅州市稻丰实业有限公司	金良稻丰	晚籼米	2013
391	梅州	梅州市惠兴米业发展有限公司	君惠+图形	丝苗米	2013
392	梅州	梅州市木子金柚专业合作社	木子	金柚	2013
393	梅州	梅州市松岗嶂绿色生态茶园	七畲径	绿茶（单枞茶）	2013
394	梅州	梅州市田信农业科技发展有限公司	田信	大田柿花	2013
395	梅州	平远源丰农业发展有限公司	石正云雾	石正云雾（绿茶）	2013
396	梅州	五华登云嶂云雾茶叶有限公司	登云嶂	黄金芽绿茶	2013
397	清远	广东天农食品有限公司	凤中皇	清远麻鸡鲜蛋	2011
398	清远	连州市嘉农现代农业发展有限公司	嘉利园	水晶梨	2011
399	清远	清远根本农业科技扶贫有限公司	红不让	灵芝	2011
400	清远	英德市上茗轩茶叶有限责任公司	上茗轩	上茗轩绿茶	2011
401	清远	广东豪爽天然保健食品有限公司	豪爽	溪黄草	2012
402	清远	广东林中宝食用菌有限公司	林中宝	黑木耳	2012
403	清远	广东林中宝食用菌有限公司	林中宝	灵芝孢子粉胶囊	2012
404	清远	广东林中宝食用菌有限公司	林中宝	粤北冬菇	2012
405	清远	广东省佛冈金鲜美粮油食品有限公司	金鲜美	精品油粘米	2012
406	清远	广东省佛冈金鲜美粮油食品有限公司	金鲜美	精选小香米	2012
407	清远	连山壮族瑶族自治县民族食品有限公司	壮瑶家香	有机大米	2012
408	清远	清远根本农业科技扶贫有限公司	红不让	灵芝茶	2012
409	清远	英德市上茗轩茶叶有限责任公司	上茗轩	红茶	2012
410	清远	广东林中宝食用菌有限公司	林中宝	灵芝	2013
411	清远	广东林中宝食用菌有限公司	林中宝	灵芝茶	2013
412	清远	广东天农食品有限公司	凤中凤	清远鸡	2013
413	清远	广东天农食品有限公司	凤中皇FENGZHONGHUANG+图形	清远鸡	2013
414	清远	清远根本农业科技扶贫有限公司	红不让	灵芝孢子粉	2013
415	清远	清远震兴农产品有限公司	巧口	即食脆笋	2013
416	汕头	广东蓬盛实业有限公司	蓬盛	橄榄菜	2011
417	汕头	汕头鳗联股份有限公司	MANLIAN +图形	冷冻烤鳗	2011
418	汕头	汕头市澄海区新寮米面制品厂有限公司	雄利+图形	水磨糯米粉	2012
419	汕头	汕头市德兴种养实业有限公司	绿都	杜洛克种猪	2012

（续上表）

序号	地市	生产企业	注册商标	产品名称	被评为名牌年份
420	汕头	汕头市粮丰集团有限公司	粮丰	配方米	2012
421	汕头	汕头市微补植物营养科技有限公司	微补	微补果力（磷钙型）	2012
422	汕头	汕头市玉蕾食品实业有限公司	玉蕾	橄榄菜	2012
423	汕头	汕头鱼露厂有限公司	潮汕	鱼露	2012
424	汕头	广东富味制果厂有限公司	富味	苹果脆	2013
425	汕头	广东绍河珍珠有限公司	绍河SHAOHE	绍河珍珠	2013
426	汕头	广东源信饲料实业有限公司	源信	108鱼料	2013
427	汕头	汕头市白沙禽畜原种研究所	狮头	狮头鹅	2013
428	汕尾	广东省生宝种养有限公司	生宝	木瓜	2011
429	汕尾	海丰海纳现代有机农业有限公司	水中鲤	水中鲤牌有机米	2011
430	汕尾	海丰县供销果蔬加工厂	皇斋虎嗷	皇斋虎嗷金针菜	2011
431	汕尾	海丰县莲苑种植有限公司	图形商标	莲苑茗茶	2011
432	汕尾	海丰县新学士种养专业合作社	飞鹅+图形	西番莲	2011
433	汕尾	陆丰市跨越种养专业合作社	华夏独秀	野青米	2011
434	汕尾	陆丰市跨越种养专业合作社	南塘	南塘花生（炒制花生果）	2011
435	汕尾	陆河县陆发实业有限公司	图形商标	蜜饯奇味梅	2011
436	汕尾	陆河县陆发实业有限公司	图形商标	青梅果酱	2011
437	汕尾	陆河县乌盾山茶业科研发展有限公司	乌盾山	乌盾山茶	2011
438	汕尾	汕尾市得壹食品有限公司	得壹食品	得壹鱼丸	2011
439	汕尾	广东省陆丰市跨越生态农业科技有限公司	华夏独秀	萝卜条	2012
440	汕尾	广东省汕尾市绿地高新农业有限公司	漠标	绿地刺苦瓜	2012
441	汕尾	汕尾吉发食品有限公司	松洲	牡蛎	2012
442	汕尾	汕尾市碧泉农业开发有限公司	荔碧泉	凤山红灯笼荔枝	2012
443	汕尾	汕尾市城区丰祺蔬菜种植专业合作社	丰祺绿科	丰祺黄瓜	2012
444	汕尾	海丰县勤之富种养专业合作社	勤之富	木瓜	2013
445	韶关	广东慧园米业有限公司	慧园	慧园油粘	2011
446	韶关	乐昌市沿溪山茶场有限公司	雾翔	沿溪山白毛尖茶	2011
447	韶关	乳源瑶族自治县南水渔业开发有限公司	银源	银鱼（冷冻）	2011
448	韶关	新丰县新力农业发展有限公司	新力	佛手瓜	2011
449	韶关	广东慧园米业有限公司	慧园+图形	慧园福米	2012
450	韶关	乐昌市华翔木业有限公司	华翔	细木工板	2012
451	韶关	乐昌市九峰镇绿峰果菜专业合作社	九峰山+图形	蜜橘	2012
452	韶关	韶关市金果农业生态园有限公司	长坝	沙田柚	2012
453	韶关	韶关市七里香粮油实业有限公司	国粤天香	美香粘	2012
454	韶关	始兴县洪源果业有限公司	五月红+图形	杨梅	2012
455	韶关	广东金友集团有限公司	金友	优质米	2013
456	韶关	广东联益马坝米业（曲江）有限公司	白马	马坝油粘米	2013
457	韶关	广东省翁源县茂源糖业有限公司	李花	白砂糖	2013
458	韶关	鸿伟木业（仁化）有限公司	鸿伟	刨花板	2013
459	韶关	仁化县奥达胶合板有限公司	奥達華林王	双面覆膜竹胶合板	2013
460	韶关	乳源瑶族自治县南水渔业开发有限公司	银源	三角鲂	2013
461	韶关	韶关市七里香粮油实业有限公司	国粤天香	象牙粘	2013
462	韶关	韶关市詹氏养蜂场蜂业有限公司	詹氏	槐花蜜	2013
463	韶关	始兴县古塘实业开发有限公司	古印（图形）	古塘板鸭	2013
464	深圳	深圳博广天兴食品有限公司	BGTX	即食章鱼	2011
465	深圳	深圳联合水产发展有限公司	双峰+图形	冻罗非鱼片	2011
466	深圳	深圳市芭田生态工程股份有限公司	芭田	芭田高塔新接力复肥（原芭田高塔138复肥）	2011
467	深圳	深圳市宝安沙井水产公司	沙井	沙井蚝豉	2011
468	深圳	深圳市华宝（集团）饲料有限公司	华宝	709种鸽配合饲料	2011
469	深圳	深圳市金新农饲料股份有限公司	成农	代乳王810	2011
470	深圳	华润五丰农产品（深圳）有限公司	田夫	柚子	2011
471	深圳	鑫成食品（深圳）有限公司	图形商标	冻熟制调味裙带菜	2011
472	深圳	正大康地（蛇口）有限公司	CTC正大康地	4326哺乳母猪复合预混料	2011
473	深圳	正大康地（蛇口）有限公司	CTC正大康地	4318强化大猪复合预混料	2011
474	深圳	正大康地（蛇口）有限公司	CTC正大康地	4325怀孕猪复合预混料	2011
475	深圳	深圳比利美英伟营养饲料有限公司	比利美英伟	PS-0-100B乳猪配合饲料	2012
476	深圳	深圳市光明畜牧有限公司	深光+图形	光明配套系肉猪	2012
477	深圳	深圳市穗贯福实业有限公司	谷尊+图形	谷尊香油粘米	2012
478	深圳	深圳市金新农饲料股份有限公司	成农	代乳王310	2012
479	深圳	深圳市金新农饲料股份有限公司	成农	乳猪王311	2012
480	深圳	华润五丰农产品（深圳）有限公司	田夫	脐橙	2013
481	深圳	华润五丰农产品（深圳）有限公司	田夫	西瓜	2013
482	深圳	深圳比利美英伟营养饲料有限公司	律动源	BS-0-100B乳猪律动源	2013
483	深圳	深圳比利美英伟营养饲料有限公司	PINVE+图形	PS-2-125乳猪浓缩料	2013
484	深圳	深圳市芭田生态工程股份有限公司	芭田	蓝复肥	2013

（续上表）

序号	地市	生产企业	注册商标	产品名称	被评为名牌年份
485	深圳	深圳市芭田生态工程股份有限公司	芭田	三个十五复肥	2013
486	深圳	深圳市宝安沙井水产公司	沙香	沙井蚝油	2013
487	深圳	深圳市光明集团有限公司	光明鸽	乳鸽（活）	2013
488	深圳	深圳市金新农饲料股份有限公司	Sa成农	仔猪浓缩料40811	2013
489	深圳	深圳市金新农饲料股份有限公司	Sa成农	4%猪用复合预混料保育全4312	2013
490	深圳	深圳市农牧实业有限公司	美益	深农猪配套系种猪	2013
491	深圳	深圳市农牧实业有限公司	美益	美益猪肉	2013
492	省直	广东茶叶进出口有限公司	金帆	广云饼茶	2011
493	省直	广东省广垦橡胶集团有限公司	广垦橡胶	高氨浓缩天然胶乳	2011
494	省直	广东永顺生物制药股份有限公司	永顺制药	鸡传染性法氏囊病中等毒力活疫苗（K85株）	2011
495	省直	广东永顺生物制药股份有限公司	永顺制药	重组禽流感病毒H5亚型二价灭活疫苗（H5N1，Re-5株+Re-4株）	2011
496	省直	广东永顺生物制药股份有限公司	永顺制药	猪瘟活疫苗	2011
497	省直	广东永顺生物制药股份有限公司	永顺制药	重组禽流感病毒灭活疫苗（H5N1）	2011
498	省直	广东广三保养猪有限公司	广三保+图形	杜洛克种猪	2012
499	省直	广东广三保养猪有限公司	广三保+图形	长白种猪	2012
500	省直	广东永顺生物制药股份有限公司	永顺制药	伪狂犬病活疫苗	2012
501	省直	广东永顺生物制药股份有限公司	永顺制药	猪链球菌2型氢氧化铝灭活疫苗	2012
502	省直	广东广三保养猪有限公司	广三保	大白种猪	2013
503	顺德	佛山市顺德区利宝饲料有限公司	利宝	233蛋鸭配合饲料	2011
504	顺德	佛山市顺德区利宝饲料有限公司	利宝	602草鱼配合饲料	2011
505	顺德	广东养宝生物制药有限公司	福来可	氟苯尼考可溶性粉	2011
506	顺德	佛山市顺德区利宝饲料有限公司	图形	236红心蛋鸭配合饲料	2012
507	顺德	佛山市顺德区利宝饲料有限公司	图形	615草鱼配合饲料	2012
508	顺德	佛山市顺德区利宝饲料有限公司	图形	213快大肥鸭配合饲料	2012
509	顺德	佛山市顺德区利宝饲料有限公司	图形	216出口肥鸭配合饲料	2012
510	顺德	广东顺德广顺饲料有限公司	广顺	209肥鸭配合饲料	2012
511	顺德	广东顺德广顺饲料有限公司	广顺	803中猪配合饲料	2012
512	顺德	广东顺德广顺饲料有限公司	广顺	208蛋鸭配合饲料	2012
513	顺德	广东泰峰膨化饲料有限公司	锦峰+图形	塘虱2号配合饲料	2012
514	顺德	广东养宝生物制药有限公司	池易泡	复合酚	2012
515	顺德	佛山市顺德区利宝饲料有限公司	利宝	601草鱼成鱼配合饲料	2013
516	顺德	广东粤星实业发展有限公司	粤星	蛙配合饲料	2013
517	阳江	广东嘉华生物化工有限公司	阳灵	九香仁面	2011
518	阳江	广东金凤生物科技有限公司	朝阳凤	金凤五彩薯	2011
519	阳江	广东绿业工业集团股份有限公司	春砂	绿业黄皮茶	2011
520	阳江	广东绿业工业集团股份有限公司	绿业	绿业桂圆宝	2011
521	阳江	广东阳江八果圣食品有限公司	八果圣	黄皮干果	2011
522	阳江	广东羽威农业集团有限公司	图形商标	鲜（冻）鸭肉	2011
523	阳江	阳春市水果生产服务中心	Chun NONG	马水桔	2011
524	阳江	阳东县大发益智食品厂	珍果	珍果益智（干果）	2011
525	阳江	阳江市平海水产制品有限公司	平海	鱼丸	2011
526	阳江	阳西县沙扒兴盛水产制品有限公司	兴盛	墨鱼丸	2011
527	阳江	阳西县粤富水产养殖鱼粉有限公司	资源富	鱼粉	2011
528	阳江	广东丰多采农业发展有限公司	丰多采	网纹甜瓜	2012
529	阳江	广东嘉华生物化工有限公司	阳灵	脱水黑豆	2012
530	阳江	广东嘉华生物化工有限公司	阳灵	脱水春砂仁	2012
531	阳江	广东绿业工业集团股份有限公司	绿业	春砂仁干果	2012
532	阳江	广东绿业工业集团股份有限公司	春砂	春砂仁茶	2012
533	阳江	广东顺欣海洋渔业有限公司	顺兴+图形	冰虾仁	2012
534	阳江	广东万事达水产股份有限公司	BOBOGO+图形	冻虾仁	2012
535	阳江	广东阳江八果圣食品有限公司	八果圣	益智干果	2012
536	阳江	广东阳江八果圣食品有限公司	八果圣+图形	杨桃干果	2012
537	阳江	广东阳江豆豉有限公司	陽江橋牌	阳江豆豉	2012
538	阳江	广东羽威农业集团有限公司	图案	鲜（冻）羽威鹅	2012
539	阳江	阳东县大发益智食品厂	珍果+图形	黄皮干果	2012
540	阳江	阳江市莲香食品有限公司	瑞莲	炒米饼	2012
541	阳江	阳江市平海水产制品有限公司	平海	虾干鱼丸	2012
542	阳江	阳江市谊林海达速冻水产有限公司	谊林海达	冻裹面包屑虾	2012
543	阳江	阳江市谊林海达速冻水产有限公司	谊林海达	冻熟虾	2012
544	阳江	阳江市谊林海达速冻水产有限公司	谊林海达	冻虾仁	2012
545	阳江	广东丰多采农业发展有限公司	丰多采	小青瓜	2013
546	阳江	广东嘉华生物化工有限公司	阳灵	脱水甜玉米	2013
547	阳江	广东顺欣海洋渔业有限公司	顺兴	罗非鱼片	2013
548	阳江	广东万事达水产股份有限公司	BOBOGO+图形	冻熟虾仁	2013

（续上表）

序号	地市	生产企业	注册商标	产品名称	被评为名牌年份
549	阳江	广东阳帆食品有限公司	阳帆	阳江豆豉	2013
550	阳江	广东阳江八果圣食品有限公司	八果圣	橄榄干	2013
551	阳江	阳东县大发益智食品厂	珍果	甜酸仁面	2013
552	阳江	阳东县大发益智食品厂	珍果	甜酸益智	2013
553	阳江	阳东县洋宏益智专业合作社	洋宏益智	益智果	2013
554	阳江	阳江市江城区三洲海霞蔬菜专业合作社	海霞	三洲菜心	2013
555	阳江	阳江市康威水产有限公司	康威水产	冻裹面包屑虾	2013
556	阳江	阳江市康威水产有限公司	康威水产	冻鱿鱼	2013
557	阳江	阳江市瑞源有机农业科技有限公司	穗然	有机大米（象牙米）	2013
558	云浮	广东广业云硫矿业有限公司	云硫	过磷酸钙	2011
559	云浮	广东明基水产品有限公司	双雕	冻罗非鱼片	2011
560	云浮	广东温氏食品集团股份有限公司	温氏+图形	温氏新兴矮脚黄鸡	2011
561	云浮	罗定市丰智昌顺科技有限公司	亚灿米	有机米	2011
562	云浮	罗定市生力凉亭禽业有限公司	生力凰	肉鸡（活鸡）	2011
563	云浮	新兴县广华食品有限公司	广华	广华排米粉	2011
564	云浮	广东华农温氏畜牧股份有限公司	WEN' S GROUP+图形	华农温氏猪配套系 I 号肉猪	2012
565	云浮	广东马林食品有限公司	马林+图形	话梅皇	2012
566	云浮	广东温氏食品集团股份有限公司	温氏+图形	温氏新兴竹丝鸡	2012
567	云浮	罗定市稻香园农业发展有限公司	聚龙	澳丝米	2012
568	云浮	罗定市合生竹制品专业合作社	罗竹+图形	竹蒸笼	2012
569	云浮	罗定市原始蛋鸡养殖有限公司	生江	鲜鸡蛋	2012
570	云浮	新兴县翔顺生态旅游发展有限公司	象窝+图案	红茶	2012
571	云浮	郁南县富康农业发展有限公司	郁江+图形	郁南无核黄皮	2012
572	云浮	广东大唐农林科技有限公司	奋成	湿加松	2013
573	云浮	广东省天宝生物制药有限公司	天寶	注射用阿莫西林钠	2013
574	云浮	广东温氏佳润食品有限公司	温氏+图形	温氏冻（鲜）鸡	2013
575	云浮	广东温氏食品集团股份有限公司	WEN' S GROUP+图形	温氏新兴麻鸡（黄油鸡）	2013
576	云浮	罗定市荣兴香料有限公司	荣兴香料	肉桂油	2013
577	云浮	新兴县金穗米业有限公司	马林	贡米（籼米二级）	2013
578	云浮	广东润田肥业有限公司	农家绿	生物有机肥（粉状）	2013
579	云浮	郁南县富康农业发展有限公司	郁江	砂糖桔	2013
580	湛江	广东大华糖业有限公司	金坡	白砂糖	2011
581	湛江	广东金岭糖业集团有限公司	甘岭	绵白糖	2011
582	湛江	广东绿环水产有限公司	图形商标	冻熟虾	2011
583	湛江	广东茗皇茶业有限公司	茗皇	乌龙茶	2011
584	湛江	广东省东方剑麻集团有限公司	太阳	剑麻纤维	2011
585	湛江	广东省丰收糖业发展有限公司复肥厂	肥农	生物有机肥	2011
586	湛江	广东省华海糖业发展有限公司	丰	白砂糖	2011
587	湛江	广东粤佳饲料有限公司	粤佳	海水鱼配合饲料	2011
588	湛江	广东湛绿农业科技开发有限公司	湛绿	尖椒	2011
589	湛江	湛江港洋水产有限公司	港洋	块冻南美白虾	2011
590	湛江	湛江国联水产开发股份有限公司	GUOLIAN	冻去头虾	2011
591	湛江	湛江国联水产开发股份有限公司	GUOLIAN	冻熟虾仁	2011
592	湛江	湛江海茂水产生物科技有限公司	海茂	南美白对虾虾苗	2011
593	湛江	湛江恒兴水产科技有限公司	恒兴恒	寿司虾	2011
594	湛江	湛江恒兴水产科技有限公司	恒兴恒	生虾仁	2011
595	湛江	湛江恒兴特种饲料有限公司	恒兴	对虾配合饲料	2011
596	湛江	湛江华资农垦糖业发展有限公司广丰分公司	三环	白砂糖	2011
597	湛江	湛江环球水产有限公司	UNIVERSAL	冻罗非鱼片	2011
598	湛江	湛江龙之珍珠有限公司	龙之珍	海水珍珠项链	2011
599	湛江	湛江市金丰糖业有限公司	银月	白砂糖	2011
600	湛江	湛江市盛田饲料有限公司	盛田	对虾配合饲料	2011
601	湛江	湛江新昶食品有限公司	AUSTAR	冻熟连头虾	2011
602	湛江	湛江粤华水产饲料有限公司	宜海	虾配合饲料	2011
603	湛江	广东安康实业有限公司	安康	猪肉	2012
604	湛江	广东富强网业有限公司	富强	三重活鲜网	2012
605	湛江	广东恒福糖业集团有限公司	雪仙	白砂糖	2012
606	湛江	广东金岭糖业集团有限公司	甘岭	白砂糖	2012
607	湛江	广东茗上茗茶业有限公司	茗上茗	乌龙茶	2012
608	湛江	广东茗上茗茶业有限公司	茗上茗	红茶	2012
609	湛江	广东省东方剑麻集团有限公司	东成	剑麻布	2012
610	湛江	广东省东方剑麻集团有限公司	太阳	剑麻细纱	2012
611	湛江	广东壹号食品股份有限公司	壹号土	猪肉	2012
612	湛江	广东源泰农业科技有限公司	绿力	华优665	2012
613	湛江	广东粤佳饲料有限公司	粤佳	罗非鱼配合饲料	2012

（续上表）

序号	地市	生产企业	注册商标	产品名称	被评为名牌年份
614	湛江	徐闻县利民北运果菜有限公司	登云塔	辣椒	2012
615	湛江	徐闻县绿源果菜发展有限公司	福民+图形	香蕉	2012
616	湛江	湛江东腾饲料有限公司	东腾	草虾饲料	2012
617	湛江	湛江国联水产开发股份有限公司	GUOLIAN	冻带头虾	2012
618	湛江	湛江国联饲料有限公司	图形	南美白对虾配合饲料（中虾3号料）	2012
619	湛江	湛江恒兴珊瑚饲料有限公司	珊瑚	斑节对虾配合饲料	2012
620	湛江	湛江恒兴珊瑚饲料有限公司	珊瑚+图形	南美白对虾配合饲料	2012
621	湛江	湛江恒兴水产科技有限公司	恒兴恒	连头熟虾	2012
622	湛江	湛江汇丰水产有限公司	钟氏汇丰+图形	冻罗非鱼片	2012
623	湛江	湛江巾帼水产食品有限公司	巾帼+图形	熟带头虾	2012
624	湛江	湛江市国溢水产有限公司	图形	冻对虾	2012
625	湛江	湛江市国溢水产有限公司	图形	冻罗非鱼	2012
626	湛江	广东恒兴饲料实业股份有限公司	恒兴	大鸡配合饲料	2013
627	湛江	广东恒兴饲料实业股份有限公司	恒兴	肥鸭配合饲料	2013
628	湛江	广东绿环水产有限公司	TSQC（图形）	冻虾仁	2013
629	湛江	广东省丰收糖业发展有限公司	蜂泉+图形	白砂糖	2013
630	湛江	广东省华海糖业发展有限公司	雄鹏/勇士	蒸青绿茶	2013
631	湛江	广东源泰农业科技有限公司	绿力	龙优665	2013
632	湛江	广东粤海饲料集团有限公司	粤海	草虾配合饲料	2013
633	湛江	广东粤海饲料集团有限公司	粤海	南美白对虾配合饲料	2013
634	湛江	广东粤佳饲料有限公司	粤佳	草虾配合饲料	2013
635	湛江	广东粤佳饲料有限公司	粤佳	南美白对虾配合饲料	2013
636	湛江	广东湛化企业集团有限公司	海珠花	过磷酸钙	2013
637	湛江	广东湛江海丰水产有限公司	图形	淡晒马友鱼片	2013
638	湛江	广东正茂农业科技有限公司	万有引力	锌米	2013
639	湛江	廉江市劳福茂茶业有限公司	劳福茂	乌龙茶	2013
640	湛江	品先（湛江）水产有限公司	SAVVY	冻虾仁	2013
641	湛江	品先（湛江）水产有限公司	SAVVY	冻裹面包屑虾	2013
642	湛江	吴川市天然食品加工有限公司	博茂	即食海蜇	2013
643	湛江	亚洲海产（湛江）有限公司	ASZJ	冻罗非鱼片	2013
644	湛江	湛江东腾饲料有限公司	东腾	南美白对虾配合饲料	2013
645	湛江	湛江港洋水产有限公司	港洋	块冻南美白熟虾	2013
646	湛江	湛江国联水产开发股份有限公司	图形	南美白对虾苗	2013
647	湛江	湛江国联水产开发股份有限公司	GUO LIAN	熟凤尾虾	2013
648	湛江	湛江国联饲料有限公司	国联	罗非鱼配合饲料	2013
649	湛江	湛江恒兴水产科技有限公司	恒兴恒	罗非鱼片	2013
650	湛江	湛江虹宝水产开发有限公司	ZJRAINBOW虹宝	冻虾仁	2013
651	湛江	湛江康星蔬果有限公司	康星	菜心	2013
652	湛江	湛江市东海岛东方实业有限公司	新宝	南美白对虾苗	2013
653	湛江	湛江市霞山粮食企业集团公司	三餐	象牙米	2013
654	湛江	湛江市霞山粮食企业集团公司	三餐壹号	三餐壹号米	2013
655	湛江	湛江市雅沙糖业有限公司	雅沙	一级白砂糖	2013
656	湛江	湛江新昶食品有限公司	AUSTAR	冻虾仁	2013
657	湛江	湛江粤华糖业有限公司	甘晶	白砂糖	2013
658	肇庆	广东兴腾科生物科技有限公司	图形商标	猪用微量元素预混料	2011
659	肇庆	广东兴腾科生物科技有限公司	图形商标	鸡用微量元素预混料	2011
660	肇庆	广东肇庆市灵莲畜牧有限公司	北岭	北岭牌虫子鸡（活鸡）	2011
661	肇庆	怀集高山青农产品有限公司	图形商标	新岗高山冻顶茶	2011
662	肇庆	怀集县粮食管理储备中心储备库	威州	怀集油粘米	2011
663	肇庆	肇庆鲁卡建材有限公司	鲁卡	挤压木塑复合板材	2011
664	肇庆	肇庆市鼎湖区广利砚洲粉葛专业合作社	砚洲	粉葛	2011
665	肇庆	肇庆市鼎湖区威龙经济发展有限公司	羚羊峡	肇实（芡实）	2011
666	肇庆	肇庆市肥仔伟食品有限公司	肥仔伟	传统裹蒸粽	2011
667	肇庆	德庆县金福绿色家禽科技发展有限公司	三奇	山地鸡	2012
668	肇庆	封开县智诚家禽育种有限公司	金凤凰	杏花鸡	2012
669	肇庆	高要市振业水产有限公司	图形	冻罗非鱼片	2012
670	肇庆	广东华红饲料科技有限公司	剑花+图形	4%4313中猪预混合饲料	2012
671	肇庆	怀集高山青农产品有限公司	图形	新岗美人茶	2012
672	肇庆	怀集县瑞源现代农牧业开发有限公司	瑞源	怀集菜心	2012
673	肇庆	肇庆市种富繁育场	广鸿+图形	澳洲大白种猪	2012
674	肇庆	德庆县仙罗果业有限公司	仙罗	贡柑	2013
675	肇庆	高要市鼎峰食品有限公司	金达喜	鼎峰咸蛋	2013
676	肇庆	广东华红饲料科技有限公司	剑花	4%4314大猪预混合饲料	2013
677	肇庆	广东兴腾科生物科技有限公司	兴腾科	鸭用微量元素预混料	2013
678	肇庆	广东兴腾科生物科技有限公司	兴腾科	鱼用微量元素预混料	2013

（续上表）

序号	地市	生产企业	注册商标	产品名称	被评为名牌年份
679	肇庆	肇庆大华农生物药品有限公司	图形	高致病性禽流感油乳剂灭活疫苗	2013
680	中山	广东腾骏动物药业股份有限公司	腾骏	霉消安－Ⅰ	2011
681	中山	广东腾骏动物药业股份有限公司	腾骏	加康氟苯尼考粉	2011
682	中山	广东腾骏动物药业股份有限公司	威	戊二醛、癸甲溴铵溶液	2011
683	中山	中山市聚丰园粮油食品有限公司	聚丰园	八泰香粘大米	2011
684	中山	中山市泰山饲料有限公司	泰山	中猪配合饲料	2011
685	中山	中山市泰山饲料有限公司	泰山	草鱼配合饲料	2011
686	中山	中山市渔农产冷冻厂有限公司	欧风	冻脆肉鲩鱼	2011
687	中山	中山市种猪场有限公司	禄园	杜洛克种猪	2011
688	中山	中山万通冷冻食品有限公司	万通	冻罗非鱼柳（片）	2011
689	中山	中山粤海饲料有限公司	海佳	对虾配合饲料	2011
690	中山	广东省中山食品水产进出口集团有限公司	宝平	鲮鱼肉片	2012
691	中山	广东省中山食品水产进出口集团有限公司	宝平	草鱼	2012
692	中山	中山市白石猪场有限公司	白石龙骏	肉猪	2012
693	中山	中山市白石猪场有限公司	白石龙骏	大白种猪	2012
694	中山	中山市白石猪场有限公司	白石龙骏	杜洛克种猪	2012
695	中山	中山市潮兴家禽发展有限公司	潮兴	沙栏鸡（活鸡）	2012
696	中山	中山市东升农副产品贸易有限公司	东裕	脆肉鲩	2012
697	中山	中山市合益蛋类制品有限公司	合益	咸蛋黄	2012
698	中山	中山市天天动物保健科技有限公司	香山	二氯异氰脲酸钠粉	2012
699	中山	中山市小榄永宁粮油综合加工厂	秋菊+图形	粘米粉	2012
700	中山	中山粤海饲料有限公司	海佳	生鱼配合饲料	2012
701	中山	广东省中山食品水产进出口集团有限公司	宝平	鳙鱼	2013
702	中山	广东省中山食品水产进出口集团有限公司	宝平	冻罗非鱼片	2013
703	中山	广东腾骏动物药业股份有限公司	腾骏	骏安替米考星预混剂	2013
704	中山	广东腾骏动物药业股份有限公司	威	二氯异氰脲酸钠粉（20%）	2013
705	中山	广东杨氏南北鲜果有限公司	YANG'S－NS	脐橙	2013
706	中山	中山凯中有限公司	强力	18%杀虫双水剂	2013
707	中山	中山凯中有限公司	强力	高效氯氰菊酯原药	2013
708	中山	中山市黄圃银华腊味有限公司	建华（图形）	腊鱼	2013
709	中山	中山市科朗家禽有限公司	科朗	鲜鸡蛋	2013
710	中山	中山市穗浩园米业有限公司	园万	晚籼米	2013
711	中山	中山市渔农产冷冻厂有限公司	欧风	冻对虾	2013
712	中山	中山统一企业有限公司	统一	鳗鱼配合饲料	2013
713	珠海	广东乡意浓农业科技有限公司	寰宝	瑞龙香粘米	2011
714	珠海	珠海市世海饲料有限公司	世海	生鱼配合饲料	2011
715	珠海	珠海市顺明有限公司	顺明	鲜鸡蛋	2011
716	珠海	广东省珠海粮油食品进出口有限公司	粤香	活肉猪	2012
717	珠海	广东乡意浓农业科技有限公司	乡意浓	有机米	2012
718	珠海	广东溢多利生物科技股份有限公司	溢多利	饲料用酶制剂 溢多酶A－F811	2012
719	珠海	广东溢多利生物科技股份有限公司	溢多利	饲料用植酸酶	2012
720	珠海	珠海海壹水产饲料有限公司	海Ⅰ+图形	南美白对虾2LB配合饲料	2012
721	珠海	珠海经济特区大海水产饲料有限公司	图形	草虾2号料	2012
722	珠海	珠海市金果达农业高新技术有限公司	金果达+图形	糯米糍荔枝	2012
723	珠海	珠海市金果达农业高新技术有限公司	金果达+图形	妃子笑荔枝	2012
724	珠海	珠海市世海饲料有限公司	TREASURELAND+图形	南美白对虾配合饲料	2012
725	珠海	广东乡意浓农业科技有限公司	寰宝HONEBUN+图形	油粘米	2013
726	珠海	珠海市世海饲料有限公司	世海	斑节对虾配合饲料	2013
727	珠海	珠海市世海饲料有限公司	世海	蛙类配合饲料	2013
728	珠海	珠海市世海饲料有限公司	世海	南美白对虾配合饲料2L#	2013
729	珠海	珠海市世海饲料有限公司	世海	海水鱼高级配合饲料5#	2013
730	珠海	珠海市世海饲料有限公司	世海	海水鱼高级配合饲料6#	2013
731	珠海	珠海市世海饲料有限公司	世海	南美白对虾配合饲料3#	2013

注：名牌产品有效期为3年。有效期从被评为名牌产品当年开始计。

2013年广东省名牌产品（工业类）名单

编号	产品名称	商标	企业名称	所属地市
GD2013-001	110-220kV交联聚乙烯绝缘电力电缆	岭南	广州岭南电缆股份有限公司	广州
GD2013-002	110-220kV交联聚乙烯绝缘电力电缆	金龙羽	金龙羽集团有限公司	深圳
GD2013-003	110-220kV交联聚乙烯绝缘电力电缆	NAN	广东南洋超高压电缆有限公司	广州
GD2013-004	3.6-40.5kV高压电缆分接箱	GCA图形	广东吉熙安电缆附件有限公司	佛山
GD2013-005	白炽灯泡（含卤钨灯）	广明源	鹤山市广明源照明电器有限公司	江门
GD2013-006	参数稳压器	铁塔牌	广东铁塔电气科技有限公司	云浮
GD2013-007	低功耗电源变压器	DAZHONGW ANXING+图形	东莞市大忠电子有限公司	东莞
GD2013-008	低功耗电源变压器	盈聚+图形	东莞市盈聚电子有限公司	东莞
GD2013-009	低压万能式断路器	图形	广东南冠电气有限公司	佛山
GD2013-010	电表远程抄表系统	Friendcom	深圳市友讯达科技发展有限公司	深圳
GD2013-011	电解铜箔	图形	广东嘉元科技股份有限公司	梅州
GD2013-012	电解铜箔	图形	联合铜箔（惠州）有限公司	惠州
GD2013-013	电梯用高挠性特种电缆	EFG	广州广日电气设备有限公司	广州
GD2013-014	电梯用高挠性特种电缆	OMG'	广东奥美格传导科技股份有限公司	东莞
GD2013-015	额定电压0.6/1kV聚氯乙烯绝缘电力电缆	图形	广州市新兴电缆实业有限公司	广州
GD2013-016	额定电压0.6/1kV聚氯乙烯绝缘电力电缆	NAN	广州南洋电缆有限公司	广州
GD2013-017	额定电压0.6/1kV聚氯乙烯绝缘电力电缆	光GDYG	广东远光电缆实业有限公司	清远
GD2013-018	额定电压0.6/1kV聚氯乙烯绝缘电力电缆	图形	广东吉青电缆实业有限公司	揭阳
GD2013-019	额定电压0.6/1kV聚氯乙烯绝缘电力电缆	新亚SHINE	广东新亚光电缆实业有限公司	清远
GD2013-020	额定电压0.6/1kV聚氯乙烯绝缘电力电缆	环威	深圳市金环宇电线电缆有限公司	深圳
GD2013-021	额定电压0.6/1kV聚氯乙烯绝缘电力电缆	乐光牌	广州番禺电缆集团有限公司	广州
GD2013-022	额定电压0.6/1kV聚氯乙烯绝缘电力电缆	金龙羽	金龙羽集团有限公司	深圳
GD2013-023	额定电压0.6/1kV聚氯乙烯绝缘电力电缆	奔达康	深圳市奔达康电缆股份有限公司	深圳
GD2013-024	额定电压0.6/1kV聚氯乙烯绝缘电力电缆	华达+HD+图形	广东华达电缆有限公司	东莞
GD2013-025	额定电压0.6/1kV聚氯乙烯绝缘电力电缆	图形	东莞市民兴电缆有限公司	东莞
GD2013-026	额定电压0.6/1kV聚氯乙烯绝缘电力电缆	新威讯	深圳市大为集团有限公司	深圳
GD2013-027	额定电压0.6/1kV聚氯乙烯绝缘电力电缆	图形	广东电缆厂有限公司	佛山
GD2013-028	额定电压0.6/1kV聚氯乙烯绝缘电力电缆	广洋	广州番禺五羊电缆制造有限公司	广州
GD2013-029	额定电压0.6/1kV聚氯乙烯绝缘电力电缆	明兴	广州市明兴电缆有限公司	广州
GD2013-030	额定电压0.6/1kV聚氯乙烯绝缘电力电缆	穗星	广东穗星电缆实业有限公司	广州
GD2013-031	额定电压0.6/1kV聚氯乙烯绝缘电力电缆	图形	广东登峰电线电缆有限公司	揭阳
GD2013-032	额定电压0.6/1kV聚氯乙烯绝缘电力电缆	成天泰图形	深圳市成天泰电缆实业发展有限公司	深圳
GD2013-033	额定电压0.6/1kV聚氯乙烯绝缘电力电缆	环市	广州市珠江电线厂有限公司	广州
GD2013-034	额定电压0.6/1kV聚氯乙烯绝缘电力电缆	利南	广东新南达电缆实业有限公司	佛山
GD2013-035	额定电压0.6/1kV聚氯乙烯绝缘电力电缆	图形	广东胜宇电缆实业有限公司	揭阳
GD2013-036	额定电压450/750V及以下橡皮绝缘电缆	WASUNG	广东华声电器股份有限公司	顺德
GD2013-037	额定电压450/750V及以下橡皮绝缘电缆	凯华	广东凯华电器实业有限公司	顺德
GD2013-038	额定电压450/750V及以下橡皮绝缘电缆	金龙羽	金龙羽集团有限公司	深圳
GD2013-039	高低压电器成套开关设备	bye	广州白云电器设备股份有限公司	广州
GD2013-040	高低压电器成套开关设备	正超+图形	广东正超电气有限公司	汕头
GD2013-041	高效节能灯头	KR	佛山市康荣精细陶瓷有限公司	佛山
GD2013-042	高效节能灯头	图形	东莞市凯晟灯头实业有限公司	东莞
GD2013-043	光纤光缆	特发信息	深圳市特发信息股份有限公司	深圳
GD2013-044	光纤连接器用陶瓷插芯	CCTC	潮州三环（集团）股份有限公司	潮州
GD2013-045	互感器	四互	广东四会互感器厂有限公司	肇庆
GD2013-046	互感器	图形	中山市泰峰电气有限公司	中山
GD2013-047	漏电保护插头	开普	中山市开普电器有限公司	中山
GD2013-048	铅酸蓄电池	DYNAVOLT	广东猛狮电源科技股份有限公司	汕头
GD2013-049	铅酸蓄电池	图形	美美电池有限公司	潮州
GD2013-050	树脂绝缘干式电力变压器	海鸿升	广东海鸿变压器有限公司	江门
GD2013-051	树脂绝缘干式电力变压器	骏佳JUNJIA	广州骏发电气有限公司	广州
GD2013-052	树脂绝缘干式电力变压器	四互	广东四会互感器厂有限公司	肇庆
GD2013-053	树脂绝缘干式电力变压器	广高牌	广州广高高压电器有限公司	广州
GD2013-054	树脂绝缘干式电力变压器	图形	明珠电气有限公司	广州
GD2013-055	荧光灯镇流器（电子）	PURSANG品上	中山品上照明有限公司	中山
GD2013-056	荧光灯镇流器（电感）	图形	佛山市托维环境亮化工程有限公司	顺德
GD2013-057	荧光灯镇流器（电子）	TCL	惠州TCL照明电器有限公司	惠州
GD2013-058	智能灯架	星运	广东星运照明电器有限公司	顺德
GD2013-059	智能电力测控仪	yada	广东雅达电子股份有限公司	河源
GD2013-060	智能电能表	图形	惠州中城电子科技有限公司	惠州
GD2013-061	电吹风	图形	广东华能达电器有限公司	揭阳
GD2013-062	电吹风	图形	台山捷达电器实业有限公司	江门
GD2013-063	电磁炉	雅乐思	中山市雅乐思电器实业有限公司	中山

（续上表）

编号	产品名称	商标	企业名称	所属地市
GD2013-064	电磁炉	midea	广东美的生活电器制造有限公司	顺德
GD2013-065	电磁炉	浩特	广东浩特电器有限公司	湛江
GD2013-066	电磁炉	格兰仕	广东格兰仕微波生活电器制造有限公司	中山
GD2013-067	电磁炉	嘉德龙	中山市嘉德龙电器有限公司	中山
GD2013-068	电动食品加工机（榨汁机、搅拌机）	midea	广东美的生活电器制造有限公司	顺德
GD2013-069	电动食品加工机（榨汁机）	图形	广东科嘉霖电器制造有限公司	顺德
GD2013-070	电动食品加工机（搅拌机）	恒联	广东恒联食品机械有限公司	广州
GD2013-071	电动食品加工机（榨汁机、搅拌机）	Efini	樱达生活电器（中山）有限公司	中山
GD2013-072	电动食品加工机（搅拌机）	牧人王	深圳市牧人电器五金制品有限公司	深圳
GD2013-073	电暖器	美的midea	广东美的环境电器制造有限公司	中山
GD2013-074	电暖器	格力	格力电器（中山）小家电制造有限公司	中山
GD2013-075	吊扇	奇骏	佛山市南海恒骏电器工业有限公司	佛山
GD2013-076	吊扇	多菱	佛山市顺德区大明企业集团有限公司	顺德
GD2013-077	吊扇	fons风行	佛山市风行家电有限公司	佛山
GD2013-078	吊扇	HOPEFUL雄风	广东雄风电器有限公司	顺德
GD2013-079	风幕扇	南洋有为+图形	佛山市南海南洋电机电器有限公司	佛山
GD2013-080	热泵热水器	GREE格力+图形	珠海格力电器股份有限公司	珠海
GD2013-081	热泵热水器	图形	广东芬尼克兹节能设备有限公司	广州
GD2013-082	热泵热水器	长菱	广东长菱空调冷气机制造有限公司	顺德
GD2013-083	热泵热水器	新时代+XinShiDai+图形	东莞市新时代新能源科技有限公司	东莞
GD2013-084	商用冷柜	图型	广州市穗凌电器有限公司	广州
GD2013-085	商用冷柜	jaymac+图形	广东蕾洛商用厨房设备有限公司	东莞
GD2013-086	吸尘器	longde龙的	广东龙的集团有限公司	中山
GD2013-087	吸尘器	意美	广州市白云清洁用品有限公司	广州
GD2013-088	吸尘器	美的	广东美的厨房电器制造有限公司	顺德
GD2013-089	中央空调	GREE格力+图形	珠海格力电器股份有限公司	珠海
GD2013-090	中央空调	图形	广东志高空调有限公司	佛山
GD2013-091	中央空调	申菱	广东申菱空调设备有限公司	顺德
GD2013-092	轴流离心式风机	九洲普惠+图形	佛山市南海九洲普惠风机有限公司	佛山
GD2013-093	LED投光灯	EFG	广州广日电气设备有限公司	广州
GD2013-094	LED投光灯	OPTILED	惠州元晖光电股份有限公司	惠州
GD2013-095	LED投光灯	图形	广东宝照科技有限公司	佛山
GD2013-096	LED投光灯	华艺（HY）	中山市华艺灯饰照明股份有限公司	中山
GD2013-097	LED投光灯	YiCHia图形	东莞市贻嘉光电科技有限公司	东莞
GD2013-098	LED照明电源	SVIS尚维	惠州市经典照明电器股份有限公司	惠州
GD2013-099	LED照明电源	EAGLERISE	伊戈尔电气股份有限公司	佛山
GD2013-100	LED照明电源	AD	广州奥迪通用照明有限公司	广州
GD2013-101	笔记本电脑	HEDY	七喜控股股份有限公司	广州
GD2013-102	笔记本电脑电源适配器	图形	天宝电子（惠州）有限公司	惠州
GD2013-103	笔记本电脑电源适配器	斯泰克	广东斯泰克电子科技有限公司	广州
GD2013-104	笔记本电脑电源适配器	航嘉	深圳市航嘉驰源电气股份有限公司	深圳
GD2013-105	薄膜电容器	J.d	珠海格力新元电子有限公司	珠海
GD2013-106	薄膜电容器	图形	佛山市南海区欣源电子有限公司	佛山
GD2013-107	薄膜电容器	BM	广东丰明电子科技有限公司	顺德
GD2013-108	不间断电源（UPS）	奥特迅	深圳奥特迅电力设备股份有限公司	深圳
GD2013-109	大屏幕拼接显示系统	VTRON	广东威创视讯科技股份有限公司	广州
GD2013-110	导航定位系统	Adayo	惠州华阳通用电子有限公司	惠州
GD2013-111	导航定位系统	卡仕达CASKA	广东好帮手电子科技股份有限公司	佛山
GD2013-112	导航定位系统	科骏达KOGND	广东好帮手电子科技股份有限公司	佛山
GD2013-113	导航定位系统	e路航	广东远峰电子科技有限公司	东莞
GD2013-114	导航定位系统	HI-TARGET	广州市中海达测绘仪器有限公司	广州
GD2013-115	导航定位系统	佳艺田+图形	东莞市艺展电子有限公司	东莞
GD2013-116	电子连接器	图形	东莞宇球电子股份有限公司	东莞
GD2013-117	电子连接器	图形	东莞市维峰五金电子有限公司	东莞
GD2013-118	电子连接器	JCTCTERMINAL&CONNECTORs	东莞市胜蓝电子有限公司	东莞
GD2013-119	电子连接器	奕东	东莞市奕东电子有限公司	东莞
GD2013-120	电子连接器	CviLux	瀚荃电子（东莞）有限公司	东莞
GD2013-121	电阻	图形	广东风华高新科技股份有限公司	肇庆
GD2013-122	多功能会议系统	图形	恩平市海天电子科技有限公司	江门
GD2013-123	多功能会议系统	DVISION	深圳市迪威视讯股份有限公司	深圳
GD2013-124	耳机	233621	深圳市冠旭电子有限公司	深圳
GD2013-125	耳机	Minami	中山市天键电声有限公司	中山
GD2013-126	耳机线	瀛通	东莞市瀛通电线有限公司	东莞
GD2013-127	发光二极管	MLS牌	木林森股份有限公司	中山
GD2013-128	发光二极管	HONGLITRONIC	广州市鸿利光电股份有限公司	广州

（续上表）

编号	产品名称	商标	企业名称	所属地市
GD2013-129	非接触IC智能卡	mango	中山达华智能科技股份有限公司	中山
GD2013-130	非接触IC智能卡	楚天龙+CHUTIAND RAGON+图形	广东楚天龙智能卡有限公司	东莞
GD2013-131	非接触IC智能卡	金邦达	珠海市金邦达保密卡有限公司	珠海
GD2013-132	高清晰度多媒体接口	jce+图形	永泰电子（东莞）有限公司	东莞
GD2013-133	公共广播设备	图形	广州市迪士普音响科技有限公司	广州
GD2013-134	环境自动监测系统	图形	宇星科技发展（深圳）有限公司	深圳
GD2013-135	计算机视频终端机（视频彩票投注终端机）	图形	东莞天意电子有限公司	东莞
GD2013-136	监控用摄像机	QIHAN旗瀚	旗瀚科技有限公司	深圳
GD2013-137	监控用摄像机	JXJ	深圳市佳信捷技术股份有限公司	深圳
GD2013-138	楼宇对讲系统	柔乐.RL+图形	广东柔乐电器有限公司	珠海
GD2013-139	铝电解电容器	FH文字+图形	广东风华高新科技股份有限公司	肇庆
GD2013-140	铝电解电容器	J.d	珠海格力新元电子有限公司	珠海
GD2013-141	麦克风	图形	广东得胜电子有限公司	惠州
GD2013-142	汽车电子连接线束	CviLux	东莞群翰电子有限公司	东莞
GD2013-143	收音机	德生	东莞市德生通用电器制造有限公司	东莞
GD2013-144	收音机	金业	东莞市金业电子科技有限公司	东莞
GD2013-145	数字电视机顶盒	unionman+图形	广东九联科技股份有限公司	惠州
GD2013-146	通讯电源（微型计算机用开关电源）	GOLDEN FIELD+图形	东莞市金河田实业有限公司	东莞
GD2013-147	文件拍摄仪（精拍仪）	光阵	东莞光阵显示器制品有限公司	东莞
GD2013-148	印刷电路板	CCTC牌	广东汕头超声电子股份有限公司	汕头
GD2013-149	印刷电路板	崇达	深圳市崇达电路技术股份有限公司	深圳
GD2013-150	印刷电路板	BOMIN图形	深圳市博敏电子有限公司	深圳
GD2013-151	印刷电路板	中京电子	惠州中京电子科技股份有限公司	惠州
GD2013-152	自动售票机	GRG Banking	广州广电运通金融电子股份有限公司	广州
GD2013-153	弹力纱	忠华	广东忠华棉纺织实业有限公司	清远
GD2013-154	涤纶短纤维	图形	广东秋盛资源股份有限公司	揭阳
GD2013-155	涤纶短纤维	图形	东莞市拓展实业有限公司	东莞
GD2013-156	纺织面料	溢达	广东溢达纺织有限公司	佛山
GD2013-157	纺织面料	TINGHAO+图形	德庆泰禾实业发展有限公司	肇庆
GD2013-158	纺织面料	福懋	福懋兴业（中山）有限公司	中山
GD2013-159	纺织面料	yy	佛山华丰纺织有限公司	佛山
GD2013-160	纺织面料	图形+文字	广东汇盈纺织有限公司	佛山
GD2013-161	功能内衣、塑身内衣	诗婷	广东美思内衣有限公司	佛山
GD2013-162	功能内衣、塑身内衣	倍丽挺	广东奥丽侬内衣集团有限公司	佛山
GD2013-163	功能内衣、塑身内衣	莱馨+图形	肇庆涞馨美体内衣有限公司	肇庆
GD2013-164	功能纤维	粤新	江门市粤新化纤有限公司	江门
GD2013-165	婚纱	图形	广东金潮集团有限公司	潮州
GD2013-166	婚纱	金嘉德	潮州市金嘉德服饰有限公司	潮州
GD2013-167	记忆枕	SINOMAX	东莞赛诺家居用品有限公司	东莞
GD2013-168	锦纶6长丝	美达	广东新会美达锦纶股份有限公司	江门
GD2013-169	锦纶6切片	美达	广东新会美达锦纶股份有限公司	江门
GD2013-170	牛仔布	港纺联	佛山市顺德区港纺联纺织有限公司	顺德
GD2013-171	牛仔布	奔捷纺织	佛山市顺德区奔捷纺织有限公司	顺德
GD2013-172	文胸	奥丽侬（文字+图形）	广东奥丽侬内衣集团有限公司	佛山
GD2013-173	文胸	图形	广东美思内衣有限公司	佛山
GD2013-174	文胸	依曼丽	广东新怡内衣集团有限公司	佛山
GD2013-175	文胸	爱戴	汕头市永新织造有限公司	汕头
GD2013-176	文胸	莎蓮妮	广东新怡内衣集团有限公司	佛山
GD2013-177	西裤	SUIDA	广州科拉迪尼服饰有限公司	广州
GD2013-178	西裤	图形	广东百斯盾服饰有限公司	汕尾
GD2013-179	西裤	觀奇+KwunKee+图形	东莞奇兴服装有限公司	东莞
GD2013-180	西裤	玛莲露+MALIANLU	广东威文服装有限公司	汕尾
GD2013-181	纤维聚酯切片	鸿基牌	佛山佛塑科技集团股份有限公司	佛山
GD2013-182	休闲服装	东方儿女	中山市通伟服装有限公司	中山
GD2013-183	休闲服装	卷卷毛	东莞市辉骏针织时装有限公司	东莞
GD2013-184	休闲服装	英伟	东莞市英伟实业有限公司	东莞
GD2013-185	针织内衣	健将	中山市小榄镇金龙制衣厂（普通合伙）	中山
GD2013-186	针织内衣	图形	中山市创雅诺制衣有限公司	中山
GD2013-187	针织内衣	图形	中山康弘制衣有限公司	中山
GD2013-188	针织内衣	依之舍	中山市小榄镇依之舍时装厂	中山
GD2013-189	针织内衣	图形	广东雄兴内衣实业有限公司	汕头
GD2013-190	针织内衣	汶权	中山市汶权服装有限公司	中山
GD2013-191	钢筋混凝土用热轧光圆（盘卷）钢筋	图形	珠海粤裕丰钢铁有限公司	珠海
GD2013-192	钢筋混凝土用热轧光圆（盘卷）钢筋	韶钢图形	广东韶钢松山股份有限公司	韶关
GD2013-193	钢筋混凝土用热轧光圆（盘卷）钢筋	图形	广东开盛钢铁实业有限公司	揭阳

（续上表）

编号	产品名称	商标	企业名称	所属地市
GD2013-194	钢筋混凝土用热轧光圆（盘卷）钢筋	图形	广东中润钢铁实业有限公司	揭阳
GD2013-195	高频直缝焊管	PCK	番禺珠江钢管有限公司	广州
GD2013-196	高频直缝焊管	华岐	广州京华制管有限公司	广州
GD2013-197	工业用铝合金热挤压型材	坚美	广东坚美铝型材厂（集团）有限公司	佛山
GD2013-198	工业用铝合金热挤压型材	HAOMEI及图	广东豪美铝业股份有限公司	清远
GD2013-199	工业用铝合金热挤压型材	兴发牌	广东兴发铝业有限公司	佛山
GD2013-200	工业用铝合金热挤压型材	图形	广铝集团有限公司	广州
GD2013-201	工业用铝合金热挤压型材	XH图形	广东新合铝业有限公司	佛山
GD2013-202	工业用铝合金热挤压型材	广亚+图形商标	广亚铝业有限公司	佛山
GD2013-203	工业用铝合金热挤压型材	国耀牌+图形	四会市国耀铝业有限公司	肇庆
GD2013-204	工业用铝合金热挤压型材	伟业+WEIYE+图形	广东伟业铝厂有限公司	佛山
GD2013-205	工业用铝合金热挤压型材	华豪HUAHAO+图形	佛山市南海华豪铝型材有限公司	佛山
GD2013-206	工业用铝合金热挤压型材	图形	广东华昌铝厂有限公司	佛山
GD2013-207	工业用铝合金热挤压型材	亚亚+图形	广东中亚铝业有限公司	肇庆
GD2013-208	工业用铝合金热挤压型材	美亚大洋	广东大洋铝业金属制品有限公司	肇庆
GD2013-209	工业用铝合金热挤压型材	银100	广东银一百创新铝业有限公司	佛山
GD2013-210	工业用铝合金热挤压型材	傲翔牌+图形	广东大鹏铝业有限公司	肇庆
GD2013-211	工业用铝合金热挤压型材	南方高腾	佛山市南海南方铝业有限公司	佛山
GD2013-212	工业用铝合金热挤压型材	图形	佛山金兰铝厂有限公司	佛山
GD2013-213	工业用铝合金热挤压型材	艺华+图形	广东艺华不锈钢铝业有限公司	肇庆
GD2013-214	建筑用铝合金分合模板架	广亚+图形商标	广亚铝业有限公司	佛山
GD2013-215	建筑用铝合金分合模板架	图形	广东华昌铝厂有限公司	佛山
GD2013-216	建筑用铝合金分合模板架	伟业+WEIYE+图形	广东伟业铝厂有限公司	佛山
GD2013-217	建筑装饰用铝单板	DRAGONZING	益龙建材（东莞）有限公司	东莞
GD2013-218	建筑装饰用铝单板	图形	东莞市华轩幕墙材料有限公司	东莞
GD2013-219	结构用无缝钢管	洪乐	佛山市高明区洪乐精管有限公司	佛山
GD2013-220	拉丝用热轧圆盘条	图形	珠海粤裕丰钢铁有限公司	珠海
GD2013-221	拉丝用热轧圆盘条	韶钢图形	广东韶钢松山股份有限公司	韶关
GD2013-222	连续热镀锌钢板	图形	深圳华美板材有限公司	深圳
GD2013-223	流体输送用镀锌钢管	华岐	广州京华制管有限公司	广州
GD2013-224	流体输送用镀锌钢管	珠江	广州珠江管业科技有限公司	广州
GD2013-225	流体输送用镀锌钢管	TFQ	揭东经济开发试验区泰丰侨金属制品有限公司	揭阳
GD2013-226	钽及钽合金棒材	DUOLUO SHAN+图形	肇庆多罗山蓝宝石稀有金属有限公司	肇庆
GD2013-227	碳化钨	翔鹭	广东翔鹭钨业股份有限公司	潮州
GD2013-228	铜及铜合金板带材	天乙铜业	中山市天乙铜业有限公司	中山
GD2013-229	铜及铜合金板带材	珠江	广州铜材厂有限公司	广州
GD2013-230	稀有金属材料（硒及硒化合物、碲及碲化合物、铋及铋化合物）	VITAL	广东先导稀材股份有限公司	清远
GD2013-231	氧化钇	富远+FUYUAN	广东富远稀土新材料股份有限公司	梅州
GD2013-232	氧化钇	兴邦	德庆兴邦稀土新材料有限公司	肇庆
GD2013-233	直缝埋弧焊管	PCK	番禺珠江钢管有限公司	广州
GD2013-234	柴油发电机	图形	广东西电动力科技股份有限公司	汕头
GD2013-235	柴油发电机	ENGGA	广州英格发电机股份有限公司	广州
GD2013-236	超声波探伤仪	SIUI	汕头市超声仪器研究所有限公司	汕头
GD2013-237	电动伸缩门	图形	红门智能科技股份有限公司	深圳
GD2013-238	电梯	广日牌	广州广日电梯工业有限公司	广州
GD2013-239	电梯	IFE快意	快意电梯股份有限公司	东莞
GD2013-240	电梯	菱王	菱王电梯股份有限公司	佛山
GD2013-241	电梯	腾达	广东珠江中富电梯有限公司	佛山
GD2013-242	电梯涡轮	科强	阳西县电梯配件有限公司	阳江
GD2013-243	电子元件自动插件机	新泽谷	东莞市新泽谷机械制造股份有限公司	东莞
GD2013-244	多层共挤流延膜生产装备	联塑	广东联塑机器制造有限公司	顺德
GD2013-245	多层共挤流延膜生产装备	仕诚塑机	广东仕诚塑料机械有限公司	佛山
GD2013-246	阀门	爱迪生EDISON	广州海鸥卫浴用品股份有限公司	广州
GD2013-247	阀门	图形	广东永泉阀门科技有限公司	佛山
GD2013-248	阀门	KI	中山铁王流体控制设备有限公司	中山
GD2013-249	阀门	富达	中山市富迪电器有限公司	中山
GD2013-250	防喷器控制装置	东塑	广州东塑石油钻采专用设备有限公司	广州
GD2013-251	风力发电机组	明阳电气	广东明阳风电产业集团有限公司	中山
GD2013-252	复合材料船艇	江龙船舶+图形	广东江龙船舶制造有限公司	珠海
GD2013-253	高速数控织机	图形	广东丰凯机械股份有限公司	顺德
GD2013-254	高效节能瓦楞纸板生产线	图形+萬聯	广东万联包装机械有限公司	顺德
GD2013-255	工业缝纫机	大王	深圳市远成缝纫机工业有限公司	深圳
GD2013-256	光栅线位移传感器	信和	广州市诺信数字测控设备有限公司	广州
GD2013-257	混凝土搅拌机	仕高玛	珠海仕高玛机械设备有限公司	珠海

（续上表）

编号	产品名称	商标	企业名称	所属地市
GD2013-258	金刚石刀具	Monte-Bianco	广东奔朗新材料股份有限公司	顺德
GD2013-259	空气压缩机	GANEY正力精工	广东正力精密机械有限公司	顺德
GD2013-260	空气压缩机	JF	广东巨风机械制造有限公司	广州
GD2013-261	离心泵	图形	广东省佛山水泵厂有限公司	佛山
GD2013-262	离心泵	白云	广州市白云泵业集团有限公司	广州
GD2013-263	模具温度控制机	SHINI+图形	东莞信易电热机械有限公司	东莞
GD2013-264	木工机械（板式家具生产线）	Nanxing（南兴）	东莞市南兴家具装备制造股份有限公司	东莞
GD2013-265	木工机械（四面木工刨床）	锐亚	广东锐亚机械有限公司	顺德
GD2013-266	木工机械（推台锯）	马氏图形	佛山市顺德区新马木工机械设备有限公司	顺德
GD2013-267	破碎机	双碁+图形	广东省韶铸集团有限公司	韶关
GD2013-268	气动打钉枪	图形	广东美特机械有限公司	佛山
GD2013-269	气相干燥设备	KASAVA	中山凯旋真空技术工程有限公司	中山
GD2013-270	全自动灌装机	图形	广州达意隆包装机械股份有限公司	广州
GD2013-271	三合一数控开卷矫直送料机	图形	东莞市金铮自动冲压设备有限公司	东莞
GD2013-272	手扶拖拉机	金凤	江门市新会区新农机械有限公司	江门
GD2013-273	水轮发电机	韩江牌	潮州市汇能电机有限公司	潮州
GD2013-274	水轮机	劲轮+图形	大埔县水力发电设备总厂	梅州
GD2013-275	水轮机	晶珠	罗定市水轮机厂有限公司	云浮
GD2013-276	塑料模具	图形	广东星联精密机械有限公司	佛山
GD2013-277	塑料模具	铂路莱+BLOVELIGHT+图形	东莞市蓝光塑胶模具有限公司	东莞
GD2013-278	塑料模具	图形	深圳市平进股份有限公司	深圳
GD2013-279	塑料中空成型机（塑料中空成型机）	图形	广东乐善机械有限公司	顺德
GD2013-280	塑料中空成型机（高性能吹塑成型设备）	JINMING	广东金明精机股份有限公司	汕头
GD2013-281	贴标机	图形	广州达意隆包装机械股份有限公司	广州
GD2013-282	贴标机	图形	广州市万世德包装机械有限公司	广州
GD2013-283	铜冷却壁	华兴	汕头华兴冶金设备股份有限公司	汕头
GD2013-284	瓦楞辊	原禄图形	原禄机械（深圳）有限公司	深圳
GD2013-285	五轴伺服机械手	拓斯达	东莞市拓斯普达机械科技有限公司	东莞
GD2013-286	五轴伺服机械手	LONTE图形	深圳市荣德机器人科技有限公司	深圳
GD2013-287	五轴伺服机械手	BRT图形	广东伯朗特智能装备股份有限公司	东莞
GD2013-288	锌锰干电池生产设备	图形	郁南县万兴机器有限公司	云浮
GD2013-289	液化石油气钢瓶	百福	中山市广沙百福压力容器制造有限公司	中山
GD2013-290	印刷机械	图形	松德机械股份有限公司	中山
GD2013-291	印刷机械	图形	广东汕樟轻工机械有限公司	汕头
GD2013-292	轴承	IB图形	韶关东南轴承有限公司	韶关
GD2013-293	自动跟踪补偿消弧线圈成套装置	KD-XH	广州智光电气股份有限公司	广州
GD2013-294	自动跟踪补偿消弧线圈成套装置	图形	广东中钰科技有限公司	广州
GD2013-295	工艺陶瓷	长城图形	广东长城集团股份有限公司	潮州
GD2013-296	工艺陶瓷	图形	广东四通集团股份有限公司	潮州
GD2013-297	工艺陶瓷	图形	广东雄英集团有限公司	潮州
GD2013-298	工艺陶瓷	图形	潮州市庆发陶瓷有限公司	潮州
GD2013-299	工艺陶瓷	SANTAI及图形	潮州市三泰陶瓷有限公司	潮州
GD2013-300	工艺陶瓷	图形	大埔县富大陶瓷有限公司	梅州
GD2013-301	工艺陶瓷	图形	广东潮流集团有限公司	潮州
GD2013-302	工艺陶瓷	图形	广东全福陶瓷实业有限公司	潮州
GD2013-303	建筑安全与节能玻璃	图形	广东金刚玻璃科技股份有限公司	汕头
GD2013-304	建筑安全与节能玻璃	银通	东莞市银通玻璃有限公司	东莞
GD2013-305	埋地钢塑复合缠绕排水管	港丰	广东港丰电器有限公司	顺德
GD2013-306	镁质强化瓷器	图形	潮州市城西吉街工艺美术彩瓷厂	潮州
GD2013-307	镁质强化瓷器	图形	潮州市广嘉陶瓷制作有限公司	潮州
GD2013-308	镁质强化瓷器	美地镁质强化瓷	潮州市美地陶瓷有限公司	潮州
GD2013-309	普通硅酸盐水泥	图形+英文+凯城	惠州市光大水泥企业有限公司	惠州
GD2013-310	普通硅酸盐水泥	金羊牌	广州市越堡水泥有限公司	广州
GD2013-311	普通硅酸盐水泥	塔牌+TAPAI+图形	广东塔牌集团股份有限公司	梅州
GD2013-312	普通硅酸盐水泥	中材牌	中材天山（云浮）水泥有限公司	云浮
GD2013-313	普通硅酸盐水泥	润丰水泥+图形	华润水泥（封开）有限公司	肇庆
GD2013-314	普通硅酸盐水泥	粤秀	广州市珠江水泥有限公司	广州
GD2013-315	普通硅酸盐水泥	皇馬+HUANGMA+图形	梅州皇马水泥有限公司	梅州
GD2013-316	普通硅酸盐水泥	罗浮山牌	惠州市罗浮山水泥集团有限公司	惠州
GD2013-317	普通硅酸盐水泥	骏马牌+图形	四会市骏马水泥有限公司	肇庆
GD2013-318	普通硅酸盐水泥	固力	惠州固力水泥集团有限公司	惠州
GD2013-319	普通硅酸盐水泥	英洲牌	英德市英南水泥有限公司	清远
GD2013-320	普通硅酸盐水泥	石井+图形	广州石井德庆水泥厂有限公司	肇庆
GD2013-321	人造石材	萬峯图形商标	万峰石材科技有限公司	顺德
GD2013-322	人造石材	图形	广州戈兰迪高分子材料有限公司	广州

（续上表）

编号	产品名称	商标	企业名称	所属地市
GD2013-323	人造石材	新云岗石	新云石业（云浮）有限公司	云浮
GD2013-324	日用玻璃陶瓷	图形	潮州市三元陶瓷（集团）有限公司	潮州
GD2013-325	日用玻璃陶瓷	图形	广东健诚高科玻璃制品股份有限公司	潮州
GD2013-326	日用陶瓷	图形	广东四通集团股份有限公司	潮州
GD2013-327	日用陶瓷	长城图形	广东长城集团股份有限公司	潮州
GD2013-328	日用陶瓷	shunxiang	广东顺祥陶瓷有限公司	潮州
GD2013-329	日用陶瓷	图形	广东雄英集团有限公司	潮州
GD2013-330	日用陶瓷	图形	潮州市城西吉街工艺美术彩瓷厂	潮州
GD2013-331	日用陶瓷	图形	广东东宝集团有限公司	潮州
GD2013-332	日用陶瓷	WEIYE伟业	伟业陶瓷有限公司	潮州
GD2013-333	日用陶瓷	BENING	广东伯林陶瓷实业有限公司	潮州
GD2013-334	日用陶瓷	图形	潮州市威达陶瓷制作有限公司	潮州
GD2013-335	日用陶瓷	图形	潮州市三华陶瓷实业有限公司	潮州
GD2013-336	日用陶瓷	图形	潮安县凤塘雅诚德陶瓷制作厂	潮州
GD2013-337	日用陶瓷	吉玉+Jade+图形	广东吉玉陶瓷股份有限公司	梅州
GD2013-338	日用陶瓷	图形	广东宝丰陶瓷科技发展股份有限公司	梅州
GD2013-339	太阳能光伏组件	图形	广东金刚玻璃科技股份有限公司	汕头
GD2013-340	天然石材	康利	深圳康利工艺石材有限公司	深圳
GD2013-341	自粘防水卷材	图形	广东科顺化工实业有限公司	顺德
GD2013-342	两轮摩托车	豪进	广州豪进摩托车股份有限公司	广州
GD2013-343	两轮摩托车	大运	广州市大阳摩托车有限公司	广州
GD2013-344	两轮摩托车	五羊—本田牌	五羊—本田摩托（广州）有限公司	广州
GD2013-345	两轮摩托车	气派	江门气派摩托车有限公司	江门
GD2013-346	摩托车灯具	图形+骑光牌	广东骑光车灯工业有限公司	汕头
GD2013-347	摩托轮胎	KENDA建大轮胎及图形	建泰橡胶（深圳）有限公司	深圳
GD2013-348	汽车V带	图形	广州市盖达传动带有限公司	广州
GD2013-349	汽车发动机连杆	实力牌+图形	广东四会实力连杆有限公司	肇庆
GD2013-350	汽车离合器总成	ACCEL	广东亚新汽车传动有限公司	顺德
GD2013-351	汽车热交换器用铝板带箔	HFF图形	乳源东阳光精箔有限公司	韶关
GD2013-352	特种汽车	永强	东莞市永强汽车制造有限公司	东莞
GD2013-353	特种汽车	图形	广东粤海汽车有限公司	佛山
GD2013-354	消声器	实力+图形	高要市康成五金有限责任公司	肇庆
GD2013-355	重型汽车起动机	莲花+图形	广东井得电机有限公司	梅州
GD2013-356	子午线轮胎	万力	广州市华南橡胶轮胎有限公司	广州
GD2013-357	子午线轮胎	MAXTREK	肇庆骏鸿实业有限公司	肇庆
GD2013-358	子午线汽车轮胎模具	吉阳	巨轮股份有限公司	揭阳
GD2013-359	电子琴	美得理（MEDELI）+图形	得理乐器（珠海）有限公司	珠海
GD2013-360	多功能尘拖	图形	广东明朗生活用品制造厂有限公司	广州
GD2013-361	多功能尘拖	家必洁	惠州强雳日常用品制造有限公司	惠州
GD2013-362	二醋酸纤维素丝束	华维+图形	珠海醋酸纤维有限公司	珠海
GD2013-363	合金仿真玩具车	maisto	东莞美驰图实业有限公司	东莞
GD2013-364	合金仿真玩具车	UNIFORTUNE	广东彩珀玩具实业有限公司	汕头
GD2013-365	化妆品瓶	纯晶玻璃	广东纯晶玻璃制品有限公司	揭阳
GD2013-366	教育玩具（婴儿早教玩具、电动积木、磁性积木）	图形	广东嘉达早教科技股份有限公司	汕头
GD2013-367	教育玩具（婴儿早教玩具、电动积木、磁性积木）	图形	东莞龙昌数码科技有限公司	东莞
GD2013-368	教育玩具（婴儿早教玩具、电动积木、磁性积木）	图形	广东五星玩具有限公司	汕头
GD2013-369	教育玩具（婴儿早教玩具、电动积木、磁性积木）	图形	广东振丰科教玩具有限公司	汕头
GD2013-370	教育玩具（婴儿早教玩具、电动积木、磁性积木）	汇乐玩具	广东汇乐玩具实业有限公司	汕头
GD2013-371	卷烟	椰树+图形	广东中烟工业有限责任公司	广州
GD2013-372	卷烟	双喜牌香烟	广东中烟工业有限责任公司	广州
GD2013-373	拉链	图形	广东冠业拉链服饰有限公司	汕头
GD2013-374	拉链	AAK	广东海华拉链有限公司	汕尾
GD2013-375	溜冰鞋	狮普高	广东麦斯卡体育用品有限公司	广州
GD2013-376	溜冰鞋	图形	广东森海运动用品有限公司	顺德
GD2013-377	美容化妆工具（含美容美发工具）	逃夫人	阳江十八子集团有限公司	阳江
GD2013-378	美容化妆工具（含美容美发工具）	三本	杰丽斯（广东）日用品有限公司	广州
GD2013-379	美容化妆工具（含美容美发工具）	圣妮	阳江市金恒达化妆工具有限公司	阳江
GD2013-380	扑克牌	全美	广东全美实业日用化工有限公司	汕尾
GD2013-381	日用玻璃瓶罐	图形	广东华兴玻璃股份有限公司	佛山
GD2013-382	色带	天威+图形	珠海天威飞马打印耗材有限公司	珠海
GD2013-383	色带	高宝	佛山市顺德区高宝实业发展有限公司	顺德
GD2013-384	数码钢琴	AMASON艾茉森	广州珠江钢琴集团股份有限公司	广州
GD2013-385	数码钢琴	美得理（MEDELI）+图形	得理乐器（珠海）有限公司	珠海
GD2013-386	塑料鞋	飞天鹅	吴川永泰鞋业有限公司	湛江
GD2013-387	塑料鞋	蒙尼克	揭阳市蒙尼克鞋业有限公司	揭阳

（续上表）

编号	产品名称	商标	企业名称	所属地市
GD2013-388	塑料鞋	兴鹤	吴川市全兴橡塑鞋业有限公司	湛江
GD2013-389	投影银幕	grandview	广州美视晶莹银幕有限公司	广州
GD2013-390	望远镜	怡高	怡高企业（中山）有限公司	中山
GD2013-391	文具（文件夹、文件袋）	comix齐心	深圳市齐心文具股份有限公司	深圳
GD2013-392	文具（文件夹、文件袋）	金得利	广东华隆文具有限公司	汕头
GD2013-393	学生电脑	步步高	步步高教育电子有限公司	东莞
GD2013-394	印刷本	图形	广东金冠科技股份有限公司	广州
GD2013-395	印刷本	图形	广东岭峰包装印刷有限公司	汕尾
GD2013-396	折叠式帐篷	upal	东莞市悠派智能展示科技有限公司	东莞
GD2013-397	折叠式帐篷	图形	鹤山市通达户外用品有限公司	江门
GD2013-398	真皮女鞋	ST&SAT	佛山星期六鞋业股份有限公司	佛山
GD2013-399	真皮女鞋	SAFIYA	佛山星期六鞋业股份有限公司	佛山
GD2013-400	真皮女鞋	FONDBERYL+菲伯丽尔	佛山星期六鞋业股份有限公司	佛山
GD2013-401	智能鞍座	图形	佛山市顺德区均安镇富山自行车配件有限公司	顺德
GD2013-402	珠宝玉石	卡尼CARLE	深圳市卡尼珠宝首饰有限公司	深圳
GD2013-403	珠宝玉石	宝怡	深圳市宝怡珠宝首饰有限公司	深圳
GD2013-404	珠宝玉石	星光达	深圳市星光达珠宝首饰实业有限公司	深圳
GD2013-405	珠宝玉石	图形	深圳市星雅珠宝有限公司	深圳
GD2013-406	珠宝玉石	石头记	石头记珠宝有限公司	广州
GD2013-407	珠宝玉石	正大福	深圳市正大福珠宝首饰有限公司	深圳
GD2013-408	珠宝玉石	图形	惠州市惠阳南宝玉器工艺有限公司	惠州
GD2013-409	面膜	七分妆	惠州市七分妆化妆品有限公司	惠州
GD2013-410	面膜	图形	广东雅丽洁精细化工有限公司	汕头
GD2013-411	蚊香	灭害灵	中山凯中有限公司	中山
GD2013-412	蚊香	超威	广州立白企业集团有限公司	广州
GD2013-413	蚊香	榄菊+图形	中山榄菊日化实业有限公司	中山
GD2013-414	洗发水	AFREES蒽菲+图形	佛山市万盈化妆品有限公司	顺德
GD2013-415	洗发水	蒂花之秀	广东名臣有限公司	汕头
GD2013-416	洗发水	图形	佛山市安安美容保健品有限公司	佛山
GD2013-417	洗发水	雨洁	拉芳家化股份有限公司	汕头
GD2013-418	洗发水	丹姿	广州市白云联佳精细化工厂	广州
GD2013-419	洗发水	迪彩	广州市迪彩化妆品有限公司	广州
GD2013-420	洗发水	诗朗	惠州市博美化妆品有限公司	惠州
GD2013-421	洗手液	蓝月亮	广州蓝月亮实业有限公司	广州
GD2013-422	香精香料（日化用香精）	名芳	广东铭康香精香料有限公司	潮州
GD2013-423	香精香料（日化用香精）	广州	广州百花香料股份有限公司	广州
GD2013-424	消毒剂	蓝月亮	广州蓝月亮实业有限公司	广州
GD2013-425	衣物柔顺剂	蓝月亮	广州蓝月亮实业有限公司	广州
GD2013-426	半导体电子酒柜	图形	中山市越海电器有限公司	中山
GD2013-427	布衣柜	图形	阳江市长荣工业有限公司	阳江
GD2013-428	打印纸	tango+图形	广东天章信息纸品有限公司	珠海
GD2013-429	打印纸	傳美	安兴纸业（深圳）有限公司	深圳
GD2013-430	高档涂布白卡纸	图形	珠海经济特区红塔仁恒纸业有限公司	珠海
GD2013-431	家具及家居贴面用预涂装饰纸	树的记忆+Tree's Memory	东莞市华立实业股份有限公司	东莞
GD2013-432	金属家具	图形	佛山市南海新达高梵实业有限公司	佛山
GD2013-433	金属家具	澳舒健	佛山市澳舒健家具制造有限公司	佛山
GD2013-434	金属家具	图形	佛山市丽星家具实业有限公司	佛山
GD2013-435	民用板式家具	图形	索菲亚家居股份有限公司	广州
GD2013-436	民用板式家具	VICTORY	广州市百利文仪实业有限公司	广州
GD2013-437	民用板式家具	J&C	杰希智能居家用品科技（惠州）有限公司	惠州
GD2013-438	民用板式家具	图形	佛山市南海金富雅家具有限公司	佛山
GD2013-439	民用板式家具	顶固	广东顶固集创家居股份有限公司	中山
GD2013-440	民用板式家具	红苹果	深圳天诚家具有限公司	深圳
GD2013-441	民用板式家具	福邦	中山市富邦家具有限公司	中山
GD2013-442	民用板式家具	图形	佛山市志豪家具有限公司	顺德
GD2013-443	民用板式家具	图形	佛山市顺德区欧的家具有限公司	顺德
GD2013-444	民用板式家具	淡泊	东莞市城市之窗家具有限公司	东莞
GD2013-445	民用板式家具	图形	东莞市汇雅实业有限公司	东莞
GD2013-446	木家具	图形	广东省宜华木业股份有限公司	汕头
GD2013-447	木家具	联邦	广东联邦家私集团有限公司	佛山
GD2013-448	木家具	POLOCYTE	广东信威家居发展有限公司	湛江
GD2013-449	木家具	ARTURE	中山四海家具制造有限公司	中山
GD2013-450	木家具	洋臣	东莞市洋臣家具有限公司	东莞
GD2013-451	木家具	迪诺雅	深圳市仁豪家具发展有限公司	深圳
GD2013-452	木家具	图形+文字	广东优派家私集团有限公司	广州

（续上表）

编号	产品名称	商标	企业名称	所属地市
GD2013-453	木家具	金凯莎+GICASA+图形	广东红旗家具有限公司	东莞
GD2013-454	木家具	图形	佛山市骏业家具发展有限公司	顺德
GD2013-455	木家具	早晨家居	佛山市大明家具有限公司	佛山
GD2013-456	全木门	汇豪	东莞市汇豪门业有限公司	东莞
GD2013-457	全木门	冠牛Energeticbull	深圳市冠牛木业有限公司	深圳
GD2013-458	砂纸	GOLDENSUN+图形	东莞金太阳研磨股份有限公司	东莞
GD2013-459	实木复合门	润成创展	广东润成创展木业有限公司	佛山
GD2013-460	瓦楞纸包装制品	美盈森	深圳市美盈森环保科技股份有限公司	深圳
GD2013-461	瓦楞纸包装制品	图形	深圳九星印刷包装集团有限公司	深圳
GD2013-462	新闻纸	广纸+图形	广州造纸集团有限公司	广州
GD2013-463	真皮酒柜	AYLAZZARO	广东成信皮具有限公司	顺德
GD2013-464	纸浆模塑制品	图形	东莞市汇林包装有限公司	东莞
GD2013-465	纸尿裤/片	茵茵+YINYIN	广东百顺纸品有限公司	东莞
GD2013-466	纸尿裤/片	超级宝贝	广东凯迪服饰有限公司	汕头
GD2013-467	纸尿裤/片	一片爽+YIPIANSHUANG	东莞市常兴纸业有限公司	东莞
GD2013-468	纸尿裤/片	贝柔+babroy+图形	东莞市白天鹅纸业有限公司	东莞
GD2013-469	中密度纤维板	威利邦+WEILIBANG+图形	广东威华股份有限公司	梅州
GD2013-470	中密度纤维板	图形	大亚木业（茂名）有限公司	茂名
GD2013-471	中密度纤维板	图形	博罗县新宏兴纤维板有限公司	惠州
GD2013-472	中密度纤维板	绿源	阳东绿源人造板有限公司	阳江
GD2013-473	中密度纤维板	泰润	陆河泰润人造板有限公司	汕尾
GD2013-474	DOP增塑剂	盛和化工+图形	东莞市盛和化工有限公司	东莞
GD2013-475	办公家具专用漆	弘玮涂料	惠州市弘玮涂料有限公司	惠州
GD2013-476	办公家具专用漆	优耐	合众（佛山）化工有限公司	佛山
GD2013-477	办公家具专用漆	世纪金彩	广东顺德迪邦涂料实业有限公司	顺德
GD2013-478	大口径直缝埋弧焊管扩径专用润滑油	pacoil	东莞太平洋博高润滑油有限公司	东莞
GD2013-479	电阻涂料	精灵爽+JLS+图形	东莞市大兴化工有限公司	东莞
GD2013-480	丁二烯-苯乙烯共聚物	图形	广东众和化塑有限公司	茂名
GD2013-481	二氧化钛颜料	白玉莹	广东惠云钛业股份有限公司	云浮
GD2013-482	改性聚对苯二甲酸丁二醇酯（PBT）	图形	金发科技股份有限公司	广州
GD2013-483	改性聚氯乙烯（PVC）塑料合金材料	图形	金发科技股份有限公司	广州
GD2013-484	工程机械涂料	金树+图形	中山大桥化工集团有限公司	中山
GD2013-485	胶粘带	永大	永大（中山）有限公司	中山
GD2013-486	胶粘带	KiNGTAC	中山金利宝胶粘制品限公司	中山
GD2013-487	胶粘带	图形	佛山市亿达胶粘制品有限公司	佛山
GD2013-488	胶粘带	JH	广东晶华科技有限公司	汕头
GD2013-489	胶粘剂	鹿山	广州鹿山新材料股份有限公司	广州
GD2013-490	胶粘剂	多正	广东多正化工科技有限公司	佛山
GD2013-491	胶粘剂	ZFR	东莞市芙蓉化工有限公司	东莞
GD2013-492	聚丙烯（含改性聚丙烯）	SELON聚赛龙	广州市聚赛龙工程塑料有限公司	广州
GD2013-493	聚丙烯（含改性聚丙烯）	REMAT	广东聚石化学股份有限公司	清远
GD2013-494	聚对苯二甲酰癸二胺（PA10T）	图形	金发科技股份有限公司	广州
GD2013-495	摩托车涂料	金树+图形	中山大桥化工集团有限公司	中山
GD2013-496	摩托车涂料	图形	江门四方威凯精细化工有限公司	江门
GD2013-497	木门用漆	大宝+TAIHO图形	东莞大宝化工制品有限公司	东莞
GD2013-498	木器漆	嘉宝莉CARPOLY	嘉宝莉化工集团股份有限公司	江门
GD2013-499	木器漆	巴德士	广东巴德士化工有限公司	中山
GD2013-500	木器漆	华隆	广东华隆涂料实业有限公司	顺德
GD2013-501	木器漆	大宝+TAIHO图形	东莞大宝化工制品有限公司	东莞
GD2013-502	木器漆	青竹	广州珠江化工集团有限公司	广州
GD2013-503	乳化炸药专用复合蜡	图形	广东众和化塑有限公司	茂名
GD2013-504	乳化炸药专用复合蜡	图形	广东新华粤石化股份有限公司	茂名
GD2013-505	碳酸钙（含轻质碳酸钙）	广福+GUANGFU+图形	广福建材（蕉岭）精化有限公司	梅州
GD2013-506	无镉银基电接触材料	FPA	佛山通宝精密合金股份有限公司	佛山
GD2013-507	相框用漆	千叶松	广东千叶松化工有限公司	惠州
GD2013-508	氧化铜	华大	广东光华科技股份有限公司	汕头
GD2013-509	硬脂酸锌	CHNV图形	东莞市汉维新材料科技有限公司	东莞
GD2013-510	脂松香	华林牌+图形	广东华林化工有限公司	肇庆
GD2013-511	珠宝盒用漆	水翠	惠州市惠阳裕生化工有限公司	惠州
GD2013-512	珠宝盒用漆	图形	惠州辉煌涂料有限公司	惠州
GD2013-513	O型橡胶密封圈	TCH	揭阳市天诚密封件有限公司	揭阳
GD2013-514	不锈钢餐厨具	LINKFAIR	广东凌丰集团股份有限公司	云浮
GD2013-515	不锈钢餐厨具	十八子作	阳江十八子集团有限公司	阳江
GD2013-516	不锈钢餐厨具	三兄+Tri-brothers	阳江市三兄刀具有限公司	阳江
GD2013-517	不锈钢餐厨具	金辉	阳江市阳东金辉刀剪制品有限公司	阳江
GD2013-518	不锈钢餐厨具	图形	潮安县彩塘振能不锈钢制品厂	潮州

（续上表）

编号	产品名称	商标	企业名称	所属地市
GD2013-519	不锈钢餐厨具	银鹰+图形	广东银鹰实业集团有限公司	阳江
GD2013-520	不锈钢餐厨具	三A牌	广东三A不锈钢制品集团有限公司	云浮
GD2013-521	不锈钢餐厨具	图形	阳江市巧速佳厨业有限公司	阳江
GD2013-522	不锈钢餐厨具	图形	江门市宝盈不锈钢制品有限公司	江门
GD2013-523	不锈钢餐厨具	图形	广东新科达实业有限公司	潮州
GD2013-524	不锈钢餐厨具	盛达	广东盛达工业集团有限公司	阳江
GD2013-525	不锈钢多用钳	图形	阳江市顺全工贸实业有限公司	阳江
GD2013-526	不锈钢丝	图形	广东亚太不锈钢制品有限公司	肇庆
GD2013-527	餐台垫	图形	东莞市悠悠美居家居制造有限公司	东莞
GD2013-528	窗饰配件	图形	广东澳利坚建筑五金有限公司	汕头
GD2013-529	窗饰配件	金联	广东金联窗饰有限公司	顺德
GD2013-530	多功能衣架	好太太+图形	广东好太太科技发展有限公司	广州
GD2013-531	多功能衣架	hoyo	广州市番禺区好友实业有限公司	广州
GD2013-532	多功能衣架	建新	阳江市建新塑料有限公司	阳江
GD2013-533	复合塑料编织布	双象牌	佛山佛塑科技集团股份有限公司	佛山
GD2013-534	环保购物袋	图形	惠州俊豪塑料发展有限公司	惠州
GD2013-535	环保购物袋	图形	广东树业环保科技股份有限公司	汕头
GD2013-536	环保购物袋	必得福	佛山市南海必得福无纺布有限公司	佛山
GD2013-537	家具五金配件（导轨）	顶固	广东顶固集创家居股份有限公司	中山
GD2013-538	家具五金配件（导轨）	DTC	广东东泰金属制品有限公司	顺德
GD2013-539	家具五金配件（导轨）	SH-ABC	广东星徽精密制造股份有限公司	顺德
GD2013-540	家具五金配件（拉手）	图形	江门市时尚五金实业有限公司	江门
GD2013-541	家具五金配件（连接件）	图形	广东安帝斯智能家具组件有限公司	顺德
GD2013-542	家具五金配件（导轨）	TWM	广东东荣金属制品有限公司	顺德
GD2013-543	家具五金配件（滑轨）	图形	广东鸿丽金属制品有限公司	顺德
GD2013-544	家具五金配件（拉手）	HoVai	广东冠辉科技有限公司	东莞
GD2013-545	家具五金配件（导轨）	四五六	广东中侨五金电器制造有限公司	顺德
GD2013-546	建筑门窗内平开下悬五金系统	坚朗	广东坚朗五金制品股份有限公司	东莞
GD2013-547	建筑门窗内平开下悬五金系统	图形	广东合和建筑五金制品有限公司	佛山
GD2013-548	节能不粘锅	Greenpan	江门市安诺特炊具制造有限公司	江门
GD2013-549	节能不粘锅	图形	佛山市南海新南炊具有限公司	佛山
GD2013-550	节能不粘锅	万事泰	广东万事泰集团有限公司	云浮
GD2013-551	节能不粘锅	美亚MEYER	美亚（肇庆）金属制品有限公司	肇庆
GD2013-552	聚氯乙烯压延薄膜	蓝A	广东天安新材料股份有限公司	佛山
GD2013-553	聚氯乙烯压延薄膜	图形	广州宏信塑胶工业有限公司	广州
GD2013-554	聚氯乙烯压延薄膜	雄星塑胶	广州市雄星塑料制品有限公司	广州
GD2013-555	快递包装袋	天元	广东天元印刷有限公司	东莞
GD2013-556	灵动双防锁	炬森	广东炬森五金精密制造有限公司	顺德
GD2013-557	木工硬质合金圆锯片	快利+图形	佛山市南海日东工具制造有限公司	佛山
GD2013-558	农业用聚乙烯吹塑棚膜	金叶+图形	南雄市金叶包装材料有限公司	韶关
GD2013-559	砌砖刀	TOPWIN	汕头市特普王五金工具厂有限公司	汕头
GD2013-560	塑料包装薄膜	和业	广东华业包装材料有限公司	潮州
GD2013-561	塑料包装薄膜	汾江牌	佛山佛塑科技集团股份有限公司	佛山
GD2013-562	塑料包装薄膜	德冠	广东德冠薄膜新材料股份有限公司	顺德
GD2013-563	塑料包装薄膜	图形	佛山杜邦鸿基薄膜有限公司	佛山
GD2013-564	塑料色母粒	彩艳	广东彩艳股份有限公司	江门
GD2013-565	塑料色母粒	华强	阳西县儒洞华强塑料厂	阳江
GD2013-566	陶瓷刀	银鹰+图形	广东银鹰实业集团有限公司	阳江
GD2013-567	陶瓷刀	图形	阳江市佰伦实业有限公司	阳江
GD2013-568	压力锅	LINKFAIR	广东凌丰集团股份有限公司	云浮
GD2013-569	压力锅	双喜	珠海双喜电器有限公司	珠海
GD2013-570	园艺工具	图形	阳东金恒实业有限公司	阳江
GD2013-571	整体晾衣架	好太太+图形	广东好太太科技发展有限公司	广州
GD2013-572	超声显像诊断仪	SIUI	汕头市超声仪器研究所有限公司	汕头
GD2013-573	超声显像诊断仪	迈瑞	深圳迈瑞生物医疗电子股份有限公司	深圳
GD2013-574	生命信息监护仪	MINDRAY+图形	深圳迈瑞生物医疗电子股份有限公司	深圳
GD2013-575	生命信息监护仪	宝莱特	广东宝莱特医用科技股份有限公司	珠海
GD2013-576	一次性使用无菌注射器及输液器	龙心牌	广东龙心医疗器械有限公司	江门
GD2013-577	一次性使用血液灌流器	健帆图形	珠海健帆生物科技股份有限公司	珠海
GD2013-578	医疗用轮椅	图形	佛山市东方医疗设备厂有限公司	佛山
GD2013-579	医疗用轮椅	凯洋+图形	广东凯洋医疗科技集团有限公司	佛山

（供稿人：李　铮）

广东省质监系统地理标志产品获批保护名单

序号	产品名称	批准文号	批准时间	申报地
1	河源米粉	2003年第120号	2003年12月24日	河源
2	郁南无核黄皮	2004年第63号	2004年6月3日	云浮郁南
3	廉江红橙	2004年第126号	2004年9月20日	湛江廉江
4	马坝油粘米	2004年第127号	2004年9月20日	韶关曲江
5	增城丝苗米	2004年第128号	2004年9月20日	广州增城
6	端砚	2004年第160号	2004年10月29日	肇庆
7	流沙南珠	2005年第114号	2005年8月25日	湛江雷州
8	愚公楼菠萝	2005年第117号	2005年8月25日	湛江徐闻
9	覃斗芒果	2005年第118号	2005年8月25日	湛江雷州
10	埔田竹笋	2005年第179号	2005年12月21日	揭阳揭东
11	普宁蕉柑	2005年第180号	2005年12月21日	揭阳普宁
12	陆河青梅	2005年第181号	2005年12月21日	汕尾陆河
13	程村蚝	2005年第182号	2005年12月21日	阳江阳西
14	春砂仁	2005年第188号	2005年12月28日	阳江阳春
15	东陂腊味	2006年第11号	2006年1月24日	清远连州
16	合水粉葛	2006年第56号	2006年4月16日	佛山高明
17	英石	2006年第68号	2006年5月17日	清远英德
18	新会陈皮	2006年第159号	2006年10月25日	江门新会
19	新会柑	2006年第157号	2006年10月26日	江门新会
20	梅州金柚	2006年第173号	2006年11月30日	梅州
21	化橘红	2006年第219号	2006年12月31日	茂名化州
22	英德红茶	2006年第225号	2006年12月31日	清远英德
23	徐闻山羊	2007年第165号	2007年11月21日	湛江徐闻
24	龙门年桔	2007年第169号	2007年11月21日	惠州龙门
25	水东芥菜	2007年第176号	2007年12月6日	茂名电白
26	清远乌鬃鹅	2007年第190号	2007年12月13日	清远清新
27	星子红葱	2007年第201号	2007年12月24日	清远连州
28	惠来荔枝	2007年第213号	2007年12月27日	揭阳惠来
29	西牛麻竹叶	2007年第217号	2007年12月28日	清远英德
30	连南瑶山茶油	2007年第219号	2007年12月28日	清远连南
31	连州溪黄草	2007年第220号	2007年12月28日	清远连州
32	郁南无核砂糖桔	2008年第50号	2008年5月7日	云浮郁南
33	清新冰糖桔	2008年第55号	2008年5月8日	清远清新
34	罗定肉桂	2008年第58号	2008年5月13日	云浮罗定
35	西牛麻竹笋	2008年第64号	2008年5月30日	清远英德
36	新兴香荔	2008年第64号	2008年5月30日	云浮新兴
37	张溪香芋	2008年第112号	2008年10月31日	韶关乐昌
38	连南无核柠檬	2008年第112号	2008年10月31日	清远连南
39	中山脆肉鲩	2008年第132号	2008年12月10日	中山
40	普宁青梅	2008年第133号	2008年12月10日	揭阳普宁
41	金玉三捻橄榄	2008年第133号	2008年12月10日	汕头潮阳
42	南雄板鸭	2009年第51号	2009年5月26日	韶关南雄
43	沿溪山白毛尖	2009年第60号	2009年6月11日	韶关乐昌
44	北乡马蹄	2009年第60号	2009年6月11日	韶关乐昌
45	钱岗糯米糍	2009年第66号	2009年7月10日	广州从化
46	白蕉海鲈	2009年第89号	2009年9月21日	珠海斗门
47	乐平雪梨瓜	2009年第89号	2009年9月21日	佛山三水
48	新垦莲藕	2009年第131号	2009年12月28日	广州南沙
49	罗定绉纱鱼腐	2010年第15号	2010年2月24日	云浮罗定
50	三华李	2010年第17号	2010年2月24日	韶关翁源
51	凤凰单丛(枞)茶	2010年第30号	2010年4月6日	潮州潮安
52	南盛砂糖桔	2010年第30号	2010年4月6日	云浮云安
53	火山粉葛	2010年第30号	2010年4月6日	韶关曲江
54	长坝沙田柚	2010年第52号	2010年5月24日	韶关仁化
55	东坝蚕茧	2010年第71号	2010年7月13日	云浮郁南
56	清远鸡	2010年第95号	2010年9月3日	清远
57	乳源彩石	2010年第95号	2010年9月3日	韶关乳源
58	清化粉	2010年第96号	2010年9月3日	韶关始兴
59	怀集茶秆竹	2010年第96号	2010年9月3日	肇庆怀集
60	增城迟菜心	2010年第133号	2010年11月23日	广州增城
61	派潭凉粉草	2010年第133号	2010年11月23日	广州增城
62	九仙桃	2010年第142号	2010年12月10日	韶关翁源
63	新丰佛手瓜	2010年第142号	2010年12月10日	韶关新丰
64	西胪乌酥杨梅	2010年第163号	2010年12月24日	汕头潮阳
65	吴厝淮山	2010年第163号	2010年12月24日	揭阳揭东
66	象窝茶	2010年第166号	2010年12月29日	云浮新兴
67	大八益智	2010年第167号	2010年12月29日	阳江阳东
68	虎噉金针菜	2011年第14号	2011年1月30日	汕尾海丰
69	从化荔枝蜜	2011年第33号	2011年3月16日	广州从化
70	马水桔	2011年第38号	2011年3月28日	阳江阳春
71	高州桂圆肉	2011年第98号	2011年7月5日	茂名高州
72	香云纱	2011年第100号	2011年7月6日	佛山顺德
73	萝岗糯米糍	2011年第175号	2011年11月30日	广州萝岗
74	泗纶蒸笼	2011年第194号	2011年12月26日	云浮罗定
75	南澳牡蛎	2011年第197号	2011年12月26日	汕头南澳
76	新兴排米粉	2012年第88号	2012年6月8日	云浮新兴
77	麦溪鲤	2012年第91号	2012年6月21日	肇庆高要
78	麦溪鲩	2012年第91号	2012年6月21日	肇庆高要
79	托洞腐竹	2012年第91号	2012年6月21日	云浮云安
80	肇庆裹蒸	2012年第101号	2012年7月18日	广东肇庆
81	庙南粉葛	2012年第102号	2012年7月18日	广州南沙
82	增城荔枝	2012年第125号	2012年8月23日	广州增城
83	增城挂绿	2012年第125号	2012年8月23日	广州增城
84	萝岗甜橙	2012年第135号	2012年9月13日	广州萝岗
85	封开油栗	2013年第81号	2013年6月26日	肇庆封开
86	西岩乌龙茶	2013年第81号	2013年6月26日	梅州大埔
87	吴川月饼	2013年第81号	2013年6月26日	湛江吴川
88	竹山粉葛	2013年第99号	2013年7月24日	清远佛冈
89	信宜怀乡鸡	2013年第99号	2013年7月24日	茂名信宜
90	陆河木瓜	2013年第128号	2013年9月24日	汕尾陆河

（供稿人：李铮）

农产品地理标志登记产品信息

序号	产品名称	所在地域	申请人	划定的产地保护范围	质量控制技术规范编号
1	高堂菜脯	潮州	饶平县高堂菜脯加工企业协会	饶平县高堂、钱东、樟溪、黄冈、联饶、所城等6个镇。地理坐标为东经116°45′00″—117°08′00″，北纬23°35′00″—23°48′00″	AGI2011-03-00690
2	岭头单丛茶	潮州	饶平县浮滨镇兴农茶叶专业合作社	饶平县浮滨、东山、汤溪、新塘、三饶、韩江林场、新丰、上饶、饶洋、建饶、樟溪等11个镇（场）。地理坐标为东经116°35′00″—116°58′00″，北纬23°45′00″—24°14′00″	AGI2013-01-1151
3	饶平狮头鹅	潮州	饶平县农业技术推广中心	浮滨镇、浮山镇、联饶镇、高堂镇、樟溪镇、钱东镇、黄冈镇等中片和沿海淡水资源丰富的乡镇。地理坐标为东经116°35′00″—117°11′00″，北纬23°28′00″—24°14′00″	AGI2012-02-938
4	杜阮凉瓜	江门	江门市蓬江区杜阮镇农业服务中心	江门市蓬江区杜阮镇中和、龙溪、亭园、双楼、井根、子绵、松岭、龙眠、龙安、龙榜、杜阮、杜臂、上巷、松园、瑶村、北芦、南芦、长乔、木朗、贯溪20个村委会和中心、新河、金朗3个社区居委会。地理坐标为东经112°54′55″—113°04′01″，北纬22°33′07″—22°39′06″	AGI2013-03-1328
5	马冈肉鹅	江门	开平市禽业协会	开平市所辖的15个街道办事处和乡镇，226个村民委员会。地理坐标为东经112°13′00″—112°48′00″，北纬21°56′00″—22°39′00″	AGI2013-02-1216

2013年农资打假情况统计表

填报单位（盖章）：广东省农业厅农产品质量安全监管处　　　　填报日期：2013年12月31日

项目	查获数量		货值金额	查处起数	检查企业	整顿市场	受理举报案件	捣毁制假窝点	挽回经济损失	出动执法人员	印发资料	查获甲胺磷等5种高毒农药数量	立案查处						
													查处	结案	移送司法机关	涉案人数	逮捕人数	案值5万元以上案件	
																		总数	货值金额
单位	公斤	台件	万元	起	个/次	个/次	件	个	万元	人次	万份	吨	件	件	件	人	人	起	万元
代码	1	2	3	4	5	6	7	8	9	10	11	12	13	14	15	16	17	18	19
1. 种子（含种苗、种畜禽）	9398	13	67.99	103	7982	654	26	1	303.9	28489	19.84		72	64		13			
2. 肥料	455317	13	398.62	382	12220	1130	35		1771.17	36769	23.88		378	277		147		1	141.9
3. 农药	46177	1372	449.75	878	20838	1273	65	6	1577.22	60419	32.9		804	778	12	286	13	1	102
4. 饲料	39383		365.79	96	6720	308	7	9	26.07	19168	28.1		92	58	7	44			
5. 兽药(含渔药)	8169	557	82.16	293	14568	595	22	8	368.05	35561	27.2		246	204		65			
6. 渔机渔具		130	9.2	14	898	77	20	2		6841	2.23		14	5		5			
7. 农机及零配件		68	5.06	12	1266	70				4943	7.1		2	2		11			
合计	558444	2153	1378.57	1778	64492	4107	175	26	4046.41	192190	141.25	0	1608	1388	19	571	13	2	243.9

注：1. 种子、肥料、农药、饲料、兽药农资品种单位按公斤计算，渔机渔具、农机及零配件农资品种单位按台件计算。

2. 本表按季度报送，4月5日前报送1—3月统计情况，7月5日前报送1—6月统计情况，10月10日前报送1—9月统计情况，12月20日前报送1—12月统计情况。

2013年广东省绿色食品有效企业分类表

地 区	企业序号	产品序号	企业名称	注册商标	产品名称	标志编号	原料监测面积（亩）	批准产量（吨）
广州市	1	1	广州交易会三千尺贸易有限公司	三千尺牌	三千尺饮用天然矿泉水	LB-38-1102191341A GF440104080298		30000
	2	2	广东宝桑园健康食品有限公司	宝桑园牌	桑果汁	LB-40-1102191930A GF440106080225	500	300
		3		宝桑园+英文+图形	桑果汁饮料	LB-40-1207193524A GF440106080225		300
	3	4	广州燕塘乳业股份有限公司	燕塘牌	鲜牛奶	LB-33-1204191833A GF440100090770		3600
	4	5	增城市优质米生产基地公司	挂绿牌	增城丝苗米	LB-03-1206191990A GF440183090824	10000	2600
	5	6	广州市果树科学研究所	美中红	番木瓜	LB-18-1302191795A GF440104070390	500	1000
		7		粤好	番荔枝	LB-18-1302191796A GF440104070390	350	175
	6	8	广州市东轩食品有限公司	名轩居牌	金装白莲蓉（纯莲蓉陷料）	LB-51-1302191106A GF440113070167		100
		9			纯正白莲蓉（纯莲蓉陷料）	LB-51-1302191107A GF440113070167		100
		10			清香白莲蓉（莲蓉陷料）	LB-51-1302191108A GF440113070167		100
	7	11	广州市炜园水果种植有限公司	炜园果业+Wfarm+图形	炜缘红肉火龙果	LB-18-1011193404A GF440113101455	500	600
	8	12	广州风行牛奶有限公司	风行牌	鲜牛奶	LB-33-1105193509A GF440106080655	300亩/2760头奶牛	2300
		13			全脂调味酸奶	LB-33-1105193510A GF440106080655		1500
	9	14	广州市洲星食品有限公司	洲星牌	马蹄粉	LB-51-1106193498A GF440111080855	8000	1450
		15			马蹄糕	LB-51-1106193499A GF440111080855		95
		16			千层马蹄糕	LB-51-1106193500A GF440111080855		298
		17			马蹄粒马蹄糕	LB-51-1106193501A GF440111080855		248
		18			双色马蹄糕	LB-51-1106193502A GF440111080855		145
	10	19	广州东升农场有限公司	东升	通菜	LB-15-1108192739A GF440113081133	100	120
	10	20	广州东升农场有限公司	东升	生菜	LB-15-1108192740A GF440113081133	120	150
		21			苋菜	LB-15-1108192741A GF440113081133	120	85
		22			番茄	LB-15-1108192742A GF440113081133	120	120
		23			荷兰豆	LB-15-1108192743A GF440113081133	100	100
		24			甜豆	LB-15-1108192744A GF440113081133	100	100
		25			四季豆	LB-15-1108192745A GF440113081133	80	80
		26			毛豆	LB-15-1108192746A GF440113081133	120	120
		27			丝瓜	LB-15-1108192747A GF440113081133	200	200
		28			毛瓜	LB-15-1108192748A GF440113081133	200	200
		29			苦瓜	LB-15-1108192749A GF440113081133	200	200
		30			菜心	LB-15-1304191429A GF440113081133	2000	2500
		31			上海青	LB-15-1304191430A GF440113081133	500	500
		32			芥蓝	LB-15-1304191431A GF440113081133	500	1000
		33			甜玉米	LB-15-1304191432A GF440113081133	300	800
	11	34	广州市丰恒农产品进出口有限公司	丰莲	莲藕	LB-15-1109193004A GF440113081344	716	1800
	12	35	广州市从化西洋食品有限公司	深田牌	从化鸭稻米	LB-03-1109193253A GF440184081287	300	160
	13	36	广州市增城祥惠香蕉专业合作社	祥惠+xianghui	香蕉	LB-18-1112195616A GF440183112321	1000	3000
	14	37	广州市流溪香雪食品有限公司		高山番薯	LB-13-1202191565A GF44018409271	3030	4545

（续上表）

地区	企业序号	产品序号	企业名称	注册商标	产品名称	标志编号	原料监测面积（亩）	批准产量（吨）
广州市	15	38	广州一衣口田有机农业有限公司	一衣口田	原生活鸡	LB-28-1202190144A GF440183120067		45
	15	39	广州一衣口田有机农业有限公司	一衣口田	原生鸡蛋	LB-31-1202190145A GF440183120067		7
	16	40	广州双桥股份有限公司	双桥+图形牌	葡萄糖浆	LB-12-1206192127A GF440105090870	/	50000
		41			果葡糖浆	LB-12-1206192127A GF440105090870	/	50000
		42			啤酒用糖浆	LB-12-1206192127A GF440105090870	/	50000
	17	43	广州市番禺区悦佳水果专业合作社	悦佳	胭脂红番石榴	LB-18-1212193648A GF440113121645	200	200
	18	44	广州酒家集团利口福食品有限公司	广州酒家+利口福+图形牌	纯白莲蓉馅料	LB-51-1208192467A GF440113091169	/	20
		45			纯红莲蓉馅料	LB-51-1208192468A GF440113091169	/	10
		46			凤梨味馅料	LB-51-1208192469A GF440113091169	/	10
		47			凤梨味月饼	LB-51-1208192470A GF440113091169	/	5
		48			哈密瓜味月饼	LB-51-1208192471A GF440113091169	/	10
		49			绿色健康月饼礼盒	LB-51-1208192472A GF440113091169	/	10
		50			绿色广州精品月饼礼盒	LB-51-1208192473A GF440113091169	/	10
		51			双黄纯红莲蓉月饼	LB-51-1208192474A GF440113091169	/	6
		52			蛋黄纯红莲蓉月饼	LB-51-1208192475A GF440113091169	/	6
		53			蛋黄纯白莲蓉月饼	LB-51-1208192476A GF440113091169	/	8
		54			广州精品月饼	LB-51-1208192477A GF440113091169	/	6
		55			双黄纯白莲蓉月饼	LB-51-1208192477A GF440113091169	/	6
	19	56	广州麦芽有限公司	MY牌	麦芽（澳麦）	LB-24-1308193533A GF44011207893		80000
		57			麦芽（加麦）	LB-24-1301190588A GF44011207893		50000
	20	58	广州珠江啤酒股份有限公司	图形商标	10度P珠江纯生啤酒	LB-47-1310194170A GF440400071117		60000
		59			11度P珠江纯生啤酒	LB-47-1310194171A GF440400071117		15500
		60			10度P珠江纯生精品啤酒	LB-47-1310194172A GF440400071117		19000
		61			9度P珠江纯生特制啤酒	LB-47-1310194173A GF440400071117		61000
		62			9度P珠江纯生精品啤酒	LB-47-1310194174A GF440400071117		18000
	21	63	广州大丘园有机农产有限公司	GH+大丘	仙密果（火龙果）	LB-18-1312199000A GF440184071727	300	500
韶关市	1	1	乐昌市沿溪山茶场有限公司	雾翔牌	沿溪山白毛尖（绿茶）	LB-44-1103191771A GF440281080469	600	30
	2	2	乐昌市沿溪山饮用水有限公司	沿溪山牌	沿溪山泉（饮用天然净水）	LB-44-1103191772A GF440281080469		8500
	3	3	广东金友集团有限公司	金友	粤香王（米）	LB-03-1105191403A GF440282110650	1144	252
		4			贡米	LB-03-1105191404A GF440282110650	1000	232
	4	5	新丰县城丰蔬菜贸易有限公司	碧丰	菜心	LB-15-1104191040A GF440233110490	250	1312
		6			生菜	LB-15-1104191041A GF440233110490	30	225
		7			油麦菜	LB-15-1104191042A GF440233110490	30	270
		8			芥菜	LB-15-1104191043A GF440233110490	30	270
		9			芥蓝	LB-15-1104191044A GF440233110490	120	900
		10			奶白菜	LB-15-1104191045A GF440233110490	60	450
		11			上海青	LB-15-1104191046A GF440233110490	40	300

（续上表）

地 区	企业序号	产品序号	企业名称	注册商标	产品名称	标志编号	原料监测面积（亩）	批准产量（吨）
韶关市	5	12	乐昌市北乡镇黑珍珠马蹄生产流通专业合作社	北乡+图形	北乡马蹄	LB-15-1109192695A GF440281111230	1000	1700
	6	13	广东省翁源县茂源糖业有限公司	李花+lihua+图形	白砂糖	LB-38-1108192142A GF440229111013	15000	8500
	7	14	乐昌市老平农场	老平牌	砂糖桔	LB-18-1205191676A GF440281090635	1226	3000
	8	15	始兴县洪源果业有限公司	五月红+图形牌	东魁杨梅	LB-18-1205192140A GF440222090604	900	500
	9	16	乐昌市九峰镇绿峰果菜专业合作社	九峰山+图形牌	九峰山水晶柰李	LB-18-1205192789A GF440281090690	4500	3000
		17			九峰山油桃	LB-18-1205192790A GF440281090690		2000
		18			九峰山柑桔	LB-18-1205192791A GF440281090690		3000
		19			九峰山水晶梨	LB-18-1205192792A GF440281090690		2000
	10	20	仁化县和丙友生态农业有限公司	和粤+heyueshengtai+图形	长坝沙田柚	LB-18-1206195155A GF440224090769	1100	2200
	11	21	乳源瑶族自治县祈泰农业发展有限公司	番泰行+图形	乳源瑶山杨梅	LB-18-1212196267A GF440232091804	1030	800
	12	22	广东慧园粮油有限公司	慧园+拼音+图形牌	慧园福米（大米）	LB-03-1212196398A GF440229091814	10000	3000
	13	23	翁源县（香港）金利达发展有限公司	翁源三华李牌	三华李	LB-18-1012195706A GF440229072009	787	400
	14	24	韶关市冠华食品有限公司	冠益GUAN YI	银丝米粉	LB-04-1303190609A GF440232130270	10000	2000
	15	25	韶关市曲江区田园绿色农场	园子鲜+图形	园子鲜芥蓝	LB-15-1304190649A GF440205130287	700	650
		26			园子鲜菜心	LB-15-1304190650A GF440205130287	750	700
	16	27	广东丹霞天雄茶叶有限公司	丹霞天雄	丹霞岩红（红茶）	LB-44-1312194034A GF440201131802	911	8
梅州市	1	1	广东泉之乡矿泉水饮料有限公司	泉之乡牌	珍贵天然矿泉水	LB-38-1101190727A GF441422080119		5000
	2	2	梅州五指石山泉水厂	五指石牌	五指石山泉	LB-38-1101191055A GF441426080144		40000
	3	3	梅州市万事好种养有限公司	锦豪	万事好脐橙	LB-38-1109192764A GF441402111258	800	470
	4	4	广东新大地生物科技股份有限公司	曼佗神露牌	高山茶油（压榨一级）	LB-10-1112195976A GF441426081870	15000	500
		5		曼佗	茶籽油	LB-10-1112195977A GF441426081870		500
	5	6	梅县鹰山果园	海燕	沙田柚	LB-18-1110193194A GF441421111429	300	900
		7			蜜柚	LB-18-1110193195A GF441421111429	180	520
	6	8	梅州市平远锅叾土特产有限公司	锅叾+guoduking+图形	锅叾茶	LB-44-1112196182A GF441426112569	1150	86
	7	9	广东泰源农科有限公司	茶树林+图形+拼音牌	茶树林山茶油（压榨一级）	LB-10-1112196959A GF441402081780	7000 600	150
	8	10	广东蓝田农业有限公司	图形商标牌	杏鲍菇（鲜）	LB-21-1201190025A GF441423120014	60	2100
	9	11	梅县天草农业发展有限公司	嘉应天草	天草柑	LB-18-1201190046A GF441421120026	200	600
	10	12	梅县嘉园农业发展有限公司	嘉园+图形牌	嘉园香米	LB-03-1201192540A GF441421090004	800	450
	11	13	梅县华银雁鸣湖旅游度假村有限公司	雁鸣湖牌	金柚	LB-18-1202191459A GF441421090162	300	3000
	12	14	梅州市运兴实业有限公司	绿园金+图形	绿园金柚	LB-18-1204191618A GF441402090528	1500	3000
	13	15	梅州市原源现代农业有限公司	原源	原源红心蜜柚	LB-18-1205191094A GF441427120475	300	150
	14	16	梅县大坪镇鹿湖里农庄	嵩峰+SONGFENG+图形	嵩峰沙田柚	LB-18-1208192098A GF441421120893	80	200
		17			嵩峰蜜柚	LB-18-1208192099A GF441421120893	24	72
	15	18	梅州市清山生态农业发展有限公司	绿来香	沙田柚	LB-18-1208191918A GF441421120810	500	960
	16	19	广东梅龙柚果发展有限公司	嘉应梅龙	嘉应梅龙葡萄柚	LB-18-1210192682A GF441421121162	400	300
		20			嘉应梅龙 沙田柚	LB-18-1210192683A GF441421121162	510	850
	17	21	平远县八尺九香果业专业合作社	嘉乡+JX+图形	平远慈橙	LB-18-1211193160A GF441426121408	1050	1950

（续上表）

地区	企业序号	产品序号	企业名称	注册商标	产品名称	标志编号	原料监测面积（亩）	批准产量（吨）
	18	22	梅州市杨文绿有农业发展有限公司	光兴发+图形	绿有菜心	LB-15-1211195921A GF4414402091584	300	2100
	19	23	梅州石扇镇科涛水果专业合作社	科涛+拼音+图形	沙田柚	LB-18-1212195431A GF441421122292	281	700
		24			蜜柚	LB-18-1212195432A GF441421122292	120	300
	20	25	梅州市惠兴米业发展有限公司	君惠	君惠丝苗米	LB-03-1212194895A GF441421122086	1000	600
	21	26	梅州市泰来生物科技有限公司	万颗籽+拼音+图形	油茶籽油	LB-10-1212195517A GF441401130133	2000	4000
	22	27	梅州市金稻实业有限公司	梅江桥+拼音+图形	农夫山水晚籼米	LB-03-1303191404A GF441402100343	1200	335
	23	28	兴宁龙威农业发展有限公司	龙威牌	龙威绿柚	LB-18-1305192026A GF441481100673	600	450
	24	29	广东顺兴种养股份有限公司	星奇泰牌	太子妃名柚	LB-18-1305193070A GF441422100698	2000	5000
	25	30	大埔县嘉美蜜柚农民专业合作社	嘉美蜜柚	红肉蜜柚	LB-18-1305191166A GF441422130533	600	300
	26	31	梅州正佳农业发展有限公司	酥穗+图形+拼音	酥穗优质大米	LB-03-1305191289A GF4414221130591	968	500
梅州市	27	32	梅县九龙山矿泉饮料有限公司	梅珍+英文+图形	饮用天然矿泉水	LB-38-1307192191A GF441421130985		30000
	28	33	平远市差干五指石果业专业合作社	丽景源+拼音+图形	平远慈橙	LB-18-1307192065A GF441426130933	960	1630
	29	34	梅州南台果业有限公司	南台缘+拼音+图形	平远慈橙	LB-38-1307191811A GF441426130807	765	1250
	30	35	梅州市荣胜水果贸易有限公司	十记金柚+图形	沙田柚	LB-18-1309193124A GF441421131376	1000	16000
	31	36	大埔县国兴种养场	花环+图形牌	大埔蜜柚	LB-18-1010192831A GF441422101244	1200	2500
	32	37	梅州市稻丰实业有限公司	金良稻丰	客家丝苗米	LB-03-1312194129A GF441421070623	3578	1932
	33	38	广东梅县梅雁蓝藻有限公司	梅雁牌	螺旋藻片	LB-37-1312199333A GF441421071982	90	10.2
	34	39	丰顺县果菜发展有限公司	和昌图形	苦瓜	LB-15-1012194571A GF441423101983	230	960
	35	40	广东飞天马实业有限公司	图形+飞天马	飞天马乌龙茶	LB-44-1012194908A GF441422102119	2800	125
	36	41	梅州市凤山茶业有限公司	梅凤	梅尖银毫茶	LB-44-1012194793A GF441401102066	600	30
	37	42	平远县上举新福地果业专业合作社	举子牌	平远脐橙	LB-18-1012194973A GF441426102147	1065	1000
	1	1	揭阳市大南山台农种养加工有限公司	茶树图案	冻顶乌龙茶	LB-44-1105195293A GF445221080791	3500	236
		2			西红柿	LB-15-1106191637A GF445281110757	300	1000
	2	3	普宁市玉昌农业种植有限公司	炎堆yandui	甜玉米	LB-15-1106191638A GF445281110757	625	3000
		4			黄瓜	LB-15-1106191639A GF445281110757	100	334
		5		佳隆+图形牌	鸡粉	LB-56-1108192076A GF445281110984		400
		6			鸡精	LB-56-1108192077A GF445281110984		400
	3	7	广东佳隆食品股份有限公司	狮球牌	吉士粉（玉米淀粉调味品）	LB-56-1108192078A GF445281110984		1000
揭阳市		8		家丰	玉米粳罐头	LB-56-1108192078A GF445281110984		2000
	4	9	普宁市金枝（茶业保健品有限公司	金枝牌	金枝牌铁观音	LB-44-1108192458A GF445281111138	3000	400
		10			高山绿茶	LB-44-1204191670A GF445222090550		160
	5	11	广东京明茶叶综合发展有限公司	京明+图形牌	红心铁观音（茶）	LB-44-1204191671A GF445222090550	1200	80
	6	12	揭西县京溪园罐头厂	龙江+图形	甜玉米粒（罐头）	LB-06-1207194546A GF445222090903	2100	2000
		13			九制五味蒜茸萝卜	LB-56-1210194846A GF445222091414		680
	7	14	广东蓝天果蔬农业科技开发有限公司	蓝天果+拼音	九制五味香辣萝卜	LB-56-1210194847A GF445222091414	1000	100
		15			九制五味虾仁萝卜	LB-56-1210194848A GF445222091414		100

（续上表）

地 区	企业序号	产品序号	企业名称	注册商标	产品名称	标志编号	原料监测面积（亩）	批准产量（吨）
揭阳市	7	16	广东蓝天果蔬农业科技开发有限公司	蓝天果+拼音	九制五味乌榄萝卜	LB-56-1210194849A GF445222091414	1000	100
		17			九制五味姜味萝卜	LB-56-1210194850A GF445222091414		100
	8	18	广东志诚食品有限公司	XingHeng+图形	清水玉米粒罐头	LB-06-1312198732A GF445222102298	1605	2600
	9	19	普宁市良普农蔬菜专业合作社	良普农+拼音	空心菜	LB-15-1312193950A GF445281131762	1153	2100
汕头市	1	1	广东桑醇酒业有限公司	南国香邑牌	干型枇杷酒	LB-49-1104192171A GF440507080601	700	120
		2			干型荔枝酒	LB-49-1104192172A GF440507080601		100
		3			干型菠萝酒	LB-49-1104192173A GF440507080601		120
		4			干型杨桃酒	LB-49-1104192174A GF440507080601		150
	2	5	金威啤酒（汕头）有限公司	金威+Kingway	8度P金威啤酒	LB-47-1106192589A GF440511080869		7500
		6			8度P金纯金威啤酒	LB-47-1106192590A GF440511080869		800
		7			10度P金纯金威啤酒	LB-47-1106192591A GF440511080869		1200
		8			10度精品金威啤酒	LB-47-1106192592A GF440511080869		500
		9			10度P特酿精品金威啤酒	LB-47-1106192593A GF440511080869		2000
		10			11度P精制金威啤酒	LB-47-1106192594A GF440511080869		7400
	3	11	广东荔宝酿酒有限公司	荔宝牌	余甘子酒（干型）	LB-49-1106194880A GF440514080882	15000	300
	4	12	广东一家人食品有限公司	一家人	AD钙豆奶粉	LB-08-1111194211A GF440511111802		150
		13			婴儿奶米粉	LB-08-1111194212A GF440511111802		450
		14			牛奶加钙营养麦片	LB-08-1111194213A GF440511111802		150
	5	15	汕头市集泰种养有限公司	JTZY+图形“红白萝卜”	萝卜	LB-15-1202190219A GF440513120100	910	9100
	5	16	汕头市集泰种养有限公司	JTZY+图形“红白萝卜”	胡萝卜	LB-15-1202190220A GF440513120100	1820	18200
	6	17	汕头市潮阳区关埠绿生果园	喜圃圃+拼音牌	潮汕蕉柑	LB-18-1207192808A GF440513090997	500	2500
	7	18	汕头市粮丰集团有限公司	粮丰牌	金丝香米	LB-03-1307198163A GF440513070708	5000	3100
		19			胜泰香米	LB-03-1307198164A GF440513070708	5000	3100
	8	20	汕头市濠江区金寿茶厂有限公司	金寿牌	铁观音	LB-44-1310194160A GF440512071113	2000	160
	9	21	汕头市启兴萝卜专业合作社	启兴	胡萝卜	LB-15-1312194754A GF440513131855	1500	12500
汕尾市	1	1	汕尾市莲苑种植有限公司	玉壶香+图形	玉壶香绿茶	LB-44-1112195675A GF441521112353	220	1
		2			玉壶香铁观音	LB-44-1112195676A GF441521112353	220	1
	2	3	海丰县公平供销社	九龙峒+图形	生姜	LB-15-1209195809A GF441521091291	1500	2100
	3	4	海丰县供销果蔬加工厂	皇斋虎噉	皇斋虎噉金针菜（干）	LB-17-1308192916A GF441521131286	1000	200
潮州市	1	1	饶平金航深海网箱科技开发有限公司	旗头牌	鲫鱼（冷冻）	LB-36-1107196549A GF445122081036	500	2000
		2			金鲳鱼（冷冻）	LB-36-1107196550A GF445122081036	150	1400
	2	3	潮安县中信食品有限公司	佳信	杨梅（蜜饯）	LB-53-1108192444A GF445121111131	260	60
	3	4	饶平县元峰茶业有限公司	古流香+图形牌	岭头单丛茶	LB-44-1208195862A GF445122060725	800	40
	4	5	饶平县凌旭茶叶有限公司	凌旭牌	凉瓜茶	LB-44-1209195650A GF445122060818	920	115
	5	6	饶平县三妙种养有限公司	妙妙妙+MIAOMIAOMIAO+图形、月尖+YUEJIAN	橄榄	LB-18-1206191177A GF445122120501	165	220
	6	7	饶平县绿扬农业科技有限公司	众格+ZHONGGE+图形	甜芦笋	LB-15-1210192783A GF445122121220		320
	7	8	潮州市肉类联合加工厂有限公司	古城农庄+拼音+图形	鲜猪肉	LB-25-1211193143A GF445101121395		864

（续上表）

地 区	企业序号	产品序号	企业名称	注册商标	产品名称	标志编号	原料监测面积（亩）	批准产量（吨）
潮州市	8	9	潮安县凤凰镇佳珍茶厂	佳珍+jiazhen+图形	凤凰乌岽单丛茶（乌龙单丛茶）	LB-44-1211193121A GF445121121380	431	20
	9	10	饶平县双雄食品有限公司	双雄牌	高堂菜脯（萝卜干）	LB-56-1303192032A GF445122070259	630	1250
	10	11	广东佳宝集团有限公司	佳宝+果力沛+野牌	野酸枣糕	LB-53-1303191129A GF445121070315	10000	120
	11	12	饶平县黄冈元香茶行	蜜兰+图形	岭头单丛茶（乌龙茶）	LB-44-1303192024A GF445122070222	300	32
	12	13	潮安县朝阳农业开发有限公司	朝阳盛+拼音牌	潮州柑	LB-18-1304191428A GF445122070438	500	2000
	13	14	潮安县祥盛果蔬专业合作社	朝陽盛	珍珠芭乐（台湾番石榴）	LB-18-1308192476A GF445121131093	500	1500
	14	15	饶平县永嘉食品工业公司	绿竹村牌	野山枣糕	LB-53-1308194158A GF445122070799	310	245
	15	16	饶平县长香茶厂	长香涧	长香单丛茶	LB-44-1310193520A GF445101131560	350	65
惠州市	1	1	惠东县黑珍珠莲雾白花农场有限公司	图形	黑珍珠莲雾	LB-18-1101190043A GF441323110017	920	485
	2	2	惠东县九华农贸有限公司	九华+JIUHUA+图形牌	马铃薯	LB-15-1107193361A GF441323081007	10412	20800
	3	3	惠州市四季鲜绿色食品有限公司	四季鲜+sijixian牌	鲜荔枝	LB-18-1109195731A GF441323090608	560	483
		4		粤农+YUENONG牌	龙眼干	LB-19-1109196490A GF441323090608	2730	1500
		5			荔枝干	LB-19-1205191623A GF441323090608	960	180
	4	6	惠东县四季鲜荔枝专业合作社	四季鲜+sijixian牌	龙眼	LB-18-1112195732A GF441323112381	900	420
	5	7	惠东县永惠水果有限公司	永惠水果 YONGHOI FRUIT+图形	永惠蜜柚	LB-18-1111193910A GF441323111686	1069	1753
	6	8	惠东县美味皇油脂有限公司	美味皇+拼音+图形牌	纯正花生油一级压榨	LB-10-1202191880A GF441323090209	3866	750
	7	9	广东海纳农业有限公司	水中鲤牌	丝苗米	LB-03-1202190843A GF441302090230	5045	2400
	8	10	惠东县广兴农贸有限公司	平海+拼音+图形	马铃薯	LB-13-1206196441A GF441300090787	3005	7512
	9	11	勇记农业开发（惠州）有限公司	YK牌	菜心	LB-15-1206195828A GF441302091041	820	2200
		12			芥蓝	LB-15-1206195829A GF441302091041	200	800
		13			生菜	LB-15-1206195830A GF441302091041	100	600
		14			菠菜	LB-15-1206195831A GF441302091041	100	300
		15			玉豆	LB-15-1206195832A GF441302091041	30	150
		16			白菜	LB-15-1206195833A GF441302091041	300	960
		17			豇豆	LB-15-1206195834A GF441302091041	60	310
		18			豆苗	LB-15-1206195835A GF441302091041	100	75
		19			茼蒿	LB-15-1206195836A GF441302091041	80	100
		20			节瓜	LB-15-1206195837A GF441302091041	150	150
	10	21	惠州市好收成农贸有限公司	萬其+Man Ki+MK+图形	好收成过年米（大米）	LB-03-1210192822A GF441323121241	2000	610
	11	22	惠东县中源农业发展有限公司	美之源	中源尖椒	LB-15-1211193547A GF441323121591	500	2000
		23			中源白萝卜	LB-15-1211193548A GF441323121591	850	4250
	12	24	旺旺农业科技（惠州）有限公司	旺农科+图形	番石榴	LB-18-1209196595A GF441322091246	2200	3800
	13	25	惠东县伦信农业有限公司	梁化牌甜玉米	甜玉米	LB-05-1301190026A GF441323130014	1000	2500
	14	26	惠州市四季绿农产品有限公司	四季绿如蓝+图形牌	瑶寨菜心	LB-15-1303192718A GF441303100261	600	2650
		27			瑶寨芥菜	LB-15-1303192719A GF441303100261	500	2530
		28			瑶寨小白菜	LB-15-1303192720A GF441303100261	370	1700
		29			瑶寨大白菜	LB-15-1303192721A GF441303100261	400	1600

（续上表）

地区	企业序号	产品序号	企业名称	注册商标	产品名称	标志编号	原料监测面积（亩）	批准产量（吨）
惠州市	14	30	惠州市四季绿农产品有限公司	四季绿如蓝+图形牌	瑶寨上海青	LB-15-1303192722A GF441303100261	500	2300
		31			瑶寨芥蓝	LB-15-1303192723A GF441303100261	300	1200
	15	32	惠州市惠汝甜玉米农民专业合作社	惠粒	甜玉米	LB-05-1311193770A GF441301131674	500	1000
河源市	1	1	紫金县六和庄园有限责任公司	六和庄园牌	山楂	LB-18-1103190460A GF441621110229	975	800
	2	2	河源市天仙湖农业发展有限公司	锡场灵牌	灵芝人工种植，鲜	LB-21-1104191796A GF441602080516	500	1120
	3	3	东源县源海生态农业发展有限公司	绿之绿	菜心	LB-15-1108192140A GF441625111012	530	1300
		4			奶白菜	LB-15-1108192141A GF441625111012	500	2500
	4	5	东源县板栗发展有限公司	望郎回+WANGLANG HUI+图形	东源板栗	LB-19-1109194259A GF441625081235	4528	800
	5	6	东源县丰源农业发展有限公司	叶潭福禄牌	叶潭福禄柚	LB-18-1110197055A GF441625081413	500	1750
	6	7	广东中兴绿丰发展有限公司	OPTIONS牌	柠檬	LB-18-1111196512A GF441602081617	1050	3500
		8			星路比葡萄柚	LB-18-1101190056A GF441602081617	300	500
		9			奥兰布兰科柚	LB-18-1101190057A GF441602081617	50	80
	7	10	和平县福联综合农场	福联	桔柚	LB-18-1112194998A GF441624112051	1150	1500
	8	11	河源富万家农业发展有限公司	富万家牌	富万家原味炒栗	LB-20-1201190431A GF441625090005	1252	500
	9	12	河源市丹仙湖茶叶有限公司	丹仙湖牌	丹仙湖茶	LB-44-1205195719A GF441600092254	1500	10
	10	13	和平县东森堂农产品开发有限公司	青州	赤灵芝（干）	LB-21-1207191367A GF441624120597	50	5
	11	14	河源万绿湖食品有限公司	万绿湖+WANLUHU+图形	万绿湖米排粉	LB-04-1211193514A GF441601121572		2550
	12	15	河源市神农宝灵芝生产经营专业合作社	神农宝+图形+拼音	神农宝灵芝	LB-21-1212195421A GF441602122286	60	120
	13	16	河源市新星实业发展有限公司	绿湖春+LUHUCHUNPAI牌	砂糖桔	LB-18-1212196593A GF441602091784	1000	2900
	14	17	广东聪明人集团有限公司	聪明人	奇异果果汁饮料（猕猴桃）	LB-40-1304191771A GF441624070402	5000	4028
	15	18	河源市创始人农业发展有限公司	原创人牌	风味炒栗	LB-20-1006191753A GF441600100766	3000	850
	16	19	河源市石坪顶茶叶发展有限公司	图形+石坪顶	石坪顶云雾绿茶	LB-44-1006195873A GF441602070598	800	80
	17	20	广东霸王花食品有限公司	霸王花+BaWanghua+图形	河源米粉	LB-04-1307192858A GF441602070693	7300	4200
		21			淮山河源米粉	LB-04-1307192859A GF441602070693		1200
		22			胡萝卜营养排粉	LB-04-1307192860A GF441602070693	100	36
		23			南瓜营养排粉	LB-04-1307192861A GF441602070693	100	36
		24			黑米营养排粉	LB-04-1307192862A GF441602070693	300	30
	18	25	广东融合生态农业发展有限公司	粤顺景+图形	苦瓜	LB-15-1306191698A GF441602130751	150	350
		26			大白菜	LB-15-1306191699A GF441602130751	150	250
		27			萝卜	LB-15-1306191700A GF441602130751	300	900
	19	28	龙川县上坪金丰水果实业有限公司	金丰牌	金柑	LB-18-1308198266A GF441622070894	18000	45000
深圳市	1	1	深圳市俊隆果菜农业技术开发有限公司	俊隆洪	菜心	LB-15-1109192862A GF440303111297	300	2000
		2			大白菜	LB-15-1109192863A GF440303111297	200	1600
		3			番茄	LB-15-1109192864A GF440303111297	150	1500
		4			上海青	LB-15-1109192865A GF440303111297	300	1500
		5			油麦菜	LB-15-1109192866A GF440303111297	200	1200
		6			生菜	LB-15-1109192867A GF440303111297	200	1200

（续上表）

地区	企业序号	产品序号	企业名称	注册商标	产品名称	标志编号	原料监测面积（亩）	批准产量（吨）
深圳市	1	7	深圳市俊隆果菜农业技术开发有限公司	俊隆洪	椰菜	LB-15-1109192868A GF440303111297	150	450
		8			芥蓝	LB-15-1109192869A GF440303111297	100	450
	2	9	深圳市雅芙食品有限公司	芙蓉牌	高钙型豆奶粉	LB-08-1105191661A GF440306080744		300
		10			维他型豆奶粉	LB-08-1105191662A GF440306080744		300
		11			中老年低糖型豆奶粉	LB-08-1105191663A GF440306080744		300
	3	12	深圳市南荔王果业中心	双荔牌	龙眼	LB-18-1211195660A GF440305061221	300	100
		13			荔枝	LB-18-1211195661A GF440305061221	2000	500
	4	14	深圳市田之林农业技术开发有限公司	图形牌	茄子	LB-15-1212193643A GF440301121643	600	2160
		15			甜玉米（鲜食）	LB-05-1212193644A GF440301121643	1000	4500
		16			青椒	LB-15-1212193645A GF440301121643	1000	3000
		17			生菜	LB-15-1212193646A GF440301121643	500	3000
	5	18	深圳市绿芝农业技术开发有限公司	公司名（图+文）	意大利生菜	LB-15-1303190417A GF440301130176	500	1900
		19			红蒜	LB-15-1303190418A GF440301130176	500	850
		20			油麦菜	LB-15-1303190419A GF440301130176	500	1608
		21			白菜	LB-15-1303190420A GF440301130176	500	1200
	6	22	深圳市湖尔美农业生物科技有限公司	湖美+HuMei+图形	菜心	LB-15-1304191558A GF440306100423	750	2600
		23			菠菜	LB-15-1304191559A GF440306100423	75	230
		24			小白菜	LB-15-1304191560A GF440306100423	60	280
		25			奶白菜	LB-15-1304191561A GF440306100423	75	200
		26			上海青	LB-15-1304191562A GF440306100423	75	225
		27			生菜	LB-15-1304191563A GF440306100423	30	120
		28			芥菜	LB-15-1304191564A GF440306100423	30	140
		29			芥蓝	LB-15-1304191565A GF440306100423	150	700
		30			油麦菜	LB-15-1304191566A GF440306100423	75	210
		31			茼蒿	LB-15-1304191567A GF440306100423	75	200
珠海市	1	1	珠海经济特区南水企业集团公司	南水牌	锯缘青蟹	LB-36-1202191095A GF440404090249	1100	500
	2	2	珠海市金湾区平沙敏达农场	敏达企业+图形+MINDA牌	台湾珍珠芭生（番石榴）	LB-18-1203191408A GF440404090400	240	500
	3	3	珠海市金果达农业高新技术有限公司	金果达+拼音+图形	荔枝	LB-18-1305191247A GF440401130573		100
		4			龙眼	LB-18-1305191248A GF440401130573		90
	4	5	珠海斗门绿美水果专业合作社	珍美+图形牌	珍珠芭乐（番石榴）	LB-18-1308199477A GF440403100962	600	1500
东莞市	1	1	东莞金湖粤海酒店有限公司	粤海秋月牌	绿色凝香月饼	LB-51-1104191574A GF441900080645		4
	2	2	广东星河生物科技股份有限公司	玉龙洞牌	金针菇（鲜）	LB-21-1105192483A GF441900080698	45	1500
	3	3	东莞谢岗银峰荔枝专业合作社	南面银瓶山+图形	桂味荔枝	LB-18-1105191127A GF441900110528	2400	420
		4			糯米糍荔枝	LB-18-1105191127A GF441900110528	1030	180
	4	5	东莞市生态林业科学研究所	莞林+GUANLIN+图形	火龙果	LB-18-1105191262A GF441900110595	50	80
	5	6	东莞市黄江龙兴荔枝专业合作社	龙兴+图形	荔枝	LB-18-1112195814A GF441900112419	570	70
	6	7	东莞市凤山农业科技园经营有限公司	大朗	大朗荔枝	LB-18-1112195371A GF441900112223	1000	300

（续上表）

地 区	企业序号	产品序号	企业名称	注册商标	产品名称	标志编号	原料监测面积（亩）	批准产量（吨）
东莞市	7	8	东莞市养生源蜂业有限公司	养生源+YOUNG SOURCE+图形	雪旨花蜜（落子蜜）	LB-35-1201190037A GF441900120020		23
	8	9	东莞市阿吉科技农业有限公司	阿吉牌	阿吉荔枝	LB-18-1202190900A GF441900090198	300	80
	9	10	东莞市华美食品有限公司	华美+Huamei+图形牌	蛋黄白莲蓉月饼	LB-51-1205192441A GF441900080880		380
		11			蛋黄绿茶莲蓉月饼	LB-51-1205192442A GF441900080880		80
		12			菠萝味冬蓉月饼	LB-51-1205192443A GF441900080880		240
		13			草莓味冬蓉月饼	LB-51-1205192444A GF441900080880		240
		14			哈密瓜味冬蓉月饼	LB-51-1205192445A GF441900080880		240
		15			红豆蓉月饼	LB-51-1205192446A GF441900080880		20
		16			华美双黄白莲蓉月饼	LB-51-1205192447A GF441900080880		36
		17			花团锦簇月饼（蛋黄白莲蓉月饼）	LB-51-1205192448A GF441900080880		48
		18			牛奶搭档（粗纤维芝麻味饼干、酥性饼干）	LB-51-1106193186A GF441900080880		1000
		19			双黄纯白莲蓉月饼			80
	10	20	东莞市樟木头农业发展总公司	樟木头观音绿	荔枝	LB-18-1205191049A GF441900120452	2126	60
	11	21	东莞市瑞丹生物科技有限公司	瑞丹牌	虫草子实体（干基质培养）	LB-21-1208195501A GF441900060787	1	2
	12	22	东莞市佳和农产品有限公司	优威尔+图形+拼音	优威尔脐橙	LB-18-1306191503A GF441900130672	700	2000
		23			优威尔沙塘桔	LB-18-1306191504A GF441900130672	100	500
	13	24	东莞市塘厦远昌果场	昌堂	荔枝	LB-18-1312198276A GF441900101908	200	45
	14	25	东莞市厚街桂冠荔枝专业合作社	大迳+图形牌	荔枝	LB-18-1312198349A GF441900135344	2500	562.5
	15	26	东莞市仙津保健饮料食品有限公司	仙津+英文+图形	豆奶饮料	LB-42-1312194189A GF441900131870		5000
湛江市	1	1	湛江市欢乐家食品有限公司	欢乐家+拼音+图形牌	糖水荔枝（罐头）	LB-20-1209195585A GF440800060894	100000	500
		2			糖水菠萝罐头（全圆片）	LB-20-1102190302A GF440800060894		500
		3			糖水菠萝罐头（扇形块片）	LB-20-1102190303A GF440800060894		1000
		4			糖水菠萝罐头（长块）	LB-20-1102190304A GF440800060894		1000
		5			糖水菠萝罐头（旋圆片）	LB-20-1102190305A GF440800060894		500
	2	6	广东省国营红江农场	红江牌	红江橙	LB-18-1102191431A GF440881080231	4000	3000
	3	7	广东省丰收糖业发展有限公司	峰泉牌	白砂糖	LB-12-1103193118A GF440882080373	100000	60000
	4	8	徐闻县绿源果菜发展有限公司	福民牌	福民香蕉	LB-18-1106193942A GF440825080800	9975	40000
	5	9	广东湛绿农业科技开发有限公司	湛绿+ZHANLU牌	湛绿尖椒	LB-15-1109195650A GF440881081312	1500	6300
	6	10	遂溪县三宝食品有限公司	下录+图形	极品番薯	LB-23-1112196127A GF440823112546	1000	1500
	7	11	广东鹰峰食品有限责任公司	鹰峰牌	冰糖芦荟	LB-40-1202191625A GF440882090169	100	180
	8	12	广东大华糖业有限公司	金坡牌	白砂糖	LB-12-1202191313A GF440823090186	230000	15000
	9	13	广东恒福糖业集团有限公司	雪仙牌	白砂糖	LB-12-1203191979A GF440882090334	140598	71000
	10	14	广东省廉江水果企业集团公司	廉江红牌	廉江红橙	LB-18-1204191741A GF440881090494		5000
	11	15	湛江市伊齐爽食品实业有限公司	伊齐爽牌	果粒芦荟饮料	LB-40-1208196102A GF440882091078	18617	400
		16			伊荟仙露芦荟饮料	LB-40-1208196103A GF440882091078		350
		17			糖水菠萝圆片罐头	LB-40-1208196104A GF440882091078		6500
		18			糖水菠萝碎米罐头	LB-40-1208196105A GF440882091078		1000
		19			糖水菠萝碎块罐头	LB-40-1208196106A GF440882091078		3500

（续上表）

地区	企业序号	产品序号	企业名称	注册商标	产品名称	标志编号	原料监测面积（亩）	批准产量（吨）
		20			糖水菠萝长块罐头	LB-40-1208196107A GF440882091078	18617	3000
	11	21	湛江市伊齐爽食品实业有限公司	伊齐爽牌	糖水菠萝扇块罐头	LB-40-1208196108A GF440882091078		5000
		22			鲜菠萝	LB-18-1112195196A GF440882091078	2500	6100
		23		丰+图形牌	白砂糖	LB-12-1203192233A GF440825090315	140000	80000
		24			蒸青绿茶	LB-44-1209195169A GF440825090315		760
	12	25	广东省华海糖业发展有限公司	雄欧+图形	蒸青绿茶（春茶）	LB-44-1209195170A GF440825090315	7200	30
		26		勇士+YOMCSHI+图形	蒸青绿茶	LB-44-1209195171A GF440825090315		310
	13	27	廉江市石城红岭荔枝专业合作社	一骑红+YIQIHONG+图形	廉江荔枝	LB-18-1212194891A GF440881122082	2100	1200
		28			芥菜	LB-15-1212195900A GF440811122479	500	1500
		29			尖椒	LB-15-1212195901A GF440811122479	500	2000
		30			黄瓜	LB-15-1212195902A GF440811122479	500	2000
		31			番薯	LB-15-1212195903A GF440811122479	500	750
	14	32	湛江康星蔬果有限公司	康星+拼音	番茄	LB-15-1212195904A GF440811122479	500	2000
		33			大白菜	LB-15-1212195905A GF440811122479	500	1500
		34			菜心	LB-15-1212195906A GF440811122479	2000	8000
		35			小白菜	LB-15-1212195907A GF440811122479	500	1500
	14	36	湛江康星蔬果有限公司	康星+拼音	芋头	LB-15-1212195908A GF440811122479	300	1000
		37			茄瓜	LB-15-1212195908A GF440811122479	500	1500
湛江市		38			菜心	LB-15-1302193449A GF440803070203	200	1200
		39			小葱	LB-15-1302193450A GF440803070203	100	300
		40			玉豆	LB-15-1302193451A GF440803070203	100	200
	15	41	湛江市绿田菜业有限公司	绿轩	豆苗	LB-15-1302193452A GF440803070203	100	60
		42			青瓜	LB-15-1302193453A GF440803070203	100	600
		43			芥菜	LB-15-1302193454A GF440803070203	100	400
		44			西红柿	LB-15-1302193455A GF440803070203	100	400
		45			小南瓜	LB-15-1303192421A GF440825100252	450	800
		46			圆椒	LB-15-1303192422A GF440825100252	800	2500
		47			茄子	LB-15-1303192423A GF440825100252	750	2000
	16	48	徐闻县利民北运果菜有限公司	登云塔牌	泡椒（鲜辣椒）	LB-15-1303192424A GF440825100252	1000	2700
		49			良椒2313	LB-15-1303192425A GF440825100252	1000	2800
		50			尖椒	LB-15-1303192426A GF440825100252	800	2500
	17	51	徐闻县恒福糖业发展有限公司	赛古牌	白砂糖	LB-12-1308198433A GF440825070844	60000	30000
	18	52	廉江市绿色新桂荔枝产销有限公司	早桂牌	荔枝	LB-18-1308199478A GF440881070832	500	225
		53			一级白砂糖	LB-12-1308199060A GF440811070783	20000	10000
	19	54	广东金岭糖业集团有限公司	甘岭牌	优质绵白糖	LB-12-1308199061A GF440811070783		10000
	20	55	雷州市恒大制糖有限公司	雪仙牌	白砂糖	LB-12-1009193350A GF440882071043	74597	31000
	21	56	雷州市纪家万吉种植业农民专业合作社	粤华+YUEHUA+图形牌	万吉番薯	LB-23-1010192822A GF440882101238	3000	2256

（续上表）

地区	企业序号	产品序号	企业名称	注册商标	产品名称	标志编号	原料监测面积（亩）	批准产量（吨）
湛江市	22	57	湛江华资农垦糖业发展有限公司广丰分公司	三环牌	白砂糖	LB-12-1012195565A GF440823071740	90000	55000
	23	58	广东收获罐头食品有限公司	三叶牌	糖水菠萝罐头	LB-20-1012195646A GF440882072021	2265	100
		59			糖水菠萝全圆片	LB-20-1012195647A GF440882072021		1000
		60			糖水菠萝小扇块	LB-20-1012195648A GF440882072021		1000
		61			糖水菠萝碎米			100
		62			糖水菠萝碎块	LB-20-1012195650A GF440882072021		800
	24	63	徐闻县前山糖厂有限公司	塞古+拼音+图形	白砂糖	LB-12-1305191060A GF440825130480	45000	16800
	25	64	湛江市金丰糖业有限公司	银月牌+图形	白砂糖	LB-12-1303190475A GF440823130209	71215	40000
	26	65	湛江三角威力神酿酒集团有限公司	威力神X.O+拼音+图形	威力神酒32%vol	LB-49-1307191974A GF440801130878		3000
		66			威力神酒40%vol	LB-49-1307191975A GF440801130878		1000
	27	67	湛江金鹿实业发展有限公司	玛珥大鹿场	玛珥大鹿场酒	LB-49-1308192744A GF440802131214	650头	10
	28	68	广东福海饼业有限公司	裕海+拼音+图形	白莲蓉月饼	LB-51-1308192794A GF440883131234		10
	29	69	徐闻县正茂蔬菜种植有限公司	祥茂	祥茂新育大椒	LB-15-1309192974A GF440825131312	700	1800
		70			祥茂翠秀辣椒	LB-15-1309192975A GF440825131312	700	1800
		71			祥茂金优油青苦瓜	LB-15-1309192976A GF440825131312	800	2000
		72			祥茂长丰二号红茄	LB-15-1309192977A GF440825131312	1500	4200
		73			祥茂富顺青瓜	LB-15-1309192978A GF440825131312	1000	3000
	29	74	徐闻县正茂蔬菜种植有限公司	祥茂	祥茂粤农节瓜	LB-15-1309192979A GF440825131312	700	1800
	30	75	徐闻县余记北运果菜农民专业合作社	余发+拼音	菜心	LB-15-1309193198A GF440825131412	500	2000
		76			甜玉米	LB-15-1309193199A GF440825131412	1000	1000
		77			豆薯	LB-15-1309193200A GF440825131412	1000	4000
	31	78	遂溪县大华糖业河头有限公司	金坡+拼音	白砂糖	LB-12-1309193376A GF440823131488	70000	33000
	32	79	雷州市绿富种植农民专业合作社	绿富强	精选尖椒	LB-15-1312194125A GF440882131839	500	2000
茂名市	1	1	电白县嘉农兴茂农业有限公司	家茂	小南瓜	LB-15-1103190700A GF440923110341	800	1600
		2			紫色番薯	LB-15-1103190701A GF440923110341	500	500
		3			水东芥菜	LB-15-1103190702A GF440923110341	1000	1000
		4			西红柿	LB-15-1402198085A GF440923110341	525	1500
		5			马铃薯	LB-15-1402198086A GF440923110341	375	600
		6			精选玉米	LB-15-1402198087A GF440923110341	300	500
	2	7	电白县农本生物科技发展有限公司	水东一品+图形	水东芥菜	LB-15-1103190699A GF440923110340	350	3500
	3	8	电白县丰泽水果蔬菜专业合作社	茂名泽丰园	荔枝	LB-18-1104191049A GF440923110493	3000	1700
		9			龙眼		1500	1000
	4	10	化州市绿田农作物种植专业合作社	迎春香+YINGCHUN XIANG+图形	绿田香米	LB-03-1110193284A GF440982111471	1000	240
		11			绿田紫红米	LB-03-1110193285A GF440982111471	500	130
		12			绿田全黑米	LB-03-1110193286A GF440982111471	800	200
		13			绿田全黑糙米	LB-03-1110193287A GF440982111471	500	130
	5	14	茂名钜园农业种植有限公司	龙博士+图形牌	龙眼	LB-18-1110196087A GF440982081439	9800	2600
	6	15	高州市晟丰水果专业合作社	晟丰园+图形	高州荔枝	LB-18-1012195198A GF440981102233	1600	900

（续上表）

地区	企业序号	产品序号	企业名称	注册商标	产品名称	标志编号	原料监测面积（亩）	批准产量（吨）
茂名市	6	16	高州市晟丰水果专业合作社	晟丰园+图形	高州龙眼	LB-18-1012195199A GF440981102233	4000	2600
		17			荔枝干	LB-20-1111194674A GF440981102233		200
		18			龙眼干	LB-20-1111194675A GF440981102233		180
		19			桂圆肉	LB-20-1111194676A GF440981102233		150
		20		仙贡福	香蕉	LB-18-1312194211A GF440981102233	5500	16500
	7	21	茂名市天力大地生态农业有限公司	水东清心茶	水东芥菜	LB-15-1112196226A GF440923112578	500	4000
		22		水东大地	小白菜	LB-15-1112196227A GF440923112578	200	2000
		23			香芹	LB-15-1112196228A GF440923112578	72	300
		24			青瓜	LB-15-1112196229A GF440923112578	200	2000
	8	25	高州市桑马生态农业发展有限公司	马头牌	龙眼	LB-18-0906191880A GF440981090767	4700	360
		26			荔枝	LB-18-0906191881A GF440981090767	3000	200
		27			桂圆肉	LB-20-1112195655A GF440981112341		150
		28			龙眼干果	LB-20-1112195656A GF440981112341		300
		29			荔枝干果	LB-20-1112195657A GF440981112341		300
	9	30	茂名市金信米业有限公司	锦旺+拼音+图形牌	贡族香油粘（米）	LB-03-1201190921A GF440902090032	1000	700
	10	31	电白县绿缘绿色食品有限公司	华揆大顶+HLDD+图形牌	水东芥菜	LB-15-1202191401A GF440923090190	500	2256
		32			青刺瓜	LB-15-1202191402A GF440923090190	90	750
	10	33	电白县绿缘绿色食品有限公司	华揆大顶+HLDD+图形牌	大顶苦瓜	LB-15-1202191403A GF440923090190	80	290
		34			番茄	LB-15-1207191404A GF440923090190	100	1200
		35			生菜	LB-15-1207191405A GF440923090190	330	2050
		36			胡萝卜	LB-15-1207191406A GF440923090190	100	1130
	11	37	茂名市广垦名富果业有限公司	图形+MF牌	番石榴	LB-18-1206192672A GF44090090712	2900	2200
		38			红杨桃	LB-18-1206192673A GF44090090712		720
	12	39	高州市丰盛贸易有限公司	桂康+CUIKANC+图形	特级桂圆肉	LB-20-1208193023A GF440981091056	1380	100
		40			桂圆干	LB-19-1208193024A GF440981091056		50
		41			荔枝干	LB-19-1208193025A GF440981091056		20
	13	42	茂名市粮丰园食品有限公司	粮丰园	金装红莲蓉	LB-51-1203190509A GF440903120245		102
		43			金装白莲蓉	LB-51-1203190510A GF440903120245		235
	14	44	广东省新华农场茶叶公司	华煌+图形	华煌绿茶	LB-44-1205190871A GF440982120382	1200	100
	15	45	化州市樱花泉食品有限公司	樱花泉+yinghuaquan+图形	笪桥黄瓜	LB-15-1210192879A GF440982121269		400
		46			笪桥黄瓜干	LB-15-1210192880A GF440982121269		100
		47			笪桥萝卜	LB-15-1210192881A GF440982121269		600
		48			笪桥芥菜	LB-15-1210192882A GF440982121269		750
	16	49	高州龙利果业有限公司	岭南红	高州龙眼	LB-18-1212194527A GF440981121923		2000
		50			高州荔枝	LB-18-1212194528A GF440981121923		600
		51		金社	荔枝干	LB-20-1212194529A GF440981121923		150
	16	52	高州龙利果业有限公司	金社	龙眼干	LB-20-1212194528A GF440981121923		100
		53			桂圆肉	LB-20-1212194531A GF440981121923		130

（续上表）

地 区	企业序号	产品序号	企业名称	注册商标	产品名称	标志编号	原料监测面积（亩）	批准产量（吨）
茂名市	17	54	高州市金龙果业科技有限公司	岭南益微SOD龙眼	储良龙眼	"LB-18-1211196429A GF440981061343"	1000	600
	18	55	高州市润信食品有限公司	高桂+图形	龙眼	LB-18-1212194898A GF440981122089	1818	685
		56			桂圆肉	LB-18-1212194899A GF440981122089		50
	19	57	高州市华峰农富果业发展有限公司	高丰+拼音+图形	四季蜜树菠萝	LB-18-1212195338A GF440981122249	700	1300
		58			荔枝	LB-18-1212195339A GF440981122249	600	400
	20	59	电白县柏源现代农业科技有限公司	柏源+BAIYUAN	茄瓜	LB-15-1212195156A GF440923122169	100	450
		60			小白菜	LB-15-1212195157A GF440923122169	115	750
		61			水东芥菜	LB-15-1212195158A GF440923122169	300	2100
		62			青瓜	LB-15-1212195159A GF440923122169	100	1000
	21	63	信宜市四海永丰现代种养场	岭南宝+图形+拼音	豆角	LB-15-1212195326A GF440983122247	70	250
		64			辣椒	LB-15-1212195327A GF440983122247	70	230
		65			冬瓜	LB-15-1212195328A GF440983122247	70	700
		66			苦瓜	LB-15-1212195329A GF440983122247	70	400
		67			麦菜	LB-15-1212195330A GF440983122247	80	250
		68			丝瓜	LB-15-1212195331A GF440983122247	70	300
		69			茄子	LB-15-1212195332A GF440983122247	70	400
	22	70	茂名市名园农业有限公司	荔皇+拼音+图形	龙眼	LB-18-1303190447A GF440981130193	500	380
	22	71	茂名市名园农业有限公司	荔皇+拼音+图形	荔枝	LB-18-1303190448A GF440981130193	500	350
	23	72	茂名市利来水果产销专业合作社	安荔牌	荔枝	LB-18-1309193377A GF440902081499	1000	300
	24	73	茂名嘉嗲食品有限公司	嘉嗲牌	纯正花生油（压榨一级）	LB-10-1311199426A GF440903101626	3000	420
	25	74	信宜市钱排供销社三华李专业合作社	钱排李+图形	三华李	LB-18-1012195290A GF440983102273	1300	1800
	26	75	电白县正绿菜业有限公司	水东正绿	水东正绿芥菜	LB-15-1012195235A GF440923102238	300	2500
		76			水东正绿苦瓜	LB-15-1012195236A GF440923102238	200	400
		77			水东正绿南瓜	LB-15-1012195237A GF440923102238	250	500
		78			水东正绿茄瓜	LB-15-1012195238A GF440923102238	300	700
		79			冬瓜	LB-15-1306191590A GF440923102238	300	1500
		80			番茄	LB-15-1306191591A GF440923102238	300	1050
		81			甜玉米	LB-15-1306191592A GF440923102238	300	300
	27	82	茂名市汇泉农业开发有限公司	品泉+拼音+图形	冬瓜	LB-15-1310193642A GF440981131618		340
		83			南瓜	LB-15-1310193643A GF440981131618		360
		84			红豆	LB-15-1310193644A GF440981131618		146
		85			苦瓜	LB-15-1310193645A GF440981131618		190
	28	86	信宜市钱排镇洪兴蔬菜发展有限公司	钱达+图形	圆椒	LB-15-1312194070A GF440983131820		1200
		87			尖椒	LB-15-1312194071A GF440983131820		600
		88			西兰花	LB-15-1312194072A GF440983131820		270
		89			大芥菜	LB-15-1312194073A GF440983131820		1200
肇庆市	1	1	德庆德皇农业发展有限公司	德皇+Qualigold+图形	贡柑	LB-18-1103190578A GF441226110288	250	500
		2			砂糖桔	LB-18-1103190579A GF441226110288	250	450

（续上表）

地 区	企业序号	产品序号	企业名称	注册商标	产品名称	标志编号	原料监测面积（亩）	批准产量（吨）
	2	3	广宁县惠骏食品有限公司	惠骏+图形	惠骏山茶油（压榨一级）	LB-10-1201190030A GF441223120017	2200	100
	3	4	广宁县德阳露蔬菜生产专业合作社	露庄园+LZHY牌	人参菜	LB-15-1008192564A GF441223101115	500	1500
	4	5	封开县奇香皇果业有限公司	奇香皇牌	封开油栗	LB-19-1210195989A GF441225060989	1000	1000
		6			冻顶茶（乌龙茶）	LB-44-1309197904A GF441224070996	500	4
	5	7	怀集高山青农产品有限公司	图形牌	新岗桂绿茶	LB-44-1309197905A GF441224070996	500	6
		8			新岗美人茶	LB-44-1309197906A GF441224070996	300	5
肇庆市	6	9	怀集县华天达生态果业发展有限公司	华天达+图形+拼音	砂糖桔	LB-18-1305190972A GF441224130434	523	785
	7	10	封开县曙光粮食加工厂	贺江	贺江米	LB-03-1306191512A GF441225130678	1000	600
	8	11	高要市活道镇仙洞益群粉葛专业合作社	活仙葛	粉葛	LB-15-1308192791A GF441283131232	1000	2300
		12			德润红茶（经典）	LB-44-1312193957A GF441226131768		15
	9	13	德庆县德润茶叶有限公司	金德润+拼音+图形	德润红茶（1966）	LB-44-1312193958A GF441226131768	3200	15
		14			金山绿茶（精制社前茶）	LB-44-1312193959A GF441226131768		12
		15			金山绿茶（黄罐）	LB-44-1312193960A GF441226131768		16
		1			鲜竹笋	LB-18-1103190614A GF441881110304	800	400
	1	2	英德市俊汇绿色食品发展有限公司	英西峰林	黄豆	LB-18-1103190615A GF441881110304	228	40
		3			甜瓜（薄皮甜瓜）	LB-18-1103190616A GF441881110304	80	160
	2	4	连州市龙坪镇龙兴水果场	鸿星牌	水晶梨	LB-18-1104195971A GF441882080580	500	450
	3	5	连州市金山水晶梨果场	秀源牌	水晶梨	LB-18-1104196016A 441882080624	1000	1200
	4	6	英德市上茗轩茶叶有限责任公司	上茗轩	上茗轩红茶	LB-44-1104191048A GF441881110492	2000	200
	5	7	清新加多利农贸发展有限公司	加多利+KADORLI+图形	芥蓝	LB-15-1107191979A GF441827110935	290	450
		8			菜心	LB-15-1107191980A GF441827110935	610	3150
	6	9	佛冈县汤塘镇溼江荔枝专业合作社	白水带+BAISHUIDAI	荔枝	LB-18-1107191942A GF441821110912	850	850
		10			巧口脆笋（笋制品）	LB-17-1108194513A GF441802081096		200
	7	11	清远震兴农产品有限公司	巧口+图形牌	巧口凤尾笋（笋制品）	LB-17-1108194514A GF441802081096	7899	180
		12			巧口玉笋（笋制品）	LB-17-1108194515A GF441802081096		250
清远市		13			凤中皇清远鸡（活）	LB-28-1108192037A GF441802110965		560（40万只）
	8	14	广东天农食品有限公司	凤中皇（文字+图形）	凤中皇清远鸡（冰鲜）	LB-28-1108192038A GF441802110965		280
		15			凤中皇清远鸡初生蛋	LB-28-1108192039A GF441802110965		28（80万枚）
	9	16	英德市东桥糖业有限公司	英洲牌+YINGZHOU+图形	白砂糖	LB-12-1108192080A GF441881110985	11000	6000
		17			结球甘蓝（椰菜）	LB-15-1112195199A GF441823112150	100	200
		18			菜心	LB-15-1112195200A GF441823112150	300	225
		19			豆苗	LB-15-1112195201A GF441823112150	100	100
		20			上海青	LB-15-1112195202A GF441823112150	120	180
	10	21	阳山宜佳乐农场有限公司	宜佳乐+图形	芹菜	LB-15-1112195203A GF441823112150	90	300
		22			香葱	LB-15-1112195204A GF441823112150	100	150
		23			西洋菜	LB-15-1112195205A GF441823112150	100	100
		24			马铃薯	LB-15-1112195206A GF441823112150	100	150
		25			甜玉米	LB-05-1112195207A GF441823112150	300	2500

（续上表）

地区	企业序号	产品序号	企业名称	注册商标	产品名称	标志编号	原料监测面积（亩）	批准产量（吨）
清远市	10	26	阳山宜佳乐农场有限公司	宜佳乐+图形	青瓜	LB-15-1310193584A GF441823112150	150	400
		27			大葱	LB-15-1310193585A GF441823112150	150	300
		28			苦瓜	LB-15-1310193586A GF441823112150	200	320
		29			辣椒	LB-15-1310193587A GF441823112150	200	450
		30			黄秋葵	LB-15-1310193588A GF441823112150	100	180
		31			豆角	LB-15-1310193589A GF441823112150	200	300
		32			生菜	LB-15-1310193590A GF441823112150	200	500
		33			澜瓜	LB-15-1310193591A GF441823112150	100	230
		34			丝瓜	LB-15-1310193592A GF441823112150	150	350
		35			小南瓜	LB-15-1310193593A GF441823112150	100	95
		36			毛瓜	LB-15-1310193594A GF441823112150	100	280
		37			白瓜	LB-15-1310193595A GF441823112150	150	200
		38			大白菜	LB-15-1310193596A GF441823112150	200	500
	11	39	清远市大丰果业有限公司	奥丰达	火龙果	LB-18-1112195736A GF441802112385	900	500
	12	40	连州市高山绿稻米业有限公司	高山绿稻+拼音+图形	高山绿稻米（大米）	LB-03-1112196587A GF441882112724	8600	4816
	13	41	连南瑶族自治县益生源山茶油有限公司	金瑶山+GOLD YAO SHAN牌	金山茶油（一级压榨）	LB-10-1206195939A GF441826090859	5000	200
	14	42	佛冈县汤塘镇官山水果专业合作社	混一+PAYI牌	砂糖桔	LB-18-1208195861A GF441821091023	1500	3762
	15	43	佛冈县龙山供销合作社门楼富村砂糖桔专业合作社	门楼富+图形牌	砂糖桔	LB-18-0908192495A GF441821091024	3000	7482.5
	16	44	清远市金林果业有限公司	金爽牌	杨梅	LB-18-1210195878A GF441881061098	2400	1800
	17	45	英德市合兴果蔬专业合作社	标哥+拼音+图形	砂糖桔	LB-18-1210193045A GF441881121336		3000
	18	46	连州市龙坪镇孔围蔬菜专业合作社	龙旺荣记	龙旺荣记萝卜	LB-15-1211193159A GF441882121407		6000
		47			龙旺荣记牌连州菜心	LB-15-1401190334A GF441882121407	213	305
	19	48	连州市金色田园农业开发有限公司	华沙园	连州菜心	LB-15-1211193140A GF441882121392	500	2000
		49		蒲麓小村+拼音+图形牌	上海青白菜	LB-15-1303190623A GF441882121392		2000
	20	50	阳山县第一峰茶业有限公司	第一峰+DIYIFENG	第一峰云雾茶（绿茶）	LB-44-1211193498A GF441823121562		87
	21	51	连州市东魁杨梅专业合作社	福山红+FUSHANHONG+图形	东魁杨梅	LB-18-1211193424A GF441882121535	600	618
	22	52	连州市嘉农现代农业发展有限公司	嘉利园+图形牌	高山水晶梨	LB-18-1211196443A GF441882091588	1000	1000
		53			高山园南瓜	LB-15-1211196444A GF441882091588	800	1600
		54		自劳地+图形牌	紫心番薯	LB-13-1211196445A GF441882091588	500	500
	23	55	英德市华金园鸡心黄皮专业合作社	华沙园牌	鸡心黄皮	LB-18-1212194876A GF441881122075	1000	1200
	24	56	清新县育林农业开发有限公司	大蜜蜂	蜜糖桔	LB-18-1212194494A GF441827211907	1400	5000
		57			砂糖桔	LB-18-1212194495A GF441827211907	100	400
	25	58	清远市清城区飞来峡诚信沙糖桔农民专业合作社	双钱沙糖桔+图形	砂糖桔	LB-18-1212193777A GF441802121708		8562
	26	59	清新县高家庄油茶开发有限公司	高家庄图案	高山庄茶籽油（油茶籽油、压榨一级）	LB-10-1212195988A GF441827091802	1600	80
	27	60	英德市纺生粮油种植有限公司	纺生+FANGSHEN	马岭油粘米	LB-03-1212196554A GF441881091826	686	430
	28	61	英德市鸿德食品有限公司	鸿大+图形	鸿大鲜竹笋	LB-15-1003190449A GF441881100191	2010	4000
	29	62	英德市广海农业发展有限公司	图形	柠檬	LB-18-1012194473A GF441881101925	500	500

（续上表）

地　区	企业序号	产品序号	企业名称	注册商标	产品名称	标志编号	原料监测面积（亩）	批准产量（吨）
清远市	30	63	连州市连正蔬菜发展有限公司	连正+LIANZHENG	连正红椒	LB-15-1012194593A GF441882101992	1500	4500
		64			连正菜心	LB-15-1012194594A GF441882101992	500	4000
	31	65	英德市横石水镇明辉种养专业合作社	江山明辉+图形	苦瓜	LB-15-1312194053A GF441881131810	200	2000
		66			节瓜	LB-15-1312194054A GF441881131810	200	1600
		67			丝瓜	LB-15-1312194055A GF441881131810	200	2000
云浮市	1	1	罗定市稻香园农业发展有限公司	聚龙牌	澳丝米	LB-03-1105194434A GF445281080660	5000	3500
	2	2	郁南县西江淀粉厂	海鸥牌	木薯淀粉	LB-55-1106194362A GF445322080883		20000
	3	3	云浮市安塘镇经济发展总公司	安塘牌+果图	安塘砂糖桔	LB-18-1110193485A GF445302111541	15424	20000
	4	4	罗定市满塘茶场	天子岭+图形牌	天子茶（绿茶）	LB-44-1110196891A GF445381081468	1000	75
	5	5	罗定市兴云农作物种植专业合作社	兴云	粉葛	LB-23-1112195153A GF445381112128	1000	2000
	6	6	罗定市现代农业开发公司	九仔牌	马铃薯	LB-15-1112196469A GF445381112664	1000	1750
	7	7	云浮市庆丰农家农业生态园有限公司	金果丰牌	砂糖桔	LB-18-1112196405A GF445323112634	1000	800
	8	8	郁南县富康农业发展有限公司	郁江+YUJIANG+图形牌	郁南无核黄皮	LB-18-1212195968A GF445322061098	9300	6080
		9			郁南砂糖桔	LB-18-1212195969A GF445322061098	9800	31000
		10			庞寨黑叶荔枝	LB-18-1212195970A GF445322061098	9500	18000
		11			郁南竹笋	LB-18-1212195971A GF445322061098	14500	29000
		12			郁南粉葛	LB-23-1310199622A GF445322061098	320	462
		13			郁南油栗	LB-19-1108192075A GF445322061098	1250	375
	9	14	云安县农丰农业综合开发有限公司	云雾山+图形牌	贡柑	LB-18-1202193054A GF445333090792	2000	3600
		15			砂糖桔	LB-18-1202193055A GF445333090792	5000	10000
		16			西瓜	LB-18-1202193056A GF445333090792	7500	52500
	10	17	新兴县龙圣茶业食品有限公司	龙圣+图形牌	袈裟红（红茶）	LB-44-1305192904A GF445321100708	400	5
	11	18			菩提绿（绿茶）	LB-44-1305192905A GF445321100708		5
	12	19	罗定市连州茶业发展有限公司	白马碧翠牌	连州绿茶	LB-44-1006191722A GF445381100747	1000	100
	13	20	郁南县天祥茶园	雁鹰山+拼音牌	雁鹰山蜜香茶（绿茶）	LB-44-1307194207A GF445322100857	320	25
	14	21	广东十二岭酒业有限公司	十二岭+TWELVERIDGE+图形	荔枝酒	LB-18-1007192122A GF445322100950	9500	500
	15	22	新兴县马林食品有限公司	马林牌	马林话梅皇	LB-53-1309197814A GF445321071032	1330	200
	16	23	新兴县翔顺生态旅游发展有限公司	图案+象窝	象窝红茶	LB-44-1311199084A GF445321101630	400	25
		24			象窝绿茶	LB-44-1311199085A GF445321101630	400	25
	17	25	罗定市旺家米业有限公司	稻康	金稻康大米	LB-03-1304190651A GF445381130288	3000	1530
	18	26	罗定市罗镜镇群联马铃薯种植专业合作社	雨意	马铃薯	LB-15-1310193429A GF445381131514	1000	1750
	19	27	罗定市顺优农作物种植专业合作社	共成	马铃薯	LB-15-1310193430A GF445381131515	1000	1600
	20	28	云浮市好有米食品有限公司	图形	好有米	LB-15-1311197728A GF445302135194		1000
中山市	1	1	广东杨氏南北鲜果有限公司	YANG' S-NS牌	脐橙	LB-18-1101190659A GF442000080169	2000	2500
	2	2	广东省中山食品进出口有限公司	香山华丰	杨桃	LB-18-1105193900A GF442000080711	200	300
	3	3	中山市渔农产冷冻厂有限公司	欧凤	冻脆肉鲩鱼	LB-36-1107191730A GF442000110791		120
	4	4	中山市神湾镇种养服务公司	神湾+SHENWAN+图形牌	神湾菠萝	LB-18-1110195244A GF442000081473	3000	5000

（续上表）

地　区	企业序号	产品序号	企业名称	注册商标	产品名称	标志编号	原料监测面积（亩）	批准产量（吨）
中山市	5	5	中山市坦洲镇良胜菜场	良胜	通心菜	LB-15-1112196832A GF442000112666	200	300
		6			生菜	LB-15-1112196833A GF442000112666	150	180
	6	7	中山市港口镇港南水产养殖场	港南	草鱼	LB-36-1112196476A GF442000112666	500	50
	7	8	中山市东升农副产品贸易有限公司	东裕+英文+图形牌	脆肉鲩（鲜活）	LB-36-1211195820A GF442000091533	300	200
	8	9	中山围垦总公司	香山+拼音+图形牌	香蕉	LB-18-1212196417A GF4402000061603	4300	11300
	9	10	中山市欣欣食品有限公司	万利园+拼音+图形	绿茶莲蓉月饼	LB-51-1306192872A GF442000070620		3.2
		11			牛奶红豆月饼	LB-51-1306192873A GF442000070620		11.4
		12			蛋黄白莲蓉（广式月饼）	LB-51-1306192874A GF442000070620		15
		13			凤梨月饼	LB-51-1306192875A GF442000070620		6.4
		14			福满天下（广式组合月饼）（蛋黄白莲蓉月饼+牛奶红豆月饼）	LB-51-1306192876A GF442000070620		10
	9	15	中山市欣欣食品有限公司	万利园+拼音+图形	越来越（广式组合月饼）（蛋黄白莲蓉月饼+牛奶红豆月饼+绿茶莲蓉月饼+凤梨月饼）	LB-51-1306192877A GF442000070620		10
	10	16	广东省中山食品水产进出口集团有限公司	宝平+拼音+图形牌	宝平草鱼（鲜活）	LB-36-1309197800A GF442000070934	797.8	500
		17			鲮鱼肉片（冰冻）	LB-37-1309197801A GF442000070934		100
		18			宝平鳙鱼（鲜活）	LB-36-1309197803A GF442000070934		180
佛山市	1	1	佛山市高明区合水镇农业发展总公司	明翠牌	合水粉葛	LB-15-1202191907A GF440608090175	10000	4000
	2	2	佛山西江农业生态园有限公司	绿之选+拼音牌	菜心	LB-15-1206191673A GF440605090833	600	500
		3			白菜	LB-15-1206191674A GF440605090833		600
		4			生菜	LB-15-1206191675A GF440605090833		800
	3	5	佛山市顺德区龙江镇左滩兴莹水产养殖场	左滩；右滩牌	草鱼（活）	LB-36-1306193473A GF440606070616	500	150
江门市	1	1	开平市开兰面粉有限公司	开兰牌	小麦粉（特级月饼粉）	LB-02-1103191118A GF440783080428	50000	5000
		2			糕点用小麦粉（特级糕点粉）	LB-02-1103191119A GF440783080428		10000
		3			面包用小麦粉（特级面包粉）	LB-02-1103191120A GF440783080428		10000
	2	4	江门市鸿豪生物科技有限公司	鸿豪+HONGHAO+图形牌	鸿豪蛹虫草子实体（干品）	LB-21-1110194318A GF440703081410		5
	3	5	开平裕茂农业开发有限公司	图形商标牌	台湾紫玉火龙果	LB-18-1105193444A GF440783090211	200	100
		6			台湾翠玉蜜枣	LB-18-1105193445A GF440783090211	600	200
		7			台湾番石榴	LB-18-1105193446A GF440783090211	600	60
	3	8	开平裕茂农业开发有限公司	图形商标牌	裕茂红宝石芒果	LB-18-1105193447A GF440783090211	250	100
		9			裕茂金星杨桃	LB-18-1105193448A GF440783090211	150	50
		10			裕茂黑珍珠莲雾	LB-18-1105193449A GF440783090211	150	50
	4	11	台山市长球米业有限公司	长球牌	小农米	LB-03-1107191688A GF440781110773	4282	1918.5
		12			小粒香米	LB-03-1107191689A GF440781110773	617	320
		13			特色小农米	LB-03-1107191690A GF440781110773	1585	710
		14			台山小农米	LB-03-1107191691A GF440781110773	1532	686.5
		15			拾月米	LB-03-1107191692A GF440781110773	1349	600
		16			捌捌捌捌米	LB-03-1107191693A GF440781110773	1305	584
		17			捌叁捌大米	LB-03-1107191694A GF440781110773	1534	672
		18			经典粘米	LB-03-1107191695A GF440781110773	1287	513.8

（续上表）

地　区	企业序号	产品序号	企业名称	注册商标	产品名称	标志编号	原料监测面积（亩）	批准产量（吨）
江门市	5	19	江门市新会区大鳌有机农业发展有限公司	大鳌+图形	莲藕	LB-15-1111195992A GF440705081558	500	500
		20			慈姑	LB-15-1111195993A GF440705081558	300	240
	6	21	江门市新康虫草有限公司	岗州春+康夫人+图形+KANGFUREN牌	虫草子实体（菌种培养）	LB-21-1108195275A GF440705081143		2.5
		22		岗州春+图形牌	虫草子实体（菌种培养）	LB-21-1212195354A GF440705081143		10
		23			虫草皇（菌种培养）	LB-21-1212195355A GF440705081143		1
	7	24	鹤山市华山泉食品饮料有限公司	华山泉+图形	华山泉优质天然矿泉水	LB-38-1205191713A GF440784090598		37500
	8	25	台山市粮食购销总公司	珍香牌	丝苗米——精品小珍米（大米）	LB-03-1206192459A GF440781090706	10426	770
		26			"珍香"丝苗米——四星（大米）	LB-03-1206192460A GF440781090706		1540
	8	27	台山市粮食购销总公司	珍香牌	"珍香"丝苗米——五星（大米）	LB-03-1206192461A GF440781090706	10426	1155
		28			"珍香"丝苗米——精品香米（大米）	LB-03-1206192462A GF440781090706		385
	9	29	鹤山市花皇淀粉厂有限公司	花皇牌+图形牌	特级生粉（木薯）	LB-55-1207195911A GF440784091005	14000	15000
	10	30	鹤山市华粮米业有限公司	鹤雅	址山贡粮（大米）	LB-03-1208193508A GF440784091166	2000	500
	11	31	鹤山市轩宝农业发展有限公司	轩宝农业+图形	小白菜	LB-03-1208192101A GF440784120895	200	1500
		32			菜心	LB-03-1208192102A GF440784120895	200	1000
		33			芥蓝	LB-03-1208192103A GF440784120895	160	2500
	12	34	江门市新会区祥益陈皮有限公司	冈州祥益+拼音+图形	新会柑	LB-18-1212193787A GF440705121715	206.3	720
	13	35	鹤山市共和现代农业发展有限公司	共裕牌	鹤山葛粉	LB-15-1212196544A GF440784061742	2000	4000
	14	36	恩平市聚泉农业有限公司	翠锦園+图形牌	翠锦園龙眼	LB-18-1311193169A GF440785071319	1000	550
		37			龙眼干	LB-18-1311193170A GF440785071319		100
阳江市	1	1	阳江市大开水产有限公司	大开+图形	冷冻虾仁	LB-37-1109193030A GF441702111355		500
	2	2	广东阳帆食品有限公司	阳帆+图形	阳江豆豉	LB-56-1112195908A GF441723081728	4800	1200
	3	3	阳春市水果生产服务中心	GhunNong+图形	阳春马水桔	LB-18-1204191489A GF441781091013	2000	3000
	4	4	阳春市裕茂农业开发有限公司	图形商标牌	台湾翠玉蜜枣	LB-18-1204191786A GF441781091085	250	500
	5	5	阳西县粤富水产养殖鱼粉有限公司	资源富+拼音+图形牌	龙眼	LB-18-1207192778A GF441721090939	3500	2000
	6	6	阳江市江城区三洲海霞蔬菜专业合作社	海霞	三洲菜心	LB-15-1211193200A GF441702121433	500	2500
	7	7	广东丰多采农业发展有限公司		丰多采1号青瓜（黄瓜）	LB-15-1212195195A GF441723122190		2300
		8		丰多采+Fondos Fruit	丰多采1号薯	LB-15-1212195196A GF441723122190	1600	3600
	8	9	阳江丰多采农业发展有限公司		网纹甜瓜	LB-18-1012195797A GF441723071846		1500
	9	10	广东金凤生物科技有限公司	朝阳凤+拼音+图形	金凤五彩薯	LB-13-1005191259A GF441721100559	500	1000
	10	11	阳江市江城明鑫现代农业开发有限公司	鑫桂+图形	朝桂山粉葛	LB-23-1012195281A GF441702102264	4986	9500
	11	12	阳江海纳水产有限公司	海纳新鲜牌	军草鱼（鲜活）	LB-36-1309193260A GF441701131436	1752	30
		13			军草鱼（冰鲜）	LB-36-1309193261A GF441701131436		70
		14			美国红鱼（冰鲜）	LB-36-1309193262A GF441701131436		70
		15			美国红鱼（鲜活）	LB-36-1309193263A GF441701131436		30
		16			青石斑鱼（鲜活）	LB-36-1309193264A GF441701131436		18
		17			青石斑鱼（冰鲜）	LB-36-1309193265A GF441701131436		42
		18			深海金鲳鱼（冰鲜）	LB-36-1309193266A GF441701131436		500
		19			深海金鲳鱼（鲜活）	LB-36-1309193267A GF441701131436		220

（续上表）

地区	企业序号	产品序号	企业名称	注册商标	产品名称	标志编号	原料监测面积（亩）	批准产量（吨）
阳江市	11	20	阳江海纳水产有限公司	海纳新鲜牌	巨石斑鱼（鲜活）	LB-36-1309193268A GF441701131436	1752	6
		21			巨石斑鱼（冰鲜）	LB-36-1309193269A GF441701131436		14
	12	22	阳江市诚泰农业发展有限公司	锦生+拼音+图形	玉荷包荔枝	LB-36-1309193269A GF441701131436		1000
			企业：328		产品：674		156 万亩	

2013年广东省林业植物新品种授权品种名录

序号	品种名	所属的属（种）	品种权人	品种权号
1	红荷一品红	大戟属	东莞市农业种子研究所	20130046
2	尾边桉TH06001	桉属	中国林业科学研究院热带林业研究所	20130085
3	尾柳桉TH06002	桉属	中国林业科学研究院热带林业研究所	20130086
4	尾邓桉TH06008	桉属	中国林业科学研究院热带林业研究所	20130087
5	夏日粉裙	山茶属	棕榈园林股份有限公司	20130101
6	夏日粉黛	山茶属	棕榈园林股份有限公司	20130102
7	夏日七心	山茶属	棕榈园林股份有限公司	20130103
8	夏日光辉	山茶属	棕榈园林股份有限公司	20130104
9	夏咏国色	山茶属	棕榈园林股份有限公司	20130105
10	夏日广场	山茶属	棕榈园林股份有限公司	20130106
11	夏梦文清	山茶属	棕榈园林股份有限公司	20130107
12	夏梦可娟	山茶属	棕榈园林股份有限公司	20130108
13	夏梦华林	山茶属	棕榈园林股份有限公司	20130109
14	夏梦衍平	山茶属	棕榈园林股份有限公司	20130110
15	常寒1号桉	桉属	中国林业科学研究院热带林业研究所/常德桉林耐寒桉树种植有限公司	20130132

2013年广东省文化市场行政执法数据统计表

项目	日常检查			案件查办				行政处罚				
	出动检查（人次）	检查经营单位（家次）	责令改正（家次）	受理举报（件）	立案调查（件）	移交案件（件）	办结案件（件）	警告（家次）	罚款（元）	责令停业整顿（家次）	吊销许可证（家）	没收违法所得（元）
演出市场	8229	1383	28	29	29	1	17	28	147200.00	3	0	5000.00
艺术品市场	1236	365	0	1	0	0	0	0	0	0	0	0
游艺娱乐场所	52288	20510	199	32	124	6	99	65	399501.00	3	6	3000.00
歌舞娱乐场所	104465	41244	540	139	347	9	178	166	1624250.00	38	16	22950.00
互联网上网服务营业场所	189142	85039	950	345	1249	5	885	525	3956106.00	59	0	4025.00
互联网文化经营单位	3034	1678	11	171	172	10	85	16	474005.00	1	0	81000.00
电影发行放映单位	9244	2901	6	15	10	2	8	4	11500.00	0	0	0
广播电视、地面卫星接收设施	7345	2146	97	45	49	0	43	53	39000.00	0	0	0
互联网视听节目服务单位	1108	594	13	46	52	1	55	4	110000.00	0	0	0
互联网出版机构	707	329	0	13	13	0	10	0	70000.00	0	0	0
书报刊经营单位	91013	39817	586	93	178	4	125	332	478657.00	17	0	9085.00
音像（电子）出版物经营单位	54061	21746	217	86	159	24	116	118	353709.00	0	2	3947.00
印刷经营单位	85299	32026	339	14	223	11	166	167	1124251.00	1	0	7823.00
文物	3672	1148	23	14	15	0	12	8	1480000.00	0	0	0
其他	17547	6634	224	75	154	3	81	38	340901.00	9	0	35.50
合计	628390	257560	3233	1118	2774	76	1880	1524	10609080.00	131	24	136865.50

专利代理机构

广东省专利代理机构名录

序号	代码	机构名称	地址	负责人	电话	传真
1	44001	广州科粤专利商标代理有限公司	广州市先烈中路100号大院23-1栋616室	莫瑶江	020-87688146	020-87683303
2	44100	广州新诺专利商标事务所有限公司	广东省广州市越秀区先烈中路81号之一301A、B自编01房	罗毅萍	020-83565354	020-83631275
3	44101	深圳市中知专利商标代理有限公司	深圳市福田区上步中路1001号科技大厦1楼	孙皓	0755-83699465	0755-83699700
4	44102	广州粤高专利商标代理有限公司	广州市天河区体育西路中石化大厦B塔3912室	林德纬	020-38922329	020-38922322
5	44103	汕头市高科专利事务所	汕头市金砂路86号友谊国际大厦704	丁楚浩	0754-88632248	0754-88608236
6	44104	广州知友专利商标代理有限公司	广州市东风东路555号粤海集团大厦26楼2604室	刘小敏	020-87685310	020-87687207
7	44106	茂名市穗海专利事务所	茂名市油城6路5号大院207	李好瑶	0668-2870299	0668-2283413
8	44202	广州三环专利代理有限公司	广州市先烈中路80号汇华商贸大厦1508	温旭	020-37616191	020-37616451
9	44203	湛江市三强专利事务所	湛江市霞山人民南路30号	庞爱英	0759-2231844	0759-2218471
10	44205	广州嘉权专利商标事务所有限公司	广州市黄埔大道西100号富力盈泰广场A栋910	喻新学	020-38061202	020-38061201
11	44206	佛山市永裕信专利代理有限公司	佛山市汾江中路217号佛山市工商大厦第六层604室	朱永忠	0757-82281605	0757-82238752
12	44209	深圳市睿智专利事务所	深圳市南山区科技园科苑路6号科技大厦501A	郭文姬	0755-26614184	0755-26636489
13	44210	广州华创源专利事务所有限公司	广东省广州市番禺区市桥盛泰路盛兴大街31号厂商会大厦十层103室	钟武平	020-28655962	020-28655963
14	44211	中山市科创专利代理有限公司	中山市东区岐关西路55号朗晴假日园7幢2层1号	尹文涛	0760-88326997	0760-88330074
15	44214	广州红荔专利代理有限公司	广州市东山区竹丝岗二马路37号617室	李彦孚	020-87695086	020-87626409
16	44215	东莞市华南专利商标事务所有限公司	东莞市南城区胜和路华凯大厦601	张明	0769-22800788	0769-89032550
17	44216	广东世纪专利事务所	广州市天河区黄埔大道201号金泽大厦2109房	刘卉	020-87502863	020-87567115
18	44217	深圳市顺天达专利商标代理有限公司	深圳市福田区深南大道7008号阳光高尔夫大厦8楼	蔡晓红	0755-82872707	0755-82873034
19	44218	深圳千纳专利代理有限公司	深圳市福田区深南中路新城大厦西座601-605	胡坚	0755-25987001	0755-25986996
20	44219	汕头新星专利事务所	汕头市天山路绿园大厦17层C单元	林希南	0754-88167379	0754-86328655
21	44220	广州市一新专利商标事务所有限公司	广州市天河区天河北路892号7楼自编705单元	王德祥	020-38289945	020-38288563
22	44221	广东国欣律师事务所	深圳市红岭中路1010号国际信托大厦1、6楼	廖耀雄	0755-82117575	0755-25564216
23	44222	江门创颖专利事务所（普通合伙）	江门市蓬江区港口一路13号-2之10F	刘晓雪	0750-3826226	0750-3826116
24	44223	深圳新创友知识产权代理有限公司	深圳市福田区上步南路东南园路北佳兆中心B713	江耀纯	0755-83671888	0755-83671968
25	44224	广州华进联合专利商标代理有限公司	广州市东山区先烈中路69号东山广场918-920	胡杰	020-87323188	020-87320273
26	44225	佛山市南海智维专利代理有限公司	佛山市南海区桂城南兴三路南海科学馆	梁国杰	0757-86224095	0757-81211785
27	44226	韶关市雷门专利事务所	韶关市新华北路科技中心大楼3楼	周胜明	0751-8611923	0751-8611923
28	44227	广州三辰专利事务所（普通合伙）	广州市越秀区中山三路11号越秀区工商联大厦11楼1102室	范钦正	020-83874231	020-83874231
29	44228	广州市南锋专利事务所有限公司	广州市先烈中路100号高技术中心实验楼2楼	刘媖	020-87688686	020-87682576
30	44229	广州市深研专利事务所	广州市先烈中路100号黄花岗科贸街C栋305室	陈雅平	020-87685380	020-87688087
31	44230	汕头市潮睿专利事务有限公司	汕头市大华路8号之一	朱明华	0754-88985533	0754-88280803
32	44231	东莞市中正知识产权事务所	东莞市东城大道23号骏达商业中心901室	瞿友胜	0769-22366800	0769-22366878
33	44232	深圳市隆天联鼎知识产权代理有限公司	深圳市福田区南园路70号上田综合楼6楼C单元	刘耿	0755-83752268	0755-82077567
34	44233	深圳市毅颖专利商标事务所	深圳市福田区八卦四路先科机电大厦534，536室	张艺彩	0755-25844824	0755-25841694
35	44235	珠海市威派特专利事务所	珠海市香洲区凤凰路2088号珠都国际广场B座801室	张润	0756-2237259	0756-2237258
36	44236	广州弘邦专利商标事务所有限公司	广州市天河区黄埔大道西路638号富力科讯大厦902室	张钇斌	020-37883640	020-37884462
37	44237	深圳中一专利商标事务所	深圳市福田区深南中路1014号深圳报春大厦四楼西面	张全文	0755-82094718	0755-82100908
38	44238	深圳汇智容达专利商标事务所（普通合伙）	深圳市福田区深南中路与广深高速公路交界东南金运世纪大厦04层04G	潘中毅	0755-23968600	0755-82290360
39	44239	广州中瀚专利商标事务所	广州市越秀区先烈中路100号大院23-1栋203室	黄洋	020-87688195	020-37654678

（续上表）

序号	代码	机构名称	地址	负责人	电话	传真
40	44240	深圳市百瑞专利商标事务所（普通合伙）	深圳市福田区竹子林益华综合楼A栋205	金辉	0755-83581881	0755-83860058
41	44241	深圳市智科友专利商标事务所	深圳市罗湖区红岭中路2118号建设集团大厦A座9D	曲家彬	0755-25599215	0755-25572914
42	44242	深圳市精英专利事务所	深圳市福田区深南中路6009号绿景广场B栋20层B	李新林	0755-82073938	0755-82073295
43	44244	广州市天河庐阳专利事务所	广州市天河东路242号802之一室	胡济元	020-85260125	020-87531786
44	44245	广州市华学知识产权代理有限公司	广州市天河区五山路381号华南理工大学物资大楼首层	李卫东	020-22237100	020-38744550
45	44246	深圳市兴力桥知识产权事务所	深圳市人民南路国商大厦东座401室	董洪波	0755-82175903	0755-82175766
46	44247	深圳市康弘知识产权代理有限公司	深圳市福田区彩田路5015号中银花园办公楼A栋6C1	胡朝阳	0755-83509309	0755-83509045
47	44248	深圳市科吉华烽知识产权事务所（普通合伙）	深圳市南山区深南西路深南花园裙楼A区402	胡吉科	0755-83900889	0755-83089268
48	44249	东莞市创益专利事务所	东莞市体育路二号鸿禧中心5楼B15	李卫平	0769-22806686	0769-22806676
49	44250	佛山市科顺专利事务所	佛山市顺德区大良国际商业城A区四座三楼108	梁红缨	0757-22619500	0757-22619501
50	44251	东莞市众达专利商标事务所（普通合伙）	东莞市莞城东城西路138号泰丰大厦701室	王敏	0769-22337256	0769-22386465
51	44252	揭阳市博佳专利代理事务所	揭阳市东山区8号街东侧沿江路北侧立康花园E幢102号	黄镜芝	0663-8125608	0663-8125608
52	44253	广州致信伟盛知识产权代理有限公司	广州市东风东路767号东宝大厦1501-1502	郭晓桂	020-38210518	020-38210535
53	44254	广州中浚雄杰知识产权代理有限责任公司	广州市花都区新华街天贵路88号A座112房	周永强	020-36998272	020-36987762
54	44255	中山市汉通知识产权代理事务所（普通合伙）	广东省中山市石岐区岐头新村龙凤街8号A幢3层305-308	田子荣	0760-88803655	0760-88801595
55	44256	深圳市凯达知识产权事务所	深圳市南山区高新区南区方大大厦609房	王琦	0755-83065409	0755-83922352
56	44257	深圳市汇力通专利商标代理有限公司	深圳市福田区振中路6号雍怡阁大厦（玮鹏花园4栋）13A	王锁林	0755-83989263	0755-83288438
57	44258	深圳市港湾知识产权代理有限公司	深圳市福田区深南中路1019号万德大厦1302-1303室	微嘉	0755-25935228	0755-25935816
58	44259	广州凯东知识产权代理有限公司	广州市越秀区东风东路750号16楼1601-1606房	姚迎新	020-87663569	020-87656030
59	44260	深圳市兴科达知识产权代理有限公司	深圳市南山区科技园高新南一道008号创维大厦A座西602室022信箱	王翀	0755-86116996	0755-83925316
60	44261	广州广信知识产权代理有限公司	广州市先烈中路100号大院58栋9楼915-917室	张文雄	020-87682813	020-87680381
61	44262	珠海智专专利商标代理有限公司	珠海市南屏坪岚路南屏企业大厦第六层	段淑华	0756-8813895	0756-8813896
62	44263	广东星辰律师事务所	深圳市深南大道田面村城市大厦24层	郭星亚	0755-82813366	0755-82816855
63	44264	佛山市粤顺知识产权代理事务所	佛山市顺德区大良国际商业城A区四座三楼411号	唐强熙	0757-22616777	0757-22615389
64	44265	深圳市德力知识产权代理事务所	深圳市福田区深南中路新闻大厦1号楼3楼307室	林才桂	0755-82090292	0755-82092120
65	44266	广东国晖律师事务所	深圳市福田区莲花支路1001号公交大厦主楼3层	孙智峰	0755-83033000	0755-83033022
66	44267	深圳冠华专利事务所（普通合伙）	深圳市福田区滨河大道与一田路交界东南皇都广场1号楼3304	诸兰芬	0755-83037378	0755-83037018
67	44268	深圳市君胜知识产权代理事务所	深圳市南山区麒麟路1号南山科技创业服务中心308，309	王永文	0755-26406581	0755-26406587
68	44269	深圳市维邦知识产权事务所	深圳市南山区科苑路6号科技园工业大厦东706室	黄莉	0755-83635730	0755-83655056
69	44270	深圳市启明专利代理事务所（普通合伙）	深圳市福田区深南中路北方大厦1119号	张信宽	0755-83279101	0755-83278318
70	44271	深圳市惠邦知识产权代理事务所	深圳市南山区科发路8号金融服务技术创新基地1栋5C01	满群	0755-26506289	0755-26584255-802
71	44272	东莞市冠诚知识产权代理有限公司	东莞市东城区御景大厦2001号	杨正坤	0769-22505815	0769-22505895
72	44273	深圳市嘉宏博知识产权代理事务所	深圳市福田区红荔西路鹏基上步工业厂房302栋第二楼东201	杨敏	0755-83255585	0755-83256786
73	44274	深圳市中联专利代理有限公司	深圳市罗湖区东门南路办公楼1栋（食出大厦）605房	李俊	0755-82228908	0755-82250395
74	44275	深圳市博锐专利事务所	深圳市福田区上步中路1043号深勘大厦11E（1111-1112）	张明	0755-82078127	0755-82078121
75	44276	深圳市远航专利商标事务所（普通合伙）	深圳市福田区福田路深圳国际文化大厦1019	褚治保	0755-82897199	0755-83981901
76	44277	广东中亿律师事务所	中山市孙文东路639号	罗春宝	0760-88223838	0760-88223188
77	44279	深圳市万商天勤知识产权事务所（普通合伙）	深圳市福田区深南大道4013号兴业银行大厦2107—C	王志明	0755-83024062	0755-83026990
78	44280	深圳市威世博知识产权代理事务所（普通合伙）	深圳市南山区高新区南区粤兴三道8号中国地质大学产学研基地中地大楼A806	何青瓦	0755-82839168	0755-25335968
79	44281	深圳鼎合诚知识产权代理有限公司	深圳市福田区金田路与福华路交汇处现代商务大厦2201	彭家恩	0755-33335533	0755-33335558
80	44282	珠海市英华知识产权代理事务所（普通合伙）	广东省珠海市吉大九洲大道东1023号怡海楼1102室	王军	0756-3370193	0756-3370903
81	44283	佛山市中迪知识产权代理事务所（普通合伙）	广东省佛山市顺德区大良连新路22街1号地下B室	薛家驹	0757-22276980	0757-22276980
82	44284	东莞市科安知识产权代理事务所	广东省东莞市旗峰路国泰大厦6层B01房	周后俊	0769-22369373	0769-22369203
83	44285	深圳市深佳知识产权代理事务所（普通合伙）	深圳市罗湖区人民南路国贸大厦4013-4018室	李文红	0755-89530474	0755-82211322
84	44286	中山市铭洋专利商标事务所（普通合伙）	中山市火炬开发区孙文东路濠头科益大厦四楼A区	邹常友	0760-88283758	0760-88387438

（续上表）

序号	代码	机构名称	地址	负责人	电话	传真
85	44287	深圳市世纪恒程知识产权代理事务所	深圳市南山区南山大道3838号设计产业园金栋二层210—212（原南头城工业村11栋）	胡海国	0755-86218128	0755-26470166
86	44288	广州市越秀区哲力专利商标事务所（普通合伙）	广州市越秀区东风中路300号之一东侧602房	李悦	020-83646322	020-83646388
87	44289	深圳市中原力和专利商标事务所（普通合伙）	深圳市南山区蛇口沿山路45号佳利泰大厦一楼C单元	王英鸿	0755-82266719	0755-82266719
88	44290	深圳市钧合知识产权代理有限公司	深圳市福田区新闻路1号中电信息大厦西座610室	符立新	0755-82947277	0755-82948234
89	44291	广东秉德律师事务所	珠海市吉大路63号新怡发商贸大厦一、七楼	闵晓军	0756-3222483	0756-3222732
90	44293	佛山市名诚专利商标事务所（普通合伙）	佛山市顺德区大良街道办事处金榜居委会凤山西路21号四楼之二	卢志文	0757-22385005	0757-22385009
91	44294	广州天河互易知识产权代理事务所（普通合伙）	广州市天河区体育西路107号B座三楼A室	鲍子玉	020-22081000	020-22087610
92	44295	广州市越秀区海心联合专利代理事务所（普通合伙）	广州市连新路171号大院内自编4号楼308室	黄为	020-83516393	020-83516553
93	44296	深圳市国科知识产权代理事务所（普通合伙）	深圳市福田区深南中路3007号国际科技大厦2505	陈永辉	0755-83789455	0755-83789448
94	44297	深圳市金笔知识产权代理事务所（特殊普通合伙）	深圳市罗湖区笋岗东路2121号华凯大厦1405	胡清方	0755-25936787	0755-25936787 -808
95	44298	广东广和律师事务所	深圳市福田区福虹路世贸广场A座20层	童新	0755-89802529	0755-83679694
96	44299	广州天河恒华智信专利代理事务所（普通合伙）	广州市天河北路689号1307自编02号	区长钊	020-38351581	020-38351585
97	44300	深圳翼盛智成知识产权事务所（普通合伙）	广东省深圳市福田区天安数码时代大厦主楼1409	黄威	0755-82879626	0755-86621781
98	44301	汕头市南粤专利商标事务所（特殊普通合伙）	汕头市碧霞庄北区1幢汇泉大厦601之7	余建国	0754-86731088	0754-86731089
99	44302	广州圣理华知识产权代理有限公司	广东省广州市越秀区先烈中路100号大院8号楼305房	顿海舟	020-37636018	020-37636018-818
100	44303	深圳市盈方知识产权事务所（普通合伙）	深圳市福田区福虹路9号世贸广场C座705室	朱晓江	0755-82979900	0755-82976600
101	44304	深圳市铭粤知识产权代理有限公司	广东省深圳市南山区登良路21号南油第二工业区206栋6层611室（恒裕中心B座）	杨林	0755-86599991	0755-86599995
102	44305	广东卓建律师事务所	深圳市福田区深南中路1099号平安银行大厦三层全层	张斌	0755-33029968	0755-33002996
103	44306	深圳市携众至远知识产权代理事务所（普通合伙）	深圳市福田区深南大道2001号嘉麟豪庭A座2301室	成义生	0755-86508030	0755-86508265
104	44307	佛山东平知识产权事务所（普通合伙）	广东省佛山市禅城区岭南大道北123号慧港国际一座1508室	詹仲国	0757-83394427	0757-83394376
105	44308	东莞市展智知识产权代理事务所（普通合伙）	广东省东莞松山湖高新技术产业开发区松科苑9号楼215室	冯卫东	0769-33211185	0769-27226785
106	44309	深圳市合道英联专利事务所（普通合伙）	广东省深圳市福田区竹子林紫竹四路道桥管理处综合楼1-3楼（市道桥管理处大楼二楼213）	廉红果	0755-88300116	0755-88300116
107	44310	广东赋权律师事务所	深圳市福田区泰然大道东路泰然劲松大厦9C	张松	0755-22214568	0755-82682466
108	44311	深圳市鼎言知识产权代理有限公司	深圳市宝安区龙华街道梅龙路与东环一路交汇处梅龙苑2楼209	哈达	0755-23156686	0755-27740164
109	44312	深圳市恒申知识产权事务所（普通合伙）	深圳市福田区南园路68号上步大厦6楼1单元	陈健	0755-83468251	0755-82910622
110	44313	深圳力拓知识产权代理有限公司	深圳市南山区深南大道10128#南山软件园东塔1701	龚健	0755-82209322	0755-82228011
111	44314	深圳市瑞方达知识产权事务所（普通合伙）	深圳南山区科兴路11号深南花园裙楼B区2层208室	张秋红	0755-61372510	0755-61372511
112	44315	深圳市君盈知识产权事务所（普通合伙）	深圳市福田区华强北路圣廷苑B座1705室	陈琳	0755-82074410	0755-82075899
113	44316	深圳市科进知识产权代理事务所（普通合伙）	深圳市南山区工业六路创业壹号大楼D栋210B	沈祖锋	0755-86350111-804	0755-86350180
114	44317	广东安国律师事务所	广东省广州市越秀区环市东路339号广东国际大酒店A附楼17楼A座	谢乐安	020-22372906	020-22372906
115	44318	广东祁增颢律师事务所	广东省广州市越秀区先烈中路100号大院60号楼201房	曾琦	020-87687583	020-87687583
116	44319	深圳市福田区优企知识产权代理事务所（普通合伙）	深圳市福田区金地工业区114栋4层413E	韦鳌	0755-26562251	0755-26562251
117	44320	深圳市弘拓知识产权代理事务所（普通合伙）	广东省深圳市福田区深南中路福田大厦2005B	彭年才	0755-33203919	0755-33203919
118	44321	深圳市硕法知识产权代理事务所（普通合伙）	深圳市福田区深南中路2010号东风大厦1913	李姝	0755-83551188-823	0755-83671591
119	44322	广东德而赛律师事务所	广东省深圳市福田区上步中路南方日报大厦2楼	王睿	0755-23890737	0755-23996456
120	44323	广东前海律师事务所	深圳市南山区南海大道保利大道2508室	许志兵	0755-86331083	
121	44324	深圳国鑫联合知识产权代理事务所（普通合伙）	深圳市龙华新区大浪办事处龙胜社区腾龙路淘金地电子商务孵化基地展滔商业广场A座206室	王志强	0755-66806635	0755-85290385
122	44325	深圳众鼎专利商标代理事务所（普通合伙）	深圳市龙岗区中心城龙岗天安数码创新园一号厂房A603	黄章辉	0755-28363699	0755-29363699
123	44326	广州番禺容大专利代理事务所（普通合伙）	广州市番禺区市桥街光明南路199号1号楼304	刘新年	020-83646291	020-83646291
124	44327	中山市捷凯专利商标代理事务所（特殊普通合伙）	广东省中山市石岐区民科西路2号民营科技园管理大厦402室	杨连华	13543826171	

广东省专利代理分支机构名录

序号	代码	机构名称	分支机构	负责人	地址	电话	传真
1	44001	广州科粤专利商标代理有限公司	云浮办事处	黄培智	云浮市育华区市科技馆一楼	0766-8806636	0766-8921262
2			佛山办事处	莫瑶江	佛山市南海桂城南桂东路38号房地产发展大厦主楼6楼24号	0757-86323236	0757-86237605
3			贺州办事处	张新球	广西贺州市八步区建设中路25号八步区科学技术局大楼402房	0774-5282257	0774--5282257
4			深圳办事处	刘明星	深圳市南山区丽百旺大厦A栋3楼303房	0755-86157540	0755-86157540
5	44100	广州新诺专利商标事务所有限公司	江门新会办事处	黎伟虹	江门市新会区会城圭峰路科学馆内	0750-6196750	0750-6186768
6			湛江办事处	胡　武	湛江市赤坎区海田装饰材料市场灯饰行15-18号3楼	0759-3164202	0759-3164202
7			江门台山办事处	关静芬	台山市石花路科学馆	0750-5504184	0750-3161915
8			珠海分公司	李国钊	珠海市吉大九洲大道中1082号中电大厦3楼	0756-8885912	0756-8885919
9			江门分公司	华　辉	江门市港口一路13号之二29楼H单元（中远大厦远景阁）	0750-3161915	0750-3161915
10			佛山分公司	罗毅萍	佛山市顺德区大良新桂南路18号5楼9号单元	0757-23808575	0757-22913991
11			阳江分公司	曹爱红	阳江市江城区东门路东安小区11号	0662-3661772	0662-3503380
12			广州科学城办事处	罗庆西	广州市萝岗区科学城科汇发展中心（自编J-1栋）715房	020-83564153	020-83631275
13			韶关分公司	许英伟	韶关市新华北路32号科技局办公楼首层101号房	0751-8762001	0751-8762001
14			佛山高明分公司	李德魁	佛山市高明区荷城街道跃华路284号6座7层701室	0757-88219688	0757-88280028
15	44102	广州粤高专利商标代理有限公司	惠州分公司	苏共练	惠州市江北云山西路十二号德赛大厦18楼1806室	0752-2818976	0752-2833631
16			阳江分公司	陈　卫	阳江市江城区安宁路富华小区A7号6楼	0662-3287575	0662-3222023
17	44102	广州粤高专利商标代理有限公司	东莞分公司	罗晓林	东莞市南城区胜和路胜和广场B栋14A	0769-22993790	0769-22993799
18			中山分公司	林新中	中山市东区兴龙街27号地下	0760-88363611	0760-88363612
19			江门分公司	禹小明	江门市港口路72号江门市科技创业中心大楼10楼1006室	0750-3861201	0750-3861201
20			清远分公司	汤立文	清远市新城东18号区科技生活服务区二层	0763-3361715	0763-3361715
21			汕头分公司	张月光	汕头市龙湖区长平路123号朝阳庄广海大厦801室之二	020-38922301	020-38922322
22			潮州分公司	张爱武	潮州市潮州大道中物花园二幢303号	0768-3299664	0768-2268685
23			湛江分公司	林伟斌	湛江市霞山区人民大道南53号国贸大厦B座3幢14层B01房	0759-2360690	0759-2678729
24	44103	汕头市高科专利事务所	汕头澄海办事处	黄河长	汕头市澄海区文冠路金冠园三幢B梯204单元	0754-88632248	0754-88608236
25	44104	广州知友专利商标代理有限公司	顺德办事处	刘小敏	广东省佛山市顺德区北滘镇三乐路北1号	020-87684470	020-87687207
26			深圳办事处	宣国华	深圳市南山区南海大道海王大厦写字楼12F2	020-87685310	020-87687207
27	44202	广州三环专利代理有限公司	中山分公司	温　乾	中山市南头镇华辉花园环安三路二号	0760-23118002	0760-23118002
28			东莞分公司	张艳美	东莞市南城区鸿福路108号中盛商务大厦705-708	0769-22458956	0769-22496842
29			顺德分公司	何兆华	佛山市顺德区大良新宁路76号弘升大楼507室	0757-22269440	0757-22259770
30			深圳分公司	熊永强	深圳市福田区车公庙天安创新科技广场B1607-A	0755-82734660	0755-82734662
31			珠海分公司	温镜满	珠海市香洲区人民东路313号1栋901-902室	0756-2316632	0756-2316630
32			汕头分公司	温　旭	汕头市高新区科技东路亨泽大厦15楼1508	0754-88272584	0754-88980990
33			佛山分公司	颜希文	佛山市禅城区华宝南路13号佛山国家火炬创新创业园B2-3	0757-82500236	0757-82500236
34	44202	广州三环专利代理有限公司	增城分公司	王会龙	增城市荔城挂华丰西路6号104	020-82441689	020-82441689
35			江门办事处	杨　磊	江门市金瓯路288号高新技术开发区管委会2楼	0750-3866190	0750-3866190
36			北京分公司	郝传鑫	北京市海淀区北四环中路238号柏彦大厦1703	010-82334622	010-82334872
37			温州办事处	唐　娇	温州市矮凳桥228号10幢705室	0577-88808255	0577-88809255
38			潮州办事处	朱信贵	潮州市枫春路枫荫亭凤新大厦西侧五层3号办公楼5010单元	0768-2135555	0768-2135555
39			惠州分公司	刘孟斌	惠州市江北16号小区双子星国际商务大厦B座1009号之一	0752-2222039	0752-2222026
40			厦门分公司	陈进芳	福建省厦门市思明区湖滨南路388号27C3单元	0592-5869500	0592-5166901
41			柳州分公司	梁顺宜	广西壮族自治区柳州市柱中大道南端2号阳光100城市广场2号写字楼20-9室	0772-3166801	0772-3166802
42	44205	广州嘉权专利商标事务所有限公司	中山分公司	张海文	广东省中山市西区彩虹大道11号美银国际大厦2幢1101卡	0760-88809855	0760-88924555
43			佛山分公司	谭英强	佛山市禅城区文华北路60号707房	0757-82135920	0757-82135910
44			佛山顺德分公司	张　萍	佛山市顺德大良凤翔路创意产业园A105	0757-22213626	0757-22210236
45	44205	广州嘉权专利商标事务所有限公司	江门分公司	冯剑明	江门市港口路183号新隆基大厦301	0750-3124468	0750-3101083
46			珠海分公司	谭志强	珠海市水湾头红塔大厦第7楼703室	0756-3339000	0756-3332444
47			深圳分公司	唐致明	深圳市南山区高新北区朗山路7号航空电子工程研发大厦8楼803	0755-86587393	0755-86587392
48	44211	中山市科创专利代理有限公司	小榄分公司	丁湘俊	中山市小榄镇民安北路东华居一期5号	0760-22269859	0760-22282024

（续上表）

序号	代码	机构名称	分支机构	负责人	地址	电话	传真
49	44214	广州红荔专利代理有限公司	珠海分公司	王贤义	珠海市香洲人民东路125号工商大厦1512房	0756-2620838	0756-2620899
50			广州东山分公司	黄大宇	广州市越秀区德政北路401-409号801房	020-83379501	020-83636966
51	广州红荔专利代理有限公司	珠海分公司	东莞分公司	吴世民	东莞市东城区鳌峙塘连塘9号A07	0769-22302599	0769-22300598
52			河源分公司	余志军	河源市文明路43-1（科技局二楼）	0762-3116760	0762-3115760
53			南宁分公司	李 珊	广西南宁市民族大道38-2号泰安大厦第1栋写字楼第十二层12号房	0771-5852191	0771-5880312
54	44215	东莞市华南专利商标事务所有限公司	广州分公司	张 明	广东省广州市越秀区先烈中路83号802、803房	020-87685843	020-87685847
55	44217	深圳市顺天达专利商标代理有限公司	武汉分公司	郭伟刚	湖北省武汉市东湖开发区珞瑜路727号星光无限4栋8层02号	027-86648182	
56			东莞分公司	胡 毅	东莞市莞城汇峰路1号汇峰中心E区701A	0769-89810333	0769-89810198
57			梅州分公司	李开盛	广东省梅州市梅县新城办事处广梅路顺风客运站侧二楼	0753-2510300	0753-2510300
58	44218	深圳市千纳专利代理有限公司	醴陵分公司	夏兴友	湖南省醴陵市西山办事处碧山村委	0731-23452777	0731-23452777
59			惠州分公司	练南星	惠州市演达大道11号港惠新天地商业广场1座23层05号房	0752-2885005	0752-2157309
60			日照分公司	卜令涛	山东省日照市新市泰安路南、威海路西日照市海正置业商住楼001栋902室	0633-8781949	0633-8781949
61	44219	汕头新星专利事务所	汕头澄海办事处	许映扬	汕头市澄海区文祠东路34号	0754-85732817	0754-86328655
62	44220	广州市一新专利商标事务所有限公司	东莞分公司	王德祥	东莞市莞城区旗峰路159号东运大厦4楼407	0769-23395029	0769-23395092
63			北京分公司	郑小粤	北京市海淀区学清路9号汇智大厦B座801-805室	010-82736868	010-82737016
64	44224	广州华进联合专利商标代理有限公司	深圳分公司	胡 杰	深圳市南山区高新区南区粤兴三道8号中国地质大学产学研基地中地大楼A803	0755-33012323	0755-33012322
65			珠海分公司	王 昕	珠海市拱北迎宾南路2188号名门大厦第三层之305号	0756-3895351	0756-3837667
66			东莞分公司	谭一兵	东莞市南城区胜和路3号胜和广场C座12楼F单元	0769-22220357	0769-22225317
67			中山分公司	谢 伟	中山市西区彩虹桥侧名成大楼435室	0760-88662878	0760-88662718
68	44224	广州华进联合专利商标代理有限公司	顺德分公司	何 冲	佛山市顺德区大良新桂路明日广场一座403办公室	020-87323188	020-87320273
69			惠州分公司	何 平	惠州市江北东江二路二号富力丽港中心酒店22层11号	0752-2169621	0752-2169621
70			长沙分公司	邓云鹏	湖南省长沙市雨花区芙蓉中路二段359号佳天大厦北栋1701室	0731-85060391	0731-85060392
71			苏州分公司	唐清凯	苏州工业园区星湖街328号创意产业园10-303单元	0512-82285112	0512-82285133
72			东莞分公司	罗晓聪	东莞市南城区鸿福路鸿福广场A座1703	0769-22824580	0769-22824580
73			东莞办事处	李永庆	广东省东莞市南城区新城元美东路东侧东莞市商业中心A2320号	0769-23024178	0769-23024178
74			肇庆办事处	梁哲文	肇庆市莲湖中路2号陶然居21卡（即湖滨派出所对面）	0758-2820823	0758-2906926
75	44228	广州市南锋专利事务所有限公司	湛江办事处	袁周珠	湛江市赤坎区军民路19号（荣基大厦）723房	0759-3289879	0759-3133355
76			河源办事处	何海帆	河源市新市旺源路润宏居A栋A3-401	0762-3100361	0762-3100088
77			潮州办事处	梁立全	潮州市枫春路中段潮州日报社办公楼12层西	0768-2355511	0768-2355511
78			清远办事处	刘广生	清远市清城区B38#洲心工业园清远铜交易中心三楼	0763-3509740	0763-3509741
79			佛山分所	成 伟	佛山市顺德区大良国际商业城B区3座103室	0757-22661119	0757-22661112
80	44231	东莞市中正知识产权事务所	中山分所	侯来旺	中山市古镇镇新兴中路88号邮电大楼七楼	0760-22323635	0760-22320995
81			惠州分所	张汉青	惠州市麦兴路13号博美堂大厦三楼302单元	0752-2275834	0752-2275235
82	44231	东莞市中正知识产权事务所	贵阳分所	徐 康	贵州省贵阳市云岩区中华北路53号美佳大厦2单元14层4号	0851-5834308	0851-5834308
83			中山分公司	杨晓松	中山市石岐区莲塘东路8号422房	0760-88868163	0760-88331801
84			东莞分公司	李盛洪	东莞市莞城东纵大道地王广场写字楼7层10号	0769-22320685	0769-86220326
85			南海分公司	梁 莹	佛山市南海区桂城海晖路2号广一大厦10层1001	0757-86131499	020-38744550
86	44245	广州市华学知识产权代理有限公司	萝岗分公司	黄 磊	广州市高新技术产业开发区科学城科学大道111号科学城信息大厦主楼第10层1001-7单元	020-62800736	020-38744550
87			增城分公司	盛佩珍	广东省增城市新塘镇广深公路北侧庵前巷32幢703房	020-22237111	020-38744550
88			惠州分公司	李卫东	惠州市惠台工业园区54号小区（厂房）（308-A）号房	0752-2622020	020-38744550
89			番禺分公司	陈燕娴	广州市番禺区市桥大北路150号华兴商贸大厦1510号	020-87113553	020-38744550
90			江门分公司	付茵茵	江门市东堤湾花园16幢110之一首层	020-87113553	020-38744550
91			东莞分所	鲁慧波	东莞市莞城区东城南路东升大厦1011室	0769-23360190	0769-23360190
92	44248	深圳市科吉华烽知识产权事务所	成都分所	陈本发	成都市青羊区大安西路56-58号11栋1单元5楼2号	028-6959590	0769-23360190
93			广州分所	孙 伟	广州市天河区华强路2号409房	020-38678810	020-38678267
94			柳州分所	刘显扬	广西省柳州市桂中大道南端2号阳光壹佰城市广场9栋11-12	13823271083	0755-83089268
95	44253	广州致信伟盛知识产权代理有限公司	东莞分公司	伍嘉陵	东莞市莞城区运河东二路20号二楼B室	0769-22119785	0769-22214155
96	44271	深圳市惠邦知识产权代理事务所	东莞分所	满 群	东莞市南城区体育路2号鸿禧中心B117单元	0755-26506289-802	0755-26506289-802

（续上表）

序号	代码	机构名称	分支机构	负责人	地址	电话	传真
97	44275	深圳市博锐专利事务所	厦门办事处	张 明	福建省厦门市思明区莲前西路2号莲富大厦F15B	0592-5814556	0592-5814556
98	44287	深圳市世纪恒程知识产权代理事务所	武汉办事处	胡海国	湖北省武汉市东湖开发区关山大道1号软件产业三期A3栋6层03号	027-87522600	027-87522600
99	44288	广州市越秀区哲力专利商标事务所（普通合伙）	佛山分所	贺红星	佛山市禅城区季华五路2号一座804室	0757-82369001	0757-83289348
100			深圳分所	张 鹏	深圳市福田区深南大道与泰然九路交界本元大厦9B-2	0755-83005234	0755-83827902
101			东莞分所	廖 平	东莞市南城区鸿福西路81号国际商会大厦12层06A室	0769-22825599	0769-22825101
102			中山分所	梁永宏	中山市西区富华道10号西苑广场富华阁8C房	0760-88624868	0760-88614833
103	44295	广州市越秀区海心联合专利代理事务所（普通合伙）	梧州分所	蔡 国	广西壮族自治区梧州市蝶山一路拉船里4号	0774-3894849	0774-3894849
104	44302	广州圣理华知识产权代理有限公司	顺德分公司	陈业胜	佛山市顺德区凤翔路41号创意产业园B栋309	020-37636018	020-37636018-818
105	11006	北京市律诚同业知识产权代理有限公司	深圳办事处	黄韧敏	深圳市福田区深南中路2008号华联大厦1411-1413室	0755-83667462	0755-83668754
106	11002	北京路浩知识产权代理有限公司	广州分公司	谢顺星	广州市天河区天河北路908号高科大厦B座3008室	010-62196988	010-62198011
107	35203	厦门市新华专利商标代理有限公司	东莞分公司	朱 凌	东莞市东城西路181号金澳大厦6座302室	0769-22495526	0769-22504005
108			广州分公司	李 宁	广州市越秀区先烈中路92号大院8号8238房	020-37617125	020-37617125
109	11246	北京众合诚成知识产权代理有限公司	东莞办事处	连 平	东莞市南城区元美路华凯广场A1716	0769-23186866	0769-23182369
110	11221	北京捷诚信通专利事务所	深圳办事处	杨竹清	深圳市福田区彩田南路海天大厦1928室	0755-83461499	0755-83460428
111	11290	北京信慧永光知识产权代理有限责任公司	佛山办事处	艾持平	佛山市禅城区惠景三街40号502房	0757-82328308	0757-83120342
112			东莞分公司	张淑珍	广东省东莞市松山湖科技产业园区科苑6号楼四楼403A，403B室	0769-22890318	0769-22361353
113	11212	北京轻创知识产权代理有限公司	东莞分公司	吴英彬	东莞市南城区第一国际百安居A幢508	0769-23023265	0769-23182100
114	11285	北京北翔知识产权代理有限公司	深圳分公司	唐铁军	深圳市宝安区新安办创业西路富源商贸大厦1栋D座604室	0755-29075489	0755-61624078
115	12201	天津市北洋有限责任专利代理事务所	东莞分所	曹玉平	东莞市南城区鸿福西路南城商务大厦1210室	0769-23020555	0769-23020555
116	11227	北京集佳知识产权代理有限公司	广州分公司	陈剑华	广州市天河路351号广东外经贸大厦21楼2109室	020-38816190	020-38806446
117			东莞分公司	张 浩	东莞市南城区元美东路东侧商业中心F座1508号	0769-22020278	0769-22020248
118	11279	北京中誉威圣知识产权代理有限公司	东莞分公司	丛 芳	广东省东莞市东城区岗贝雍华庭都市E站902号房	0769-22309696	0769-28200800
119	11234	中国商标专利事务所有限公司	东莞办事处	桑丽茹	广东省东莞市东城区育兴路84号	0769-22609984	0769-22295542
120	11335	北京汇信合知识产权代理有限公司	东莞分公司	孙宝利	广东省东莞市莞城区东纵路2号地王广场24层2A	0769-22482526	0769-22087052
121	11330	北京市立方（广州）律师事务所	广州分所	刘延喜	广州市天河区体育西路189号城建大厦9B室	020-85561566	020-87583005
122	11332	北京品源专利代理有限公司	东莞分公司	刘宗杰	东莞市南城区鸿福路76号南城商务大厦办公楼603号	0769-23033956	0769-23033595
123			深圳办事处	赵红霞	广东省深圳市福田区彩田路彩福大厦D座嘉福阁7G	0755-61547960	0755-61547961
124			佛山分公司	汪玉璇	佛山市禅城区文华北路60号1911房	0757-88778186	0757-83309422
125	11277	北京林达刘知识产权代理事务所（普通合伙）	广州分所	杨海涛	广州市先烈中路100号大院58号楼704室	020-62321018	020-62321068-812
126	11012	北京邦信阳专利商标代理有限公司	广州分公司	王昭林	广州天河区林和西路9号耀中广场A座1302室	020-38010909	020-38010223
127	11350	北京科亿知识产权代理事务所（普通合伙）	东莞分所	宋 华	东莞市莞城八达路电子大厦901室	0769-89810940	0769-89810908
128			中山分所	孙海英	中山市石岐区中山二路48号6楼623室	0760-85757870	0760-85757870
129			佛山分所	肖平安	广东省佛山市高明区荷城街道沿江路463号3座1703之5	0757-88660999	0757-88660999
130	11282	北京中海智圣知识产权代理有限公司	东莞办事处	白凤武	东莞市南城区莞太路鸿福路段63号鸿福广场A座1802C号	0769-22024556	0769-22024559
131	11340	北京天奇智新知识产权代理有限公司	深圳分公司	杨晖琼	深圳市福田区彩田南路中深花园A座1612室	0755-83475145	0755-83475145
132	11111	北京万慧达知识产权代理有限公司	广州办事处	杨 颖	广州市天河区林和西路3-15号耀中广场3901-03单元	020-81362728	020-81364186
133	11369	北京远大卓悦知识产权代理事务所（普通合伙）	江门办事处	张 清	江门市蓬江区港口路中远大厦17楼E座	0750-3963376	0750-3963376
134	11129	北京海虹嘉诚知识产权代理有限公司	汕头办事处	吴小灿	广东省汕头市金砂路106号国际商业大厦B座24F	0754-88944447	0754-88484447
135			东莞办事处	李正清	广东省东莞市南城区胜和莞太路12号中兴大厦1103室	13728246863	0769-33289725
136	11201	北京清亦华知识产权代理事务所（普通合伙）	深圳分所	李志东	深圳市福田区华强北路长盛大厦1319-1320室	0755-33008005	0755-33008006
137	11042	北京乾诚五洲知识产权代理有限责任公司	东莞办事处	杨玉荣	广东省东莞市华凯豪庭办公楼707	13925762028	0769-22029555
138	11250	北京三聚阳光知识产权代理有限公司	深圳分公司	张 杰	深圳市福田区益田路江苏大厦B1401室	0755-83547528	0755-83547388

主题索引

ZHU TI SUO YIN

主题索引

说　明

一、本索引采用主题分析方法，款目按汉语拼音字母（同音字按声调）顺序排列。

二、本索引一般摘录各篇的节题、目及小目作索引条目。

三、索引款目后的数字表示内容所在的页码，数字后的拉丁字母（a、b）表示栏别（即版面的1、2栏）。

四、同一主题的内容在文中多处出现的，在其款目后用不同的页码标明。

五、本索引对《知识产权大事记》和《附录》等篇不作内容主题分析。